도

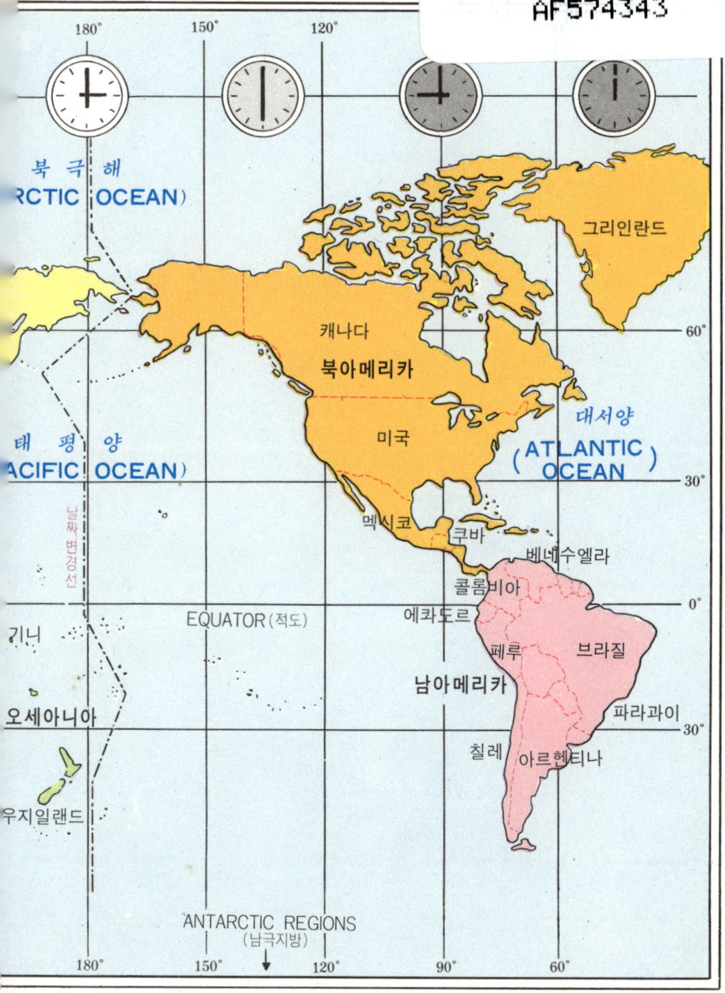

180° 150° 120°

북 극 해
RCTIC OCEAN)

그리인란드

캐나다

북아메리카

미국

대서양
(ATLANTIC OCEAN)

60°

태 평 양
ACIFIC OCEAN)

30°

날짜변경선

멕시코

쿠바

베네수엘라

콜롬비아

에콰도르

0°

EQUATOR (적도)

기니

페루

브라질

남아메리카

오세아니아

파라과이

30°

칠레

아르헨티나

우지일랜드

ANTARCTIC REGIONS
(남극지방)

180° 150° 120° 90° 60°

HEIAN'S

ENGLISH-KOREAN KOREAN-ENGLISH DICTIONARY

HEIAN

© Kyohaksa, Korea

ISBN: 0-89346-300-0

Heian International, Inc.
P.O. Box 1013
Union City, California 94587

All rights reserved. No part of this book may be reproduced or transmitted in any form or by any means, electronic or mechanical, including photocopying, recording or by any information storage and retrieval system, without the written permission of the publisher.

First American Edition – 1986
90 91 92 93 94 95 10 9 8 7 6 5 4 3 2
Printed in Korea

ENGLISH-KOREAN KOREAN-ENGLISH DICTIONARY

HEIAN

© Kyohaksa, Korea

ISBN: 0-89346-300-0

Heian International, Inc.
P.O. Box 1013
Union City, California 94587

All rights reserved. No part of this book may be reproduced or transmitted in any form or by any means, electronic or mechanical, including photocopying, recording or by any information storage and retrieval system, without the written permission of the publisher.

First American Edition – 1986
90 91 92 93 94 95 10 9 8 7 6 5 4 3 2
Printed in Korea

① Colors 색 깔

(p.476 참조)

red [réd 레드]
빨강색

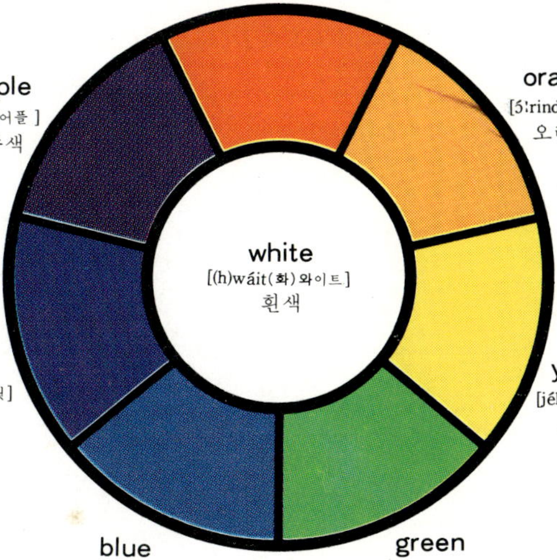

orange [ɔ́ːrindʒ 오오린지]
오렌지색

yellow [jélou 옐로우]
노랑색

green [gríːn 그리인]
초록색

blue [blúː 블루우]
파랑색

violet [váiəlit 바이얼릿]
보라색

purple [pə́ːrpl 퍼어플]
자주색

white [(h)wáit (화)와이트]
흰색

black [blǽk 블랙]
검정색

gray [gréi 그레이]
회색

pink [píŋk 핑크]
분홍색

brown [bráun 브라운]
갈색

② Things in the Classroom
(p.476~477 참조)
picture
[píktʃər 픽처] 그림
chalk
[tʃɔ́:k 초오크]
분필
blackboard
[blǽkbɔ:rd 블랙보오드]
칠판
teacher
[tí:tʃər 티이처]
선생
vase
[véis 베이스]
꽃병
wiper
[wáipər 와이퍼]
칠판지우개
desk
[désk 데스크]
책상
book
[búk 북] 책
platform
[plǽtfɔ:rm 플랫포옴]
교단
floor
[flɔ́:r 플로오]
마루
ink bottle
[íŋkbɑ̀tl 잉크바틀]
잉크병
pen
[pén 펜]
펜
dictionary
[díkʃəneri 딕셔네리]
사전
fountain pen
[fáuntnpèn 파운튼펜]
만년필
reader
[rí:dər 리이더]
독본
notebook
[nóutbuk 노우트북]
노우트
school desk
[skú:ldèsk 스쿠울데스크]
학교책상
pupil(schoolgirl)
[pjú:pl 퓨우플]
학생
[skú:lgə̀:rl
스쿠울 거얼]

교 실
ceiling
[síːliŋ 시일링]
천장
door
[dɔ́ːr 도오]
문
window
[wíndou 윈도우]
창문
map [mæp 맵]
지도
principal
[prínsəpl 프린서플]
교장
pupil
[pjúːpl 퓨우플]
학생
schoolboy
[skúːlbɔ̀i 스쿠울보이]
남학생
ational flag
국기
chair
[tʃέər 체어]
의자
exercise book
[éksərsaizbùk
엑서사이즈북]
수련장
knife
[náif 나이프]
나이프
pencil case
필통
rubber
[rʌ́bər 러버]
지우개
pencil
연필
EXERCISE

③ Clothes

(p.477~478 참조)

의 복

umbrella
[ʌmbrélə 엄브렐러]
우산
jacket
[dʒǽkit 재킷]
자켓
suit
[sú:t 수우트]
옷 한벌
skirt
[skə́:rt 스커어트]
스커어트
brooch
[bróutʃ 브로우치]
브로우치
ring
[ríŋ 링]
반지
raincoat
[réinkòut 레인코우트]
비옷
ribbon
[ríbən 리번]
리본
handbag
[hǽndbæg 핸드 배그]
핸드백
rain shoes
[réinʃu:z 레인슈우즈]
장화
sleeve
[slí:v 슬리이브]
소매
wrist watch
[rístwatʃ 리스트와치]
손목시계
necklace
[néklis 넥리스]
목걸이
blouse
[bláus 블라우스]
블라우스
skirt
[skə́:rt 스커어트]
스커어트
evening dress
[í:vniŋdrès 이이브닝드레스]
야회복
socks
[sáks 삭스]
양말
dress
[drés 드레스]
부인복
shoe(s)
[ʃú:(z) 슈우(즈)]
구두
lace
[léis 레이스]
레이스
slip
[slíp 슬립]
슬립
stockings
[stákiŋz 스타킹즈]
스타킹

④ Things We Use

(p.478～479 참조)

일 용 품
magazine
[mǽgəzíːn 매거지인]
잡지
card
[káːrd 카아드]
카아드
diary
[dáiəri 다이어리]
일기
clock
[klák 클락]
벽시계
organ
[ɔ́ːrgən 오오건] 오르간
post card
[póustkɑ̀ːrd 포우스트카아드]
우편엽서
trumpet
[trʌ́mpit 트럼핏]
트럼펫
envelope(s)
[énvəloup(s) 엔벌로우프]
봉투
violin
[vàiəlín 바이얼린]
바이얼린
piano
[piǽnou 피애노우]
피아노
paste
[péist 페이스트]
풀
paper
[péipər 페이퍼]
종이
record player
[rékɔːrd plèiər 레코오드 플레이어]
축음기
radio set
[réidiousèt 레이디오우셋]
라디오 수신기
telephone
[téləfoun 텔러포운]
전화
typewriter
[táipraitər 타이프라이터]
타이프라이터
phonograph
[fóunəgræf 포우너그래프]
축음기
television set
[téləviʒənsèt
텔러비전셋]
텔레비젼수상기
bed
[béd 베드]
침대
chair
[tʃέər 체어]
의자
armchair
[áːrmtʃεər 아암체어]
안락의자
stool
[stúːl 스투울]
걸상

— 8 —
⑤ Houses and Gardens
(p.479～480 참조)
kitchen [kítʃin 키친]
(and) dining room
[dáiniŋrùːm 다이닝루움]
부엌(과) 식당
bathroom [bǽθruːm 배드루움]
욕실
bedroom
[bédruːm 베드루움]
침실
drawing room
[drɔ́ːiŋruːm 드로오잉루움]
응접실
stairs [stέərz 스테어즈]
계단
hall [hɔ́ːl 호올]
현관의 넓은 방
study
[stʌ́di 스터디]
서재
living room
[líviŋrùːm 리빙루움]
거실
summer house
[sʌ́mərháus 서머하우스]
여름 별장

집과 정원
chimney
[tʃímni 침니]
굴뚝
weathercock
[wéðərkàk 웨더칵]
바람개비
roof [rú:f 루우프]
지붕
shutter
[ʃʌ́tər 셔터]
덧문
fountain
[fáuntn 파운튼]
분수
greenhouse
[grí:nhaus 그리인하우스]
온실
second floor 이층
[sékəndflɔ́:r 세컨드플로오]
Pond
[pánd 판드]
연못
porch
[pɔ́:rtʃ 포오치]
베란다
first floor
[fə́:rstflɔ́:r 퍼어스트플로오]
일층
window
[wíndou 윈도우]
창문
stone steps
[stóunstèps 스토운스텝스]
징검돌
garden
chair
[gá:rdntʃɛ̀ər
가아든체어]
뜰 의자
garden table
[gá:rdntèibl 가아든테이블]
뜰 탁자
bench
[béntʃ 벤치]
긴 의자
swing
[swíŋ 스윙]
그네
flower bed
[fláuərbèd 플라우어베드]
화단
fence
[féns 펜스]
울타리
lawn [lɔ́:n 로온]
잔디
lawn mower
[lɔ́:nmòuər 로온모우어]
잔디깎는 기계
garage
[gərá:ʒ 거라아지]
차고
bird house
[bə́:rdhàus 버어드하우스]
새집
knocker
[nákər 나커]
문 두드리는 쇠
front door
[frʌ́ntdɔ̀:r 프런트도오]
현관문
name plate
[néimplèit 네임플레이트]
문패
gate
[géit 게이트]
대문
mailbox
[méilbaks 메일박스]
우편함

⑥ Things to Eat and Drink

(p.480～481 참조)

음 식 물

cookie(s)
[kúki 쿠키] 쿠키

cake [kéik 케이크]
케이크

candy (candies)
[kǽndi 캔디]
캔디

pie [pái 파이]
파이

pudding [púdiŋ 푸딩]
푸딩

ice cream
[áiskrì:m 아이스크리임]
아이스크림

banana(s)
[bənǽnə 버내너]
바나나

apple(s)
[ǽpl 애플] 사과

melon [mélən 멜런]
멜론

pineapple
[páinæpl 파인애플] 파인애플

cherry
[tʃéri 체리]
버찌

grape(s)
[gréip 그레이프]
포도

watermelon
[wɔ́:tərmèlən 워어터멜런]
수박

lemon [lémən 레먼]
레몬

orange(s)
[ɔ́:rindʒ 오오린지]
오렌지

peach(es)
[pí:tʃ 피이치]
복숭아

peanut(s)
[pí:nʌt 피이넛]
땅콩

pear
[pέər 페어]
배

strawberry
[strɔ́:beri 스트로오베리]
딸기

-12-
⑦ Vehicles
(p.481～482 참조)
jet plane
[dʒétpléin 젯플레인]
제트기
train
[tréin 트레인]
기차
airplane
[ɛ́ərplein 에어플레인]
비행기
streetcar
[strí:tkɑ:r 스트리이트카아]
전차
bus
[bʌ́s 버스]
버스
taxi
[tǽksi 택시]
택시
trolley bus
[trálibʌ̀s 트랄리버스]
트롤리버스
sightseeing bus
[sáitsi:iŋbʌ̀s 사이트시이잉버스]
관광버스
automobile
[ɔ́:təməbi:l 오오터머비일]
자동차
truck
[trʌ́k 트럭]
트럭
bicycle
[báisikl 바이시클]
자전거
subway
[sʌ́bwei 서브웨이]
지하철

탈 것
steamer
[stíːmər 스티이머]
기선
sailing ship
[séiliŋʃip 세일링십]
범선
yacht
[jάt 얏]
요트
boat
[bóut 보우트]
보우트
canoe
[kənúː 커누우]
카누우
wagon [wǽgən 왜건]
4 륜 짐마차
carriage [kǽridʒ 캐리지]
마차
cable car
[kéiblkὰːr 케이블카아]
케이블카아
escalator
[éskəleitər 에스컬레이터]
에스칼레이터
elevator
[éləveitər 엘러베이터]
엘리베이터
rocket
[rάkit 라킷]
로켓

⑧
Places to Go
(p.482～483 참조)
airport
[ɛ́ərpɔ̀ːrt 에어포오트]
공항
bank
[bǽŋk 뱅크]
은행
bridge
[brídʒ 브리지]
다리
barbershop
[báːrbərʃɑp 바아버샵]
이발관
beach
[bíːtʃ 비이치]
바닷가
church
[tʃə́ːrtʃ 처어치]
교회
college
[kɑ́lidʒ 칼리지]
대학
department store
[dipɑ́ːrtməntstɔ̀ːr 디파아트먼트 스토오]
백화점
factory
[fǽktri 팩트리]
공장
farm
[fɑ́ːrm 파암]
농장
gallery
[gǽləri 갤러리]
미술관
gym
[dʒím 지임]
체육관
harbor
[hɑ́ːrbər 하아버]
항구
grocery store
[gróusəristɔ̀ːr 그로우서리스토오]
식료품점
hotel
[houtél 호우텔]
호텔
hospital
[hɑ́spitl 하스피틀]
병원
lake
[léik 레이크]
호수

여러 곳

mountain
[máuntn 마운튼]
산
library
[láibreri 라이브레리]
도서관
market
[máːrkit 마아킷]
시장
movie house 영화관
[múːvihàus 무우비하우스]
museum 박물관
[mjuːzíːəm 뮤우지이엄]
office [ɔ́ːfis 오오피스]
사무실
park
[páːrk 파아크] 공원
playground
[pléigraund 플레이그라운드]
운동장
police station
[pəlíːssteiʃən 펄리이스스테이션]
경찰서
pool
[púːl 푸울]
푸울
public hall
[pʌ́blikhɔ̀ːl 퍼블릭호올]
공회당
school
[skúːl 스쿠울]
학교
stadium
[stéidiəm 스테이디엄]
경기장
station
[stéiʃən 스테이션]
역
store
[stɔ́ːr 스토오]
상점
theater
[θíətər 디어터]
극장
zoo
[zúː 주우]
동물원

⑨ Animals, Birds, Creatures

(p.483~484 참조)

Insects and
동물·새·곤충, 기타

⑩ Plants

(p.484～485 참조)

식 물

lily
[líli 릴리]
백합
lily of the valley
[líli əv ðə vǽli
릴리 어브 더 밸리]
은방울꽃
pansy
[pǽnzi 팬지]
팬지
pink
[píŋk 핑크]
패랭이꽃
rose
[róuz 로우즈]
장미
sunflower
[sʌ́nflauər 선플라우어]
해바라기
sweet pea
[swíːtpìː 스위이트피이]
스위이트피이
tulip
[tjúːləp 튜울럽]
튜울립
violet
[váiəlit 바이얼릿]
제비꽃
cotton
[kátn 카튼]
목화
water lily
[wɔ́ːtərlìli 워어터릴리]
수련
hawthorn
[hɔ́ːθɔːrn 호오도온]
서양산사나무
oak
[óuk 오우크]
참나무
nut(s)
[nʌ́t 넛]
견과
maple
[méipl 메이플]
단풍나무
pine tree
[páintrìː 파인트리이]
소나무

⑪ The Body

(p.485 참조)

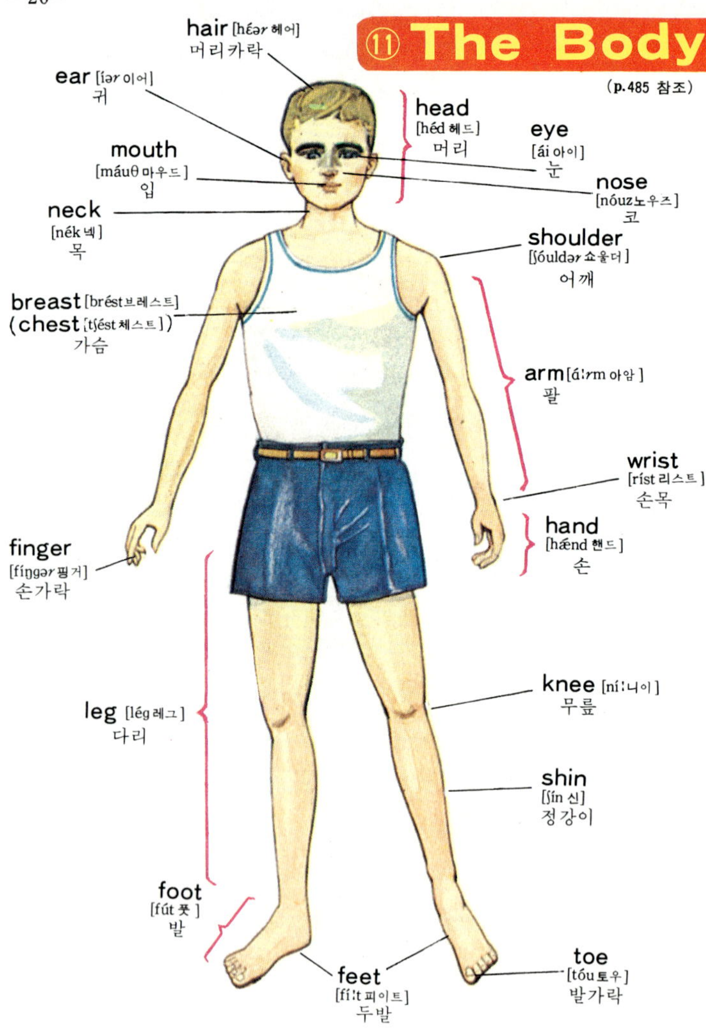

신 체

【head】

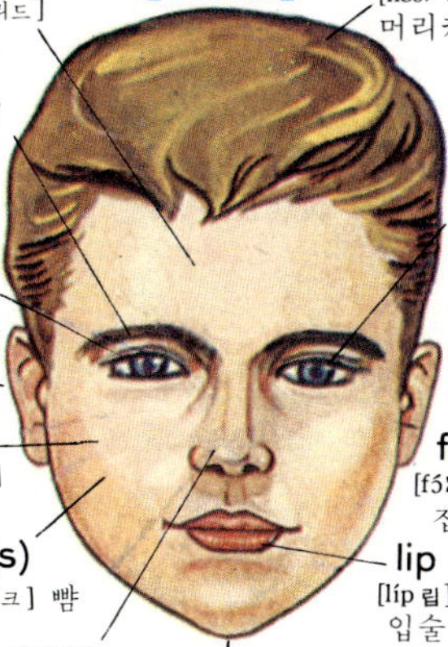

forehead [fɔ́ːrid 포오리드] 이마

hair [hέər 헤어] 머리카락

eyebrow [áibrau 아이브라우] 눈썹

eyelid [áilid 아일리드] 눈까풀

eye [ái 아이] 눈

ear [íər 이어] 귀

face [féis 페이스] 얼굴

cheek(s) [tʃíːk(s) 치이크] 뺨

lip [líp 립] 입술

nose [nóuz 노우즈] 코

chin [tʃín 친] 턱

【mouth】

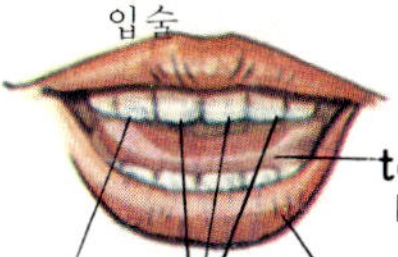

lip [líp 립] 입술

tongue [tʌ́ŋ 텅] 혀

tooth [túːθ 투우드] 이

teeth [tíːθ 티이드] 이들

lip [líp 립] 입술

【hand】

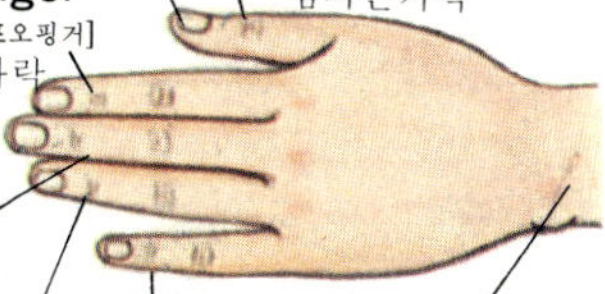

nail [néil 네일] 손톱

thumb 덤] 엄지손가락

forefinger [fɔ́ːrfìŋər 포오핑거] 집게손가락

middle finger [mídl fìŋgər 미들 핑거] 가운데손가락

ring finger [ríŋ fìŋgər 링핑거] 약손가락

little finger [lítl fìŋgər 리틀 핑거] 새끼손가락

wrist [ríst 리스트] 손목

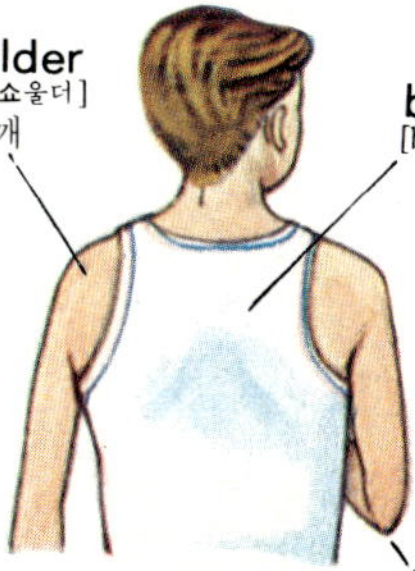

shoulder [ʃóuldər 쇼울더] 어깨

back [bǽk 백] 등

elbow [élbou 엘보우] 팔꿈치

【foot】

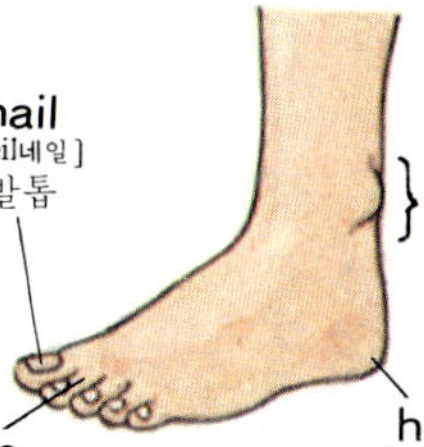

nail [néil 네일] 발톱

ankle [ǽŋkl 앵클] 갈목 복사뼈

toe [tóu 토우] 발가락

heel [híːl 히일] 발꿈치

⑫ People

(p.485~486 참조)

사 람 들
painter
[péintər 페인터]
화가
nurse
[nə́ːrs 너어스]
간호원
officer
[ɔ́ːfəsər 오오퍼서]
장교
pianist [piǽnist 피애니스트]
피아니스트
pilot
[páilət 파일럿]
조종사
poet
[póuit 포우잇]
시인
policeman
[pəlíːsmən 펄리이스먼]
경찰관
postman
[póustmən 포우스트먼]
우편 집배원
sailor
[séilər 세일러]
선원
salesgirl
[séilzgəːrl 세일즈거얼]
여점원
shepherd
[ʃépərd 셰퍼드]
양치는 사람
shoemaker
[ʃúːmèikər 슈우메이커]
구두짓는 사람
singer
[síŋər 싱어]
가수
soldier
[sóuldʒər 소울저]
군인
statesman
[stéitsmən 스테이츠먼]
정치가
stewardess
[stjúːwərdis
스튜우워디스]
스튜어디스
tailor
[téilər 테일러]
재봉사
typist
[táipist 타이피스트]
타이피스트
worker
[wə́ːrkər 워어커]
근로자
writer
[ráitər 라이터]
작가

⑬ Sports

(p. 487 참조)

스포오츠

skating
[skéitiŋ 스케이팅] 스케이팅

tennis [ténis 테니스]
정구

basketball
[bǽskitbɔːl 배스킷보올]
농구

softball [sɔ́ːftbɔːl 소오프트보올]
소프트보올

skiing
[skíːiŋ 스키이잉] 스키이

ping-pong
[píŋpaŋ 핑팡] 탁구

football
[fútbɔːl 풋보올] 축구
soccer
[sákər 사커] 사커

volleyball [válibɔːl 발리보올] 배구

short stop
[ʃɔ́ːrtstɑ̀p 쇼오트스탑]
유격수
center fielder
[séntər fíːldər 센터 피일더]
중견수
right fielder
[ráit fíːldər 라이트 피일더]
우익수
left fielder
[léft fíːldər 레프트 피일더]
좌익수
runner [rʌ́nər 러너]
러너
second baseman
[sékənd béismən 세컨드 베이스먼]
2 루수
third baseman
[θɔ́ːrd béismən
더어드 베이스먼]
3 루수
first baseman
[fɔ́ːrst béismən
퍼어스트 베이스먼]
1 루수
pitcher
[pítʃər 피처]
투수
catcher
[kǽtʃər 캐처]
포수
coach
[kóutʃ 코우치]
코우치
batter
[bǽtər 배터] 타자
umpire [ʌ́mpaiər 엄파이어]
심판
baseball [béisbɔ̀ːl 베이스보올]
야구

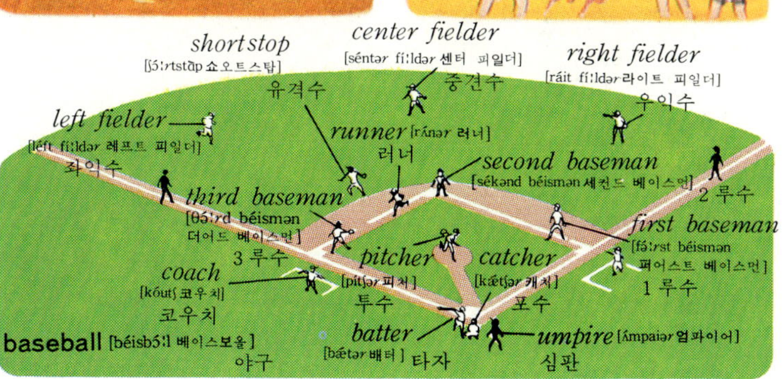

⑭ Prepositions and Adverbs

(p. 488 참조)

전치사 · 부사

inside the house
[insáid 인사이드] 집 안에

outside the house
[autsáid 아우트사이드] 집 밖에

over the desk
[óuvər 오우버] 책상 위(쪽)에

on the desk
[án 안] 책상 위에

under the desk
[ʌ́ndər 언더] 책상 밑에

into the water
[íntu 인투] 물 속으로

out of the water
[áut əv 아우트 어브] 물 밖으로

to the goal
[túː 투우]
결승선까지

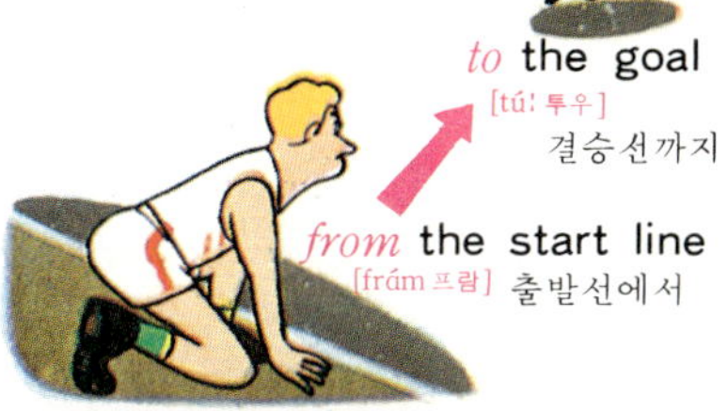

from the start line
[frám 프람] 출발선에서

get *on* the train
[án 안] 기차에 타다

get *off* the train
[ɔ́ːf 오오프]
기차에서 내리다

(look) *toward* the sea
[tɔ́ːrd 토오드]
바다 쪽을(보다)

beside him
[bisáid 비사이드] 그의 곁에

round the
[ráund 라운드]
woods
숲을 돌아서

through the woods
[θrúː 드루우] 숲을 지나서

⑮ Adjectives

(p. 488～489 참조)

형 용 사
narrow
[nǽrou 내로우]
좁은
wide
[wáid 와이드]
넓은
cold
[kóuld 코울드]
추운
cool
[kúːl 쿠울]
서늘한
warm
[wɔ́ːrm 워엄]
따뜻한
hot
[hát 핫]
더운
cloudy
[kláudi 클라우디]
흐린
many (apples)
[méni 메니] 많은 (사과)
much (money)
[mʌ́tʃ 머치] 많은 (돈)
rainy
[réini 레이니]
비오는
some (apples)
[sʌ́m 섬] 몇 개의 (사과)
some (money)
[sʌ́m 섬] 약간의 돈
snowy
[snóui 스노우이]
눈오는
a few (apples)
[ə fjúː어 퓨우]
조금은 있는
a little (money)
[ə lítl 어 리틀]
조금은 있는
windy
[wíndi 윈디]
바람부는
few (apples)
[fjúː 퓨우] 거의 없는
little (money)
[lítl 리틀] 거의 없는
no (apple[s])
[nóu 노우] 하나도 없는
no (money)
[nóu 노우
조금도 없는

⑯ Things We Do

(p. 489～490 참조)

동 작

push [púʃ 푸시] 밀다
read [ríːd 리이드] 읽다
ride [ráid 라이드] 타다
sew [sóu 소우] 깁다
shake [ʃéik 셰이크] 흔들다
shoot [ʃúːt 슈우트] (총을)쏘다
shut [ʃʌ́t 셧] 닫다
sing [síŋ 싱] 노래하다
sit [sít 싯] 앉다
sleep [slíːp 슬리이프] 자다
smile [smáil 스마일] 미소짓다
speak [spíːk 스피이크] 말하다
stand [stǽnd 스탠드] 일어서다
stop [stáp 스탑] 멈추다
study [stʌ́di 스터디] 공부하다
sweep [swíːp 스위이프] 청소하다
touch [tʌ́tʃ 터치] 닿다
wake [wéik 웨이크] 깨다
walk [wɔ́ːk 워어크] 걷다
wash [wáʃ 와시] 씻다
weep [wíːp 위이프] 울다
wipe [wáip 와이프] 닦다
write [ráit 라이트] 쓰다
yawn [jɔ́ːn 요온] 하품하다

⑰ The Family 가 족

머 리 말

지구상에는 지금 40억이 넘는 사람들이 살고 있고, 그들이 이야기하는 말의 종류는 3,000에 이른다고 합니다. 이 중에서 가장 널리 쓰이고 있는 말이 영어입니다. 하여간 오늘날에는 정치 외교는 물론 경제나 문화 그밖에 갖가지 분야에서 영어는 세계의 공통어로서의 지위가 점점 높아가고 있읍니다. 영어를 모국어로 하고 있는 미국이나 영국 이외의 나라에서도 국민학교나 중학교 때부터 모두 열심히 영어를 학습하고 있는 것은 국제어로서의 영어를 통하여 많은 나라의 사람들과 서로 교류하고 이해한다는 중요한 목적을 가지고 있기 때문입니다. 지금 영어를 학습하기 시작한 중학생 여러분도 이러한 중요한 목표를 향하여 첫발을 내놓은 것입니다.

영어의 학습을 위해서는 학습의 방향을 올바르게 가리켜 주는 것이 없어서는 안됩니다. 영어학습을 위해서는 우선 학교의 교과서가 있고 그 밖에 여러가지 참고서와 시청각 교재가 있읍니다. 그리고 그 학습을 해 나아가는데 처음부터 끝까지 필요한 것이 사전입니다. 특히 영어학습의 첫 단계로는 교과서 학습에 직결된 친절한 내용의 사전이 절대 필요하게 됩니다. 이러한 필요성에 따라 무엇보다도 사전을「찾으면서 학습이 되는」점에 관점을 두고 철저하게 조사연구하여 편찬한 것이 이 사전입니다.

이 사전의 특징을 상세히 들면

1. **중학 영어 학습은 이 사전으로 완벽합니다.**——이 사전은 중학교 영어 1·2·3학년 교과서에 나오는 전체 1,205단어를 표제어로 삼고 교과서에 알맞는 광범위한 풀이를 하였으므로 순수하게 영어 교과서 학습용으로 적절하며 간편하고 쉽게 활용할 수 있읍니다.
2. **알기 쉬운 색도 인쇄로 삽화도 풍부합니다.**——본문은 색도 인

쇄이며 표제어마다 거의 삽화가 들어 있으므로 이해하기 쉽고 학습의 능률도 크게 향상됩니다.

3. **중학 정도에 맞는 유익한 예문이 풍부하고 표제어마다 교과서 예문을 실었읍니다.** ──대부분의 표제어에는 중학 정도의 쉬운 단어로 곧 활용할 수 있는 예문과 교과서의 문장에서 예문을 인용하였으므로 그 단어의 사용법을 쉽게 이해하고 학습 진도에 따라 확실히 암기할 수 있읍니다.

4. **단어의 변화형의 철자와 발음까지도 명시했읍니다.** ──명사의 복수, 동사의 3단현(3인칭 단수 현재형)·과거·과거분사·현재분사, 형용사·부사의 비교급·최상급의 철자와 발음을 모두 실었으므로 처음 영어를 학습하는 중학생에게는 극히 편리하고 유용합니다.

5. **표제어마다 학년별을 표시했읍니다.** ──이 사전의 표제어에는 각기 학년을 구별하여 1학년 단어에는 *, 2학년 단어에는 **, 3학년 단어는 별표없이 그대로 표제어로 실었으므로 초보적인 단어에서 점차 높여서 학습할 수 있게 했읍니다.

6. **한 단어에 관련된 여러 단어를 학습 암기할 수 있읍니다.** ──가능한 한 해당 단어와 관련된 동의어·반의어·참조어를 들었으며 그 밖에도 문법이나 어법상 필요한 주의사항을 해설하였으므로 한 단어를 학습 암기하면 자연히 그와 관련된 단어도 암기할 수 있읍니다.

위의 특징에서 보는 바와 같이 이 중학 학습 영한 사전은 일반 고급 영한 사전에 수록된 모든 요소를 구비하고 있읍니다. 다만 전체적인 구성면에서 그 정도를 중학 영어 학습에 맞추어 부담없이 순수하게 교과서 학습에 활용할 수 있게 편찬한 것입니다. 그러므로 이 학습 영한 사전은 중학생 여러분의 영어학습의 적절한 가정교사로서 혹은 가장 친절한 영어 상담역으로서 언제나 곁에 두고 찾고 읽으면 놀라울 만큼 영어가 즐거워지고 쉽게 숙달되리라고 믿습니다.

교 학 사 사 서 부

차 례

원색 그림 단어집

① Colors(색깔)……1
② Things in the Classroom (교실)……2~3
③ Clothes(의복)……4~5
④ Things We Use (일용품)……6~7
⑤ Houses and Gardens(집과 정원)……8~9
⑥ Things to Eat and Drink (음식물)……10~11
⑦ Vehicles(탈것)……12~13
⑧ Places to Go(여러 곳)……14~15
⑨ Animals, Birds, Insects and Creatures(동물 · 새·곤충, 기타)……16~17
⑩ Plants(식물)……18~19
⑪ The Body(신체)……20~21
⑫ People(사람들)……22~23
⑬ Sports (스포오츠)……24~25
⑭ Prepositions and Adverbs (전치사 · 부사)……26~27
⑮ Adjectives(형용사) 28~29
⑯ Things We Do(동 작)……30~31
⑰ The Family(가족)……32

머 리 말……33~34
이 사전의 사용법……37~39
발음기호표……40

본 문

A……41~61
B……62~84
C……85~111
D……112~128
E……129~141
F……142~161
G……162~173
H……174~189
I……190~196
J……197~199
K……200~203
L……204~221
M……222~238
N……239~248
O……249~258
P……259~282
Q……283~285
R……286~300

S …………301～350 T …………351～385 U …………386～390
V …………391～394 W …………395～419 Y …………420～423
Z …………424

영한 암기 단어집……………………………………425～475
원색 그림 단어집……………………………………476～490

【한영 사전】……………………………………491～579
국명·형용사(국어)·국민명 대조표……………………580

【영문법 이야기】……………………………………581～600

(1) 주어와 동사……………581
(2) 목적어……………581
(3) 보 어……………581～582
(4) 8품사……………582
(5) 명 사……………582
(6) 대명사……………583
(7) 동 사……………584～585
(8) 조동사……………585
(9) 형용사……………586
(10) 관 사……………587
(11) 부 사……………587
(12) 시 제……………588～591
(13) 수동태……………591～592
(14) 부정사……………592～593
(15) 동명사……………594
(16) 분 사……………594～595
(17) 용법에 의한 문장의 종류 ……………595～596
(18) 구와 절……………596
(19) 시제의 일치……………597
(20) 전치사……………597～599
(21) 접속사……………599～600

【발음 이야기】……………………………………601～610

*** 부 록 ***

【변화형을 만드는 법】……………………………611～619

* * *

이 사전의 사용법

사전을 찾을 때에 그 사전에 정해져 있는 사항을 잘 알고 찾는 학생과 모르고 찾는 학생과는 동일한 시간을 학습해도 그 능률에는 큰 차이가 생깁니다. 그러므로 중학생 여러분은 다음에 드는 사용법을 잘 읽고 충분히 활용하도록 해야 합니다.

1. 단어는 이렇게 찾습니다.

1 배열——표제어는 ABC…〔알파벳〕순으로 배열되어 있으며 각기 페이지마다 그 페이지의 첫 표제어와 끝 표제어를 그 페이지의 위쪽에 실었으므로 찾는 단어의 첫 글자를 곧 찾아낼 수 있읍니다.

2 철자——미국식 철자를 주로 하고 영국식 철자와 다를 경우에는 theater, theatre처럼 영국식 철자를 미국식 철자 뒤에 실었읍니다. 또 생략할 수 있는 철자는 colo(u)r에서 처럼 ( )에 넣어서 실었읍니다.

3 별표*——표제어 앞에 붙은 별표 *는 학년 구별의 표시로 1학년에 나오는 단어는 *표 하나로 2학년에 나오는 단어는 **표 둘로 표시했고 3학년에 나오는 단어는 *표 없이 표제어로만 실었읍니다.

4 음절——표제어나 기타 필요한 단어의 음절은 [·](중앙의 검은 점)으로 표시했읍니다. 이 음절의 [·]은 발음·악센트 따위에 크게 관계가 있으므로 평상시의 학습에서 극히 주의를 해 두어야 합니다.

2. 발음은 이렇게 알아둡시다.

1 발음——발음은 원칙으로 미국식 발음을 표기했으며 그 원칙은 「미어발음사전(켄욘·놑～Kenyon and Knott)」에 의한 것입니다.

[2] 악센트——악센트(강세)는 모음자 위에 악센트 기호(ʹ)로 표시하고 우리말로 읽는 표기는 굵은 글자체로 표시했읍니다.

[3] 표제어 이외의 발음——표제어가 아닌 단어에도 필요한 단어에는 발음부호에 악센트를 표시해 놓았읍니다.

[4] 발음의 차이——품사에 의한 발음의 차이는 present [명] [préznt **프레**즌트], [타] [prizént 프리**젠**트]로 표시했읍니다.

3. 어형의 변화는 이렇게 학습합시다.

[1] 명사의 복수형——명사의 복수형은 [명] 뒤의 ( ) 속에 [명] (**복수 ants** [ǽnts **앤**츠])로 복수형의 철자와 발음을 실었읍니다.

[2] 동사의 변화——동사의 변화는 [타][자] 또는 [자], [타] 뒤의 ( ) 속에 3 단현(3 인칭 단수 현재형)·과거·과거분사·현재분사의 철자와 발음을 실었읍니다.

[예] [타][자] (**3 단현 calls** [kɔ́ːlz **코**올즈], **과거·과거 분사 called** [kɔ́ːld **코**올드], **현재 분사 calling** [kɔ́ːliŋ **코**올링])

[3] 형용사·부사의 변화——형용사·부사의 변화는 [형] 또는 [부] 뒤의 ( ) 속에 비교급·최상급의 철자와 발음을 실었읍니다.

[예] [형] (**비교급 bigger** [bígə*r* **비**거], **최상급 biggest** [bígist **비**기스트])

[형] (**비교급 more beautiful, 최상급 most beautiful**)

4. 뜻은 이렇게 찾아 알아둡시다.

[1] 품사——품사는 [명], [대]처럼 약호로 표시했읍니다. 그러나 동사는 자동사·타동사로 나누어 [자], [타]로 표시했으며 이러한 약호는 이 항의 끝에 약호·약기호 일람으로 실어두었읍니다.

[2] 어의——어의에서 비슷한 뜻은 「, 」로 열거했고, 좀 뜻이 바뀔 때에는 「; 」(세미콜론)으로 그리고 상당히 뜻이 바뀔 때에는 **1. 2.** ……로 구별해 놓았읍니다.

[3] 동의어·반의어·참조어——주로 그 뜻의 맨 끝에 동의어는 《동》, 반의어는 《반》, 참조어는 《참고》로 표시했읍니다.

5. 용례 · 숙어 · 성구는 이렇게 이용합시다.

[1] 용례――단어의 예문과 함께 암기하는 일이 중요합니다. 이 사전에서는 모든 표제어에 용례를 실었고 삽화도 곁들여 있으므로 단어를 잘 이해할 수 있습니다. 특히 예문 속에 나온 표제어에 해당하는 단어는 이탤릭체로 했습니다.

[2] 숙어 · 성구――숙어와 성구는 각 품사의 맨 끝에 《숙》이라 하고 이탤릭고딕체로 알파벳순으로 들어 놓았읍니다.

약어 · 약기호 일람

(1) 품사 [명]……명 사 [부]……부 사 [타]……타동사
[대]……대명사 [접]……접속사 [조]……조동사
[관]……관 사 [전]……전치사 [감]……감탄사
[형]……형용사 [자]……자동사

(2) 언어 용법
《미》 미국 용법 《영》 영국 용법 《구어》 구어 용법
《속담》 서양 속담

(3) 참조어 · 기타…… ★ : 발음 주의 ⇒ : …을 보라

* * *

발음기호표

모 음		자 음	
기 호	보 기	기 호	보 기
단 모 음		p ㅍ	**pin** [pín 핀]
iː 이이	**eat** [íːt 이이트]	b ㅂ	**book** [búk 북]
i 이	**hit** [hít 힛]	t ㅌ	**tree** [tríː 트리이]
e 에	**egg** [ég 에그]	d ㄷ	**drink** [dríŋk 드링크]
æ 애	**hat** [hǽt 햇]	k ㅋ	**coin** [kɔ́in 코인]
ɑ 아	**hot** [hɑ́t 핫]	g ㄱ	**good** [gúd 구드]
ɑː 아아	**calm** [kɑ́ːm 카암]	f ㅍ	**fifty** [fífti 피프티]
ɔ 오	**hot** [《영》 hɔ́t 홋]	v ㅂ	**very** [véri 베리]
ɔː 오오	**all** [ɔ́ːl 오올]	θ ㄷ	**month** [mʌ́nθ 먼드]
uː 우우	**pool** [púːl 푸울]	ð ㄷ	**smooth** [smúːð 스무우드]
u 우	**put** [pút 풋]	s ㅅ	**sister** [sístər 시스터]
ʌ 어	**cup** [kʌ́p 컵]	z ㅈ	**zoo** [zúː 주우]
ər 어	**understand** [ʌ̀ndərstǽnd 언더스탠드]	ʃ 시	**push** [púʃ 푸시]
		ʒ 지	**usual** [júːʒuəl 유우주얼]
ə 어	**ago** [əgóu 어고우]	tʃ 치	**church** [tʃə́ːrtʃ 처어치]
əːr 어어	**bird** [bə́ːrd 버어드]	dʒ 지	**bridge** [brídʒ 브리지]
ɔːr 오오	**door** [dɔ́ːr 도오]	h ㅎ	**who** [húː 후우]
중 모 음		m ㅁ	**him** [hím 힘]
		n ㄴ	**final** [fáinl 파이늘]
ei 에이	**eight** [éit 에이트]	ŋ ㅇ	**ink** [íŋk 잉크]
ai 아이	**ice** [áis 아이스]	l ㄹ	**little** [lítl 리틀]
ɔi 오이	**oil** [ɔ́il 오일]	r ㄹ	**root** [rúːt 루우트]
au 아우	**hat** [hǽt 햇]	j 이	**year** [jíər 이이어]
ou 오우	**old** [óuld 오울드]	w 우	**we** [wíː 위이]
iər 이어	**hear** [híər 히어]		
ɛər 에어	**air** [ɛ́ər 에어]		
uər 우어	**poor** [púər 푸어]		

A

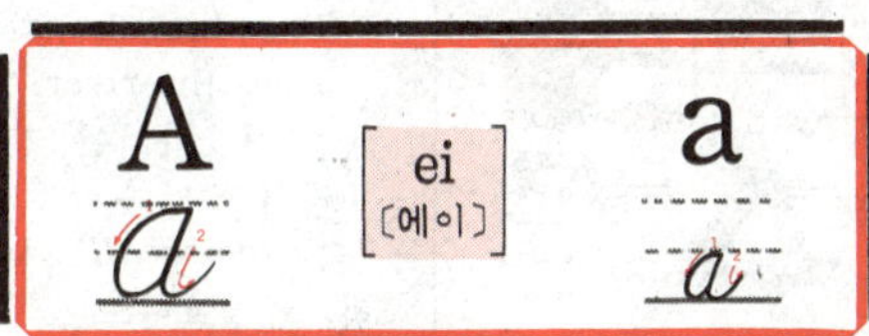

***a** [ə 어, (강조할 때) éi 에이]
㉮ 《자음으로 시작되는 명사 앞에 붙인다. *a* boy, 발음상 모음으로 시작되는 명사 앞에는 an을 쓴다. *an* apple, *an* hour》 (⇒an, the)
㉮ 1. **하나의** 《한 개, 두 개, 세 개로 셀 수 있는 것 앞에 붙이는데, 보통은 「하나의」라고 번역하지 않아도 된다》
I am *a* student.
나는 학생입니다.

㉮ 2. 하나의 《one의 뜻이며 특히 수량을 나타낼 때에는 보통은 「하나의」라고 번역한다》
I had *a* cup of coffee.
나는 코오피를 한 잔 마셨다.
㉮ 3. **…이라는 것은** 《any의 약한 뜻》
A dog is useful.
개라는 것은 쓸모가 있다.
㉮ 4. **…마다**
He gets 15,000 won *a* day.
그는 하루에 15,000원 번다.

ab·bey [ǽbi 애비]
㉯ (**복수 abbeys** [ǽbiz 애비즈]) 큰 사원, 승원
Westminster *Abbey* is in London.
웨스트민스터 사원은 런던에 있다.

‡a·ble [éibl 에이블]
㉱ 1. **…할 수 있는**
《숙》 ***be able to*** (do) …할 수 있다(《동》 can)
I will *be able to* do it tomorrow.
나는 내일 그것을 할 수 있을 것이다.
㉱ 2. 《명사 앞에 써서》 **능력이 있는**, 수완이 있는

***a·bout** [əbáut 어바우트]
㉲ 1. **…의 둘레에〔를〕** (《동》 around)
Look *about* you.
주위를 조심하시오.
I walked *about* the street.
나는 거리를 걸어다녔다.

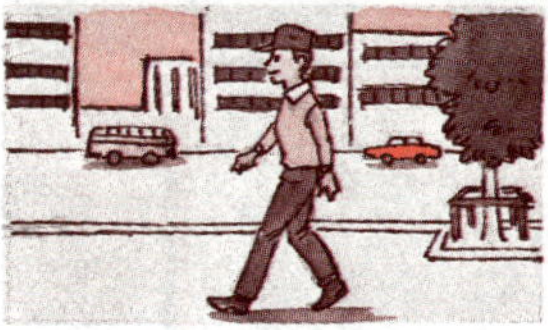

[전] 2. **…에 관하여** (《동》 of)
We talk *about* our day.
우리는 우리들의 하루에 대하여 이야기합니다.

[전] 3. **신변에,** 가까이 (《동》 with)
Have you any money *about* you?
돈을 가지고 있읍니까?

[부] 1. **둘레를, 주위에** (《동》 around)
He likes to walk *about*.
그는 걸어다니기를 좋아한다.

[부] 2. **약,** 대략 (《동》 nearly)
It is *about* 3,000 won.
그것은 약 3,000 원이다.

《숙》 ***be about to*** (=be going to) (do) 막 …하려고 하다
She *was about to* start.
그녀는 막 출발하려 하고 있었다.

**a·bove [əbʌ́v 어버브]

[전] **…의 위에〔로, 를〕** 《on 은 물건과 닿아서 위에, over는 바로 위에, above는 높낮이를 나타낸다》

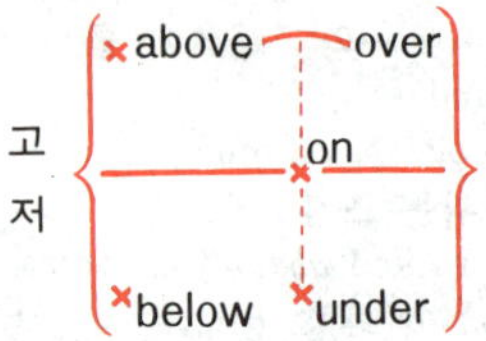

(《반》 below …의 아래에)
The branch is hanging low *above* the river.
그 나뭇가지는 강 위로 낮게 드리워져 있다.

《숙》 ***above all*** 여럿 가운데서 특히, 무엇보다도
Above all, be honest.
무엇보다도 정직하여라.

[부][형] 위에, 위의

a·broad [əbrɔ́:d 어브로오드]

[부] **외국에〔으로〕** (《반》 home 본국에〔으로〕)
I shall go *abroad* next month.
나는 내달에 외국에 갑니다.

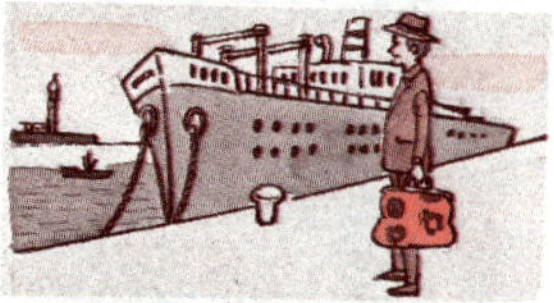

I traveled *abroad* last year.
나는 작년에 해외 여행을 했다.

ac·cord·ing [əkɔ́:rdiŋ 어코오딩]

[부] 1. **…에 의하면** (~ to)
According to the newspapers, there was much snow in Cheju-do last night.
신문 보도에 의하면 어제밤 제주도에 많은 눈이 내렸다 한다.

[부] 2. **…에 따라서,** …대로 (~ to)
You must live *according to*

your income.

너는 수입에 맞추어 살아야 한다.

㊊ 3. …**에 맞게**, …에 따라서 (~ *as*)

You will be paid *according as* you work hard or not.

당신이 얼마나 열심히 일하는가에 따라 응분의 보수를 받을 것입니다.

《according to는 다음에 명사(또는 대명사)가 오고, according as는 다음에 절이 온다》

⁑a·cross [əkrɔ́:s 어크로오스]

㊋ 1. …**을 가로질러**, 넘어로(《반》 along …을 따라)

He went *across* a big river.

그는 큰 강을 건너 갔다.

There was a bridge *across* the river.

강에는 다리가 건너 놓여 있었다.

㊋ 2. …**의 저쪽**〔**편**〕**에**

Her house is just *across* the street.

그 여자의 집은 거리의 바로 저쪽에 있다.

《숙》 ***come***(또는 ***run***) ***across*** ~ (사람을) 우연히 만나다, (…이) 문득 생각나다

A good idea *came across* my mind.

좋은 생각이 머리에 떠올랐다.

《숙》 ***go across*** ~ …을 건너다

He *went across* the bridge.

그는 다리를 건너 갔다.

⁑act [ækt 액트]

㊔ (**복수 acts** [ækts 액츠])

㊔ 1. **행위** (《동》 deed)

It is an *act* of kindness.

그것은 친절한 행위입니다.

㊔ 2. 법령 (《동》 law)

㊔ 3. (극의) 막

Act I, Scene iii.

제 1 막 제 3 장.

㊌㊍ (**3 단현 acts** [ækts 액츠], **과거·과거 분사 acted** [æktid 액티드], **현재 분사 acting** [æktiŋ 액팅])

㊌ 1. …와 같이 행동하다, 행하다 (《동》 do)

Why are you *acting* the fool?

왜 너는 바보 짓을 하고 있니?

㊌ 2. (연극을) 상연하다, (역을) 맡아 하다 (《동》 play)

He *acted* the part of Hamlet.

그는 햄릿으로 출연하였다.

add [æd 애드]

㊌㊍ (**3 단현 adds** [ædz 애즈], **과**

A

거·과거 분사 added [ǽdid 애디드], 현재 분사 adding [ǽdiŋ 애딩])
[타] 더하다, 보태다 (《동》 join)
If you *add* 6 to 9, you get 15.
9에다 6을 더하면 15가 된다.

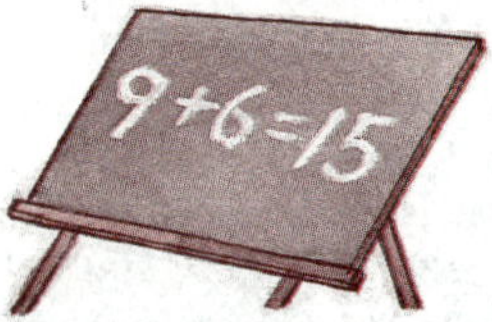

[자] 더하다 (～ *to*)
The wonderful view *added to* our pleasure.
경치가 훌륭하여 더욱 즐거웠다.

ad·mi·ral [ǽdmərəl 애드머럴]
[명] (복수 admirals [ǽdmərəlz 애드머럴즈])
해군 대장, 제독
His father is an *admiral*.
그의 아버지는 해군 대장이다.

ad·mire [ədmáiər 어드마이어]
[타] (3단현 admires [ədmáiərz 어드마이어즈], 과거·과거 분사 admired [ədmáiərd 어드마이어드], 현재 분사 admiring [ədmáiəriŋ 어드마이어링])
칭찬하다, 감탄하다, 탄복하다
He *admired* the girl for her courage.
그는 그 소녀의 용기를 칭찬하였다.

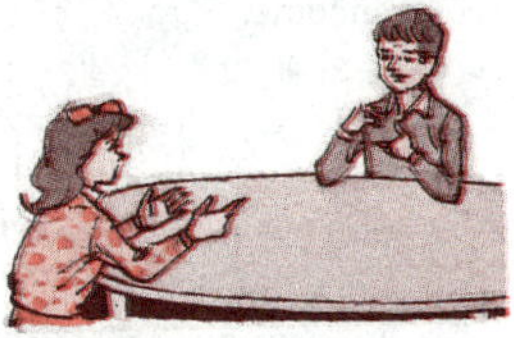

ad·vise [ədváiz 어드바이즈]
[타] (3단현 advises [ədváiziz 어드바이지즈], 과거·과거 분사 advised [ədváizd 어드바이즈드], 현재 분사 advising [ədváiziŋ 어드바이징])
충고하다, 조언하다 (《동》 give advice to)
She *advised* me with her heart.
그녀는 충심으로 나에게 충고했다.

**a·fraid [əfréid 어프레이드]
[형] 1. 무서워하여, **두려워하여** 《명사 앞에는 쓰이지 않는다. 또 very afraid 라고는 하지 않고 much afraid 라고 한다》
He was *much afraid* to go alone.
그는 혼자 가는 것을 몹시 두려워하였다.

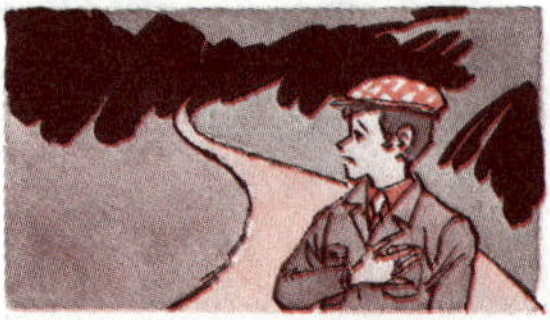

[형] 2. **걱정하여, 근심하여**

I am *afraid* we are late.
지각하지 않을지 모르겠다.
《근심되는 것, 상대방을 어려워하는 기분 따위를 나타내며, 말씨를 부드럽게 하는 데 쓰인다》
《숙》 ***be afraid of*** ～ …을 두려워하다, 무서워하다
The rat *is afraid of* the cat.
쥐는 고양이를 두려워한다.

*af·ter [ǽftər 애프터]

㊇ **뒤에(서)** (《동》 behind)
It happened three months *after*.
그것은 3개월 후에 일어났다.
㊈ **1.** **…의 뒤에**, …의 후〔나중〕에 (《반》 before …의 앞에)
After lunch, we go out and play.
점심 식사 후에 우리는 밖으로 나가서 놉니다.
㊈ **2.** …을 뒤좇아, …을 구하여 (《동》 in search of)
He ran *after* the dog.
그는 그 개 뒤를 좇았다.

《숙》 ***after all*** 결국
After all he failed.
결국 그는 실패하였다.
《숙》 ***one after another*** 뒤를 이어, 연달아, 잇달아, 자꾸
All his plans have failed *one after another*.
그의 계획은 연달아 실패하였다.
《숙》 ***one after the other*** 번갈아 (《「연달아」의 뜻으로 쓰는 것은 잘못》)
They stood up *one after the other*.
그들은 번갈아 일어섰다.
㊉ (…한) 후에, **다음에**
I left *after* he arrived.
나는 그가 도착한 후에 떠났다.

*af·ter·noon [æ̀ftərnúːn 애프터누운]

㊊ **오후, 하오**(下午)
School ends in the *afternoon*.
수업은 오후에 끝난다.

on Monday *afternoon* 월요일 오후에
yesterday(this, tomorrow) *afternoon* 어제(오늘, 내일) 오후에
every Saturday *afternoon*
매주 토요일 오후에
《막연히 「오후에」라고 할 경우는 in, 특별한 날의 「오후에」는 on, 또 yesterday, this 따위가 붙으면 전치사없이 부사구가 된다》
《숙》 ***Good afternoon!***
1. [gud æftərnúːn 구드 애프터누운] 안녕하십니까. 《오후의 인사》

A

2. [gúd æftərnú:n 구드 애프터누운] 안녕히 가십시오. 《오후에 헤어질 때의 인사》

*__a·gain__ [əgén 어겐]

㊇ 1. **다시, 또,** 한번 더 (《동》 once more)

See you *again*.

다시 만납시다. 〔안녕!〕

Let's go there *again* this fall.

이번 가을에 다시 거기에 가자.

㊇ 2. 본래의 자리에, 본디대로

My sister has returned home *again*.

누이는 다시 집에 돌아 왔읍니다.

He got well *again*.

그는 건강을 회복하였다.

《숙》 ***again and again*** 몇 번이고

She read it *again and again*.

그 여자는 몇번이고 되풀이하여 그것을 읽었다.

《숙》 ***once again*** 한번 더

Once again, please.

한번 더 부탁합니다.

*__a·gainst__ [əgénst 어겐스트]

㊈ 1. …을 **향하여,** 을 **거슬러,** 을 등지고, 에 반대하여

The car ran *against* a rock.

그 자동차는 바위에 부딪쳤다.

The ship was sailing *against* the wind.

그 배는 바람에 거슬러 항행하고 있었다.

Are you *against* the plan?

그 안에 반대합니까?

㊈ 2. …에 대하여, …을 배경으로 하여, …에 맞서서〔대항하여〕

The house looked pretty *against* the evening sky.

그 집은 저녁 하늘을 배경으로 하여 아름답게 보였다.

Korea played *against* Brazil.

한국은 브라질을 상대로 경기를 했읍니다.

**__a·go__ [əgóu 어고우]

㊇ 지금부터 …전에, …**이전에**

《ago는 지금부터 전에, before는 과거의 어느 때 이전에라는 뜻으로 쓰이고, ago는 언제나 기간을 나타내는 명사 또는 부사를 앞에 두며, 완료형에는 쓰이지 않는다》

It rained three days *ago*.
사흘 전에 비가 왔다.
She was born ten years *ago*.
그녀는 10년 전에 태어났다.
He was very weak until some years *ago*.
몇 년 전까지 그는 퍽 허약하였다.
《숙》 ***long ago*** 오래 전에, 옛날에
He went over to England *long ago*.
그는 오래 전에 영국에 갔다.

****a·gree** [əgríː 어그리이]
㉮ (**3단현 agrees** [əgríːz 어그리이즈], **과거·과거 분사 agreed** [əgríːd 어그리이드], **현재 분사 agreeing** [əgríːiŋ 어그리이잉])
㉮ **1. 동의하다,** (남과) 의견이 일치하다(~ *with* a person), 성미에 맞다
We all *agreed* about the matter.
그 일에 대하여 우리 모두 의견이 일치하였다.

The old man's oldest son *agreed* with me.
그 노인의 맏아들은 내 의견에 동의했다.
㉮ 2. 승인하다, 승낙하다(~ *to* 또는 *to* do)
He has *agreed* to do the task.
그는 그 일을 하기로 승낙했다.

****air** [ɛ́ər 에어]
㉰ **1. 공기**
Fish use the *air* bag in their bodies.
물고기들은 그들의 몸 안에 있는 공기 주머니를 이용한다.
㉰ **2.** 공중, **하늘**
A bird is flying high up in the *air*.
새가 하늘 높이 날고 있다.

《숙》 ***by air*** 비행기로
He has traveled round the world *by air*.
그는 비행기로 세계 일주 여행을 하였다.
《숙》 (***a***) ***change of air*** 전지(轉地)
He went to Pusan for *a change of air*.
그는 부산으로 전지하였다.
《숙》 ***in the open air*** 옥외에서
It is good for the health to play *in the open air*.
옥외에서 노는 것은 건강에 좋다.

****air·line** [ɛ́ərlain 에얼라인]
㉰ (**복수 airlines** [ɛ́ərlainz 에얼라인즈])

명 1. 정기 항공로
The *airline* from Seoul to Tokyo was established.
서울에서 동경까지의 정기 항공로가 개설되었다.
명 2. 《종종 복수형으로》 정기 항공 회사

***air·plane** [ɛ́ərplein 에어플레인]
명 (복수 **airplanes** [ɛ́ərpleinz 에어플레인즈])
《미》 **비행기** 《영국에서는 aeroplane [ɛ́ərəplein 에어러플레인]》
I have model *airplanes.*
나는 모형 비행기들을 가지고 있읍니다.

《숙》 ***by airplane*** 비행기로
He went to America *by airplane.*
그는 비행기로 미국에 갔다.

---

air·port [ɛ́ərpɔːrt 에어포오트]

명 (복수 **airports** [ɛ́ərpɔːrts 에어포오츠])
공항, 비행장
Kimp'o *airport* is the largest in Korea.
김포 공항은 한국에서 가장 크다.

---

a·larm [əlɑ́ːrm 얼라암]
명 (복수 **alarms** [əlɑ́ːrmz 얼라암즈])
경보
An *alarm* was given.
경보가 발해졌다.

***all** [ɔ́ːl 오올]
형 **전부의**, 모든
All the boys were there.
소년들은 모두 와 있었다.

《숙》 ***all day*** (***long***) 하루 종일
The child played *all day* (*long*).
그 아이는 하루 종일 놀았다.
대 **전부**, 모두
We are *all* good friends.
우리는 모두 좋은 친구들입니다.
《숙》 ***above all*** 무엇보다도, 그 중에서도
Above all, be honest.
무엇보다도 정직하여라.
《숙》 ***after all*** 결국

She did not come *after all.*
결국 그 여자는 오지 않았다.
《숙》 ***at all*** 《의문문 · 조건문에 써서》 조금이라도, 적어도
If you do it *at all*, do it well.
적어도 그것을 하려면 훌륭히 해라.
《숙》 ***first of all*** 우선 먼저, 맨먼저
She did it *first of all.*
그 여자가 그것을 맨먼저 하였다.
《숙》 ***in all*** 모두 다 해서, 통틀어
I have three apples *in all.*
모두 다 해서 나는 사과 세 개를 가지고 있다.
《숙》 ***not ~ at all*** 조금도 …아니다
I am *not* tired *at all.*
나는 조금도 피곤하지 않다.

**al·low [əláu 얼라우]

[타] (3단현 **allows** [əláuz 얼라우즈], **과거 · 과거 분사 allowed** [əláud 얼라우드], **현재 분사 allowing** [əláuiŋ 얼라우잉])
허락하다, 하는 대로 내버려 두다, (일정액을) 주다
I *allowed* him to marry my daughter.
나는 그가 내 딸과 결혼할 것을 허락했다.

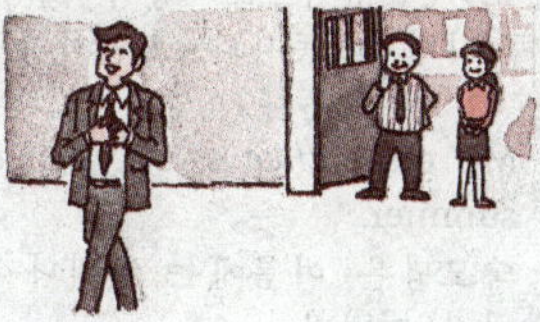

Smoking is not *allowed* here.
여기서는 금연으로 되어 있다.
My uncle *allows* me ten dollars a month.
아저씨는 매달 나에게 10달러를 줍니다.

*al·most [ɔ:lmóust 오올모우스트]

[부] **거의,** 거지반 (《동》 nearly)
It's *almost* lunch time.
거의 점심시간이 되었읍니다.

**a·long [əlɔ́:ŋ 얼로옹]

[전] …을 따라서, …을 좇아
The road runs *along* the river.
그 길은 강을 따라 뻗어 있다.

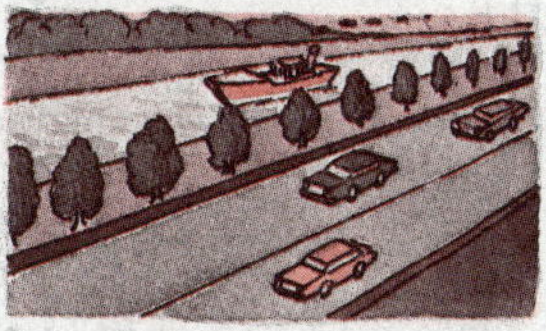

The ship is sailing *along* the coast.
그 배는 해안을 따라서 항해하고 있다.
[부] (…을) 따라서, 훨씬
A man came *along.*
사람이 왔다.
《숙》 ***along with*** …와 함께, …에 더하여
I will go *along with* you.
너와 함께 가겠다.
《숙》 ***get along*** 지내다
How are you *getting along?*

A

어떻게 지내십니까?

al·pha·bet [ǽlfəbet 앨퍼벳]

㊎ 알파벳, 초보, 입문

ABCDEFGHI
JKLMNOPQR
STUVWXYZ

The Roman *alphabet* is easy to learn.

로마자는 배우기 쉽다.

⁑**al·read·y** [ɔːlrédi 오올레디]

㊍ 이미, 벌써 (《반》 yet 아직)

They have *already* played two games.

그들은 이미 두 시합을 끝마쳤다.

Are you leaving *already?*

당신은 벌써 떠나려고 합니까?

It is *already* dark.

벌써 어두워졌다.

《의문문·부정문중에서는 「이미」라는 뜻으로 yet을 쓴다》

Has the bell rung *yet?*

종이 벌써 울렸니?

The bell has not rung *yet.*

종은 아직 울리지 않았다.

⁑**al·so** [ɔ́ːlsou 오올소우]

㊍ (…도) **또한,** 또 《too와 같은 뜻, 구어에서는 too를 더 많이 쓴다》

This book *also* is mine.

(=This book is mine, too.)

이 책도 내것이다.

She was *also* happy.

그 여자도 또한 행복했다.

《숙》 ***not only*** ∼ ***but*** (***also***) ∼ 《부분 부정》 …뿐만 아니라 …(도) 또한

He is *not only* a good pupil, *but also* a good son.

그는 착한 학생일 뿐만 아니라 또한 착한 아들이다.

***al·ways** [ɔ́ːlwiz 오올위즈]

㊍ 늘, **언제나** (《반》 sometimes 때때로) 《일반적으로 동사 앞에 온다. 다만 be동사와 조동사의 경우는 그 뒤에 온다》

My aunt *always* stays here in summer.

숙모님은 여름에는 언제나 이곳에서 지낸다.

You are *always* late.
너는 언제나 지각한다.
《숙》 ***not always*** ～ 《부분 부정》 반드시 …하지는 않다, 언제나 …하는 것은 아니다
The rich are *not always* happy.
부자라고 반드시 행복한 것은 아니다.

***am** [əm 엄, (강) æm 앰]
㉶ (**과거 was** [wəz 워즈], **과거 분사 been** [bí(:)n 비인], **현재 분사 being** [bí:iŋ 비이잉])
《be의 1인칭·단수·현재》《성질·상태를 표시하여》 **…이다,** 《존재를 표시하여》 **…있다**
I *am* a girl. 나는 소녀입니다.

I *am* in my study.
나는 내 서재 안에 있습니다.
㉬ 1. 《am+ing로 진행형을 만든다》 …하고 있다
I *am* read*ing* a book.
나는 책을 읽고 있다.
㉬ 2. 《am+타동사의 과거 분사로 수동을 나타낸다》 …되다, …하여지다, …받다
I *am* loved by my mother.
나는 어머니의 사랑을 받는다.

a·maz·ing [əméiziŋ 어메이징]
㉻ 놀랄 만한, 굉장한
The news was very *amazing*.
그 소식은 매우 놀랄 만했다.

a·mong [əmʌ́ŋ 어멍]
㉽ (셋 이상의 것) **중에(서),** 사이에
Su-mi is the most beautiful girl *among* us.
우리들 중에서 수미가 제일 예쁘다.
A bird is singing *among* the leaves.
새가 나뭇잎 사이에서 울고 있다.

《두 가지〔시간〕 사이는 between ～ and ～로 나타낸다》

***an** [ən 언, (강) æn 앤]
㉾ 《발음이 모음으로 시작되는 명사 앞에 붙인다》 (⇒ a) 《부정관사》 **하나의**
This is *an* egg.

A

이것은 (하나의) 달걀이다.

an·ces·tor [ǽnsistər 앤시스터]

㉠ (복수 **ancestors** [ǽnsistərz 앤시스터즈])

조상(祖上), 선조(先祖)

We must succeed our *ancestor*'s work.

우리는 조상의 업적을 계승해야 한다.

an·cient [éinʃənt 에인션트]

㉡ 옛날의, 고대의(《동》 very old)

We learned our *ancient* history.

우리는 고대사를 배웠다.

***and** [ənd 언드, (약) ən 언, (강) ǽnd 앤드]

㉢ 1. …와 …, **그리고**

Two *and* three make five.

2 더하기 3은 5가 된다.

They are Mr. *and* Mrs. Baker.

그들은 베이커씨와 베이커여사입니다.

㉢ 2. …하고 그리고서는

He bowed *and* went away.

그는 절을 하고는 가버렸다.

㉢ 3. 《명령문 다음에 사용하여》 **그렇게 하면** (⇒or (그렇지 않으면))

Hurry up, *and* you will catch the train.

서둘러라, 그러면 기차를 탈 수 있을 것이다.

㉢ 4. 《come, go, try 따위를 다른 동사와 결합시켜 to를 대신한다》 …하기 위하여

Come *and* see me.

놀러 오십시오.

㉢ 5. 《분리 못할 밀접한 관계를 나타낸다》

bread *and* butter [brédnbʌ́tər 브레든버터] 버터 바른 빵

man *and* wife 부부

《숙》 ***and so*** 그러므로

She is sick, *and so* she cannot work.

그 여자는 아프므로 일을 할 수 없다.

《숙》 ***and so on*** (또는 ***forth***) …따위

She gave me an apple, two oranges, three pears *and so on.*

그 여자는 나에게 사과 한 개, 오렌지 두 개, 배 세 개 따위를 주었다.

《숙》 ***between ~ and ~*** …와 …의 사이에 (⇒between)

《숙》 ***both ~ and ~*** … 둘 다(⇒both)

《숙》 ***by and by*** 차차(⇒by)
《숙》 ***now and then*** 때때로 (⇒ now)

***an·gry** [æŋgri 앵그리]
㊗ (비교급 **angrier** [æŋgriər 앵그리어], 최상급 **angriest** [æŋgriist 앵그리이스트])
성난, 화를 낸 《사물에 대해 쓰일 때에는 about, at을 쓰고, 사람에 대해 쓰일 때에는 with를 쓰는 것이 보통》
《숙》 ***be*** (또는 ***feel***) ***angry*** 성을 내고 있다
He *is angry about* it.
그는 그 일로 성을 내고 있다.

She *is angry with* me.
그 여자는 나에게 화를 내고 있다.
《숙》 ***become*** (또는 ***get, grow***) ***angry*** 성을 내다
Don't *get angry* over little things.
사소한 것으로 성을 내지 말아라.

***an·i·mal** [ænəml 애너믈]
㊐ (**복수 animals** [ænəmlz 애너믈즈])
lower *animals* 하등 동물
wild *animals* 야수
There are many *animals* in the zoo.
동물원에는 짐승들이 많다.

an·ni·ver·sa·ry [ænəvə́:rsəri 애너버어서리]
㊐ (**복수 anniversaries** [ænəvə́:rsəriz 애너버어서리즈])
(매년의) 기념일, 기념제
Today is the 60th *anniversary* of my birth.
오늘은 나의 환갑날이다.
㊗ 매년 행하여지는, 기념일〔제〕의

***an·oth·er** [ənʌ́ðər 어너더]
㊗ **1. 또 하나〔한 사람〕의** (《참고》 other 다른)
Please have *another* cup of coffee.
코오피를 한 잔 더 드십시오.

Lincoln High School scored *another* goal.
링컨 고등학교는 또 한 점을 기록했읍니다.
㊗ **2.** 다른
Show me *another* cap.
다른 모자를 보여 주시오.
㊕ **또 하나, 또 한 사람**
Give me *another*.

A

하나 더 주시오.
《숙》 ***one after another*** 한 사람 한 사람, 차례차례로
The boys jumped into the pool *one after another.*
소년들은 차례차례로 푸울 속에 뛰어 들었다.
《숙》 ***one another*** 서로
《주로 세 사람 이상의 사이에서 사용된다. 둘 사이는 each other》
They love *one another.*
그들은 서로 사랑하고 있다.

*__an·swer__ [ǽnsər 앤서]
㊉ (**3단현 answers** [ǽnsərz 앤서즈], **과거·과거 분사 answered** [ǽnsərd 앤서드], **현재 분사 answering** [ǽnsəriŋ 앤서링])
대답하다, 답변을 하다(《동》 reply, 《반》 ask 묻다)
Then I *answer,* "All right, I'm trying, Mother."
그러면 나는 "좋아요, 저도 노력하고 있어요, 엄마" 하고 대답합니다.
She *answered* my questions.
그 여자는 내 질문에 답하였다.

㊔ (**복수 answers** [ǽnsərz 앤서즈])
답, 답변, 회답 (《동》 reply, 《반》 question 물음)
She gave me no *answer.*
그 여자는 아무 대답도 하지 않았다.

*__ant__ [ǽnt 앤트]
㊔ (**복수 ants** [ǽnts 앤츠])
〖곤충〗 **개미**

an·them [ǽnθəm 앤덤]
㊔ 찬송가, 축가, 성가
Every nation has a national *anthem.*
나라마다 국가가 있다.

anx·ious [ǽŋkʃəs 앵크셔스]
㊙ 1. 근심하는, 걱정되는(～ *about*)
I feel *anxious about* my sisters.
나의 여동생들 일이 근심된다.

㊙ 2. 열망하는(～ *for, to* do)
I am *anxious for* a car.
나는 자동차가 몹시 갖고 싶다.
He is *anxious* to know the result.
그는 그 결과를 몹시 알고 싶어 한다.

**__an·y__ [éni 에니]
㊙ 1. 《의문문·조건문에 써서》
무슨, 무엇이든, 누구든

Do you know *any* French song?
프랑스 노래를 아는 것이 있읍니까?
If *any* person calls, what shall I say?
누가 찾아오면 뭐라고 말할까요?

㊀ 2. 《부정문에 써서》 아무것도, 하나도, 조금도, 아무도
She didn't stop at *any* stores on the way.
그녀는 도중에 어떤 가게에도 들르지 않았다.

㊀ 3. 《긍정문에 써서》 어떤, 무엇이든
Any girl can do it.
어떤 소녀라도 그것을 할 수 있다.

㊇ 1. 《조건문에 써서》 조금이라도
If you are *any* better, come and see me.
조금이라도 기분이 좋아지면 놀러 오시오.

㊇ 2. 《부정문에 써서》 조금도
He could not go *any* farther.
그는 조금도 더 갈 수 없었다.

《숙》 ***not ~ any longer*** 더는 …하지 않다, 이제는 …이 아니다
I do *not* sing *any longer*.
이제 더이상 나는 노래를 부르지 않는다.

****an·y·bod·y** [énibadi 에니바디]
㊉ **누군가, 아무도, 누구든지**(《동》 anyone, 《참고》 somebody 누군가)
《의문문 · 조건문 · 부정문 · 긍정문에 있어서의 용법은 any 와 같다》
I did not meet *anybody*.
나는 아무도 만나지 않았다.
If *anybody* comes here, please ask him to wait.
만일 누가 이곳에 찾아오면 기다리라고 말해주시오.
Does *anybody* know him?
누가 그 사람을 아는 사람이 있읍니까?

Anybody can do it.
그것은 누구나 할 수 있다.

an·y·one [éniwʌn 에니원]
㊉ **누군가, 아무도, 누구든지**
(《참고》 someone 누군가)
《용법은 anybody 와 같으나 *anyone* 이 더 점잖은 말》
Is *anyone* absent?
결석한 사람이 있읍니까?
Anyone can answer the question.
누구라도 그 문제에 답할 수 있다.

A

***an·y·thing** [éniθiŋ 에니딩]
㉹ **무엇이고,** 아무것도 (…없다), **무엇이든지**
《의문문 · 조건문 · 부정문 · 긍정문 따위에 있어서의 용법은 any와 같다》
If *anything* happens, please call John.
무슨 일이 일어나면 존을 부르시오.
Can I do *anything* for you, sir?
《손님에게》 무엇을 드릴까요?

****an·y·way** [éniwei 에니웨이]
㊄ 아뭏든, 하여튼, 어떻게 해서든 (《동》 anyhow)
But *anyway* it is an interesting game.
그러나 어쨌든 그것은 재미있는 시합이다.

an·y·where [éni(h)wɛər 에니(훼)웨어]
㊄ **어딘가에, 어디든지,** 아무데도
Did you go *anywhere* yesterday?
어제 어딘가에 갔읍니까?

ap·pear [əpíər 어피어]
㉶ (**3 단현 appears** [əpíərz 어피어즈], **과거 · 과거 분사 appeared** [əpíərd 어피어드], **현재 분사 appearing** [əpíəriŋ 어피어링])
㉶ **1. 나타나다** (《동》 come out, 《반》 disappear 사라지다), 나오다
A rainbow *appeared* before us.
무지개가 우리들 앞에 나타났다.
㉶ **2. …와 같이 보이다,** …인 듯하다(《동》 seem, look)
He *appears* (to be) young for his age.
그는 나이에 비하여 젊어 보인다.
He *appears* to be rich.
그는 부자인 듯하다.

***ap·ple** [æpl 애플]
㉺ (**복수 apples** [æplz 애플즈])
사과
I have three *apples*.
나는 세개의 사과를 가지고 있다.
This *apple* is red.
이 사과는 빨갛다.

***are** [ər 어, (강) á:r 아아]
㉶ (**과거 were** [wə́:r 워어], **과거 분사 been** [bí(:)n 비인], **현재 분사 being** [bí:iŋ 비이잉])
《1, 2, 3 인칭 · 복수 · 현재, 단 2 인

칭에서는 단수에도 쓰인다》
《성질 · 상태를 표시하여》 …**이다,**
《존재를 표시하여》 …**있다**

They *are* happy.
그들은 행복하다.
Many books *are* on the desk.
책상 위에 책이 많이 있다.

㊀ **1.** 《are+ing로 진행형을 만든다》
The children *are running*.
아이들은 달리고 있다.

㊀ **2.** 《are+동사의 과거 분사로 수동형을 만든다》 …당하다, …되다
They *are called* American Indians.
그들은 아메리칸 인디언이라고 불리운다.

ar·e·a [ɛ́(:)riə **에**(에)리어]
㊔ (**복수 areas** [ɛ́(:)riəz **에**(에)리어즈])
면적, 지역, 평지 (《동》 space)
The *area* is wide enough to build my house.
그 평지는 내 집을 지을 정도로 넓다.

****arm** [ɑ́:rm **아**암]
㊔ (**복수 arms** [ɑ́:rmz **아**암즈])
팔
the upper *arm* 상박

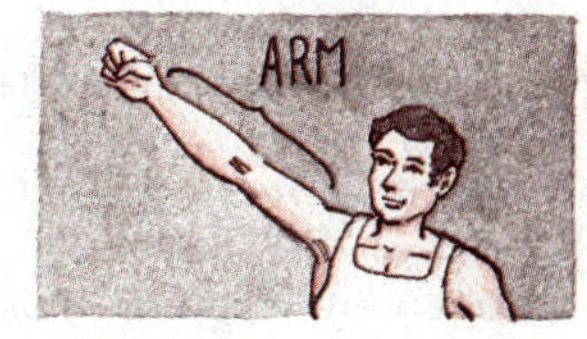

He is walking with a book under his *arm*.
그는 책을 겨드랑이밑에 끼고 걷고 있다.
He held the flag in his *arms*.
그는 양팔로 기를 안았다.

《숙》 ***arm in arm*** 팔짱을 끼고
They are walking *arm in arm*.
그들은 팔짱을 끼고 걷고 있다.

ar·my [ɑ́:rmi **아**아미]
㊔ **1.** **육군** (《반》 navy 해군, air force 공군)
army and navy 육해군
My brother is in the *army*.
형은 육군에 있다.

㊔ **2.** 군대
We have brought up the powerful *army*.
우리는 강력한 군대를 길러왔다.

***a·round** [əráund 어**라**운드]
㊕ 둘레를, 주변에, **빵돌아**, 사방에

A

She looked *around*.
그 여자는 주위를 둘러보았다.
I found nobody *around*.
주위에는 아무도 없었다.
《숙》 ***all around*** 사방에
There were people *all around*.
사방에 사람들이 있었다.
㉑ **1. …의 주위에,** …을 에워싸 (round)
We sat *around* the fire.
우리들은 불 주위에 둘러 앉았다.

There are many trees *around* the playground.
운동장 주위에는 많은 나무들이 있읍니다.
The dog ran *around* the cherry tree.
그 개는 벚나무 주위를 뛰었다.
㉑ **2. …을 돌아서**
The thief disappeared *around* the corner.
그 도둑은 그 모퉁이에서 사라졌다.

---

ar·rive [əráiv 어라이브]

㉮ (**3 단현 arrives** [əráivz 어라이브즈], **과거·과거 분사 arrived** [əráivd 어라이브드], **현재 분사 arriving** [əráiviŋ 어라이빙])
㉮ 1. 다다르다, **도착하다** (～ *at, in*)
《어떤 장소·마을·읍 따위에는 at, 대도시나 나라 따위에는 in을 쓴다》
He *arrived at* a village.
(=He reached (또는 got to) a village.)
그는 마을에 도착했다.

She *arrived* in Seoul last night.
그녀는 어제밤에 서울에 도착했다.
The bus will *arrive* here at 6:50.
버스는 6시 50분에 이곳에 도착합니다.
㉮ **2.** (나이·시기·결론 따위에) 달하다, (때가) 오다
The time has *arrived* for me to leave.
내가 떠날 시간이 왔다.

---

art [ɑ́:*r*t 아아트]

㉰ (**복수 arts** [ɑ́:*r*ts 아아츠])
㉰ **1. 미술, 예술**
a work of *art* 미술품
Korean *art* was much developed.
한국의 예술은 매우 발달하였다.
㉰ **2.** 기술, 기교, 기능
She knows the *art* of making clothes.

그 여자는 옷 만드는 기술을 알고 있다.

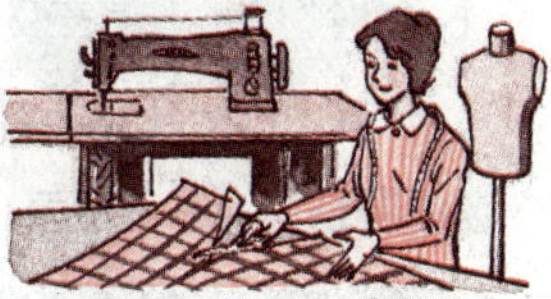

《숙》 ***the fine arts*** 미술, 예술

⁎art·ist [á:rtist 아아티스트]

[명] (**복수 artists** [á:rtists 아아티스츠])
예술가, 화가, 미술가

She is a little *artist*.
그녀는 어린 미술가이다.

⁎as [əz 어즈, (강) æz 애즈]

[접] 1. …와 같이
Do *as* you like.
너 하고 싶은 대로 해라.

[접] 2. **…하고 있을 때, …하면서,** …하는데 따라
As he was going home, it began to rain.
그가 집에 가는 도중에 비가 오기 시작했다.

[접] 3. …이므로, …하므로
As he is rich, he looks happy.
그는 부자이므로 행복하게 보인다.

[전] …으로서
I like him *as* a friend.
나는 그를 친구로서 좋아한다.

[부] 《***as*** ~ ***as*** 로 많이 쓰인다. 이 경우 앞의 as는 부사, 뒤의 as는 접속사》 …와 같이

[대] 《관계 대명사》 《선행사로 ***such, the same, as***를 동반하여》 …와 같은 …
Such a man *as* Tom will surely succeed.
톰과 같은 사람은 반드시 성공할 것이다.

《숙》 ***as*** ~ ***as*** ~ …와 같은 정도로 …, …만큼〔처럼〕
《부정은 대개 not so ~ as ~가 된다》
He is *as* tall *as* my brother.
그는 내 형만큼 키가 크다.

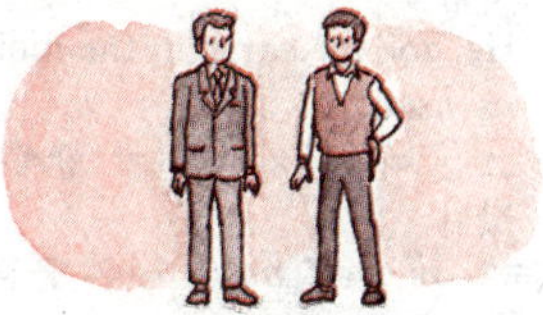

《숙》 ***as*** ~ ***as*** ~ ***can*** (또는 ***as*** ~ ***as possible***) 될 수 있는 한
I will do it *as* quickly *as* I *can*.
그것을 될 수 있는 한 빨리 하겠다.

《숙》 ***as far as*** ~
1. …의 한에서는
As far as I know, he is honest.
내가 아는 한 그는 정직하다.
2. 《거리》 …까지(는)
I went *as far as* Pusan.
나는 부산까지 갔다.

《숙》 ***as for*** (또는 ***as to***) ~ …은 어떤가 하면, …에 대해서 말하면
As for me, I like him.
나로서는 그를 좋아한다.

A

《숙》 ***as if*** ~ 마치 …인 듯이
He talks *as if* he knew everything.
그는 마치 모든 것을 아는 것처럼 말한다.

《숙》 ***as soon as*** ~ …하자마자, …하자 곧
It began to rain *as soon as* I left home.
집을 떠나자마자 비가 오기 시작했다.

《숙》 ***as though*** ~ 마치 …와 같이 (《동》 as if)⇒ though

《숙》 ***as usual*** 평소와 같이, 여느 때처럼
He got up early in the morning *as usual*.
그는 여느때처럼 아침 일찍 일어났다.

《숙》 ***as well as*** ~ …은 물론이지만 또한, …와 같이
He teaches French *as well as* English.
그는 영어뿐만 아니라 프랑스어도 가르친다.

*ask [æsk 애스크]

(타)(자) (**3단현 asks** [æsks 애스크스], **과거 · 과거 분사 asked** [æskt 애스크트], **현재 분사 asking** [æskiŋ 애스킹])

(타) **1.** (사람에게 …을) **물어보다** (《반》 answer 대답하다)
"Can't we clean it?" Su-mi *asked* David.
"우리가 그것을 깨끗하게 청소할 수 없을까?" 하고 수미는 데이빗에게 물었읍니다.

(타) **2.** (사람에게 …을) **청하다**
Ask him to come.
그에게 와달라고 부탁해라.

(자) 묻다, 구하다

《숙》 ***ask after*** ~ …을 문병하다, …의 안부를 묻다
I *asked after* Mr. Baker.
나는 베이커씨의 안부를 물었다.

*at [ət 엇, (강) æt 앳]

(전) **1.** 《장소》 **에서,** 에 (⇒ in) 《일반적으로 at은 좁은 장소, in은 넓은 장소에 사용되나, 넓이의 대소에 관계 없이 at은 어느 장소를 한 점으로 생각할 때 쓰이고, in은 어느 장소를 넓게 생각할 때 사용된다》
I met him *at* the corner of the street.
나는 길모퉁이에서 그를 만났다.
He arrived *at* the station.
그는 정거장에 도착했다.

(전) **2.** 《때 · 연령 따위》 …에
We have lunch *at* noon.
우리는 정오에 점심을 먹습니다.
He entered high school *at* the age of eighteen.
그는 18세에 고등학교에 입학하였다.

㉠ 3. 《방향 · 목표》 …을 **향하여**
Don't throw stones *at* the deer.
사슴에게 돌을 던지지 말라.

㉠ 4. 《원인》…을 듣고, …을 보고
I was surprised *at* the news.
나는 그 뉴우스를 듣고 놀랐다.

㉠ 5. …에 종사하여, …중
The pupils are now *at* school.
학생들은 지금 수업중입니다.

㉠ 6. 《수량 · 값 · 비율 따위》…에, …으로(매매하다)
I bought it *at* 700 won.
나는 그것을 700원에 샀다.
He ran away *at* full speed.
그는 전속력으로 달아났다.

㉠ 7. 《방법 · 상태 · 태도》…으로
The cherry blossoms are *at* their best.
벚꽃이 만발하고 있다.

ath·lete [æθli:t 애들리이트]
㉢ (**복수 athletes** [æθli:ts 애들리이츠])
운동가, 경기가, 운동 선수

aunt [ænt 앤트]
★ 발음 주의
㉢ (**복수 aunts** [ænts 앤츠])
아주머니
That young lady is my *aunt*.
저 젊은 부인이 나의 아주머니입니다.

a·wak·en [əwéikn 어웨이큰]
㉣㉤ awake (깨어나다)의 과거분사

*__a·way__ [əwéi 어웨이]
㉥ 1. **떨어져서** (《동》 off), 멀리 (《동》 far)
The grasshopper thanked the ant and went *away*.
베짱이는 개미에게 감사하고 멀리 가버렸읍니다.
He lives ten miles *away* from this place.
그는 이곳에서 10마일 떨어진 곳에 살고 있다.

㉥ 2. 《동사와 결합하여》…해 버리다, …**되어 버리다**
He ran *away* from that house.
그는 그 집에서 달아났다.
Take it *away*.
그것을 치워 버려라.
Go away!
가 버려라.

㉥ 3. 없어져
He is *away* from home.
그는 집에 없다.

B

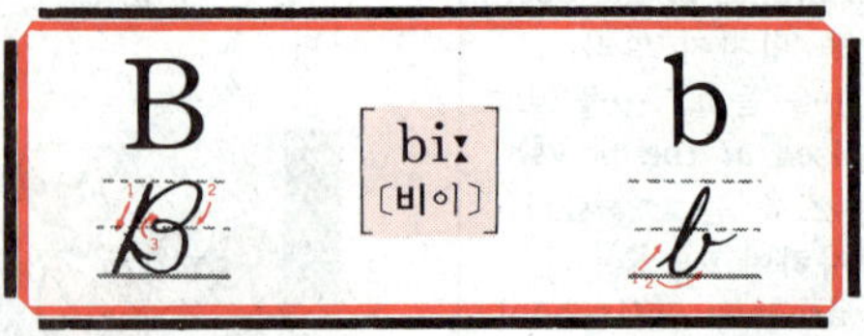

*__ba·by__ [béibi 베이비]

[명] (**복수 babies** [béibiz 베이비즈] **갓난아이**, 아이

Peter, the *baby*, was sleeping.
아기인 피터는 잠자고 있었읍니다.

A *baby* is sitting.
아이가 앉아 있다.

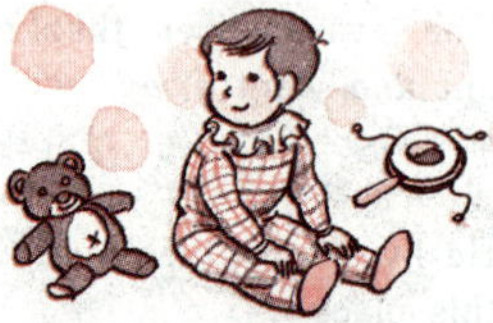

**back [bæk 백]

[명] (**복수 backs** [bæks 백스])

[명] **1. 등**

We can see his *back*.
그의 등이 보입니다.

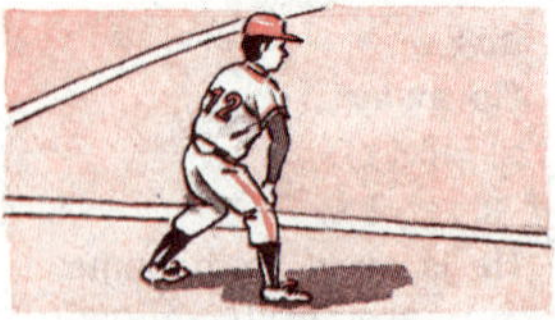

[명] **2. 뒤**, 배후

《숙》 ***at the back of*** …의 뒤에〔이면에〕(《반》in front of …의 정면에)

There is a tree *at the back of* the house.
집 뒤에 나무 한 그루가 있다.

[부] **뒤에, 뒤로, 되돌아서** (《동》behind)

Take care, and come *back* early.
조심해서 일찍 돌아오너라.

[형] 《명사 앞에만 써서》 뒤의

She is in the *back* garden.
그 여자는 뒤뜰에 있다.

*__bad__ [bæd 배드]

[형] (**비교급 worse** [wə́ːrs 워어스], **최상급 worst** [wə́ːrst 워어스트])

[형] **1.** 나쁜 (《반》good 좋은)

He is a *bad* boy.
그는 나쁜〔불량〕소년이다.

[형] **2.** (병 따위가) 심한, (날씨 따위가) 나쁜

I have a *bad* cold.
나는 심한 감기에 걸렸다.

But last time the weather was *bad*.

그러나 지난번에는 날씨가 좋지 않았읍니다.

㊞ 3. 해로운, 위험한

Smoking is *bad* for the health.

담배 피우는 것은 건강에 해롭다.

《숙》 ***be bad at*** ～ …이 서투르다

He *is bad at* swimming.

그는 수영이 서투르다.

《숙》 ***go bad*** 나빠지다, 썩다

This apple *went bad.*

이 사과는 썩었다.

《숙》 ***That's too bad.***

그것 참 안됐읍니다.

*bag [bǽg **배그**]

㊀ (**복수 bags** [bǽgz **배**그즈])

백, **가방**

This is his *bag.*

이것은 그의 가방입니다.

I have three books in my *bag.*

내 가방 속에 책이 세 권 있다.

《천, 가죽, 종이 따위로 만든 주머니를 말한다. mail*bag* (우편 가방), hand*bag* (핸드백), paper *bag* (종이 주머니) 따위》

*ball [bɔ́:l **보**올]

㊀ (**복수 balls** [bɔ́:lz **보**올즈])

보올, 공

The boy threw the *ball* high up.

그 소년은 보올을 높이 던졌다.

bam·boo [bæmbú: 뱀**부**우]

㊀ (**복수 bamboos** [bæmbú:z 뱀**부**우즈])

대, 대나무

We planted *bamboos.*

우리는 대나무를 심었다.

a *bamboo* cane 대 지팡이

*ba·na·na [bənǽnə 버**내**너]

㊀ (**복수 bananas** [bənǽnəz 버**내**너즈])

바나나

Oranges are orange and *bananas* are yellow.

오렌지는 오렌지색이고 바나나는 노란색입니다.

band [bǽnd **밴**드]

㊀ (**복수 bands** [bǽndz **밴**즈])

㊀ 1. 띠, 끈

B

명 2. 악대, 한 떼
A *band* is playing.
악대가 연주하고 있다.

****bank** [bǽŋk 뱅크]
명 (**복수 banks** [bǽŋks 뱅크스])
명 **1. 은행**
Father works at the *bank*.
아버지는 은행에서 일하신다.

명 **2. 둑, 방죽, 제방**
The *banks* were covered with trees.
둑은 나무로 뒤덮여 있었다.
《길게 이어 있다는 뜻에서 복수형으로 할 때가 많지만, 반드시 양쪽 강변을 뜻하지는 않는다》

bark [bá:*r*k 바아크]
자 (**3단현 barks** [bá:*r*ks 바아크스], **과거 · 과거 분사 barked** [bá:*r*kt 바아크트], **현재 분사 barking** [bá:*r*kiŋ 바아킹])
(개가) **짖다**
《숙》 ***bark at*** ～ …에게 짖어대다
The dog ***barked at*** the thief.
개는 도둑에게 짖어댔다.
명 (**복수 barks** [bá:*r*ks 바아크스])
짖는 소리 《원래는 개 짖는 소리였으나 다른 동물, 특히 여우 따위에도 쓰일 때가 있다》
The dog gave a *bark*.
그 개가 짖었다.

base [béis 베이스]
명 (**복수 bases** [béisiz 베이시즈])
밑, 기슭, 기초, 근거지, 〖야구〗 베이스

***base·ball** [béisbɔ́:l 베이스보올]
명 **야구**
I'm playing *baseball*.
나는 야구를 하고 있습니다.

bas·ket·ball [bǽskitbɔ:l 배스킷보올]
명 **바스켓보올, 농구**
She is good at *basketball*.
그녀는 농구를 잘 한다.

***bat** [bǽt 뱃]
명 (**복수 bats** [bǽts 배츠])
명 **1.** (야구 따위의) **배트**

I have a *bat* in my right hand.
나는 오른손에 배트를 가지고 있다.

㊔ **2. 박쥐**
Bats fly at night.
박쥐는 밤에 난다.

*bath [bæθ 배드]

㊔ (**복수 baths** [bæðz 배드즈])
★ 발음 주의
목욕탕, 목욕(《참고》 bathe 목욕하다)

He takes (또는 has) a *bath* every day.
그는 매일 목욕을 한다.

《보통 온 몸을 목욕하는 것을 뜻한다》

*bath·room [bæθru:m 배드루움]

㊔ (**복수 bathrooms** [bæθru:mz 배드루움즈])
목욕탕, 목욕실

This is our *bathroom*.
이것이 우리의 욕실입니다.

bat·tle [bætl 배틀]

㊔ (**복수 battles** [bætlz 배틀즈])
싸움, 전투

They fought a *battle* there.
그들은 그 곳에서 한바탕 싸웠다.

*be [bi 비, (강) bí: 비이]

㊐ (**현재형** (I) **am**, (we, you, they) **are**, (he, she, it) **is**, **과거형** (I, he, she, it) **was**, (we, you, they) **were**, **과거 분사 been**, **현재 분사 being**)
…이다, …이 있다, (장차) …이 되다

It will *be* fine tomorrow.
내일은 날씨가 좋을 것이다.
《조동사(will) 다음에는 언제나 원형이므로 be를 쓴다》

㊈ **1.** 《be+ing로 진행형을 만든다》 …하고 있다
I *am* work*ing* now.
나는 지금 일하고 있다.

㊈ **2.** 《be+타동사의 과거 분사로 수동형을 만든다》 …을 당하다
We *are taught* English by him.
우리들은 그 사람으로부터 영어를 배운다.

B

[조] 3. ((be+to 부정사로 예정·의무·가능 따위를 나타낸다)) …해야 한다, …하기로 되어 있다
I *am to see* him tomorrow.
나는 내일 그를 만나기로 되어 있다.
《숙》 ***be able to*** (do) …할 수 있다 ⇒able
《숙》 ***be about to*** (do) …하려고 하다
《숙》 ***be afraid of*** …을 두려워 하다 ⇒afraid
《숙》 ***be fond of*** ~ …을 좋아하다 ⇒fond
《숙》 ***be going to*** (do) 막 …하려고 하다

beach [bíːtʃ 비이치]

[명] (**복수 beaches** [bíːtʃiz 비이치즈])
물가, 바닷가, 해변
He walked along the *beach*.
그는 해변을 따라 거닐었다.

bear¹ [bέər 베어]

[명] (**복수 bears** [bέərz 베어즈])
〖동물〗 곰
I saw a *bear* at the zoo.
나는 동물원에서 곰을 보았다.

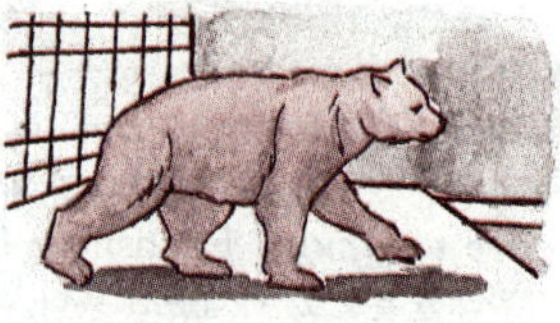

*bear² [bέər 베어]

[타][자] (**3단현 bears** [bέərz 베어즈], **과거 bore** [bɔ́ːr 보오], **과거 분사 born** 또는 **borne** [bɔ́ːrn 보온], **현재 분사 bearing** [bέ(ː)riŋ 베(에)링])
[타] 1. (아이를) 낳다, (열매 따위를) 맺다((이 뜻의 과거분사는 **born**))
[타] 2. 참다, 견디다
I can not *bear* him.
나는 그에 대해 참을 수가 없다.
[타] 3. 나르다, 지탱하다
((**2.**와 **3.**의 뜻의 과거 분사는 **borne**))
A heavy stone was *borne* by them.
그들은 무거운 돌을 운반하였다.
《숙》 ***be born*** 태어나다
He *was born* in Hilo.
그는 힐로우 마을에서 태어났다.

beat [bíːt 비이트]

[타] (**3단현 beats** [bíːts 비이츠], **과거 beat** [bíːt 비이트], **과거 분사 beaten** [bíːtn 비이튼] 또는 **beat**, **현재 분사 beating** [bíːtiŋ 비이팅])
[타] 1. (잇달아) **치다**, 때리다(《동》 strike, knock) ((계속해서 치는 것을 나타낸다))
He is *beating* a drum.
그는 북을 치고 있다.

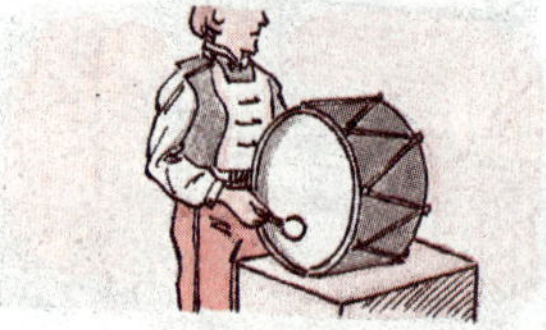

㉺ 2. (적을) 지게 하다
We *beat* our enemy.
우리는 적을 패배시켰다.

***beau·ti·ful** [bjú:təfəl 뷰우터펄]
㉻ (**비교급 more beautiful, 최상급 most beautiful**)
아름다운, 예쁜
They have a *beautiful* garden.
그들은 아름다운 정원을 가지고 있읍니다.

beau·ty [bjú:ti 뷰우티]
㉹ (**복수 beauties** [bjú:tiz 뷰우티즈])
㉹ 1. 아름다움, 미
the *beauty* of her face 그 여자의 얼굴의 아름다움
㉹ 2. 아름다운 것, 미인
the *beauties* of nature 자연의 미관(美觀)
The *beauty* contest was held in the city.
미인 경연 대회가 그 도시에서 개최되었다.

***be·cause** [bikɔ́:z 비코오즈]
㉶ **왜냐하면**, …때문에
We stayed at home, *because* it rained hard.
비가 몹시 왔기 때문에 우리는 집에 있었다.
《숙》 ***because of*** ～ …때문에, 까닭에
He can not work *because of* his age.
그는 나이 때문에 일을 할 수 없다.
《because는 직접적인 원인을 나타내고, for는 뒤에서「… 그 까닭은」의 뜻으로 설명이나 이유를 덧붙인다》
He cannot start, *because* the storm has come.
폭풍이 왔기 때문에 그는 출발하지 못한다. 《원인》
It is morning, *for* the birds are singing.
아침이다, 새가 울고 있으니까.
《이 경우 because를 쓰면, 아침이 된 원인은 새가 울고 있는 까닭이 되어 잘못》

****be·come** [bikʌ́m 비컴]
㉺㉷ (**3단현 becomes** [bikʌ́mz 비컴즈], **과거 became** [bikéim 비케임], **과거 분사 become** [bikʌ́m 비컴], **현재 분사 becoming** [bikʌ́m-iŋ 비커밍])
…이 되다, …로 되다(《동》 come to be)
㉷ 1. The owl's eyes *became* very big.
그 부엉이의 눈이 매우 커졌다.
㉷ 2. He *became* a doctor.
그는 의사가 되었다.

B

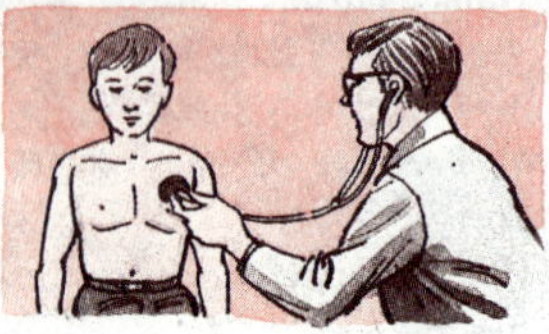

[자] 3. It has *become* warm.
날씨가 따뜻해졌다.
《「장차 …이 되다」의 경우에는 be를 쓴다》
I want to *be* a merchant.
나는 상인이 되고 싶다.
[타] …에 어울리다 (《동》 suit)
The dress *becomes* you very well.
그 옷은 당신에게 아주 잘 어울립니다.

***bed** [béd 베드]
[명] (**복수 beds** [bédz 베즈])
[명] **1. 침대, 잠자리**

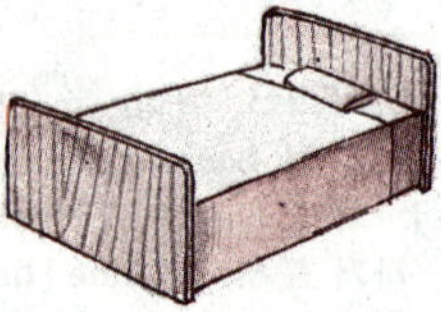

《숙》 ***be ill in bed*** 앓아 누워 있다
He *is ill in bed.*
그는 병으로 누워 있다.
《숙》 ***go to bed*** 잠자리에 들다, 자다
I *go to bed* at ten.
나는 열시에 잔다.
[명] **2.** 화단, 강바닥

***bed·room** [bédru:m 베드루움]
[명] (**복수 bedrooms** [bédru:mz 베드루움즈])
침실
We have four *bedrooms.*
우리는 네개의 침실을 가지고 있읍니다.

****bed·time** [bédtàim 베드타임]
[명] 취침 시간
It is *bedtime.*
취침 시간이다.

***bee** [bí: 비이]
[명] (**복수 bees** [bí:z 비이즈])
꿀벌
a queen *bee* 여왕벌
a worker (*bee*) 일벌
They played like *bees.*
그들은 벌들처럼 경기를 했읍니다.

beef [bí:f 비이프]
[명] 쇠고기

****be·fore** [bifɔ́:r 비포오]
[전] 《위치가》 **…의 앞에,** 《시간이》 …보다 먼저, …에 앞서 (《반》 after …의 뒤에)
Come home *before* dark.
어둡기 전에 집에 돌아 와라.
I wash my face and hands *before* breakfast.
나는 아침 식사 전에 세수한다.

He walked *before* me.
그는 내 앞에서 걸었다.

《숙》 ***before long*** 오래지 않아, 곧
He will come *before long*.
그는 머지 않아 돌아 올 것이다.

《숙》 ***the day before yesterday*** 그저께
I went to the zoo *the day before yesterday* with my brother.
나는 그저께 동생과 함께 동물원에 갔다.

㊀ 앞에, 이전에
I have never seen a lion *before*.
나는 지금까지〔전에〕 사자를 본 적이 없다.
the day *before* 그 전날
《before는 과거의 어느 때에서 보아 「그 이전」의 뜻이고, 현재에서 말할 때는 ago를 쓴다》

㊁ **…하기 전에,** …에 앞서
I must study *before* I go to bed.
나는 자기 전에 공부해야 한다.

be·gin [bigín 비긴]

㊂㊄ (**3 단현 begins** [bigínz 비긴즈], **과거 began** [bigǽn 비갠], **과거 분사 begun** [bigʌ́n 비건], **현재분사 beginning** [bigíniŋ 비기닝])

㊂ **1. 시작하다**(《동》 start, 《반》 finish 끝마치다)
He *began* crying (또는 to cry).
그는 울기 시작했다.

㊂ **2.** She *began* to play the piano.
그녀는 피아노를 치기 시작했다.

㊄ **시작되다**
School *begins* on Monday.
수업은 월요일부터 시작된다.

be·hind [biháind 비하인드]

㊅ **…의 뒤에** (《반》 in front of ~ …의 앞에)
We went up the hill *behind* the school.
우리는 학교 뒤 언덕에 올라갔다.

㊀ 뒤에, 뒤떨어져
He left me *behind*.
그는 나를 두고 가버렸다.

《숙》 ***behind the times*** 시대에 뒤떨어져서
We fell *behind the times*.
우리들은 시대에 뒤떨어졌다.

《숙》 ***behind time*** 시간에 늦게, 지각하여

B

B

The train was twenty minutes *behind time.*
기차는 20분 연착했다.
《⇒앞의 behind the times와 혼동하지 말것》

＊＊be·lieve [bilíːv 빌리이브]
[타][자] (**3단현 believes** [bilíːvz 빌리이브즈], **과거·과거 분사 believed** [bilíːvd 빌리이브드], **현재 분사 believing** [bilíːviŋ 빌리이빙])
믿다, 사실이라고 생각하다
I *believe* that he is honest. (또는 I *believe* him (to be) honest.)
나는 그가 정직하다고 생각한다.
I don't *believe* you.
나는 네 말을 믿지 못하겠다.
《숙》 ***believe in*** ～ …을 믿다
He *believes in* God.
그는 하나님을 믿고 있다.

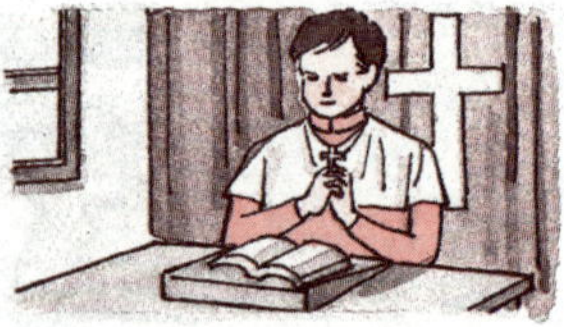

＊＊bell [bél 벨]
[명] (**복수 bells** [bélz 벨즈])
벨, 방울, 종
The *bell* is ringing.
종이 울리고 있다.
It is a very old *bell.*
그것은 참으로 오래된 종이다.
《매다는 종에서부터 고양이 목에 거는 방울까지 모두 *bell*이다》

be·low [bilóu 빌로우]
[전] **…의 아래에,** …의 아래쪽에 (《반》 above …의 위에, 《참고》 under …의 바로 밑에)
The airplane is flying *below* the clouds.
비행기는 구름 아래서 날고 있다.
Write your name *below* the line.
당신의 이름을 줄 아래에 쓰시오.
[부] 아래쪽에〔으로〕
See *below.*
아래를 보아라.
《숙》 ***down below*** 아래쪽에, 밑에
Down below, we can see a house.
아래쪽에 집이 보인다.

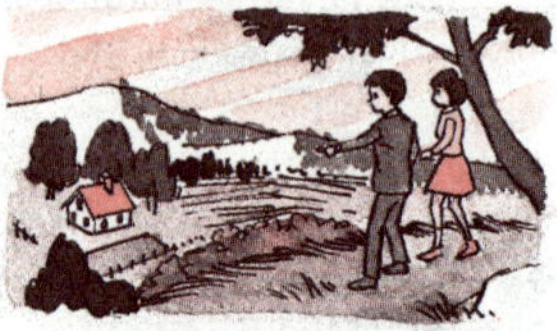

《below는 above(…의 위에)의 반대어로 사이를 두고「보다 낮은 곳에」의 뜻. under는 over(…의 바로 위에, 위를 덮어)의 반대어로「…의 바로 밑에」의 뜻》

＊bench [béntʃ 벤치]
[명] (**복수 benches** [béntʃiz 벤치즈])
벤치, (여러 명이 앉는) 긴 의자
《chair는 혼자 앉는 의자》

There are many *benches* under the trees.
나무 아래에는 많은 벤치들이 있읍니다.

bend [bénd 벤드]
㉺㉻ (**3 단현 bends** [béndz 벤즈], **과거 · 과거 분사 bent** [bént 벤트], **현재 분사 bending** [bénding 벤딩])
㉻ 구부러지다
She *bent* over the child.
그 여자는 아이쪽으로 몸을 구부렸다.
㉺ 구부리다
I *bent* the wire.
나는 그 철사를 구부렸다.

be·tween [bitwí:n 비트위인]
㉶ **…의 사이에** 《보통 둘 이상의 것〔시간〕의 사이를 말함》
There was a war *between* the two countries.
양국간에 전쟁이 있었다.
《숙》 ***between ~ and ~*** …와 …의 사이에
The girl walked *between* her father *and* mother.
그 소녀는 아버지와 어머니 사이에서 걸었다.

Taegu is *between* Seoul *and* Pusan.
대구는 서울과 부산 사이에 있다.
《셋 이상의 것 사이에서의 뜻으로는 among 을 쓴다》

***bi·cy·cle** [báisikl 바이시클]
㉹ (**복수 bicycles** [báisiklz 바이시클즈])
자전거
I go to school by *bicycle*.
나는 자전거로 통학한다.

Father bought a *bicycle* for me.
아버지는 나에게 자전거를 사 주

셨다.

B

***big** [bíg 비그]

㉹ (**비교급 bigger** [bígər 비거], **최상급 biggest** [bígist 비기스트])

큰 (《반》 작은)

He is a *big* boy.

그는 (몸집이) 큰 소년이다.

Lake Superior is *big*.

슈피리어호는 크다.

《숙》 ***Big Ben*** 빅 벤 (영국 국회의사당의 탑 위쪽에 있는 큰 시계(종)) 《모양이 크다는 것을 나타낸다. large보다 의미는 강하지만 부드럽거나 아름다운 느낌이 없다. great는 정신적인 위대함을 포함하고 있다》

***bird** [bə́:rd 버어드]

㉺ (**복수 birds** [bə́:rdz 버어즈])

새

Birds are singing.

새들이 지저귀고 있읍니다.

A bird is flying in the sky.

새가 하늘을 날고 있다.

****birth·day** [bə́:rθdei 버어드데이]

㉺ (**복수 birthdays** [bə́:rθdeiz 버어드데이즈])

생일

Happy *birthday* to you!

당신의 생일을 축하합니다.

She has thirteen candles on her *birthday* cake.

그 여자의 생일 기념 케이크 위에 양초가 열세 개 있다.

bit[1] [bít 빗]

㉺ (**복수 bits** [bíts 비츠])

㉺ 1. **조금**, 한 조각 (《동》 small piece)

He ate every *bit* of his dinner.

그는 저녁 식사를 남김없이 먹었다.

《숙》 ***a bit of*** 조금의, 한 조각의

She had *a bit of* land.

그녀에게 약간의 토지가 있었다.

《숙》 ***not a bit*** (《동》 not at all) 조금도 …않다

He is *not a bit* better.

그는 조금도 더 나은 것이 없다.

㉺ 2. 《a bit으로 부사적으로 사용

하여》 잠간, 잠시
Wait *a bit*.
잠간만 기다려.

bit[2] [bít 빗]
㊅㊆ bite (물다)의 과거·과거 분사

bite [báit 바이트]
㊅㊆ (**3 단현 bites** [báits 바이츠], **과거 bit** [bít 빗], **과거 분사 bitten** [bítn 비튼], **현재 분사 biting** [báitiŋ 바이팅])
물다, **물어뜯다**
A dog *bit* him in the leg.
개가 그의 다리를 물었다.

《숙》 ***bite at*** ~ …에 달려들어 물다, 깨물다
The child *bit at* an apple.
그 아이는 사과를 깨물었다.

***black** [blǽk 블랙]
㊇ (**비교급 blacker** [blǽkər 블래커], **최상급 blackest** [blǽkist 블래키스트])
㊇ **1.** 어두운 (《동》 dark)
The night was *black*.
그 밤은 어두웠다.
㊇ **2.** 검은 (《반》 white)
Crows are *black*.
까마귀는 검습니다.

㊐ 검정, 흑색, 검은 옷
She is dressed in *black*.
그 여자는 검은 옷을 입고 있다.

blind [bláind 블라인드]
㊇ **눈먼**
He is blind.
그는 장님이다.

㊐ (**복수 blinds** [bláindz 블라인즈])
(창의) 볕을 가리는 것, 블라인드

***blouse** [bláus 블라우스]
㊐ (**복수 blouses** [bláusiz 블라우시즈])
블라우스《여자나 아이들이 입는 낙낙한 웃옷》
She wears a skirt and a *blouse*.
그녀는 스커어트와 블라우스를 입습니다.

***blue** [blú: 블루우]
㊇ (**비교급 bluer** [blú:ər 블루우

B

어], **최상급 bluest** [blú:ist 블루우이스트])
푸른

He used *blue* paint for the sky.
그는 하늘에는 푸른색 물감을 사용했읍니다.
He has *blue* eyes.
그의 눈은 푸르다.

The color of the sky is *blue*.
하늘의 빛깔은 푸르다.

㊔ 파랑, **푸른 빛**, 《the blue 로서》 창공, 푸른 바다
《우리 말에서는 초록도 푸르다고 할 때가 있으나 영어에서는 뚜렷이 구분한다》

**boat [bóut 보우트]

㊔ (**복수 boats** [bóuts 보우츠])
보우트, 작은 배, **기선**

We took a *boat* on the lake.
우리들은 호수에서 보우트를 탔다.

He went to the island by *boat* with his friends.
그는 친구들과 보우트로 그 섬에 갔다.

《반드시 우리말의 보우트를 가리키는 것이 아니고 sail(돛)을 단 배, 소형의 기선(small steamer) 따위도 말한다》

bob·by [bábi 바비]

㊔ (**복수 bobbies** [bábiz 바비즈])
순경

The *bobby* helped me go across the street.
그 순경은 내가 길을 건너도록 도와 주었다.

**bod·y [bádi 바디]

㊔ (**복수 bodies** [bádiz 바디즈])
㊔ **1. 몸, 육체**《사람·동물의 몸을 말한다》(《반》 mind 마음)

If you wish to have a healthy *body*, you must live regularly.
건강한 신체를 갖고 싶으면 규칙적인 생활을 하여야 한다.

㊔ **2.** 단체, 집단

They rushed out in a *body*.
그들은 한 떼가 되어 밖으로 돌진하였다.

**bone [bóun 보운]

㊔ (**복수 bones** [bóunz 보운즈])
뼈

To make noises some fish use their *bones*.
어떤 물고기는 소리를 내기 위해서 뼈를 사용한다.

***book** [búk 북]
㊔ (**복수 books** [búks 북스])
책, 서적
They are *books*.
그것들은 책들입니다.

I have a picture *book*.
나는 그림책을 갖고 있다.
He gave me *Book* Three.
그는 나에게 제 3권을 주었다.
The pupils are reading *books* in the classroom.
학생들은 교실에서 책을 읽고 있다.

****book·store** [búkstɔ:*r* 북스토오]
㊔ (**복수 bookstores** [búkstɔ:*rz* 북스토오즈])
서점, 책방
We stopped at a *bookstore*.
우리는 서점에 들렀다.

bor·ing [bɔ́:riŋ 보오링]
㊔ 진저리나는, 지겨운
It was *boring* to death.
그것이 지루해 죽을 지경이었다.
㊔ 구멍 뚫기, 천공 작업, 보오링

****both** [bóuθ 보우드]
㊔ **양쪽의**
Both his parents are living.
그의 양친은 다 건재하신다.

㊔ 양쪽, 쌍방, 양자
Both of them are dead.
그들 둘 다 죽었다.
㊔ 둘 다
These books are *both* mine.
이 책들은 둘 다 내 것이다.
《숙》 ***both*** ～ ***and*** ～ 양쪽 다, …도 …도
I like *both* May *and* June.
나는 5월도 6월도 좋아한다.
《both에 부정이 따르면 부분 부정이 되어 「양쪽이 다 …라는 것이 아니고, 한쪽은 …이다」의 뜻이 되어 한쪽만을 부정하게 된다》
I don't know *both* of them.
나는 그들을 둘 다 아는 것은 아니다(한 사람만 안다).

bot·tle [bátl 바틀]
㊔ (**복수 bottles** [bátlz 바틀즈])
병, 호리병

B

I drink a *bottle* of milk every day.
매일 우유를 한 병씩 마신다.
There is an empty *bottle* in the kitchen.
부엌에 빈 병이 하나 있다.

****bot·tom** [bátəm 바텀]
㉮ **1. 밑바닥,** 기슭(《반》 top)
I can't hear the sound from the *bottom*.
나는 밑바닥에서 나는 소리를 들을 수 없다.
The town lies at the *bottom* of the mountain.
그 읍은 산 기슭에 있다.
㉮ **2.** 마음속, 속
Thank you from the *bottom* of my heart.
충심으로 감사합니다.
《숙》 ***at (the) bottom*** 마음 속은, 근본은
He is an honest man *at bottom.*
그는 마음 속은 정직하다.

***box**[1] [báks 박스]
㉮ (**복수 boxes** [báksiz 박시즈])
상자

Where is my lunch *box?*
내 도시락은 어디에 있읍니까?
This *box* is made of wood.
이 상자는 나무로 만든다.

box[2] [báks 박스]
㉮ (**복수 boxes** [báksiz 박시즈])
따귀 때리기
I gave him a *box* on the ear(s).
나는 그의 따귀를 한 대 갈겼다.
㉱㉲ (**3단현 boxes** [báksiz 박시즈], **과거 · 과거 분사 boxed** [bákst 박스트], **현재 분사 boxing** [báksiŋ 박싱])
(남의 따귀를) 손바닥〔주먹〕으로 때리다, (남과) 권투하다
He *boxed* the boy's ear(s).
그는 소년의 따귀를 철썩 갈겼다.

***boy** [bɔ́i 보이]
㉮ (**복수 boys** [bɔ́iz 보이즈])
㉮ **1. 소년** (《반》 girl 소녀)
He is an American *boy*.
그는 미국 소년이다.

㉮ **2.** 아들
He has three *boys*.
그는 아들이 셋 있다.

brake [bréik 브레이크]
㉮ 브레이크, 제동기〔장치〕
She put on the *brake* suddenly.

그녀는 갑자기 브레이크를 걸었다.

㊏㊋ (3단현 **brakes** [bréiks 브레이크스], **과거 · 과거 분사 braked** [bréikt 브레이크트], **현재 분사 braking** [bréikiŋ 브레이킹])
브레이크를 걸다

*branch [brǽntʃ 브랜치]

㊔ (**복수 branches** [brǽntʃiz 브랜치즈])

㊔ 1. **가지**

Birds never fall off the *branch*.
새들은 나뭇 가지에서 결코 떨어지지 않는다.

㊔ 2. 지류(支流), 지점(支店)

The bank in that town is the *branch* of this bank.
그 읍의 은행은 이 은행의 지점이다.

This small river is a *branch* of the Mississippi River. 이 작은 강은 미시시피강의 지류다.

*brave [bréiv 브레이브]

㊗ (**비교급 braver** [bréivər 브레이버], **최상급** bravest [bréivist 브레이비스트])
씩씩한, **용감한**

The world remember the great work of the *brave* soldier.
세상 사람들은 그 용감한 병사의 업적을 기억한다.

B

*bread [bréd 브레드]

㊔ **빵**

Give me a slice of *bread*.
나에게 빵 한 조각을 주시오.

《숙》 ***bread and butter*** [brédnbʌ́tər 브레든버터] 버터 바른 빵
★ 발음 주의

We have *bread and butter* and coffee for breakfast.
우리는 아침 식사로 버터 바른 빵과 코오피를 먹는다.

*break [bréik 브레이크]

㊏㊋ (3단현 **breaks** [bréiks 브레이크스], **과거 broke** [bróuk 브로우크], **과거 분사 broken** [bróukən 브로우컨], **현재 분사 breaking** [bréikiŋ 브레이킹])

㊏ 1. **깨뜨리다**, 쪼개다, 부수다, 부러뜨리다, 깨다

Who *broke* the window?
누가 그 창문을 깼읍니까?

㊏ 2. 어기다

He *broke* his promise.
그는 약속을 지키지 않았다.

㊏ 3. (기록 따위를) 깨다

B

He *broke* the world's record.
그는 세계 기록을 깼다.

[자] 1. 깨지다
Glass easily breaks.
유리는 쉽게 깨진다.

[자] 2. 날이 새다
Day *breaks*.
먼동이 튼다.

《숙》 ***break out*** (전쟁 · 불 따위가) 일어나다
A fire *broke out* yesterday.
어제 불이 났다.

***break·fast** [brékfəst 브렉퍼스트]
★ 발음 주의
[명] **아침밥** (《참고》 lunch 점심밥, supper 저녁밥, dinner 만찬, 정찬)
《숙》 ***have*** (또는 ***take***) ***breakfast*** 아침밥을 먹다
I *had breakfast* at seven.
나는 일곱시에 아침밥을 먹었다.

****breeze** [brí:z 브리이즈]
[명] 미풍, 산들바람
They like the spring *breeze*.
그들은 봄의 산들바람을 좋아한다.

****bridge** [brídʒ 브리지]
[명] (**복수 bridges** [brídʒiz 브리지즈])
다리
This *bridge* was built by Korean engineers.
이 다리는 한국 기술자들에 의해 세워졌다.

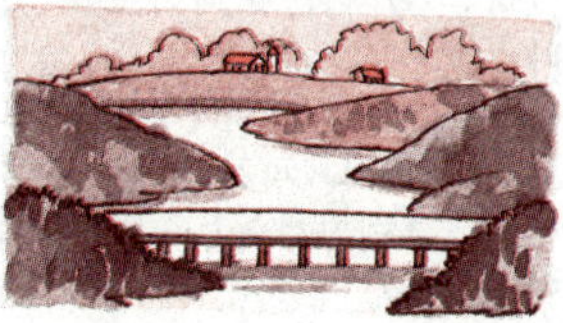

****bright** [bráit 브라이트]
[형] (**비교급 brighter** [bráitər 브라이터], **최상급 brightest** [bráitist 브라이티스트])
[형] 1. **밝은**, 빛나는 (《동》 light, 《반》 dark 어두운)
I enjoyed the *bright* sunshine.
나는 빛나는 햇빛을 즐겼다.
[형] 2. 영리한, 그럴듯한
It is a *bright* idea.
그것은 좋은 생각이다.
[부] 밝게
The sun shines *bright*.
태양은 밝게 빛난다.

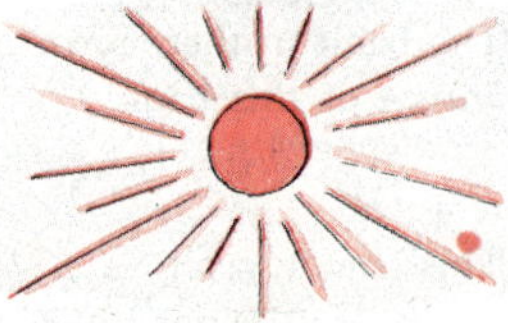

****bring** [bríŋ 브링]
[타] (**3단현 brings** [bríŋz 브링즈], **과거 · 과거 분사 brought** [brɔ́:t 브로오트], **현재 분사 bringing** [bríŋiŋ 브링잉])
가져오다, 데려오다
(《참고》 take 데려〔가져〕가다)

Can I *bring* Dian, my sister, with me?
내가 여동생인 다이앤을 데리고 가도 좋습니까?

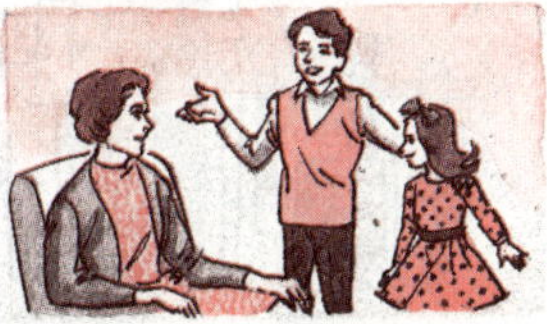

《숙》 ***bring up*** 기르다, 키우다, 교육하다
He was *brought up* in America.
그는 미국에서 자라났다.

****broad·cast** [brɔ́:dkæst 브로오드캐스트]
[타] (**3 단현 broadcasts** [brɔ́:dkæsts 브로오드캐스츠], **과거 · 과거 분사 broadcast** [brɔ́:dkæst 브로오드캐스트] 또는 **broadcasted** [brɔ́:dkæstid 브로오드캐스티드], **현재 분사 broadcasting** [brɔ́:dkæstiŋ 브로오드캐스팅])
방송하다
He *broadcasted* by TV yesterday.
그는 어제 TV로 방송하였다.

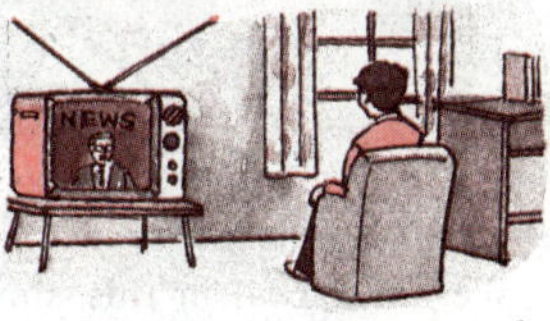

I went to the *broadcasting* station.
나는 방송국에 갔다.
[명] **방송**
We listened to the news *broadcast*.
우리는 뉴스 방송에 귀를 기울였다.

***broth·er** [brʌ́ðər 브러더]
[명] (**복수 brothers** [brʌ́ðərz 브러더즈])
[명] **1. 형제** (《반》 sister 자매)
an older *brother* 형
a younger *brother* 동생
the Wright brothers 라이트 형제
I have one *brother*.
나는 형〔동생〕이 하나 있읍니다.

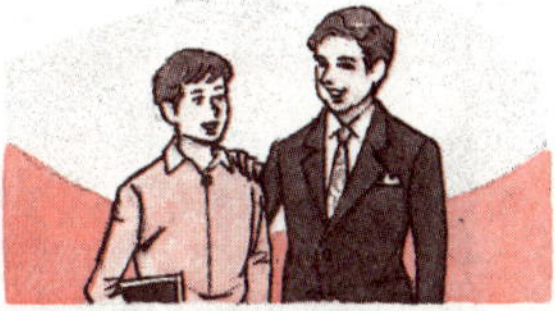

[명] **2.** (**복수 brethren** [bréðrən 브레드런])
동포, 같은 종파의 신자

***brown** [bráun 브라운]
[형] (**비교급 browner** [bráunər 브라우너], **최상급 brownest** [bráunist 브라우니스트])
갈색의, 다갈색의
brown bread 흑빵
brown sugar 노란 설탕
Her hair is *brown*.
그녀의 머리는 갈색입니다.

B

명 갈색, 다갈색

build [bíld 빌드]

타 (**3 단현 builds** [bíldz 빌즈], **과거 · 과거 분사 built** [bílt 빌트], **현재 분사 building** [bíldiŋ 빌딩])

세우다, 짓다

He *built* a house.

그는 집을 지었다.

His house is *built* of wood.

그의 집은 목조다.

Their house is being *built*.

그들의 집은 건축 중입니다.

Birds *build* nests.

새들이 보금자리를 짓는다.

He had a new house *built*.

그는 새 집을 짓게 하였다.

build·ing [bíldiŋ 빌딩]

명 (**복수 buildings** [bíldiŋz 빌딩즈])

건물, 빌딩

It is a two-story *building*.

그것은 이층 건물입니다.

What a tall *building* this is!

이 건물은 참 높기도 하구나!

Many *buildings* can be seen from here.

여기서는 많은 건물들이 보인다.

burn [bə́:rn 버언]

타자 (**3 단현 burns** [bə́:rnz 버언즈], **과거 · 과거 분사 burned** [bə́:rnd 버언드], 또는 **burnt** [bə́:rnt 버언트], **현재 분사 burning** [bə́:rniŋ 버어닝])

자 **불타다**, 타다

The coal is *burning*.

석탄이 타고 있읍니다.

The house *burnt* to the ground.

그 집은 모두 타버렸다.

타 **불태우다**, 태우다

We *burnt* coal in this stove.

우리는 이 난로에 석탄을 태웠다.

***bus** [bʌ́s 버스]

㊔ (**복수 buses** 또는 **busses** [bʌ́siz 버시즈])

버스, 합승 자동차

a *bus* stop 버스 정류장

I go to school by *bus*.

나는 버스로 학교에 갑니다.

We took a *bus*.

우리들은 버스를 탔다.

busi·ness [bíznis 비즈니스]

★ 발음 주의

㊔ **장사**, 실업, **용무**, 사무, 일

He is a man of *business*.

그는 실업가다.

What is your *business* here?

너는 무슨 일로 여기에 왔니?

《숙》 ***go into business*** 실업계에 들어가다

He has *gone into business*.

그는 장사를 시작하였다.

《숙》 ***on business*** 볼일이 있어서, 장사 일로

He went to Pusan *on business*.

그는 볼 일로 부산에 갔다.

⁑bus·y [bízi 비지]

★ 발음 주의

㊔ (**비교급 busier** [bíziər 비지어], **최상급 busiest** [bíziist 비지이스트])

바쁜

He was *busy* with his homework.

그는 숙제를 하느라고 바빴다.

I am *busy* now.

나는 지금 바쁘다.

It is going to be a *busy* day for him.

그에게는 바쁜 날이 될 것이다.

***but** [bʌ́t 벗]

㊔ **그러나, 그렇지만**

David is tall, *but* Jane isn't.

데이빗은 키가 큽니다, 그러나 제인은 그렇지 않습니다.

《숙》 ***not only ～ but (also) ～*** …뿐만 아니라 …도 또한

He is *not only* a sportsman *but* (*also*) a poet.

그는 운동가일 뿐만 아니라 시인이기도 하다.

B

《숙》 ***not ~ but ~*** …이 아니라 …
He is *not* diligent, *but* idle.
그는 부지런한 것이 아니라 게으르다.

㊊ 다만, 단지 …일 뿐 (《동》 only)
I have *but* one fountain pen.
나는 만년필을 한 개 밖에 가지고 있지 않습니다.
He is *but* a child.
그는 그저 어린애에 불과하다.

㊊ …을 제외하고, …외에 (《동》 except)
We go to school every day *but* Sunday.
우리들은 일요일을 제외하고 매일 학교에 갑니다.

《숙》 ***but for ~*** …이 없었더라면 〔없으면〕
But for your help, I could not succeed.
당신의 도움이 없었더라면, 나는 성공할 수 없었을 것이다.

《숙》 ***cannot but ~*** …하지 않을 수 없다
I *could not but* laugh.
나는 웃지 않을 수 없었다.

but·ter [bʌ́tər 버터]

㊊ 버터
Give me a pound of *butter*, please.
버터 1파운드 주십시오.

《숙》 ***bread and butter*** [brédnbʌ́ter 브레든버터]
★ 발음 주의
버터 바른 빵
Every day we eat *bread and butter*.
날마다 우리는 버터 바른 빵을 먹는다.

**but·ter·fly [bʌ́tərflai 버터플라이]

㊊ (복수 **butterflies** [bʌ́tərflaiz 버터플라이즈])
〖곤충〗 나비
Butterflies can easily see the flowers.
나비들은 쉽게 꽃을 찾을 수 있다.

but·ton [bʌ́tn 버튼]

㊊ (복수 **buttons** [bʌ́tnz 버튼즈])
(의복의) 단추

B

*buy [bái 바이]

㊍ (3 단현 **buys** [báiz 바이즈], 과거 · 과거 분사 **bought** [bɔ́ːt 보오트], 현재 분사 **buying** [báiiŋ 바이잉])

사다 (《반》 sell 팔다)

Miss Song likes to *buy*.
송양은 사는 것을 좋아합니다.

He *bought* a book.
그는 책을 샀다.
My sister will go to the market to *buy* some cakes.
나의 누님은 약간의 과자를 사러 시장에 갈 것입니다.

*by [bái 바이]

㊁ **1.** …을 지나서
The bus passed by the river.
버스는 강가를 지났다.

㊁ **2.** …의 곁에〔에서〕(《동》 near, beside)
He is standing *by* the gate.
그는 문 옆에 서 있다.

㊁ **3.** …로, **…에 의해서,** …에 의하면
I go to school *by* bus.
나는 버스로 학교에 다닙니다.
He has returned *by* land〔sea〕.
그는 육로〔해로〕로 귀국하였다.
What time is it now *by* your watch?
당신 시계로 지금 몇 시입니까?

㊁ **4.** …안으로(《참고》 till …까지)
I will be here *by* six o'clock.
나는 여섯시 안으로 여기에 옵니다.

㊁ **5.** …만큼
He is taller than I *by* two inches.
그는 나보다 2인치(만큼) 더 키가 크다.

《숙》 ***by day*** 낮에는〔에〕

《숙》 ***by night*** 밤에는〔에〕

《숙》 ***by oneself*** 혼자서
She lives here *by herself*.
그 여자는 여기에 혼자 살고 있읍니다.

《숙》 ***by the way*** 도중에(서), 그런데, (말)하는 김에
By the way, what do you wish to drink?
그런데 당신은 무엇을 마시고 싶습니까?

B

《숙》 ***by way of*** ~ …을 경유해서
He went to England *by way of* America.
그는 미국을 경유하여 영국으로 갔다.

《숙》 ***little by little*** 조금씩

《숙》 ***one by one*** 하나씩, 한 사람씩
One by one, we left her house.
우리는 한 사람씩 그 여자의 집을 나갔다.

㊀ **1.** 곁에, 옆에
He is standing *by.*
그는 곁에 서 있다.

㊀ **2.** 지나가 버려
Time went *by.*
시간이 지나가 버렸다.

《숙》 ***by and by*** 이윽고, 잠시 후, 얼마 안 되어
By and by, he got better.
이윽고 그의 병상(病狀)은 점점 나아져 갔다.

*bye [bái 바이]

㊎ 안녕! (《참고》 good-by(e))

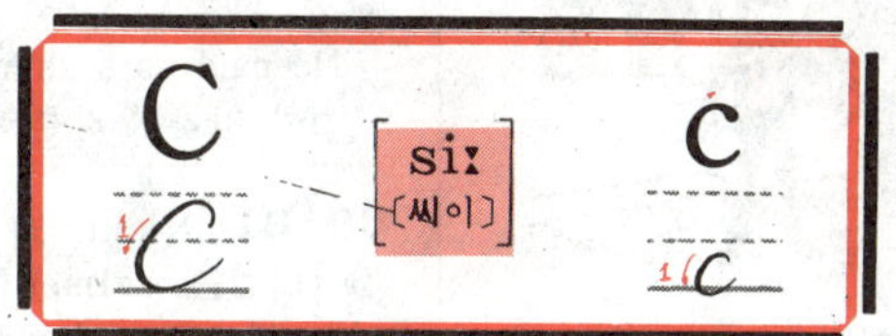

cage [kéidʒ 케이지]
㊔ (**복수 cages** [kéidʒiz 케이지즈])
새장, (짐승의) **우리** (《참고》 basket 바구니)
There is a beautiful canary in the *cage*.
예쁜 카나리아가 새장에 있다.

cake [kéik 케이크]
㊔ (**복수 cakes** [kéiks 케이크스])
과자
I like hot *cakes* very much.
나는 핫 케이크를 매우 좋아한다.

Rice *cakes* are prepared.
떡이 준비되었다.

⁑**cal·en·dar** [kǽləndər 캘런더]
㊔ (**복수 calendars** [kǽləndərz 캘런더즈])
캘린더, 달력
Here is a new *calendar* for you.
여기 너에게 줄 새 달력이 있다.

⁑**call** [kɔ́:l 코올]
㊐㉶ (**3 단현 calls** [kɔ́:lz 코올즈], **과거 · 과거 분사 called** [kɔ́:ld 코올드], **현재 분사 calling** [kɔ́:liŋ 코올링])
㉶ **1.** 부르다
He *called* loudly, but no one answered.
그는 큰 소리로 불렀지만, 아무도 대답하지 않았다.

C

[자] 2. **방문하다**(～ *on* 사람, ～*at* 집 따위)
I *called on* him *at* his office yesterday.
나는 어제 그의 사무실로 그를 방문하였다.
《come and see, go to see라고 하는 편이 더 구어체다》
[타] 1. …을 …이라 부르다
We *call* him Jack.
우리는 그를 잭이라고 부른다.
What do you *call* this flower in Korean?
이 꽃을 한국말로 뭐라고 합니까?
[타] 2. (…에게) 전화를 걸다
《비교》 I will *call* him.
나는 그를 부르겠다.
I will *call at* his house.
나는 그의 집을 방문하겠다.
I will *call on* him.
나는 그를 찾아 가겠다.
I will *call to* him.
나는 그에게 말을 걸겠다.
[명] (**복수 calls** [kɔ́:lz **코올즈**])
[명] 1. 부르는 소리, 외침, 전화의 호출, 통화
I'm going to make a few phone *calls.*
나는 몇 군데 전화 통화를 하려고 한다.
[명] 2. 방문
He paid us a short *call.*
그가 잠간 우리를 방문했다.

calm [kɑ́:m **카암**]

[형] (**비교급 calmer** [kɑ́:mər **카아머**], **최상급 calmest** [kɑ́:mist **카아미스트**])
잔잔한, 고요한, (마음이) 가라앉은
I like the *calm* sea.
나는 고요한 바다를 좋아한다.
[타][자] (**3단현 calms** [kɑ́:mz **카암즈**], **과거·과거 분사 calmed** [kɑ́:md **카암드**], **현재 분사 calming** [kɑ́:miŋ **카아밍**])
진정시키다, 진정하다, 가라앉히다
Calm yourself!
진정하십시오.
[명] 잔잔함, 정적, 평온
After the storm comes a *calm.*
《속담》 폭풍우가 지나면 고요함이 온다.

*can[1] [kǽn **캔**]

[조] (**과거 could** [kúd **쿠드**])
[조] 1. **…할 수 있다** (《동》 be able to)

David *can* swim.
데이빗은 수영할 수 있읍니다.
Can you play the piano?
너는 피아노를 칠 수 있니?
㊟ 2. …해도 좋다(《동》 may)
You *can* come with him.
당신은 그와 함께 와도 좋습니다.
㊟ 3. 《의문문에 써서》 과연 …일까
What *can* it be?
그것은 도대체 무엇일까?
㊟ 4. 《~ not의 형태로》 …일 리가 없다
I *cannot* have said so.
내가 그러한 말을 했을 리가 없다.
《숙》 ***as ~ as ~ can*** 될 수 있는 대로 …
Study *as* hard *as* you *can*.
되도록 열심히 공부하십시오.
《숙》 ***cannot but ~*** (또는 ***cannot help ~ing***) …하지 않을 수 없다
I *could not but* laugh at him.
나는 그를 보고 웃지 않을 수 없었다.

can[2] [kǽn 캔]

㊔ (**복수 cans** [kǽnz 캔즈])
《미》 깡통, (통조림용의) 양철통 (《동》 tin [tín 틴])

can·dle [kǽndl 캔들]

㊔ (**복수 candles** [kǽndlz 캔들즈])
양초
I lighted the *candle* and it brightened the room.
양초에 불을 붙이자 그것은 방을 밝게 했다.

She put ten *candles* on the birthday cake.
그 여자는 생일 케이크 위에 열 자루의 양초를 꽂았다.

can·dy [kǽndi 캔디]

㊔ (**복수 candies** [kǽndiz 캔디즈])
사탕과자, **캔디**(캐러멜, 누가, 초콜렛 따위) (《동》 《영》 sweets)
Do you like *candy?*
사탕과자를 좋아하십니까?

cap [kǽp 캡]

㊔ (**복수** caps [kǽps 캡스])
㊔ 1. (테가 없는) **모자** (《참고》 hat (테가 있는) 모자)

He wears a *cap*.
그는 모자를 쓰고 있읍니다.
명 2. 뚜껑, 칼집, 모자 모양의 것, 병마개
Where is the *cap* of my fountain pen?
내 만년필 뚜껑은 어디에 있니?

cap·i·tal [kǽpətl 캐퍼틀]
명 (**복수** **capitals** [kǽpətlz 캐퍼틀즈])
명 1. 수도
Seoul is the *capital* of Korea.
서울은 한국의 수도이다.

명 2. **대문자** (《동》 capital letter)
명 3. 자본
capital and labor 자본과 노동
형 1. 중요한
a *capital* city 수도
형 2. 대문자의
a *capital* letter 대문자 (《반》 small letter 소문자)

***car** [ká:*r* 카아]
명 (**복수** **cars** [ká:*r*z 카아즈])
차, **자동차**(《동》 《미》 automobile, 《영》 motorcar), **전차**
a sleeping *car* 침대차
They are washing the *car* now.
그들은 지금 차를 씻고 있다.

My father has his own *car*.
아버지는 자가용차를 가지고 계십니다.
《숙》 ***go by car*** 자동차로 가다

card [ká:*r*d 카아드]
명 (**복수** **cards** [ká:*r*dz 카아즈])
명 1. **카아드, 명함**, 초대장
a post *card* 우편 엽서
a visiting *card* 명함
a Christmas *card* 크리스마스 카아드
명 2. 트럼프, 《복수형으로서》 트럼프 놀이
We played (at) *cards*.
우리들은 트럼프 놀이를 하였다.

***care** [kɛ́ə*r* 케어]
명 (**복수** **cares** [kɛ́ə*r*z 케어즈])
명 1. 근심, 걱정
She is free from *care*.
그 여자는 아무 근심도 없다.
She has many *cares*.

그 여자에겐 많은 걱정거리가 있다.

㊔ 2. 조심, **주의**

He is full of *care.*

그는 주의 깊은 사람이다.

㊔ 3. **돌봄,** 보호

The children were under her *care.*

그 아이들은 그 여자가 돌봐 주었다.

《숙》 ***take care*** 조심하다

Take care and good night.

몸조심하게, 안녕.

《숙》 ***take care of***

1. …을 돌보아 주다

She *took care of* the baby.

그 여자는 그 아기를 돌보아 주었다.

2. …을 조심하다

Take good *care of* yourself.

몸조심하십시오.

㉓ (**3 단현 cares** [kέərz **케**어즈], **과거 · 과거 분사 cared** [kέərd **케**어드], **현재 분사 caring** [kέ(:)riŋ **케**(에)링])

㉓ 1. 걱정하다, 개의하다(~ *about*)

I don't *care about* such a thing.

나는 그와 같은 일에 마음을 쓰지 않습니다.

I don't *care* if it rains.

비가 와도 나는 괜찮다.

㉓ 2. 좋아하다, 원하다(~ *for*)

Would you *care for* a cup of coffee?

코오피 한 잔 안 하시렵니까?

㉓ 3. 돌보아 주다(~ *for*)

Jane will *care for* the baby.

제인이 아기를 돌보아 줄 것입니다.

⁑care·ful [kέərfəl **케**어펄]

㉑ (**비교급 more careful, 최상급 most careful**)

주의깊은 (《반》 careless 부주의한)

Be *careful.*

주의하십시오.

She is a *careful* driver.

그 여자는 주의 깊게 자동차를 운전한다.

《숙》 ***be careful about***〔***of***〕 ~

…에 주의하다, 조심하다

She *is careful about* her health.

그 여자는 건강에 주의한다.

He *is careful of* small things.

그는 대단치 않은 일에 마음을 쓴다.

---

car·na·tion [kɑ:rnéiʃən 카아네이션]

㊔ (**복수 carnations** [kɑ:rnéiʃənz

카아네이션즈])
〖식물〗 카아네이션

Mother wearing a red *carnation* on her breast looks happy.
빨간 카아네이션을 가슴에 달고 계시는 어머니는 행복해 보인다.

car·ry [kǽri 캐리]
㊎ (**3 단현 carries** [kǽriz 캐리즈], **과거 · 과거 분사 carried** [kǽrid 캐리드], **현재 분사 carrying** [kǽriiŋ 캐리잉])
㊎ 1. **나르다,** 운반〔운송〕하다, **가지고 가다**
Trains *carry* many passengers every day.
기차는 매일 많은 여객을 운송한다.
I *carried* my basket in my hand.
나는 바구니를 손에 들고 갔다.

㊎ 2. 전하다
I *carried* a message to him.
나는 그에게 전갈을 전했다.
《숙》 ***carry out*** …을 해내다
It is easy to *carry out* the plan.
그 계획을 수행하는 것은 쉽다.

cat [kǽt 캣]
㊔ (**복수 cats** [kǽts 캐츠])
〖동물〗 **고양이**
We have a *cat* in our house.
우리 집에서는 고양이 한 마리를 기르고 있다.

When the *cat* is away, the mice will play.
고양이가 없으면 쥐가 설친다(범 없는 골에 토끼가 왕이다).
he-*cat* 수코양이
she-*cat* 암코양이
Our *cat* caught many rats.
우리집 고양이는 많은 쥐를 잡았다.

catch [kǽtʃ 캐치]
㊎ (**3 단현 catches** [kǽtʃiz 캐치즈], **과거 · 과거 분사 caught** [kɔ́:t 코오트], **현재 분사 catching** [kǽtʃiŋ 캐칭])
㊎ 1. 붙들다, 잡다
He has *caught* the ball.
그는 그 공을 잡았다.
The policeman *caught* a thief.

경관이 도둑을 잡았다.
He will *catch* a bird.
그는 새를 잡습니다.

㊍ 2. (차 시간에) 대다
He started early to *catch* the first train.
그는 첫 기차를 타려고 일찍 출발했다.

㊍ 3. (병에) 걸리다
I have *caught* cold.
나는 감기에 걸렸다.

《숙》 ***catch fire*** 불이 붙다
The house *caught fire* yesterday.
그 집에 어제 불이 났습니다.

cat·tle [kǽtl 캐틀]

㊔ 《단수 · 복수 동형》《집합적으로》 가축, (특히) 소
The *cattle* are eating grass in the field.
소가 들에서 풀을 먹고 있다.

cel·e·brate [séləbreit 셀러브레이트]

㊍ (**3 단현 celebrates** [séləbreits 셀러브레이츠], **과거 · 과거 분사 celebrated** [séləbreitid 셀러브레이티드], **현재 분사 celebrating** [séləbreitiŋ 셀러브레이팅])

㊍ 1. **축하하다, 기리다**
Tom was too sick to *celebrate* his birthday.
톰은 병이 나서 자기 생일을 축하할 수 없었다.

㊍ 2. (의식 따위를) 올리다, 거행하다
They *celebrated* the marriage.
그들은 결혼식을 축하하였다.
《의식을 올려서 축하하는 것》

cen·ter, 《영》 cen·tre

[séntər 센터]

㊔ 중앙, **중심(지)**
the *center* of government 정치의 중심지

a shopping *center* 번화한 상점가
a movie *center* 영화가(街)
There was a table in the *center* of the room.
방 가운데에 테이블이 있었다.

C

cen·tu·ry [séntʃəri 센처리]
명 (**복수** **centuries** [séntʃəriz 센처리즈])
세기, 백년
It is now the 20th *century*.
지금은 20세기입니다.
During the 19th *century*, many men tried to reach the North Pole.
19세기에는 많은 사람들이 북극에 가려고 시도했읍니다.

cer·e·mo·ny [sérəmouni 세러모우니]
명 (**복수** **ceremonies** [sérəmouniz 세러모우니즈])
식(전), 격식, (사교상의) 예의

cer·tain [sə́ːrtn 서어튼]
형 1. 확실한 (《동》 sure)
Are you *certain*?
당신이 말한 것은 틀림없읍니까?
I feel *certain* that he will succeed.
그 사람은 틀림없이 성공하리라고 생각합니다.
He is *certain* to come.
그 사람은 틀림없이 올 겁니다.
형 2. 《명사 앞에 쓰여서》 어떤, 일정한 (《동》 one, some)
A *certain* woman took pity on him.
어떤 부인이 그를 가엾게 여겼다.

***chair** [tʃέər 체어]
명 (**복수** **chairs** [tʃέərz 체어즈])
의자 (《참고》 bench 긴 의자, armchair 팔 받침이 붙은 의자(안락의자))
Please take a *chair*.
앉아 주십시오.
There are many desks and *chairs* in each classroom.
각 교실에는 많은 책상들과 의자들이 있읍니다.
an easy *chair* 안락 의자

****chair·man** [tʃέərmən 체어먼]
명 (**복수** **chairmen** [tʃέərmən 체어먼])
의장, 사회자

We elected him *chairman* of the meeting.
우리는 그를 그 모임의 사회자로 뽑았다.

⁑chalk [tʃɔ́:k 초오크]

(명) **분필, 초오크**
《셀 때는 a piece of chalk (한 자루의 분필), three pieces of chalk (세 자루의 분필)라 하며, chalks 라고 하지 않는다》

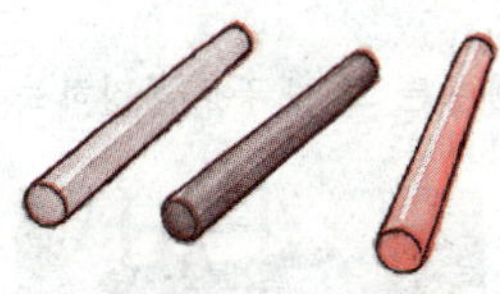

Where is the chalk box?
분필갑은 어디 있읍니까?
Please bring me a piece of *chalk*.
분필 한 자루 가져다 주십시오.

cham·pion [tʃǽmpiən 챔피언]

(명) (**복수 champions** [tʃǽmpiənz **챔**피언즈])
우승자, 선수권을 가진 사람, 옹호자

⁑chance [tʃǽns 챈스]

(명) (**복수 chances** [tʃǽnsiz 챈시즈])
(명) **1. 기회**, 호기
We had a *chance* to win the game.
그 시합에 이길 기회가 있었다.
The farmer will have no *chance* to be rich.
그 농부는 부자가 될 기회가 없을 것이다.
(명) **2.** 가망
There is a *chance* that she may live.
그 여자는 살 가망이 있다.
《숙》 ***by chance*** 우연히
I met her *by chance*.
나는 우연히 그 여자를 만났다.
(자) (**3단현 chances** [tʃǽnsiz **챈**시즈], **과거·과거 분사 chanced** [tʃǽnst **챈**스트], **현재 분사 chancing** [tʃǽnsiŋ **챈**싱])
우연히 …하다
I *chanced* to see him yesterday.
나는 어제 우연히 그를 만났다.

⁑change [tʃéindʒ 체인지]

(타)(자) (**3단현 changes** [tʃéindʒiz **체**인지즈], **과거·과거 분사 changed** [tʃéindʒd **체**인지드], **현재 분사 changing** [tʃéindʒiŋ **체**인징])
(타) **1.** 변하게 하다 (~ into)
The fairy *changed* the prince into a dog.
요정은 왕자를 개로 변하게 했다.

(타) **2.** (딴 것으로) 바꾸다

He *changed* soiled clothes for clean one.
그는 더러워진 옷을 새것으로 바꾸어 입었다.

㉧ **변하다**
She has *changed* greatly since I saw her last.
그 여자는 요전에 만난 이후 많이 변했다.

㉢ (**복수 changes** [tʃéindʒiz **체**인지즈])
㉢ **1. 변화**
I saw a great *change* in him.
나는 그가 많이 변한 것을 알았다.
㉢ **2.** 잔돈, **거스름돈**
Here's five cents *change*.
여기 5센트의 거스름돈이 있습니다.
I have no small *change*.
나는 잔돈이 없습니다.

chan•nel [tʃǽnl **채늘]

㉢ (**복수 channels** [tʃǽnlz **채**늘즈])
㉢ **1.** 해협
the English *Channel* 영국 해협
㉢ **2.** 〖통신〗(텔레비전 등의) 채널
At 8 : 30 there is 'Combat' on *Channel* 9.
여덟 시 반에 채널 9에서 '전투'가 방영된다.

char•ac•ter [kǽriktər 캐릭터]

★ 발음 주의
㉢ (**복수 characters** [kǽriktərz 캐릭터즈])
㉢ **1.** 인격, 성격
He is a man of *character*.
그는 인격자입니다.
㉢ **2.** 특성, 특징
This shows the *character* of the land.
이것은 그 나라의 특색을 나타내고 있다.
㉢ **3.** (연극·소설 따위에 등장하는) 인물
Hamlet is a *character* in the play.
햄릿은 그 연극에 등장하는 인물입니다.

㉢ **4.** 문자, 기호
The Korean use Chinese *characters*.
한국 사람들은 한자를 씁니다.

cheek [tʃíːk 치이크]

㉢ (**복수 cheeks** [tʃíːks **치**이크스]) 빰
the rosy *cheek* 불그스레한 빰
Tears were coming down his *cheeks*.
그의 빰에는 눈물이 흘러내리고 있었다.

*cheer [tʃíər 치어]

㉣㉧ (**3단현 cheers** [tʃíərz **치**어

즈], **과거 · 과거 분사** **cheered** [tʃíərd 치어드], **현재 분사** **cheering** [tʃíəriŋ 치어링])
기운을 돋우다, 기운을 내다
Cheer up! 기운을 내라!

**cheese [tʃíːz 치이즈]

㊔ **치이즈** 《우유로 만든 식료품으로, 단백질과 지방이 많다》
The food tastes like *cheese*.
그 음식은 치이즈 맛이 난다.

chess [tʃés 체스]

㊔ 체스, 서양 장기

chick [tʃík 칙]

㊔ (**복수** **chicks** [tʃíks 칙스])
병아리, 아이 (《동》 chicken)

chick·en [tʃíkin 치킨]

㊔ (**복수** **chickens** [tʃíkinz 치킨즈])
병아리, 닭(의 고기) (《참고》 cock 수탉, hen 암탉)
We built a *chicken* house.
우리는 닭장을 지었다.
Su-mi is feeding her *chickens*.
수미는 병아리들에게 모이를 주고 있다.

*child [tʃáild 차일드]

㊔ (**복수** **children** [tʃíldrən 칠드런])
아이, 어린이 (《참고》 baby 갓난아이, boy 소년, girl 소녀)
I know that *child*.
나는 저 아이를 안다.

That *child* is crying.
저 아이는 울고 있다.
She is an only *child*.
그 여자는 외딸입니다.
Children are riding the merry-go-round.
어린이들은 회전목마를 타고 있읍니다.

**choose [tʃúːz 추우즈]

㊊ (**3 단현** **chooses** [tʃúːziz 추우지즈], **과거** **chose** [tʃóuz 초우즈], **과거 분사** **chosen** [tʃóuzn 초우즌], **현재 분사** **choosing** [tʃúːziŋ 추우징])
㊊ 1. **뽑다**, 고르다
Choose the best one in the basket.
바구니 안에서 제일 좋은 것을 고르시오.
㊊ 2. 바라다 (~ *to* do)
If you *choose* to go, you may.

가고 싶으면 가도 좋다.

church [tʃə́:rtʃ 처어치]
명 (복수 churches [tʃə́:rtʃiz 처어치즈])
교회, 《관사 없이》 (교회에서의) 예배
I go to *church* on Sunday.
나는 일요일에는 예배 보러 간다.

C

***cit·y** [síti 시티]
명 (복수 cities [sítiz 시티즈])
시, 도회지 (《참고》 town 읍, village 마을, 촌락)
a *city* hall 시청
My aunt lives in the *city*.
나의 숙모님은 그 도시에 살고 있다.
Washington is a big *city*.
워싱톤은 대도시다.

***class** [klæs 클래스]
명 (복수 classes [klæsiz 클래시즈])
명 1. **학급**, 클라스
Tom is in the second-year *class*.
톰은 2학년생입니다.

명 2. 수업
We have five English *classes* a week.
우리들은 영어 수업이 매주 5시간 있다.
명 3. 계급, 등급
the upper 〔middle, lower, working〕 *classes* 상류 〔중류, 하류, 노동〕 계급
He is in a second-*class* carriage.
그는 2등차에 타고 있다.

***class·mate** [klæsmeit 클래스메이트]
명 (복수 classmates [klæsmeits 클래스메이츠])
학급 친구, 동급생
He played with his *classmates*.
그는 그의 동급생들과 놀았다.

***class·room** [klæsru:m 클래스루움]
명 (복수 classrooms [klæsru:mz 클래스루움즈])
교실

Su-mi's *classroom* is on the second floor.
수미의 교실은 이층에 있읍니다.

***clean** [klíːn 클리인]
㉠ (**비교급** **cleaner** [klíːnər 클리이너], **최상급** **cleanest** [klíːnist 클리이니스트])
깨끗한 (《반》 dirty 더러운)
My sister's room is large and *clean*.
내 누이의 방은 넓고 깨끗합니다.
Keep yourself *clean*.
몸을 깨끗이 하시오.

㉥ **깨끗이**, 완전히
I swept the floor *clean*.
나는 마루를 깨끗이 쓸었읍니다.
㉣ (**3 단현** **cleans** [klíːnz 클리인즈], **과거 · 과거 분사** **cleaned** [klíːnd 클리인드], **현재 분사** **cleaning** [klíːniŋ 클리이닝])
깨끗이 하다, 소제하다(《동》 clear)
Clean up before Father comes back.
아버지가 돌아오시기 전에 깨끗이 청소해라.

****clear** [klíər 클리어]
㉠ (**비교급** **clearer** [klíərər 클리어러], **최상급** **clearest** [klíərist 클리어리스트])
㉠ **1. 맑게 갠**, 맑은 (《동》 fine)
Today is *clear* and cold.
오늘은 맑고 춥다.
㉠ **2. 분명한**
It is *clear* that you are wrong.
당신이 틀린 것은 분명합니다.
㉦ (**3 단현** **clears** [klíərz 클리어즈], **과거 · 과거 분사** **cleared** [klíərd 클리어드], **현재 분사** **clearing** [klí(ː)riŋ 클리(이)링])
개다, 맑아지다
The sky is *clearing* up.
하늘이 활짝 개고 있다.

****clerk** [kləːrk 클러어크]
㉢ (**복수** **clerks** [kləːrks 클러어크스])
사무원, (회사, 사무실 따위의) 서기
My sister is a *clerk*.
내 누이는 사무원이다.

The *clerk* had a little TV set in one corner.

그 점원은 한 구석에 작은 텔레비전을 놓아 두었다.

***clev·er** [klévər 클레버]

㊐ (**비교급 cleverer** [klévərər 클레버러], **최상급 cleverest** [klévərist 클레버리스트])

㊐ 1. **영리한**, 꾀많은(《동》 bright, wise, 《반》 foolish 어리석은)

He is the *cleverest* boy in our class.

그는 우리 학급에서 제일 영리한 소년이다.

㊐ 2. **솜씨〔재주〕 있는**

《숙》 ***be clever at*** (또는 ***in***) **~*ing*** …을 잘하다

She *is clever at* mak*ing* dolls.

그 여자는 인형을 잘 만든다.

***climb** [kláim 클라임]

㊏㊋ (**3 단현 climbs** [kláimz 클라임즈], **과거·과거 분사 climbed** [kláimd 클라임드], **현재 분사 climbing** [kláimiŋ 클라이밍])

오르다, 기어 오르다 (《동》 go up)

He has *climbed* the Alps.

그는 알프스 산에 오른 일이 있다.

《숙》 ***climb down*** 기어 내리다

I *climbed down* from the tree.

나는 그 나무에서 기어 내렸다.

《숙》 ***climb up*** 오르다, 기어 오르다

He *climbed* up a tree.

그는 나무에 기어 올랐다.

***close**[1] [klóuz 클로우즈]

㊏㊋ (**3 단현 closes** [klóuziz 클로우지즈], **과거·과거 분사 closed** [klóuzd 클로우즈드], **현재 분사 closing** [klóuziŋ 클로우징])

㊏ **닫다** (《반》 open 열다, 《동》 shut)

Close the window.

창문을 닫아라.

㊋ 끝나다

School will *close* in July.

수업은 7 월에 끝납니다.

㊔ 끝 (《동》 end)

We had much rain at the *close* of the rainy season this year.

올해는 장마철이 끝날 때 많은 비가 왔읍니다.

The game came to a *close* just now.

시합은 방금 끝났읍니다.

close[2] [klóus 클로우스]

★ 발음 주의

㊐ (**비교급 closer** [klóusər 클로우서], **최상급 closest** [klóusist 클로우시스트])

㊐ 1. **가까운**, 접근한 (《동》 near)

My house is *close* to the school.

우리 집은 학교 가까이 있다.

㊐ 2. 친한 (《동》 dear)

He is a *close* friend of mine.

그는 나의 친한 친구이다.
《숙》 ***be close at hand*** 바로 옆에 있다, 다가오다
The examination *is close at hand.* 시험이 다가왔다.
㉮ (**비교급 closer, 최상급 closest**) 가까이, 접근하여, 짧게
He cut his hair *close.*
그는 머리를 짧게 깎았다.
《숙》 ***close by*** 바로 곁에
An inventor lived *close* by.
한 발명가가 바로 곁에 살고 있었다.

cloth [klɔ́:θ 클로오드]
㉰ (**복수 cloths** [klɔ́:θs 클로오드스])
★ 발음 주의
천, 직물, 테이블 보
Mother bought a yard of *cloth.*
어머니는 1야아드의 천을 샀읍니다.

****clothes** [klóuz 클로우즈]
★ 발음 주의
㉰ 《복수》 **옷,** 의복
My father wore Korean *clothes* all his life.
나의 아버지는 평생동안 한복을 입으셨다.
I put on〔took off〕 my *clothes.*
나는 옷을 입〔벗〕었읍니다.

****cloud·y** [kláudi 클라우디]
㉱ (**비교급 cloudier** [kláudiər 클라우디어], **최상급 cloudiest** [kláudiist 클라우디이스트])
흐린, 구름이 많이 낀(《반》 fine 개인, 《참고》 cloud 구름)
It's *cloudy* today.
오늘은 날씨가 흐리다.

club [klʌ́b 클럽]
㉰ (**복수 clubs** [klʌ́bz 클럽즈])
㉰ **1.** 클럽, 부(部), 반
A club meeting was held yesterday.
클럽 회합이 어제 열렸다.
㉰ **2.** 곤봉, 몽둥이, 굵은 막대기
A policeman has a short *club.*
경관은 짧은 곤봉을 가지고 있다.
Father carried a golf *club* on his shoulder.
아버지는 골프채〔클럽〕를 어깨에 메고 가셨다.
㉰ **3.** 〖트럼프〗 클럽(의 패)

coach [kóutʃ 코우치]
㉰ (**복수 coaches** [kóutʃiz 코우치즈])

C

명 1. (말 네 필이 끄는) 네 바퀴 달린 마차, (옛날의) 역마차
a mail coach 우편 마차
명 2. (철도의) 객차
명 3. (운동 경기의) 코우치
He is a good *coach* teaching baseball.
그는 야구를 가르치는 훌륭한 코우치이다.

coast [kóust 코우스트]
명 **해안**, 연안 (《동》 seaside)
We drove along the *coast*.
우리는 해안을 따라 드라이브했읍니다.

The ship sailed along the *coast*.
배는 연안을 따라 항해하였다.
《해안의 바다와 뭍이 맞닿는 선을 말하는 것으로, 주로 휴양지로서 사람이 모여드는 곳을 가리킨다》

***coat** [kóut 코우트]
명 (복수 **coats** [kóuts 코우츠])
웃옷, 상의, 저고리, (부인의) 외투, 코우트
Put on your *coat*.
웃옷을 입으시오.
She wears a warm *coat* over her dress.
그 여자는 옷 위에 따뜻한 외투를 입고 있다.

***cof·fee** [kɔ́:fi 코오피]
명 **코오피**
coffee and milk 우유를 탄 코오피
a *coffee* pot 코오피 끓이는 그릇
Won't you have a cup of *coffee*?
코오피 한잔 들지 않겠어요?

coin [kɔ́in 코인]
명 (**복수 coins** [kɔ́inz 코인즈])
화폐, 동전
I collect *coins* for a hobby.
나는 취미로 동전을 수집하고 있다.

***cold** [kóuld 코울드]
형 (**비교급 colder** [kóuldər 코울더], **최상급 coldest** [kóuldist 코울디스트])
추운, 차가운 (《반》 hot 더운)

It is *cold* today.
오늘은 춥습니다.

㉮ 1. 추위

㉮ 2. 감기

I have a bad *cold*.
나는 악성 감기를 앓고 있습니다.

《숙》 ***catch***(또는 ***take***) (***a***) ***cold*** 감기 들다

***col·lect** [kəlékt 컬렉트]

㉰ (**3 단현 collects** [kəlékts 컬렉츠], **과거·과거 분사 collected** [kəléktid 컬렉티드], **현재 분사 collecting** [kəléktiŋ 컬렉팅])

모으다, 수집하다

(《동》 gather, 《참고》 collection 수집)

How many butterflies have you *collected?*
나비를 몇 마리나 수집했읍니까?

I'll swim and *collect* seashells.
나는 수영도 하고 조개도 수집할거다.

《correct (옳은, 정정하다)와 혼동하지 않도록 주의》

***col·lec·tion** [kəlékʃən 컬렉션]

㉮ (**복수 collections** [kəlékʃənz 컬렉션즈])

수집, 채집, 모은 것 (《참고》 collect 모으다)

My father has a large *collection* of stamps.
나의 아버지는 많은 우표를 수집해 가지고 있다.

I am interested in the *collection* of insects.
나는 곤충 채집에 흥미가 있읍니다.

****col·lege** [kálidʒ 칼리지]

㉮ (**복수 colleges** [kálidʒiz 칼리지즈])

단과 대학 (《참고》 university 종합 대학교)

He is a *college* student.
그는 대학생이다.

Tom goes to *college*.
톰은 대학에 다닌다.

***col·o(u)r** [kʌ́lər 컬러]

㉮ (**복수 colo(u)rs** [kʌ́lərz 컬러

C

즈])

㉥ 1. 색깔

The *color* of this rose is red.

이 장미의 빛깔은 빨갛다.

㉥ 2. 《복수형으로 만들어서》 그림 물감

My brother can paint pictures with his water *colors*.

내 동생은 수채화 물감으로 그림을 그릴 줄 압니다.

㉥ 3. 특색

team *color* 티임의 특색

school *color* 학교의 특색

㉣ (**3 단현 colo(u)rs** [kʌ́lərz 컬러즈], **과거 · 과거 분사 colo(u)red** [kʌ́lərd 컬러드], **현재 분사 colo(u)ring** [kʌ́ləriŋ 컬러링])

색칠하다

They *colored* eggs.

그들은 달걀에 색칠하였다.

col·o(u)r·ful [kʌ́lərfəl 컬러펄]

㉧ 다채로운, 화려한

**com·bat [kámbæt 캄뱃]

㉥ 전투, 투쟁, 격투

*come [kʌ́m 컴]

㉠ (**3 단현 comes** [kʌ́mz 컴즈], **과거 came** [kéim 케임], **과거 분사 come** [kʌ́m 컴], **현재 분사 coming** [kʌ́miŋ 커밍])

㉠ 1. 오다

Mary will *come* to my house next Sunday.

메리는 다음 일요일에 우리집에 옵니다.

㉠ 2. 도래하다

Spring has *come*.

봄이 왔읍니다.

㉠ 3. …의 태생이다, …의 출신이다

She *comes* of a good family.

그 여자는 훌륭한 가문 태생이다.

《숙》 ***come about*** 일어나다, 생기다 (《동》 happen)

How did the accident *come about?*

어떻게 해서 사고가 일어났읍니까?

《숙》 ***come across*** ~ …을 우연히 마주치다

We often *come across* this word.

우리는 가끔 이 낱말에 부딪칩니다.

《숙》 ***come along*** 따라 오다

He is *coming along* the street.

그가 거리를 따라 오고 있읍니다.

《숙》 ***come back*** 돌아오다, 되돌아오다 (《동》 return)
I *came back* from school just now.
나는 방금 학교에서 돌아왔읍니다.
《숙》 ***come from*** ~ …에서 오다, …출신이다
He *comes from* Kentucky.
그는 켄터기주 출신이다.
《숙》 ***come in*** 들어오다
Please *come in.*
들어오십시오.
《숙》 ***come over*** 멀리서 오다
He *came over* to see me.
그는 멀리서 나를 만나러 왔다.

*com·fort·a·ble [kʌ́mfərtəbl 컴퍼터블]

★ 발음 주의
㉻ **기분좋은,** 안락한
The sofa is very *comfortable.*
이 소파는 아주 안락하다.

I just want to be *comfortable.*
나는 단지 편안하기만을 원합니다.

com·pa·ny [kʌ́mpəni 컴퍼니]

㉺ (**복수 companies** [kʌ́mpəniz 컴퍼니즈])
㉺ **1. 패**〔동료〕, 벗, 교제
I joined *company* with them.
나는 그들과 친구가 되었다.

He kept good *company.*
그는 좋은 벗과 사귀었다.
㉺ **2. 회사** 《Co. 라고 생략하는 수가 많음》
Johnson & *Co.* 존슨 상회
My brother goes to his *company* every day.
형님은 매일 회사에 나갑니다.

com·pare [kəmpɛ́ər 컴페어]

㉸ (**3단현 compares** [kəmpɛ́ərz 컴페어즈], **과거 · 과거 분사 compared** [kəmpɛ́ərd 컴페어드], **현재 분사 comparing** [kəmpɛ́əriŋ 컴페어링])
㉸ **1.** 견주다, 비교하다
Compare Korea with America.
한국과 미국을 비교해라.
㉸ **2.** 비유하다
Our teacher *compared* Admiral Yi to Admiral Nelson of England.
우리 선생님은 이 장군을 영국의 넬슨 제독에 비유하셨다.

C

com·put·er [kəmpjú:tər 컴퓨우터]
㊔ (**복수 computers** [kəmpjú:tərz 컴퓨우터즈])
계산기, 전자 계산기
I bought a good *computer*.
나는 좋은 전자 계산기를 샀다.

con·test [kántest 칸테스트]
㊔ (**복수 contests** [kántests 칸테스츠])
경쟁, 경기, 콘테스트
I'm planning to take part in the speech *contest*.
나는 웅변 대회에 참가할 계획을 하고 있다.

《보통 문학, 미술, 경기 따위에 씀》
㊍㊋ [kəntést 컨테스트]
(**3 단현 contests** [kəntésts 컨테스츠], **과거 · 과거 분사 contested** [kəntéstid 컨테스티드], **현재 분사 contesting** [kəntéstiŋ 컨테스팅])
다투다, 경쟁하다
The race was *contested* among them.
그들 사이에 경주가 벌어졌다.

con·tin·ue [kəntínju: 컨티뉴우]
㊍㊋ (**3 단현 continues** [kəntínju:z 컨티뉴우즈], **과거 · 과거 분사 continued** [kəntínju:d 컨티뉴우드], **현재 분사 continuing** [kəntínju:iŋ 컨티뉴우잉])
㊍ 계속하다 (《동》 go on)
Please *continue* the story.
그 이야기를 계속해 주십시오.

You must *continue* your study of (또는 go on studying) French.
당신은 프랑스어 연구를 계속해야 합니다.
《「계속하다」는 continue 이지만, 보통의 구어체에서는 go on+～ing 또는 keep on+～ing 의 형태가 많이 쓰인다》
㊋ 계속되다(《동》 last), 머무르다
The rain *continued* all day.
비는 온종일 계속해서 내렸다.

con·ver·sa·tion [kànvərséiʃən 칸버세이션]
㊔ **회화**
Are you interested in English *conversation?*
당신은 영어 회화에 흥미가 있습니까?
We can enjoy English *conversation.*

우리는 영어 회화를 할 줄 압니다.

I had a *conversation* with her.
나는 그녀와 대화를 나누었다.
《talk 도 「회화」「담화」인데 더 평이한 구어체다》

***cook** [kúk **쿡**]
㉫㉮ (**3 단현 cooks** [kúks **쿡스**], **과거 · 과거 분사 cooked** [kúkt **쿡트**], **현재 분사 cooking** [kúkiŋ **쿠킹**])
요리하다 《불때서 요리하다》
Jane was at home to *cook* dinner.
제인은 저녁을 짓기 위해 집에 있었다.
Mother was *cooking* in the kitchen.
어머니는 부엌에서 요리를 하고 있었읍니다.
㉮ (**복수 cooks** [kúks **쿡스**])
요리사, 쿡

My sister is a good *cook*.
나의 누님은 요리를 잘 한다.

****cool** [kú:l **쿠울**]
㉯ (**비교급 cooler** [kú:lə*r* **쿠울러**], **최상급 coolest** [kú:list **쿠울리스트**])
시원한 (《참고》 cold 추운, 《반》 warm 따뜻한)
It is *cool* here.
여기는 시원하다.

It is *cooler* today than yesterday.
오늘은 어제보다 더 시원하다.
㉫㉮ (**3 단현 cools** [kú:lz **쿠울즈**], **과거 · 과거 분사 cooled** [kú:ld **쿠울드**], **현재 분사 cooling** [kú:liŋ **쿠울링**])
선선해지다, 식히다
Cool the milk, please.
우유를 식혀 주십시오.

****cor·ner** [kɔ́:*r*nə*r* **코오너**]
㉮ (**복수 corners** [kɔ́:*r*nə*r*z **코오너즈**])
㉮ 1. 모퉁이
I met his father at the *corner* of the street.
나는 길 모퉁이에서 그의 아버지를 만났다.

C

You will see the building on the *corner*.
모퉁이에 그 건물이 보일 것입니다.

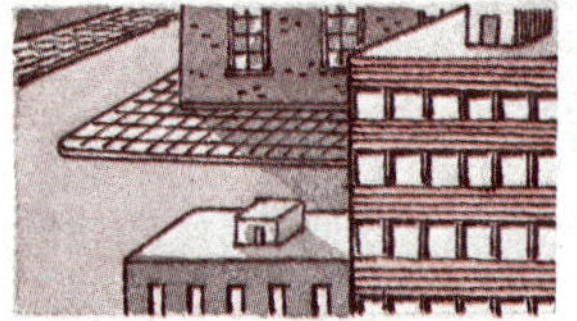

명 2. 구석
The clerk had a little TV set in one *corner*.
점원은 한쪽 구석에 작은 텔레비전을 놓아 두고 있었다.
《숙》 ***(just) around the corner*** 모퉁이를 돌아간 곳에, 바로 옆 골목에
His house is *just around the corner*.
그의 집은 바로 모퉁이를 돌아간 곳에 있습니다.
《숙》 ***turn the corner*** 길 모퉁이를 돌다
The bank is the second building after *turning the corner*.
은행은 길 모퉁이를 돌아서 둘째 번 건물입니다.

---

cost [kɔ́:st 코오스트]
타 (3 단현 costs [kɔ́:sts **코**오스츠], **과거 · 과거 분사 cost** [kɔ́:st **코**오스트], **현재 분사 costing** [kɔ́:stiŋ **코**오스팅])
(비용이) 들다, 값이 …이다, (노력 · 시간 따위를) 요하다
What does it *cost?*
그것은 비용이 얼마나 듭니까?
It *costs* five dollars.
그것은 값이 5 달러다.
How much does it *cost?*
그것은 값이 얼마입니까?
명 **가격, 값,** 비용
The *cost* of this hat was 7 dollars.
이 모자의 가격은 7 달러였다.

---

cot·ton [kátn **카**튼]
명 **무명, 솜** (《참고》 wool [wúl 울] 양털, silk 명주)
cotton cloth 면직물
The Negroes are picking *cotton* now.
흑인들이 지금 목화를 따고 있읍니다.

---

count·less [káuntlis **카**운틀리스]
형 셀 수 없는, 무수한
Underwater plants are also *countless*.
수중 식물도 또한 헤아릴 수 없이 많다.

****coun·try** [kʌ́ntri **컨**트리]
명 (**복수 countries** [kʌ́ntriz **컨**트

리즈])

㉮ 1. **나라,** 국가

There are many *countries* in the world.

세계에는 여러 나라가 있읍니다.

㉮ 2. 《the를 붙여서》 **시골,** 지방

My parents live in the *country*.

나의 양친은 시골에 살고 있다.

He went into the *country*.

그는 시골에 내려갔다.

㉮ 3. 조국, 고향

He left the *country* three years ago.

그는 3년 전에 고향을 떠났다.

《in the country는 보통 「시골에」의 뜻이지만, 때로는 문맥에 따라 「국내에」의 뜻이 되므로 주의할 것》

***coun·try·side** [kʌ́ntrisàid 컨트리사이드]

㉮ (**복수 countrysides** [kʌ́ntrisàidz 컨트리사이즈])

지방, 시골

They enjoyed the beautiful weather in the *countryside*.

그들은 시골에서 좋은 날씨를 즐겼다.

***cou·ple** [kʌ́pl 커플]

㉮ (**복수 couples** [kʌ́plz 커플즈])

㉮ 1. 둘, 한 쌍

It is only a *couple* of weeks away.

2주일이 남았을 뿐이다.

㉮ 2. 부부(夫婦)

***course** [kɔ́:rs 코오스]

㉮ (**복수 courses** [kɔ́:rsiz 코오시즈])

㉮ 1. **진로,** 경로, 진행, 수로

The *course* of this river often changes.

이 강의 수로는 가끔 변한다.

㉮ 2. 과정, 학과

My brother has finished his middle school *course*.

형은 중학교 과정을 마쳤읍니다.

《숙》 ***of course*** 물론

Of *course*, tomorrow is the first day of the new school year.

물론 내일은 새 학년이 시작되는 첫 날이다.

***cous·in** [kʌ́zn 커즌]

★ 발음 주의

㉮ (**복수 cousins** [kʌ́znz 커즌즈])

사촌

Min-hi is my *cousin*.

민희는 나의 사촌입니다.

cov·er [kʌ́vər 커버]
㊍ (**3 단현** **covers** [kʌ́vərz 커버즈], **과거 · 과거 분사** **covered** [kʌ́vərd 커버드], **현재 분사** **covering** [kʌ́vəriŋ 커버링])
㊍ **1. 덮다, 씌우다**
Mother *covered* the bady with a cloth.
어머니는 아기에게 보를 덮어 주었다.

The top of the mountain is *covered* with snow all the year round.
그 산 꼭대기는 1년내 눈으로 덮여 있읍니다.
㊍ **2.** 숨기다 (《동》 hide)
You must not *cover* up your mistakes.
너의 잘못을 숨겨서는 안 된다.
㊍ **3.** (…의 거리를) 가다
We *covered* ten miles on foot.
우리는 걸어서 10마일을 갔다.
㊔ (**복수** **covers** [kʌ́vərz 커버즈])
뚜껑, 덮개, **표지**
She put a *cover* on the pot.
그 여자는 항아리에 뚜껑을 닫았다.

cow·boy [káubɔi 카우보이]
㊔ (**복수** **cowboys** [káubɔiz 카우보이즈])
목동, 카우보이
Why do miners and *cowboys* like blue jeans?
왜 광부들과 목동〔카우보이〕들은 청바지를 좋아하지요?

***cray·on** [kréiən 크레이언]
㊔ (**복수** **crayons** [kréiənz 크레이언즈])
크레용(화)
a picture in *crayons* 크레용 화
She draws a picture with *crayons.*
그녀는 크레용으로 그림을 그린다.

***croc·o·dile** [krákədail 크라커다일]
㊔ (**복수** **crocodiles** [krákədailz 크라커다일즈])
악어
They made handbags of *crocodile* skin.
그들은 악어 가죽으로 핸드백을 만들었다.

cross [krɔ́:s 크로오스]
㊍ (**3 단현** **crosses** [krɔ́:siz 크로오시즈], **과거 · 과거 분사** **crossed** [krɔ́:st 크로오스트], **현재 분사** **crossing** [krɔ́:siŋ 크로오싱])
㊍ **1. 가로지르다**
Don't *cross* the street when there are many cars running.

차가 많이 달리고 있을 때 거리를 횡단하지 말아라.

㊇ 2. 교차(交叉)하다

He *crossed* his legs.

그는 다리를 포갰다.

㊔ (**복수** **crosses** [krɔ́:siz 크로오시즈])

십자가, 십자로

Jesus Christ died on the *cross*.

예수 그리스도는 십자가 위에서 죽었읍니다.

《숙》 ***the Red Cross*** 적십자

crowd [kráud 크라우드]

㊇㊅ (**3 단현** **crowds** [kráudz 크라우즈], **과거 · 과거 분사** **crowded** [kráudid 크라우디드], **현재 분사** **crowding** [kráudiŋ 크라우딩])

㊅ 모여들다, 붐비다

Many people *crowded* around him.

많은 사람들이 그의 둘레에 모여들었다.

㊇ (**꽉**) **들어차게 하다**

The square was *crowded* with people.

광장은 사람들로 꽉 차 있었다.

㊔ (**복수** **crowds** [kráudz 크라우즈])

군중, 다수

There were big *crowds* of people in the theater.

극장 안은 많은 군중으로 가득 차 있었다.

There are a *crowd* of books on the desk.

책상 위에 많은 책이 있읍니다.

crown [kráun 크라운]

㊔ (**복수** **crowns** [kráunz 크라운즈])

왕관, 왕위

King's *crown* was made of thin sheets of pure gold.

왕관은 얇은 판의 순금으로 만들어졌다.

The prince succeeded to the *crown*.

왕자가 왕위를 이었읍니다.

㊇ (**3 단현** **crowns** [kráunz 크라운즈], **과거 · 과거 분사** **crowned** [kráund 크라운드], **현재 분사** **crowning** [kráuniŋ 크라우닝])

왕관을 씌우다, 왕위에 앉히다, 꼭대기에 올려 놓다

They *crowned* him king.

그들은 그를 왕위에 앉혔다.

The mountain is *crowned* (또는 covered) with snow.

그 산은 꼭대기가 눈으로 덮여 있다.

Pine trees *crown* the mountains.

소나무가 산 꼭대기에 무성하다.

⁑cry [krái 크라이]

㊊㊉ (**3 단현 cries** [kráiz 크라이즈], **과거 · 과거 분사 cried** [kráid 크라이드], **현재 분사 crying** [kráiiŋ 크라이잉])

㊉ 1. **큰 소리를 지르다,** 외치다 (《동》 shout 외치다, weep 울다, 《반》 laugh [læf 래프] 웃다)

He *cried* with pain.

그는 아파서 소리질렀다.

㊉ 2. (소리 내어) 울다

He *cried* all the way to the hospital.

그는 병원으로 가는 도중 내내 울었다.

《숙》 ***cry out*** 큰 소리로 부르다

㊔ (**복수 cries** [kráiz 크라이즈])

외치는 소리, 우는 소리

Man begins life with a *cry*.

사람은 고고(呱呱)의 소리를 내며 이 세상에 태어난다.

***cup** [kʌ́p **컵**]

㊔ (**복수 cups** [kʌ́ps **컵스**])

㊔ 1. (코오피 · 홍차를 마시는) **잔** 《우리말에 쓰이는 **컵**은 a glass라고 말한다》

We drink black tea out of a tea *cup*.

우리는 홍차를 차종으로 마신다.

㊔ 2. 차종 한잔(의 양)

I had a *cup* of coffee.

나는 한 잔의 코오피를 마셨다.

㊔ 3. 우승컵

We won the *cup*.

우리는 우승하였다.

cup·board [kʌ́bərd 커버드]

★ 발음 주의

㊔ (**복수 cupboards** [kʌ́bərdz 커버즈])

찬장

cur·i·ous [kjú(ː)riəs 큐(우)리어스]

㊎ (**비교급 more curious, 최상급 most curious**)

㊎ 1. 호기심이 강한, 신기한 것을

좋아하는

He is *curious* to know the truth.

그는 진상(眞相)을 몹시 알고 싶어한다.

㊎ 2. 기묘한, 이상한

cut [kʌ́t 컷]

㊀㊅ (3 단현 cuts [kʌ́ts 커츠], **과거 · 과거 분사 cut** [kʌ́t 컷], **현재 분사 cutting** [kʌ́tiŋ 커팅])

㊀ **1. 베다, 썰다**

Mother has *cut* the apple with a knife.

어머니는 칼로 사과를 쪼갰읍니다.

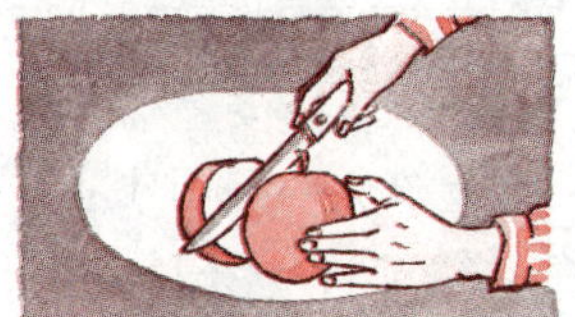

㊀ **2.** (머리털 따위를) **깎다**

I had my hair *cut*.

나는 머리를 깎았읍니다.

㊀ **3.** 베어 상처를 내다

Tom has *cut* his leg.

톰은 다리에 상처를 냈다.

㊅ **베어지다**

This knife *cuts* well.

이 칼은 잘 든다.

《숙》 ***cut off*** 베어내다, 잘라내다

He *cut off* a small piece of meat and gave it to the dog.

그는 고기를 한 조각 잘라서 개에게 주었다.

***cute** [kjú:t 큐우트]

㊎ (**비교급 cuter** [kjú:tər 큐우터], **최상급 cutest** [kjú:tist 큐우티스트])

예쁜, 귀여운, 영리한

They are *cute* puppies.

그것들은 귀여운 강아지들입니다.

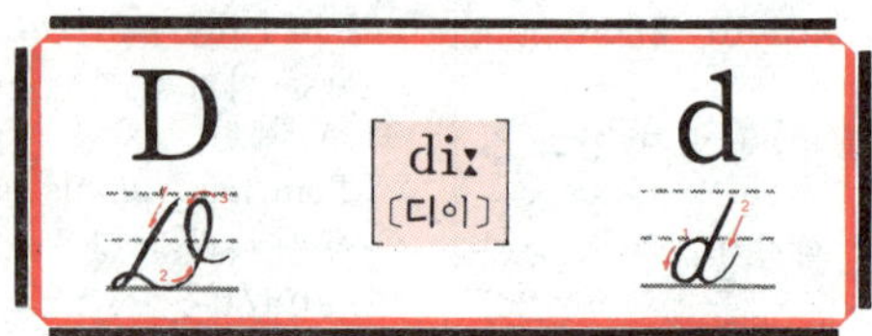

***dad** [dæd 대드]
[명] (**복수 dads** [dædz 대즈])
《어린이 말》 아빠

****dance** [dæns 댄스]
[타][자] (**3단현 dances** [dǽnsiz 댄시즈], **과거 · 과거 분사 danced** [dænst 댄스트], **현재 분사 dancing** [dǽnsiŋ 댄싱])
춤추다, 무용하다, 뛰다
They are *dancing* merrily.
그들은 즐겁게 춤추고 있다.

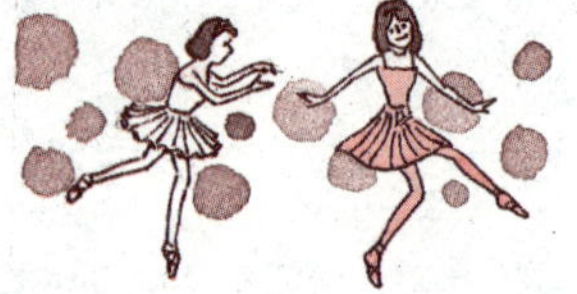

She *danced* with her brother.
그녀는 동생과 춤을 추었다.
[명] (**복수 dances** [dǽnsiz 댄시즈])
댄스, **춤**, 무도회
a social *dance* 사교 댄스

****dark** [dɑ́:rk 다아크]
[형] (**비교급 darker** [dɑ́:rkər 다아커], **최상급 darkest** [dɑ́:rkist 다아키스트])
[형] **1. 어두운** (《반》 light, bright 밝은)
a *dark* night 어두운 밤
It is getting *dark*.
어두워지고 있다.
[형] **2.** 거무스름한, 검은
My sister has *dark* hair and *dark* eyes.
나의 누이는 검은 머리와 검은 눈을 가지고 있습니다.

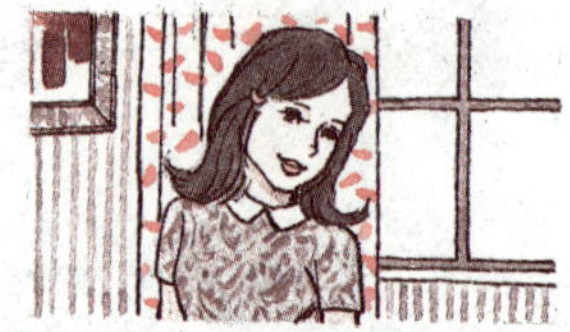

[형] **3.** 침울한, 암담한
Don't look on the *dark* side of things.
사물의 어두운 면을 보지 말아라.
《숙》 ***a dark horse*** (역량을 알 수 없는) 새로 출전한 경주마, 뜻 밖의 힘을 가진 경쟁 상대
《숙》 ***the Dark Ages*** (유럽 중세기의) 암흑 시대
[명] 어두움, **해질녘**

Come home before *dark*.
어두워 지기 전에 들어오시오.
We got there after *dark*.
우리는 어두워진 뒤에 거기에 닿았다.

daugh·ter [dɔ́:tər 도오터]
명 (복수 **daughters** [dɔ́:tərz 도오터즈])
딸 (《동》 girl child, 《반》 son 아들)
She has a *daughter*.
그 여자는 딸이 하나 있다.

day [déi 데이]
명 (복수 **days** [déiz 데이즈])
명 **1. 날,** 하루
every *day* 매일
every other *day* 하루 걸러
one *day* 어느 날
the other *day* 일전에
some *day* 언젠가
Twenty-four hours make a *day*.
24시간은 하루이다.
We worked all *day* long.
우리들은 온 종일 일했다.
I will finish it in a *day* or two.
나는 하루 이틀 사이에 그것을 끝마치겠다.
You may call on me any *day* you please.
언제든지 오고 싶은 날 찾아오십시오.
What *day* of the week is it today?
오늘은 무슨 요일입니까?
Rome was not built in a *day*.
《속담》 로마는 하루에 이루어진 것이 아니다(대 사업은 일조 일석에 완성되는 것이 아니다).
for three *days* 사흘 동안
명 **2. 낮** (《반》 night 밤)
He works hard *day* and night.
그는 밤낮으로 열심히 일한다.

The sun shines in the *day*, but the moon shines at night.
낮에는 해가 비치고 밤에는 달이 비친다.
명 **3.** 《복수형으로서》 시대
in the old *days* 옛날에는
in these〔those〕 *days* 요즈음은〔당시는〕
명 **4.** (어떤 특별한) 날
New Year's *Day* 설날
The second Sunday of May is Mother's *Day*.
5월의 둘째 번 일요일은 어머니의 날입니다.
《숙》 ***day by*** (또는 ***after***) ***day***
나날이
It is getting cold *day by day*.
나날이 추워져 갑니다.
《숙》 ***Good day!***
안녕하십니까. 《낮인사》
《숙》 ***the day after tomorrow***
모레
《숙》 ***the day before yesterday***
그저께

D

《숙》 ***this day week*** 〔***month***〕 지난 주〔달〕의 오늘, 내주〔달〕의 오늘

⁑dead [déd 데드]

㊍ **1. 죽은**(《참고》 die 죽다, death 죽음, 《반》 alive 산, living 살아 있는)

Is his father living or *dead*?
그의 아버지는 살아계십니까, 또는 돌아가셨읍니까?
The bird is *dead*.
그 새는 죽었읍니다.

Speak well of the *dead*.
죽은 사람 일은 좋게 말하시오.

㊍ **2.** 퇴폐한, 쓰이지 않게 된
a *dead* language 사어(라틴어, 고대 그리스어 따위)

《숙》 ***a dead ball*** 〖야구〗 사구, 데드 볼

《숙》 ***the Dead Sea*** 사해(死海)

deaf [déf 데프]

㊍ 귀머거리의
Unhappily she was *deaf* and dumb.
불행하게도 그녀는 귀머거리에다 벙어리였다.

*dear [díər 디어]

㊍ (**비교급 dearer** [dí(:)rər 디(이)러], **최상급 dearest** [dí(:)rist 디(이)리스트])

㊍ **1.** 귀여운, 사랑스러운, **친애하는**
What *dear* little birds!
정말 귀여운 새들이구나!

㊍ **2.** 값비싼, 비싼 (《반》 cheap 싼)
It seems rather *dear*.
그것은 좀 비싼 것 같습니다.

㊍ **3.** 《편지의 첫머리》 친애하는

㊇ 《부를 때 씀》 사랑하는 사람
My *dear*! 여보, 당신《가족이나 애인·친구 간에 부르는 말》

㊎ (**비교급 dearer, 최상급 dearest**)
비싸게, 값 비싸게

㊐ 어머나, 아이구
Oh, *dear*!
어머나!

⁑death [déθ 데드]

㊇ **1. 죽음**, 사망 (《참고》 die 죽다, dead 죽은, 《반》 birth 탄생)

All of us are afraid of *death*.

우리 모두는 죽음을 두려워한다.
Death may come at any moment. 죽음은 언제 올지 모른다.
㊔ 2. (…한) 죽음《죽음의 방법》
He died a hero's *death*.
그는 영웅다운 죽음을 하였다.
《숙》 ***put*** (a person) ***to death*** (…를) 죽이다, 사형에 처하다
He was *put to death*.
그는 사형을 받았다.
《숙》 ~ ***to death*** (…한 결과) 죽다
He was burnt *to death*.
그는 타 죽었다.

de·cide [disáid 디사이드]

㊈㊉ (**3단현 decides** [disáidz 디사이즈], **과거·과거 분사 decided** [disáidid 디사이디드], **현재 분사 deciding** [disáidiŋ 디사이딩])
정하다, **결정하다**, 결심하다
They *decided* to get married.
그들은 결혼하기로 결심했다.

de·clare [dikléər 디클레어]

㊈ (**3단현 declares** [dikléərz 디클레어즈], **과거·과거 분사 declared** [dikléərd 디클레어드], **현재 분사 declaring** [dikléəriŋ 디클레어링])
선언하다, 언명〔단언〕하다
They *declared* that they were independent from England.
그들은 영국에서 독립했다고 선언하였다.
Tom *declared* that he would come back.
톰은 돌아오겠다고 언명했다.

deep [dí:p 디이프]

㊋ (**비교급 deeper** [dí:pər 디이퍼], **최상급 deepest** [dí:pist 디이피스트])
㊋ 1. **깊은**(《반》 shallow 얕은)
How *deep* is the hole?
그 구멍은 얼마나 깊습니까?

It is ten feet *deep*.
그것은 깊이가 10피이트입니다.
㊋ 2. **색깔이 짙은** (《반》 light)
a *deep* blue〔red〕 짙은 청〔적〕색
㊋ 3. (감정이나 생각이) 깊은
He has *deep* thoughts.
그는 생각이 깊다.
㊌ (**비교급 deeper, 최상급 deepest**)
깊게
The stone sank *deep*.
돌은 깊이 가라앉았다.

de·feat [difí:t 디피이트]

㊈ (**3단현 defeats** [difí:ts 디피이츠], **과거·과거 분사 defeated** [difí:tid 디피이티드], **현재 분사 defeating** [difí:tiŋ 디피이팅])
패배시키다
I have been *defeated* in the recent election.
나는 최근 선거에서 패배했다.
㊔ 패배

D

D

de·li·cious [dilíʃəs 딜리셔스]
㊔ 참으로 맛있는, 맛좋은(sweet tasting), 향기로운
Mother was ready to cook *delicious* food.
어머니는 맛있는 음식을 요리할 참이었다.

de·light [diláit 딜라이트]
㊉ (3단현 **delights** [diláits 딜라이츠], **과거·과거 분사 delighted** [diláitid 딜라이티드], **현재 분사 delighting** [diláitiŋ 딜라이팅])
기쁘게 하다 (《동》 please), 즐겁게 하다
They were *delighted* at the news.
그 소식을 듣고 그들은 기뻐하였다.

㊔ 기쁨, 즐거움
with *delight* 기쁘게

de·liv·er [dilívər 딜리버]
㊉ (3단현 **delivers** [dilívərz 딜리버즈], **과거·과거 분사 delivered** [dilívərd 딜리버드], **현재 분사 delivering** [dilívəriŋ 딜리버링])
㊉ 1. 배달하다, 넘겨주다
The postman *delivers* letters.
우편 배달부는 편지를 배달한다.
㊉ 2. (연설 따위를) 하다, 말하다
He *delivered* a speech in English.
그는 영어로 연설했다.
㊉ 3. 구출하다, 해방시키다 (《동》 set free)
deliver us from danger 위험에서 우리를 건져주다

de·part·ment [dipá:rtmənt 디파아트먼트]
㊔ (**복수 departments** [dipá:rtmənts 디파아트먼츠])
부(部), 부문(部門)
《숙》 ***department store*** 백화점

de·pend [dipénd 디펜드]
㊋ (3단현 **depends** [dipéndz 디펜즈], **과거·과거 분사 depended** [dipéndid 디펜디드], **현재 분사 depending** [dipéndiŋ 디펜딩])
《***depend on***(또는 ***upon***) ~으로서》
㊋ 1. …에 의하다, …여하에 달려 있다
It *depends on* the weather.
그것은 날씨 여하에 달려 있다.

㊋ 2. …을 의지하다
Pupils *depend on* their teachers.

학생들은 선생님을 의지한다.

You must not *depend* so much *on* your sister.

당신은 그렇게 누이에게 의존해서는 안된다.

des·ert [dézərt 데저트]

★ 발음 주의

㊔ (**복수 deserts** [dézərts 데저츠])
사막, 거치른 불모의 땅

㊕ 사막과 같은, 불모의, 무인의

a *desert* island 무인도

*desk [désk 데스크]

㊔ (**복수 desks** [désks 데스크스])
(사무용, 학업용의) **책상**, 공부용 책상

Is this a *desk?*

이것은 책상입니까?

《숙》 ***be***(또는 ***sit***) ***at one's desk***
책상 앞에 앉아 있다, 읽고 쓰기를 하고 있다, 사무를 보고 있다

He is *at his desk* in his study.

그는 서재에서 공부하고 있다.

**di·a·ry [dáiəri 다이어리]

㊔ **일기**, 일기장

《숙》 ***keep a diary*** 일기를 쓰다

I *keep a diary* in English.

나는 영어로 일기를 쓴다.

**dic·tion·a·ry [díkʃənəri 딕셔너리]

㊔ (**복수 dictionaries** [díkʃənəriz 딕셔너리즈])
사전

an English-Korean 〔a Korean-English〕 *dictionary* 영한〔한영〕 사전

The *dictionary* is much too big to put in your pocket.

사전이 너무 커서 호주머니에 넣을 수가 없다.

Consult a *dictionary.*

사전을 찾아보시오.

**die [dái 다이]

㊆ (**3 단현 dies** [dáiz 다이즈], **과거 · 과거 분사 died** [dáid 다이드], **현재 분사 dying** [dáiiŋ 다이잉])

㊆ **1.** 죽다 (《반》 live 살고 있다, 《참고》 death 죽음)

He fell to the ground and *died.*

D

그는 땅에 쓰러져 죽었다.
She *died* young.
그 여자는 젊어서 죽었다.

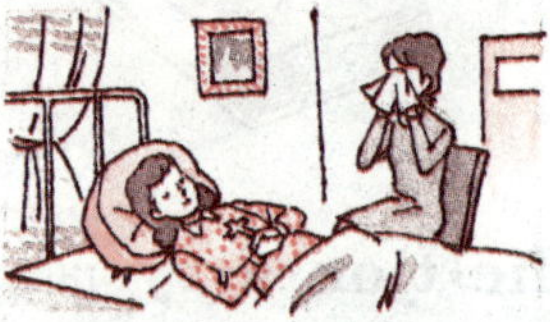

[자] 2. 시들다, 사라져 없어지다
The wind *died* away.
바람이 멎었다.

《숙》 ***die a ~ death*** …한 죽음을 하다
He *died a* sad *death*.
그는 비참하게 죽었다.

《숙》 ***die from ~*** (부주의, 부상 따위로) 죽다
He *died from* hard work.
그는 과로로 죽었다.

《숙》 ***die of ~*** (병, 굶주림 따위로) 죽다
They *died of* hunger and cold.
그들은 굶주림과 추위로 죽었다.

*dif·fer·ent [dífrənt 디프런트]

[형] 1. **다른, 딴**(~ *from*)
I like her very much, but we are very *different*.
나는 그녀를 매우 좋아하지만, 우리는 몹시 다릅니다.

[형] 2. 종류가 다른, 가지각색의
There are *different* kinds of flowers in this garden.
이 정원에는 가지각색의〔여러가지〕 꽃이 있읍니다.

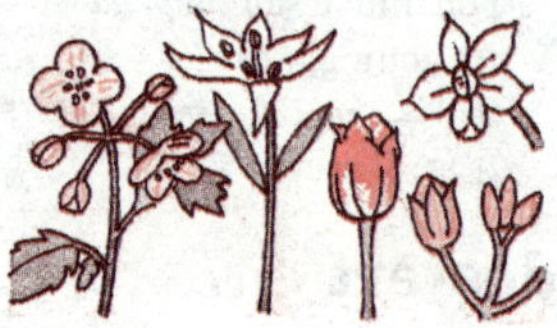

**dif·fi·cult [dífəkʌlt 디퍼컬트]

[형] 1. 어려운, **곤란한** (《반》 easy 쉬운)
This homework is *difficult*.
이 숙제는 어렵다.

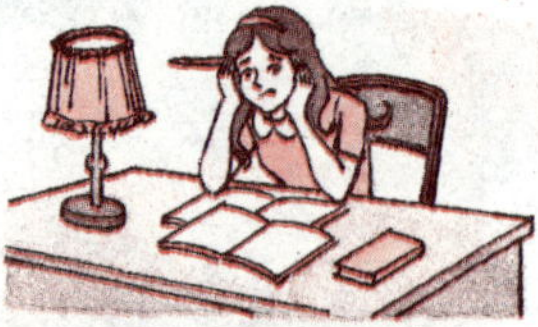

It is *difficult* for me to speak English.
나는 영어로 말하기가 어렵다.
It is too *difficult* for me to do it.
그것은 너무 어려워서 내가 할 수 없다.

[형] 2. 까다로운
He is a *difficult* man to deal with.
그는 다루기가 까다로운 사람이다.

dil·i·gent [dílidʒənt 딜리전트]

[형] 부지런한 (《반》 idle, lazy 태만한)

Be a *diligent* pupil.

부지런한 학생이 되어라.

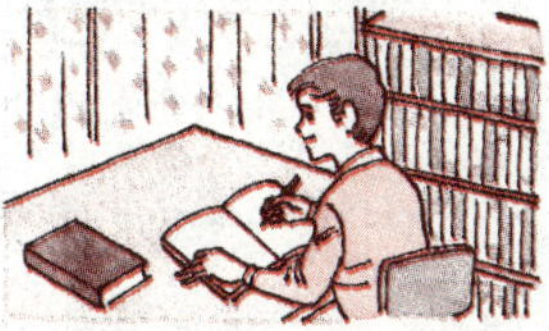

He is *diligent* in his business 〔work, study〕.

그는 업무〔일, 연구〕에 열심입니다.

*dine [dáin 다인]

[자] (**3 단현 dines** [dáinz 다인즈], **과거 · 과거 분사 dined** [dáind 다인드], **현재 분사 dining** [dáiniŋ 다이닝])

식사하다

Will you *dine* with me tomorrow?

내일 나와 같이 식사를 하시겠읍니까?

*din·ner [dínər 디너]

[명] **정찬** 《하루의 주된 식사를 말하는 것으로, 오찬일 때도 있지만, 보통은 만찬을 말하는 경우가 많다》, 성찬, 식사

I asked(또는 invited) him to *dinner*.

나는 그를 만찬에 초대하였다.

They are at *dinner*.

그들은 식사 중입니다.

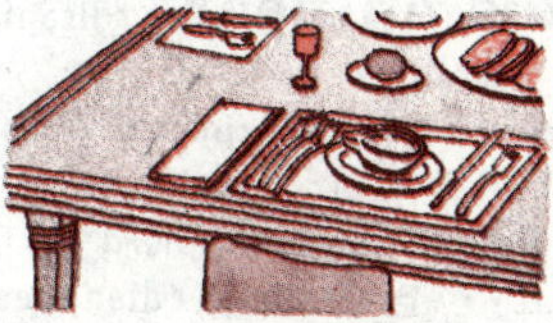

di·rec·tion [dərékʃən 더렉션]

[명] (**복수 directions** [dərékʃənz 더렉션즈])

[명] **1.** 방향, 지시

He does not need any *direction* from me.

그는 나의 어떠한 지시도 필요로 하지 않는다.

[명] **2.** 지도(指導)

*dirt·y [də́ːrti 더어티]

[형] (**비교급 dirtier** [də́ːrtiər 더어티어], **최상급 dirtiest** [də́ːrtiist 더어티이스트])

더러운, 불결한 (《반》 clean 깨끗한), 열등한, 비열한

Can we do anything about this *dirty* lake?

우리가 이 더러운 호수에 대해 어떤 것〔일〕을 할 수 있을까?

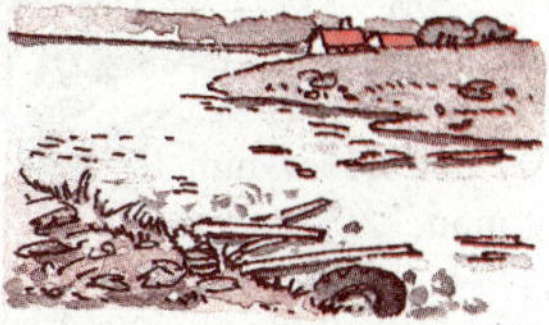

a *dirty* act 비열한 행위

D

dis·ap·pear [dìsəpíər 디서피어]

㉮ (3단현 **disappears** [dìsəpíərz 디서피어즈], **과거·과거 분사 disappeared** [dìsəpíərd 디서피어드], **현재 분사 disappearing** [dìsəpíəriŋ 디서피어링])

보이지 않게 되다 (《반》 appear 나타나다), 사라지다, 없어지다, 소멸하다

He *disappeared* into the night.
그는 밤의 어둠 속으로 사라졌다.

dis·cov·er [diskʌ́vər 디스커버]

㉰ (3단현 **discovers** [diskʌ́vərz 디스커버즈], **과거·과거 분사 discovered** [diskʌ́vərd 디스커버드], **현재 분사 discovering** [diskʌ́vəriŋ 디스커버링])

발견하다, 알게 되다 (《동》 find)

Columbus *discovered* America.
컬럼버스는 아메리카를 발견하였다.

I *discovered* him to be a blind man.
나는 그가 소경인 것을 알았다.

dis·cus·sion [diskʌ́ʃən 디스커션]

㊄ (**복수 discussions** [diskʌ́ʃənz 디스커션즈])

논의, **토의**, 토론

We have the right of free *discussion*.
우리는 언론의 자유를 가지고 있다.

We had a *discussion* about the problem.
우리는 그 문제에 관해 논의를 했다.

＊dish [díʃ 디시]

㊄ (**복수 dishes** [díʃiz 디시즈])

㊄ 1. **접시** 《음식을 담아 식탁 한가운데 내놓는 큰 접시, plate 보다는 깊고 크며, 각자가 여기서 떠내어 자기 plate에 담게 되어 있는 것》

She is washing the *dishes*.
그녀는 접시를 씻고 있다.

㊄ 2. (접시에 담은) **요리**

There is a *dish* of meat on the table.
테이블 위에 한 접시의 고기 요리가 있읍니다.

a delicious *dish* 맛있는 요리

dis·play [displéi 디스플레

이]

㊉ (3 단현 **displays** [displéiz 디스플레이즈], **과거 · 과거 분사 displayed** [displéid 디스플레이드], **현재 분사 displaying** [displéiiŋ 디스플레이잉])

(용기 따위를) 나타내다, 드러내어 보이다, 전시하다

Those are being *displayed* in the shopwindows.

그것들은 가게 진열창에 진열되고 있다.

㊔ (**복수 displays** [displéiz 디스플레이즈])

㊔ 1. 나타냄, 드러내어 보임

㊔ 2. 전람, 전시

**dis·tance [dístəns 디스턴스]

㊔ (**복수 distances** [dístənsiz 디스턴시즈])

㊔ 1. **거리**, 간격

What is the *distance* from here to the station?

여기서 역까지는 거리가 얼마나 됩니까?

㊔ 2. 먼 데, 떨어져 있는 지점(《참고》 distant 먼)

They came from a *distance*.

그는 먼 데서 왔다.

《숙》 ***at a distance*** 어떤 거리를 두고, 약간 떨어져서

Keep such a man *at a distance*.

그런 사람은 멀리 하시오.

《숙》 ***in the distance*** 멀리에

We saw a rainbow *in the distance*.

멀리 무지개가 보였다.

dive [dáiv 다이브]

㊇ (3 단현 **dives** [dáivz 다이브즈], **과거 · 과거 분사 dived** [dáivd 다이브드], **현재 분사 diving** [dáiviŋ 다이빙])

(머리부터 물속에) 뛰어들다

This summer I'm going to learn to *dive*.

이번 여름에는 다이빙을 배울 예정이다.

*do [dú: 두우]

㊉㊇ (3 단현 **does** [dʌ́z 더즈], **과거 did** [díd 디드], **과거 분사 done** [dʌ́n 던], **현재 분사 doing** [dú:iŋ 두우잉])

㊉ 1. **하다, 행하다**

He *did* his best.

그는 최선을 다하였다.

We have nothing to *do*.

우리는 할 일이 없다.

What shall I *do?*

어떻게 하면 좋을까? (난처하다)

He has *done* what he likes.

그는 자기가 좋아하는 일을 했다.

What can I *do* for you?

무엇을 드릴까요?

《점원이 손님에게 하는 말》

D

D

[타] 2. 주다, 끼치다, 이바지하다
A change of air will *do* you good.
전지 요양하는 것이 몸에 좋을 것이다.
[타] 3. 마치다, 끝내다 (《동》 finish, end)
The work is not *done* yet.
그 일은 아직 끝나지 않았다.
[자] 1. **행하다**, 활동하다, 일하다
Do like a gentleman.
신사답게 구시오.
Do in Rome as the Romans *do*.
《속담》 어디 가든지 그곳 풍습대로 하라. (입향순속(入鄕循俗))
[자] 2. 쓸모가 있다, (…에) 충분하다
That will *do*.
그거면 됐어.
Fifty won will *do*.
50원이면 충분하다.
[자] 3. 지내다, 살아 나가다, 잘 되어 가다
His business is *doing* well.
그의 사업은 잘 되어가고 있다.
How do you *do?*
안녕하세요? 《처음 만난 사람에게》 처음 뵙겠읍니다.

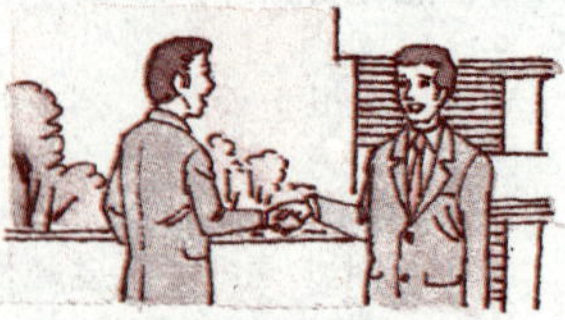

《숙》 ***do with*** ～ …을 처리하다, 처치하다, 끝마치다
What shall I *do with* it?
그것을 어떻게 할까요?
Have you *done with* this book?
이 책을 다 보셨읍니까?
《숙》 ***do without*** …없이 해나가다
I cannot *do without* this book.
이 책 없이는 해나갈 수 없읍니다.
《숙》 ***have to do with*** ～ …와 관계가 있다
I *have* nothing *to do with* him.
나는 그 사람하고는 아무 관계도 없다.
《대동사》 《같은 동사를 되풀이하는 대신으로 쓴다》
Do you like him? Yes, I *do* (= like him).
그를 좋아하세요? 예, 좋아합니다.
He speaks better than I *do* (= speak).
그는 나보다 더 잘 말합니다.
[조] 1. 《의문문을 만든다》
Do you go to church every Sunday?
당신은 일요일마다 교회에 나가십니까?
[조] 2. 《not과 함께 부정문을 만든다》
We *don't* work on Sunday.
우리는 일요일에는 일하지 않는다.
[조] 3. 《동사의 뜻을 강조한다. 이 경우에 do나 did를 강조하게 발음한다》
I *do* want to go there.
나는 꼭 거기 가고 싶다.

Do tell me.
말해 줘, 응.

㊄ 4. 《부사 따위를 앞에 내놓을 때는 주어 앞에 둔다》

Never *did* I see such a tall building.
나는 이렇게 높은 건물을 본 적이 없다.

---

*doc·tor [dáktər 닥터]

㊔ (복수 **doctors** [dáktərz 닥터즈])

㊔ **1.** 의사, 《부름말》 선생님

I went to consult the *doctor*.
나는 의사의 진찰을 받으러 갔다.

Send for a *doctor*.
의사를 부르러 보내시오.

㊔ **2.** 박사 《사람 이름 앞에 붙여 존대말로 쓸 때에는 Dr. 이라고 쓴다》

---

*dog [dɔ́(:)g 도(오)그]

㊔ (복수 **dogs** [dɔ́(:)gz 도(오)그즈])

개

Dogs are generally wise.
개는 대체로 영리하다.

The *dog* is sitting by the gate.
개가 문 옆에 앉아 있다.

---

*doll [dál 달]

㊔ (복수 **dolls** [dálz 달즈])

인형

My aunt gave me a nice *doll*.
숙모님이 나에게 귀여운 인형을 주셨읍니다.

---

dol·lar [dálər 달러]

㊔ (복수 **dollars** [dálərz 달러즈])

달러 (미국 · 캐나다의 화폐 단위) 《1 달러는 100 cent (센트)》

How much is this book? It is six *dollars*.
이 책은 얼마입니까? 6 달러입니다.

**dol·phin [dálfən 달펀]

㊔ (복수 **dolphins** [dálfənz 달펀즈])

돌고래(무리)

**door [dɔ́:r 도오]

㊔ (복수 **doors** [dɔ́:rz 도오즈])

㊔ **1.** 문, 문짝, 출입구, 현관

She opens the *door* and steps in.
그녀는 문을 열고 들어선다.

Open〔Shut〕 the *door*.
문을 여시오〔닫으시오〕.
Knock at the *door*.
문을 두드리시오.

명 2. 한 집, 한 채
She lives a few *doors* away.
그 여자는 두서너 집 떨어져 살고 있읍니다.

《숙》 ***next door* (*to* ～)** (…의) 바로 이웃집에
Tom lives *next door to* us.
톰은 바로 우리 이웃집에 살고 있다.

door·bell [dɔ́:rbèl 도오벨]

명 (**복수 doorbells** [dɔ́:rbèlz 도오벨즈])
문간의 벨, 초인종

doubt [dáut 다우트]

★ 발음 주의
명 (**복수 doubts** [dáuts 다우츠])
의심, 의문
I have no *doubt* that it is true.
나는 그것이 사실임을 의심하지 않는다.
Without *doubt*, she is the prettiest girl.
의심할 나위 없이 그 애가 제일 귀여운 소녀입니다.

타자 (**3단현 doubts** [dáuts 다우츠], **과거 · 과거 분사 doubted** [dáutid 다우티드], **현재 분사 doubting** [dáutiŋ 다우팅])
의심하다, 믿지 않다
I *doubt* your word.
나는 네 말을 의심한다.

《긍정문에서는 접속사로서 if 또는 whether, 부정문 · 의문문에서는 that을 쓴다》
I *doubt* if(또는 whether) he is honest.
그가 정직한지 어떤지 나는 의심스럽다.
I don't *doubt* that he will win.
나는 그가 이기리라는 것을 의심하지 않는다.

dove [dʌ́v 더브]

명 (**복수 doves** [dʌ́vz 더브즈])
비둘기 (《동》 pigeon)

*down [dáun 다운]

부 1. 아래로, 아래쪽으로〔에〕 (《반》 up 위로)
Come *down*.
내려 오시오.
The tree fell *down*.

나무가 쓰러졌다.
The sun went *down*.
해가 졌다.
He looked *down*.
그는 내려다보았다.
Sit *down*.
앉으시오.

[부] 2. (세력 따위가) 줄어
The storm is going *down*.
폭풍우는 그칠 듯하다.

《숙》 ***up and down*** 아래 위로, 이리저리, 앞뒤로
We walked *up and down* in the garden.
우리들은 정원에서 이리저리 걸어다녔다.

[전] …을 내려가서, …아래쪽으로, (길)을 따라
I went *down* a hill[river].
나는 언덕[강]을 내려갔다.
He is walking *down* (또는 along) the street.
그는 거리를 걷고 있다.

*down·stairs [dáunstέərz 다운스테어즈]

[부] 아래층으로[에]
She is coming *downstairs*.
그 여자는 아래층으로 내려오고 있다.

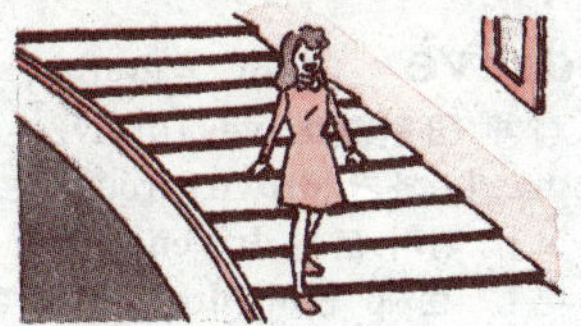

[명] 아래층
[형] 아래층의
a downstairs room 아래층의 방

**draw [drɔ́: 드로오]

[타] (**3 단현 draws** [drɔ́:z 드로오즈], **과거 drew** [drú: 드루우], **과거 분사 drawn** [drɔ́:n 드로온], **현재 분사 drawing** [drɔ́:iŋ 드로오잉])

[타] **1.** 끌다, 끌어 당기다(《동》 pull, 《반》 push 밀다)
Draw the curtain over the window.
창문에 커어튼을 치시오.

[타] **2.** 끌어내다
He is *drawing* water from a well.
그는 우물에서 물을 긷고 있읍니다.
She *drew* some money from the bank.
그 여자는 은행에서 얼마간의 돈을 찾았다.

[타] **3.** (선 · 그림 따위를) 긋다, 그리다
He *draws* pictures very well.
그는 그림을 아주 잘 그린다.

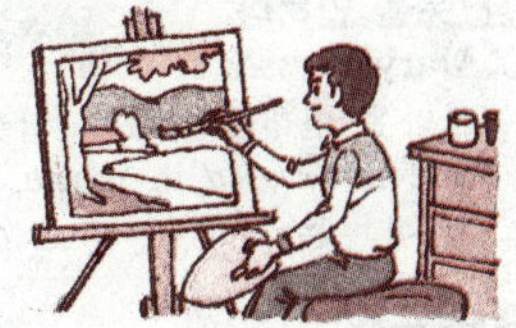

[타] **4.** (숨을) 들이쉬다
She *drew* her last breath.

D

그 여자는 마지막 숨을 거두었다.

***draw·er** [drɔ́:ər 드로오어]
㊔ (**복수 drawers** [drɔ́:ərz 드로오어즈])
서랍

D

***dress** [drés 드레스]
㊔ 복장, **부인복, 어린이옷**(《참고》 clothes 의복)
This *dress* is new.
이 옷은 새 것입니다.

an evening *dress* 야회복
morning *dress* 모오닝드레스
㊉㊋ (**3 단현 dresses** [drésiz 드레시즈], **과거 · 과거 분사 dressed** [drést 드레스트], **현재 분사 dressing** [drésiŋ 드레싱])
㊋ 의복을 입다, 옷차림을 하다
She likes to *dress* up.
그녀는 차려입기를 좋아합니다.
㊉ **옷을 입히다**
Mary *dressed* a doll.
메리는 인형에게 옷을 입혔다.
She is *dressed* in white.
그 여자는 흰 옷을 입고 있다.

***drink** [dríŋk 드링크]
㊉㊋ (**3 단현 drinks** [dríŋks 드링크스], **과거 drank** [drǽŋk 드랭크], **과거 분사 drunk** [drʌ́ŋk 드렁크], **현재 분사 drinking** [dríŋkiŋ 드링킹])
㊉ 마시다
He *drank* a cup of coffee.
그는 코오피를 한 잔 마셨다.

I want something to *drink*.
뭐좀 마실 것이 있었으면 좋겠다.
㊋ 음료를 마시다, 술을 마시다
I don't *drink*.
나는 술을 마시지 않는다.
We *drank* to his health.
우리는 그의 건강을 위하여 축배를 들었다.
㊔ (**복수 drinks** [dríŋks 드링크스])
㊔ **1.** 마실 것, 음료, 술
This is a good *drink*.
이것은 좋은 음료다.
hard *drink* 알코올 음료
soft *drink* 알코올분이 없는 음료
㊔ **2.** 한잔 (《동》 cup)
Give me a *drink* of milk.
우유를 한 잔 주시오.

****drive** [dráiv 드라이브]
㊉㊋ (**3 단현 drives** [dráivz 드라이브즈], 과거 **drove** [dróuv 드로우브], **과거 분사 driven** [drívn 드리븐], **현재 분사 driving** [dráiviŋ 드라이빙])

[타] 1. 쫓다, 몰다
He is *driving* the cow.
그는 소를 몰고 있다.

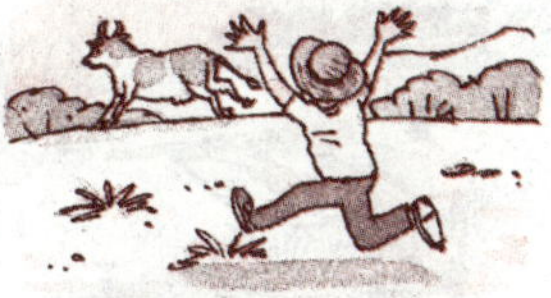

[타] 2. 운전하다
He himself drives a car.
그는 손수 차를 운전한다.
[자] 차를 타고가다
Will you walk or *drive?*
걸으시렵니까, 차를 타시렵니까?
[명] 차를 몰기, 드라이브
I enjoyed a *drive.*
나는 드라이브를 즐겼다.

driv·er [dráivər 드라이버]
[명] (**복수 drivers** [dráivərz 드라이버즈])
운전수

drop [drάp 드랍]
[타][자] (**3 단현 drops** [drάps 드랍스], **과거 · 과거 분사 dropped** [drάpt 드랍트], **현재 분사 dropping** [drάpiŋ 드라핑])
[자] 1. **떨어지다**, 내리다
The price will *drop* soon.
값이 곧 내릴 것이다.
A bomb *dropped* among the crowd.
폭탄 하나가 군중 속으로 떨어졌다.

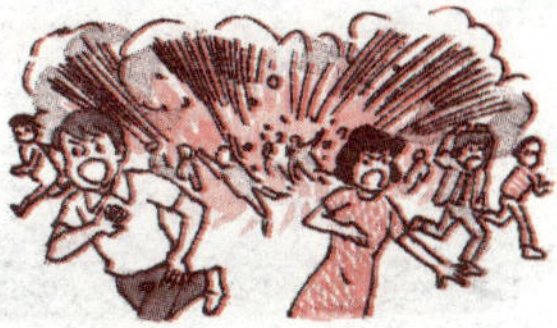

[자] 2. 넘어지다
He *dropped* to the ground.
그는 땅에 넘어졌다.
[타] 1. …을 떨어뜨리다
She *dropped* her trunk.
그 여자는 트렁크를 떨어뜨렸다.
[타] 2. …을 내려놓다
Drop me at the corner.
저 모퉁이에서 내려주세요.
《숙》 ***drop in*** 들르다
I *dropped in* at the hotel.
나는 그 호텔에 들렀다.
[명] (**복수 drops** [drάps 드랍스])
[명] 1. **(물)방울**, 한 방울
I have not drunk a *drop.*
나는 한 방울도 마시지 않았다.
[명] 2. (과자의) 드롭스
[명] 3. 〖야구〗 드롭

dry [drái 드라이]
[형] (**비교급 drier** [dráiər 드라이어], **최상급 driest** [dráiist 드라이이스트])
[형] 1. **마른** (《반》 wet 젖은)
dry air 건조한 공기
dry ice 드라이 아이스
dry bread 버터를 바르지 않은 빵
The *dry* weather lasted.
가뭄이 계속되었다.

D

D

I am very *dry* with singing.
노래를 불러서 목이 몹시 마르다.
㊗ 2. 무미건조한, 꾸밈 없는
a *dry* book 아무 재미가 없는 책
a *dry* speech 무미 건조한 연설
㊉㊋ (**3 단현 dries** [dráiz 드라이즈], **과거 · 과거 분사 dried** [dráid 드라이드], **현재 분사 drying** [dráiiŋ 드라이잉])
㊉ **말리다**
He *dried* his clothes by the fire.
그는 옷을 불에 말렸다.
㊋ 마르다, (물이) 바싹 마르다
The well *dried* up.
우물이 아주 말라버렸다.

duck [dʌ́k 덕]

㊔ (**복수 ducks** [dʌ́ks 덕스])
〖조류〗 오리
We shot *duck* at the riverside.
우리는 강변에서 오리 사냥을 했다.

**dur·ing [dú(:)riŋ 두(우)링]

㊕ **…동안(에), …중(에)** (《참고》 while …하는 동안)
Do your homework *during* the holidays.
휴가 동안에 숙제를 하시오.
He was in America *during* the war.
그는 전쟁 중에 미국에 있었다.

dy·nas·ty [dáinəsti 다이너스티]

㊔ (**복수 dynasties** [dáinəsti:z 다이너스티이즈])
왕조, 왕가

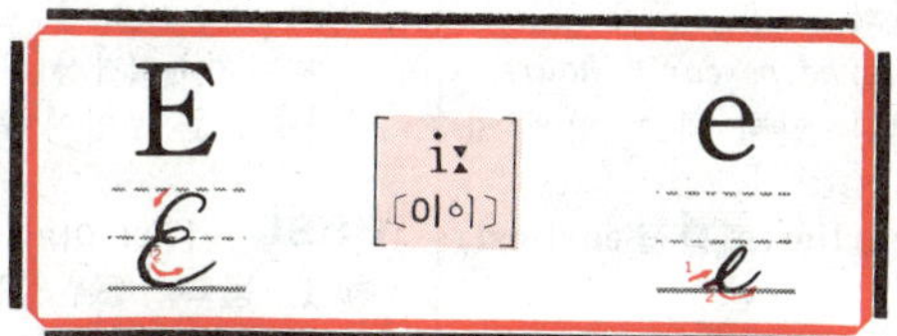

***each** [í:tʃ 이이치]

㉻ **각각의**, 각자의《다음에 오는 명사는 단수형》

Each team has a captain.
티임마다 각각 주장이 있다.

㉹ 각자, 각각

He gave two pencils to *each* of them.
그는 그들 각자에게 연필을 두 자루씩 주었다.

《숙》 ***each other*** 서로

The two boys helped *each other*.
두 소년은 서로 도왔다.

《주로 두 사람, 둘일 경우에 쓰며, 세 사람 또는 셋 이상의 것일 경우에는 one another 를 쓴다》

****ear** [íər 이어]

㉮ (**복수 ears** [íərz 이어즈])
귀

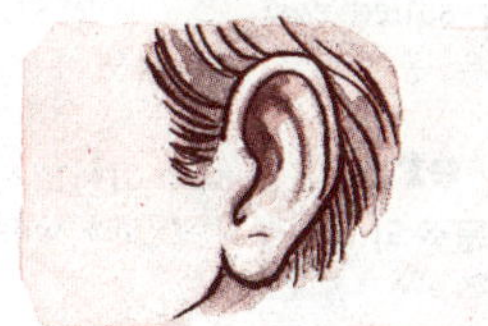

We *hear* with our ears.
우리는 귀로 듣습니다.
A rabbit has long *ears*.
토끼는 귀가 길다.
I took the headphones away from my *ears*.
나는 귀에서 헤드폰을 벗었다.

***ear·ly** [ə́:rli 어얼리]

㉻ (**비교급 earlier** [ə́:rliər 어얼리어], **최상급 earliest** [ə́:rliist 어얼리이스트])

(시간적으로) **이른**, 초기의 (《동》 fast 빠른, 《반》 late 늦은)

My day starts very *early*.
나의 하루는 매우 일찍 시작됩니다.

The *early* bird catches the worm ([wə́:rm 워엄] 벌레).
《속담》 일찍 일어나는 새가 벌레를 잡는다.

《숙》 ***keep early hours*** 일찍 자고 일찍 일어나다

He always *keeps early hours.*
그는 언제나 일찍 자고 일찍 일어납니다.

[부] (**비교급 earlier, 최상급 earliest**) **일찌기**

Tom gets up *early* in the morning.
톰은 아침에 일찍 일어난다.

E

earn [ə́:rn 어언]

[타] (**3 단현 earns** [ə́:rnz 어언즈], **과거 · 과거 분사 earned** [ə́:rnd 어언드], **현재 분사 earning** [ə́:rniŋ 어어닝])

벌다, 얻다

He *earns* 10 dollars a day.
그는 하루에 10 달러를 번다.

earth [ə́:rθ 어어드]

[명] 1. 《the earth 로서》 **지구**

The *earth* moves round the sun.
지구는 태양의 둘레를 돈다.
The *earth* is round.
지구는 둥글다.

[명] 2. 땅, 흙

I dug the *earth.*
나는 땅을 팠다.

《숙》 ***on earth*** 지상에(서)

She is the most beautiful woman *on earth.*
그 여자는 지상〔세계〕에서 제일 아름다운 부인이다.

east [í:st 이이스트]

[명] 1. **동쪽**, 동부, 동방

The sun rises in the *east.*
해는 동쪽에서 뜬다.

[명] 2. 《the East 로서》 **동양**

Once there was a king in the *East.*
옛날 동양에 한 임금님이 계셨다.

《숙》 ***in the east of*** ～ …의 동부에

《숙》 ***on the east of*** ～ …의 동쪽에 접하여

《숙》 ***to the east of*** ～ …의 동쪽에

[형] 동쪽의

East Asia 동아시아
The *east* wind died away.
동풍이 잠잠해졌다.

[부] 동쪽으로〔에〕

They sailed *east.*
그들은 동쪽으로 항해하였다.

east·ern [í:stərn 이이스턴]

[형] 1. **동쪽의**, 동방의 (《반》 western 서쪽의)

Our school is in the *eastern*

part of the town.
우리 학교는 시내 동쪽에 있다.
㊎ 2. 《Eastern 으로서》 동양의
Korea is one of the *Eastern* countries.
한국은 동양의 한 나라이다.

****eas·y** [íːzi 이이지]
㊎ (**비교급 easier** [íːziər 이이지어], **최상급 easiest** [íːziist 이이지이스트])
㊎ 1. **쉬운, 용이한** (《반》 difficult, hard 어려운)
English is *easy* for us to learn.
영어는 우리가 배우기에 쉽다.
It is *easy* to do so.
그렇게 하는 것은 쉽다.
㊎ 2. 안락한, 마음 편한
Make yourself *easy*.
편히 하세요.
《숙》 ***an easy chair*** 안락의자
He is sitting on *an easy chair*.
그는 안락의자에 앉아 있다.

***eat** [íːt 이이트]
㊋ (**3 단현 eats** [íːts 이이츠], **과거 ate** [éit 에이트], **과거 분사 eaten** [íːtn 이이튼], **현재 분사 eating** [íːtiŋ 이이팅])
먹다, 식사하다

We *eat* with our mouth.
우리는 입으로 먹는다.
I *eat* dinner.
나는 저녁 식사를 합니다.
Have you anything to *eat*?
뭐 좀 먹을 것이 있읍니까?
What time do you *eat* breakfast?
몇 시에 아침을 먹습니까?
《일상어로서는 정중한 말이 못 되므로, 타인에 대해서는 'have'를 쓴다》

****eh** [(상승조로) e 에]
㊌ 뭐?, 뭐라고?

****ei·ther** [íːðər 이이더]
㊎ 1. (둘 가운데) **어느 하나의** (《참고》 neither …도 아니고 …도 아니다)
You may have *either* of the cakes.
그 과자 가운데 어느 것이나 하나 가져도 좋다.

Either book will do.
어느 책이든 좋을거야.
㊎ 2. (둘 가운데) 각각의, 어느 쪽이거나(결국은 둘 다)
There are trees on *either* side of the river.

E

강의 어느 쪽에나〔양쪽에 다〕나무가 있다.

[대] 어느 쪽인가, 어느 쪽이든지

Either of you may go.

너희 중에서 누가 가든지 좋다.

[부] 《부정문에 사용하여 **not** ～ **either**의 형태로서》 …도 또한 …않다

If you don't go, I shall *not* go *either*.

네가 가지 않는다면, 나도 가지 않겠다.

《따라서 I like it, too.「나도 그것을 좋아한다」를 부정하면, I *don't* like it, *either*.「나도 그것을 좋아하지 않는다」가 된다》

《**숙**》 **either ～ or ～** …이든가 또는 …이든가(어느 쪽인가가)

Either you *or* I am right.

네가 옳든지 내가 옳든지 둘 중의 하나다. 《주어 부분에 쓰일 때에는 동사는 or 다음에 오는 말과 일치한다》

Can you speak *either* English *or* French?

당신은 영어나 프랑스어를 할 줄 아십니까?

el·e·men·ta·ry [èləméntəri 엘러**멘**터리]

[형] **초보의**, 기초의, 초등의 (《동》 primary)

an *elementary* school 국민학교 (《동》 a primary school)

I used to play the violin when I was in *elementary* school.

나는 국민학교 다닐 때에 바이올린을 켜곤 했다.

*el·e·phant [éləfənt **엘**러펀트]

[명] (**복수 elephants** [éləfənts **엘**러펀츠])

〖동물〗 **코끼리**

Have you ever seen an *elephant*?

코끼리를 본 적이 있읍니까?

*else [éls **엘**스]

[부] **1.** 그 밖에

Anyone *else?*

그 밖에 또 누가 있읍니까?

What *else* do you want to eat?

당신은 그 밖에 또 무엇이 먹고 싶습니까?

[부] **2.** 《보통 or와 함께 써서》 그렇지 않으면

Work harder, *or else* you will fail.

더 열심히 공부하시오, 그렇지

않으면 실패할 것이오.

*end [énd 엔드]

명 (**복수 ends** [éndz 엔즈])

끝, 마지막

The holidays came to an *end* at last.

휴가도 마침내 끝났다.

This is the *end* of the story.

이것이 그 이야기의 끝이다.

《숙》 ***at the end of*** ~ …의 끝에

Christmas comes *at the end* of the year.

크리스마스는 연말에 온다.

《숙》 ***from beginning to end*** 처음부터 끝까지

I read the book *from beginning to end.*

나는 그 책을 처음부터 끝까지 읽었다.

《숙》 ***in the end*** 마침내, 마지막에는, 결국에는

She did not come *in the end.*

그 여자는 마침내 오지 않았다.

타자 (**3 단현 ends** [éndz 엔즈], **과거 · 과거 분사 ended** [éndid 엔디드], **현재 분사 ending** [éndiŋ 엔딩])

자 **끝나다**

The movies have *ended.*

영화가 끝났다.

Summer *ended* and winter came.

여름이 지나 가고 겨울이 왔읍니다.

타 **끝내다**

We have *ended* the game.

우리는 시합을 끝냈다.

⁑en·gi·neer [èndʒəníər 엔저니어]

명 (**복수 engineers** [èndʒəníərz 엔저니어즈])

기사(技師)

He is an electric *engineer.*

그는 전기 기사입니다.

⁑en·joy [indʒɔ́i 인조이]

타 (**3 단현 enjoys** [indʒɔ́iz 인조이즈], **과거 · 과거 분사 enjoyed** [indʒɔ́id 인조이드], **현재 분사 enjoying** [indʒɔ́iiŋ 인조이잉])

즐기다, 기뻐하다, 향유하다

We *enjoyed* a game of chess.
우리는 장기를 즐겼다.
《숙》 ***enjoy oneself*** 즐기다, 재미있게 지내다
I have *enjoyed myself* very much.
대단히 유쾌했습니다.

E

e·nough [inʌ́f 이너프]

㊇ 《명사 뒤에나 앞에 다 올 수 있다》 충분한
I have *enough* food to eat.
나는 먹을 것이 충분히 있다.

You can have *enough* time to go home.
너는 집에 돌아갈 시간이 충분히 있다.
㊇ 《동사, 부사 또는 형용사의 뒤에 붙여》 충분히
I have played *enough*.
나는 충분히 놀았다.
《숙》 ～ ***enough to*** (do) …할 만큼 충분히 …하다
He is old *enough to* go to school. 그는 학교에 갈 나이가 충분히 되었다.
《숙》 ***be kind*** (또는 ***good***) ***enough to*** (do) 친절하게도 …하다
He *was kind enough to* help me.
그는 친절하게도 나를 도와 주었다.
She was *kind enough to* show me the way.
그 여자는 친절하게도 나에게 길을 가르쳐 주었다.

en·ter [éntər 엔터]

㊇㊇ (**3 단현 enters** [éntərz 엔터즈], **과거 · 과거 분사 entered** [éntərd 엔터드], **현재 분사 entering** [éntəriŋ 엔터링])
들어가다, 입학하다
They *entered* the room one after another.
그들은 차례로 방에 들어갔다.

We entered this school last year.
우리는 작년에 이 학교에 입학하였다.

es·pe·cial·ly [ispéʃəli 이스페셜리]

㊇ **특히,** 유달리, 각별히 (《동》 specially)
I am *especially* interested in English.
나는 특히 영어에 관심이 있다.
《같은 뜻으로 specially가 있는데 especially가 더 많은 감정을 넣은

표현으로 뜻이 강하다》

****e·ven** [íːvən 이이번]

㊔ **…조차,** …마저

Even a child can do it.

어린아이라도 그것은 할 수 있다.

《숙》 ***even if*** (또는 ***though***) ～ 비록 …일지라도

Even if you don't like it, you must do it.

비록 좋아하지 않더라도 너는 그것을 해야 한다.

***eve·ning** [íːvniŋ 이이브닝]

㊔ (복수 **evenings** [íːvniŋz 이이브닝즈])

저녁, 밤(해진 후부터 잘 때까지)

last *evening* 어제 저녁〔밤〕

this *evening* 오늘 저녁〔밤〕

tomorrow *evening* 내일 저녁〔밤〕

an *evening* dress 야회복

《숙》 ***Good evening!***

안녕하세요! 《저녁 인사》

《우리 말의 「저녁」보다는 뜻이 넓고 해넘이(sunset)부터 오후 10시, 11시경까지를 말한다》

《숙》 ***in the evening*** 저녁에, 밤에

We like to watch television *in the evening.*

우리는 저녁에 텔레비전 보는 것을 좋아한다.

《숙》 ***on the evening of*** …의 저녁〔밤〕에

It happened *on the evening of* Oct. 25 th.

그것은 10월 25일 저녁에 일어났다.

《일반적으로 「저녁에」라고 할 때 전치사로는 in. 특정한 날의 「저녁에」라고 할 때에는 on이 붙는다. 또 this, last, yesterday 따위가 앞에 오면 전치사 없이 부사구가 된다》

《숙》 ***toward evening*** 저녁 무렵에

It began to rain *toward evening.*

저녁 무렵에 비가 내리기 시작했다.

****ev·er** [évər 에버]

㊔ 1. 《의문문, 부정문 또는 비교급, 최상급과 함께 써서》 전에, 이제까지

Have you *ever* seen a tiger?

당신은 이전에 호랑이를 본 적이 있읍니까?

He studied harder than *ever.*

그는 전보다 더 열심히 공부하였다.

It is the best thing that I *ever* saw.

그것은 내가 지금까지 본 것 중에서 가장 좋은 것이다.

㊔ 2. 《긍정문에서》 언제나

He worked as hard as *ever.*

그는 여느 때와 마찬가지로 열심히 일했다.

《숙》 ***ever after*** (또는 ***since***) 그

E

후 늘〔줄곧〕
She has been ill *ever since.*
그 여자는 그 후 줄곧 앓고 있다.

《숙》 ***for ever*** 영원히, 언제까지나 《미국에서는 forever 라고 한 낱말로 철자한다》
I wish to be young *for ever.*
나는 언제까지나 젊고 싶다.

E

*__eve·ry__ [évri 에브리]
㉻ 1. 온갖, **모든** (《참고》 each 각각의)
Every boy did his best.
모든 소년이 최선을 다했다.
《every 뒤의 명사는 반드시 단수, all 일 때에는 복수이다》

㉻ 2. **…마다,** 매(每)…
My sister walks to school *every* day.
나의 누이는 매일 학교에 걸어서 다닙니다.
Grandfather gets up early *every* morning.
할아버지는 매일 아침 일찍 일어나십니다.
every third day 〔*every* three days〕
사흘마다〔이틀씩 걸러〕
㉻ 3. 《부정문에 써서》 모두가 다 …이라고는 할 수 없다《부분 부정》
Every man can*not* be a musician.
누구나가 다 음악가일 수는 없다.
《숙》 ***every moment*** 시시각각으로
every now and then 때때로, 이따금
every time ～ …할 때마다
Every time I called on her, she was out.
내가 그녀를 방문할 때마다 그 여자는 외출하고 없었다.

**__eve·ry·bod·y__ [évribadi 에브리바디]
㉹ **누구나 다, 사람마다 다** (《동》 everyone)
Everybody has a ball.
누구나 다 공을 가지고 있다.

**__eve·ry·one__ [évriwʌn 에브리원]
㉹ **누구나 다** (《동》 everybody)
《강조할 때에는 every one을 사

용한다》
Everyone *wears* a uniform.
누구나 다 제복을 입고 있다.

⁑eve·ry·thing [évriθiŋ 에브리딩]
[대] **무엇이든지 다, 모두,** 만사 (《참고》 every 모든)
They put *everything* on a truck.
그들은 모든 것을 트럭에 실었다.

I will do *everything* for you.
나는 당신을 위해 무엇이든지 하겠읍니다.

eve·ry·where [évri(h)wɛər 에브리(훼)웨어]
[부] **어디든지 다, 도처에**
Everywhere we go, people are much the same.
어디를 가든지 사람은 대개 같다.
It can be seen *everywhere* in the world.
그것은 세계 어느 곳에서나 볼 수 있다.

ex·am·ine [igzǽmin 이그재민]
[타] (**3 단현 examines** [igzǽminz 이그재민즈], **과거·과거 분사 examined** [igzǽmind 이그재민드], **현재 분사 examining** [igzǽminiŋ 이그재미닝])
시험하다, 검사하다, 조사하다, 진찰하다
We were *examined* in chemistry.
우리는 화학 시험을 보았다.
He *examined* what we had gathered.
그는 우리가 모은 것을 조사했다.
I have my eyes *examined.*
나는 내 눈을 진찰받았다.

⁑ex·cept [iksépt 익셉트]
[전] **…을 제외하고는,** …이외는 (《동》 but) 《but 보다 뜻이 강하다》
I hear nothing *except* noises.
나는 시끄러운 소리를 제외하고는 아무것도 들리지 않는다.
All *except* one pupil are present.
한 학생만 빼고는 다 출석했다.

《숙》 ***except for ~*** …을 제외하고는

Your composition is very good except for a few mistakes.

네 작문은 두서너 군데 틀린 데가 있기는 하지만 대단히 좋다.

＊＊ex·cite [iksáit 익사이트]

★ 발음 주의

㊋ (**3 단현 excites** [iksáits 익사이츠], **과거 · 과거 분사 excited** [iksáitid 익사이티드], **현재 분사 exciting** [iksáitiŋ 익사이팅])

흥분시키다, 자극하다

He is *excited.*

그는 흥분해 있읍니다.

All the people got *excited.*

모든 사람들이 흥분했다.

＊＊ex·cit·ing [iksáitiŋ 익사이팅]

㊌ (**비교급 more exciting, 최상급 most exciting**)

흥분시키는, 재미있는 (《참고》excite 흥분시키다)

It was an *exciting* game.

그것은 재미있는〔신나는〕 경기였다.

＊ex·cuse [ikskjú:z 익스큐우즈]

㊋ (**3 단현 excuses** [ikskjú:ziz 익스큐우지즈], **과거 · 과거 분사 excused** [ikskjú:zd 익스큐우즈드], **현재 분사 excusing** [ikskjú:ziŋ 익스큐우징])

용서하다, 참아주다

Excuse me.

실례합니다., 실례지만. 《모르는 사람에게 말을 걸거나 남들이 말하는 도중에 끼어들려고 할 때 하는 말》

Excuse me, (but) what time is it now?

실례지만, 지금 몇 시입니까?

㊔ [ikskjú:s 익스큐우스]

(**복수 excuses** [ikskjú:siz 익스큐우시즈])

사과, 핑계, 변명

I will make your *excuses.*

네 변명은 내가 해 주마.

＊＊ex·er·cise [éksərsaiz 엑

서사이즈]
명 (**복수 exercises** [éksərsaiziz 엑서사이지즈])
명 **1. 연습,** 연습 문제
I have done *exercises* in English.
나는 영어 연습 문제를 했읍니다.
명 **2. 운동**
The *exercise* is good for our health.
그 운동은 우리의 건강에 좋다.

ex·pect [ikspékt 익스펙트]
타 (**3단현 expects** [ikspékts 익스펙츠], **과거·과거 분사 expected** [ikspéktid 익스펙티드], **현재 분사 expecting** [ikspéktiŋ 익스펙팅])
기대하다, 기다리고 있다, 생각하다
I am *expecting* a letter from him.
나는 그의 편지를 기다리고 있다.

ex·pense [ikspéns 익스펜스]
명 (**복수 expenses** [ikspénsiz 익스펜시즈])
비용
school *expenses* 학비
traveling *expenses* 여비
He published the book at his own *expense*.
그는 그 책을 자비로 출판했다.

ex·pe·ri·ence [ikspí(:)riəns 익스피(이)리언스]
명 (**복수 experiences** [ikspí(:)riənsiz 익스피(이)리언시즈])
경험, 체험
He has much *experience* as a teacher.
그는 선생 경험이 풍부하다.

**ex·plain [ikspléin 익스플레인]
타 (**3단현 explains** [ikspléinz 익스플레인즈], **과거·과거 분사 explained** [ikspléind 익스플레인드], **현재 분사 explaining** [ikspléiniŋ 익스플레이닝])
설명하다
She *explained* the meaning of the word.
그 여자는 그 말의 뜻을 설명하였읍니다.

ex·plore [ikspl5́:r 익스플로오]

㉶㉣ (**3 단현 explores** [ikspl5́:rz 익스플로오즈], **과거 · 과거 분사 explored** [ikspl5́:rd 익스플로오드], **현재 분사 exploring** [ikspl5́:riŋ 익스플로오링])

탐험하다, 조사하다

They *explored* the new continent.

그들은 신대륙을 탐험했다.

ex·port [ikspɔ́:rt 익스포오트]

㉣ (**3 단현 exports** [ikspɔ́:rts 익스포오츠], **과거 · 과거분사 exported** [ikspɔ́:rtid 익스포오티드], **현재 분사 exporting** [ikspɔ́:rtiŋ 익스포오팅])

수출하다 (《반》 import 수입하다)

The country *exports* many toys to America.

그 나라는 많은 장난감을 미국에 수출한다.

㉢ [ékspɔ:rt 엑스포오트]

(**복수 exports** [ékspɔ:rts 엑스포오츠])

《보통 복수로서》 수출, 수출품

This is one of the chief *exports* of Korea.

이것은 한국의 주된 수출품 중의 하나입니다.

ex·press [iksprés 익스프레스]

㉣ (**3 단현 expresses** [iksprésiz 익스프레시즈], **과거 · 과거 분사 expressed**[ikspréstst 익스프레스트], **현재 분사 expressing** [iksprésiŋ 익스프레싱])

(사상 따위를) 말로 나타내다, (감정을) 표현하다, 나타내다

We *express* our feelings by words.

우리는 감정을 말로 나타냅니다.

㉦ 급행의, 특별한

an *express* ticket 급행권

We traveled by *express* train.

우리는 급행 열차로 여행했다.

㉢ 급행 열차〔버스〕

He went to Pusan by *express.*

그는 급행 열차를 타고 부산에 갔읍니다.

⁂eye [ái 아이]

㊔ (**복수 eyes** [áiz 아이즈])

눈, 시력

A rabbit has red *eyes*.

토끼는 빨간 눈을 가지고 있습니다.

We see with our *eyes*.

우리는 눈으로 봅니다.

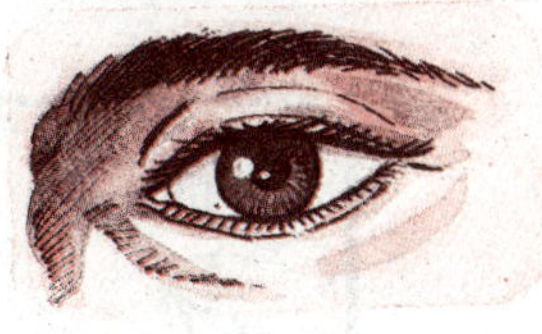

The girl's *eyes* suddenly shined.

그 소녀의 눈이 갑자기 빛났다.

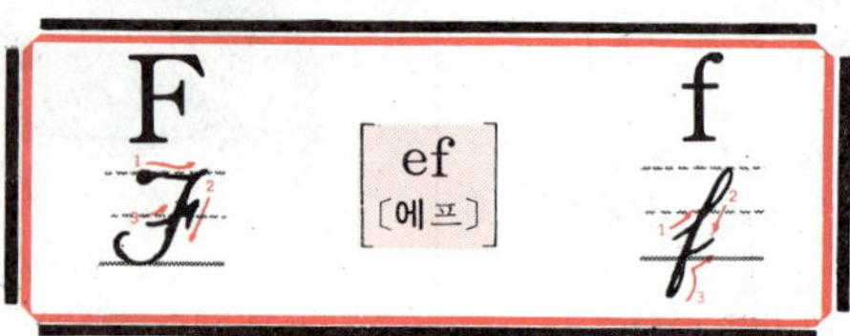

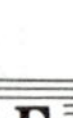

fa·ble [féibl 페이블]
명 (**복수 fables** [féiblz 페이블즈])
우화

*__face__ [féis 페이스]
명 (**복수 faces** [féisiz 페이시즈])
명 **1. 얼굴, 용모** (《참고》 look 용모), 표정
He is washing his *face*.
그는 얼굴을 씻고 있읍니다.
She has a pretty *face*.
그 여자의 얼굴은 예쁩니다.

명 **2.** 표면
The *face* of the earth is covered with land and water.
지구의 표면은 육지와 물로 덮여 있읍니다.
《숙》 ***face to face*** 얼굴을 맞대고, 마주 대하여
You must talk to him *face to face*.
당신은 그와 마주 대하여 이야기해야 합니다.
타자 (**3단현 faces** [féisiz 페이시즈], **과거 · 과거 분사 faced** [féist 페이스트], **현재 분사 facing** [féisiŋ 페이싱])
…을 향하다, …에 면하다
My house *faces* to the south.
우리 집은 남향이다.

fact [fǽkt 팩트]
명 (**복수 facts** [fǽkts 팩츠])
사실, 진상 (《동》 truth 진실)
It's a *fact* that everything changes.
모든 것이 변하는 것은 사실이다.
《숙》 ***as a matter of fact*** 실은, 실제(로)
As a matter of fact, she is a liar.
실제로 그 여자는 거짓말장이다.
《숙》 ***in fact*** 실은, 사실(로)
In fact, he is a good man.
실은 그는 좋은 사람이다.

__fac·to·ry [fǽktri 팩트리]
명 (**복수 factories** [fǽktriz 팩트리즈])

공장, 제조소
an iron *factory* 철공소
My father works in that toy *factory*.
나의 아버지는 저 장난감 공장에서 일하십니다.
His *factory* is in the suburbs.
그의 공장은 교외에 있다.

fail [féil 페일]

㉶ (**3 단현 fails** [féilz 페일즈], **과거 · 과거 분사 failed** [féild 페일드], **현재 분사 failing** [féiliŋ 페일링])
실패하다 (～ *in*) (《반》 succeed 성공하다)
You will *fail* unless you work hard.
열심히 공부하지 않으면 너는 실패할 것이다.
《숙》 ***fail to*** (do) (태만하여) …하지 않다, …하지 못하다, …할 수 없다.

My cat *failed to* catch the mouse.
내 고양이는 쥐를 잡지 못했다.
Do not *fail to* go.
꼭 가시오.
㉷ 《다음 구에만 쓰인다》
《숙》 ***without fail*** 반드시, 꼭
I will help that girl *without fail*.
나는 꼭 그 소녀를 돕겠읍니다.

fair [fέər 페어]

㉸ (**비교급 fairer** [fέərər 페어러], **최상급 fairest** [fέərist 페어리스트])
㉸ **1.** 아름다운, 고운 (《동》 beautiful, 《반》 ugly 보기 흉한)
She is a *fair* lady.
그 여자는 아름다운 부인입니다.
㉸ **2.** (하늘이) **맑은** (《동》 fine, clear)
The weather is *fair*.
날씨가 좋습니다.

㉸ **3.** 공평한, 공정한
We must play a *fair* game.
우리는 공정한 경기를 해야한다.

*fall [fɔ́:l 포올]

㉶ (**3 단현 falls** [fɔ́:lz 포올즈], **과거 fell** [fél 펠], **과거 분사 fallen**

F

[fɔ́:lən 포올런], **현재 분사 falling** [fɔ́:liŋ 포올링])

㉮ **1. 떨어지다,** (비 따위가) 내리다, 내려가다

An apple *fell* to the ground.
사과가 땅에 떨어졌다.

Rain is *falling*.
비가 내리고 있읍니다.

㉮ **2. 넘어지다**

The giant *fell* down and died.
그 거인은 쓰러져 죽었다.

㉮ 3. 《보어를 동반하여》 (…상태로) 되다 (《동》 become)

He *fell* asleep 〔ill〕.
그는 잠들었다〔병들었다〕.

《숙》 ***fall on*** ~ …에 겹치다

Christmas *falls on* Sunday this year.
금년 크리스마스는 일요일과 겹친다.

㉥ 1. 떨어짐, 낙하, 몰락

㉥ 2. 《미》 **가을** 《영국에서는 autumn》

It is cool and pleasant in the *fall*.
가을은 서늘하고 기분 좋다.

㉥ 3. 《종종 복수형으로서》 **폭포**

the Niagara *falls* 나이아가라 폭포

***fam·i·ly** [fǽmli 패믈리]

㉥ (**복수 families** [fǽmliz 패믈리즈])

가족

My *family* are all well.
우리 가족은 모두 건강합니다.

My *family* is large one.
우리 가족은 대가족입니다.

《가족 전부를 통틀어 말할 때에는 단수동사, 한 사람 한 사람을 가리킬 때에는 복수 동사를 쓴다》

There are three *families* in this apartment house.
이 아파트에는 3가구가 들어 있읍니다.

㉧ 집의, 가정의

a *family name* 성 《Jack Smith [smiθ 스미드]의 Smith》

family life 가정 생활

---

fa·mous [féiməs 페이머스]

㉧ **유명한,** 이름난(~ *for*)

She became *famous*.
그 여자는 유명해졌다.

We saw a lot of *famous* pictures in the gallery.
우리는 유명한 많은 그림을 화랑(畫廊)에서 보았다.

《숙》 ***be famous for*** ~ …으로 유명하다

The park *is famous for* its cherry trees.
그 공원은 벚꽃으로 유명하다.
London is *famous* for its fogs.
런던은 안개로 유명하다.

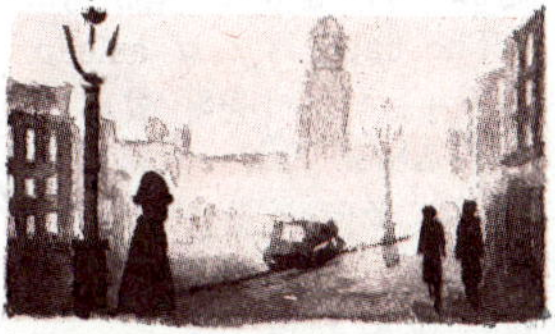

far [fáːr 파아]

[부] (비교급 **farther** [fáːrðər 파아더], **further** [fə́ːrðər 퍼어더], 최상급 **farthest** [fáːrðist 파아디스트], **furthest** [fə́ːrðist 퍼어디스트])
《일반적으로 「거리」일 경우에는 farther, farthest 를 쓰고, 「시간 · 정도」일 경우에는 further, furthest 를 쓴다》

[부] 1. 《장소》 **멀리에** (《반》 near)
How *far* is it from here to the station?
여기서 역까지 (거리가) 얼마나 됩니까?

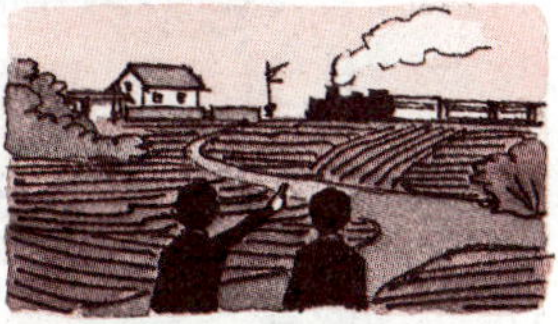

How *far* can you swim, Miss White?
화이트 양, 얼마나 멀리 헤엄칠 수 있읍니까?

[부] 2. 《정도》 훨씬, 한결
It is *far* better to go there by sea.
거기는 배로 가는 것이 한결 좋습니다.

《숙》 ***as*** (또는 ***so***) ***far as*** ～
1. 《거리》 …까지
We went *as far as* Mokpo.
우리는 목포까지 갔읍니다.
2. …까지는, …하는 한
As far as I know, he is idle.
내가 알고 있는 한에서는 그는 게으름뱅이다.

《숙》 ***far away*** (또는 ***off***) 멀리 떨어져
The airplane is flying *far away*.
비행기가 멀리서 날고 있다.

《숙》 ***far from*** ～ 조금도 …않는
He is *far from* being honest.
그는 조금도 정직하지 않다.

[형] (비교급 **farther** [fáːrðər 파아더], **further** [fə́ːrðər 퍼어더], 최상급 **farthest** [fáːrðist 파아디스트], **furthest** [fə́ːrðist 퍼어디스트])
《용법은 부사와 마찬가지》
먼, 멀리 있는
He came from a *far* country.
그는 먼 나라에서 왔다.

**farm·er [fáːrmər 파아머]

[명] (복수 **farmers** [fáːrmərz 파아머즈])
농부, 농장 주인 (《참고》 farm 농장, 농원)

F

A *farmer* works very hard.
농부는 아주 열심히 일한다.

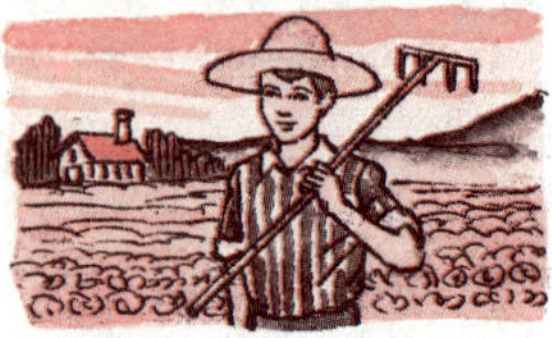

He became a *farmer*.
그는 농부가 되었습니다.
《보통 영국에서는 부유한 자작농민만 farmer라고 하는데 미국에서는 어떤 농부나 다 farmer라고 한다》

***fast** [fæst 패스트]

[형] (**비교급 faster** [fǽstər 패스터], **최상급 fastest** [fǽstist 패스티스트])

[형] **1. 빠른** (《동》 quick, 《반》 slow 느린)

I'm *faster* than Nam-su.
나는 남수보다 더 빠릅니다.

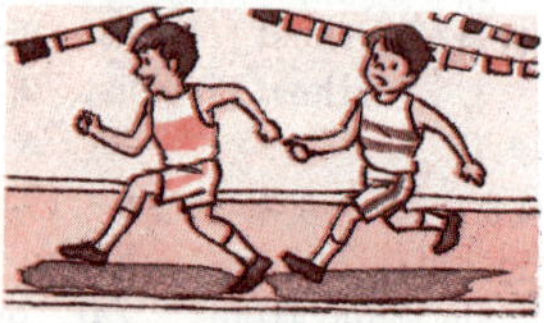

My watch is two minutes *fast*.
내 시계는 2분 빠르다.

[형] **2.** 굳게 닫힌

The door is *fast*.
문이 굳게 닫혀 있다.

[부] (**비교급 faster, 최상급 fastest**)

[부] **1. 빨리**

He runs *fast*.
(=He is a *fast* runner.)
그는 빨리 달린다.
Please don't speak so *fast*.
그렇게 빨리 말하지 마세요.

[부] **2.** 푹, 단단히, 확고히

The baby is *fast* asleep.
아기는 푹 잠들어 있다.
He stood *fast*.
그는 꿋꿋이 섰다.

《숙》 ***as fast as one can*** 될 수 있는 대로 빨리

He ran *as fast as he could*.
그는 될 수 있는 한 빨리 달렸다.
《fast는 동작·속도가 「빠르게」의 뜻이고, early는 어떤 정해진 시간 또는 보통 때보다 「이르게」의 뜻. 「빨리 달리다」는 run fast이고, 「일찍 일어나다」「일찍 자다」는 get up early, go to bed early이다》

***fa·ther** [fɑ́:ðər 파아더]

[명] (**복수 fathers** [fɑ́:ðərz 파아더즈])

[명] **1. 아버지** (《참고》 mother 어머니)

That gentleman is Tom's *father*.
저 신사는 톰의 아버지이시다.

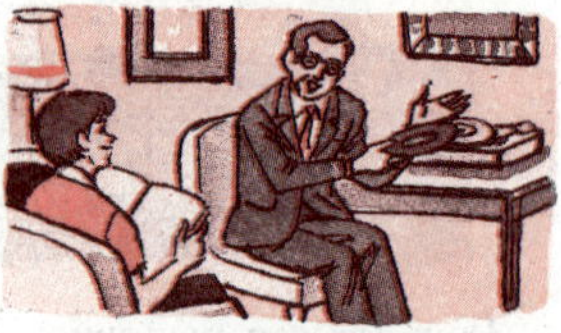

[명] **2.** 《복수형으로》 선조

Their *fathers* founded America.
그들의 선조가 미국을 건설하였다.

㊔ 3. 《Father 로서》 하느님
our *Father* in heaven 하늘에 계신 우리 아버지〔하느님〕

fa·vor·ite [féivrit 페이브릿]

㊙ 아주 좋아하는, **마음에 드는**
Who is your *favorite* friend?
당신이 좋아하는 친구는 누구입니까?
English is my *favorite* subject.
영어는 내가 좋아하는 과목입니다.

㊔ 마음에 듦, 인기 있는 사람
That singer is a great *favorite* with the girls.
그 가수는 소녀들에게 매우 인기가 있다.

feath·er [féðər 페더]

㊔ (**복수 feathers** [féðərz 페더즈])
(한 가닥의) 깃, 《집합적으로》 깃털 (《참고》 wing [wíŋ 윙] 날개)
The bird's *feathers* are beautiful.
그 새의 깃털은 아름답다.

It is as light as a *feather*.
그것은 깃털처럼 가볍다.

***feed** [fí:d 피이드]

㊇㊆ (**3단현 feeds** [fí:dz 피이즈], **과거·과거 분사 fed** [féd 페드], **현재 분사 feeding** [fí:diŋ 피이딩])

㊇ 1. **먹을 것을 주다**, (간난애에게) 젖을 먹이다 (《참고》 food [fú:d 푸우드] 먹을 것)
He is *feeding* the chickens.
그는 병아리들에게 모이를 주고 있다.

㊇ 2. 기르다, 키우다(~ *on*, *with*)
She *fed* her baby on (또는 with) milk.
그 여자는 갓난 아기를 우유로 키웠읍니다.

㊆ (마소 따위가) 먹다, …을 먹고 살다(~ *on*, *upon*)
Cattle *feed* chiefly *on* grass.
소는 주로 풀을 먹는다.

㊔ 사료, 먹이

F

***feel** [fíːl 피일]

㉵㉶ (**3 단현 feels** [fíːlz 피일즈], **과거 · 과거 분사 felt** [félt 펠트], **현재 분사 feeling** [fíːliŋ 피일링])

㉵ **1.** 만져 보다 (《동》 touch [tʌ́tʃ 터치])

He *felt* the dog's nose.
그는 개의 코를 만져 보았다.

㉵ **2. 느끼다**

I *felt* my house shake last night.
나는 어제밤 집이 흔들리는 것을 느꼈다.

㉶ …의 느낌이 들다, …한 기분이 들다

They began to *feel* uneasy.
그들은 불안을 느끼기 시작했다.
How do you *feel* today, Mr. Brown?
브라운씨, 오늘 기분이 어떠세요?

《숙》 ***feel like ~ing*** …하고 싶은 마음〔생각〕이 들다, …이 좋을 것 같이 느껴지다

I *felt like* cry*ing*.
나는 울고 싶었다.

《숙》 ***feel sure*** 확실히〔반드시〕 …이라고 생각하다

I *feel sure* that he will come back.
나는 그가 반드시 돌아오리라고 생각합니다.

****few** [fjúː 퓨우]

㉹ (**비교급 fewer** [fjúːər 퓨우어], **최상급 fewest** [fjúːist 퓨우이스트])

㉹ **1.** 《**a**를 붙이지 않고 부정》 **조금 밖에 없는, 거의 없는** (《반》 many 많은)

In those days, *few* people believed the earth to be round.
그 당시 지구가 둥글다고 믿는 사람은 거의 없었다.

㉹ **2.** 《***a few*** 로서》 조금은 있는, 다소의

He has *a few* apples.
그는 사과를 좀 가지고 있다.

I ate only *a few* nuts.
나는 호두를 조금 밖에 먹지 않았다.

《few 는 셀 수 있는 명사 앞에 붙어 수의 다소를 나타내고, 양에는 little [lítl 리틀]을 쓴다》

《숙》 ***not a few*** 적지 않은, 꽤 많은 (《동》 many)

Not a few people went there.
꽤 많은 사람이 거기에 갔었다.

《숙》 ***in a few days*** 며칠 후에

I will go there *in a few days*.

나는 근일 중에 거기 가겠읍니다.

㊐ 1. 《a를 붙이지 않고 부정》 소수(밖에 없다)

I believe *few* of them.

나는 그들 대부분을 믿지 않는다.

㊐ 2. 《**a few** 로서》 약간, 몇몇

A few of my friends are absent.

내 친구 두서넛이 결석이다.

field [fí:ld 피일드]

㊔ (**복수 fields** [fí:ldz 피일즈])

㊔ **1. 벌판, 들,** 밭

The children are playing in the green *field*.

어린이들이 풀밭에서 놀고 있읍니다.

The *field* turns white in winter.

겨울에는 들판이 흰색으로 변한다.

㊔ 2. 분야, 방면

in the *field* of physics ([fíziks 피직스] 물리학) 물리학의 분야에서

㊔ 3. 경기장

This is our baseball *field*.

이것은 우리의 야구장입니다.

**fight [fáit 파이트]

㊉㊈ (**3단현 fights** [fáits 파이츠], **과거 · 과거 분사 fought** [fɔ́:t 포오트], **현재 분사** [fáiting 파이팅])

㊈ **1. 싸우다** (《참고》 quarrel 말다툼하다)

The baby bears quickly learned how to *fight*.

새끼 곰들은 싸우는 법을 곧 습득하였다.

They *fought* for their country.

그들은 조국을 위해 싸웠다.

The soldiers are *fighting* bravely with their guns.

병사들은 총으로 용감하게 싸우고 있다.

㊈ 2. (얻으려고) 다투다

They will *fight* for the prize.

그들은 상을 타려고 다툴 것이다.

㊔ **싸움,** 투지

There were many *fights* between the Indians and the white men.

인디언과 백인 사이에 싸움이 여러번 있었다.

**fig·ure [fígjər 피겨]

㊔ (**복수 figures** [fígjərz 피겨즈])

㊔ 1. 모양, 모습·

I could see the *figure* of a woman against the window.

나는 창가에 기댄 여자의 모습을

볼 수 있었다.
명 2. 수자(數字)

***fill** [fíl 필]

타자 (3단현 **fills** [fílz 필즈], **과거·과거 분사 filled** [fíld 필드], **현재 분사 filling** [fíliŋ 필링])

타 (…으로) **채우다**, 가득하게 하다(～ *with*) (《참고》 full 가득한)

He *filled* the bottle with sand.
그는 병에 모래를 가득 채웠다.

I am *filled* with hope.
나는 희망에 가득 차 있다.
The river is *filled* with water. (=The river is full of water.)
강은 물로 가득 차 있다.

자 가득 차다, 가득해지다(～ *with*)

Mother's eyes *filled* with tears.
어머니의 눈에는 눈물이 가득했다.

《숙》 ***fill in*** (구멍 따위를) 메우다, 써 넣다

Fill in the blanks.
빈 자리를 메우시오.
Fill in your name.
당신 이름을 써 넣으시오.

****fi·nal·ly** [fáinli 파인리]

부 최후에, 마침내, 최종적으로

Finally, he went back to the first side.
마침내 그는 처음 자리로 돌아갔다.

****find** [fáind 파인드]

타 (3단현 **finds** [fáindz 파인즈], **과거·과거 분사 found** [fáund 파운드], **현재 분사 finding** [fáindiŋ 파인딩])

타 1. **찾아 내다**, 발견하다 (《동》 discover, 《반》 lose 잃다)

I *found* the book under the table.
나는 그 책을 테이블 밑에서 찾아냈다.

He thought and thought, and at last he *found* the answer.
그는 생각하고 또 생각해서, 마침내 대답을 찾아냈다.

타 2. **알다**, 알게 되다

I *found* the story very interesting.
나는 그 이야기가 대단히 재미있음을 알았다.
I *found* her fast asleep.
(가 보니) 그 여자는 푹 잠들어 있었다.
You will *find* how easy it is.
당신은 그것이 얼마나 쉬운가를 알게 될 것입니다.

I awoke to *find* myself famous.
잠을 깨어 보니 나는 유명한 사람이 되어 있었다.

*fine [fáin 파인]

㉻ (**비교급 finer** [fáinər 파이너], **최상급 finest** [fáinist 파이니스트])

㉻ **1. 훌륭한** (《동》 nice), 썩 좋은 (《동》 very good)

That is a *fine* view.
저것은 참 좋은 경치입니다.
She is a *fine* singer.
그 여자는 훌륭한 가수다.

㉻ **2.** 아름다운 (《동》 beautiful, 《반》 ugly 보기 흉한)

She is a *fine* girl, isn't she?
그 여자는 예쁜 소녀지요?

㉻ **3.** (날씨가) 맑은(《동》 clear)

It will be *fine* tomorrow.
내일은 날씨가 맑을 것이다.

㉻ **4.** 건강한, 무병한 (《동》 well)

How are you?
(건강 · 기분이) 어떠세요?
I am *fine*, thank you.
좋아요, 고마와요.

**fin·ish [fíniʃ 피니시]

㉰ (**3단현 finishes** [fíniʃiz 피니시즈], **과거 · 과거 분사 finished** [fíniʃt 피니시트], **현재 분사 finishing** [fíniʃiŋ 피니싱])

㉰ **1.** 끝내다, 마치다 (《동》 end, 《반》 begin 시작하다)

Have you *finished* your homework?
당신은 숙제를 끝마쳤읍니까?
I have *finished* writing my letter.
나는 편지를 다 썼읍니다.

《목적어로는 부정사가 아니라 동명사를 취한다》

㉰ **2.** 완성하다

This bridge will be *finished* in a month.
이 다리는 한 달이면 완성될 것이다.

**fire·place [fáiərpleis 파이어플레이스]

㉹ (**복수 fireplaces** [fáiərpleisiz 파이어플레이시즈])

벽난로

We sat round the *fireplace*.

F

우리는 벽난로 주위에 둘러 앉았다.

fish [fíʃ 피시]

명 (**복수 fish** 《단수 · 복수 동형》 여러 종류의 물고기를 나타낼 때에는 **fishes**)

명 **1. 물고기,** 《집합적으로》 어류

Fish are swimming in the water.

물고기들이 물 속에서 헤엄치고 있다.

Many fishes live in the sea.

바다에는 많은 종류의 물고기가 살고 있읍니다.

명 **2.** 《관사 없이 단수로 취급하여》 **어육**(魚肉), 생선

Fish is good to eat.

어육은 먹기에 적합하다.

타자 (**3 단현 fishes** [fíʃiz 피시즈], **과거 · 과거 분사 fished** [fíʃt 피시트], **현재 분사 fishing** [fíʃiŋ 피싱])

물고기를 잡다, 낚시질하다

We went fishing yesterday.

우리는 어제 낚시질하러 갔다.

flag [flǽg 플래그]

명 (**복수 flags** [flǽgz 플래그즈])

기

a national *flag* 국기

The Union Jack is the national flag of Britain.

유니언 잭은 영국 국기입니다.

flame [fléim 플레임]

명 (**복수 flames** [fléimz 플레임즈])

불꽃, 화염

《숙》 ***burst into flame*(s)** 확 타오르다

The *flame* of sunset attracted our eyes.

불타는 듯한 저녁놀은 우리의 눈을 끌었다.

floor [flɔ́:*r* 플로오]

명 (**복수 floors** [flɔ́:*rz* 플로오즈])

명 **1. 마루, 바닥**

The cat was sleeping on the *floor*.

고양이가 마루 위에서 잠자고 있었다.

명 **2.** (집의) 층(《참고》 story 층)

《건물의 구조상 구분에는 story 를 쓰고, 각 층에 대해서 말할 때에는 floor 를 쓴다》

Su-mi's classroom is on the second *floor*.
수미의 교실은 이층에 있습니다.

《숙》 ***the first floor*** 《영》 2층, 《미》 1층《영국에서는 1층을 ground floor 라고 한다》

《숙》 ***the second floor*** 《영》 3층, 《미》 2층

****flow·er** [fláuər 플라우어]

㊔ (**복수 flowers** [fláuərz 플라우어즈])
꽃, 화초《bloom 은 보고 즐기는 꽃, blossom 은 열매가 열리는 꽃》

a *flower* bed 화단
a *flower* garden 화원
How beautiful these *flowers* are!
이 꽃들은 참 아름답구나!

There are many *flowers* in the garden.
정원에는 많은 꽃들이 있다.
They like *flowers* very much.
그들은 꽃들을 매우 좋아한다.

---

flute [flú:t 플루우트]

㊔ (**복수 flutes** [flú:ts 플루우츠])
피리, 플루우트

****fly**[1] [flái 플라이]

㊕㊗ (**3단현 flies** [fláiz 플라이즈], **과거 flew** [flú: 플루우], **과거 분사 flown** [flóun 플로운], **현재 분사 flying** [fláiiŋ 플라이잉])

㊗ 날다
The birds can *fly* so well.
새들은 매우 잘 날 수 있다.

He *flew* to London.
그는 비행기로 런던에 갔다.
Time *flies* like an arrow.
《속담》 시간은 화살같이 빠르다.

㊕ 날리다
If it is fine tomorrow, I will *fly* a kite.
내일 날씨가 좋으면, 나는 연을 날리겠다.

---

fly[2] [flái 플라이]

㊔ (**복수 flies** [fláiz 플라이즈])
〖곤충〗 파리
The *fly* is on the wall.
파리가 벽에 붙어 있다.

---

fog [fág 파그]

㊔ 안개 (《참고》 mist)
Driving a car in *fog* is very difficult.

F

안개 속에서 차를 운전하는 것은 매우 어렵다.

fog·gy [fági 파기]
[형] (**비교급 foggier** [fágiər 파기어], **최상급 foggiest** [fágiist 파기이스트])
안개낀, 안개가 자욱한, 흐릿한, 침침한

folk [fóuk 포우크]
[명] (**복수 folks** [fóuks 포우크스])
[명] **1.** 《고어》 국민, 민족
[명] **2.** 《보통 복수》 사람들, 가족

fol·low [fálou 팔로우]
[타][자] (**3단현 follows** [fálouz 팔로우즈], **과거 · 과거 분사 followed** [fáloud 팔로우드], **현재 분사 following** [fálouiŋ 팔로우잉])
[타] **1.** …을 뒤따라가다, **…에 따르다,** 뒤따라오다 (《참고》 following 다음의, 아래에 적힌, 《반》 lead 이끌다)

A strange dog *followed* me.
낯선 개가 내 뒤를 따라왔다.

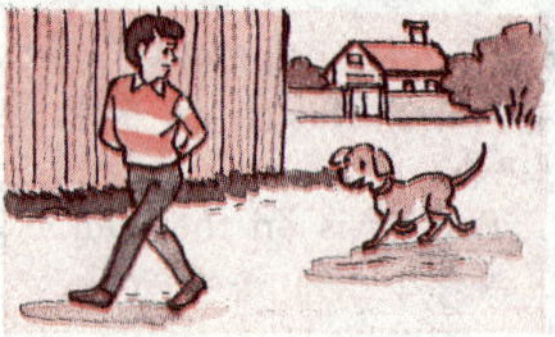

Spring *follows* winter.
겨울 다음에 봄이 온다.

[타] **2.** (길을) 따라가다, 이해하다
Follow this road to the corner.
이 길을 따라 모퉁이까지 가시오.
I can't *follow* you at all.
무슨 말씀인지 도무지 알아 듣지 못하겠읍니다.

《숙》 ***as follows*** 다음과 같은〔같이〕
The members of our team are *as follows.*
우리 티임의 멤버는 다음과 같다.

***food** [fú:d 푸우드]
[명] (**복수 foods** [fú:dz 푸우즈])
먹을 것, 식료품 (《참고》 feed 먹이를 주다, 먹을 것을 주다)
food and drink 음식물
Mother is setting *food* on the table.
어머니가 식탁에 먹을 것을 차리고 계십니다.

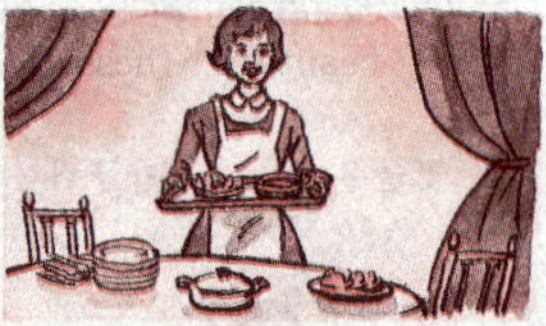

The ant filled the house with *food.*
개미는 그 집을 식량으로 가득 채웠읍니다.
He gave the bird some *food* and water.
그는 새에게 얼마간의 모이와 물을 주었읍니다.

fool [fú:l 푸울]
[명] (**복수 fools** [fú:lz 푸울즈])
바보 (《참고》 foolish 어리석은)

All *Fools'* Day(《동》 April *Fools'* Day) 만우절(4월 1일)
an April *Fool* 4월 바보《4월 1일에 속는 사람》
What a *fool* he was to leave school!
학교를 그만두다니 그는 참으로 바보였어!
What a *fool!*
참 바보로구나!
《숙》 ***make a fool of*** ~ …을 바보 취급하다
You are *making a fool* of me.
당신은 나를 바보 취급하고 있군요.

foot·ball [fútbɔ:l 풋보올]

㉮ **풋보올, 축구**
I am very fond of playing *football*.
나는 축구하기를 무척 좋아한다.
My father used to play *football* when he was a student.
아버지께서는 학생이었을 때 축구를 하시곤 했다.

*for [fər 퍼, (강) fɔ́:r 포오]

㉷ 1. **…대신에**
I attended the meeting *for* him.
나는 그 남자 대신 그 모임에 참석하였다.
㉷ 2. **…을 위하여**
I did it *for* you.
나는 당신을 위해 그것을 했읍니다.
㉷ 3. **…을 향하여**
He started *for* London yesterday.
그는 어제 런던을 향해 출발했다.
㉷ 4. **…동안**
I will stay here *for* a month.
나는 한 달 동안 여기 머무르겠읍니다.
㉷ 5. 《대가를 나타내어》 **…에**
I bought this fountain pen *for* eight hundred won.
나는 이 만년필을 800원에 샀다.
㉷ 6. **…으로서는,** …에 비해서는
She looks young *for* her age.
그 여자는 나이에 비해 젊어 보인다.
《숙》 ***for example*** 이를테면 ⇒ example
《숙》 ***for instance*** 예컨대 ⇒ instance
《숙》 ***for oneself*** 자기 손으로, 독력으로
He built this house *for* himself.
그는 독력으로 그 집을 세웠다.
㉶ **왜냐하면**〔그 까닭은〕 …이기 때문에
I am thirsty, *for* it is very hot.
나는 목마르다, 왜냐하면 너무 덥기 때문이다.

F

⁑for·eign [fɔ́:rin 포오린]

★ 발음 주의

[형] **외국의**, 외국산〔제〕의 (《참고》 foreigner 외국인, 《반》 home 본국의)

a *foreign* language 외국어
foreign mail 외국 우편
foreign goods 외제품, 외래품
the *Foreign* Minister 외무부장관
Foreign trade is very important for our country.
외국 무역은 우리 나라에 있어서는 대단히 중요합니다.

⁑for·eign·er [fɔ́:rinər 포오리너]

[명] (**복수 foreigners** [fɔ́:rinərz 포오리너즈])
외국 사람, 이방인 (《참고》 foreign 외국의)

Do you know who that *foreigner* is?
저 외국인이 누구인지 아십니까?

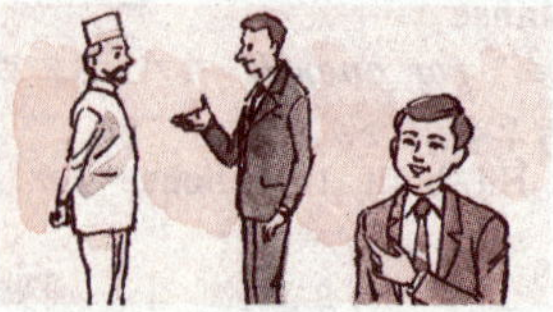

for·get [fərgét 퍼겟]

[타][자] (**3 단현 forgets** [fərgéts 퍼게츠], **과거 forgot** [fərgát 퍼갓], **과거 분사 forgot** [fərgát 퍼갓] 또는 **forgotten** [fərgátn 퍼가튼], **현재 분사 forgetting** [fərgétiŋ 퍼게팅])

[타] **1. 잊다**, 생각이 나지않다 (《반》 remember 기억하고 있다)

I *forget* your name.
당신의 성함을 잊어버렸읍니다.
《당신은 누구시지요. 즉, 생각이 나지 않는다는 뜻. 동사의 현재형에 주의》

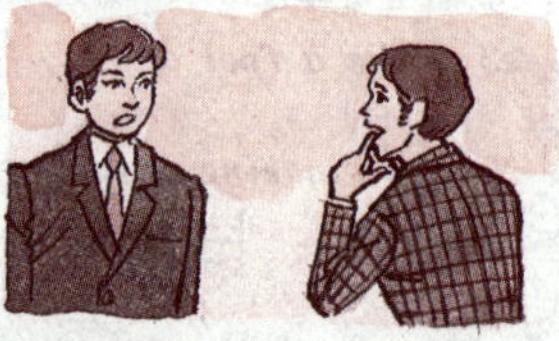

Don't *forget* to take your umbrella with you. 우산 가지고 가는 것을 잊지 말아라.

[타] **2.** 태만하다

They *forgot* their duties.
그들은 직무를 태만히 하였다.

for·tu·nate·ly [fɔ́:rtʃənitli 포오처니틀리]

[부] 운 좋게, 다행히도

Only she survived the suffering *fortunately*.
다행히도 그녀만이 그 재난에서 살아 남았다.

for·ward(s) [fɔ́:rwərd 포오워드, fɔ́:rwərdz 포오워즈]

[부] **앞으로**, 전방으로 (《동》 forth, 《반》 backward 뒤로)

She looked *forward*.
그 여자는 앞을 바라보았다.

He went *forward.*
그는 전진하였다.
He took a step *forward.*
그는 한 걸음 앞으로 나섰다.

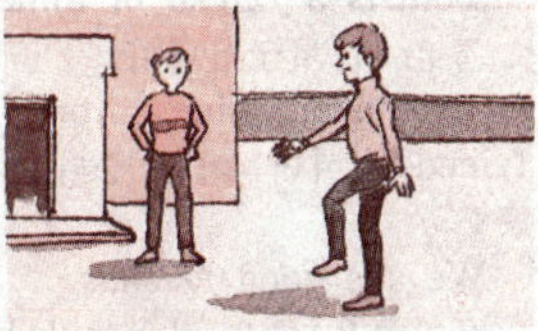

《숙》 ***look forward to*** ~ …을 즐거움으로 삼고 기다리다
I am *looking forward to* your next visit.
또 오시기를 고대하고 있읍니다.

fox [fάks 팍스]

[명] (**복수 foxes** [fάksiz 파시즈])
여우, 교활한 사람
《fox는 교활한 사람의 비유로 종종 쓰인다》
A *fox* lives in a hole.
여우는 굴 속에서 산다.

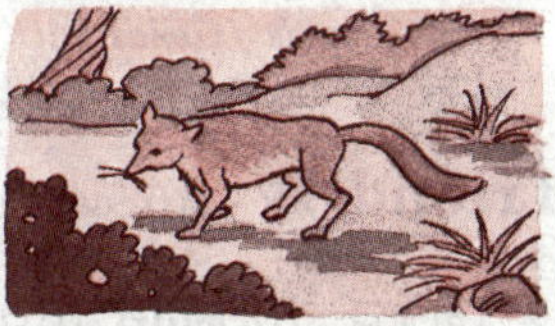

free [fríː 프리이]

[형] (**비교급 freer** [fríːər 프리이어], **최상급 freest** [fríːist 프리이이스트])
[형] **1. 자유스러운**, 독립의, 해방된 (《참고》 freedom 자유)
Lincoln set the slaves *free.*
링컨은 노예를 해방시켰다.

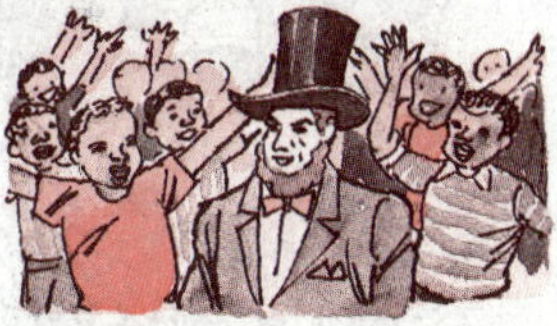

[형] **2. 한가한**, 할 일 없는 (《반》 busy 바쁜)
Are you *free* tomorrow?
당신은 내일 한가하십니까?
[형] **3.** …을 벗어난, …이 없는 (~ from, of)
He is *free from* care.
그에게는 걱정이 없다.
[형] **4.** 무료의
Children *Free.*
어린이는 무료.
[타] (**3단현 frees** [fríːz 프리이즈], **과거·과거 분사 freed** [fríːd 프리이드], **현재 분사 freeing** [fríːiŋ 프리이잉])
자유롭게 하다, 해방〔석방〕하다
I *freed* the bird from the cage.
나는 새장에서 새를 놓아주었다.

fresh [fréʃ 프레시]

[형] (**비교급 fresher** [fréʃər 프레셔], **최상급 freshest** [fréʃist 프레시스트])
[형] **1. 새로운**, 신선한 (《동》 new, 《반》 old 낡은)
These vegetables are all *fresh.*
이 야채들은 모두 신선합니다.

㉻ 2. 생기 있는, 원기 왕성한
He looks *fresh.*
그는 원기 왕성해 보인다.
㉻ 3. 상쾌한
We can enjoy *fresh* air in the country.
시골에서는 상쾌한 공기를 마실 수 있다.

F

***Fri·day** [fráidi 프라이디]
㉮ **금요일** 《Fri. 로 약한다》
Friday is the 6th day of the week.
금요일은 주의 6번째 날입니다.

He came here last *Friday.*
그는 요전 금요일에 여기 왔다.
We eat fish on *Friday.*
우리는 금요일에 생선을 먹습니다.
on *Friday* morning〔afternoon, evening〕
금요일 아침〔오후, 저녁〕에

***friend** [frénd 프렌드]
㉮ (**복수 friends** [fréndz 프렌즈])
친구, 벗 (《참고》 friendly 친한, 《반》 enemy 적)
Tom is a *friend* of mine.
톰은 내 친구입니다.
《a friend of mine은 one of my friends「여러 친구 중의 하나」의 뜻》
We are good *friends.*
우리들은 좋은 친구들입니다.

I went skating with some of my *friends.*
나는 나의 몇몇 친구들과 스케이트를 타러 갔다.
《숙》 ***make friends with*** ～ …와 친하게 지내다, …을 자기 편으로 삼다
I have *made friends with* him.
나는 그와 친한 사이가 되었다.

friend·ly [fréndli 프렌들리]
㉻ (**비교급 friendlier** [fréndliər 프렌들리어], **최상급 friendliest** [fréndliist 프렌들리이스트])
친한, 친절한, 호의를 가지고 있는
We have *friendly* relation with her.
우리는 그녀와 친한 사이이다.

《숙》 ***become friendly with*** ～ …와 사이좋게 되다

The American Indians *became friendly with* the white men.

아메리칸 인디언들은 백인들과 사이 좋게 되었읍니다.

*from [frəm 프럼, (강) frám 프람]

㉠ 1. **…에서** (《반》 to …까지)

We went *from* New York to Washington.

우리는 뉴우요오크에서 워싱톤까지 갔다.

㉠ 2. …에서 온, …의 출신의

Where do you come *from?*

당신은 어디 출신입니까?

㉠ 3. 《원료·재료》 …에서, …으로

Wine is made *from* grapes.

포도주는 포도로 만들어집니다.

《The desk is made *of* wood. 「책상은 나무로 만들어졌다」처럼 from은 만들어진 제품이 그 원료와 본질적으로 달라진 경우, of는 변화하지 않는 경우에 사용한다》

㉠ 4. …때문에, …으로

He died *from* drowning.

그는 익사하였다.

㉠ 5. 《상이·구별》 …와 (달리, 구별하여)

My pen is different *from* yours.

내 펜은 당신의 것과는 다릅니다.

《숙》 ***from time to time*** 때때로, 종종

He comes to see me *from time to time.*

그는 종종 내게 놀러 옵니다.

*front [frʌ́nt 프런트]

★ 발음 주의

㊔ **정면**, 전방, 전면 (《반》 back 뒤)

the *front* of a house 집의 정면

《숙》 ***in front of*** ～ …의 앞에 (《반》 at the back of ～)

There is a garden *in front of* the house.

집 앞에 정원이 있다.

㊕ 앞의, 정면의

She came in through the *front* door.

F

그 여자는 현관으로 들어왔읍니다.
There are many beautiful flowers in the *front* garden.
앞 뜰에는 여러 가지 아름다운 꽃들이 있읍니다.

⁑full [fúl 풀]
[형] (비교급 **fuller** [fúlər 풀러], 최상급 **fullest** [fúlist 풀리스트])
가득 찬, 한창인, 완전한(perfect) (《참고》 fill 가득 채우다, 《반》 empty 빈)
The flowers were in *full* bloom.
꽃들이 만발하였다.
The *full* marathon course is over 40 kilometers.
완전한 마라톤 코오스는 40킬로미터가 넘는다.
《숙》 ***be full of*** ~ …으로 가득차 있다, …이 풍부하다
The box *is full of* grapes.
그 상자는 포도로 가득 차 있다.

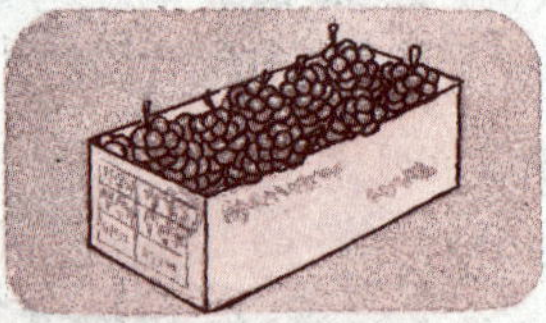

《숙》 ***a full stop*** 종지부 (《동》 period)

full-time [fúltáim 풀타임]
[형] 전(全) 시간(취업)의, 전임(專任)의
[부] 전임으로서

***fun** [fʌ́n 펀]
[명] **재미있는 일, 위안**, 취미 (《참고》 funny 우스운)
It was great *fun* to skate on the ice.
얼음 위에서 스케이팅하기가 참 재미있었다.
《숙》 ***have fun*** 재미있게 놀다
We talk, laugh, and *have fun.*
우리들은 이야기하고 웃고 그리고 재미있게 놉니다.
《숙》 ***make fun of*** ~ …을 놀리다
They used to *make fun of* me.
그들은 나를 조롱하곤 했다.

fun·ny [fʌ́ni 퍼니]
[형] (비교급 **funnier** [fʌ́niər 퍼니어], 최상급 **funniest** [fʌ́niist 퍼니이스트])
우스운, 재미있는, 기묘한(《참고》 fun)
This is a *funny* story.
이것은 우스운 이야기입니다.

⁑fur·ni·ture [fə́:rnitʃər 퍼어니처]
[명] **가구** 《집합 명사이다. 1개의 가구는 a piece of furniture》

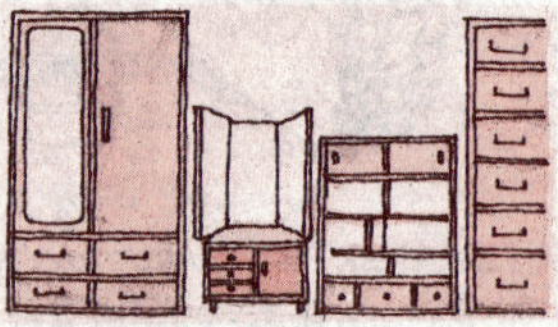

They have much *furniture*.
그들은 많은 가구를 가지고 있다.

fu·ture [fjúːtʃər 퓨우처]
㊔ **미래, 장래** (《반》 past 과거, 《참고》 present 현재)
The *future* of Korea will be brighter.
한국의 미래는 더욱 밝아질 것이다.

《숙》 ***in future*** 장래〔금후〕에는
You must be more careful *in future*.
당신은 앞으로 더 조심하지 않으면 안 된다.

《숙》 ***in the future*** 미래에, 장래에
He will go to England *in the* near *future*.
그는 가까운 장래에 영국에 갈 것이다.

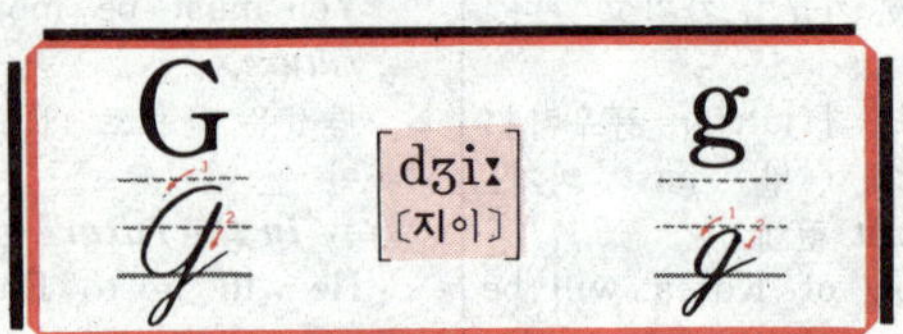

*game [géim 게임]
명 (복수 games [géimz 게임즈])
명 1. 유희, **경기**, **시합**, **게임**, 승부 (《동》 match, 《반》 work 노동)

I have never enjoyed a *game* so much.
나는 이제까지 이렇게 재미있는 시합을 한 일이 없다.
They played a fair *game*.
그들은 정정당당한 경기를 하였다.

The Olympic *Games* are held every four years.
올림픽 경기는 4년마다 개최된다.
We played the *game* of tennis.
우리는 정구 시합을 했다.
Three *games* were won out of five.
5회전 가운데 3회 이겼다.

명 2. 사냥의 포획물

We had much *game*.
우리에게는 사냥의 포획물이 많았다.

*gar·den [gá:rdn 가아든]
명 (복수 gardens [gá:rdnz 가아든즈])
뜰, **정원**

a flower *garden* 화원
a vegetable *garden* 야채밭
a public *garden* 공원
a *garden* flower 정원용의 꽃
She grows flowers in the *garden*.
그 여자는 정원에 꽃을 가꾸고 있습니다.

He invited us to a *garden* party.
그는 원유회에 우리를 초대하였다.

gar·den·er [gá:rdnər 가아드너]

㉴ (복수 gardeners [gá:rdnərz 가아드너즈])

정원사, 원예가, 채소 재배자

gar·den·ing [gá:rdniŋ 가아드닝]

㉴ 조원(술), 정원 꾸미기, 원예

****gate** [géit 게이트]

㉴ (복수 gates [géits 게이츠])

문

He closed the *gate* to keep the dog in. 그는 개가 나가지 않도록 문을 닫았다.

Who is the man at the *gate?*

문에 있는 사람은 누구입니까?

She entered through the *gate*.

그 여자는 문으로 들어왔다.

****gen·er·al** [dʒénərəl 제너럴]

㉻ 일반의, 전체적인

a *general* election 총선거

㉴ (복수 generals [dʒénərəlz 제너럴즈])

육군 대장, 장군

《숙》 ***in general*** 일반적으로, 보통 (《동》 generally)

Wild beasts *in general* dread fire.

야수는 일반적으로 불을 두려워한다.

gen·tle·man [dʒéntlmən 젠틀먼]

㉴ (복수 gentlemen [dʒéntlmən 젠틀먼])

신사 (《참고》 gentle 점잖은)

He is a *gentleman*.

그는 신사입니다.

It is not the act of a *gentleman*.

그것은 신사다운 행동이 아니다.

***get** [gét 겟]

㉫㉮ (3 단현 gets [géts 게츠], 과거 got [gát 갓], 과거 분사 got [gát 갓] 또는 gotten [gátn 가튼], 현재 분사 getting [gétiŋ 게팅])

㉫ 1. 얻다, 손에 넣다 (《반》 lose 잃다)

He *got* the first prize.
그는 1등상을 획득하였다.
[타] 2. 사다 (《동》 buy)
I'll *get* another book.
나는 책 한 권을 더 사야겠다.
[타] 3. 《get+명사+과거 분사》 …시키다, …하게 하다, …당하다
I *get* my hair cut.
나는 머리를 깎았다.
I *got* my watch stolen.
나는 시계를 도둑맞았다.
[자] 1. 오다, 가다, 도착하다
I *got* home 〔to school〕 at noon.
나는 정오에 집〔학교〕에 도착하였다.
[자] 2. 《형용사와 함께》 …이 되다
She *got* ill suddenly.
그 여자는 갑자기 병이 났다.
She is *getting* better.
그 여자는 차츰 나아져 가고 있다.
I *got* quite tired.
나는 매우 피곤해졌다.
《숙》 ***get along*** 해 나가다, 살아나가다
《숙》 ***get up*** 기상하다, 일어나다, 일어서다
What time did you *get up?*
당신은 몇 시에 일어났읍니까?

ghost [góust 고우스트]
[명] (복수 **ghosts** [góusts 고우스츠])
유령

****gift** [gíft 기프트]
[명] (복수 **gifts** [gífts 기프츠])
[명] 1. 선물, 기증품 (《동》 present)
Father gave me a birthday *gift*.
아버지께서 나에게 생일 선물을 주셨다.

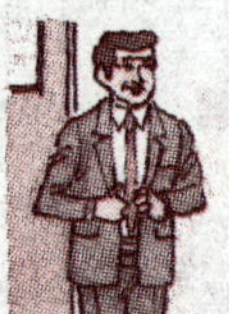
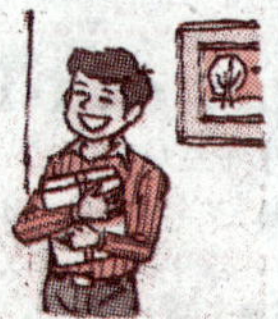

[명] 2. (타고 난) 재능
He has the *gift* of painting.
그는 그림 그리는 재주가 있다.

***gi·raffe** [dʒəræf 저래프]
[명] (복수 **giraffes** [dʒəræfs 저래프스])
기린

***girl** [gə́ːrl 거얼]
[명] (복수 **girls** [gə́ːrlz 거얼즈])
소녀, 여자 아이, 처녀 (《반》 boy)
a shop *girl* 여점원
a telephone *girl* 전화 교환수
The *girl* has a pretty doll.
그 소녀는 예쁜 인형을 가지고 있다.

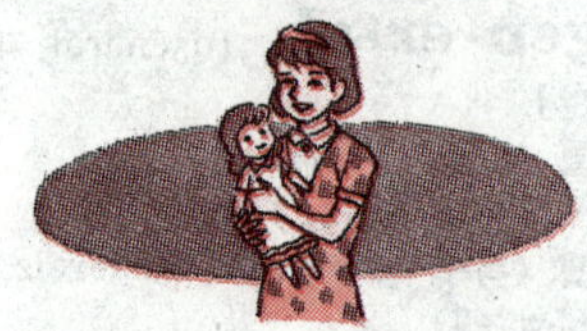

***give** [gív 기브]

㊊ (**3단현 gives** [gívz 기브즈], **과거 gave** [géiv 게이브], **과거 분사 given** [gívn 기븐], **현재 분사 giving** [gíviŋ 기빙])

㊊ 1. (무상으로) **주다**, 공급하다, 증여하다

I *gave* him an apple.
나는 그에게 사과를 주었다.

I was *given* the second prize.
나는 2등상을 받았읍니다.

The sun *gives* us light and heat.
태양은 우리에게 빛과 열을 공급합니다.

㊊ 2. 치르다, 지불하다(《동》 pay)

I *gave* one dollar for this book.
나는 이 책에 1달러를 지불하였읍니다.

How much did you *give* for your new car?
새 차에 얼마 지불하셨읍니까(얼마에 샀읍니까)?

㊊ 3. 바치다

He *gave* his life for his country.
그는 조국을 위하여 일생을 바쳤다.

《숙》 ***give up*** 그만두다, 단념하다, 버리다

He *gave up* smoking.
그는 담배를 끊었읍니다.

***glad** [glæd 글래드]

㊌ (**비교급 gladder** [glædər 글래더], **최상급 gladdest** [glædist 글래디스트])

즐거운, 기쁜 (《반》 sad)

I am *glad* to see you.
뵙게 되어서 기쁩니다.

They were very *glad* (at the report) of his success.
그들은 그의 성공에 대해 (듣고) 대단히 기뻐하였읍니다.

***glass** [glæs 글래스]

㊔ (**복수 glasses** [glæsiz 글래시즈])

㊔ 1. **유리**

The window is made of *glass* and iron.
창문은 유리와 쇠로 되어 있다.

㊔ 2. (유리) 컵, 컵 한 잔

Give me a *glass* of water.
물 한 컵 주십시오.

glid·er [gláidər 글라이더]

㊔ (**복수 gliders** [gláidərz 글라이더즈])

글라이더, 활공기

G

***go** [góu 고우]

㉶ (**3단현 goes** [góuz 고우즈], **과거 went** [wént 웬트], **과거 분사 gone** [gɔ́:n 고온], **현재 분사 going** [góuiŋ 고우잉])

㉶ **1. 가다,** 나아가다, 움직이다, 여행하다

I *go* to bed at ten.

나는 열시에 취침합니다.

I *go* to school on foot.

나는 걸어서 통학합니다.

He has *gone* to America.

그는 미국으로 가버렸다.

㉶ **2.** …으로 되다, 진행되다

Her plan did not *go* well.

그녀의 계획은 잘 진행되지 않았다.

㉶ **3.** (기계 따위가) 움직이다, 활동하다

Does the engine *go* well?

엔진은 잘 움직입니까?

The car *goes* by electricity.

그 차는 전기로 움직인다.

《숙》 ***be going to*** ~ …에 가는 중입니다

She *is going to* America.

그 여자는 미국으로 가는 중입니다.

《숙》 ***be going to*** (do) …하려 하고 있다, …할 작정이다

I *am going to* tell you.

내가 당신에게 말하려던 참입니다.

《숙》 ***go about*** 돌아다니다, 퍼지다

《숙》 ***go after*** ~ …의 뒤를 쫓아가다

He *went after* her.

그는 그녀를 쫓아 갔다.

《숙》 ***go along*** 나아가다, 해 나가다

Everything *goes along* well.

만사가 순조롭게 진행되고 있다.

《숙》 ***go away*** 가버리다, 달아나다

He *went away*.

그는 가버렸다.

《숙》 ***go back*** 돌아가다

Go back to your seat.

네 자리로 돌아가거라.

《숙》 ***go by*** 지나가다

Many years *went by*.

여러 해가 지났다.

《숙》 ***go down*** 내려가다, 떨어지다, 가라앉다

The ship *went down*.

그 배는 가라앉았다.

Prices have *gone down*.

물가가 내렸다.

《숙》 ***go on*** 나아가다, 계속하다

Go on, please.

계속하십시오.

《숙》 ***go out*** 나가다, 꺼지다

He has *gone out* to China.

그는 중국으로 떠나가 버렸다.

《숙》 ***go out of*** ~ …에서 나가다

She *went out of* her country.

그 여자는 국외로 나갔다.

《숙》 ***go round*** 돌다

The earth *goes round* and *round*.
지구는 회전한다.

《숙》 ***go through*** ~ …을 통과하다, …을 경험하다

She has *gone through* many troubles.
그 여자는 여러가지 곤란을 겪어 왔다.

《숙》 ***go without*** ~ …없이 지내다

We cannot *go without* food and drink.
우리는 먹을 것과 마실 것이 없이는 지낼 수 없다.

*goal [góul 고울]

명 (**복수 goals** [góulz 고울즈])

명 1. 결승점, 결승전

He is a *goal* keeper.
그는 고울 키이퍼입니다.

Our team scored two *goals*.
우리 티임이 2점을 기록했읍니다.

명 2. 목적(지), 목표

Seoul is the *goal* of my journey.
서울이 나의 여행의 목적지입니다.

god [gád 가드]

명 (**복수 gods** [gádz 가즈])

명 1. **신, 하나님** 《「하나님」이라고 할 경우에는 대문자로 God라고 쓴다》

You must pray to *God*.
너희들은 신에게 기도드려야 한다.

명 2. 《감탄, 맹세, 저주 따위의 구절에 사용한다》

by *God* 하나님께 맹세코, 꼭

Good *God!* (또는 *God!* My *God!*)
오 하나님!

Thank *God!*
아이 고마와라!, 휴우!

God help him!
하나님 그를 도와주옵소서!, 아이 가엾어라!

God only knows.
하나님만이 안다(아무도 모른다).

gold [góuld 고울드]

명 1. **금**, 황금, 돈, 금화

Don't be fond of *gold*.
황금을 좋아하지 말아라.

G

명 2. 금빛, 황금색(《참고》 golden 금빛의)

The girl has long hair of *gold*.

그 소녀는 금발을 길게 드리우고 있다.

형 금으로 만든

This is a *gold* watch.

이것은 금시계입니다.

***good** [gúd 구드]

형 (**비교급 better** [bétər **베터**], **최상급 best** [bést **베스트**])

G

형 1. **좋은**, 착한, 사이좋은

This is a *good* dictionary.

이것은 좋은 사전입니다.

You must be *good* and honest.

여러분은 착하고 정직해야 합니다.

형 2. 즐거운, 유쾌한, 행복한

Did you have a *good* time?

당신은 즐거웠읍니까?

형 3. 친절한 (《동》 kind)

It is very *good* of you to invite me.

초대하여 주셔서 대단히 고맙습니다.

형 4. **잘하는**, 솜씨 좋은

He is a *good* dancer.

(=He is *good* at dancing.)

그는 춤을 잘 춥니다.

형 5. 충분한, 상당한

It will take a *good* long time.

상당히 오랜 시간이 걸릴 것이다.

《숙》 ***a good deal of*** 상당한, 다량의

He takes *a good deal of* exercise.

그는 상당히 많은 운동을 한다.

《숙》 ***a good many*** 많은 수(의)

I have *a good many* friends there.

거기에 나는 많은 친구가 있다.

《숙》 ***as good as*** ~ …과 다름없이

My shoes are *as good as* new.

내 구두는 새 것이나 다름없다.

《숙》 ***be good at*** ~ …을 잘하다

He *is good at* swimming.

그는 수영을 잘한다.

《숙》 ***Good afternoon!***

안녕하십니까., 안녕히 가십시오. 《오후에 만났을 때 또는 작별할 때의 인사》

《숙》 ***Good day!***

안녕하십니까. 《낮에 만났을 때, 또는 작별할 때의 인사》

《숙》 ***Good morning!***

밤새 안녕하십니까. 《오전 중에 만났을 때, 또는 작별할 때의 인사》

《숙》 ***Good night!***

안녕히 주무십시오.

명 (**복수 goods** [gúdz **구즈**])

명 1. 착한 일, 바람직한 일, 이익, 행복

I did this work for your *good*.

나는 당신을 위하여 이 일을 하였읍니다.

명 2. 《복수형으로》 상품, 화물

A *goods* train is running.
화물 열차가 달리고 있읍니다.
《미국에서는 화물 열차를 freight [fréit 프레이트] train이라고 한다》

《숙》 ***for the good of*** ~ …을 위하여
He fought *for the good of* his country.
그는 조국을 위하여 싸웠다.

*good-by(e) [gudbái 구드바이]

㉝ **안녕히**
When they were leaving, they said "*good-by*" to each other.
그들은 작별할 때 서로 「안녕」이라고 말했다.

㉠ 작별 인사
I must say *good-by.*
저는 이제 하직을 해야겠읍니다.

goose [gú:s 구우스]

㉠ (**복수 geese** [gí:s **기**이스])
〖조류〗 **거위**
A *goose* looks like a duck.
거위는 오리와 비슷합니다.

We couldn't find out the *goose.*
우리는 그 거위를 찾아낼 수 없었다.

G

grace·ful [gréisfəl 그레이스펄]

㉭ 우아한, 품위 있는
Her *graceful* face was a favorite with every man.
그녀의 우아한 얼굴은 모든 남성에게 인기가 있었다.

gram·mar [grǽmər 그래머]

㉠ 문법
English *grammar* is too difficult for us to learn.
영문법은 우리가 배우기에는 너무 어렵다.

***grand·child** [grǽntʃaild 그랜차일드]
㊔ (**복수** **grandchildren** [grǽntʃildrən 그랜칠드런])
손자〔손녀〕
Do they have many *grandchildren?*
그들은 손자 · 손녀들이 많습니까?

***grand·fa·ther** [grǽnfɑːðər 그랜파아더]
㊔ (**복수** **grandfathers** [grǽnfɑːðərz 그랜파아더즈])
할아버지
Do you have a *grandfather?*
너는 할아버지가 계시니?

***grand·moth·er** [grǽnmʌðər 그랜머더]
㊔ (**복수** **grandmothers** [grǽnmʌðərz 그랜머더즈])
할머니 (《참고》 grandfather 할아버지)
I have a *grandmother*, too.
나도 역시 할머니 한분이 계셔.

***grand·par·ent** [grǽnpɛ(ː)rənt 그랜페(에)런트]
㊔ 조부〔모〕
This is my family. They are my *grandparents*, my parents, my sister, and me.
이들이 나의 가족입니다. 그들은 나의 할아버지, 할머니, 어머니, 아버지, 누나 그리고 나입니다.

grand·son [grǽnsʌn 그랜선]
㊔ (**복수** **grandsons** [grǽnsʌnz 그랜선즈])
손자(孫子)
The grandfather loves his *grandsons*.
그 할아버지는 그의 손자들을 사랑한다.

***grass** [græs 그래스]
㊔ (**복수** **grasses** [grǽsiz 그래시즈])
㊔ **1.** 풀, 잔디, 목초
He used green paint for the *grass*.
그는 풀에는 초록색 그림물감을 사용했읍니다.
㊔ **2.** 풀밭, **잔디밭**, 목초지, 목장
Keep off the *grass*.
《게시》 잔디밭에 들어가지 마시오.
I drove Father's cows to the *grass*.
나는 아버지의 암소들을 목장으로 몰고 갔다.

***grass·hop·per** [grǽshɑpər 그래스하퍼]
㊔ (**복수** **grasshoppers** [grǽs-

hapərz 그래스하퍼즈])
베짱이
The *grasshopper* played all summer.
베짱이는 여름내내 놀았읍니다.

grave [gréiv 그레이브]
[형] (**비교급 graver** [gréivər 그레이버], **최상급 gravest** [gréivist 그레이비스트])
중대한, 장중한, 엄숙한
He looks *grave*.
그는 엄숙하게 보인다.
[명] (**복수 graves** [gréivz 그레이브즈])
무덤, 묘

great [gréit 그레이트]
[형] (**비교급 greater** [gréitər 그레이터], **최상급 greatest** [gréitist 그레이티스트])
[형] 1. **큰**, 대단한(《동》large, 《반》small 작은)
An elephant is a *great* animal.
코끼리는 큰 동물입니다.

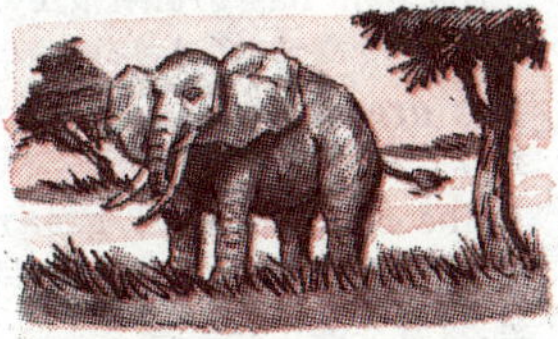

the *Great* Lakes 미국의 5대 호수
[형] 2. 훌륭한, **위대한**
This *great* man did many things for his country.
이 위인은 국가를 위하여 여러 가지 일을 하였읍니다.
[형] 3. 《구어》 굉장한, 멋진
We saw a *great* many people.
우리는 굉장히 많은 사람들을 보았다.
《숙》 ***a great deal of*** 많은 ⇒deal
《숙》 ***a great many*** 많은 ⇒many
《숙》 ***a great number of*** 다수의 ⇒number

***green** [gríːn 그리인]
[형] (**비교급 greener** [gríːnər 그리이너], **최상급 greenest** [gríːnist 그리이니스트])
[형] 1. **녹색의**
The leaves are *green*.
잎은 녹색입니다.

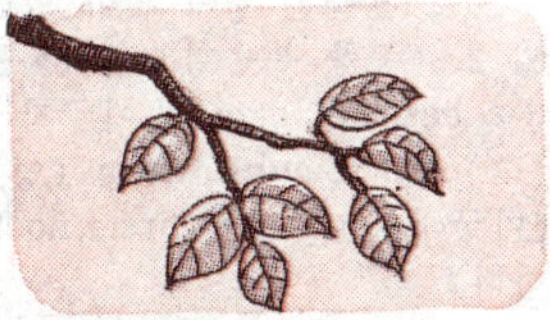

I like *green* tea.
나는 녹차를 좋아합니다.
[형] 2. 익지 않은, 푸른
He ate *green* fruit.
그는 익지 않은 과일을 먹었다.
[명] (**복수 greens** [gríːnz 그리인즈])
[명] 1. **녹색**
[명] 2. 《복수형으로》 채소류
Take as much *greens* as you can.
될 수 있는 대로 채소류를 많이 섭취하십시오.

㊔ 3. 풀밭, 잔디밭
They are playing on the *green*.
그들은 풀밭에서 놀고 있다.

gro·cer·y [gróusəri 그로우서리]
㊔ (**복수 groceries** [gróusəriz 그로우서리즈])
《미》 식료품점
I dropped in the *grocery* store.
나는 식료품 가게에 들렀다.

G

ground [gráund 그라운드]
㊔ (**복수 grounds** [gráundz 그라운즈])
㊔ 1. 땅, **지면** (《동》 land)
The boys are sitting on the *ground*.
그 소년들은 땅에 앉아 있다.
㊔ 2. 《종종 복수형으로서》 **운동장**
a baseball *ground* 야구장
《숙》 ***the ground floor*** 《영》 1층 《미국에서는 the first floor 라고 한다》

group [grú:p 그루우프]
㊔ (**복수 groups** [grú:ps·그루우프스])
무리, 모임

Birds are flying in *groups* in the sky.
새들은 하늘에서 떼를 지어 날고 있다.

grow [gróu 그로우]
㊐㉑ (**3단현 grows** [gróuz 그로우즈], **과거 grew** [grú: 그루우], **과거 분사 grown** [gróun 그로운], **현재 분사 growing** [gróuiŋ 그로우잉])
㉑ 1. **성장하다,** 커지다, 자라나다 (《동》 develop)
This tree is still *growing*.
이 나무는 아직도 성장중입니다.

㉑ 2. **…으로 되다** (《동》 become, turn)
The weather *grows* warmer.
날씨는 점점 따뜻해진다.
His hair has *grown* grey.
그는 머리가 희어졌다.
《숙》 ***grow up*** 성장하다, 어른이 되다
The boys have all *grown up*.
그 소년들은 모두 어른이 되었다.
㊐ 재배하다, 가꾸다
We *grow* rice in Korea.
한국에서는 벼를 재배합니다.

grow·er [gróuər 그로우어]
㊔ (꽃·야채 따위를) 심어 가꾸는

사람, 재배자 (《동》 grow)
Who is the *grower* of the crops?
그 농작물의 재배자는 누구입니까?

guard [gá:rd 가아드]
㊔ (**복수 guards** [gá:rdz 가아즈])
㊔ **1.** 지키는 사람, 보초
He placed a *guard* at the gate.
그는 문에 보초를 세웠다.

㊔ **2.** 《영》 (열차, 버스 따위의) 차장 《미국에서는 conductor [kəndʌ́ktər 컨덕터]라고 한다》
㊔ **3.** 망보기, 경계, 조심
Be on your *guard*.
조심하십시오.

guess [gés 게스]
㊕ (**3단현 guesses** [gésiz 게시즈], **과거 · 과거 분사 guessed** [gést 게스트], **현재 분사 guessing** [gésiŋ 게싱])
㊕ **1. 추측하다**, 판단하다
I *guessed* that he was a doctor.
나는 그가 의사가 아닌가 생각했다.
㊕ **2. 알아맞히다**, (수수께끼를) 맞히다
Can you *guess* what I have in my bag?
내 가방 안에 무엇이 있는지 알아 맞힐 수 있읍니까?
㊔ (**복수 guesses** [gésiz 게시즈])
추측, 어림, 짐작

****guest** [gést 게스트]
㊔ (**복수 guests** [gésts 게스츠])
손님 (《동》 visitor)
We had *guests* for dinner.
우리는 만찬에 손님을 초대했다.

I was his *guest* for a month.
나는 1개월 동안 그의 집의 손님이 되었다.

G

H h

[eitʃ 〔에이치〕]

H

hair [hέər 헤어]

㊔ 털, **머리털** 《a hair 로서 털 한 올을, hair 로서 집합적으로 머리털 전체를 가리킨다》

She has brown *hair*.
그 여자는 갈색머리이다.

I had my *hair* cut.
나는 머리를 깎았다.

hand [hǽnd 핸드]

㊔ (복수 **hands** [hǽndz 핸즈])

㊔ **1.** (사람의 손목부터 손끝까지) 손 (《참고》 arm 팔)

Did you wash your *hands?*
너는 손을 씻었니?

the left〔right〕 *hand*
왼〔오른〕손

㊔ **2.** (시계의) 바늘

the minute〔hour〕 *hand*
분침〔시침〕

㊔ **3.** 편, 쪽

On the one *hand*, he taught English; on the other *hand*, he learned Korean.
그는 한 편으로는 영어를 가르치고, 다른 한 편으로는 한국어를 배웠다.

《숙》 ***at hand*** 바로 가까이, 곁에

The examinations are near *at hand*.
시험이 바로 앞에 닥쳐 왔다.

《숙》 ***hand in hand*** 손에 손을 잡고

I walked *hand in hand* with him.
나는 그와 손을 잡고 걸었다.

《숙》 ***shake hands with ~*** …와 악수하다

Father *shook hands with* the boy.
아버지는 그 소년과 악수하였다.

*__hand·some__ [hǽnsəm 핸섬]

㉻ (**비교급 handsomer** [hǽnsəmər 핸서머], **최상급 handsomest** [hǽnsəmist 핸서미스트])

(용모 따위가) 잘 생긴, 미목이 수려한《일반적으로 남자를 형용할 때 사용한다. 여자에게는 pretty, beautiful을 사용하는 것이 보통이다》

He is *handsome* and she is pretty.

그는 잘 생겼고 그녀는 예쁩니다.

hang [hǽŋ 행]

㉰㉷ (**3단현 hangs** [hǽŋz 행즈], **과거·과거 분사 hung** [hʌ́ŋ 헝], **현재 분사 hanging** [hǽŋiŋ 행잉])

㉰ **1. 걸다, 매달다**

I am *hanging* up my coat.

나는 상의를 걸고 있다.

㉰ **2.** 교수형에 처하다

《㉰ **2.**의 뜻으로는 과거·과거 분사가 **hanged** [hǽŋd 행드]》

㉷ 걸려 있다

The pictures were *hanging* on the wall.

그림이 벽에 걸려 있었다.

hap·pen [hǽpən 해펀]

㉷ (**3단현 happens** [hǽpənz 해펀즈], **과거·과거 분사 happened** [hǽpənd 해펀드], **현재 분사 happening** [hǽpəniŋ 해퍼닝])

㉷ **1. 생기다,** 일어나다

A lot of new things *happened* to him.

많은 새로운 일들이 그에게 일어났다.

㉷ **2.** 《It을 주어로 하여》 우연히 …하다

It *happend* that I was there.

우연히 나는 거기에 있었다.

《숙》 ***happen to*** (do) 우연히 …하다

I *happened to* meet him.

나는 우연히 그를 만났다.

《「우연히 일어나다」의 뜻인데, 최근에는 다만 take place 「발생하다」의 뜻으로 사용되는 일이 많다. break out은 특히 화재, 전쟁 따위가 「돌발하다」의 뜻》

hap·pi·ness [hǽpinis 해피니스]

㉺ 행복 (《참고》 happy 행복한)

*__hap·py__ [hǽpi 해피]

㉻ (**비교급 happier** [hǽpiər 해피어], **최상급 happiest** [hǽpiist 해피이스트])

행복한, 기쁜, 즐거운 (《반》 unhappy 불행한)

I am *happy* to see you.

당신을 만나서 기쁩니다.

We had a *happy* time yesterday.

H

우리는 어제 즐거운 시간을 보냈다.

(I wish you) a *Happy* New Year.
새해에 복 많이 받으십시오.

Happy birthday to you!
생일을 축하합니다.

H

⁑har·bo(u)r [há:rbər 하아버]

명 (**복수 harbo(u)rs** [há:rbərz 하아버즈])

항구 (《동》 port)

A ship is entering the *harbor*.
한 척의 배가 입항하고 있다.

It was a part of a new *harbor*.
그것은 새로운 항구의 일부였다.

⁑hard [há:rd 하아드]

형 (**비교급 harder** [há:rdər 하아더], **최상급 hardest** [há:rdist 하아디스트])

형 **1. 딱딱한** (《반》 soft 연한)

This bread is very *hard*.
이 빵은 아주 딱딱하다.

형 **2. 어려운, 곤란한** (《반》 easy 쉬운)

This homework is *hard* to do.
이 숙제는 하기가 어렵다.

형 **3.** 열심인

He is a *hard* worker.
그는 노력가입니다.

부 열심히

The ant worked *hard* all summer. 개미는 여름내내 열심히 일했읍니다.

har·vest [há:rvist 하아비스트]

명 (**복수 harvests** [há:rvists 하아비스츠])

수확, 거두어 들임

There was a good 〔bad〕 *harvest* this autumn.
이번 가을은 풍년〔흉년〕이었다.

⁑hat [hæt 햇]

명 (**복수 hats** [hæts 해츠])

(테 있는) **모자** 《cap은 테 없는 모자》

I don't like to wear a *hat*.
나는 모자 쓰기를 좋아하지 않습니다.

Women like straw *hats* with ribbons.
여자들은 리본 달린 밀짚 모자를 좋아한다.

****hate** [héit 헤이트]
㊐ (3단현 **hates** [héits 헤이츠], **과거 · 과거 분사 hated** [héitid **헤이티드**], **현재 분사 hating** [héitiŋ **헤이팅**])
미워하다, 싫어하다 (《반》 love 사랑하다)
The cat *hates* the dog.
고양이는 개를 싫어한다.

***have** [həv 허브, (강) hæv **해브**]
㊐ (**3단현 has** [həz 허즈, hæz **해즈**], **과거 · 과거 분사 had** [həd 허드, hæd **해드**], **현재 분사 having** [hæviŋ **해빙**])
㊐ 1. **가지고 있다,** 가지다, 소유하다.

I *have* a bat.
나는 배트를 가지고 있다.
Have you a ball in your hand?
당신은 손에 공을 가지고 있습니까?
They *have* blue eyes.
그들은 파란 눈을 가지고 있습니다.
㊐ 2. **먹다** 《이 뜻의 경우, 부정문·의문문에서는 조동사 do를 사용한다》
When do you *have* breakfast?
몇 시에 조반을 먹습니까?
㊐ 3. 《have + 목적어 (물건) + 과거 분사의 형식으로》 …시키다, …하게하다, 당하다
He *had* his money stolen.
그는 돈을 도둑 맞았다.
㊐ 4. 《have + 목적어 (사람) + to 없는 부정사의 형식으로》 …시키다, …하게 하다
I *had* her close the window.
나는 그 여자에게 창문을 닫게 했다.
㊄ 《have + 과거 분사로 현재 완료형을 만든다》
㊄ 1. 《완료》 이미 …해 버렸다
I *have* finished the work.
나는 그 일을 끝마쳐 버렸다.
㊄ 2. 《경험》 …한 적이 있다
Have you ever seen a lion?
사자를 본 일이 있읍니까?
㊄ 3. 《계속》 지금까지 죽 …해 왔다
I *have* been here for ten years.
나는 10년간 죽 여기서 살아왔다.

《숙》 ***have a good time*** 즐거운 시간을 보내다

I *had a good time* this evening.

오늘 저녁에 즐거웠읍니다.

《숙》 ***have on*** 입고〔쓰고, 신고〕 있다

She *has* stockings *on*.

그 여자는 양말을 신고 있다.

《숙》 ***have to*** (do) …하지 않으면 안 된다

You *have to* go home.

당신은 집에 돌아가지 않으면 안 된다.

《숙》 ***have been in*** ～ …에 간 적이 있다《보통 경험을 나타낸다》

I *have been in* America.

나는 미국에 간 적이 있다.

《숙》 ***have been to*** ～ **1**. …에 갔다 왔다 **2**. …에 갔다 온 참이다

《숙》 ***have gone to*** ～ …에 가버렸다

He *has gone to* America.

그는 미국으로 떠났다.《가버리고 여기에는 없다는 뜻》

《Have you …?와 Do you have …? 전자는「가지고 있다」의 뜻일 때

Have you any money with you?

돈을 가지고 있읍니까?

후자는「먹다」따위의 뜻일 때

Do you *have* breakfast at eight?

당신은 8시에 조반을 먹습니까?

《have는 eat(먹다)의 뜻》

미국에서는 구별하지 않고 Do you have …?의 형식을 사용하는 경향이 있다》

H

***he** [híː 히이]

㊥《인칭대명사·3인칭 단수·남성 주격》

(**복수 they, 소유격 his, 목적격 him**)

그는, 그가, 그 사람은〔이〕

He is a teacher.

그는 선생님입니다.

---

head [héd 헤드]

㊔ (**복수 heads** [hédz 헤즈])

㊔ **1. 머리,** 두부(목에서 윗 부분을 말한다)

She has pretty flowers on her *head*.

그 여자는 머리에 예쁜 꽃을 달고 있읍니다.

He hit me on the *head*.

그는 내 머리를 쳤다.

He hung down his *head*.

그는 머리를 숙였다.

㊔ **2.** 우두머리, 수석

He is at the *head* of the class.

그는 그 학급에서 수석이다.

The president is the *head* of the government in the United States of America.

대통령은 아메리카 합중국 정부의 수반입니다.

head·phone [hédfoun 헤드포운]

㊔ (**복수 headphones** [hédfounz 헤드포운즈])

《흔히 복수형으로》 머리에 거는 수화〔수신〕기

I put the *headphone* on my ears.

나는 헤드폰을 귀에 걸었다.

hear [híər 히어]

㊇㊉ (**3 단현 hears** [híərz 히어즈], **과거 · 과거 분사 heard** [hə́:rd 허어드], **현재 분사 hearing** [hí(:)riŋ 히(이)링])

듣다, 들리다

《목적어 다음에 오는 부정사에는 to를 안 붙이나 수동태에서는 to를 사용한다》

I heard the dog bark.

나는 개가 짖는 것을 들었다.

The dog was *heard to* bark.

개 짖는 소리가 들렸다.

《앞의 예문의 수동태, to에 주의하라》

I *heard* the bell ringing.

나는 종이 울리고 있는 것을 들었다.

《숙》 ***hear about*** ~ …에 관하여 듣다

I have often *heard about* your wonderful dog.

나는 종종 당신의 훌륭한 개에 관해서 들은 적이 있읍니다.

《숙》 ***hear from*** ~ …한테서 소식을 듣다

I haven't *heard from* her for three months.

그녀한테서 3개월 동안이나 소식이 없다.

《숙》 ***hear of*** ~ …의 소식을 듣다

Have you ever *heard of* him?

그의 소문을 들은 적이 있읍니까?

《hear는 소리가 귀에 들려 오다, 즉 「들리다」의 뜻이고 listen (to) ~은 「…에 귀를 기울이다」의 뜻이다》

H

heart [há:rt 하아트]

㊔ (**복수 hearts** [há:rts 하아츠])

㊔ 1. **심장,** 마음

She loves him with all her *heart*.

그녀는 진정으로 그를 사랑한다.

㊔ 2. 〖트럼프〗 하아트

《숙》 ***learn by heart*** 암기하다

Learn this lesson *by heart*.

이 과를 암기하여라.

《인간의 정신 작용을 지(知) · 정(情) · 의(意)로 나눌 때 mind는

이지(理知)나 의지를 나타내고, heart 는 감정을 나타낸다》

****heav·y** [hévi 헤비]

[형] (**비교급 heavier** [héviər 헤비어], **최상급 heaviest** [héviist 헤비이스트])

[형] **1. 무거운** (《반》 light 가벼운)

The box is too *heavy*.

그 상자는 너무 무겁다.

[형] **2. 심한**

A *heavy* storm came up.

심한 폭풍이 닥쳐 왔다.

***hel·lo** [helóu 헬로우]

[감] **여보세요**, 야아

Hello, Jane. *Hello*, In-ho.

여어 제인—안녕 인호.

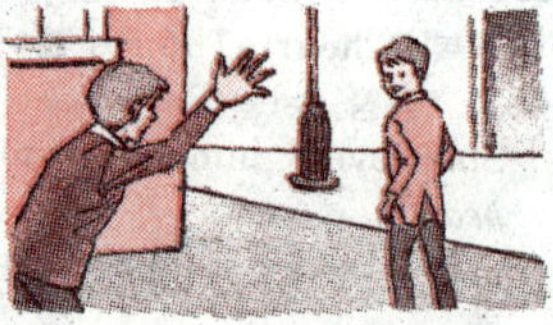

Hello, this is John Brown speaking.

여보세요, 여기는〔저는〕 존 브라운입니다.

《흔히 전화 따위에서 사용하는 인사말》

***help** [hélp 헬프]

[타] (**3 단현 helps** [hélps 헬프스], **과거 · 과거 분사 helped** [hélpt 헬프트], **현재 분사 helping** [hélpiŋ 헬핑])

[타] **1. 돕다, 거들다**

It said, "Little ant, please *help* me".

그것은 "귀여운 개미야, 좀 도와줘"하고 말했읍니다.

She *helps* her brother with English.

그 여자는 남동생의 영어를 도와줍니다.

In-ho *helped* his sister (to) carry the packages.

인호는 누이가 짐 나르는 것을 도와 주었읍니다.

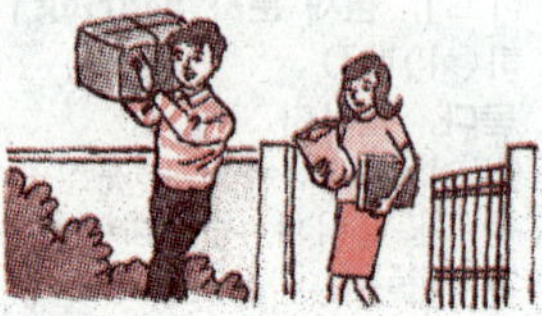

[타] **2.** (음식물을) 집어 주다, 권하다

Help yourself to some fruit.

과일을 마음대로 드세요.

[타] **3.** 《can 과 함께 사용하여》 피하다, 참다

I cannot *help* it.

그것은 어찌할 수 없다.

《숙》 ***cannot help ~ing*** …하지 않을 수 없다

I *could not help* laugh*ing*.

(=I could not but laugh.)

나는 웃지 않을 수 없었다.

《숙》 ***May I help you?***

무엇을 드릴까요?

[명] (**복수 helps** [hélps 헬프스])

도움, 조력, 원조

He couldn't get any *help* from the King.
그는 왕에게서 아무 도움도 얻지 못하였다.

****hen** [hén 헨]
[명] (**복수 hens** [hénz 헨즈])
암탉 (《참고》 cock, 《미》 rooster 수탉)
There are some *hens* in the yard.
뜰에는 암탉 몇 마리가 있다.

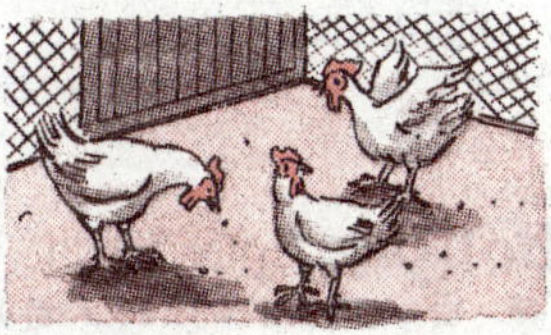

***here** [híər 히어]
[부] **여기에, 여기서,** 여기로 (《반》 there 저기에)
Come *here!*
이리 오너라.

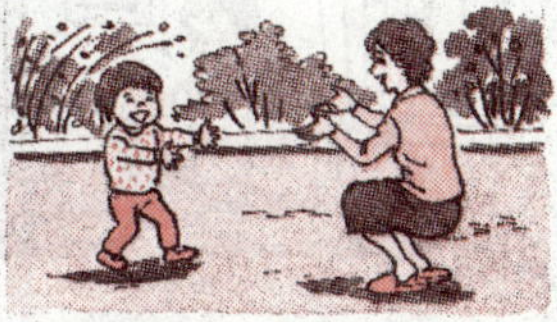

Oh, it's *here.*
오, 그것이 여기에 있어요.
《숙》***here and there*** 여기 저기에
We found flowers *here and there.*
우리는 여기 저기에서 꽃을 발견하였다.
《숙》***Here it is.***
《구어》 자 이것입니다. 《물건을 남에게 내어놓을 때 말한다》

***hi** [hái 하이]
★ high(높은)와 같은 발음
[감] **1.** 야아 《주의를 끌게 하는 말》
[감] **2.** 안녕(하세요)

hide [háid 하이드]
[타][자] (**3단현 hides** [háidz 하이즈], **과거 hid** [híd 히드], **과거 분사 hidden** [hídn 히든] 또는 **hid** [híd 히드], **현재 분사 hiding** [háidiŋ 하이딩])
[타] **감추다**
Let's *hide* the doll under the bed.
인형을 침대 밑에 감추자.
[자] **숨다**
He *hid* behind a big tree.
그는 큰 나무 뒤에 숨었다.

***high** [hái 하이]
[형] (**비교급 higher** [háiər 하이어], **최상급 highest** [háiist 하이이스트])
높은 (《참고》 tall 키가 큰, 《반》 low 낮은)
How *high* is the building?
그 건물의 높이는 얼마입니까?
It is about forty meters *high.*
약 40미터 높이다.
What a *high* mountain it is!
산이 참 높기도 하군요!

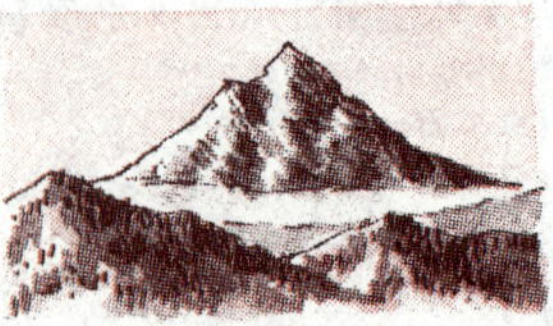

《숙》 ***a high school*** 《미》 하이스쿨
a junior *high school* 중학교
a (senior) *high school* 고등학교
《tall 은 키 이외에 지상에 서 있는 것에 사용하고, 나무나 건물 따위는 high, tall 두 가지 다 쓰인다. 산 따위는 보통 high 를 사용한다. high 의 반대말은 low, tall 의 반대말은 short 를 많이 쓴다》

H

＊＊hill [híl 힐]
[명] (**복수 hills** [hílz 힐즈])
작은 산, **언덕** 《꼭대기가 편평하며 mountain 보다 낮고, 약 700 미터 이하의 흔히 따로 떨어져 있는 것을 말한다》
He lives in the house on the *hill.*
그는 언덕 위에 있는 집에서 산다.

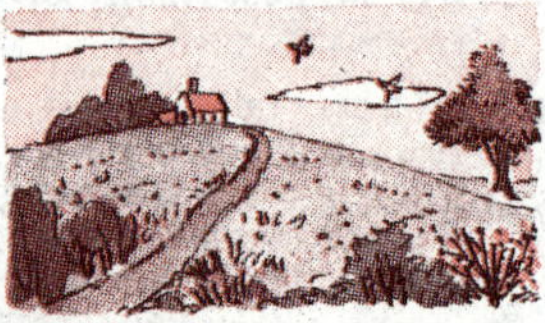

hint [hínt 힌트]
[명] (**복수 hints** [hínts 힌츠])
암시, 힌트
Give me a *hint* about it.
그것에 관해서 힌트를 주세요.

＊＊his·to·ry [hístri 히스트리]
[명] (**복수 histories** [hístriz 히스트리즈])
역사, 경력, 연혁
I am going to teach *history* to them.
나는 그들에게 역사를 가르치려고 한다.
I want to hear the *history* of this school.
나는 이 학교의 연혁을 듣고 싶습니다.

hob·by [hábi 하비]
[명] (**복수 hobbies** [hábiz 하비즈])
도락, **취미**
What is your *hobby?*
당신의 취미는 무엇입니까?
My *hobby* is reading books.
나의 취미는 독서입니다.

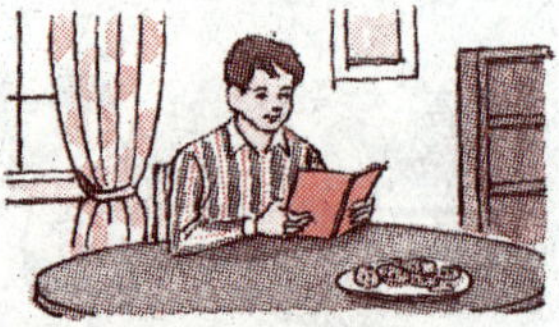

＊＊hold [hóuld 호울드]
[타][자] (**3 단현 holds** [hóuldz 호울즈], **과거·과거 분사 held** [héld 헬드], **현재 분사 holding** [hóuldiŋ 호울딩])

[타] **1. 손에 들다,** 쥐다, 유지하다
He is *holding* a bat in his right hand.
그는 오른손에 배트를 쥐고 있다.

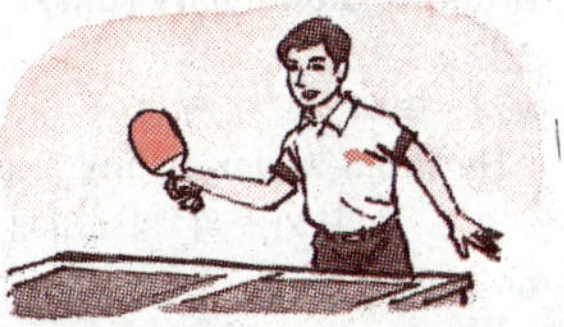

Hold the book under your arm.
책을 겨드랑에 끼어라.
[타] **2.** (회합 따위를) **개최하다,** 열다
Our class meeting was *held* yesterday.
학급회의가 어제 열렸다.
《**1.** 의 경우, have 가 「가지고 있다」는 상태를 나타내는 것에 대하여 hold 는 「손에 들다」의 동작을 나타내고 있다. **2.** 의 경우, 계획적으로 「열다」의 뜻이다. 「회합을 열다」나 「개회하다」의 뜻으로는 open a meeting, 「개최하다」의 뜻으로는 hold a meeting 이다》

**hol·i·day [hάlədei 할러데이]

[명] (**복수 holidays** [hάlədeiz 할러데이즈])
[명] **1. 휴일**
Sunday is a *holiday.*
일요일은 휴일이다.
[명] **2.** 《복수형으로서》 휴가 《주로 영국에서는 학교 휴가 의 뜻. 미국에서는 vacation 을 이 뜻으로 사용한다》
The summer *holidays* are over.
여름 휴가는 끝났다.

*home [hóum 호움]

[명] (**복수 homes** [hóumz 호움즈])
[명] **1. 집** (《참고》 house 집)
《home 은 가정, house 는 건물을 뜻하는 것이 보통이다》
My *home* is in Pusan.
나의 집은 부산에 있다.
[명] **2.** 가정 (《동》 family)
There is no place like *home.*
가정보다 더 좋은 곳은 없다.

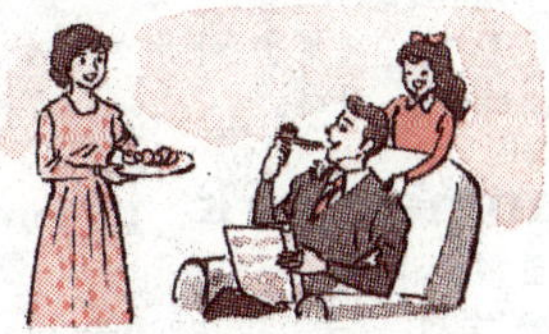

[명] **3. 고향,** 본국
The ship is sailing for *home.*
배는 본국을 향하여 항해하고 있다.
《숙》 ***at home***
1. 자기 집에 있는
Is Miss Smith *at home?*
스미드양은 집에 있읍니까?
2. 마음 편하게, 편히
Make yourself *at home.*
아무쪼록 편히 하십시오.
3. …에 익숙하여
He is *at home* in French.
그는 프랑스 말에 익숙하다.
[형] 가정의, 고향의, 본국의
home life 가정 생활
[부] **집에,** 본국에

H

I shall go *home* at four.
나는 4 시에 귀가합니다.
I met him on my way *home*.
나는 귀가 도중 그를 만났다.
《숙》 ***get home*** 집에 도착하다
He will *get home* soon.
그는 곧 귀가할 겁니다.

****home·room** [hóumrù:m 호움루움]
[명] 호움루움(시간) 《학급의 소속 교실 ; 학급 전원이 모이는 시간》
We are going to have a new *homeroom*.
우리는 새로운 학급 회의를 개최하려고 한다.

H

***home·work** [hóumwə̀:rk 호움워어크]
[명] **숙제** (《동》 home task)
I come home at five o'clock and do my *homework*.
나는 5 시에 집에 돌아와서 숙제를 합니다.

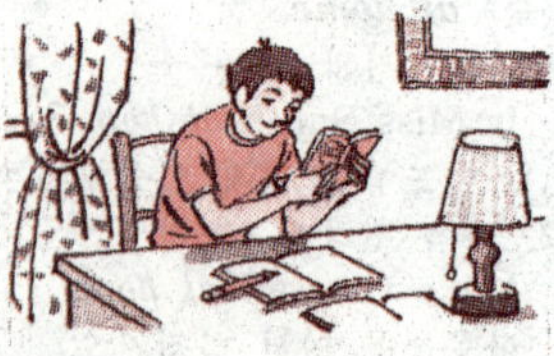

hon·est [ánist 아니스트]
★ 발음 주의
[형] **정직한**, 성실한 (《참고》 honesty 정직)
Tom is an *honest* boy.
톰은 정직한 소년이다.

hon·o(u)r [ánər 아너]
★ 발음 주의
[명] (**복수 hono(u)rs** [ánərz 아너즈])
[명] **1. 명예**
He is an *honor* to my family.
그는 우리 가문의 명예입니다.
[명] **2.** 경의
We do *honor* to the heroes.
그 영웅들에게 경의를 표합니다.
《숙》 ***in honor of*** ~ …에 경의를 표하여, 기념하여
The meeting was held *in honor of* the queen.
여왕에게 경의를 표하기 위하여 회의가 개최되었다.

***hop** [hάp 합]
[자] (**3 단현 hops** [hάps 합스], **과거 · 과거 분사 hopped** [hάpt 합트], **현재 분사 hopping** [hάpiŋ 하핑])
(한 발로) **뛰다**, 껑충껑충 뛰다 《jump 보다 뛰는 모양이 짤막하다》
She *hopped* on one leg.
그 소녀는 한 발로 뛰었다.

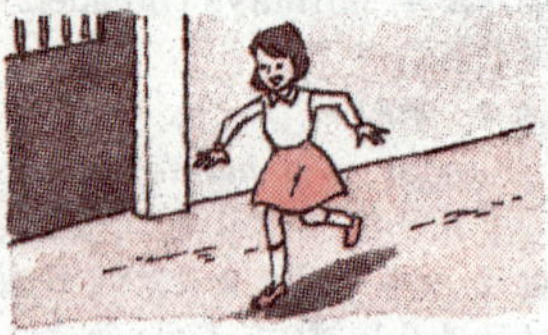

[명] (**복수 hops** [hάps 합스])
한 발로 뛰기

He won the first prize in the *hop*, step, and jump.
그는 3단도(段跳)에서 우승하였다.

hope [hóup 호우프]
[타][자] (**3단현 hopes** [hóups 호우프스], **과거·과거 분사 hoped** [hóupt 호우프트], **현재 분사 hoping** [hóupiŋ 호우핑])
바라다, 희망하다
I *hope* you will be a great man.
나는 네가 위대한 사람이 되기를 희망한다.
I *hope* so, too.
나도 그러기를 바라고 있읍니다.
We *hope* it will be a fine day tomorrow.
내일 날씨가 좋기를 바랍니다.
[명] **희망,** 기대, 가망
There is good *hope* that the rocket will reach the moon.
로케트가 달에 도달할 가망이 충분히 있다.
《hope는 항상 좋은 것, 또는 실현될 수 있는 것을 바라는 것이며, wish는 얻기 어려운 것을 바라는 경우에 사용하는 일이 많다》

horse [hɔ́:rs 호오스]
[명] (**복수 horses** [hɔ́:rsiz 호오시즈])
말, 목마
We made the *horse* drink the water.
우리는 말에게 그 물을 마시게 했다.
Baker can ride a *horse*.
베이커는 말을 탈 줄 안다.

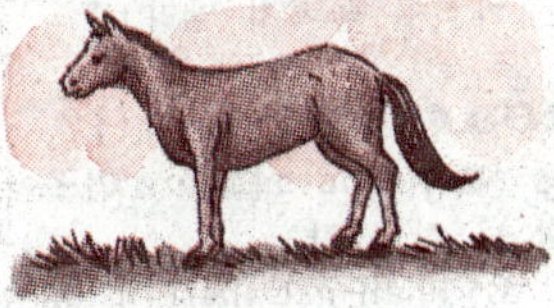

hos·pi·tal [háspitl 하스피틀]
[명] (**복수 hospitals** [háspitlz 하스피틀즈])
병원
《숙》 ***be in hospital*** 입원하고 있다
He *is in hospital* now.
그는 지금 입원 중입니다.

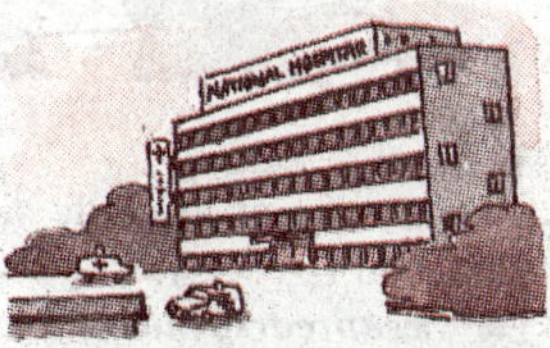

《숙》 ***go to〔leave〕(the) hospital*** 입원〔퇴원〕하다
He *went to〔left〕(the) hospital* yesterday.
그는 어제 입원〔퇴원〕했읍니다.

hot [hát 핫]
[형] (**비교급 hotter** [hátər 하터], **최상급 hottest** [hátist 하티스트])
더운, 뜨거운 (《반》 cold 추운)
It is very *hot* today.

H

오늘은 매우 덥다.
Strike the iron while it is *hot*.
《속담》 쇠는 달았을 때 두들겨라〔기회를 놓치지 말라〕.

****hour** [áuər 아우어]

[명] (**복수 hours** [áuərz 아우어즈])

[명] **1. 한 시간**

We shall get there in an *hour*.
우리는 한 시간 안에 그곳에 도착하게 됩니다.

He was sitting on the bench for *hours*.
그는 몇 시간이고 벤치에 앉아 있었다.

H

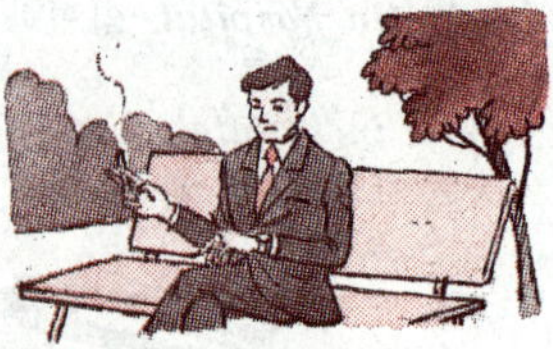

[명] **2.** 시각

He got up at an early *hour*.
그는 이른 시각에 일어났다.

《숙》 ***keep early hours*** 일찍 자고 일찍 일어나다

[명] **3.** 때, 즈음, 시대

[명] **4.** 임종시

***house** [háus 하우스]

[명] (**복수 houses** [háuziz 하우지즈])

★ 발음 주의

[명] **1. 집,** 가옥(《참고》 home 가정)

Our *house* is near the church.
우리 집은 교회 근처에 있다.

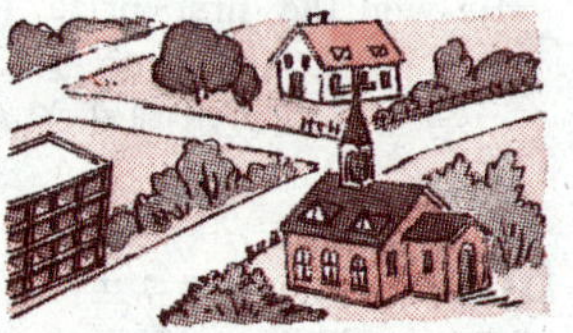

Do they have a big *house?*
그들은 큰 집을 가지고 있니?
《다만 건물을 가리킨다. home처럼 정신적인 것을 포함하지 않는다》

[명] **2.** 《the House로》 의사당, 의원

《숙》 ***the White House*** 백악관 《미국 대통령 관저》

house·wife [háuswaif 하우스와이프, (**2.** 에서는) hʌ́zif 허지프]

[명] (**복수 housewives** [háuswaivz 하우스와이브즈], 또는 (**2.** 에서는) **housewifes** [hʌ́zifs 허지프스], **housewives** [hʌ́zivz 허지브즈])

[명] **1.** 주부

Housewives must work at home.
주부들은 가정에서 일해야 한다.

[명] **2.** 반짇고리, 바느질통

***how** [háu 하우]

[부] **1. 어떻게, 어떤 방법으로**

How did you do it?
당신은 어떤 방법으로 그것을 하였읍니까?

[부] **2.** 《how+to+원형으로》 …하는 방법

I don't know *how to* dance.
나는 춤출 줄을 모릅니다.

㊇ **3. 얼마만큼**, 어느 정도
How old are you?
몇 살입니까?
How many brothers have you?
당신의 형제는 몇 분입니까?
How much did you pay for the camera? 당신은 카메라에 얼마나 지불했습니까〔카메라를 얼마에 샀습니까〕?

㊇ 4. 《감탄문에 사용하여》 **참**
How kind she is!
그 여자는 참 친절하기도 하군요.

《숙》 ***How about ~?*** 《상대방의 의견 따위를 듣기 위하여》 …은 어떻습니까?
How about going for a ride?
자전거 여행은 어떻습니까?

《숙》 ***How are you?***
안녕하십니까?

《숙》 ***How do you do?***
《초면 인사》 처음 뵙겠읍니다.

《숙》 ***How do you like ~?*** …을 어떻게 생각합니까?
How do you like your school?
학교는 어떻습니까?

---

how·ev·er [hauévər 하우에버]

㊊ **그렇지만, …이라 해도** (《동》 but) 《문장 가운데 있는 일이 많다》
His mind, *however*, did not change.
그렇지만 그의 마음은 변하지 않았다.

㊇ **아무리 …일지라도**
However fast you may run, you can't catch that dog.
아무리 빨리 달려도 당신은 그 개를 잡을 수 없읍니다.

---

huge [hjú:dʒ 휴우지]

㊕ (**비교급** **huger** [hjú:dʒər 휴우저], **최상급** **hugest** [hjú:dʒist 휴우지스트])
거대한, 막대한

---

*hu·man [hjú:mən 휴우먼]

㊕ 인간의
a *human* being〔creature〕 인간
the *human* race 인류
People teach dolphins many *human* words.
사람들은 돌고래에게 사람의 말을 많이 가르친다.

---

*hun·dred [hʌ́ndrəd 헌드러드]

㊔ (**복수** **hundreds** [hʌ́ndrədz 헌드러즈])
100, 100 사람, 100 개

three *hundred* and sixty-five 365
It's more than three *hundred* years old.
그것은 300년 이상 된 것이다.
《숙》 ***hundreds of*** ~ 수백의
There were *hundreds of* children in the park.
수백명의 어린이들이 공원에 있었다.

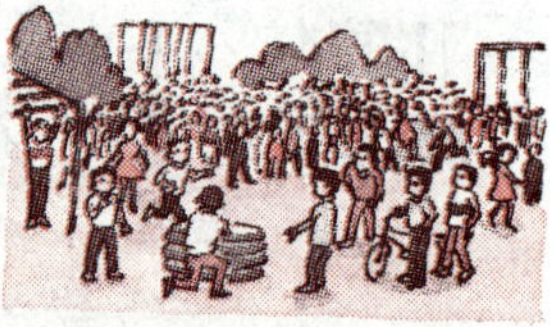

[형] **100의**
the *Hundred* Years' War 백년 전쟁

*****hun·gry** [hʌ́ŋgri **헝**그리]
[형] (**비교급 hungrier** [hʌ́ŋgriər **헝**그리어], **최상급 hungriest** [hʌ́ŋgriist **헝**그리이스트])
배고픈, 굶주린
I'm *hungry*.
나는 배가 고픕니다.
He has a *hungry* look.
그는 굶주린 얼굴을 하고 있다.

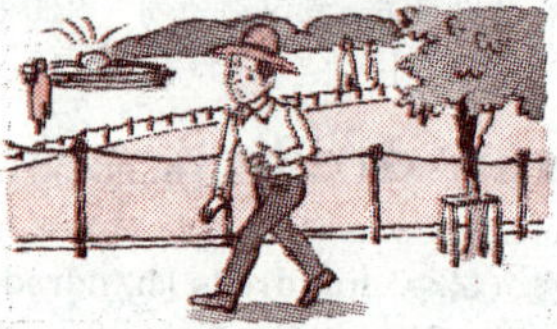

They were *hungry* all day.
그들은 하루 종일 굶주렸다.

---

hur·ry [hə́:ri **허**어리]
[타][자] (**3단현 hurries** [hə́:riz **허**어리즈], **과거·과거 분사 hurried** [hə́:rid **허**어리드], **현재 분사 hurrying** [hə́:riiŋ **허**어리잉])
[자] **서두르다**, 황급히 가다
He *hurried* home.
그는 황급히 집으로 돌아왔다.

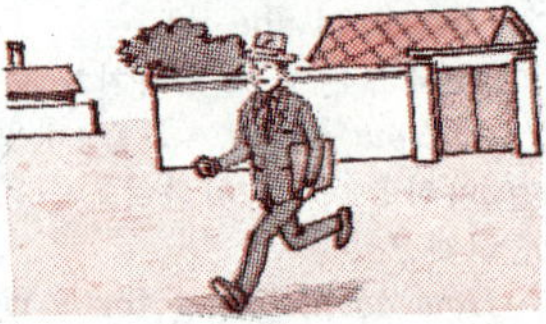

《숙》 ***hurry up*** 서두르다
Hurry up, or you will be late.
서두르시오, 그렇지 않으면 늦습니다.
[타] 서두르다, 재촉하다
I must *hurry* this homework.
나는 이 숙제를 서두르지 않으면 안됩니다.
[명] **서두름**, 허둥지둥함
《숙》 ***in a hurry*** 급히, 허둥지둥
She went away *in a hurry*.
그 여자는 허둥지둥 가버렸다.

---

hurt [hə́:*r*t **허**어트]
[타][자] (**3단현 hurts** [hə́:*r*ts **허**어츠], **과거·과거 분사 hurt** [hə́:*r*t **허**어트], **현재 분사 hurting** [hə́:*r*tiŋ **허**어팅])
[타] **1. 다치게 하다**, 아프게 하다
His arm was *hurt* by the fall.

그는 떨어져서 팔을 다쳤읍니다.

㊍ 2. (감정을) 상하게 하다, 해치다, …에 손해를 주다

Father was *hurt* by what I said.

내가 말한 것으로 아버지는 기분이 상하셨다.

㉶ 아프다

My legs still *hurt*.

나의 다리는 아직도 아픕니다.

《숙》 ***get hurt*** 부상당하다

I *got hurt* in the hand.

나는 손에 부상을 입었다.

㉢ (**복수 hurts** [hə́:rts **허어츠**])

상처

He received no *hurt* then.

그는 그 당시 상처를 입지 않았읍니다.

****hus·band** [hʌ́zbənd **허즈번드**]

㉢ (**복수 husbands** [hʌ́zbəndz **허즈번즈**])

남편 (《반》 wife 아내)

They are *husband* and wife.

그들은 부부입니다.

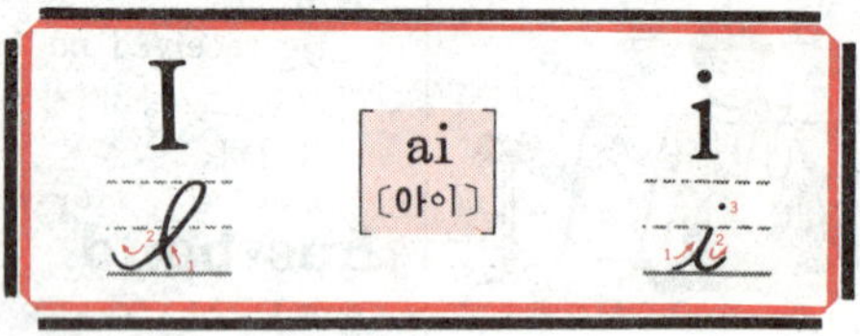

***I** [ái 아이]

[대] (**복수 we** [wi 위, wí: 위이])
나는, 내가 (《참고》 my 나의, me 나를[에게], mine 나의 것)
《항상 대문자로 쓴다. 또 다른 명사나 대명사와 함께 사용하는 경우는 항상 뒤에 둔다》

I am In-ho.
나는 인호입니다.

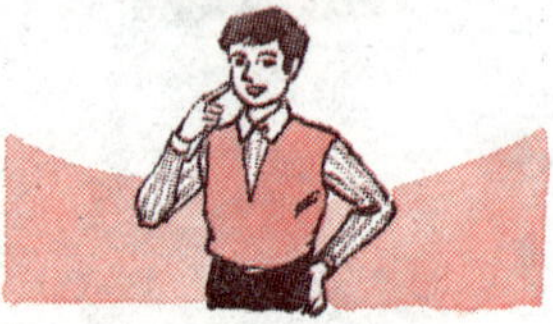

He and *I* are schoolboys.
그와 나는 남학생입니다.

***ice** [áis 아이스]

[명] **얼음**

David is skating on the *ice* now.
데이빗은 지금 얼음판 위에서 스케이트를 타고 있읍니다.
Ice keeps foods cold.
얼음은 음식물을 차게 하여 둡니다.

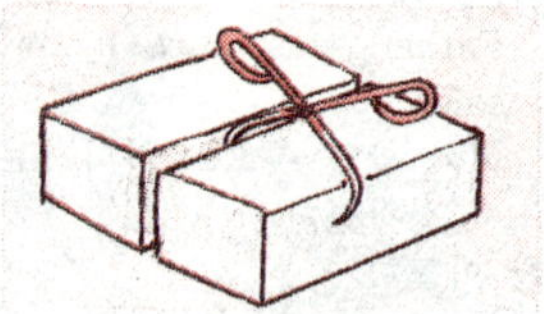

***i·de·a** [aidí:ə 아이디이어]

[명] (**복수 ideas** [aidí:əz 아이디이어즈])
생각, 착상

That's a very good *idea*.
그것은 매우 좋은 생각입니다.
This is quite a new *idea*.
이것은 정말 새로운 착상이다.
What's the *idea?*
무슨 속셈이냐?
I had no *idea* that you were coming.
당신이 올 줄은 생각하지 못했다.

****if** [íf 이프]

[접] **1. 만일 …이라면**
(1) 《단순한 가정》
If you are idle, you will fail in the examination.

게으름을 피우면 시험에 실패할 것이다.

(2) 《사실과 반대의 가정》

If I had wings, I could fly like a bird.

만약 나에게 날개가 있다면 새처럼 날텐데.

접 2. **…인지 어떤지** (《동》 whether)

Ask him *if* he will come.

그에게 올지 오지 않을지 물어보시오.

접 3. 비록 …일지라도 (《동》 even if)

If he is young, he is clever.

그는 젊지만 현명하다.

《숙》 ***as if*** ~ 마치 …와 같이

He speaks *as if* he knew everything.

그는 무엇이든지 알고 있는 것처럼 말한다.

《숙》 ***even if*** ~ 비록 …할지라도

I will go, *even if* it rains.

설사 비가 오더라도 나는 가겠다.

Even if I say so, he will not believe it.

비록 내가 그렇게 말해도, 그는 믿지 않을 것입니다.

***im·ag·ine** [imǽdʒin 이매진]

타자 (**3 단현 imagines** [imǽdʒinz 이매진즈], **과거 · 과거 분사 imagined** [imǽdʒind 이매진드], **현재 분사 imagining** [imǽdʒiniŋ 이매지닝])

상상하다, …라고 생각하다

I can't *imagine* who said such a thing.

누가 그런 것을 말했는지 상상할 수가 없읍니다.

I *imagined* him to be my true friend.

나는 그를 진정한 친구라고 생각하였다.

Imagine yourself standing on the platform.

그 단상 위에 서 있는 너 자신을 상상해 보라.

****im·por·tant** [impɔ́ːrtnt 임포오튼트]

형 (**비교급 more important, 최상급 most important**)

중요한, 귀중한 (《참고》 importance 중요(성))

It is *important* for us to study while (we are) young.

우리가 젊어서 공부한다는 것은 중요한 일입니다.

An *important* event took place.

중대한 사건이 일어났다.

Today is an *important* day for me.

오늘은 나에게 중요한 날이다.

---

im·press [imprés 임프레스]

타 (**3 단현 impresses** [imprésiz 임프레시즈], **과거 · 과거 분사 impressed** [imprést 임프레스트], **현재 분사 impressing** [imprésiŋ 임프레싱])

인상을 주다, 감동시키다

I

The sight was deeply *impressed* on my mind.
그 광경은 나의 마음에 깊은 인상을 주었다.
I was *impressed* with the sight.
나는 그 광경에 깊은 감명을 받았다.

im·pres·sive [imprésiv 임프레시브]
㉻ 인상적인, 감명 깊은
The story was so *impressive*.
그 이야기는 너무나도 인상적이었다.

****im·prove** [imprú:v 임프루우브]
㉷㉶ (**3단현 improves** [imprú:vz 임프루우브즈], **과거·과거 분사 improved** [imprú:vd 임프루우브드], **현재 분사 improving** [imprú:viŋ 임프루우빙])
㉷ 개량하다, 개선하다, 향상시키다(《동》 make better)
You must *improve* your reading.
너는 읽기를 잘하도록 하지 않으면 안 된다.
㉶ 나아지다, 진보하다 (《동》 become better)

He has much *improved* in health.
그는 건강이 많이 회복되었다.

***in** [ín 인]
㉸ 1. 《장소》 **안에, …에** (⇒at)
A bird is singing *in* a cage.
새장 속에서 새가 울고 있다.

My mother is *in* the room.
어머니는 방 안에 계십니다.
㉸ 2. 《시간》 …에, **…지나면**
I met her *in* the morning 〔evening〕.
나는 아침〔저녁〕에 그녀를 만났읍니다.
Our school begins *in* September.
학교는 9월에 시작합니다.
He will come back *in* a month.
한 달이 지나면 그는 돌아 올 것입니다.
《within a month 「한 달 이내에」와 혼동하지 말 것》
㉸ 3. 《복장》 …을 **입고**
She was dressed *in* white.
그 여자는 흰 옷을 입고 있었읍니다.
㉸ 4. 《상태》 …하여, …이 되어
He is *in* good〔bad〕 health.
그는 건강합니다〔병이 났읍니다〕.

[전] 5. 《도구·재료·방법》 …으로
Answer *in* English.
영어로 대답하여라.
Write your name *in* ink.
이름을 잉크로 써라.
《숙》 ***in fact*** 사실은
He is clever *in fact.*
사실 그는 영리하다.
《숙》 ***in front of*** ～ …의 앞에 ⇒front
《숙》 ***in order to*** (do) …하기 위하여 ⇒order
[부] 안에, 안으로, 집안에 (《반》 out 밖에)
Come *in.*
들어 오십시오.
Is your father *in?*
아버지는 집에 계십니까?

in·for·ma·tion [ìnfərméiʃən 인퍼메이션]

[명] (복수 informations [ìnfərméiʃənz 인퍼메이션즈])
[명] 1. 보도, 정보
I have no *information* about it.
나는 그것에 대해서는 아무것도 듣지 못했읍니다.
[명] 2. 지식, 견문
He is a man of wide *information.*
그는 견문이 넓은 사람입니다.
[명] 3. 안내소 (《동》 information desk)

*in·side [ínsáid 인사이드]

[명] 내부, 안쪽 (《반》 outside 외부)
We cannot see the *inside* of the box.
우리는 상자 안쪽을 볼 수 없다.
[부] 안에
Min-hi likes to play *inside* with dolls.
민희는 인형들을 가지고 안에서 놀기를 좋아합니다.
[형] 내부의
an *inside* pocket 속 주머니
[전] [insáid 인사이드] …의 안쪽에 〔에서〕
The ducks were put *inside* the fence.
오리들은 우리 안에 넣어졌읍니다.

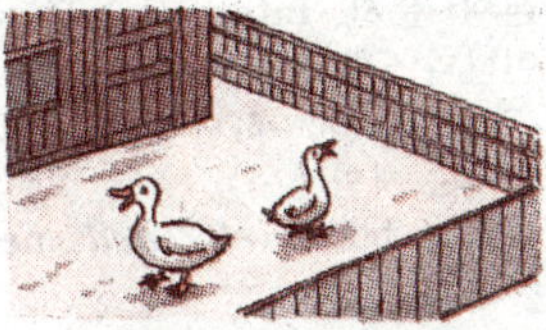

**in·stead [instéd 인스테드]

[부] 그 대신에
She danced, *instead.*
그 대신에 그 여자는 춤을 추었다.
《숙》 ***instead of*** ～ …의 대신에
Instead of studying, he went fishing.
공부는 하지 않고, 그는 낚시질을 갔다.

in·stru·ment [ínstrumənt 인스트루먼트]

[명] (복수 instruments [ínstru-

I

mənts 인스트루먼츠])
[명] 1. (주로 학술용의) 기계, 기구 (《참고》 tool)
[명] 2. 악기 (《동》 musical instrument)
We have *instruments* enough to play.
우리는 연주하기에 충분한 악기들을 가지고 있다.

in·ter·est [íntərist 인터리스트]
[타] (3 단현 **interests** [íntərists 인터리스츠], **과거 · 과거 분사 interested** [íntəristid 인터리스티드], **현재 분사 interesting** [íntəristiŋ 인터리스팅])
흥미를 갖게 하다 (《참고》 interesting 재미있는)
The book *interested* me very much.
그 책은 매우 재미있었다.

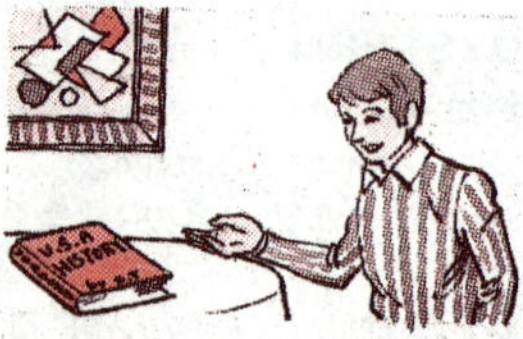

《숙》 ***be interested in*** ~ …에 흥미를 가지고 있다
He *is interested in* the study of English.
그는 영어 공부에 흥미를 가지고 있다.
[명] (**복수 interests** [íntərists 인터리스츠])
흥미, 관심, 이익
He has an *interest* in collecting stamps.
그는 우표 수집에 흥미를 가지고 있다.

in·ter·est·ing [íntəristiŋ 인터리스팅]
[형] (**비교급 more interesting, 최상급 most interesting**)
재미있는, 흥미있는
The game is very *interesting.*
그 시합은 매우 재미있다.

in·to [íntu: 인투우]
[전] 1. 《동작 · 운동을 나타내어》 **…의 속으로, …의 속에**(《반》 out of, from …에서)
The children went down to the lake and looked *into* the water.
어린이들은 호수로 내려가서 물속을 들여다 보았읍니다.
He jumped *into* the pool.
그는 푸울에〔속으로〕 뛰어 들었다.

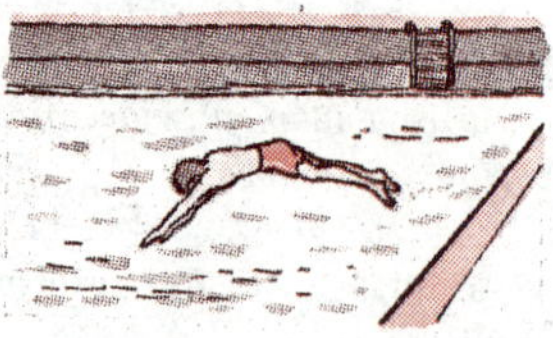

[전] 2. 《변화를 나타내어》 **…으로 (바꾸다, 바뀌다)**
We turn flour *into* bread.
밀가루로 빵을 만듭니다.

Put the following English sentence *into* Korean.
다음 영문을 한국말로 옮기시오.
The apple was cut *into* three pieces.
그 사과는 세쪽으로 갈라졌다.

in·vent [invént 인벤트]
㊋ (**3단현 invents** [invénts 인벤츠], **과거·과거 분사 invented** [invéntid 인벤티드], **현재 분사 inventing** [invéntiŋ 인벤팅])
발명하다 (《참고》 invention 발명, inventor 발명가)
Watt *invented* the steam engine.
와트는 증기기관을 발명했다.

****in·vite** [inváit 인바이트]
㊋ (**3단현 invites** [inváits 인바이츠], **과거·과거 분사 invited** [inváitid 인바이티드], **현재 분사 inviting** [inváitiŋ 인바이팅])
초대하다, 부르다, 권유하다
She is going to *invite* some of her friends.
그 여자는 몇 명의 친구들을 초대할 예정입니다.
I was *invited* to Nam-su's house in the evening.
나는 저녁에 남수의 집으로 초대를 받았다.

We *invited* her to join our party. 그 여자를 우리들 일행에 참가하도록 권유하였다.

***is** [íz 이즈]
㉠ (**과거 was** [wəz 워즈], **과거 분사 been** [bí(:)n 비인], **현재 분사 being** [bí:iŋ 비이잉])
《be의 3인칭, 단수, 현재》
㉠ **1. …이다**
He *is* a doctor.
그는 의사입니다.
㉠ **2.** …에 있다, …이 있다
There *is* a vase on that table.
저 테이블 위에 꽃병이 있다.
㊀ **1.** 《be+~ing로 진행형》 …하고 있다
Mary *is* play*ing* the piano.
메리는 피아노를 치고 있읍니다.
㊀ **2.** 《be+과거 분사로 피동형》 …당하다
She *is* lov*ed* by everybody.
그 여자는 모든 사람에게 사랑을 받고 있읍니다.

is·land [áilənd 아일런드]
㊔ (**복수 islands** [áiləndz 아일런즈])
섬

They live on an *island*.
그들은 섬에 산다.
We must take a steamer to reach the *island*.
그 섬에 가려면 기선을 타야 한다.

***it** [ít 잇]
㊥ (**복수 they** [ðéi 데이])
㊥ **1. 그것은**
It is mine.
그것은 내 것이다.
㊥ **2. 그것을, 그것에**
Father bought a pen and gave *it* to me.
아버지는 펜을 사서 그것을 나에게 주셨읍니다.
㊥ **3.** 《시간·기후·거리·계절·명암 따위를 나타낼 때 주어로 사용한다》
It is just ten o'clock.
꼭 열시입니다.
It is winter.
지금은 겨울입니다.
It is fine today.
오늘은 날씨가 좋습니다.

It is about a mile to the station.
역까지 약 1마일입니다.
It was dark outdoors.
바깥은 어두웠다.
㊥ **4.** 《형식 주어 또는 목적어로서 구나 절을 대표할 때》…하는 것은〔을〕
It is difficult to catch a mouse.
쥐를 잡는다는 것은 어려운 일이다.
It is certain that we shall succeed.
우리들이 성공한다는 것은 틀림없읍니다.
㊥ **5.** 《글의 일부를 강조할 때 It is ~ that ~. 형식으로 쓴다》…인 것은
It was he *that* broke the window.
창문을 부순 것은 그 사람이었다. 《he를 강조》
It was the window *that* he broke.
그가 부순 것은 창문이었다.
《**3. 4. 5.** 의 경우는 「그것은」 「그것을〔에〕」로 번역하지 않는다》

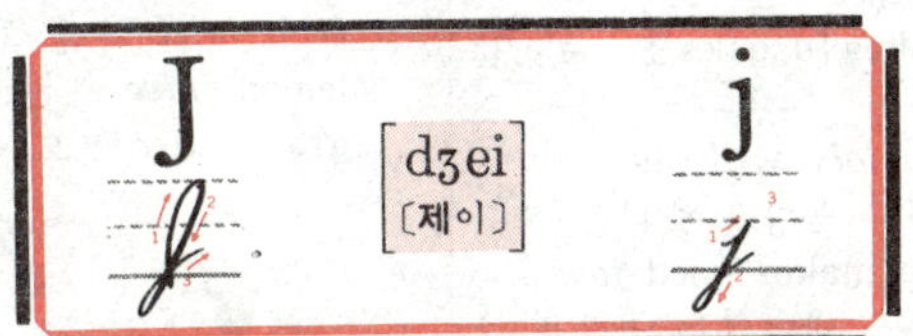

⁑jaw [dʒɔ́: 조오]

명 (**복수 jaws** [dʒɔ́:z 조오즈]) 턱

He rubbed his *jaw* with his hand.

그는 그의 손으로 턱을 문질렀다.

jean [dʒí:n 지인]

명 (**복수 jeans** [dʒí:nz 지인즈])

명 1. 《종종 복수형으로》 능직무명천

명 2. 《복수형으로》 진즈로 만든 의류 《바지 · 작업복 따위》

Blue *jeans* are much better for school.

청바지가 학교에 입고 다니기에 훨씬 더 좋다.

⁑job [dʒáb 자브]

명 (**복수 jobs** [dʒábz 자브즈]) **일**, 삯일, 직업 (《동》 work)

They have finished their *job*.

그들은 일을 마쳤읍니다.

join [dʒɔ́in 조인]

타자 (**3단현 joins** [dʒɔ́inz 조인즈], **과거 · 과거 분사 joined** [dʒɔ́ind 조인드], **현재 분사 joining** [dʒɔ́iniŋ 조이닝])

타 1. **연결하다,** 결합하다 (《반》 part 나누다)

He *joined* the two points with a straight line.

그는 그 두 점을 직선으로 연결하였다.

타 2. **참가하다**

Will you *join* us?

우리 편에 끼지 않으시렵니까?

자 합치다

The two roads *join* at that point.

두 길은 그 지점에서 합쳐집니다.

J

joke [dʒóuk 조우크]

명 (복수 jokes [dʒóuks 조우크스])
농담

He had a *joke* with us.
그는 우리와 농담을 했다.
She often makes good *jokes*.
그녀는 가끔 재미있는 농담을 합니다.

joy [dʒɔ́i 조이]

명 (복수 joys [dʒɔ́iz 조이즈])
기쁨 (《동》 pleasure, 《반》 sorrow)

My wife has been my good companion in *joy* and in sorrow.
내 아내는 기쁠 때나 슬플 때나 나의 좋은 반려자이다.

《숙》 ***for***(또는 ***with***) ***joy*** 기뻐서, 즐거워서

He jumped up *with joy*.
그는 기뻐서 깡총 뛰었다.

《숙》 ***to one's joy*** 즐겁게도

To their great *joy*, their father came back from his long journey.
매우 기쁘게도 그들의 아버지는 오랜 여행에서 돌아오셨다.

**juice [dʒú:s 주우스]

명 (과실 · 고기 따위의) 즙, 과즙, 액, 주우스

fruit *juice* 과실 즙
lemon *juice* 레몬 주우스
grape *juice* 포도 주우스

I like orange *juice*.
나는 오렌지 주우스를 좋아한다.

*jump [dʒʌ́mp 점프]

자 (3단현 jumps [dʒʌ́mps 점프스], 과거 · 과거 분사 jumped [dʒʌ́mpt 점프트], 현재 분사 jumping [dʒʌ́mpiŋ 점핑])

자 **1.** 뛰다, 뛰어오르다 《leap는 「날뛰다」의 느낌이 있다》

The dog *jumped* over the stream.
개는 내를 뛰어 건넜읍니다.

They *jumped* into the sea.
그들은 바다 속으로 뛰어 들었다.

자 **2.** (물가 따위가) 갑자기 오르다

Prices *jumped*.
물가가 갑자기 올랐다.

명 뛰어 오르기, 점프

high *jump* 높이 뛰기
long *jump* 넓이 뛰기

jun·gle [dʒʌ́ŋgl 정글]
명 (복수 jungles [dʒʌ́ŋglz 정글즈])
밀림, 정글
We cut a path through the *jungle*.
우리는 밀림 속에 길을 만들었다.

***just** [dʒʌ́st 저스트]
부 1. 꼭, 바로

It is *just* half past six.
꼭 6시 반입니다.
부 2. 《종종 현재완료와 함께 쓴다》 바로 지금
He has *just* arrived here.
그는 이제 막 여기에 도착하였읍니다.
부 3. 《명령법과 함께》 좀, 조금
Just try it.
좀 해보게.
Just a moment, please.
잠간만 기다려 주시오.
Just look at it.
그것 좀 봐요.
《숙》 ***Just a minute.***
잠간만 기다려.
형 올바른, 공평한, 정의의, 정당한, 이유 있는 (《동》 right)
He is a *just* man.
그는 정의의 사람이다.
He received a *just* reward.
그는 정당한 보수를 받았다.

J

K k

[kei 〔케이〕]

***kan·ga·roo** [kǽŋgərúː 캥거루우]

㉮ (**복수 kangaroos** [kǽŋgərúːz 캥거루우즈])

캥거루우

A *kangaroo* is hopping.

캥거루우는 껑충 껑충 뛰어다니고 있읍니다.

****keep** [kíːp 키이프]

㊈㉶ (**3 단현 keeps** [kíːps 키이프스], **과거 · 과거 분사 kept** [képt 켑트], **현재 분사 keeping** [kíːpiŋ 키이핑])

㊈ 1. **지니다,** 가지고 있다

I *keep* my necklace [néklis 네클리스] in a jewel case.

나는 목거리를 보석 상자 안에 넣어둡니다.

㊈ 2. (어떤 상태로) **하여 두다**

He *kept* the windows open.

그는 창문들을 열어 두었다.

I am sorry to have *kept* you waiting.

기다리게 해서 미안합니다.

㊈ 3. (규칙 따위를) **지키다**

He *kept* his promise.

그는 약속을 지켰다.

I *keep* early hours.

나는 일찍 자고 일찍 일어납니다.

This watch *keeps* good time.

이 시계는 잘 맞는다.

㊈ 4. **기르다**

He *keeps* a lot of cows and horses.

그는 많은 소와 말을 기르고 있다.

㉶ 계속하다, 죽 …하고 있다

He *kept* silent.

그는 침묵을 계속했다.

《숙》 ***keep from ~*** …에 가까이 가지 않다, …하지 않고 두다

You must *keep from* smoking.

담배를 피워서는 안된다.

《숙》 ***keep on ~ing*** 계속하여 …을 하다

She *kept on* cry*ing*.

그 여자는 계속해서 울었다.

《숙》 ***keep to ~*** …을 굳게 지키다

《숙》 ***knock down*** 때려 눕히다, (값을) 내리다
《숙》 ***knock out*** 〖권투〗 노크아우트 시키다, 〖야구〗 (투수를) 노크아우트 시키다
㊔ (문 따위를) 두드림, 그 소리
I hear a *knock* at〔on〕 the door.
문을 두드리는 소리가 들린다.

***know** [nóu 노우]
㊅ (**3단현 knows** [nóuz 노우즈], **과거 knew** [njú: 뉴우], **과거 분사 known** [nóun 노운], **현재 분사 knowing** [nóuiŋ 노우잉])
㊅ **1. 알고 있다,** 알다
Do you *know* my father?
당신은 나의 아버지를 알고 있읍니까?
Do you *know* how to swim?
당신은 수영을 할 줄 아십니까?
I don't *know* who he is.
나는 그가 누구인지 모릅니다.
I *knew* that he was right.
그가 옳다는 것을 나는 알고 있었읍니다.
㊅ **2.** 그것이라고 알다, 알아 차리다 (∼ a thing *from*)
He *knew* me at once.
그는 곧 나라는 것을 알아 차렸다.
《know는 진행형이 될 수 없다》

《숙》 ***as far as I know*** 내가 알고 있는 한에서는
She is honest *as far as I know.*
내가 알고 있는 한에서는 그 여자는 정직합니다.
《숙》 ***be known to*** ∼ 《피동형》 …에 알려져 있다
She *is known to* everybody.
그 여자는 모든 사람에게 알려져 있다.
《be known by로는 되지 않는다는 것에 주의》
《숙》 ***know about*** ∼ …에 관해서 알고 있다
《숙》 ***know of*** ∼ …의 일을 알고 있다
《「알다」「알고 있다」라는 뜻의 보통 말. I *know* him. 「잘〔직접〕 알고 있다」. I *know of* him. 「(소문으로) 듣고 알고 있다」. I *know about* him. 「그에 관해서 알고 있다」. 그리고 know of와 know about은 구별 없이 쓰기도 한다》

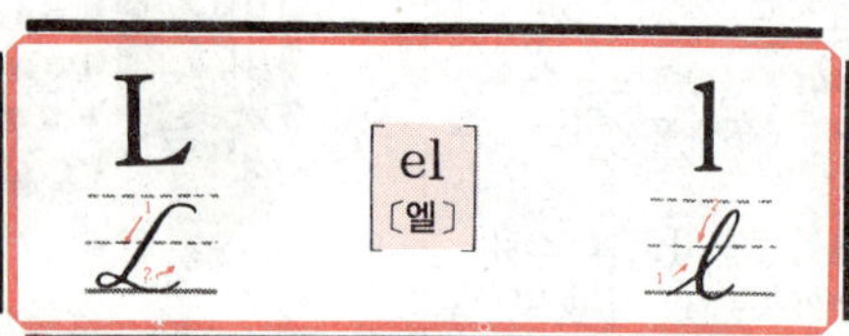

****la·bo·ra·to·ry** [lǽbrətɔːri 래브러토오리]
㊔ (**복수 laboratories** [lǽbrətɔːriz 래브러토오리즈])
실험실, 연구소

The girl walks into her father's *laboratory*.
그 소녀는 그녀의 아버지 실험실로 걸어 들어갔다.

***la·dy** [léidi 레이디]
㊔ (**복수 ladies** [léidiz 레이디즈])
㊔ **1. 귀부인, 부인** (《반》 gentleman 신사)

Who is that *lady?*
저 부인은 누구입니까?
㊔ **2.** …의 부인
Lady Jones 존즈 부인
㊔ **3.** 《명사에 붙여서》 여자…, 부인…
a *lady* doctor 여 의사

***lake** [léik 레이크]
㊔ (**복수 lakes** [léiks 레이크스])
못, 호수
We saw some water birds on the *lake*.
우리는 호수에 있는 물새들을 보았읍니다.

****lamb** [lǽm 램]
㊔ (**복수 lambs** [lǽmz 램즈])
새끼 양(《참고》 sheep), 새끼 양의 고기
He has a *lamb* in his home.

그는 집에서 새끼 양을 기른다.

land [lǽnd 랜드]

명 (**복수 lands** [lǽndz 랜즈])

육지 (《반》 sea 바다), **토지**, **나라**

He came by *land*.

그는 육지로 왔다.

His father owns all this *land*.

그의 아버지는 이 토지를 모두 소유하고 있읍니다.

They were talking about strange *lands* beyond the sea.

그들은 바다 저쪽에 있는 미지의 나라에 관한 이야기를 하고 있었읍니다.

타자 (**3단현 lands** [lǽndz 랜즈], **과거 · 과거 분사 landed** [lǽndid 랜디드], **현재 분사 landing** [lǽndiŋ 랜딩])

상륙하다, 착륙하다

The plane *landed* at the airport.

비행기가 공항에 착륙하였다.

The sailors *landed* at San Francisco.

선원들은 샌프란시스코우에 상륙하였다.

*lan·guage [lǽŋgwidʒ 랭귀지]

명 (**복수 languages** [lǽŋgwidʒiz 랭귀지즈])

언어, 말, **국어**

Many students like to learn foreign *languages*.

많은 학생들은 외국어 배우는 것을 좋아합니다.

How many *languages* do you speak?

당신은 몇 나라 말을 하십니까?

Don't use such bad *languages*.

그렇게 나쁜 말은 쓰지 말아요.

They can speak the Korean *language* very well.

그들은 한국말을 아주 잘 할 줄 압니다.

We must know how to speak in a foreign *language*.

우리는 외국어로 말할 수 있어야 한다.

*large [lá:rdʒ 라아지]

형 (**비교급 larger** [lá:rdʒər 라아저], **최상급 largest** [lá:rdʒist 라아지스트])

큰, 넓은, 많은 (《동》 big, 《반》 small 작은)

My sister's room is *large* and clean.

나의 누나의 방은 크고 깨끗합니다.

A tiger is *larger* than a cat.
호랑이는 고양이보다 크다.
There were a *large* number of ants.
많은 개미가 있었읍니다.
This hat is too *large* for me.
이 모자는 나에게 너무 크다.
《사람에게는 보통 쓰지 않는다. 그리고 big이 보다 구어적이다. great는 「유명한, 중대한」이라는 뜻이 있다》

*lark [lá:rk 라아크]

㊔ (복수 **larks** [lá:rks 라아크스])
〖조류〗 **종달새**
A *lark* is a little bird like a sparrow.
종달새는 참새와 같은 작은 새입니다.

A *lark* is singing high up in the sky.
종달새가 하늘 높이 지저귀고 있읍니다.

*last¹ [lǽst 래스트]

㊔ 《late (늦은, 때 늦은)의 최상급의 하나로 순서를 나타낸다》
㊔ **1. 최후의** (《반》 first 최초의)
What is the *last* day of the week?
한 주일의 마지막 날은 무슨 요일입니까?
㊔ **2.** 앞서의, 최근의, 지난
I met him *last* Sunday.
나는 지난 일요일에 그를 만났다.
We had an earthquake [ə́:rθkweik] *last* night.
어제 저녁에 지진이 있었다.
㊕ **1. 최후에**
He arrived *last*.
그는 맨 마지막에 도착했다.
㊕ **2.** 이전에
It is three years since I saw you *last*.
당신을 본 지 3년이 되었읍니다.
㊔ 최후(의 것), 마지막
The pig was the *last* to reach the goal.
돼지가 마지막으로 결승점에 도착하였읍니다.

《숙》 ***at last*** 드디어, 결국
The cat died at *last*.
그 고양이는 결국 죽어버렸다.

last² [lǽst 래스트]

㊋ (**3단현 lasts** [lǽsts 래스츠], **과거 · 과거 분사 lasted** [lǽstid 래스티드], **현재 분사 lasting** [lǽstiŋ 래스팅])
계속하다 (《동》 continue)

The rain has *lasted* since last Sunday.
지난 일요일부터 비가 계속 내리고 있다.
The party *lasted* till nine o'clock.
그 회합은 9시까지 계속되었다.

*late [léit 레이트]

[형] (**비교급 later** [léitər 레이터] 또는 **latter** [lǽtər 래터], **최상급 latest** [léitist 레이티스트] 또는 **last** [lǽst 래스트])

[형] **1. 늦은**, 때늦은 《~ *for*》 (《반》 early 이른)
I was *late for* school.
나는 학교에 지각했다.

[형] **2.** 최근의
Tell me about your *late* illness.
최근에 앓은 병에 관하여 나에게 말하시오.

《숙》 ***of late*** 요사이, 최근
I have been busy *of late*.
나는 요사이 계속 바쁩니다.

[부] (**비교급 later** [léitər 레이터] 또는 **latter** [lǽtər 래터], **최상급 latest** [léitist 레이티스트] 또는 **last** [lǽst 래스트])
때늦게, **늦게**
She went to bed *late* last night.
그 여자는 어제 밤에 늦게 잤읍니다.
《later, latest는 시간적으로 「훨씬 늦은」「최근」의 뜻. latter, last는 순서로서 「나중의」「최후의」 뜻》

*laugh [lǽf 래프]

[자] (**3단현 laughs** [lǽfs 래프스], **과거·과거 분사 laughed** [lǽft 래프트], **현재 분사 laughing** [lǽfiŋ 래핑])
웃다 (《참고》 smile 미소짓다, cry 울다)
They *laughed* merrily.
그들은 즐겁게 웃었다.

He *laughed* till he cried.
그는 눈물이 날 정도로 웃었다.

《숙》 ***laugh at*** ~ …을 보고 웃다, …을 비웃다
All the people *laughed at* him.
사람들은 모두 그를 비웃었다.

**law [lɔ́: 로오]

[명] (**복수 laws**[lɔ́:z 로오즈])
법률, 법칙, **규칙** (《동》 rule)
We should obey the *law*.
우리들은 법률을 준수해야 한다.
He broke〔kept〕 the *law*.
그는 법률을 어겼〔지켰〕읍니다.

L

la·zy [léizi 레이지]
㊇ (**비교급 lazier** [léiziər 레이지어], **최상급 laziest** [léiziist 레이지이스트])
게으른, 찌부리는(《동》 idle, 《반》 diligent 근면한)
He is a *lazy* man.
그는 게으른 사람입니다.

If you are *lazy*, you won't pass the exam.
태만하면 시험에 합격하지 못할 것이다.

*__leaf__ [lí:f 리이프]
㊇ (**복수 leaves** [lí:vz 리이브즈])
잎
The cherry trees are covered with *leaves*.
벚나무는 잎사귀에 싸여 있읍니다.

The *leaves* turn red in autumn.
가을에는 잎들이 붉게 물든다.
There were many fallen *leaves* in the woods.
숲속에는 많은 낙엽이 있었읍니다.
A giraffe is eating *leaves*.
기린이 나뭇잎을 먹고 있읍니다.

*__learn__ [lə́:rn 러언]
㊊㊋ (**3 단현 learns** [lə́:rnz 러언즈], **과거 · 과거 분사 learned** [lə́:rnd 러언드] 또는 **learnt** [lə́:rnt 러언트], **현재 분사 learning** [lə́:rniŋ 러어닝])
㊊ 1. **배우다,** 외우다, 익히다 (《참고》 learned [lə́:rnid 러어니드] 학식 있는, learning 학문, 《반》 teach 가르치다)
We *learn* English at school.
우리들은 학교에서 영어를 배웁니다.

We are going to *learn* how to skate.
우리들은 스케이팅을 배우려고 합니다.
㊊ 2. 알다, 듣다, 알게 되다
I *learned* nothing from him.
나는 그에게서 아무것도 들은 바가 없다.
《숙》 ***learn by heart*** 암기하다
I have *learned* these words *by*

L

heart.
나는 이러한 말들을 외었습니다.

leave [lí:v 리이브]

㉮㉯ (3단현 **leaves** [lí:vz 리이브즈], **과거·과거 분사 left** [léft 레프트], **현재 분사 leaving** [lí:viŋ 리이빙])

㉮ 1. **출발하다,** 떠나다, 나가다 (《반》 remain 남다)
My father *left* home an hour ago.
아버지는 한 시간 전에 집을 나갔습니다.
May I *leave* the room?
방에서 나가도 좋습니까?

㉮ 2. **두고 가다,** 잊어버리고 가다
She *left* her book on the desk.
그 여자는 책을 책상 위에 두고 갔다.

㉮ 3. …한채로 놓아 두다
Don't *leave* the door open.
문을 연 채로 두지 마시오.

《숙》 ***leave ~ behind*** …을 잊어버리고 두고 가다
He *left* his bag *behind* in the car.
그는 가방을 차 속에 두고 왔다.

㉯ 떠나다, 출발하다 (~ *for*)
He *left* here for Pusan this evening.
그는 오늘 저녁 부산을 향해 떠났읍니다.

㉰ 허가, 허락
He went out without *leave*.
그는 허가 없이 외출하였다.

left[1] [léft 레프트]

㉱ **왼쪽의,** 왼편의 (《반》 right 오른쪽의)
She is holding up her *left* hand.
그 여자는 왼 손을 쳐들고 있읍니다.

㉰ 왼쪽, 좌측
Turn to the *left*.
왼쪽으로 도시오.

left[2] [léft 레프트]

㉮㉯ leave (떠나다)의 과거·과거 분사

leg [lég 레그]

㉰ (**복수 legs** [légz 레그즈])

㉰ 1. 다리 《foot 은 구두를 신는 발 부분, leg 는 다리 전체》
The animal has four *legs* and looks like a dog.
그 동물은 네 개의 다리를 가지고 있으며 개처럼 보인다.

㊔ 2. (테이블 따위의) 다리
Most tables have four *legs*.
대부분의 탁자는 다리가 넷이다.

lend [lénd 렌드]

㊎ (**3단현 lends** [léndz 렌즈], **과거·과거 분사 lent** [lént 렌트], **현재 분사 lending** [léndiŋ 렌딩])

빌려주다 (《반》 borrow 빌리다)
Will you *lend* me your knife?
나에게 당신의 칼을 빌려주지 않겠습니까?

*les·son [lésn 레슨]

㊔ (**복수 lessons** [lésnz 레슨즈])

㊔ 1. **학과**, 교과
How many *lessons* do you learn?
당신은 몇 과목을 배웁니까?
Lesson one 「제 1과」
Lesson two is very interesting.
제 2과는 매우 재미있다.

㊔ 2. 《보통 복수형으로》 **수업**
We are taking *lessons* in English.
우리들은 영어 수업을 받고 있다.

㊔ 3. **교훈**
This story will teach you a good *lesson*.
이 이야기는 당신들에게 좋은 교훈을 줄 것입니다.

*let [lét 렛]

㊎ (**3단현 lets** [léts 레츠], **과거·과거 분사 let** [lét 렛], **현재 분사 letting** [létiŋ 레팅])

㊎ 1. 《let+목적어+to 없는 부정사의 꼴로》
…시키다, …하는 것을 허용하다
I will *let* you know about it.
제가 그 일에 관해서 당신에게 알려 드리겠읍니다.

㊎ 2. 빌려주다 (《동》 lend)
This is a house to *let*.
이집은 셋〔세놓을〕 집입니다.

㊅ 《1·3인칭에 써서 권유·명령·가정·허가를 나타낸다》
…하자
Let's run.
달리자.
Let the baby sleep.
이 어린애를 재우시오.

L

*__let's__ [léts 레츠]
let us(…하자)의 단축형

*__let·ter__ [létər 레터]
명 (**복수 letters** [létərz 레터즈])
명 **1. 편지**
I am writing a *letter* to my teacher.
나는 선생님께 편지를 쓰고 있는 중입니다.

I received a *letter* of thanks from him.
나는 그이로 부터 감사의 편지를 받았읍니다.
I have a *letter* from John.
나는 존에게서 온 편지를 가지고 있읍니다.
명 **2. 문자**
a capital〔small〕 *letter* 대〔소〕 문자
명 3. 《복수형으로》 학문, 문학
My uncle is a man of *letters.*
나의 아저씨는 문학가입니다.
He likes art and *letters.*
그는 미술과 문학을 좋아합니다.

lib·er·a·tion [libəréiʃən 리버레이션]
명 해방, 석방

**__li·brar·y__ [láibreri 라이브레리]
명 (**복수 libraries** [láibreriz 라이브레리즈])
명 **1. 도서관〔실〕**
a traveling *library* 순회도서관
I study in the *library* at night.
나는 밤에 도서실에서 공부한다.

명 2. 서재 (《동》 study)
I have about a hundred books in my small *library.*
나의 작은 서재에는 책이 약 100권 있읍니다.
명 3. 장서, 문고
Father has a good *library.*
아버지는 훌륭한 문고를 가지고 있읍니다.

L

**__lie__[1] [lái 라이]
자 (**3단현 lies** [láiz 라이즈], **과거 lay** [léi 레이], **과거 분사 lain** [léin 레인], **현재 분사 lying** [láiiŋ 라이잉])
자 **1. 눕다, 가로 눕다**(《반》 rise 일어나다)
The people found him *lying* dead on the floor.
사람들은 그가 마루 바닥에 죽어 쓰러져 있는 것을 발견하였읍니다.

He *lay* down on the grass.
그는 풀밭에 누었다.

[자] 2. 위치하다
England *lies* in the western part of Europe.
영국은 유럽의 서부에 있다.
《숙》 ***lie on one's back*** 반듯이 눕다
Lie on your back at once.
곧 반듯이 누우시오.

lie[2] [lái 라이]
[명] (**복수 lies** [láiz 라이즈])
거짓말 (《반》 truth 진실)
The boy told many *lies.*
그 소년은 거짓말을 많이 했다.

L

Never tell a *lie.*
결코 거짓말을 하지 마시오.
[타][자] (**3 단현 lies** [láiz 라이즈], **과거 · 과거 분사 lied** [láid 라이드], **현재 분사 lying** [láiiŋ 라이잉])
거짓말을 하다
The child often *lies.*
그 아이는 가끔 거짓말을 한다.

life [láif 라이프]
[명] (**복수 lives** [láivz 라이브즈])
《live [lív 리브] 「살다」의 3 단현은 lives [lívz 리브즈]》
[명] 1. **생명**, 목숨, 생기 (《참고》 live 살다, 《반》 death 죽음)
He lost his *life* at sea.
그는 바다에서 죽었읍니다.
Tom is full of *life.*
톰은 활기가 왕성합니다.
[명] 2. **생활**, 생애
She is living a very happy *life.*
그 여자는 매우 행복한 생활을 하고 있읍니다.
[명] 3. **인생**
Life is full of hope and pain.
인생은 희망과 괴로움으로 충만해 있읍니다.
[명] 4. 전기
I am reading about the *lives* of great men.
나는 위인의 전기를 읽고 있다.

light[1] [láit 라이트]
[명] (**복수 lights** [láits 라이츠])
[명] 1. **빛**, 밝음 (《반》 darkness)
The sun gives us *light* and heat.
태양은 우리에게 빛과 열을 공급해 줍니다.
[명] 2. **불빛**, 등불
There was an electric *light* outdoors.
바깥에는 전등이 켜져 있었다.

The *light* came in through a small hole.
작은 구멍을 통하여 빛이 들어왔읍니다.

㊅ (**3단현 lights** [láits 라이츠], **과거·과거 분사 lit** [lít 릿] 또는 **lighted** [láitid 라이티드], **현재 분사 lighting** [láitiŋ 라이팅])

㊅ **1.** 등불을 켜다, …에 불을 붙이다
He *lights* the street lamps every evening.
그는 저녁마다 매일 가로등을 켭니다.
My father *lit* his pipe.
아버지는 담배에 불을 붙혔다.

㊅ **2.** 비추다, 밝게 하다
Lamps *lit* up the street.
등불이 거리를 비추었읍니다.

㊉ (**비교급 lighter** [láitər 라이터], **최상급 lightest** [láitist 라이티스트])

㊉ **1.** **밝은** (《반》 dark)
On a winter morning, it is not *light* even at six.
겨울 아침에는 6시가 되어도 밝지 않다.

㊉ **2.** (빛깔이) 엷은
light blue 엷은 푸른 색

light[2] [láit 라이트]

㊉ (**비교급 lighter** [láitər 라이터], **최상급 lightest** [láitist 라이티스트])

가벼운 (《반》 heavy 무거운)
The child lifted a *light* box.
그 아이는 가벼운 상자를 들어 올렸읍니다.

《숙》 ***make light of ~*** …을 대수롭지 않게 여기다
They *made light of* him.
그들은 그를 업신여겼다.

*like[1] [láik 라이크]

㊅㊆ (**3단현 likes** [láiks 라이크스], **과거·과거 분사 liked** [láikt 라이크트], **현재 분사 liking** [láikiŋ 라이킹])

㊅ **1.** **좋아하다,** 마음에 들다 (《동》 be fond of)
I *like* dogs.
나는 개를 좋아한다.

L

㊂ 2. …하고 싶다
I *like* to take a trip.
나는 여행을 하고 싶다.
《숙》 ***should*** (또는 ***would***) ***like to*** (do) …하고 싶다 《like보다 더 정중한 표현법이다》
I *should like to* go home.
나는 집으로 가고 싶습니다.
Would you *like to* see him?
그를 만나고 싶습니까?

like² [láik 라이크]
㊀ 닮은, …과 같은
Mary is just *like* her sister.
메리는 언니를 꼭 닮았다.

《숙》 ***feel like ~ing*** …하고 싶은 마음이다
I *felt like* cry*ing*.
나는 울고싶은 기분이었읍니다.
《숙》 ***look like ~*** …처럼 보이다
The big cat *looks like* a baby tiger.
그 큰 고양이는 새끼 호랑이처럼 보인다.

lil·y [líli 릴리]
㊔ (복수 **lilies** [líliz 릴리즈])
백합(꽃)
She gave me a lily.
그녀는 나에게 백합꽃을 주었다.

**line [láin 라인]
㊔ (복수 **lines** [láinz 라인즈])
㊔ 1. 선, 줄, 열
He is drawing a *line* on the paper with a color pencil.
그는 색연필로 종이에 선을 긋고 있읍니다.

I can't see the third line from the top.
위에서 부터 셋째 줄이 보이지 않는다.
The girls are standing in *line*.
소녀들은 1열로 서 있읍니다.
㊔ 2. 〖철도〗 …선, 항로
the Kyungboo *Line* 경부선
This is a steamer on the American *line*.
이것은 미국 항로의 배입니다.
㊔ 3. 전선, 전화선
The *line* is busy.
《전화》 통화중.
Hold the *line*, please.

L

《전화》 끊지 말고 기다리세요.

*__li·on__ [láiən 라이언]

㉢ (**복수 lions** [láiənz 라이언즈])
〖동물〗 **사자**

The *lion* is the king of all animals.
사자는 모든 짐승의 왕입니다.

*__lis·ten__ [lísn 리슨]

㉧ (**3단현 listens** [lísnz 리슨즈], **과거·과거 분사 listened** [lísnd 리슨드], **현재 분사 listening** [lísniŋ 리스닝])
듣다, 귀를 기울이고 듣다 (～ *to*)

After dinner, we watch TV or *listen* to music.
저녁 식사 후에, 우리는 TV를 보거나 음악을 듣습니다.

Now *listen to* me carefully.
자, 내 말을 주의해서 들으시오.
I *listened*, but I heard nothing.
귀를 기울였지마는, 아무것도 들리지 않았다.
《listen to ～ 는 의식적으로 「귀를 기울이다」, hear는 「들려오다」의 의미이다》

**__lit·tle__ [lítl 리틀]

㉬ (**비교급 less** [lés 레스], **최상급 least** [lí:st 리이스트])
㉬ 1. **작은** 《작아서 귀엽다는 뜻》
(《반》 great, big 큰, 《동》 small)

Mary is a *little* girl.
메리는 작은 소녀입니다.

㉬ 2. 《***a little***의 꼴로 긍정》 **조금의,** 약간의 (《반》 much 많은)

There is *a little* water in the bottle.
병 속에는 물이 조금 있습니다.

㉬ 3. 《***a***가 없이 부정》 거의 없는, 조금밖에 없는

There is *little* water in the bottle.
병속에는 물이 거의 없읍니다.

㉥ (**비교급 less** [lés 레스], **최상급 least** [lí:st 리이스트])
㉥ 1. 《***a***를 붙이지 않고 부정》 **거의 …하지 않다**

I *little* thought that he would come back again.
나는 그이가 다시 돌아 오리라고는 거의 생각하지 않았읍니다.

L

㊙ 2. 《*a little*의 꼴로 긍정》 **조금은** (…하다)

I can speak English *a little.*

나는 영어를 조금은 말할 줄 압니다.

The station is only *a little* way from here.

역은 여기서 가깝습니다.

㊐ 1. 《*a*를 붙이지 않고 부정》 **조금** (밖에 없다)

I have seen *little* of her.

나는 그 여자를 거의 만나지 못했다.

㊐ 2. 《a little의 꼴로 긍정》 조금 (있다)

I know *a little* of him.

나는 그에 관해서 조금은 알고 있읍니다.

《숙》 ***little by little*** 조금씩

Learn *little by little* every day.

매일 조금씩 공부하시오.

《숙》 ***not a little*** 적지 않게

I was *not a little* surprised at the news.

나는 그 소식을 듣고 적지 않게 놀랐다.

L

*live [lív 리브]

㊉㊋ (**3단현 lives** [lívz 리브즈], **과거·과거 분사 lived** [lívd 리브드], **현재 분사 living** [líviŋ 리빙])

㊋ 1. **살다,** 거주하다 (《참고》 life, 《반》 die 죽다)

Where do you *live?*

어디서 살고 있읍니까?

He *lives* with his family.

그는 가족과 함께 살고 있다.

㊋ 2. 살아 있다

My grandmother *lived* to be ninety.

나의 할머니는 90세까지 사셨다.

㊋ 3. 살아가다, 생활하다

We are *living* happily.

우리들은 행복하게 살고 있읍니다.

㊉ …한 생활을 하다

He *lived* a happy life.

그는 행복한 생활을 하였읍니다.

《숙》 ***live on*** ~ …을 먹고 살다

The Koreans *live on* rice.

한국 사람은 쌀을 먹고 산다.

lo·cate [loukéit 로우케이트]

㊉ (**3단현 locates** [loukéits 로우케이츠], **과거·과거 분사 located** [loukéitid 로우케이티드], **현재 분사 locating** [loukéitiŋ 로우케이팅])

(어떤 장소에) 두다, 위치하고 있다(《동》 place)

Where is the new school *located?*

새 학교는 어디에 있읍니까?

*long[1] [lɔ́:ŋ 로옹]

㊎ (**비교급 longer** [lɔ́:ŋgər 로옹

거], **최상급 longest** [lɔ́:ŋgist 로옹기스트])
(거리 · 시간이) **긴**, 길이가 …인 (《반》 short 짧은)
The elephant is picking up peanuts with its *long* nose.
코끼리는 긴 코로 땅콩을 집어 올리고 있읍니다.
This bridge is 10 feet *long*.
이 다리는 길이가 10 피이트이다.
Here is a *long* pencil.
여기에 긴 연필이 있읍니다.

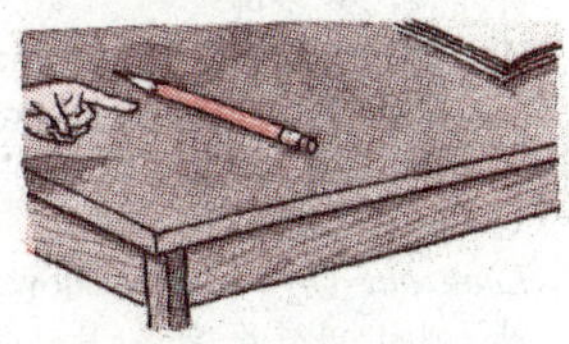

a *long* hit
〖야구〗 장타(長打), 2·3·본루타
㊀ (**비교급 longer, 최상급 longest**)
오랫 동안, 쭉
How *long* will you stay here?
당신은 얼마동안이나 여기에 머무르시렵니까?
《숙》 ***as long as*** ~ …하는 한에서는, …하는 동안은
I will help him *as long as* I live.
나는 살아 있는 한 그를 도울 것입니다.
《숙》 ***no longer***(또는 ***not*** ~ ***any longer***) 이젠 …아닌
It is *no longer* cold.
이젠 춥지 않습니다.
I cannot wait any *longer*.
이젠 더 이상 기다릴 수 없다.
《숙》 ***So long!***
《구어》 안녕히 가〔계〕십시오.
《숙》 ***so long as*** ~ …하는 한, …이기만 하면
So long as you do it, I don't mind when (you do it).
당신이 그것을 하는 한 언제 해도 상관없다.
㊐ 오랫 동안
It will not take *long*.
오래 걸리지 않을 것입니다.
《숙》 ***before long*** 머지 않아
I will see him *before long*.
나는 머지 않아 그를 만날 것이다.

long[2] [lɔ́:ŋ 로옹]

㊋ (**3 단현 longs** [lɔ́:ŋz 로옹즈], **과거 · 과거 분사 longed** [lɔ́:ŋd 로옹드], **현재 분사 longing** [lɔ́:ŋiŋ 로옹잉])
간절히 바라다, 사모하다
She *longed* for her mother.
그녀는 어머니를 그리워 하였다.

He *longed* to see you.
그는 당신 만나기를 간절히 바랐읍니다.

*look [lúk 룩]

L

㉺ (3단현 **looks** [lúks 룩스], 과거 · 과거 분사 **looked** [lúkt 룩트], 현재 분사 **looking** [lúkiŋ 루킹])

㉺ **1.** (눈여겨) **보다** (~ *at*) 《자동사이기 때문에 전치사 at, up 따위를 수반하지 않으면 목적어를 가질수 없다》

Look! A train is coming.
봐라! 기차가 온다.

㉺ **2.** …으로 보이다, …한 얼굴을 하고 있다

You *look* pale.
당신은 안색이 좋지 않다.

《숙》 ***look about*** ~ (…의) 주위를 둘러보다

I looked about and found my lost fountain pen.
나는 주위를 살펴보고 잃어버린 만년필을 찾았다.

《숙》 ***look after*** ~ …에 주의를 하다, …을 돌보아 주다

They *look after* cows.
그들은 소를 돌보고 있읍니다.

《숙》 ***look at*** ~ …을 보다

He *looked at* the mountain.
그는 그 산을 보았읍니다.

《숙》 ***look back*** 뒤돌아 보다

I *looked back* at him.
나는 그를 뒤돌아 보았다.

《숙》 ***look for*** ~ …을 찾다

What are you *looking for?*
당신은 무엇을 찾고 있읍니까?
I am *looking for* the ball.
나는 공을 찾고 있읍니다.

《숙》 ***look forward to*** ~ …을 기대하다

I am *looking forward to* the summer vacation.
나는 여름 방학을 기대하고 있다.

《숙》 ***look like*** ~ …처럼 보이다, …할 것 같다, 닮다

It *looks like* rain.
비가 올 것 같다.
He *looks like* an honest man.
그는 정직한 사람처럼 보인다.

《숙》 ***look out*** (***of***) …에서 바깥을 보다, 내다보다, 바라보다

Look out (*of*) the window.
창문에서 바깥을 내다 보십시오.

《숙》 ***look up*** 쳐다보다

They *looked up* at the sun.
그들은 태양을 쳐다보았다.

㊔ (복수 **looks** [lúks 룩스])

㊔ **1.** 보기, 한번 봄

The policeman gave him a sharp *look.*
경관은 그를 날카롭게 쏘아 보았다.

㊔ **2.** 모양

From the *look* of the sky, it will be fine tomorrow.
하늘을 보아서는 내일은 날씨가 좋겠다.

㊔ **3.** 《복수형으로》 인상, 용모

She has good *looks.*
그 여자는 용모가 단정하다.
I like her *looks.*

L

그 여자는 인상이 좋다.

*lose [lú:z 루우즈]

㊍ (3단현 **loses** [lú:ziz 루우지즈], **과거·과거 분사 lost** [lɔ́:st 로오스트], **현재 분사 losing** [lú:ziŋ 루우징])

㊍ 1. **잃다,** 없애다(《반》 find, get 얻다)

I have *lost* my purse.

나는 지갑을 잃었다.

㊍ 2. (시계가) **늦어지다** (《반》 gain 빨라지다)

My watch *loses* two minutes a day.

내 시계는 하루에 2분 늦는다.

㊍ 3. 길을 잃다

I *lost* my way in the woods.

나는 숲속에서 길을 잃었다.

㊍ 4. 지다

They *lost* the game.

그들은 시합에 졌다.

《발음상 lose [lú:z 루우즈]와 loose [lú:s 루우스]를 혼동하지 않도록 주의하라》

**lot [lát 랕]

㊐ (**복수 lots** [láts 라츠])

㊐ 1. **제비,** 운수

We drew *lots*.

우리는 제비를 뽑았다.

㊐ 2. 《구어》 많음 《수나 양 둘 다 쓴다》

《숙》 ***a lot of*** (또는 ***lots of***) 많은 (《동》 a great many)

He has *a lot of* stamps.

그는 많은 우표를 가지고 있다.

Lots of foreigners come to Korea every year.

많은 외국 사람들이 매년 한국에 온다.

**love [lʌ́v 러브]

㊍ (**3단현 loves** [lʌ́vz 러브즈], **과거·과거 분사 loved** [lʌ́vd 러브드], **현재 분사 loving** [lʌ́viŋ 러빙])

사랑하다, 좋아하다(《반》 hate 미워하다)

Mother *loves* her baby.

어머니는 아기를 사랑합니다.

I *love* English.

나는 영어를 좋아한다.

㊐ 사랑, 애정, 좋아함

He has a strong *love* for his country.

그는 강한 애국심을 가지고 있다.

Please give my *love* to your parents.

《인사》 당신의 부모님께 안부를

L

전해주십시오.

****low** [lóu 로우]

형 (**비교급 lower** [lóuər 로우어], **최상급 lowest** [lóuist 로우이스트])

형 1. **낮은**(《반》 high 높은)

The hill is *low*.

그 언덕은 낮다.

She spoke to me in a very *low* voice.

그 여자는 매우 낮은 소리로 나에게 말했읍니다.

형 2. 싼(《동》 cheap)

I bought this fountain pen at a *low* price.

나는 이 만년필을 싼 값으로 샀읍니다.

형 3. 기운 없는

She was in *low* spirits.

그 여자는 의기 소침했다.

부 (**비교급 lower, 최상급 lowest**) 낮게, 싸게

The pitcher threw the ball *low*.

투수는 공을 낮게 던졌다.

The bird is flying *low*.

새가 낮게 날고 있읍니다.

****luck** [lʌ́k 럭]

명 운수, 행운(《동》 fortune, 《참고》 lucky 행운의)

Good *luck* to you!

행운을 빕니다.

I have good〔bad〕 *luck*.

나는 운이 좋다〔나쁘다〕.

He had the luck to pass the examination.

그는 다행히도 시험에 합격하였다.

My *luck* has turned.

운이 돌아왔다.

He tried his luck.

그는 운수를 시험했다.

***luck·y** [lʌ́ki 러키]

형 (**비교급 luckier** [lʌ́kiər 러키어], **최상급 luckiest** [lʌ́kiist 러키이스트])

운이 좋은, 행운의 (《동》 fortunate 운이 좋은)

It is the *lucky* seventh.

〖야구〗 행운의 7 회입니다.

They are *lucky* because they can swim and skate there.

그들은 거기에서 수영하고 스케이트를 탈 수 있기 때문에 행복합니다.

The sailor was *lucky* to reach the shore in the boat.

그 선원은 다행히도 보우트로 바닷가에 도착했읍니다.

L

How *lucky* you are!
당신은 운이 참 좋군요.

lu·nar [lú:nə*r* 루우너]
㊞ 달의, 태음의 (《반》 solar)
Ch'usŏk falls on the 15th day of the 8th *lunar* month.
추석은 음력 8월 15일이다.

***lunch** [lʌ́ntʃ 런치]
㊔ (**복수 lunches** [lʌ́ntʃiz 런치즈])
점심(《참고》 breakfast 아침밥, supper 저녁밥)
I take my *lunch* at noon.
나는 정오에 점심을 먹습니다.

Now, where is my *lunch* box?
자아 내 도시락이 어디 있죠?

L

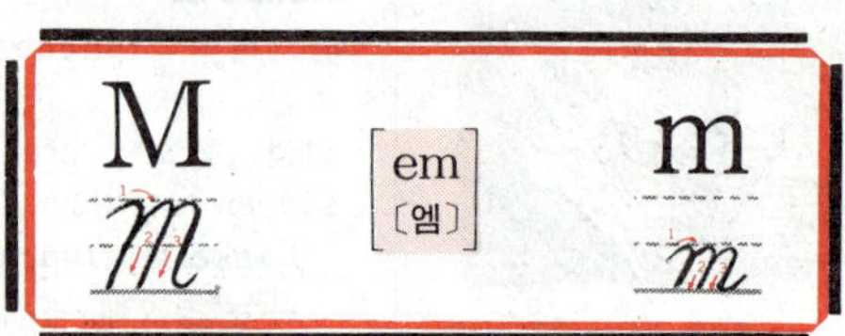

mag·a·zine [mægəzí:n 매거**지**인]

㊔ (**복수 magazines** [mægəzí:nz 매거**지**인즈])

잡지

Every month we must take a *magazine* at least.

적어도 매월 잡지 한 권은 구독해야 한다.

M

mail [méil **메**일]

㊔ (**복수 mails** [méilz **메**일즈])

우편, 우편물 (《동》 post) 《주로 미국에서 쓰며, 영국에서는 post》

I got a lot of *mail* from America.

나는 미국에서 온 우편물을 많이 받았다.

《숙》 ***by mail*** 우편으로 (《동》《영》 by post)

I sent the letter *by* air*mail*.

나는 편지를 항공 우편으로 보냈다.

Send the letter *by mail*.

그 편지를 우편으로 보내주게.

㊍ (**3단현 mails** [méilz **메**일즈], **과거 · 과거 분사 mailed** [méild **메**일드], **현재 분사 mailing** [méiliŋ **메**일링])

우편으로 보내다, 투함하다

I *mailed* (또는 posted) the letter this morning.

그 편지를 오늘 아침에 우송했다.

mail·man [méilmæ̀n **메**일맨]

㊔ (**복수 mailmen** [méilmèn **메**일멘])

우편 집배원 《영국에서는 postman을 씀》

The *mailman* brought me a letter.

우편 집배원이 편지를 가져왔다.

***make** [méik 메이크]

㉺ (3단현 **makes** [méiks 메이크스], 과거·과거 분사 **made** [méid 메이드], 현재 분사 **making** [méikiŋ 메이킹])

㉺ 1. **만들다** 《뜻이 바뀌어 「준비하다, 일으키다, 세우다, …하다」 따위의 의미가 된다》

She has *made* her dress.

그 여자는 자기 옷을 만들었다.

The maid *made* his bed.

하녀가 그의 침대를 정돈했다.

We *made* a fire.

우리는 불을 피웠다.

He *makes* his living as a poet.

그는 시인으로서 생계를 유지하고 있다.

He will *make* a trip to Europe next month.

그는 다음 달에 유럽으로 여행할 것입니다.

㉺ 2. **…이 되다**

Two and two *make* four.

2 더하기 2는 4가 된다.

She will *make* a great pianist.

그 여자는 위대한 피아니스트가 될 것입니다.

㉺ 3. 《make+목적어 + 형용사(또는 명사, 분사)》

(…을) **…으로 만들다**〔**하다**〕

They *made* him king.

그들은 그를 임금으로 삼았다.

I *made* her happy.

나는 그 여자를 행복하게 하였다.

㉺ 4. 《make+목적어 + 동사(수동태의 경우는+to 부정사)》

…에게 …시키다

He *made* me cry.

그는 나를 울렸다.

I was *made* to cry by him.

나는 그로 인하여 울게 되었다.

《숙》 ***make ~ of*** (또는 ***from***) ~ …으로 …을 만들다 《원료가 본질적으로 변하지 않을 때에는 of, 변할 때에는 from을 쓴다》

This desk is *made of* wood.

이 책상은 나무로 만들어진다.

Wine is *made from* grapes.

포도주는 포도로 만들어진다.

《숙》 ***make the best of ~*** …을 최대한으로 이용하다

You must *make the best of* this great chance.

이 좋은 기회를 최대한으로 이용해야 합니다.

《숙》 ***make up one's mind to*** (do) …할 결심을 하다

He *made up his mind to* go to Italy.

그는 이탈리아에 갈 결심을 하였다.

****man** [mǽn 맨]

㉺ (복수 **men** [mén 멘])

㉺ 1. **사람, 인간** 《일반적으로 「사람이라는 것」 「인간」의 의미에는 관사를 붙이지 않는다》

He is a *man* of letters.

그는 문학가이다.

Man has lived for thousands of years.

인간은 수 천년간 살아 왔다.

M

[명] 2. **남자,** (남자) **어른** (《반》 woman 여자)

He grew up to be a *man*.

그는 성장하여 어른이 되었다.

[명] 3. 하인, 《주로 복수형으로》 노동자, 부하

He loved his *men* deeply.

그는 부하들을 깊이 사랑하였다.

《숙》 ***like a man*** 남자답게

He died *like a man*.

그는 남자답게 죽었다.

*man·y [méni 메니]

[형] (**비교급 more** [mɔ́ːr 모오], **최상급 most** [móust 모우스트])

다수의, 많은 (《반》 few 적은)

《many 는 수가 많다는 뜻, 양이 많은 데는 much 를 쓴다》

Do they have *many* grandchildren?

그들은 손자, 손녀들이 많습니까?

He has *many* books.

그는 많은 책을 가지고 있다.

《숙》 ***a good many*** 꽤 많은

There were *a good many* people in the park.

공원에는 꽤 많은 사람들이 있었읍니다.

《숙》 ***a great many*** 수 많은

A great many houses were burnt down.

수 많은 집들이 타 없어졌다.

《숙》 ***as many ~ as*** …만큼 많은

Take *as many* apples *as* you like.

먹고 싶은 만큼 사과를 드십시오.

《숙》 ***how many*** 몇

How many brothers have you?

형제가 몇이나 됩니까?

[명] 다수의 사람, 많은 물건

Many of my friends came to my birthday party.

많은 친구들이 내 생일 파아티에 왔었다.

*map [mæp 맵]

[명] (**복수 maps** [mæps 맵스])

지도, 거는 지도 (《참고》 atlas [ǽtləs 애틀러스] 지도첩)

Is this a *map?*

이것은 지도입니까?

I can see New York on the *map*.

뉴우요오크는 그 지도상에 있다.

**mar·a·thon [mǽrəθɑn 매러단]

[명] 마라톤 경주(marathon race 라

고도 한다)

He won the prize in the *marathon* race.

그는 마라톤 경주에서 상을 탔다.

**mar•ket [má:rkit 마아킷]

명 (복수 **markets** [má:rkits 마아키츠])

명 1. **시장**

Mother has gone to *market*.

어머니는 시장에 물건 사러 갔다.

명 2. 매매, 판로, 수요

There is no *market* for these products in Korea.

한국에는 이러한 생산품의 판로가 없다.

**mar•riage [mǽridʒ 매리지]

명 결혼

We got a *marriage* present for her.

우리는 그녀에게 줄 결혼 선물을 샀다.

**mar•ry [mǽri 매리]

타자 (**3단현 marries** [mǽriz 매리즈], **과거·과거 분사 married** [mǽrid 매리드], **현재 분사 marrying** [mǽriiŋ 매리잉])

타 1. **결혼하다**

She *married* an American.

그 여자는 미국 사람과 결혼하였다.

타 2. 결혼시키다

He *married* his daughter to a rich man.

그는 자기 딸을 부자에게 시집보냈다.

자 결혼하다

《숙》 ***be***(또는 ***get***) ***married*** 결혼하다, 결혼하고 있다

They *were*(또는 *got*) *married* twenty years ago.

그들은 20년 전에 결혼하였다.

mas•ter [mǽstər 매스터]

명 (**복수 masters** [mǽstərz 매스터즈])

명 1. **주인**, 고용주, **장**, 선장, 가축 키우는 사람

That dog likes his *master*.

저 개는 주인을 좋아한다.

I want to be a station*master*.
나는 역장이 되고 싶다.
Father is a good *master* to his servants.
우리 아버지는 하인들에게 좋은 주인이시다.
㊔ 2. (국민학교 따위의) 선생 (《동》 teacher)
She is a dancing *master*.
그 여자는 무용 선생입니다.
㊔ 3. 도련님 《하인 따위가 주인집 소년에 대하여 쓴다》
Master John 존 도련님
㊕ (**3 단현 masters** [mǽstərz 매스터즈], **과거 · 과거 분사 mastered** [mǽstərd 매스터드], **현재 분사 mastering** [mǽstəriŋ 매스터링])
습득하다, 숙달하다, **정복〔지배〕하다**
He has already *mastered* English.
그는 이미 영어에 숙달했다.

*math [mǽθ 매드]

㊔ 《구어》 수학 (《참고》 mathematics)

M

⁑mat·ter [mǽtər 매터]

㊔ (**복수 matters** [mǽtərz 매터즈])
㊔ 1. **일, 사항**, 문제
It's only a little *matter*.
그것은 사소한 문제에 불과하다.
㊔ 2. 《the matter 로서》 사고, 난처한 일, 고장
What is the *matter* with her?
그 여자는 어찌 된 일이요?
《숙》 ***a matter of course*** 당연한 일
It is *a matter of course* that man cannot fly.
인간이 하늘을 날 수 없음은 당연한 일이다.
《숙》 ***as a matter of fact*** 사실(은)
As a matter of fact, he is not rich.
사실 그는 부자는 아니다.
㊆ (**3 단현 matters** [mǽtərz 매터즈], **과거 · 과거 분사 mattered** [mǽtərd 매터드], **현재 분사 mattering** [mǽtəriŋ] 매터링])
중요하다, 문제가 되다
It does not *matter* much.
그것은 대수로운 일이 아니다.
What does it *matter?*
그것이 무슨 상관이냐?

⁑may [méi 메이]

㊅ 1. 《허가》 …**해도 좋다** (《반》 must not …해서는 안 된다)
You *may* go out.
밖에 나가도 좋다.

㊅ 2. 《추측》 …**인지도 모른다** (《반》 may not …이 아닌지도 모른다)
It *may* be true.
그것은 정말인지도 모른다.

㊂ 3. 《가능성》 …할 수도 있다 (《반》 cannot …할 수가 없다)

You *may* call him a fool, but you cannot call him a bad man.

그를 바보라고 말할 수는 있으나, 악인이라고는 말할 수 없다.

㊂ 4. 《양보》 가령 …일지라도

Whatever he *may* say, I cannot believe him.

그가 무슨 말을 하든지 간에 나는 그의 말을 믿을 수가 없다.

㊂ 5. 《목적》 《(**so**) ***that*** ~ ***may*** 의 꼴로》 …하기 위하여

Start at once *so that* you *may* not miss the train.

기차를 놓치지 않도록 곧 출발해라.

㊂ 6. 《기원》 《주어 앞에 두어》 …하소서

May you be happy!

당신이 행복하기를!

《숙》 ***may as well*** ~ …하는 편이 좋다

You *may as well* go with him.

당신은 그와 함께 가는 편이 좋다.

You *may as well* begin at once.

당신은 지금 곧 시작하는 편이 좋다.

《숙》 ***may well*** ~ …하는 것도 당연하다

You *may well* say so.

당신이 그렇게 말하는 것도 무리는 아니다.

may·be [méibi 메이비]

㊇ 아마, 어쩌면 《미국에서는 perhaps 보다 maybe 를 많이 쓴다》

Maybe it will rain.

아마 비가 올지도 모르겠다.

meal [mí:l 미일]

㊔ (**복수 meals** [mí:lz 미일즈])

식사(《참고》 breakfast 아침밥, lunch 점심, supper 저녁밥, dinner 정찬), 음식물

We have (또는 take) three *meals* a day.

우리는 하루에 세 번 식사를 한다.

mean [mí:n 미인]

㊉ (**3 단현 means** [mí:nz 미인즈], **과거 · 과거 분사 meant** [mént 멘트])

㊉ 1. **의미하다**, …이라는 뜻이다

What do you *mean* by this word?

이 말은 무슨 뜻입니까?

㊉ 2. …**할 예정이다**

I *mean* to start tomorrow.

내일 출발할 예정입니다.

㊌ (**비교급 meaner** [mí:nər 미이너], **최상급 meanest** [mí:nist 미이니스트])

비천한, 비열한

It is *mean* to tell a lie.

M

거짓말하는 것은 비열한 짓이다.

****mean·ing** [mí:niŋ 미이닝]

㉰ (**복수 meanings** [mí:niŋz 미이닝즈])

의미, 뜻

I cannot understand the *meaning* of this sentence.

나는 이 문장의 뜻을 모르겠다.

What is the *meaning* of this sentence?

이 문장의 뜻은 무엇입니까?

meat [mí:t 미이트]

㉰ **고기, 식용 고기** (보통 생선, 새고기는 제외한다)(《참고》 fish 생선)

We shall have *meat* for dinner.

우리는 만찬에 고기를 먹게 될 것입니다.

M

med·al [médl 메들]

㉰ (**복수 medals** [médlz 메들즈])

메달, 기념장

Who won the gold *medal?*

누가 금메달을 탔읍니까?

***meet** [mí:t 미이트]

㉲㉱ (**3단현 meets** [mí:ts 미이츠], **과거 · 과거 분사 met** [mét 멧], **현재 분사 meeting** [mí:tiŋ 미이팅])

㉲ **1. 만나다**, (만나서) 아는 사람이 되다

Glad to *meet* you.

너를 만나서 기쁘다.

㉲ **2. 마중하다**

I went to the station to *meet* him.

나는 그를 마중하러 역에 갔었다.

㉱ 회합하다, 모이다, **마주치다**

They will *meet* at his house.

그들은 그의 집에서 모일 것이다.

《숙》 ***meet with*** ~ …을 만나다, …와 우연히 마주치다, 경험하다

He *met with* an accident yesterday.

그는 어제 우연히 사고를 당했다.

meet·ing [mí:tiŋ 미이팅]

㉰ (**복수 meetings** [mí:tiŋz 미이팅즈])

회, 모임

The athletic *meeting* of our school will be held next Sunday.

우리 학교의 운동회는 다음 일요일에 개최된다.

Our club had a *meeting* yesterday.

우리 클럽은 어제 모임을 가졌다.

***melt** [mélt 멜트]
[타][자] (**3단현 melts** [mélts 멜츠], **과거·과거 분사 melted** [méltid 멜티드], **현재 분사 melting** [méltiŋ 멜팅])
[자] **녹다**
The snowman is *melting* away in the sun.
눈사람이 햇볕에 녹고 있다.

[타] **녹이다,** 누그러뜨리다
Her words *melted* his hard heart.
그 여자의 말은 그의 무정한 마음을 누구러지게 하였다.

mem·ber [mémbər 멤버]
[명] (**복수 members** [mémbərz 멤버즈])
(단체의) **일원, 회원**
He is a *member* of the school band.
그는 학교 악대의 구성원이다.
a *Member* of Congress 《미》 하원 의원 《M.C.로 약한다》
a *Member* of Parliament 《영》 하원 의원 《M.P.로 약한다》

***mer·chant** [mə́:rtʃənt 머어천트]
[명] (**복수 merchants** [mə́:rtʃənts 머어천츠])
상인, 《영》 도매상인, (특히) 무역상인, 《미》 소매상인

The *merchant* has his store in the center of the city.
그 상인은 도시의 중심지에 자기 상점을 가지고 있다.
The *Merchant* of Venice
베니스의 상인 (셰익스피어의 희극)

mer·maid [mə́:rmèid 머어메이드]
[명] (여자) **인어**(人魚) ; 《미》 여자 수영 선수

***mer·ry-go-round** [mérigouràund 메리고우라운드]
[명] **회전 목마**
Children are riding the *merry-go-round.*
어린이들이 회전 목마를 타고 있

읍니다.

****mi·cro·phone** [máikrə-foun 마이크러포운]
㊔ (복수 **microphones** [máikrə-founz 마이크러포운즈])
마이크로폰, 확성기
When we make a speech, we often use a *microphone*.
우리는 연설을 할 때 종종 마이크를 사용한다.

****mid·dle** [mídl 미들]
㊕ (한)**가운데의,** 중앙의 (《동》 central)
She has cut her *middle* finger.
그녀는 가운데 손가락을 베었다.
㊔ **중앙,** 중간
The island is in the *middle* of the lake.
그 섬은 호수 한가운데에 있다.

Jane is in the *middle* of figuring out the answer now.
제인은 지금 그 답을 구하는 중이다.
He will start about the *middle* of next month.
그는 내달 중순경에 출발할 것이다.

***mid·night** [mídnait 미드나이트]
㊔ (**복수 midnights** [mídnaits 미드나이츠])
한밤중
I studied science until *midnight* last night.
나는 어제밤에 한밤중까지 과학을 공부했읍니다.

mild [máild 마일드]
㊕ (**비교급 milder** [máildər 마일더], **최상급 mildest** [máildist 마일디스트])
잔잔한, 온화한 (《동》 gentle, 《반》 wild 거칠은)

M

We enjoyed *mild* weather.
우리는 온화한 날씨를 즐겼다.

*__milk__ [mílk 밀크]
[명] 밀크, 우유
I drink *milk* every day.
나는 매일 우유를 마신다.

Do you take *milk* in your coffee?
당신은 코오피에 밀크를 넣어 드십니까?

*__mil·lion__ [míljən 밀련]
[명] (복수 millions [míljənz 밀련즈])
[명] 1. 백만
[명] 2. 《복수로서》 무수(無數)
Millions of people were killed in World War II.
제 2 차 세계 대전으로 무수한 사람들이 죽었다.
[형] 백만의
Seoul has about nine *million* people.
서울은 인구가 약 9 백만이다.

__min·er__ [máinər 마이너]
[명] (복수 miners [máinərz 마이너즈])
광부

__min·ing__ [máiniŋ 마이닝]
[명] 채광, 광업, 채굴
coal *mining* 탄광업

**__min·ute__ [mínit 미닛]
[명] (복수 minutes [mínits 미니츠])
[명] 1. (시간 · 각도의) 분
It is five *minutes* past〔to〕 three.
3 시 5 분〔5 분전〕입니다.

[명] 2. 잠간 (동안의 시간), 순간 (moment)
Please wait a *minute*.
잠간 기다려 주십시오.
《숙》 ***in a minute*** 곧
I will come back *in a minute*.
곧 돌아 오겠읍니다.

*__Miss__ [mís 미스]
[명] (복수 misses [mísiz 미시즈])
…양 《미혼 여성의 이름 앞에 붙이는 존칭》, …씨, …선생《결혼하지 않은 여선생》 (《참고》 Mrs. …부인)
Miss Kim will go with us next Sunday.
김양은 다음 일요일에 우리들과 함께 갈 것이다.

M

****miss** [mís 미스]

㊀ (3 단현 **misses** [mísiz 미시즈], 과거 · 과거 분사 **missed** [míst 미스트], 현재 분사 **missing** [mísiŋ 미싱])

㊀ 1. **…하지 못하다,** 놓치다(《반》 find 찾다)

We *missed* the chance.
우리는 기회를 놓쳤다.
He *missed* the express train.
그는 그 급행 열차를 놓쳤다.

㊀ 2. **…이 없어 섭섭히 생각하다**

I *missed* him very much.
나는 그가 없어 몹시 섭섭했다.

㊂ (**복수 misses** [mísiz 미시즈])
빗나감, **실패**

***mod·el** [mádl 마들]

㊂ (**복수 models** [mádlz 마들즈])
모형, 본, 모델, 모범

I have books, *model* airplanes and many other things in my small room.
나는 나의 조그만 방에 책들과 모형 비행기들 그리고 많은 다른 것들을 가지고 있읍니다.

mod·ern [mádərn 마던]

㊉ 현대의, 근대의(《반》 old)

modern times 현대
modern history 근세사
modern language 현대어
TV is a *modern* invention.
텔레비전은 현대의 발명품이다.
The *modern* Olympic Games started in 1896.
근대 올림픽 경기는 1896 년에 시작됐다.

****mo·ment** [móumənt 모우먼트]

㊂ (**복수 moments** [móumənts 모우먼츠])
순간, 찰나

Wait (for) a *moment* (또는 Wait a minute).
잠깐 기다려 주십시오.
He stood there for a *moment*.
그는 잠시 그곳에 서 있었다.

《숙》 ***in a moment*** 곧, 즉시

Mother will come *in a moment*.
어머니는 곧 오실 것이다.

***Mon·day** [mʌ́ndi 먼디]

㊂ **월요일** 《Mon. 으로 약한다》

Monday comes after Sunday.
월요일은 일요일 다음 날이다.
From *Monday* to Friday, he has many classes in school.
월요일부터 금요일까지 그는 학교에서 많은 수업이 있읍니다.

mon·ey [mʌ́ni 머니]

㊂ **돈, 통화, 금전**

I keep my *money* in a purse.
나는 돈을 지갑속에 넣어 둡니다.
Have you any *money* with

M

you?
가진 돈이 있읍니까?
Yes, I have some *money.*
예, 약간 가지고 있읍니다.
No, I have no *money.*
아니오, 가진 게 없읍니다.
He has much (또는 plenty of) *money.*
그는 돈을 많이 가지고 있다.
She has made much *money.*
그 여자는 돈을 많이 벌었다.

All things cannot be bought with *money.*
모든 것을 다 돈으로 살 수는 없다.

***mon·key** [mʌ́ŋki 멍키]
㉱ (**복수 monkeys** [mʌ́ŋkiz 멍키즈])
〖동물〗 **원숭이**

Monkeys are running up and down the tree.
원숭이들은 나무 위 아래로 뛰어 다니고 있읍니다.

month [mʌ́nθ 먼드]
㉱ (**복수 months** [mʌ́nθs 먼드스]) (달력의) **달**
this *month* 이 달
last〔next〕 *month* 지난〔다음〕달

What day of the *month* is it today?
오늘은 며칠입니까?
August is the hottest *month.*
8월은 가장 더운 달이다.
(《참고》 ***this day*** (또는 ***today***) ***month*** 다음〔지난〕달의 오늘)
We shall have an examination in English *this day month.*
우리들은 다음 달의 오늘 영어 시험이 있다.

****moon** [múːn 무운]
㉱ (천체의) **달** (《참고》 sun 태양, star 별, earth 지구)
full *moon* 보름달

half *moon* 반달
The *moon* was over the mountain.
달은 산 위에 떠 있었다.

***morn·ing** [mɔ́:rniŋ 모오닝]
㉠ **아침, 오전** (《반》 afternoon 오후, evening 저녁)
He left home early in the *morning*.
그는 아침 일찍 집을 나섰다.

He came back on Sunday *morning*.
그는 일요일 아침에 돌아왔읍니다.
《날짜·요일이 앞에 오면 전치사 on을 붙인다》
《숙》 ***Good morning!***
1. [gudmɔ́:rniŋ 구드모오닝]
밤새 안녕하셨읍니까.
2. [gúdmɔ̀:rniŋ 구드모오닝]
안녕히 가십시요. 《오전 중에 헤어질 때의 인사》

****mos·qui·to** [məskí:tou 머스키이토우]
㉠ (**복수 mosquito(e)s** [məskí:touz 머스키이토우즈])
모기
a *mosquito* net 모기장

***moth·er** [mʌ́ðər 머더]
㉠ (**복수 mothers** [mʌ́ðərz 머더즈])
어머니 (《반》 father 아버지)
mother country 모국(母國)
mother tongue 모국어
That lady is the *mother* of two children.
저 부인은 두 아이의 어머니입니다.

The second Sunday of May is *Mother's* Day in the United States.
미국에서는 5월의 둘째번 일요일이 「어머니 날」입니다.

****moun·tain** [máuntn 마운튼]
㉠ (**복수 mountains** [máuntnz 마운튼즈])
㉠ 1. **산** (《참고》 hill 언덕)

M

We go to the *mountains* in summer.
우리는 여름에 산으로 간다.

명 2. 《복수형으로서》 산맥
This river flows from the Rocky [ráki 라키] *Mountains*.
이 강은 로키 산맥이 수원(水源)이다.

*mouse [máus 마우스]

명 (**복수 mice** [máis 마이스])
생쥐 (《참고》 rat 각 종의 큰 쥐)

mouse·trap [máustræp 마우스트랩]

명 (**복수 mousetraps** [máustræps 마우스트랩스])
쥐덫
I put some cheese in the *mousetrap*.
나는 약간의 치이즈를 쥐덫에 놓았다.

**mouth [máuθ 마우드]

명 (**복수 mouths** [máuðz 마우드즈])
입, 출구, 입구, 입 모양의 것, (강·항구·자루 따위의) 어귀〔아가리〕
Shut your *mouth*.
입을 닫아라(말하지 말아라).
We eat with our *mouths*.
우리들은 입으로 먹습니다.

London lies at the *mouth* of the Thames.
런던은 테임즈강의 어귀에 있읍니다.
That is the *mouth* of the cave.
저것이 동굴의 입구입니다.

**move [mú:v 무우브]

타자 (**3단현 moves** [mú:vz 무우브즈], **과거·과거 분사 moved** [mú:vd 무우브드], **현재 분사 moving** [mú:viŋ 무우빙])

타 1. **움직이다**
I *moved* the table.
나는 테이블을 움직였다.

타 2. 감동시키다
I was deeply *moved* by the movie.
나는 그 영화에 깊이 감동되었다.

자 1. **움직이다**, 전진하다
The train *moved* slowly.

기차가 천천히 나아갔다.

㉶ 2. 이사하다, 옮기다

I will *move* to a new house next Sunday.

다음 일요일에 나는 새 집으로 이사갑니다.

*mov·ie [mú:vi 무우비]

㉻ (**복수 movies** [mú:viz 무우비즈])

《보통 복수형으로 쓴다. 구어이며, 본래 미어》

영화. (《동》 moving picture)

I will go to the movies tonight.

나는 오늘밤에 영화 보러 갑니다.

*Mr. [místər 미스터]

(**복수 Messrs.** [mésərz 메서즈])

《mister의 약》 **…님, …씨, …군**

This is *Mr.* Baker.

이 분은 베이커 씨입니다.

Mr. Song is the president of the company.

송씨는 그 회사의 사장입니다.

《Messrs.는 회사 따위의 이름 앞에 붙인다》

Messrs. Smith and Co.

스미드 상회(귀중)

Messrs. Green and Brown

그리인, 브라운 양씨(兩氏)

*Mrs. [mísiz 미시즈]

(**복수 Mmes.** [meidá:m 메이다암])

《mistress의 약》 **…부인** (결혼한 부인의 성앞에 붙인다) 《Mmes.는 mesdames의 약》

Mrs. Smith teaches us English.

스미드 부인은 우리에게 영어를 가르칩니다.

Mt. [máunt 마운트]

산 《Mount의 약자로, 산 이름 앞에 붙인다》

Mt. Everest is the highest in the world.

에베레스트 산은 세계에서 가장 높다.

*much [mʌtʃ 머치]

㉿ (**비교급 more** [mɔ́:r 모오], **최상급 most** [móust 모우스트])

《양을 나타낸다》 **많은** (《반》 little 조금의) 《수가 많을 때는 many로 나타낸다》

He has *much* money.

그는 돈을 많이 가지고 있다.

We have *much* rain in June.

6월에는 비가 많이 온다.

M

He drank too *much* coffee.
그는 코오피를 너무 많이 마셨다.

There is not *much* wine in the bottle.
병 속에 포도주가 많이 있지 않습니다.

㉹ **다량**, 다액(多額)
How *much* is this book?
이 책은 (값이) 얼마입니까?
How *much* do you want?
당신은 얼마만큼을 원합니까?
I have *much* to say about it.
그것에 관해서 할 말이 많이 있읍니다.

㊇ (**비교급 more** [mɔ́:r **모**오], **최상급 most** [móust **모**우스트])

㊇ **1.** 《동사와 함께 써서》 매우
Thank you very *much*.
대단히 감사합니다.

㊇ **2.** 《형용사 · 부사의 비교급과 함께 써서》 훨씬
His brother is *much* taller than he.
그의 형이 그보다 훨씬 키가 큽니다.

《숙》 ***as much as*** …만큼
Take *as much as* you want.
원하는 만큼 가지십시오.

《숙》 ***as much as possible*** 가능한 한
Keep out of danger *as much as possible.*
가능한 한 위험에 접근하지 말라.

mu·se·um [mju:zí:əm 뮤우**지**이엄]
㊔ (**복수 museums** [mju:zí:əmz 뮤우**지**이엄즈])
★ 발음 주의
박물관
The British *Museum* is in London.
대영(大英) 박물관은 런던에 있읍니다.

They visited the *museum*.
그들은 박물관을 방문했다.

***mu·sic** [mjú:zik **뮤**우직]
㊔ **음악**, 악곡, 아름다운 소리
Do you like Western *music?*
당신은 서양 음악을 좋아하십니까?
The girls are playing *music*.
소녀들은 음악을 연주하고 있다.

mu·si·cal [mjú:zikl **뮤**우지클]
㊕ 음악의, 음악적인 (《참고》 music 음악)
He has *musical* sense in him.

M

그는 음악적 감각이 풍부하다.

must [məst 머스트, (강) mʌ́st 머스트]

㊀ 1. 《필요·강제·명령 따위를 나타낸다》 …하여야 한다 (《반》 need not …할 필요는 없다)

We *must* go to school.

우리들은 학교에 가야 한다.

She said that he *must* do it.

그 여자는 그가 그것을 하지 않으면 안 된다고 말했다.

《과거는 had to, 미래는 will(또는 shall) have to, 그러나 간접 화법에서는 must를 과거에 사용한다》

㊀ 2. 《부정형으로 금지를 나타낸다》 …해서는 안 된다

You *must* not talk.

이야기해서는 안 된다.

㊀ 3. 《당연한 추측을 나타낸다》 **…임에 틀림 없다** (《반》 …일 리가 없다) 《보통 뒤에 be 동사를 동반한다. 과거의 일을 추측할 때는 must+완료형으로 한다》

He *must* be ill.

그는 아픈 것이 틀림없다.

You *must* have forgotten it.

당신은 그것을 잊었음에 틀림없읍니다.

M

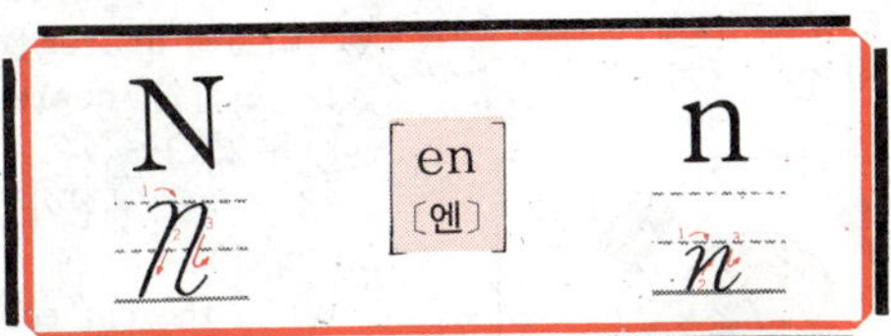

*__name__ [néim 네임]
㉮ (**복수 names** [néimz 네임즈])
이름
My *name* is Su-mi.
내 이름은 수미입니다.

《숙》 ***by name*** 이름으로
I know her *by name*.
나는 그 여자의 이름은 알고 있다.
《숙》 ***the first*** (또는 ***given***) ***name*** (성에 대하여) 이름, 세례명
《숙》 ***the last*** (또는 ***family***) ***name*** 성
㉰ (**3 단현 names** [néimz 네임즈] **과거 · 과거 분사 named** [néimd 네임드], **naming** [néimiŋ 네이밍])
이름 붙이다
He *named* his dog Spot.
그는 자기 개에게 스포트라는 이름을 붙였다.
He was *named after* his father.
그의 이름은 그의 아버지의 이름을 딴 것이다.
There was a boy *named* John.
존이라는 이름의 소년이 있었다.

na·tion [néiʃən 네이션]
㉮ (**복수 nations** [néiʃənz 네이션즈])
국민, 국가
Many *nations* belong to the U. N.
많은 국가가 국제 연합에 들어 있다.

《숙》 ***the United Nations*** 국제 연합
《UN 또는 U. N. 이라고 생략한다》

**__na·tion·al__ [næʃənl 내셔늘]
㉱ **국민의, 국가의,** 국립의(《참고》 international 국제(간)의)

N

The Tai-geuk flag is the *national* flag of Korea.
태극기는 한국의 국기다.

We have many *national* holidays in Korea.
한국에는 국경일이 많다.
That *national* park is famous for its beautiful scenery.
그 국립 공원은 아름다운 경치로 유명하다.

na·vy [néivi 네이비]
명 (복수 **navies** [néiviz 네이비즈])
해군 (《반》 army 육군)

He wants to enter the *navy*.
그는 해군에 들어가고 싶어한다.
America is a nation of powerful *navy*.
미국은 강력한 해군을 가진 나라이다.
army and *navy* 육해군
the *navy* day 해군 기념일

***near** [níər 니어]
부 (**비교급 nearer** [ní(:)rər 니(이)러], **최상급 nearest** [ní(:)rist 니(이)리스트])
(장소 · 시간 따위가) **가까이** (《반》 far 멀리)
When the cat comes *near*, we can hear the bell.
고양이가 가까이 올 때 우리들은 방울 소리를 들을 수 있다.
《숙》 ***far and near*** 도처에, 여기저기에
These flowers can be seen *far and near*.
이런 꽃들은 도처에서 볼 수 있다.
《숙》 ***near at hand*** 바로 가까이
Spring is *near at hand*.
봄이 바짝 다가왔다.
《숙》 ***near by*** 근처에〔의〕
I walked in the forest *near by*.
나는 근처의 숲 속을 걸었다.
형 (**비교급 nearer** [ní(:)rər 니(이)러], **최상급 nearest** [ní(:)rist 니(이)리스트])
가까운
This is the *nearest* way.
이것이 가장 가까운 길이다.
전 **…의 가까이에**
My house is *near* the school.
나의 집은 학교 가까이에 있다.

《「가까이」 가까운 뜻을 나타내는 가장 일반적인 말로서 시간·장소 따위에 대하여 쓴다》

near·ly [níərli 니얼리]
[부] **거의**, 대략 (《동》 almost); 약 (《동》 about), 간신히
He *nearly* lost his cap.
그는 하마터면 모자를 잃을 뻔하였다.

We are *nearly* at the top of the hill.
이제 거의 산 꼭대기에 (올라) 왔읍니다.
《숙》 ***not nearly*** 도저히 …아니다

***neat** [ní:t 니이트]
[형] (**비교급 neater** [ní:tər 니이터], **최상급 neatest** [ní:tist 니이티스트])
단정한, 말쑥한, 정결한
a *neat* dress 말쑥한 옷
She likes to be *neat* and pretty.
그녀는 단정하고 예쁜 것을 좋아합니다.

neck [nék 넥]
[명] (**복수 necks** [néks 넥스])
목
She wears a silver chain around her *neck*.
그 여자는 목에 은목걸이를 걸고 있다.

***need** [ní:d 니이드]
[명] **필요**
I have no *need* for money.
나는 돈이 필요치 않다.
《숙》 ***be in need of ~*** …이 필요하다
He is *in need of* your help.
그는 당신의 도움이 필요합니다.
《숙》 ***be in need*** 곤경에 빠져 있다
A friend *in need* is a friend indeed.
《속담》 곤경에 빠져있을 때의 친구가 참 친구다.
[타] (**3 단현 needs** [ní:dz 니이즈], **과거·과거 분사 needed** [ní:did 니이디드], **현재 분사 needing** [ní:diŋ 니이딩])
[타] **…을 필요로 하다**
He *needs* your help.
그는 당신의 도움을 필요로 한다.
I *need* a warm house and food in winter.
나는 겨울에 따뜻한 집과 음식이 필요합니다.
He *needs* to be careful.

N

그는 주의하지 않으면 안 된다.

㊀ **…할 필요가 있다** 《부정문 · 의문문에서만 사용된다. 3인칭 단수에도 s를 붙이지 않으며 또 다음에 오는 동사에 to를 붙이지 않는다. need not(…할 필요가 없다)은 must(…하지 않으면 안 된다)의 부정》

He *need* not buy the cake.
그는 과자를 사지 않아도 된다.
Need you go there?
당신은 그 곳에 갈 필요가 있읍니까?

neigh·bo(u)r [néibər 네이버]

㊀ (**복수 neighbo(u)rs** [néibərz 네이버즈])
이웃 사람, 근처의 사람

Help your *neighbors.*
당신의 이웃을 도우세요.
Tom is a *neighbor* of ours.
톰은 우리 이웃이다.
We are next door *neighbors.*
우리들은 이웃간이다.

nest [nést 네스트]

㊀ (**복수 nests** [nésts 네스츠])
새집, 새의 보금자리

The bird is building a *nest.*
그 새는 둥우리를 만들고 있다.

*__net__ [nét 넷]

㊀ (**복수 nets** [néts 네츠])
그물, 네트

Is this a *net?*
이것은 네트입니까?
The ball touched the *net.*
그 공은 네트에 닿았다.

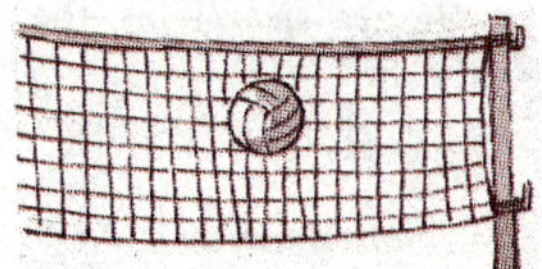

**__nev·er__ [névər 네버]

㊀ **1. 결코 …하지 않다** 《일반 동사의 앞에 오며, be동사 및 shall, will 따위의 조동사에서는 그 뒤에 온다》

I have *never* seen a lion.
나는 사자를 본 적이 없다.
I have *never* been to New York.
나는 뉴우요오크에 가 본 적이 없다.
He *never* tells a lie.
그는 결코 거짓말을 하지 않는다.
Boys *never* sit still.

소년들은 결코 조용히 앉아 있지 않는다.
《숙》 ***Never mind!***
걱정하지 말아요〔염려 마세요〕.

***new** [njú: 뉴우]
㊗ (**비교급 newer** [njúər 뉴어], **최상급 newest** [njúist 뉴이스트]) **새로운** (《참고》 news 뉴우스, 《반》 old 낡은)
I have *new* shoes.
나는 새 신이 있다.

This is a *new* suit of clothes.
이것은 새(로 마춘) 옷이다.
new moon 초승달
《숙》 ***New Year*** 신년, 새해
《숙》 ***New Year's Day*** 설날
A Happy *New* Year!
새해에 복 많이 받으십시오!

new·born [njú:bɔ̀:rn 뉴우보온]
㊗ 방금 태어난, 신생의

new-laid [njú:léid 뉴우레이드]
㊗ 갓 낳은(달걀), 갓 깐

new-made [njú:mèid 뉴우메이드]
㊗ 갓 만든; 고쳐 만든

***news** [njú:z 뉴우즈]
㊔ 뉴우스, 소식 《단수로 취급하지만 부정관사는 붙이지 않는다》
I heard the *news* over the radio.
나는 라디오로 그 뉴우스를 들었다.
The *news* is exciting.
그 보도는 흥분할 만하다.

****news·pa·per** [njú:zpèipər 뉴우즈페이퍼]
㊔ (**복수 newspapers** [njú:zpèipərz 뉴우즈페이퍼즈])
신문, 신문지
Father is reading the *newspaper*.
아버지는 신문을 읽고 계십니다.

《회화 따위에서는 단순히 paper 라고 할 경우가 많다. news, newsboy(신문 배달부) 따위의 news 는 어느것이나 [njú:z]지만, newspaper 는 [njú:speipər]라고 읽을 때가 많다.
「오늘〔어제〕 신문」 따위는 today's 〔yesterday's〕 paper 라고 한다》
Is there anything interesting in *today's paper?*
오늘신문에 무슨 재미있는 것이 있읍니까?

N

***next** [nékst 넥스트]

[형] 1. **다음의**

I shall go there *next* Sunday.

나는 다음 일요일에 그 곳에 갈 예정이다.

next Monday (또는 on Monday *next*) 다음 월요일에

《현재로부터 보아 「다음의…」라는 경우에는 the를 붙이지 않고, 과거의 어느 때부터 보아서 말할 때에는 the를 붙인다. The *next* morning Babe came to see him. 그 다음 날 아침 베이브(소녀)는 그를 만나러 왔다》

[형] 2. **옆의** (～ *to*)

Mary was sitting *next to* me.

메리는 내 옆에 앉아 있었다.

[부] 다음에

What did you do *next*?

다음에 당신은 무엇을 하였읍니까?

[전] …의 다음〔이웃〕에〔의〕

Our school stands *next* (to) the church.

우리 학교는 교회 옆에 있읍니다.

***nice** [náis 나이스]

[형] (**비교급 nicer** [náisər 나이서], **최상급 nicest** [náisist 나이시스트])

좋은, 멋진(《동》 good)

She sang a *nice* song.

그 여자는 멋진 노래를 불렀다.

We've had a *nice* time this evening.

우리들은 오늘 저녁에 즐거웠읍니다.

They are *nice* people.

그들은 좋은 사람들입니다.

nick·name [níkneim 닉네임]

[명] (**복수 nicknames** [níkneimz 닉네임즈])

별명

His *nickname* was Monkey.

그의 별명은 「원숭이」였다.

***night** [náit 나이트]

[명] (**복수 nights** [náits 나이츠])

밤(해가 진 후부터 해가 돋을 때까지) (《참고》 evening 저녁, 《반》 day 낮)

The moon shines at *night*.

달은 밤에 비칩니다.

They worked *night* and day.

그들은 밤낮으로 일하였다.

last *night* 간밤

tomorrow *night* 내일 밤

the *night* before last 그저께 밤

《숙》 ***all night (long)*** 밤새도록
The wind blew *all night* (*long*).
밤새도록 바람이 불었다.

《숙》 ***from morning till night*** 아침부터 밤까지
He worked *from morning till night*.
그는 아침부터 밤까지 일하였다.

《숙》 ***Good night!***
안녕히 주무십시오.

《숙》 ***have a good night*** 잘 자다
I hope you will *have a good night*.
부디 잘 주무시기를 바랍니다.

---

*no [nóu 노우]

㊀ 1. 아니〔아니오〕(《반》 yes 그래, 예) 《우리 말에서 「예」라고 할 경우에도 대답의 내용이 부정일 경우에는 언제나 no를 사용한다》
Are you an Englishman?
당신은 영국 사람입니까?
No, I am not.
아니오, 영국 사람이 아닙니다.
Aren't you an Englishman?
당신은 영국 사람이 아닙니까?
No, I am not.
예, 영국 사람이 아닙니다.
No, thank you.
아니오, 감사합니다〔필요 없읍니다〕.

㊀ 2. 《비교급의 앞에 써서》 **조금도 …없는**
He is *no* better.
그는 조금도 더 나아지지 않았다.

《숙》 ***no longer*** ～ 이미 …아니다
He is *no longer* a child.
그는 이미 어린애가 아니다.

《숙》 ***no more*** 더 …하지 않다
He will come *no more*.
그는 이제 더 이상 오지 않을 것이다.

《숙》 ***no more than*** ～ 단지 …뿐 (《동》 only)
I had *no more than* one hundred won.
나는 단지 100원 밖에 없었다.

㊎ **조금도 …아닌**
I have *no* money.
나는 돈이 조금도 없다.
He is *no* fool.
그는 결코 바보가 아니다.

**no·bod·y [nóubadi 노우바디]

㊁ **아무도 …않다**
Nobody knows who he is.
아무도 그가 누구인지 모른다.
I found *nobody* in the room.
방에는 아무도 없었다.
There was *nobody* present.
아무도 출석하지 않았다.

**noise [nɔ́iz 노이즈]

㊐ (**복수 noises** [nɔ́iziz 노이지즈]) **소란한 소리,** 잡〔소〕음 (《참고》 sound 소리)

N

Who is making a *noise?*
시끄러운 소리를 내고 있는 게 누구냐?
What is that *noise?*
저 소리는 무엇입니까?

none [nʌ́n 넌]
㊥ **아무도 …아니다, 조금도 …아니다** 《단수, 복수 동형이나 복수로 취급할 때가 많다》
I know *none* of them.
나는 그들 가운데 아무도 모른다.
There were *none* present.
아무도 출석하지 않았다.
None of them were surprised at the news.
그 소식을 듣고 아무도 놀라지 않았다.

***noon** [nú:n 누운]
㊍ **정오**
We have lunch at *noon*.
우리들은 정오에 점심을 먹습니다.

This lesson ends before *noon*.
이 수업은 정오 전에 끝납니다.

****north** [nɔ́:rθ 노오드]
㊍ 《보통 the north 로》 **북** (《반》 south 남)
《숙》 ***in the north of*** ~ …의 북부에
Mt. Pukhan is *in the north of* Seoul
북한산은 서울의 북부에 있다.
《숙》 ***on the north of*** ~ …의 북부에 접하여
Koyang-gun is *on the north of* Seoul.
고양군은 서울의 북부에 접해 있다.

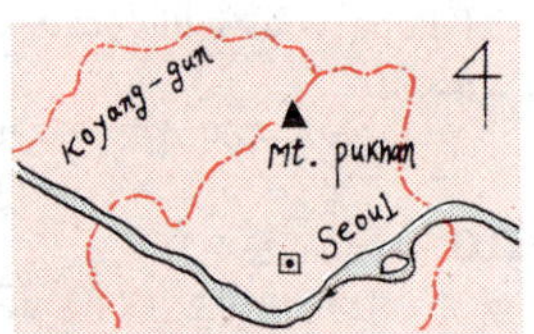

《숙》 ***to the north of*** ~ …의 북방〔쪽〕에
Ch'ŏlwŏn lies *to the north of* Seoul.
철원은 서울의 북방에 있다.
㊞ 북쪽의
There was a *north* wind blowing.
북풍이 불고 있었다.
the *North* Star 북극성
the *North* Sea 북해

****north·east** [nɔ:rθí:st 노오드이이스트]
㊍ 《보통 the northeast 로》 **북동, 북동부〔지방〕**
㊞ **북동의**
㊌ 북동에〔으로〕

Keep to the right.
《게시문》 우측 통행.

**kill [kíl 킬]

㊀ (3 단현 **kills** [kílz 킬즈], 과거 · 과거 분사 **killed** [kíld 킬드], 현재 분사 **killing** [kíliŋ 킬링])
죽이다

A cat *killed* a rat.
고양이가 쥐를 죽였다.

《숙》 ***kill oneself*** 자살하다
He *killed himself* last year.
그는 작년에 자살하였다.

**kil·o·me·ter [kíləmì:tər 킬러미이터]

㊔ (복수 **kilometers** [kíləmì:tərz 킬러미이터즈])
킬로미터

It's 30 *kilometers* northeast from here.
여기서 북동쪽으로 30킬로미터나 된다.

*kind[1] [káind 카인드]

㊏ (비교급 **kinder** [káindər 카인더], 최상급 **kindest** [káindist 카인디스트])
친절한, 온화한

He is a *kind* boy.
그는 친절한 소년입니다.

《숙》 ***It is very kind of you.***
정말 고마운 일이오.

kind[2] [káind 카인드]

㊔ (복수 **kinds** [káindz 카인즈])
종류 (《동》 sort)

What *kind* of cake do you like best?
어떤 종류의 과자를 가장 좋아하십니까?

《숙》 ***a kind of*** ～ 일종의 …, …의 일종
《of 뒤의 명사에는 관사를 붙이지 않는다》

A whale is a *kind* of mammal [mǽml 매믈].
고래는 포유 동물의 일종입니다.

**king [kíŋ 킹]

㊔ (복수 **kings** [kíŋz 킹즈])
왕, 국왕 (《반》 queen 여왕)

A Persian *king* sent a great

K

many soldiers into Greece.
페르시아 왕은 많은 군인들을 그리이스로 보냈다.
The lion is the *king* of all animals.
사자는 모든 짐승의 왕입니다.
《숙》 ***the king of England*** 영국왕
《숙》 ***the King's English*** 표준영어(《동》 the Queen's English)
《kingdom(왕국)의 주권자를 말한다. 또 대중적으로 가장 우수한 사람이나 물건을 말한다. 석유왕, 사자는 짐승의 왕 따위》
《숙》 ***the king's palace*** 왕궁

*kitch·en [kítʃin 키친]

명 (**복수 kitchens** [kítʃinz 키친즈])
부엌

This is our *kitchen.*
이것은 우리의 부엌입니다.

kite [káit 카이트]

명 (**복수 kites** [káits 카이츠])
명 **1.** 솔개
명 **2.** 연
It is joyful to fly a *kite.*
연을 날리는 것은 즐겁다.

knife [náif 나이프]

명 (**복수 knives** [náivz 나이브즈])
나이프, 칼
He cuts the cake with a *knife.*
그는 나이프로 케이크를 자릅니다.
We use these *knives.*
우리들은 이 칼들을 사용한다.

We eat with *knife* and fork.
우리들은 나이프와 포오크로 먹습니다.

knock [nák 낙]

타자 (**3단현 knocks** [náks 낙스], **과거 · 과거 분사 knocked** [nákt 낙트], **현재 분사 knocking** [nákiŋ 나킹])
타 **1. 똑똑 두드리다,** (문을) **노크하다**
She *knocked* the door again.
그녀는 다시 문을 노크했다.

타 **2.** (세게) **치다**
He *knocked* the ball with a bat.
그는 배트로 공을 쳤다.

***nose** [nóuz 노우즈]

㊔ (**복수 noses** [nóuziz 노우지즈])
코

The elephant is picking up peanuts with its long *nose.*
코끼리가 긴코로 땅콩을 집어올리고 있읍니다.
We smell with our *nose.*
우리는 코로 냄새를 맡습니다.

***not** [nát 낫]

㊕ 1. **…아니다** 《be 동사·조동사의 바로 뒤에서 이 말을 부정한다》
It is *not* a desk.
그것은 책상이 아니다.
㊕ 2. 《부정사, 분사를 부정할 때는 그 바로 앞에 놓는다》
Tell him *not* to move.
그에게 움직이지 말라고 해라.
《숙》 ***not always*** ~ 반드시 …인 것은 아니다 ⇒ always
《숙》 ***not*** ~ ***at all*** 조금도 …아니다 ⇒ all
《숙》 ***not*** ~ ***but*** ~ …이 아니고 …이다 ⇒ but
《숙》 ***not only*** ~, ***but*** (***also***) ~ …뿐만 아니라 …도 또한 …이다 ⇒ also
《숙》 ***not so*** ~ ***as*** ~ …처럼 …않다 ⇒ so

***note·book** [nóutbuk 노우트북]

㊔ (**복수 notebooks** [nóutbuks 노우트북스])
노우트, 필기장

Have you a *notebook?*
노우트를 가지고 계십니까?

***noth·ing** [nʌ́θiŋ 너딩]

㊔ **아무 것도 …아니다** 《형용사는 뒤에 온다》
I have *nothing.*
나는 아무 것도 가지고 있지 않다.
He said *nothing* to me.
그는 나에게 아무 말도 하지 않았다.
I have heard *nothing* important.
나는 중요한 것은 아무 것도 듣지 않았다.
《숙》 ***for nothing*** 거저, 무료로
I got this book *for nothing.*
나는 이 책을 거저 받았다.
《숙》 ***nothing but*** ~ …외에 아무 것도 아니다, …에 불과하다 (《동》 only)
We can see *nothing but* water.
물 밖에 아무 것도 보이지 않는다.

N

***now** [náu 나우]

㊊ **1. 지금**

It is nine o'clock *now.*

지금 아홉시입니다.

What are you doing *now?*

지금 무엇을 하고 계십니까?

He came back just *now.*

그는 방금 돌아왔읍니다.

㊊ **2. 자**

Now, let's go.

자, 갑시다.

Now listen to me.

자, 들어봐.

Now, open your books at page twelve.

자, 책의 12페이지를 펴시오.

《숙》 ***now and then*** 때때로, 가끔

It is pleasant to go out into the country *now and then.*

가끔 시골에 가는 것은 즐거운 일이다.

㊔ 지금

Now is the time to study.

지금은 공부할 시간이다.

****num·ber** [nʌ́mbər 넘버]

㊔ (**복수 numbers** [nʌ́mbərz 넘버즈])

수, 번호

The *number* of pupils is getting larger and larger.

학생 수는 점점 늘어가고 있다.

Number, please.

번호를 말씀해 주세요. 《전화 교환수의 말》

《숙》 ***a great***(또는 ***large***) ***number of*** ~ 대단히 많은 …

New York has *a great* (또는 *large*) *number of* people.

뉴욕에는 인구가 대단히 많다.

《숙》 ***a number of*** ~ 다수의…, 얼마간의

A number of boys and girls were playing there.

여러 소년 소녀가 거기서 놀고 있었다.

***nurse** [nə́:rs 너어스]

㊔ (**복수 nurses** [nə́:rsiz 너어시즈])

㊔ **1. 유모,** 보모

㊔ **2. 간호원**

She is a *nurse.*

그 여자는 간호원입니다.

N

⁂oak [óuk 오우크]
㉮ (복수 **oaks** [óuks 오우크스])
참나무, 떡갈나무, 오우크 나무
The owl is resting in a big *oak* tree.
그 올빼미는 큰 오우크 나무에서 쉬고 있다.

⁂o·cean [óuʃən 오우션]
㉮ (복수 **oceans** [óuʃənz 오우션즈])
대양, 대해
the Pacific *Ocean* 태평양
the Atlantic *Ocean* 대서양

We sailed the Indian *Ocean*.
우리들은 인도양을 항해하였다.

***o'clock** [əklák 어클락]
㉮ …시 《of the clock의 단축형》
It is just ten *o'clock*.
정각 10시 입니다.

the seven *o'clock* train 7시 출발의 기차

***of** [əv 어브, (강) áv 아브]
㉹ 1. 《소유·소속》 **…의**
We are students *of* this school.
우리들은 이 학교의 학생입니다.
㉹ 2. 《관계》 **…에 대〔관〕하여**(《동》 about)
I have never heard *of* it.
나는 그것에 대하여 들은 적이 없읍니다.
㉹ 3. 《재료》 …의, **…으로**, …제의 (《참고》 from)

This bridge is made *of* stone.
이 다리는 돌로 만들어졌다.

(전) 4. 《부분》 …가운데의, **…가운데서**

He is youngest *of* the three boys.
그는 세 소년 가운데서 가장 나이가 어리다.

(전) 5. 《동격》 …라는

He lives in the city *of* San Francisco.
그는 샌프란시스코우라는 도시〔샌프란시스코우시〕에 살고 있다.

(전) 6. 《그릇·분량》 …이 들어 있는

Give me a glass *of* water.
한 컵의 물을 주십시오.

(전) 7. 《행위자》 …의, …에 의하여

It is very kind *of* you to say so.
그렇게 말씀하여 주시니 매우 친절 하십니다.

(전) 8. 《원인》 …으로, …때문에

He died *of* hunger.
그는 굶주림으로 죽었다(굶어 죽었다).

《숙》 ***of course*** 물론

Of course I like him.
물론 나는 그이를 좋아한다.

《숙》 ***out of*** ~ …의 밖에, …로 부터

He came *out of* his house.
그는 집으로부터 나왔다.

---

*off [ɔ́:f 오오프]

(부) 1. **떨어져서**, 저 편에, 멀리, **떠나서**

He went *off*.
그는 떠나버렸다.
I will go to see him *off*.
그를 전송하러 가겠읍니다.

(부) 2. 떨어져, 벗어서 (《반》 on 접하여, 붙여서)

He got *off* the train at Yongsan Station.
그는 용산역에서 기차를 내렸다.
Take *off* your coat.
웃옷을 벗으십시오.

(전) …에서 떨어져서, …으로부터

An apple fell *off* the tree.
사과가 나무에서 떨어졌다.
Keep *off* the grass.
잔디(밭)에 들어가지 마시오.

《숙》 ***put off*** 연기하다

Don't *put off* till tomorrow what you can do today.
《속담》 오늘 할 일을 내일로 미루지 말라.

---

*of·fer [ɔ́:fər 오오퍼]

(타)(자) (**3단현 offers** [ɔ́:fərz 오오퍼즈], **과거·과거 분사 offered** [ɔ́:fərd 오오퍼드], **현재 분사 offering** [ɔ́:fəriŋ 오오퍼링])

(타) 1. **제공하다, 내놓다,** 권하다

He *offered* his father a glass of beer.

그는 아버지에게 한 잔의 맥주를 권했다.

He *offered* his life for his country.
그는 나라를 위하여 그의 생명을 내놓았다.

㊍ 2. 말하고 나서다, 제의하다
My friends *offered* to show me round the city.
내 친구들이 나에게 시가를 보여 주겠다고 말했다.
She *offered* to give me a gift.
그 여자는 나에게 선물을 주겠노라고 말했다.

***of·fice** [ɔ́:fis 오오피스]
㊔ (**복수** [ɔ́:fisiz 오오피시즈])
㊔ **1. 관청**
the Foreign *Office* 《영》 외무성
Take this package to the post *office*.
이 소포를 우체국으로 가져가게.
㊔ **2. 사무실**, 회사

Father goes to his *office* at nine.
아버지는 9시에 출근하신다.
She is working in the *office*.
그녀는 사무실에서 일하고 있다.

***of·ten** [ɔ́:fən 오오펀]
㊇ (**비교급 oftener** [ɔ́:fənər 오오퍼너], **최상급 oftenest** [ɔ́:fənist 오오퍼니스트])
빈번히, 자주
How *often* do you go to the movies?
당신은 얼마나 자주 영화를 보러 가십니까?
Do you meet her *often*?
너는 그녀를 자주 만나니?

***oh** [óu 오우]
㊌ **오! 어머나!** 《놀람·고통·비난·부름 따위의 말》
Oh, what a nice book it is!
오, 얼마나 좋은 책이냐!

***oil** [ɔ́il 오일]
㊔ (**복수 oils** [ɔ́ilz 오일즈])
㊔ **1. 기름**, 석유
Look at the *oil* on top of the water.
물위에 있는 기름을 보아라.

O

㊔ 2. 《복수형으로 하여》 유화용 그림 물감

He paints in *oils*.

그는 유화를 그린다.

*O.K. [óukéi 오우케이]

㊔㊕ 《미구어》 **좋다, 됐다**

《OK 라고도 쓴다》 (《동》 all right)

That's *O. K.*

그것으로 좋다.

《all correct 의 약어로서 미국의 회화어》

*okay [óukéi 오우케이]

=O. K.

*old [óuld 오울드]

㊔ (**비교급 older** [óuldər 오울더], **최상급 oldest** [óuldist 오울디스트], 형제의 손위, 손아래의 순서를 나타낼 때는 **비교급 elder** [éldər 엘더], **최상급 eldest** [éldist 엘디스트])

㊔ 1. **늙은** (《반》 young 젊은)

His grandmother is *old*.

그의 할머니는 늙으셨다.

㊔ 2. …살의

How *old* are you?

당신은 몇 살입니까?

I am fourteen years *old*.

나는 열네 살입니다.

㊔ 3. 헌, 옛부터의

My *old* coat is too small.

나의 헌 웃옷은 너무 작다.

He is an *old* friend of mine.

그는 나의 옛 친구다.

O

*on [ɑ́n 안]

㊀ 1. 《위치》 **…의 위에** (《참고》 above …의 위쪽에, over …의 위편에)

There is a vase *on* the table.

테이블 위에 화병이 있읍니다.

㊀ 2. 《접촉》 몸에 붙여〔지녀〕

She put a ring *on* her finger.

그 여자는 손가락에 반지를 꼈다.

㊀ 3. 《때》 …일〔날〕에

We go to church *on* Sunday.

우리는 일요일에 교회에 간다.

㊀ 4. 《방향》 …에, …의 곁에

London is *on* the Thames.

런던은 테임즈강가에 있다.

㊀ 5. 《관계》 …에 관하여

Here is a book *on* animals.

여기에 동물에 관한 책이 있다.

㊀ 6. 《방법 · 상태》 …하여, …하고

I go to school *on* foot.

나는 걸어서 통학하고 있읍니다.

The house is *on* fire.

그 집은 불에 타고 있읍니다.

㊀ 7. …하자마자 (~ do*ing*)

On hear*ing* the news, she started for home.

그 소식을 듣자마자 그 여자는 집으로 출발하였다.

㊕ 1. 위에〔로〕

He jumped *on* to the stage.
그는 무대로 뛰어 올라갔다.

㊇ 2. 계속하여
He walked *on*.
그는 줄곧 걸었다.
Please go *on* with your story.
제발 당신의 이야기를 계속해 주십시오.

㊇ 3. 몸에 붙여〔지녀〕
He has a new hat *on*.
그는 새 모자를 쓰고 있다.

《숙》 ***and so on*** …등등, …따위

****once** [wʌ́ns 원스]

㊇ **1. 한 번** (《동》 one time)
He writes to his parents *once* a week.
그는 부모님께 1주일에 한 번 편지를 쓴다.

Try it *once* more(또는 again).
한 번 더 해보시오.

㊇ 2. **(이)전에,** 예전에
Once there lived a noble king.
예전에 한 고귀한 왕이 계셨다.
I *once* read it in a book.
나는 전에 그것을 책에서 읽었다.

《숙》 ***once for all*** 한 번만, 딱 잘라
I will decide this question *once for all*.
나는 이 문제를 딱 잘라 결정짓겠읍니다.

《숙》 ***once upon a time*** 옛날에
Once upon a time, there was a poor girl.
옛날 옛적에 한 불쌍한 소녀가 있었다.

㉚ 한 번〔일단〕…한다면, …한 이상은
Once you cross the river, you are safe.
일단 이 강을 건너면 당신은 안전합니다.

㊂ 한 번, 1회

《숙》 ***all at once*** 돌연, 갑자기 (《동》 suddenly), 모두 한꺼번에
All at once the sky became dark.
갑자기 하늘이 어두워졌다.

《숙》 ***at once*** 곧, 동시에, 한꺼번에
Go *at once*.
곧 가시오.
Why don't you get all the eggs from the hen *at once?*
닭에서 계란을 한꺼번에 모두 꺼내지 그러니?
All the three boys spoke *at once*.
세 소년이 모두 한꺼번〔동시〕에 이야기하였다.

O

****on·ly** [óunli 오운리]

㊧ **단 하나의** (《동》 single)
He has an *only* son.
그는 외아들이 있다.
You are the *only* boy that I

can believe.
내가 믿을 수 있는 소년은 너 하나뿐이다.

[부] **단지, 겨우**
We can see *only* one tree on the hill.
언덕 위에는 나무가 단지 한 그루밖에 없다.

It is *only* nine o'clock.
겨우 아홉 시이다.

《숙》 ***have only to*** (do) 다만 …하기만 하면 된다
You *have only to* stay here.
당신은 이곳에 있기만 하면 된다.

《숙》 ***not only ~ but (also) ~*** …뿐만 아니라 …도 또한 ⇒ also

***o·pen** [óupən 오우펀]
[타][자] (**3 단현 opens** [óupənz 오우펀즈], **과거·과거 분사 opened** [óupənd 오우펀드], **현재 분사 opening** [óupəniŋ 오우퍼닝])
[타] **열다**, 펴다(《반》 shut, close 닫다)
Open the door, please.
문을 열어 주십시오.
[자] 열리다
The door *opened.*
문이 열렸다.
[형] **1. 열린**, 열려 있는
The gate is *open.*
그 문은 열려 있다.
[형] **2.** 넓은
An *open* sea appeared before us.
넓은 바다가 우리들 앞에 나타났다.

***or** [ər 어, (강) ɔ́:r 오오]
[접] **1. 혹은, 또는**
After dinner, we watch TV *or* listen to music.
저녁 식사 후에 우리는 TV를 보거나 음악을 듣습니다.
[접] **2.** 《명령문 뒤에서》 **그렇지 않으면**
Hurry up, *or* you will be late for school.
서둘러라, 그렇지 않으면 학교에 늦을 것이다.

《숙》 ***either ~ or ~*** …이든 또는 …(둘중의 어느 것)이든 (선택을 말한다) ⇒ either

---

***or·ange** [ɔ́:rindʒ 오오린지]
[명] (**복수 oranges** [ɔ́:rindʒiz 오오린지즈])
오렌지, 오렌지색
[형] 오렌지의, 오렌지빛의

---

or·der [ɔ́:rdər 오오더]
[타] (**3 단현 orders** [ɔ́:rdərz 오오더즈], **과거·과거 분사 ordered** [ɔ́:rdərd 오오더드], **현재 분사 ordering** [ɔ́:rdəriŋ 오오더링])
[타] **1. 명령하다**
He *ordered* us to go home.

O

그는 우리들에게 집으로 가라고 명령했다.

[타] 2. 주문하다

I *ordered* ice cream.

나는 아이스 크리임을 주문하였다.

[명] 1. 《복수형으로 하여》 **명령**

He gave *orders* that we should go home at once.

우리들은 곧 집으로 돌아가라고 그는 명령하였다.

[명] 2. 순서, 질서

Everything in the kitchen is in good *order*.

부엌에 있는 모든 것이 잘 정돈되어 있다.

《숙》 ***in order to*** (do) …하기 위하여

Study hard *in order to* pass the test.

시험에 합격하기 위하여 열심히 공부하십시오.

《숙》 ***out of order*** 흐트러져〔질서에서 벗어나서〕, 고장이 나서

My watch is *out of order*.

내 시계는 고장이 나 있다.

or·phan [ɔ́ːrfən 오오펀]

[명] (**복수 orphans** [ɔ́ːrfənz 오오펀즈])

고아

an *orphan* asylum 고아원

*oth·er [ʌ́ðər 어더]

[형] **다른**

I saw him the *other* day.

나는 일전에 그를 만났다.

This shirt is too big, so please show me some *other* ones.

이 샤쓰는 너무 크니, 다른 샤쓰를 보여주십시오.

I have books, model airplanes, and many *other* things in my small room.

나는 나의 작은 방안에 책들과 모형 비행기들 그리고 많은 다른 것들을 가지고 있읍니다.

《숙》 ***every other day*** 하루 걸러서

I meet him *every other day*.

나는 그를 하루 걸러 만난다.

[대] 다른 사람〔물건〕, 나머지 한쪽

Be kind to *others*.

타인에게 친절해라.

《숙》 ***each other*** 서로 ⇒ each

They loved *each other*.

그들은 서로 사랑하였다.

They saw *each other* every day.

그들은 서로 매일 만났다.

《each other 는 두 사람의 경우이고 세 사람 이상의 경우에는 「서로」의 뜻으로 one another 를 쓴다》

《숙》 ***one ~ the other ~*** 한 쪽은 … 다른 한 쪽은 … ⇒ one

We have two cats. *One* is black and *the other* is white.

우리는 두 마리의 고양이를 기르

O

고 있다. 한 마리는 검은 고양이이고 다른 한 마리는 흰 고양이다.

*__out__ [áut 아우트]

㊕ 1. 밖에〔으로〕(《반》in 안으로)

I go *out* and play.

나는 밖에 나가서 놉니다.

Father is *out* now.

아버지는 지금 외출하고 안 계십니다.

㊕ 2. 꺼져서

The fire is *out*.

불이 꺼져 있다.

He put *out* the light.

그는 불을 껐다.

㊕ 3. 전혀, 아주

She was tired *out*.

그 여자는 아주 지쳤다.

《숙》 ***out of*** ~

1. …으로부터, …의 밖으로

He went *out of* the house.

그는 집밖으로 나갔다.

2. …을 사용하여

We can make many things *out of* paper.

우리들은 종이로 여러가지 물건을 만들 수 있다.

3. …가운데

Only three *out of* nine men were safe.

아홉 사람 가운데 세 사람만이 무사하였다.

*__out·side__ [áutsáid 아우트사이드]

㊔ 1. 바깥쪽 (《반》inside 안쪽)

The *outside* of the box is painted white.

상자 바깥쪽은 하얗게 칠해져 있다.

㊔ 2. 외관, 표면, 겉모습

㊗ 바깥쪽의, 외부의

The train is running on the *outside* track[træk 트랙].

기차가 바깥쪽의 궤도를 달리고 있다.

㊞ [autsáid 아우트사이드]…**의 밖에**

He is standing *outside* the gate.

그는 문 밖에 서 있다.

There was no one *outside* the house.

집 밖에는 아무도 없었다.

O

㊙ 밖에〔으로〕
Let's go *outside*.
밖에 나가자.
It is getting cold *outside*.
(집) 바깥은 점점 추워진다.

*o·ver [óuvər 오우버]

㊙ 1. **…의 위에** (《반》 under …의 밑에)
There is a wooden bridge *over* the stream.
시내 위에 나무 다리가 놓여 있다.

㊙ 2. **…을 넘어서**
We traveled *over* the hills.
우리들은 언덕을 넘어 여행하였다.

㊙ 3. **…이상** (《동》 more than)
He stayed here *over* a week.
그는 1주일 이상 이곳에 체재하였다.

㊙ 4. …전면〔일대〕에
He traveled all *over* the world.
그는 온 세계를 여행하였다.

㊙ 5. …에 관하여
We talked *over* old times.
우리들은 옛적에 관하여 이야기 하였다.

㊙ 1. 넘어서, 저 편으로
She went *over* to Europe.
그 여자는 멀리 유럽으로 갔다.

㊙ 2. 끝나서, 지나고
School is *over* at three.
우리 학교는 3시에 끝난다.
All is *over*.
만사는 끝났다.
At last, the summer was *over* and the winter came.
마침내 여름이 지나고 겨울이 왔읍니다.

《숙》 ***over again*** 다시 한 번
Do it *over again*.
그것을 다시 한 번 하시오.

《숙》 ***over and over again*** (자꾸 자꾸) 되풀이하여
She sang the song *over and over again*.
그 여자는 그 노래를 (자꾸자꾸) 되풀이하였다.

**o·ver·coat [óuvərkout 오우버코우트]

㊙ (**복수 overcoats** [óuvərkouts 오우버코우츠])
외투, 오우버

owl [ául 아울]

㊙ (**복수 owls** [áulz 아울즈])
〖조류〗 부엉이

**own [óun 오운]

㊙ 1. **자기자신의**
I go to my office in my *own* car.
나는 내 자신의 차를 타고 통근한다.

㊙ 2. 특유의

Do it your *own* way.
자네의 독자적인 방법으로 그것을 하게.

㊐㊉ (**3단현 owns** [óunz 오운즈], **과거·과거 분사 owned** [óund 오운드], **현재 분사 owning** [óuniŋ 오우닝])
소유하다, 자인하다, 고백하다

own·er [óunər 오우너]
㊔ (**복수 owners** [óunərz 오우너즈])
소유자, 임자
The house *owner* is kind to us.
그 집주인은 우리에게 친절하다.

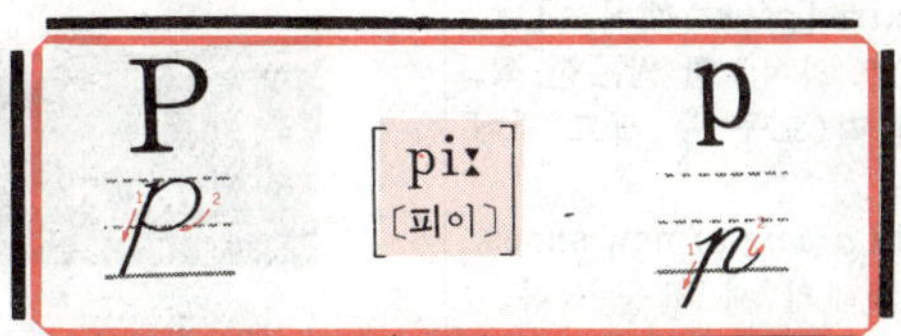

page [péidʒ 페이지]
명 (**복수 pages**[péidʒiz 페이지즈])
(책의) **페이지**
I read a few *pages* yesterday.
나는 어제 서너 페이지를 읽었다.
Please open your books at *page* 37.
37 페이지를 펴십시오.

pa·go·da [pəgóudə 퍼고우더]
명 (**복수 pagodas** [pəgóudəz 퍼고우더즈])
(동양 여러 나라의) **탑**, 파고다
The temple is filled with *pagodas*.
그 절은 탑들로 가득 차 있다.

paint [péint 페인트]
타 (**3 단현 paints** [péints 페인츠], **과거 · 과거 분사 painted** [péintid 페인티드], **현재 분사 painting** [péintiŋ 페인팅])
타 **1.** (그림용 물감으로) **그리다**
(《참고》 draw (연필이나 펜 따위로) 그리다)
He *painted* her picture.
그는 그녀의 그림을 그렸다.
타 **2.** (페인트를) **칠하다**
He *painted* the wall white.
그는 벽을 희게 칠하였다.
명 (**복수 paints** [péints 페인츠])
명 **1.** (그림) **물감** (《동》 color)
Have you a box of *paints?*
(그림) 물감 상자를 가지고 계십니까?
명 **2.** 페인트
Wet (또는 Fresh) *paint*.
《게시문》 페인트 주의. 칠주의.

paint·ing [péintiŋ 페인팅]
명 (**복수 paintings** [péintiŋz 페인팅즈])
명 **1.** 그림, 그림그리기
I am fond of *painting*.
나는 그림그리기를 좋아한다.
명 **2.** 페인트 칠하기

pair [pɛ́ər 페어]
㊔ (복수 **pairs** [pɛ́ərz 페어즈])
《***a pair of*** 로 하여》 **한 쌍, 한 짝, 한 켤레, 한 벌**(모두 두 개로 되어 있는 것)
He bought *a pair of* new shoes.
그는 한 켤레의 새 신을 샀다.

pal [pæl 팰]
㊔ (복수 **pals** [pælz 팰즈])
《구어》 친한 친구
I have a pen *pal* in America.
나는 미국에 서신 교환을 하고 있는 친구가 있습니다.

****pal·ace** [pǽlis 팰리스]
㊔ (복수 **palaces** [pǽlisiz 팰리시즈])
궁전
The king lived in the large *palace*.
그 왕은 큰 궁전에서 살았다.

***pants** [pænts 팬츠]
㊔ 《복수》 바지
She always wears skirts and blouses, but I always wear *pants* and shirts.
그녀는 항상 스커어트와 블라우스를 입지만 나는 항상 바지와 샤쓰를 입습니다.

***pa·per** [péipər 페이퍼]
㊔ (복수 **papers** [péipərz 페이퍼즈])
㊔ **1. 종이**
David got a big piece of *paper*.
데이빗은 커다란 종이 한 장을 가져왔습니다.

㊔ **2.** 신문 (《동》 newspaper)
What *paper* do you take in?
당신은 어떤 신문을 구독하고 계십니까?

***par·ent** [pɛ́(:)rənt 페(에)

런트]
㉮ (복수 parents [pέ(:)rənts 페(에)런츠])
어버이(아버지 또는 어머니), 《복수형으로 하여》 **양친**

My *parents* are very old.
나의 양친은 대단히 연세가 많으시다.

****park** [pá:rk 파아크]
㉮ (복수 parks [pá:rks 파아크스])
㉮ 1. **공원, 유원지**

Father took me to Pagoda *Park*.
아버지는 나를 파고다 공원으로 데리고 갔다.

We played baseball in the *park*.
우리는 공원에서 야구를 하였다.

㉮ 2. **자동차 주차장**

***par·rot** [pǽrət 패럿]
㉮ (복수 parrots [pǽrəts 패러츠])
〖조류〗 **앵무새**

I saw a *parrot* talking on TV.
나는 TV에서 앵무새가 말하고 있는 것을 보았다.

****part** [pá:rt 파아트]
㉮ (복수 parts [pá:rts 파아츠])
㉮ 1. **부분** (《반》 whole 전체)

In-ho ate a *part* of the apple pie.
인호는 애플파이의 한 부분을 먹었다.

Which *part* do you like best?
당신은 어느 부분을 가장 좋아하
니까?

㉮ 2. **역(役), 역할, 본분**

He played the *part* of Har
[hǽmlit 햄릿].
그는 햄릿의 역을 하였다.
I will do my *part* well.
나는 나의 본분을 훌륭히
읍니다.
For my *part*, I agre
plan.
저로서는 그 계획에 동

P

《숙》 ***take part in*** …에 참가하다
I *took part in* the garden party.
나는 그 원유회에 참가하였다.
[자] (3단현 **parts** [pá:rts 파아츠], 과거·과거 분사 **parted** [pá:rtid 파아티드], 현재 분사 **parting** [pá:rtiŋ 파아팅])
헤어지다

par·ty [pá:rti 파아티]
[명] (복수 **parties** [pá:rtiz 파아티즈])
[명] **1. 짝, 패, 일행**
Mr. Song and his *party* went there.
송씨 일행은 그곳으로 갔다.
[명] **2. 회합, 파아티**
They came to her tea *party*.
그들은 그녀의 티이파아티에 왔다.

《숙》 ***give*** (또는 ***hold***) ***a party*** 파아티를 열다
He *gave a* garden *party* for his friends.
그는 친구들을 위하여 원유회를 열었다.
[명] **3. 정당, 당파**
a *party* government 정당 내각

pass [pæs 패스]
[타][자] (3단현 **passes** [pǽsiz 패시즈], 과거·과거 분사 **passed** [pæst 패스트], 현재 분사 **passing** [pǽsiŋ 패싱])
[자] **1. 지나가다, 통과하다**
He *passed* through the crowd.
그는 군중 속을 지나갔다.
Please call if you are *passing*.
지나는 길에 들려 주십시오.
[자] **2.** (때가) **지나다**〔**경과하다**〕
Three days have *passed*.
3일이 지났다.
Time *passed* very quickly.
시간이 매우 빨리 지났다.
[타] **1. 지나가다**
A car *passed* me.
자동차가 내 옆을 지나갔다.

[타] **2.** (시험에) **합격하다** (《반》 fail 실패하다)
She *passed* the entrance examination.
그 여자는 입학 시험에 합격하였다.
[타] **3. 넘겨 주다**
Please *pass* me the butter.
버터를 집어 주십시오.《식탁에서》
[타] **4. 지내다**
We *passed* a night in the hut.
우리들은 오두막집에서 하룻밤을 지냈다.

***pas·sen·ger** [pǽsndʒər 패슨저]
명 (복수 **passengers** [pǽsndʒərz 패슨저즈])
승객, 통행인, 여객
a *passenger* train 여객 열차
a *passenger* boat 객선
a *passenger* plane 여객기
This car carries six *passengers*.
이 자동차는 6인승입니다.

He had fun with the animal *passengers*.
그는 동물 승객들과 장난을 했다.

past [pǽst 패스트]
형 **지나간, 과거의**
They have been in Seoul for the *past* five years.
그들은 지난 5년간 서울에 있었다.
명 **과거** (《반》 future 미래, present 현재)
He was poor in the *past*.
그는 과거에는 가난했다.
전 1. (시간이) 지나서
It is five minutes *past* the time for class to begin.
수업 시작 시간이 5분이나 지났다.
전 2. …을 **지나서, 넘어서**
She walked *past* my house.
그 여자는 나의 집을 지나서 걸어갔다.

***pay** [péi 페이]
타자 (3단현 **pays** [péiz 페이즈], 과거 과거 분사 **paid** [péid 페이드], 현재 분사 **paying** [péiiŋ 페이잉])
타 1. (돈을) **지불하다**
I *paid* 10 dollars for this cap.
나는 이 모자에 10달러를 지불했다.

타 2. (경의·주의 따위를) 기울이다, 표하다
Pay attention to your teacher.
선생님 말씀에 주의하시오.
자 **치르다**
Tom is paying for his book.
톰은 책값을 치르고 있다.
명 **지불, 임금, 급료**
Father receives his *pay* on the 25th of every month.
아버지는 매달 25일에 봉급을 타신다.

***peace** [pí:s 피이스]
명 **평화** (《반》 war 전쟁)
We want *peace*, not war.
우리들은 평화를 바라지 전쟁은

바라지 않는다.

He worked for international *peace*.

그는 국제 평화를 위해서 일했다.

《숙》 ***be at peace with*** ~ …와의 사이가 좋다

We *are* now *at peace with* all the world.

우리 나라는 지금 세계 각국과 평화 상태에 있다.

《숙》 ***make peace with*** ~ …와 화해하다

They *made peace with* the enemy.

그들은 적과 화해하였다.

***pea·nut** [pí:nʌt **피**이넛]

㉠ (**복수 peanuts** [pí:nʌts **피**이너츠])

〖식물〗 낙화생, 땅콩

***pen** [pén **펜**]

㉠ (**복수 pens** [pénz **펜**즈])

펜

Write your address with *pen* and ink.

당신의 주소를 펜으로 쓰시오.

I filled my fountain *pen* with blue ink.

나는 만년필에 푸른 잉크를 넣었다.

I have many *pen* friends(또는 pals) all over the world.

나는 온 세계에 펜팔이 많다.

***pen·cil** [pénsl **펜**슬]

㉠ (**복수 pencils** [pénslz **펜**슬즈])

연필

Put your *pencils* into the *pencil* case.

연필을 필통에 넣으시오.

Our teacher marked the paper with a red *pencil*.

선생님은 답안을 붉은 색연필로 채점하셨다.

pen·guin [péŋgwin **펭**귄]

㉠ (**복수 penguins** [péŋgwinz **펭**귄즈])

〖조류〗 펭귄

***peo·ple** [pí:pl **피**이플]

㉠ **1.** 《집합 명사》 **사람들, 세상 사람들**

People say that he is very wise.

그는 대단히 현명하다고들 한다.

In the Civil War, the southern *people* fought with the northern *people* for five years.

남북 전쟁 당시에 남부 사람들은

P

5년간 북부 사람들과 싸웠다.
We can see a large crowd of *people* in the square.
광장에 많은 사람들이 모여 있는 것이 보인다.

[명] 2. **인민, 민중**
All the *people* welcomed the queen.
온 민중이 여왕을 환영하였다.
[명] 3. **국민, 민족** 《이 경우에 복수형은 peoples [pí:plz **피이플즈**]》
The Korean *people* are very polite.
한국 국민은 매우 예의 바르다.

per·haps [pərhǽps 퍼햅스]

[부] **아마,** 어쩌면 (《동》 probably, maybe)
Perhaps that is true.
아마 그것은 사실일 거야.

per·son [pə́:rsn 퍼어슨]

[명] (**복수 persons** [pə́:rsnz **퍼어슨즈**])
[명] 1. 《남녀 어느 쪽에도 사용하여》 **사람, 개인** (《참고》 personal [pə́:rsnl **퍼어스늘**] 개인의)
They are nice *persons*.
그들은 좋은 사람들이다.

[명] 2. 〖문법〗 **인칭**
the first〔second, third〕 *person* 1〔2, 3〕인칭 《I〔we〕는 제 1인칭 단수〔복수〕, you는 제 2인칭 단수·복수 동형, he, she, it〔they〕은 제 3인칭 단수〔복수〕》
《숙》 ***in person*** 몸소
The king went there *in person*.
왕은 그곳에 몸소 갔다.

phone [fóun 포운]

[타][자] (**3단현 phones** [fóunz **포운즈**], **과거·과거 분사 phoned** [fóund **포운드**], **현재 분사 phoning**[fóuniŋ **포우닝**])
전화를 걸다
Will you *phone* me?
전화걸어 주시겠읍니까?
[명] **전화(기)** (《동》 telephone)
《숙》 ***speak on***(또는 ***over***) ***the phone*** 전화로 이야기〔말〕하다

She is *speaking* with him *on the phone.*

그 여자는 전화로 그와 이야기하고 있다.

***pian·ist** [piǽnist 피애니스트]
㊔ (**복수 pianists** [piǽnists 피애니스츠])
피아니스트, 피아노 연주자
She is a famous *pianist*.
그 여자는 유명한 피아니스트다.

***pian·o** [piǽnou 피애노우]
㊔ (**복수 pianos** [piǽnouz 피애노우즈])
피아노
It's a *piano*.
그것은 피아노입니다.

She can play the *piano*.
그 여자는 피아노를 칠 줄 안다.

***pick** [pík 픽]
㊕㊛ (**3단현 picks** [píks 픽스], **과거·과거 분사 picked** [píkt 픽트], **현재 분사 picking** [píkiŋ 피킹])
㊕ **1.** 쑤시다, 후비다
He is *picking* his teeth.
그는 이를 쑤시고 있다.
㊕ **2. 따다,** 꺾다
She is *picking* flowers in the garden.
그 여자는 정원에서 꽃을 꺾고 있다.

㊕ **3. 고르다, 뽑다**
The best members were *picked* out of many players.
많은 선수들 가운데서 가장 우수한 사람들이 뽑혔다.
㊕ **4. 줍다**
The boy *picked* up a purse in the street.
그 소년은 거리에서 지갑을 주웠다.
㊛ 쪼다
The bird *picked* at the feed.
그 새는 모이를 쪼았다.

****pic·nic** [píknik 피크닉]
㊔ (**복수 picnics** [píkniks 피크닉스])
피크닉, 소풍 《소풍 가서 야외에서 도시락을 먹는 일》(《참고》 journey, trip, travel 여행)
We all went on a *picnic* last

Sunday.
우리 모두 지난 일요일에 소풍을 갔다.
We ate sandwiches at the *picnic.*
우리들은 소풍가서 샌드위치를 먹었다.

***pic·ture** [píktʃər 픽처]
명 (복수 **pictures** [píktʃərz 픽처즈])
명 **1. 그림, 회화** (《동》 painting, drawing)
There are many *pictures* on the wall in her classroom.
그녀의 교실 안 벽에는 많은 그림들이 있습니다.

In-ho is drawing a new *picture.*
인호는 새로운 그림을 그리고 있다.
명 **2. 사진** (《동》 photograph)
My brother likes to take *pictures.*
형은 사진 찍기를 좋아한다.
명 **3.** 《the를 붙이고 복수형으로 하여》 **영화**
Let's go to the *pictures.*
영화 보러 갑시다.

***piece** [pí:s 피이스]
명 (**복수 pieces** [pí:siz 피이시즈])
《a piece of로 하여 보통 복수형이 없으며 셀 수 없는 것을 세기 위하여 사용된다》
한 조각
The child ate *a piece of* bread.
그 아이는 한 조각의 빵을 먹었다.
The glass broke into *pieces.*
유리컵은 산산이 부서졌다.

****pig** [píg 피그]
명 (**복수 pigs** [pígz 피그즈])
〖동물〗 돼지
The farmer keeps *pigs.*
그 농부는 돼지를 기르고 있읍니다.

pi·lot [páilət 파일럿]
명 (**복수 pilots** [páiləts 파일러츠])
명 **1. 수로 안내인** (배가 항구에 출입하면 배 안으로 들어와서 수로

를 안내하는 사람)
The *pilot* will take this ship into the harbor.
저 수로 안내인이 이 배를 항구로 안내할 것입니다.

명 2. (비행기 따위의) **조종사**
I want to be a *pilot* in future.
나는 장래에 조종사가 되고 싶다.
An American *pilot* flew that plane.
미국 조종사가 그 비행기를 조종하였읍니다.

pink [píŋk 핑크]

명 (**복수 pinks** [píŋks 핑크스])
명 1. 〖**식물**〗 **패랭이꽃, 석죽**(石竹), **핑크**
Pinks smell sweet.
패랭이꽃은 향기가 좋다.

명 2. **분홍빛, 핑크색**
형 **분홍빛의**
All the cars were *pink*.
모든 차들은 분홍색이었다.
My sister, Mary, wears *pink* dress.
내 여동생 메리는 분홍빛 옷을 입고 있다.

pipe [páip 파이프]

명 (**복수 pipes** [páips 파이프스])
명 1. **관**(管)
Water comes to our houses through long *pipes*.
긴 수도관을 통하여 물이 우리들의 집에 온다.

명 2. (담배) 파이프, 담뱃대
He has a *pipe* in his mouth.
그는 파이프를 입에 물고 있다.
You will also see a long bamboo *pipe*.
당신은 또한 긴 대나무 담뱃대를 볼 것이다.

**place [pléis 플레이스]

명 (**복수 places** [pléisiz 플레이시즈])
명 1. **장소**, 위치, 토지, 지방
There are many trees in the *place*.
그곳에는 나무가 많이 있다.
I have visited his native *place*.
나는 그의 고향을 찾아가 본 적이 있다.

P

㊔ **2.** 좌석 (《동》 seat)

Go back to your *place* and sit down.

당신 자리로 돌아가서 앉으시오.

We took our *places* at the theater.

우리는 극장에서 좌석에 앉았다.

㊔ **3.** 지위, 신분, 위치

He knows his *place*.

그는 자기의 신분을 잘 알고 있다.

《숙》 ***from place to place*** 여기저기로, 이곳 저곳으로

He traveled *from place to place*, and returned home only yesterday.

그는 여기 저기 여행하다가 어제 막 돌아왔다.

《숙》 ***take place*** 일어나다, 거행되다

An important meeting *took place* last night.

어제 저녁 중요한 회합이 개최되었다.

《숙》 ***take the place of*** …을 대신하다

I will *take the place of* Mr. Jones. (또는 take Mr. Jones' place)

내가 존즈씨를 대신하겠읍니다.

㊉ (**3단현 places** [pléisiz 플레이시즈], **과거 · 과거 분사 placed** [pléist 플레이스트], **현재 분사 placing** [pléisiŋ 플레이싱])

놓다 (《동》 put), 배치하다

Place the model airplane on the shelf.

모형 비행기를 선반 위에 얹어 놓아라.

---

plain [pléin 플레인]

㊗ (**비교급 plainer** [pléinər 플레이너], **최상급 plainest** [pléinist 플레이니스트])

명백한, 평이한, 솔직한, 꾸밈 없는, 질박한 (《동》 simple)

a *plain* fact 명백한 사실

in *plain* English 쉬운 영어로

a *plain* dress 검소한 옷

㊔ 평야, 평원

Marathon is the name of a little *plain*.

마라톤은 작은 평원의 이름이다.

---

plan [plǽn 플랜]

㊔ (**복수 plans** [plǽnz 플랜즈])

㊔ **1. 계획**, 플랜

I made *plans* for the summer vacation.

나는 여름 방학을 보낼 계획을 세웠다.

It is easy to make a good *plan*, but (it is) difficult to realize it.

좋은 계획을 세우기는 쉬우나 그것을 실현하기는 어렵다.

㊔ **2.** 설계도, 도면

P

This is the *plan* for our new home.
이것이 새 우리 집의 설계도이다.

㊀ (3단현 **plans** [plǽnz 플랜즈], **과거·과거 분사 planned** [plǽnd 플랜드], **현재 분사 planning** [plǽniŋ 플래닝])
계획하다
I *plan* to reach there next Monday.
나는 다음 월요일에 거기에 도착할 생각이다.
She is now *planning* her trip.
그 여자는 지금 여행을 계획하고 있다.

plane [pléin 플레인]

㊔ (**복수 planes** [pléinz 플레인즈])
㊔ **1. 비행기** (《동》 airplane)
a passenger *plane* 여객기
We traveled by *plane*.
우리는 비행기로 여행하였다.

㊔ **2.** 평면

㊔ **3.** 대패
A carpenter uses a *plane*.
목수는 대패를 사용한다.

plant [plǽnt 플랜트]

㊔ (**복수 plants** [plǽnts 플랜츠])
㊔ **1. 식물** (《반》 animal), 초목
The sea is full of *plants*.
바다는 식물들로 가득 차 있다.
We can see various *plants* in the country.
시골에서는 여러가지 식물들을 볼 수 있다.

㊔ **2.** 공장(의 설비)
My brother works in a bicycle *plant*.
나의 형님은 자전거 공장에서 일하고 있읍니다.

㊀ (3단현 **plants** [plǽnts 플랜츠], **과거·과거 분사 planted** [plǽntid 플랜티드], **현재 분사 planting** [plǽntiŋ 플랜팅])
심다, 뿌리다
He *planted* many flower seeds in spring.
그는 봄에 꽃씨를 많이 뿌렸다.

plat·form [plǽtfɔ:rm 플랫포옴]

㊔ (**복수 platforms** [plǽtfɔ:rmz

P

플랫포옴즈])

㊔ 1. 대, 단(壇), 교단, 승강대

Our teacher is standing on the *platform*.

우리 선생님은 교단에 서 계신다.

㊔ 2. (역의) 플랫포옴

I bought a *platform* ticket.

나는 역의 입장권을 샀다.

***play** [pléi 플레이]

㊏㊍ (**3 단현 plays** [pléiz 플레이즈], **과거·과거 분사 played** [pléid 플레이드], **현재 분사 playing** [pléiiŋ 플레이잉])

㊍ 1. **놀다**

They are *playing* with a ball.

그들은 공을 가지고 놀고 있다.

㊍ 2. 행동하다

He always *plays* fair.

그는 언제나 공명 정대하게 행동합니다.

㊏ 1. (악기를) **연주하다**

He can *play* the violin very well.

그는 바이올린을 아주 잘 켠다.

㊏ 2. …을 하며 놀다

They are *playing* baseball〔tennis, ping-pong〕.

그들은 야구〔정구, 탁구〕를 하고 있읍니다.

㊏ 3. 연기(演技)를 하다, …역(役)을 하다

He *played* the part of King Lear [liər 리어].

그는 리어왕의 역을 했다.

㊔ (**복수 plays** [pléiz 플레이즈])

㊔ 1. 놀이, 경기

The *play* will begin at 5 p.m.

오전 5시 시합 개시.

All work and no *play* makes Jack a dull [dʌ́l 덜] boy.

《속담》 공부만 하고 놀지 않으면 애가 바보가 된다(공부도 잘하고 놀기도 잘하라).

㊔ 2. 연극

Mother went to see the *play* yesterday.

어머니는 어제 연극을 보러 갔읍니다.

㊔ 3. 장난, 농담

---

play·er [pléiər 플레이어]

㊔ (**복수 players** [pléiərz 플레이어즈])

㊔ 1. 유희를 하는 사람, 경기자

We like the baseball *player*.

우리는 그 야구 선수를 좋아한다.

㊔ 2. 연주자

She is a skillful *player* on the

violin.
그 여자는 훌륭한 바이올린 연주자입니다.

명 3. (연극) 배우
a company of *players* 한 극단의 배우들

***play·ground** [pléigraund 플레이그라운드]
명 (**복수 playgrounds** [pléigraundz 플레이그라운즈])
놀이터, **운동장**
There is a big *playground.*
커다란 운동장이 있습니다.
Some children are playing on the *playground.*
몇 명의 아이들이 운동장에서 놀고 있습니다.

****pleas·ant** [pléznt 플레즌트]
형 (**비교급 pleasanter** [plézntər 플레즌터], **최상급 pleasantest** [plézntist 플레즌티스트])
즐거운, 기분 좋은, 재미 나는, 유쾌한 (《동》 comfortable)
A *pleasant* wind is blowing.
상쾌한 바람이 불고 있다.
They had a *pleasant* evening.
그들은 즐거운 저녁 한때를 보냈다.

***please** [plí:z 플리이즈]
타자 (**3 단현 pleases** [plí:ziz 플리이지즈], **과거·과거 분사 pleased** [plí:zd 플리이즈드], **현재 분사 pleasing** [plí:ziŋ 플리이징])
타 **기쁘게 하다**, 만족시키다
My story *pleased* her.
내 이야기가 그 여자를 기쁘게 했다.

I am very *pleased* to see you.
만나 뵙게 되어 대단히 기쁩니다.
자 1. 마음에 들다, 기뻐하다
She is easy to *please.*
그 여자는 비위 맞추기가 쉽다.
자 2. 좋아하다
You may go wherever you *please.*
아무데나 당신이 가고 싶은 곳으로 가도 좋다.
자 3. 《If you please 를 약한 것으로》 제발, 부디

Stand up, *please.*
좀 일어서 주시오.
Please come in.
들어 오십시오.

《숙》 ***be pleased at*** …을 기뻐하다
I am *pleased at* his success.
나는 그의 성공을 기뻐합니다.

《숙》 ***be pleased to*** (do) 기꺼이 …하다
I shall *be pleased to* help him.
기꺼이 그를 도와 드리겠읍니다.

《숙》 ***be pleased with*** ~ …이 마음에 들다
I *am pleased with* my new maid.
새로 들어온 하녀는 내 마음에 든다.

《숙》 ***if you please*** 제발
Come on, *if you please.*
제발 이리 오십시오.

p.m., P.M. [pí:ém 피이엠]

오후 《라틴어의 *post meridiem* 의 생략 (=afternoon)》
6 : 30 *p.m.* 오후 6시 30분《six-thirty p.m. 으로 읽는다》
We took the 8 : 30 *p.m.* train for Seoul.
우리는 8시 30분발 서울행 열차를 탔읍니다.

**pock·et [pákit 파킷]

명 (**복수 pockets** [pákits 파키츠])
호주머니
I have 3,000 won in my *pocket.*
나는 호주머니에 3,000원을 가지고 있읍니다.

He was walking with his hand in his *pockets.*
그는 호주머니에 손을 넣고 걸어가고 있었읍니다.

형 포켓용의, 소형(小型)의
a *pocket* diary 회중 일기
a *pocket* money 용돈

pole [póul 포울]

명 (**복수 poles** [póulz 포울즈])
명 **1.** (남·북)극, (전지 따위의) 극
It is very cold at the South *Pole.*
남극은 매우 춥다.
The airplane flew over the North *Pole.*
비행기는 북극 위를 날았다.

명 **2.** 막대기, 장대
He jumped over the fence with a *pole.* 그는 장대로 담을 뛰어 넘었다.

The boy is fishing with a fishing *pole.*

P

그 소년은 낚싯대로 낚시질을 하고 있었다.
Many telephone *poles* stand along the road.
많은 전주가 길을 따라 서 있다.

po·lice·man [pəlíːsmən 펄리이스먼]

명 (**복수 policemen** [pəlíːsmən 펄리이스먼])
경관, **순경**
The *policeman* ran after the thief.
순경은 도둑의 뒤를 쫓았다.
The *policeman* helped us to cross the street.
순경은 우리가 길을 건너는 것을 도와 주었다.
The *policeman* is very kind.
그 경관은 매우 친절하다.

pond [pánd 판드]

명 (**복수 ponds** [pándz 판즈])
못, 늪
He walked to a *pond.*
그는 연못으로 걸어갔다.
There are many fish in this *pond.*
이 연못에는 고기가 많이 있읍니다.

pool [púːl 푸울]

명 (**복수 pools** [púːlz 푸울즈]).
명 **1. 못, 웅덩이**
a pool of blood 피바다
He jumped over the *pool* of muddy water.
그는 진흙물 웅덩이를 뛰어 넘었다.
명 **2. 수영장** (《동》 swimming *pool*)
an indoor pool 실내 푸울
Where is the swimming *pool?*
수영장은 어디에 있지요?
In summer, I go to the (swimming) *pool* every day.
여름에는 나는 매일 수영장에 갑니다.

**poor [púər 푸어]

형 (**비교급 poorer** [pú(:)rər 푸(우)러], **최상급 poorest** [pú(:)rist 푸(우)리스트])
형 **1. 가난한,** 빈곤한, (《반》 rich 부유한)
The *poor* are not always unhappy.
가난한 사람이라고 해서 반드시 불행한 것은 아니다.
형 **2. 불쌍한**
We must help the *poor* person.

P

우리는 그 불쌍한 사람을 도와야 한다.

㊕ 3. 빈약한, 초라한, 빈한한, 불충분한

He lives in a *poor* cottage.

그는 초라한 오두막집에 살고 있읍니다.

㊕ 4. 건강하지 못한, 약한 (《동》 weak)

She has *poor* health.

그 여자는 몸이 약하다.

㊕ 5. 서투른, 잘 하지 못하는

He is *poor* at science.

그는 과학을 잘 하지 못한다.

pop [páp 팝]

㊕ 대중적인

㊔ (**복수 pops** [páps 팝스]) 대중음악

pop·u·lar [pápjələr 파펼러]

㊕ 1. **인기 있는**, 평판이 좋은

She is singing a *popular* song.

그 여자는 유행가를 부르고 있읍니다.

He is *popular* with his friends.

그는 그의 친구들 사이에서 인기가 있다.

㊕ 2. 통속적(通俗的)인

He likes *popular* novels [návlz 나블즈].

그는 대중 소설을 좋아한다.

***pop·u·la·tion** [pàpjəléiʃən 파펼레이션]

㊔ **인구**

The total *population* of Seoul is about nine million.

서울의 총인구는 약 9백만이다.

pos·si·ble [pásəbl 파서블]

㊕ 1. **가능한** (《반》 impossible 불가능한)

It will be *possible* to reach the moon in a spaceship.

우주선을 타고 달에 도착하는 것은 가능할 것이다.

Do all that is *possible.*

최선을 다 해보십시오.

㊕ 2. 있을 수 있는, 일어날 수 있는

It is *possible* that she went alone.

어쩌면 그 여자 혼자 갔을런지도 모른다.

《숙》 ***as ~ as possible*** 가능한 한 …

Run *as* fast *as possible.*

될 수 있는 대로 빨리 뛰어라.

《숙》 ***if possible*** 가능하다면

I will come, *if possible.*

가능하다면, 오겠읍니다.

****post** [póust 포우스트]

㊔ 1. 《영》 **우편**, 우편물(《동》《미》 mail)

Please send the book by *post.*

P

이 책을 우송해 주십시오.
I missed the morning *post*.
나는 아침 우편 발송 시간을 놓쳤다.

[명] 2. 《영》 **우체통**, 포스트

[타] (**3 단현 posts** [póusts 포우스츠], **과거·과거 분사 posted** [póustid 포우스티드], **현재 분사 posting** [póustiŋ 포우스팅])
《영》 우편으로 보내다, 투함(投函)하다 (《동》《미》 mail)
I *posted* Father's letter on my way to school.
학교 가는 도중에 나는 아버지의 편지를 부쳤다.

pot [pát 팟]

[명] (**복수 pots** [páts 파츠])
항아리, 단지, 병, 주발
My sister made tea in the teapot.
누님은 차주전자에 차를 끓였다.

She has a silver coffee*pot*.
그 여자는 은으로 만든 코오피포트를 가지고 있다.
He planted them in little *pots*.
그는 그것들을 작은 단지에 심었다.

***pow·er** [páuər 파우어]

[명] (**복수 powers** [páuərz 파우어즈])

[명] 1. **힘**
We need dams[dæmz 댐즈] to make electric *power*.
전력을 일으키는 데는 댐이 필요하다.

[명] 2. 능력
I will do anything in my *power*.
내 힘껏 무엇이든지 하겠읍니다.
It is beyond my *power* to do so.
그것은 내 능력이 미치지 못한다.

[명] 3. 강대국(强大國), 나라《종종 Power 로도 사용함》
England is a great world *power*.
영국은 세계의 강대국이다.

prac·ti·cal [præktikl 프랙티클]

[형] 실제의, 실용적인
They are so *practical*.
그것들은 매우 실용적이다.

P

Jane has many *practical* plans.
제인은 많은 실제적인 계획을 가지고 있습니다.

prac·tice [prǽktis 프랙티스]

㉠ (**복수 practices** [prǽktisiz 프랙티시즈])

㉠ **1. 연습** (《동》 exercise)

I need more *practice*.
나는 더 많은 연습이 필요하다.
Practice makes perfect.
《속담》 연습이 완전을 낳는다(배우기 보다 익혀라).

㉠ **2.** 실행, 실시

This idea will not work in *practice*.
이 생각은 실지로 운영이 잘 안될 것입니다.

《숙》 ***put into practice*** 실시하다, 실행하다

I can *put* this plan *into practice*.
나는 이 계획을 실행할 수가 있다.

㉣㉤ (**3 단현 practices** [prǽktisiz 프랙티시즈], **과거·과거 분사 practiced** [prǽktist 프랙티스트], **현재 분사 practicing** [prǽktisiŋ 프랙티싱])

㉣ 행하다, 실행하다

He *practices* early rising.
그는 일찍 일어나기를 실행하고 있다.

㉤ **연습하다**

I *practice* at(또는 on) the piano every day.
나는 매일 피아노를 연습하고 있읍니다.

《영국에서는 명사는 practice, 동사는 practise 가 보통이나, 미국에서는 명사도 동사도 모두 practice 를 쓴다》

pres·ent[1] [préznt 프레즌트]

㉥ **1. 출석한** (《반》 absent 결석한)

All the pupils were *present*.
학생들은 전원 출석하였읍니다.

Present, sir.
네. 《점호(點號) 따위를 할 때의 대답》

㉥ **2. 현재의**

《숙》 ***at the present time*** 현재는

(《동》 now)
《숙》 ***the present day*** (또는 ***time***) 현대
《숙》 ***the present tense*** 현재 시제(時制)
㊔ **지금, 현재**
《숙》 ***at present*** 지금, 현재, 당장
《숙》 ***for the present*** 당분간
It will not rain *for the present.*
당분간 비는 오지 않을 것이다.

pres·ent[2] [préznt 프레즌트]
㊔ (**복수 presents** [préznts 프레즌츠])
선물, 프레젠트 (《동》 gift)
Father gave me a Christmas *present.*
아버지는 나에게 크리스마스 선물을 주셨읍니다.

㊋ [prizént 프리**젠**트]
(**3 단현 presents** [prizénts 프리**젠**츠], **과거 · 과거 분사 presented** [prizéntid 프리**젠**티드], **현재 분사 presenting** [prizéntiŋ 프리**젠**팅])
선사하다, 선물로 주다
I *presented* flowers to her(또는 I *presented* her with flowers).
나는 그 여자에게 꽃을 선사했다.

***pret·ty** [príti 프리티]
㊕ (**비교급 prettier** [prítiər 프리티어], **최상급 prettiest** [prítiist 프리티이스트])
㊕ **1. 예쁜** (《동》 fine, beautiful)
He is handsome and she is *pretty.*
그는 잘생겼고 그녀는 예쁩니다.
㊕ **2. 귀여운**
She is a *pretty* girl.
그 여자는 귀여운 소녀다.

㊊ 꽤, 상당히
It's *pretty* hot today.
오늘은 꽤 덥다.

***price** [práis 프라이스]
㊔ **1.** 값, 가격
What is the *price* of this medicine?
이 약값은 얼마입니까?
The *price* of this book is one dollar.
이 책값은 1 달러입니다.
He bought it at the *price* asked.
그는 부르는 값으로 그것을 샀다.
㊔ **2. 희생, 대가(代價)**
He paid a high *price* for his success.

P

그는 성공을 위해서 비싼 대가를 치렀다.

《숙》 ***at any price*** 어떠한 대가를 〔희생을〕 치르더라도

I will have the work done *at any price.*

나는 어떠한 대가를 치르더라도 그 일을 시키고야 말겠다.

***pride** [práid 프라이드]

[명] 자랑, 자만, 자존심(《참고》 proud 자랑스러운)

She is the *pride* of her parents.

그녀는 양친이 자랑하는 딸이다.

He takes *pride* in his dog.

그는 자기 개를 자랑삼고 있다.

****prin·cess** [prínsis 프린시스]

[명] (**복수 princesses** [prínsisiz 프린시시즈])

공주, 왕비

《영국에서는 이름 앞에 붙일 때는 [prinsés]로 발음한다》

People loved the beautiful *princess.*

사람들은 그 아름다운 공주를 사랑했다.

***prin·ci·pal** [prínsəpəl 프린서펄]

[형] **으뜸가는, 주요한** (《동》 chief, main)

He has the *principal* part in the play.

그는 그 연극의 주역(主役)입니다.

[명] (**복수 principals** [prínsəpəlz 프린서펄즈])

교장, 학장 (《동》 president)

He is the *principal* of our school.

그는 우리 학교의 교장선생님입니다.

prize [práiz 프라이즈]

[명] (**복수 prizes** [práiziz 프라이지즈])

상품, 상

Father gave me a watch as a *prize.*

아버지는 나에게 상으로 시계를 주셨읍니다.

I won a *prize* at the contest.
나는 그 경연 대회에서 상을 탔다.

****prob·lem** [prábləm 프라블럼]
㊔ (**복수 problems** [prábləmz 프라블럼즈])
문제, 의문 (《동》 question)
What's the *problem?*
그 문제란 무엇입니까?
It is a difficult *problem*.
그것은 어려운 문제이다.

prof·it [práfit 프라핏]
㊔ 벌이, 이익, 이득 (《반》 loss 손실)
There is no *profit* in complaining.
불평해봐야 아무런 이득이 없다.

****pro·gram(me)** [próugræm 프로우그램]
㊔ (**복수 program(me)s** [próugræmz 프로우그램즈])
상연〔영〕 목록, 프로그램, 예정, 계획
What is the *program* for today?
오늘 프로그램은 무엇입니까?
They are reading the concert *programs*.
그들은 음악회의 프로를 읽고 있읍니다.

pro·ject [prədʒékt 프러젝트]
★ 발음 주의
㊂㊀ (**3 단현 projects** [prədʒékts 프러젝츠], **과거 · 과거 분사 projected** [prədʒéktid 프러젝티드], **현재 분사 projecting** [prədʒéktiŋ 프러젝팅])
㊂ **1.** 계획하다
㊂ **2.** 내던지다, 투영하다
㊀ 돌출하다
㊔ [prádʒekt 프라젝트] (**복수 projects** [prádʒekts 프라젝츠])
계획, 사업, 연구(과제)
We had a discussion about the *project*.
우리는 그 과제에 대해 의논했다.

****prom·ise** [prámis 프라미스]
㊔ (**복수 promises** [prámisiz 프라미시즈])

[명] 1. 약속
She always keeps her *promise.*
그 여자는 항상 약속을 지킵니다.
[명] 2. 유망, 가망
There is every *promise* of success.
성공할 가망이 충분히 있다.
[타] (3 단현 **promises** [prámisiz 프라미시즈], 과거·과거 분사 **promised** [prámist 프라미스트], 현재 분사 **promising** [prámisiŋ 프라미싱])
약속하다
He *promised* to tell me it.
그는 나에게 그것을 말하겠다고 약속했다.

pro·nun·ci·a·tion [prənʌnsiéiʃən 프러넌시에이션]
[명] 발음
I found the *pronunciation* difficult.
나는 그 발음이 어렵다는 것을 알았다.

***proud** [práud 프라우드]
[형] (비교급 **prouder** [práudər 프라우더], 최상급 **proudest** [práudist 프라우디스트])
[형] 1. 뽐내는, 의기 양양한(《참고》 pride 자랑)
He is *proud* that he is good at baseball.
그는 야구를 잘한다고 뽐내고 있다.
[형] 2. 자랑으로 여기는, 명예로 여기는
I am *proud* that he is my father.
나는 그가 나의 아버지인 것을 자랑으로 여긴다.

《숙》 ***be proud of*** …을 자랑삼다, 뽐내다
A crow *was proud of* her voice.
까마귀는 자기 목소리를 자랑했다.

***pup·py** [pʌ́pi 퍼피]
[명] (복수 **puppies** [pʌ́piz 퍼피즈])
강아지

pure [pjúər 퓨어]
[형] (비교급 **purer** [pjúərər 퓨어러], 최상급 **purest** [pjúərist 퓨어리스트])
순수한, 순결한
The king's crown was made of *pure* gold.
그 왕관은 순금으로 만들어졌다.

****push** [púʃ 푸시]
[타] (3 단현 **pushes** [púʃiz 푸시즈], 과거 · 과거 분사 **pushed** [púʃt 푸시트], 현재 분사 **pushing** [púʃiŋ 푸싱])
밀다, 밀고 나아가다 (《반》 pull 당기다)

Push the door open.
문을 밀어 여십시오.

We *pushed* the stone, but it didn't move.
우리는 그 돌을 밀었으나 움직이지 않았다.

⁑put [pút 풋]
㊉ (**3 단현 puts** [púts 푸츠], **과거·과거 분사 put**[pút 풋], **현재 분사 putting** [pútiŋ 푸팅])
놓다, 두다, 얹다, 넣다
《다음에 계속되는 말에 따라서 여러 가지 뜻을 나타낸다》
I can't *put* a ball on the table.
나는 공을 테이블 위에 놓을 수가 없다.

She *put* the receiver to her ear.
그 여자는 귀에 수화기를 대었읍니다.
Put them in order.
그것들을 정돈하십시오.

《숙》 ***put aside*** 치우다, 저축하다
Put the chair *aside*.
의자를 치우십시오.
《숙》 ***put back*** 제자리에 갖다 놓다
Put the book *back*.
책을 제자리에 갖다 놓으십시오.
《숙》 ***put down*** 내려놓다, 적어 두다
Put the word *down* in your notebook.
그 낱말을 노우트에 적어 두십시오.
《숙》 ***put into*** ~ …에 넣다, 번역하다
Put this Korean sentence *into* English.
이 국문을 영어로 번역하십시오.
《숙》 ***put off*** 연기하다
We shall *put off* our picnic till next Sunday.
우리는 소풍을 다음 일요일로 연기합니다.
《숙》 ***put on*** 입다, 신다, 쓰다
He *put on* his cap.
그는 모자를 썼다.
《숙》 ***put out*** 끄다, 내다
Suddenly he *put out* the lights.
갑자기 그는 불을 껐읍니다.
《숙》 ***put up*** 세우다
The boys are *putting* up a tent.
소년들이 천막을 치고 있읍니다.
《숙》 ***put up at*** ~ …에 유숙하다
I *put up at* a hotel.
나는 호텔에 투숙(投宿)했다.

Q

****quar·rel** [kwɔ́:rəl 쿼어럴]
㉠ (**3단현 quarrels** [kwɔ́:rəlz 쿼어럴즈], **과거 · 과거 분사 quarrel(l)ed** [kwɔ́:rəld 쿼어럴드], **현재 분사 quarrel(l)ing** [kwɔ́:rəliŋ 쿼어럴링])
싸우다, 말다툼하다, 다투다, 사이가 나빠지다
Don't *quarrel* with others.
남들과 싸우지 말아라.
I *quarreled* with him over the puppy.
나는 강아지 때문에 그와 다투었읍니다.

㉢ (**복수 quarrels** [kwɔ́:rəlz 쿼어럴즈])
싸움, **말다툼** (약간 손을 대는 수도 있다)
Nam-su and In-ho had a *quarrel.*
남수와 인호는 서로 싸웠읍니다.

quar·ter [kwɔ́:rtər 쿼어터]
㉢ (**복수** [kwɔ́:rtərz 쿼어터즈])
4분의 1, **15분**(1시간의 4분의 1) (《참고》 half 2분의 1, 30분)
There is a *quarter* of an orange left.
귤의 4분의 1이 남아 있읍니다.

It is a *quarter* to〔past〕 eight.
8시 15분전〔15분〕입니다.
three *quarters*=4분의 3

****queen** [kwí:n 퀴인]
㉢ (**복수 queens** [kwí:nz 퀴인즈])
여왕(《반》 king 왕)
The wife of a king is called a *queen.*
왕의 부인은 왕비라고 불리웁니다.
The *Queen* of England is Elizabeth II [ilízəbəθ ðə sékənd 일

Q

리저버드 더 세컨드].
영국 여왕은 엘리자베드 2세입니다.

***ques·tion** [kwéstʃən 퀘스천]
㊔ (**복수 questions** [kwéstʃənz 퀘스천즈])
질문, 문제, 의문 (《동》 problem)
May I ask you a *question?*
질문해도 좋을까요?
I asked the teacher a *question.* (=I asked a *question* to the teacher.)
나는 선생님께 질문을 하였다.
Please answer my *question.*
제발 내 질문에 대답하여 주시오.
Don't forget to put a *question* mark at the end of the sentence.
문장 끝에 의문부를 붙이는 것을 잊지 마시오.

***quick·ly** [kwíkli 퀴클리]
㊕ **빨리, 급히**, 곧
She ran as *quickly* as she could.
그 여자는 될 수 있는 대로 빨리 뛰었읍니다.
He got well *quickly.*
그는 곧 건강해졌다.

***qui·et** [kwáiət 콰이엇]
㊞ (**비교급 quieter** [kwáiətər 콰이어터], **최상급 quietest** [kwáiətist 콰이어티스트])
조용한 (《반》 noisy 시끄러운)
Be quiet!
조용히!
The night was dark and *quiet.*
그날 밤은 어둡고 조용하였다.

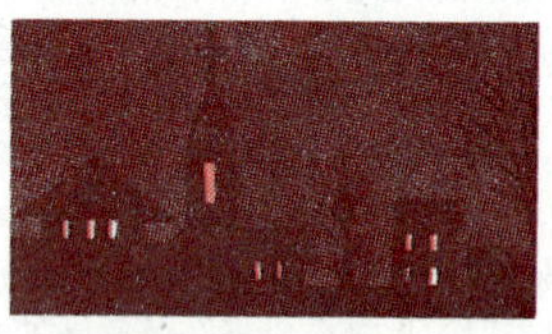

Be *quiet!*
조용히 하시오.
《일반적으로 quiet은 시끄러운 소리가 없어서 조용한 것이고, still은 움직이지 않고 가만히 있어서 조용한 것》

quite [kwáit 콰이트]
㊕ **아주**
I *quite* forgot it.
나는 아주 그것을 잊었읍니다.
It is *quite* dark this evening.
오늘 밤은 아주 어둡다.

You are *quite* right.

네가 말한 대로다.

I am *quite* well, thank you.

나는 잘 있읍니다, 고맙습니다.

《숙》 ***not quite*** 충분히 …은 아니다

He is *not quite* well.

그는 아직 완전히 건강하지는 않다.

《숙》 ***Quite so.***

정말 그렇다.

quiz [kwíz 퀴즈]

명 (**복수 quizzes** [kwíziz 퀴지즈])

질문, 퀴즈

We had a short ten minute *quiz*.

우리는 짧은 10분 퀴즈를 했다.

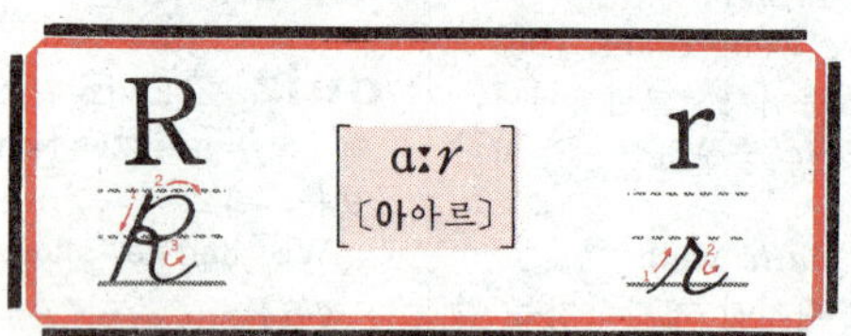

＊＊rab·bit [rǽbit 래빗]

명 (**복수 rabbits** [rǽbits 래비츠])
(집)**토끼** (《참고》 hare [hέər 헤어] 산토끼)

She bought a *rabbit* in the market.
그녀는 시장에서 토끼 한 마리를 샀다.

Two *rabbits* are eating leaves.
두 마리의 토끼가 잎을 먹고 있읍니다.

＊race[1] [réis 레이스]

명 (**복수 races** [réisiz 레이시즈])
경주

a boat *race* 보우트 경주
ride a *race* 경마를 하다
We had a two-mile *race* yesterday.
우리들은 어제 2마일 경주를 했읍니다.

Let's run a *race*.
경주를 합시다.

race[2] [réis 레이스]

명 (**복수 races** [réisiz 레이시즈])
인종, (동식물의) 종족

the Korean *race* 한국 민족
《숙》 ***the human race*** 인류
《숙》 ***the white*〔*yellow*〕 *race*** 백〔황〕인종

race·horse [réishɔːrs 레이스호오스]

명 (**복수 racehorses** [réishɔːrsiz 레이스호오시즈])
경주말, 경마말

＊＊ra·di·o [réidiou 레이디오우]

명 (**복수 radios** [réidiouz 레이디오우즈])

라디오

a *radio* set 라디오 수신기(受信機)

a *radio* station 라디오 방송국

They all listened to the news on (또는 over) the *radio*.

그들은 모두 라디오로 뉴우스를 들었읍니다.

We hear music on the *radio*.

우리는 라디오의 음악을 듣습니다.

I am listening to the *radio*.

나는 라디오를 듣고 있읍니다.

*rain [réin 레인]

㉥ **비, 강우**(降雨) (《참고》 rainy 비오는)

a heavy *rain* 큰 비

We had much *rain* this year.

올해는 비가 많이 왔다.

He was caught in the *rain*.

그는 비를 만났읍니다.

They are walking in the *rain*.

그들은 비를 맞으며 걷고 있읍니다.

It looks like *rain*.

비가 올 것 같습니다.

㉶ (**3 단현 rains** [réinz 레인즈], **과거·과거 분사 rained** [réind 레인드], **현재 분사 raining** [réiniŋ 레이닝])

《it을 주어로 하여》 비가 오다

It *rained* hard all day.

온 종일 비가 심하게 왔읍니다.

It has been *raining* since last Monday.

지난 월요일부터 줄곧 비가 오고 있읍니다.

**raise [réiz 레이즈]

㉺ (**3 단현 raises** [réiziz 레이지즈], **과거·과거 분사 raised** [réizd 레이즈드], **현재 분사 raising** [réiziŋ 레이징])

㉺ **1. 올리다** (《동》 lift, 《참고》 rise 오르다)

Raise your right hand when you understand.

알면 오른 손을 드시오.

㉺ **2.** (식물을) 재배하다, (가축 따위를) 기르다

His father *raises* a lot of vegetables.

R

그의 아버지는 많은 야채를 재배하고 있읍니다.
The farmer *raises* cattle.
그 농부는 가축을 기르고 있읍니다.
《rise [ráiz 라이즈]「오르다」와 혼동하지 않도록 주의》

reach [ríːtʃ 리이치]
[타] (**3단현 reaches** [ríːtʃiz 리이치즈], **과거 · 과거 분사 reached** [ríːtʃt 리이치트], **현재 분사 reaching** [ríːtʃiŋ 리이칭])
다다르다, 닿다 (《동》 get to, arrive at)
The train *reached* Seoul Station at noon.
기차는 정오에 서울역에 닿았읍니다.

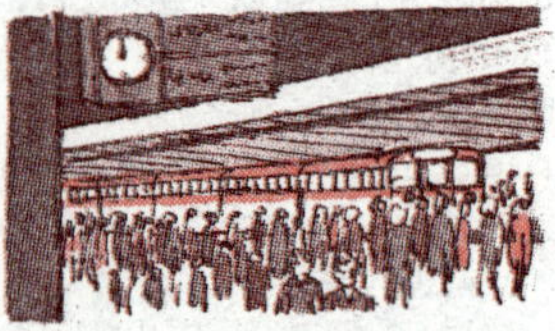

The giraffe [dʒərǽf 저래프] can easily *reach* the leaves of tall trees.
기린은 높은 나무의 잎에 쉽게 닿을 수 있읍니다.
《reach는 타동사이기 때문에 바로 목적어를 취할 수 있지만, arrive는 자동사이므로 at, in 따위의 전치사를 놓고 다음에 목적어를 취한다. get은 get to로 한다. We *reached* (또는 *arrived at*, *got to*) Inchon.「우리들은 인천에 도착했다」》

***read**[1] [ríːd 리이드]
[타][자] (**3단현 reads** [ríːdz 리이즈], **과거·과거 분사 read** [réd 레드], **현재 분사 reading** [ríːdiŋ 리이딩])
읽다, 독서하다, 읽어 알다
My brother is *reading* a book.
동생은 독서를 하고 있읍니다.

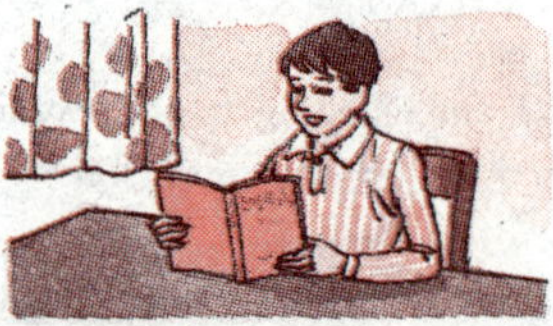

Can you *read* French?
당신은 프랑스어를 읽을 수 있읍니까?

read[2] [réd 레드]
[타][자] read(읽다)의 과거·과거 분사

****read·y** [rédi 레디]
[형] (**비교급 readier** [rédiər 레디어], **최상급 readiest** [rédiist 레디이스트])
[형] **1. 준비가 된**
Mother was *ready* for breakfast.
어머니는 아침 식사를 준비했다.
He is *ready* to go to school.
그는 학교에 갈 준비가 되어 있다.
[형] **2.** 자진하여 …하는, 기꺼이 …하는
He was always *ready* to help others.

그는 언제나 자진하여 남을 도왔다.

㉕ 3. 바로 …하려고 하는

The tree was *ready* to fall.

그 나무는 막 넘어질 것 같았다.

real [ríːəl 리이얼]

㉕ **실제의**, 현실의, **진짜의**, 참다운 (《참고》 really 참으로)

This is a *real* diamond.

이것은 진짜 다이아몬드입니다.

I felt *real* love.

나는 진실한 사랑을 느꼈다.

****re·al·ly** [ríːəli 리이얼리]

㉖ **참으로** (《참고》 real 진짜의)

I *really* want this book.

나는 정말 이 책을 원한다.

This story is *really* interesting.

이 이야기는 참으로 재미있다.

Oh, *really?*

어머, 정말이예요?

re·build [ribíld 리빌드]

㉖㉗ (3 단현 **rebuilds** [ribíldz 리빌즈], **과거 · 과거 분사 rebuilt** [ribílt 리빌트], **현재 분사 rebuilding** [ribíldiŋ 리빌딩])

재건하다, 개축하다, 다시 짓다

The palace was *rebuilt* in 1897.

그 왕궁은 1897 년에 재건되었다.

re·ceive [risíːv 리시이브]

㉖㉗ (3 단현 **receives** [risíːvz 리시이브즈], **과거·과거 분사 received** [risíːvd 리시이브드], **현재 분사 receiving** [risíːviŋ 리시이빙])

㉖ 1. **받다** (《동》 accept, 《반》 give 주다, 《참고》 reception 받아들임)

He *received* a prize for being diligent.

그는 근면하였으므로 상을 받았다.

He *received* a telegram.

그는 전보를 받았다.

㉖ 2. 맞아 들이다

We were warmly *received* there.

우리들은 그곳에서 따뜻한 환영을 받았다.

***red** [réd 레드]

㉕ (**비교급 redder** [rédər 레더], **최상급 reddest** [rédist 레디스트])

빨간

He was *red* with anger.

그는 화나서 (얼굴이) 빨개졌다.

This is a *red* apple.

이것은 빨간 사과다.

R

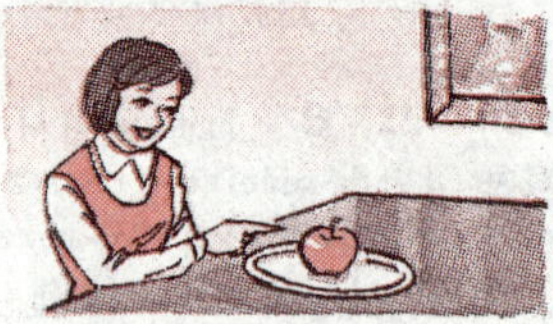

《숙》 ***the Red Cross*** 적십자(사)
[명] **빨강**
The *red* of this rose is wonderful.
이 장미의 빨간 빛은 멋집니다.

re·flect [riflékt 리플렉트]

[타][자] (**3단현 reflects** [rifléktS 리플렉츠], **과거·과거분사 reflected** [rifléktid 리플렉티드], **현재 분사 reflecting** [rifléktiŋ 리플렉팅])
[타] **1.** (빛·열 따위를) 반사하다
[타] **2.** (거울 따위가) …을 비추다
Her figure was *reflected* in the mirror.
그녀의 모습이 거울에 비추어졌다.
[타] **3.** …을 숙고하다, 반성하다

re·lay [rí:lei 리일레이]

[명] (**복수 relays** [rí:leiz 리일레이즈])
[명] **1.** 릴레이 경주
[명] **2.** 중계
[명] **3.** 교체

re·main [riméin 리메인]

[자] (**3단현 remains** [riméinz 리메인즈], **과거·과거 분사 remained** [riméind 리메인드], **현재 분사 remaining** [riméiniŋ 리메이닝])
[자] **1. 남다,** 머물다
Nothing *remains* to me.
나에게는 아무것도 남아 있지 않다.
The visitor did not *remain* long.
그 방문객은 오래 머무르지 않았다.

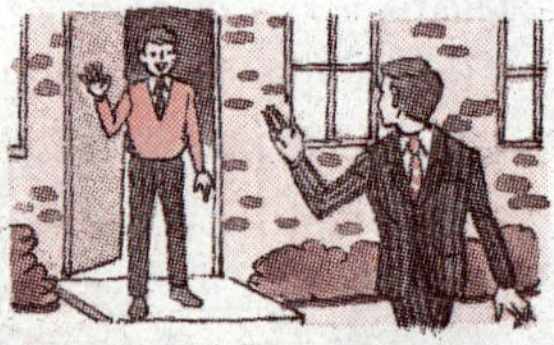

You must *remain* here till we return.
너는 우리가 돌아올 때까지 여기에 남아 있지 않으면 안 된다.
[자] **2.** 여전히 …이다
The village *remains* the same as it used to be.
그 마을은 옛 모습 그대로입니다.

**re·mem·ber [rimémbər 리멤버]

[타][자] (**3단현 remembers** [rimémbərz 리멤버즈], **과거·과거 분사 remembered** [rimémbərd 리멤버드], **현재 분사 remembering** [rimémbəriŋ 리멤버링])
[타] **1. 기억하다,** 생각해 내다 (《반》 forget 잊다)
I suddenly *remembered* my homework.
나는 갑자기 숙제가 생각났다.

㊙ 2. 외우고 있다
Remember what your teacher taught you.
선생님이 가르친 것을 외어 두어라.
㊙ 3. 안부 전해 달라고 말하다
Please *remember* me to your father.
부디 아버님께 안부 전해 주시오.

*__re·ply__ [ripláí 리플라이]
㊙㉕ (3단현 **replies** [ripláiz 리플라이즈], **과거·과거 분사 replied** [ripláid 리플라이드], **현재 분사 replying** [ripláiiŋ 리플라이잉])
대답하다 (《동》 answer, 《반》 ask 묻다)
I won't *reply* to this letter.
나는 이 편지에 대한 회답을 하지 않겠다.
I *replied* to the teacher's question.
나는 선생님의 질문에 대답했다.
㊔ (**복수 replies** [ripláiz 리플라이즈])
답, **대답**
I received his polite *reply*.
나는 그에게서 정중한 회답을 받았다.
《숙》 ***in reply to*** ～ …에 답하여
Our teacher explained the meaning of this sentence *in reply to* my question.
선생님은 내 질문에 답하여 이 문장의 의미를 설명하였읍니다.

*__re·spect__ [rispékt 리스펙트]
㊙ (**3단현 respects** [rispékts 리스펙츠], **과거·과거 분사 respected** [rispéktid 리스펙티드], **현재 분사 respecting** [rispéktiŋ 리스펙팅])
존경하다
Our teacher is *respected* by every pupil.
우리 선생님은 모든 학생에게 존경을 받고 있다.
㊔ (**복수 respects** [rispékts 리스펙츠])
존경, 경의
I have a great *respect* for my father.
나는 아버지를 대단히 존경하고 있읍니다.

**__rest__ [rést 레스트]
㉕ (**3단현 rests** [résts 레스츠], **과거·과거 분사 rested** [réstid 레스티드], **현재 분사 resting** [réstiŋ 레스팅])
㉕ 1. **쉬다** (《반》 work 일하다), 드러눕다
Rest when you are tired.
피곤할 때는 쉬시오.
She is sitting and *resting*.
그 여자는 앉아서 쉬고 있읍니다.

R

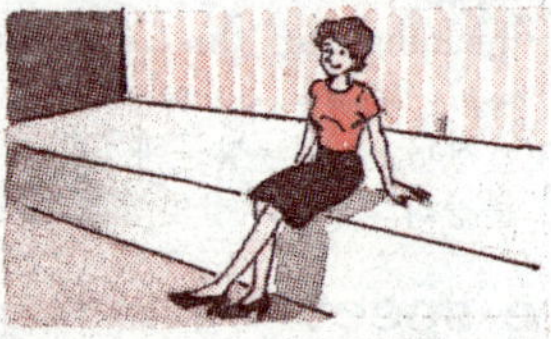

[자] 2. 기대다, 의지하다, 신뢰하다
Your father's hopes *rest* on you.
네 아버지의 기대는 네게 달려 있다.
[명] (복수 rests [résts 레스츠])
[명] 1. 휴식
Let's take (또는 have) a *rest* in that room.
저 방에서 쉽시다.
[명] 2. 《the rest 로 하여》 나머지
Mother ate the *rest* of the cake.
어머님이 나머지 케이크를 잡수셨읍니다.
He lived there for the *rest* of his life. 그는 거기에서 여생(餘生)을 보냈읍니다.

rest·ful [réstfəl 레스트펄]
[형] (**비교급 more restful, 최상급 most restful**)
[형] 1. 휴식을 주는
[형] 2. 조용한, 평안한
The short vacation was quite *restful*.
짧은 방학이 아주 평안했다.

＊res·tau·rant [réstərənt 레스터런트] ([réstərɔ:ŋ 레스터로옹]이라고도 발음한다)
[명] (**복수 restaurants** [réstərənts 레스터런츠])
요리점, 레스토랑
We ate lunch at the *restaurant*.
우리는 그 음식점에서 점심을 먹었다.

＊re·tire [ritáiər 리타이어]
[타][자] (**3단현 retires** [ritáiərz 리타이어즈], **과거·과거 분사 retired** [ritáiərd 리타이어드], **현재 분사 retiring** [ritáiəriŋ 리타이어링])
물러가다, 퇴각하다, 은퇴하다
He *retired* to the country.
그는 시골에 은퇴하였다.

＊re·turn [ritə́:rn 리터언]
[타][자] (**3단현 returns** [ritə́:rnz 리터언즈], **과거·과거 분사 returned** [ritə́:rnd 리터언드], **현재 분사 returning** [ritə́:rniŋ 리터어닝])
돌아가다, 돌아오다 (《동》 go back)
[자] He *returned* home the day before yesterday.
그는 그저께 귀가했읍니다.

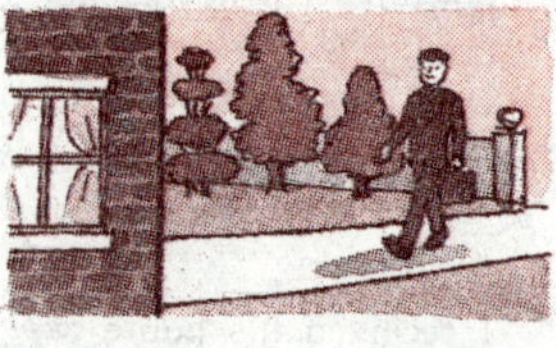

[타] 돌려 주다, 돌려 보내다
She *returned* the book to the library.

그 여자는 도서실에다 그 책을 돌려 주었읍니다.

[명] (복수 **returns** [ritə́:rnz 리터언즈])

돌아옴, 돌려줌, 반례(返禮)

They welcomed his *return* home.

그들은 그의 귀국을 환영했읍니다.

rib·bon [ríbən 리번]

[명] (**복수 ribbons** [ríbənz 리번즈])

리본

She wears a *ribbon* on her hair.

그 여자는 머리에 리본을 매고 있읍니다.

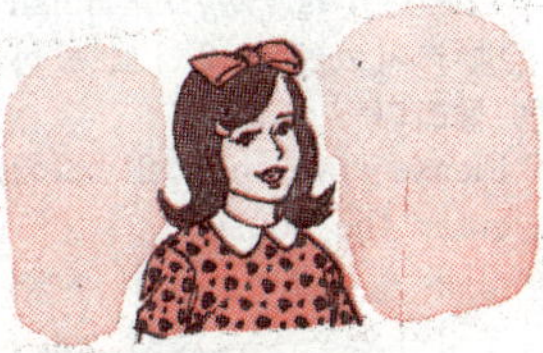

*rice [ráis 라이스]

[명] **쌀**, 벼, 밥

The Koreans eat more *rice* than bread.

한국 사람은 빵보다 밥을 더 많이 먹는다.

**rich [rítʃ 리치]

[형] (**비교급 richer** [rítʃər 리처], **최상급 richest** [rítʃist 리치스트])

돈 많은, 넉넉한, **풍부한** (《동》 wealthy, 《반》 poor 가난한)

His father is very *rich*.

그의 아버지는 매우 부자입니다.

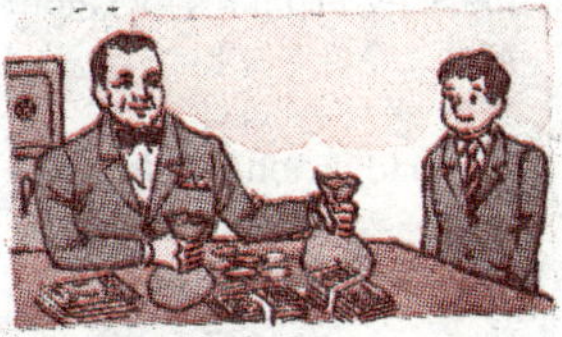

Korea is *rich* in marine products

한국은 해산물이 풍부하다.

The *rich* are not always happy.

부자가 반드시 행복하지는 않다.

*ride [ráid 라이드]

[타][자] (**3단현 rides** [ráidz 라이즈], **과거 rode** [róud 로우드], **과거 분사 ridden** [rídn 리든], **현재 분사 riding** [ráidiŋ 라이딩])

[타] **타다**

He is *riding* a horse.

그는 말을 타고 있읍니다.

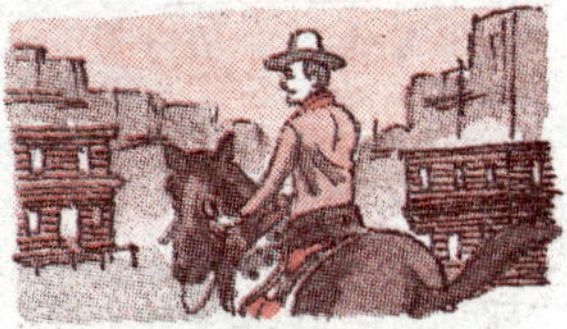

Can you *ride* a bicycle?

너는 자전거를 탈 줄 아니?

[자] (말·탈것에) 타다, 타고 가다

I shall *ride* on a train〔boat〕.

나는 기차〔보우트〕를 탈 것입니다.

[명] (**복수 rides** [ráidz 라이즈])

R

탐, 타기

Let's go for a *ride* on the merry-go-round [mérigouraund 메리고우라운드].

회전 목마를 타러 가자.

We had a long *ride* in the car.

우리들은 자동차로 장거리 드라이브를 했읍니다.

***right** [ráit 라이트]

[형] **1. 오른 쪽의** (《반》 left 왼편의)

Hold up your *right* hand.

오른 손을 들어라.

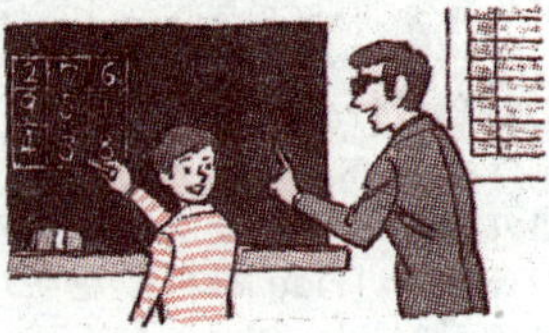

[형] **2. 옳은** (《동》 just, true)

You are *right*.

네가 옳다.

Your answer is quite *right*.

너의 답이 정말 옳다.

That's *right*.

그것이 옳습니다.

[형] **3.** 정확한

This clock tells the *right* time.

이 시계는 잘 맞는다.

《숙》 ***All right.***

좋습니다.

[부] **1.** 옳게, 알맞게, 정확하게

The ball fell *right* into the basket.

공은 정확하게 바스켓 속에 들어갔다.

[부] **2.** 오른 쪽으로

I turned *right*.

나는 오른쪽으로 돌았다.

[명] **(복수 rights** [ráits 라이츠]**)**

[명] **1. 오른쪽,** 우측

Keep to the *right*.

우측 통행.

[명] **2. 권리**

He has no *right* to do so.

그는 그렇게 할 권리가 없다.

***ring**[1] [ríŋ 링]

[타][자] **(3단현 rings** [ríŋz 링즈]**, 과거 rang** [rǽŋ 랭]**, 과거 분사 rung** [rʌ́ŋ 렁]**, 현재 분사 ringing** [ríŋiŋ 링잉]**)**

[자] **울다,** 울리다

The bell is *ringing* noisily.

벨이 시끄럽게 울리고 있다.

[타] **울리다**

Please *ring* the bell before you enter the house.

집에 들어오기 전에 벨을 울려 주십시오.

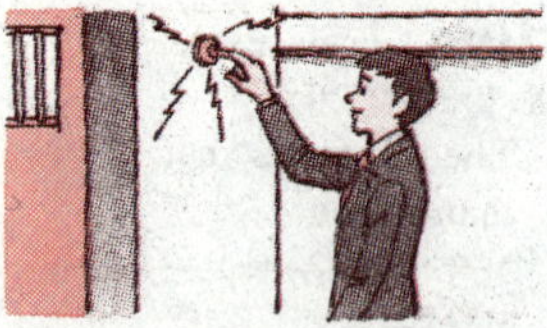

ring[2] [ríŋ 링]

[명] **(복수 rings** [ríŋz 링즈]**)**

[명] **1. 반지, 고리, 바퀴**

Mother wears a gold *ring* on her finger.

어머니는 손가락에 금반지를 끼고 있읍니다.

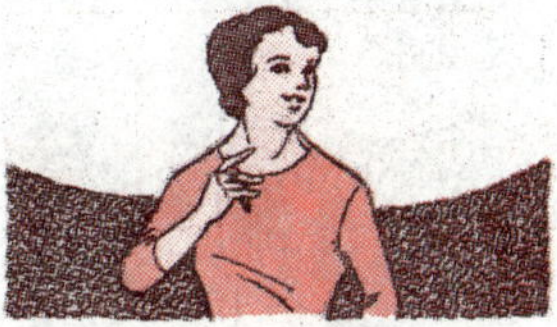

[명] 2. 경마장, 권투장

***rise** [ráiz 라이즈]

[자] (3단현 **rises** [ráiziz 라이지즈], 과거 **rose** [róuz 로우즈], 과거 분사 **risen** [rízn 리즌], 현재 분사 **rising** [ráiziŋ 라이징])

오르다, 뜨다 (《반》 set 지다), **일어나다** (《동》 get up)

The sun *rises* in the east.
해는 동녘에서 뜹니다.

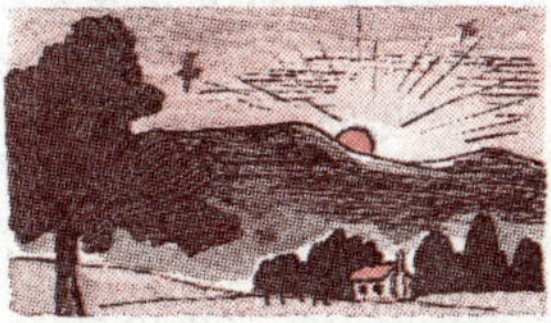

I will *rise* early tomorrow morning.
내일 아침은 일찍 일어날 테다.

****riv·er** [rívər 리버]

[명] (복수 **rivers** [rívərz 리버즈])

강, 내 (《참고》 stream 흐름, brook 시내)

The Yalu *River* is the longest (river) in Korea.
압록강은 한국에서 가장 긴 강입니다.

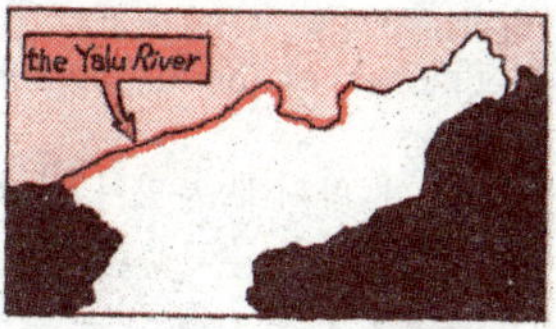

《the *River* Thames (테임즈강)는 영국식이고, the Hudson *River*(허드슨 강)는 미국식임》

****riv·er·side** [rívərsaid 리버사이드]

[명] 강가, 강변

Children must not play at the *riverside*.
어린이는 강가에서 놀아서는 안 된다.

****road** [róud 로우드]

[명] (복수 **roads** [róudz 로우즈])

길, 도로 (《동》 way)

Two cars are going along the *road*.
차 두대가 길을 달리고 있읍니다.

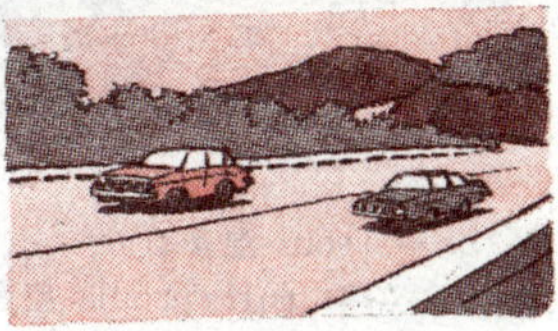

The *road* is wide and straight.
그 길은 넓고 반듯하다.

《숙》 ***by road*** 육로로

R

⁑rock [rák 락]

㊔ (**복수 rocks** [ráks 락스])

바위, 암석

The waves break against the *rocks.*

파도가 바위에 부딪쳐 부서진다.

The mermaid was sitting on the *rock.*

그 인어는 바위에 앉아 있었다.

rock·et [rákit 라킷]

㊔ (**복수 rockets** [rákits 라키츠])

로케트

I want to travel in a *rocket.*

나는 로케트를 타고 여행하고 싶다.

roll [róul 로울]

㊅㊆ (**3 단현 rolls** [róulz 로울즈], **과거 · 과거 분사 rolled** [róuld 로울드], **현재 분사 rolling** [róuliŋ 로울링])

㊅ **1.** **굴리다,** 말다

The children *rolled* the snowball down the hill.

아이들은 언덕 아래로 눈덩이를 굴렸다.

㊅ **2.** 데굴데굴 굴리다

He *rolled* his eyes.

그는 눈알을 굴렸다.

㊆ **1.** 구르다

The ball *rolled* into the pond.

공이 연못속으로 굴러 떨어졌다.

㊆ **2.** (파도가) 넘실거리다

The waves *rolled* in.

파도가 넘실거렸다.

㊔ (**복수 rolls** [róulz 로울즈])

㊔ **1.** 두루마리

The paper was in a *roll.*

그 종이는 두루마리로 되어 있었다.

㊔ **2.** **명부,** 출석부

I will call the *roll.*

출석을 부르겠읍니다.

⁑roof [rú:f 루우프]

㊔ (**복수 roofs** [rú:fs 루우프스])

지붕

The *roof* of that house is very large.

저 집의 지붕은 매우 크다.

Birds are flying over the *roof.*

새들이 지붕 위로 날고 있다.

a *roof* garden 옥상 정원

***room** [rú:m 루움]

명 (**복수 rooms** [rú:mz 루움즈])

명 **1. 방**

I sleep in this *room*.

나는 이 방에서 잡니다.

명 **2.** 장소, (빈) 자리, 여지 (《동》 space)

There is no *room* for doubt.

의문의 여지가 없읍니다.

There is enough *room* in the car for all of us.

차에는 우리 모두가 탈 만한 여유가 충분히 있읍니다.

rose[1] [róuz 로우즈]

자 rise (일어나다)의 과거

****rose**[2] [róuz 로우즈]

명 (**복수 roses** [róuziz 로우지즈])

장미, 장미꽃, 장미빛

There is a beautiful *rose* in the vase.

꽃병에 아름다운 장미 한 송이가 꽂혀 있읍니다.

We grow *roses* in our garden.

우리는 정원에 장미를 가꾸고 있읍니다.

rough [rʌ́f 러프]

형 (**비교급 rougher** [rʌ́fər 러퍼], **최상급 roughest** [rʌ́fist 러피스트])

형 **1.** 울퉁불퉁한, 껄껄한 (《반》 smooth 매끄러운)

형 **2.** 사나운, 난폭한

****round** [ráund 라운드]

형 (**비교급 rounder** [ráundər 라운더], **최상급 roundest** [ráundist 라운디스트])

형 **1. 둥근** (《반》 square 네모진, 《참고》 around …의 둘레에)

I sat at a *round* table.

나는 둥근 테이블에 앉았다.

R

[형] 2. 한바퀴 도는
I want to make a *round* trip of Italy.
나는 이탈리아 일주 여행을 하고 싶다.

[부] **돌아서,** 빙 돌아
The wheels are going *round* and *round.*
차바퀴가 빙빙 돌아가고 있읍니다.
Bring my car round.
내 차를 이쪽으로 돌려다오.
He looked *round.*
그는 둘레를 살폈다.

《숙》 ***all the year round*** 일년 내내
I am busy *all the year round.*
나는 일년 내내 바쁩니다.

[전] 1. **…의 주위에,** …을 빙 둘러서
She looked round the room.
그녀는 방을 둘러 보았다.

[전] 2. …을 돌아서
The car went *round* the corner.
자동차는 모퉁이를 돌아서 갔다.
I made a trip *round* the world.
나는 세계 일주 여행을 했읍니다.
《round는 주위를 도는 운동을 나타낸다. The earth moves *round* the sun. 「지구는 태양의 둘레를 돈다」 around는 주위에 정지한 위치를 나타낸다. We sat *around* the fire. 「우리는 불 주위에 둘러 앉았다」》

[명] (**복수 rounds** [ráundz 라운즈]) 원, 고리(《동》 circle), (권투의) 한 차례의 시합

⁑rule [rú:l 루울]

[명] (**복수 rules** [rú:lz 루울즈])

[명] 1. **규칙**
I don't know the *rules* of volleyball.
나는 배구의 규칙을 모른다.
He talked about the *rules.*
그는 규칙에 관해서 이야기했다.

[명] 2. **지배, 통치**
India was under British *rule.*
인도는 영국의 통치하에 있었다.

《숙》 ***as a (general) rule*** 일반적으로
As a rule children like to watch television.
일반적으로 아이들은 텔레비전 보는 것을 좋아한다.

《숙》 ***make it a rule to*** (do) …하는 것을 습관으로 하고 있다
I *make it a rule to* study after supper.
나는 저녁을 먹은 후에 공부하는 것이 습관으로 되어 있다.

[타] (**3단현 rules** [rú:lz 루울즈], **과거 · 과거 분사 ruled** [rú:ld 루울드], **현재 분사 ruling** [rú:liŋ 루울링])
지배하다, 다스리다 (《동》govern)
A king *rules* the people of his country.
왕은 자국의 국민을 다스린다.

run [rʌ́n 런]

[자] (**3단현 runs** [rʌ́nz 런즈], **과거 ran** [rǽn 랜], **과거 분사 run** [rʌ́n 런], **현재 분사 running** [rʌ́niŋ 러닝])

㉷ 1. **달리다** (《참고》 runner 달리는 사람)

He is *running* at full speed.

그는 전속력으로 달리고 있읍니다.

㉷ 2. **흐르다** (《동》 flow)

The river *runs* fast.

그 강물은 빨리 흐른다.

《숙》 ***run after*** ~ …을 쫓아가다

John *ran after* the dog.

존은 그 개를 쫓아갔다.

《숙》 ***run against*** ~ …에 충돌하다

The motorcar *ran against* a telephone pole.

그 자동차는 전주(電柱)에 충돌했다.

《숙》 ***run away*** (또는 ***off***) 달아나다

When the rats saw the cat, they *ran away.*

고양이를 보자 쥐들은 달아났다.

《숙》 ***run over*** ~ (차가) …을 치다

The little girl was *run over* by a car.

그 소녀는 자동차에 치였다.

㉺ (**복수 runs** [rʌ́nz 런즈])

달리기; 연속; 〖야구〗 득점

The play had a long *run* at this theater.

그 연극은 이 극장에서 장기 공연되었다.

We lost two *runs.*

우리는 2점을 잃었다.

《숙》 ***in the long run*** (《동》 in the end) 오랜 시일이 지나는 동안에, 결국은

**run·ner [rʌ́nər 러너]

㉺ (**복수 runners** [rʌ́nərz 러너즈])

달리는 사람, 경주자, (야구의) 러너

He is a very fast *runner.*

그는 매우 빨리 달리는 사람이다.

I will be one of the best *runners* in Korea.

나는 한국의 뛰어난 육상 경주자의 한 사람이 되겠다.

rush [rʌʃ 러시]

㉷ (**3단현 rushes** [rʌ́ʃiz 러시즈], **과거·과거 분사 rushed** [rʌ́ʃt 러시트], **현재 분사 rushing** [rʌ́ʃiŋ 러싱])

돌진하다

He *rushed* out of the room.

그는 방에서 뛰어나갔다.

I *rushed* into the room.

나는 방으로 뛰어 들어갔다.
They *rushed* toward me.
그들은 나를 향해 돌진해 왔다.
㉿ 급한, 혼잡한
Buses and trains are crowded during the *rush* hours.
러시 아워에는 버스도 전차도 대혼잡을 이룬다.
㉿ (**복수 rushes** [rʌ́ʃiz 러시즈])
돌진, 돌격, 쇄도, 혼잡

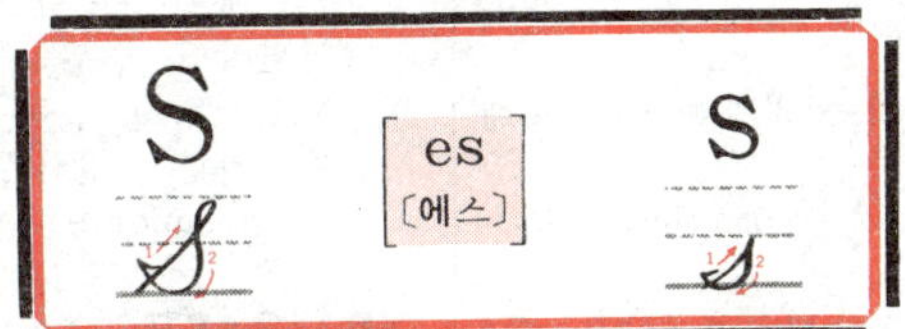

S

***sad** [sæd 새드]
㊎ (**비교급 sadder** [sǽdər 새더], **최상급 saddest** [sǽdist 새디스트])
슬픈 (《반》 glad 기쁜)
Your face looks *sad.*
너의 얼굴은 슬픈 표정이다.
The news made him *sad.*
그 소식은 그를 슬프게 하였다.

Tell me why you are so *sad.*
당신은 어째서 그렇게 슬픈지 내게 말해주시오.
I must tell you a *sad* story.
슬픈 이야기를 당신에게 들려 주어야만 하겠읍니다.

****safe·ly** [séifli 세이플리]
㊍ **안전하게, 무사히** (《참고》 safe 안전한, 무사한)
The ship *safely* came into the harbor.
그 배는 안전하게 입항했다.
《He arrived *safely.* 와 He arrived *safe.* 는 같은 뜻으로 쓰인다》
He could take them *safely* across the river.
그는 그들을 안전하게 강을 건네 줄 수 있었다.

sail [séil 세일]
㊔ (**복수 sails** [séilz 세일즈])
돛
We see a boat with a *sail.*
돛단배가 보입니다.

《숙》 ***set sail for*** ~ …을 향하여 배가 떠나다
The ship *set sail for* London.
그 배는 런던을 향해 출범했다.
㉵ (**3단현 sails** [séilz 세일즈], **과거 · 과거 분사 sailed** [séild 세일드], **현재 분사 sailing** [séiliŋ 세일링])

배가 떠나다, 출범하다, 항해하다
Some day we will *sail* around the world.
언젠가 우리는 세계를 두루 항해할 것입니다.
They *sailed* across the Atlantic Ocean.
그들은 배를 타고 대서양을 건넜다.
The ship *sailed* for America.
그 배는 미국을 향하여 출항하였다.
I will *sail* tomorrow by the Queen Elizabeth.
나는 내일 퀸 엘리자베드호로 출항할 것입니다.

sai·lor [séilər **세**일러]
㉮ (**복수 sailors** [séilərz **세**일러즈])
수부, 선원, 수병, 뱃사람

They became *sailors.*
그들은 뱃사람이 되었다.
The *sailors* landed on the island.
수부들은 그 섬에 상륙하였다.
The *sailors* were all saved.
선원들은 모두 구조되었다.
《숙》 ***a good*〔*bad*〕 *sailor*** 배멀미를 안 하는〔하는〕 사람
I am a *good sailor.*
나는 배멀미를 안 합니다.
《일반적인 수부를 말하지만, 넓은 뜻으로는 모든 해상 생활을 하는 사람을 말하며, 넬슨장군도 위대한 sailor 였다》

sal·a·ry [sǽləri **샐**러리]
㉮ (**복수 salaries** [sǽləriz **샐**러리즈])
급료, 봉급
I got my *salary* yesterday.
나는 어제 봉급을 받았다.

***same** [séim **세**임]
㉧ 《언제나 the same으로 써서》
같은 (《반》 other, different 다른)
She wears the *same* dress every day. 그 여자는 매일 같은 옷을 입습니다.
They came back on the *same* time.
그들은 같은 시각에 돌아왔다.

Her name and mine are the *same.*
그녀의 이름과 내 이름은 같다.

***sand** [sǽnd **샌**드]
㉮ (**복수 sands** [sǽndz **샌**즈])
모래

The children are playing in the *sand*.
그 아이들은 모래밭에서 놀고 있읍니다.

It is a long stretch of *sand*.
그것은 긴 모래밭입니다.

***Sat·ur·day** [sǽtərdi 새터디]
㊔ 토요일 《Sat. 로 줄인다》
Saturday is the last day of the week.
토요일은 주일의 마지막 날입니다.
We have Korean, English, science, and math on *Saturday*.
우리는 토요일에 국어, 영어, 과학 그리고 수학 수업이 있읍니다.

***say** [séi 세이]
㊉㊈ (**3 단현 says** [séz 세즈] ★발음 주의, **과거 · 과거 분사 said** [séd 세드] ★발음 주의, **현재 분사 saying** [séiiŋ 세이잉])
말하다, 이야기하다, 진술하다 (《참고》 speak)
On Christmas Day we *say*, "Merry Christmas".
크리스마스날에 우리들은 「성탄을 축하합니다」라고 말합니다.

They *say* that she dances well. (또는 She is *said* to dance well.)
그 여자는 춤을 잘 춘다고들 말한다.
Say what you think.
당신이 생각하고 있는 것을 말하시오.
《숙》 ***I say!***
여보게. 어머나. 《미국에서는 단지 Say!》
《숙》 ***It is said that*** ～ …이라는 소문이다
It is said that she sings well.
그 여자는 노래를 잘 부른다고들 한다.
《숙》 ***say to oneself*** 혼잣말을 하다
He *said to himself*, "I will do it".
「나는 그것을 할테다」라고 그는 혼잣말을 하였읍니다.
《숙》 ***so to say*** (또는 ***speak***) 말하자면
He is, *so to say*, a walking dictionary.
그는 말하자면 살아 있는 사전이다.
《숙》 ***that is*** (***to say***) 즉
He died a century ago, *that is to say*, in 1884.

그는 1세기 전 즉, 1884년에 죽었다.

---

say·ing [séiiŋ 세이잉]

명 (**복수 sayings** [séiiŋz 세이잉즈])
말함, 속담
an old *saying* 옛날 속담
He knows a lot of Korean *sayings*.
그는 한국의 속담을 많이 안다.

---

scarf [skáːrf 스카아프]

명 (**복수 scarfs** [skáːrfs 스카아프스] 또는 **scarves** [skáːrvz 스카아브즈])
명 스카아프, 목도리

---

scen·er·y [síːnəri 시이너리]

명 (자연의) 경치《scene이나 view는 일부의 경치, scenery는 전체의 경치》(《참고》 scene 장면, 경치)
He could enjoy the mountain *scenery*.
그는 산의 경치를 즐길 수 있었다.

《한 지방이나 한 나라 전체의 경치를 말한다. 예컨대 the scenery of England「영국의 경치」》

---

school [skúːl 스쿠울]

명 (**복수 schools** [skúːlz 스쿠울즈])
명 **1. 학교**《건물의 의미로는 관사(a, the)가 붙는다》
There is a *school* on the hill.
언덕 위에 학교가 있읍니다.

an elementary *school* 국민 학교
a junior〔senior〕 high *school* 중〔고등〕학교
명 **2.** 《관사 없이》 **수업**
School begins at nine.
학교는〔수업은〕 9시에 시작합니다.
School is over at noon on Saturday.
토요일에는 수업이 정오에 끝납니다.
《숙》 ***after school*** 방과 후
We play baseball *after school*.
방과 후에 우리는 야구를 합니다.
《숙》 ***at school*** 재학 중, 수업 중
He is *at school* in America.
그는 미국에 있는 학교에 재학 중입니다.
《숙》 ***go to school*** 학교에 다니다
He *goes to school* every day.
그는 매일 학교에 다닙니다.

《숙》 ***leave school*** 퇴학하다, 졸업하다
He *left school* last year.
그는 작년에 졸업했읍니다.
《숙》 ***school days*** 학생 시절
He was a basketball player in his *school days*.
그는 학생 시절에 농구선수였다.

***school·bag** [skú:lbæg 스쿠울배그]
㊔ (**복수 schoolbags** [skú:lbægz 스쿠울배그즈])
(학생의) 책가방
Where is my *schoolbag?*
내 책가방은 어디에 있어요?

school·work [skú:lwə:*r*k 스쿠울워어크]
㊔ 학업, 학업성적, 면학

***sci·ence** [sáiəns 사이언스]
㊔ **과학** (《참고》 scientist 과학자)
He is a teacher of *science*.
그는 과학 선생입니다.
He is a man of *science*.
그는 과학자입니다.
I want to learn natural *science*.
나는 자연 과학을 배우고 싶다.

****sci·en·tist** [sáiəntist 사이언티스트]
㊔ (**복수 scientists** [sáiəntists 사이언티스츠])
과학자 (《동》 a man of science)
I want to be a *scientist*.
나는 과학자가 되고 싶다.

Edison was a great *scientist*.
에디슨은 위대한 과학자였읍니다.

***score** [skɔ́:*r* 스코오]
㊔ (**복수 scores** [skɔ́:*rz* 스코오즈])
㊔ **1.** (경기의) 득점, 스코어
㊔ **2.** 20 (단수, 복수 동형)
three *score* and ten 칠십
scores of ~ 수십의 …, 다수의 …

scream [skrí:m 스크리임]
㊇㊆ (**3 단현 screams** [skrí:mz 스크리임즈], **과거 · 과거 분사 screamed** [skrí:md 스크리임드], **현재 분사 screaming** [skrí:miŋ 스크리이밍])
날카로운 소리를 내다, 비명을 올리다, 날카로운 소리로 말하다
She *screamed* for help.
그녀는 도와 달라고 비명을 질렀다.
㊔ (**복수 screams** [skrí:mz 스크리임즈])
비명, 날카로운 소리

****sea** [sí: 시이]
㊔ (**복수 seas** [sí:z 시이즈])
바다 (《참고》 ocean 대양, 《반》

land 육지)
She likes to swim in the *sea*.
그녀는 바다에서 수영하기를 좋아한다.

《숙》 ***at sea*** 해상에(서), 항해중에
The steamer is *at sea*.
그 기선은 항해 중입니다.
《숙》 ***by sea*** 배로, 해로로
They left Korea for America *by sea*.
그들은 미국을 향하여 배로 한국을 떠났읍니다.
《숙》 ***go to sea*** 선원이 되다, 출항하다
He wanted to *go to sea*.
그는 뱃사람이 되고 싶어 했다.
《숙》 ***put to sea*** 출항하다
The ship will *put to sea* tomorrow.
그 배는 내일 출항합니다.
《sea는 ocean(대양)보다 작지만 「대양」의 뜻으로도 쓰인다. waters가 바다를 의미하는 경우도 있다》

sea·food [sí:fu:d 시이푸우드]
명 (**복수 seafoods** [sí:fu:dz 시이푸우즈])
해산물, 해산 식품
Seafood dishes were served.
해산물 요리가 제공되었다.

sea·shell [sí:ʃel 시이셸]
명 조개, 조가비
I will swim and collect *seashells*.
나는 수영도 하고 조개도 줍겠다.

****sea·son** [sí:zn 시이즌]
명 (**복수 seasons** [sí:znz 시이즌즈])
계절
There are four *seasons* in a year.
1년에는 4계절이 있읍니다.
The rainy *season* has set in.
장마철이 시작되었다.

***sec·ond**[1] [sékənd 세컨드]
형 **제 2의**
Monday is the *second* day of the week.
월요일은 주일의 두번째 날이다.

S	M	T	W	T	F	S
1	2	3	4	5	6	7
8	9	10	11	12	13	14
15	16	17	18	19	20	21
22	23	24	25	26	27	28

the *second* floor 《미》 2층, 《영》 3층
second base 〖야구〗 2루
I went there every *second* day.
나는 하루 걸러 거기에 갔읍니다.

sec·ond[2] [sékənd 세컨드]
명 (**복수 seconds** [sékəndz 세컨즈])

(시간·각도의) **초** (《참고》 minute 분, hour 시)

This watch has a *second* hand.
이 시계에는 초침이 있다.

⁑se·cret [sí:krit 시이크릿]

㊔ (**복수** **secrets** [sí:krits 시이크리츠])

비밀

We must know many *secrets* of the sea.
우리는 바다의 많은 비밀을 알아야 한다.

He always keeps a *secret*.
그는 언제나 비밀을 지킵니다.

What he gave me is a *secret*.
그가 나에게 무엇을 주었는가는 비밀입니다.

《숙》 ***in secret*** 비밀로, 남몰래

He told it to me *in secret*.
그는 그것을 나에게 남몰래 일러 주었다.

㊕ 비밀의, 남 모르는

It is a *secret* sign.
그것은 암호입니다.

《숙》 ***keep ~ secret*** …을 비밀로 하다

He *keeps* his marks *secret*.
그는 자기 점수를 숨기고 있다.

***see** [sí: 시이]

㊌㊋ (**3 단현** **sees** [sí:z 시이즈], **과거** **saw** [sɔ́: 소오], **과거 분사** **seen** [sí:n 시인], **현재 분사** **seeing** [sí:iŋ 시이잉])

㊌ **1. 보다**

What can you *see*?
무엇이 보입니까?

I can *see* a dog running.
개가 달리고 있는 것이 보입니다.

I *saw* her swim.
나는 그 여자가 수영하는 것을 보았읍니다.

She was *seen* to swim.
그 여자가 헤엄치는 것이 보였다.

《수동태가 되면 to가 붙는 것에 주의한다》

㊌ **2.** 만나다 (《동》 meet)

I am very pleased (또는 glad) to *see* you.
당신을 만나서 대단히 반갑습니다.

Come and *see* me.
저를 찾아 오십시오.

I have not *seen* you for a long time.
오랫동안 뵙지를 못했읍니다.

㊋ **보이다**, 알게 되다, 보다

I *see*.
그렇군요. 알았읍니다.

Owls can *see* in the dark.
올빼미는 어두운 곳에서도 볼 수 가 있다.
You *see*.
알겠지요.
Let me *see*.
글쎄.

《숙》 ***see*** (a person) ***off*** …를 전송하다
I went to the airport to *see* him *off*.
나는 그를 전송하러 비행장에 갔읍니다.

《숙》 ***See you again!***
안녕히. 또 봅시다.

S

seem [sí:m 시임]

㉶ (**3 단현 seems** [sí:mz 시임즈], **과거·과거 분사 seemed** [sí:md 시임드], **현재 분사 seeming** [sí:miŋ 시이밍])
…(인 것) **처럼 보이다**〔생각되다〕, …인 것 같다
She *seems* (to be) happy. (또는 It *seems* that she is happy.)
그 여자는 행복해 보입니다.

He *seems* to be ill.
그는 아픈 것 같다.
《appear(보이다, 여겨지다)와 같은 뜻으로 쓰인다》

**sell [sél 셀]

㊀㉶ (**3 단현 sells** [sélz 셀즈], **과거·과거 분사 sold** [sóuld 소울드], **현재 분사 selling** [séliŋ 셀링])
㊀ **팔다** (《반》 buy 사다)
They *sell* shirts, socks and many other things at that store.
그 상점에서는 샤쓰와 양말 기타 많은 다른 물건을 판다.

㉶ 팔리다
The books *sell* well.
그 책들은 잘 팔린다.

**send [sénd 센드]

㊀ (**3 단현 sends** [séndz 센즈], **과거·과거 분사 sent** [sént 센트], **현재 분사 sending** [séndiŋ 센딩])
보내다
send a parcel by train 철도편으로 소포를 보내다
I *sent* him a letter.
나는 그에게 편지를 부쳤다.

《숙》 ***send for*** ~ …을 데리러 보

내다, …을 부르다

Please *send for* the doctor.

의사를 데리러 보내 주시오.

serve [sə́:rv 서어브]

㊍㊋ (**3 단현 serves** [sə́:rvz 서어브즈], **과거·과거 분사 served** [sə́:rvd 서어브드], **현재 분사 serving** [sə́:rviŋ 서어빙])

㊍ **1. …에 시중들다,** …에 봉사하다, …을 섬기다 (《참고》 service 봉사)

He *served* his master for many years.

그는 오랫동안 주인을 섬겼읍니다.

㊍ **2.** …에게 도움이 되다

I am happy if I can *serve* you.

내가 당신에게 도움이 될 수 있다면 영광이겠읍니다.

㊍ **3.** (음식물을) 차려내다, 차리다

Dinner is *served*.

저녁 준비가 다 되었읍니다.

㊍ **4.** (정구·탁구·배구 따위에서) 서어브를 하다

***set** [sét 셋]

㊍㊋ (**3 단현 sets** [séts 세츠], **과거·과거 분사 set** [sét 셋], **현재 분사 setting** [sétiŋ 세팅])

㊍ **1. 놓다,** 갖다두다 (《동》 put)

I *set* a vase on the table.

책상 위에 꽃병을 놓았읍니다.

㊍ **2.** 맞추다, 조절하다

I forgot to *set* the clock.

시계를 맞추는 것을 잊었읍니다.

㊍ **3.** 갖추다, 준비하다

I helped her with *setting* the table for the party.

나는 그녀가 파아티를 위해 상을 차리는 것을 도와 주었다.

㊍ **4.** (어느 상태로) 하여 두다, 되게 하다

Lincoln *set* the slaves free.

링컨은 노예를 해방시켰다.

㊋ (해·달 따위가) 지다 (《반》 rise 뜨다)

The sun *sets* in the west.

해는 서쪽으로 진다.

《숙》 ***set aside*** 제쳐놓다, 따로 떼어놓다

Set it *aside* for yourself.

그것을 네 몫으로 따로 떼어 두어라.

《숙》 ***set in*** 시작하다

The rainy season has *set in*.

장마철에 접어들었다.

《숙》 ***set off*** (또는 ***out***) 출발하다

They *set off*〔*out*〕 on their trip.

그들은 여행을 떠났다.

《숙》 ***set to*** (do) …에 착수하다
They *set to* work again.
그들은 다시 일에 착수하였다.
《숙》 ***set up*** 세우다, (천막을) 치다
We *set up* the tent.
우리들은 천막을 쳤읍니다.
[명] (**복수 sets** [séts 세츠])
한 벌
She has a *set* of silver spoons.
그 여자는 은수저 한 벌을 가지고 있다.

set·ting [sétiŋ 세팅]

[명] (**복수 settings** [sétiŋz 세팅즈])
[명] **1.** 놓기, 장치하기 ; (해 · 달이) 지기
[명] **2.** 무대 장치, 배경

sev·er·al [sévrəl 세브럴]

[형] **몇 개의,** 여럿의 《a few(2, 3)보다 많지마는 그다지 많지 않다》 (《동》 some)
Here are *several* fish.
여기에 몇 마리의 물고기가 있읍니다.

I visited her *several* times.
나는 여러 차례 그녀를 방문했다.
[대] 몇 명, 몇 개
Several of them were absent.
그들 중 몇 명은 결석했읍니다.
《두개 이상이지만 많지 않은 수를 나타내며 a few 보다는 뜻이 강하다》

*shake [ʃéik 셰이크]

[타][자] (**3 단현 shakes** [ʃéiks 셰이크스], **과거 shook** [ʃúk 슉], **과거분사 shaken** [ʃéikn 셰이큰], **현재 분사 shaking** [ʃéikiŋ 셰이킹])
[타] **흔들다,** 뒤흔들다
The boys are *shaking* the tree.
소년들이 나무를 흔들고 있다.
He *shook* the snow from his coat.
그는 코우트의 눈을 털었다.
[자] 흔들리다, 떨다
I felt the house *shake*.
나는 집이 흔들리는 것을 느꼈다.
I am *shaking* with cold.
나는 추워서 떨고 있읍니다.
《숙》 ***shake hands with*** ~ …와 악수하다
I *shook hands with* him.
나는 그와 악수하였다.

**shall [ʃəl 셜, ʃæl 섈]

[조] (**과거 should** [ʃúd 슈드])
[조] **1.** 《주어가 1인칭 I, we의 경우는 단순미래를 나타낸다》 …**일**

것이다 《미국에서는 will을 많이 쓴다》

I *shall* be fifteen years old next year.

나는 내년에 15살이 됩니다.

㉠ 2. 《주어가 2인칭, 3인칭의 경우는 말하는 사람의 의지를 나타낸다》 …시키다

You *shall* have the book.

(나는) 너에게 이 책을 주겠다 (책을 줄 작정이다).

She *shall* not do it.

그 여자는 그것을 하지 못할 것이다(즉, 그 여자에게 그것을 시키지 않겠다).

㉠ 3. 《의문문에서는 주어가 1인칭의 경우에 단순미래를 나타내든지 또는 상대방의 의지를 묻는다》 …일까요? …할까요?

Shall I be late for school?

제가 학교에 지각할까요?

Shall I go with you?

같이 갈까요?

㉠ 4. 《의문문에서 주어가 2인칭의 경우에는 단순미래를 나타낸다》 …일까요?

Shall you be at home the day after tomorrow?

모레는 집에 계시겠읍니까?

㉠ 5. 《의문문에서 주어가 3인칭의 경우에는 상대방의 의지를 묻는다》 …시킬까요?

Shall he post this letter for you?

그에게 이 편지를 우체통에 넣도록 할까요?

S

shape [ʃéip 셰이프]

㉡ (**복수 shapes** [ʃéips 셰이프스]) 꼴, 모양, 형상 (《동》 form)

The *shape* of a ball is round.

공의 모양은 둥글다.

What *shape* are these things?

이것들은 무슨 모양입니까?

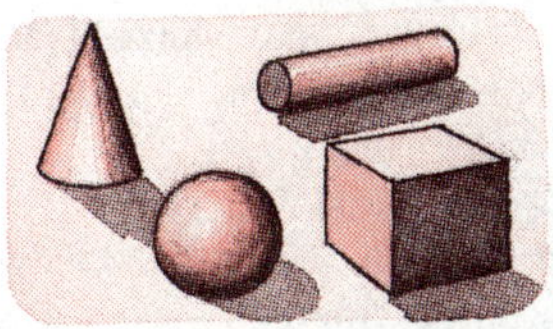

㉢㉣ (**3단현 shapes** [ʃéips 셰이프스], **과거·과거 분사 shaped** [ʃéipt 셰이프트], **현재 분사 shaping** [ʃéipiŋ 셰이핑])

형체를 만들다

He *shaped* clay into a ball.

그 사람은 진흙으로 공을 만들었읍니다.

share [ʃέər 셰어]

(명) (복수 **shares** [ʃέərz 셰어즈])

(명) **1.** 몫

This is my *share* of it.
이것은 나의 몫이다.

The lion took a good *share* for himself.
사자는 스스로 좋은 몫을 차지하였다.

(명) **2.** 주(株)

Father holds 3,000 *shares* in a railroad company.
아버지는 철도회사의 주를 3000주 가지고 있습니다.

㉹ (**3 단현 shares** [ʃέərz 셰어즈], **과거 · 과거 분사 shared** [ʃέərd 셰어드], **현재 분사 sharing** [ʃέəriŋ 셰어링])

분배하다, 나눠 갖다

Nam-su *shared* the candy with his brother.
남수는 동생과 그 과자를 나누어 가졌다.

**she [ʃíː 시이]

(대) (**복수 they** [ðéi 데이])

그 여자는〔가〕《소유격 · 목적격 her》

She is my sister.
그 여자는 나의 누이입니다.

She has a bag in her left hand.
그 여자는 왼 손에 손 가방을 들고 있읍니다.

sheet [ʃíːt 시이트]

(명) (복수 **sheets** [ʃíːts 시이츠])

(명) **1. 시이트,** 까는 천

She covered the *sheets* with a blanket.
그녀는 시이트 위에 담요를 씌웠다.

(명) **2.** (종이 따위의) **한 장**

Jane is drawing on a *sheet* of paper.
제인은 (한 장의) 종이 위에 그림을 그리고 있읍니다.

*shine [ʃáin 샤인]

㉶ (**3 단현 shines** [ʃáinz 샤인즈], **과거 · 과거 분사 shone** [ʃóun 쇼운], **현재 분사 shining** [ʃáiniŋ 샤이닝])

비치다, 빛나다

The sun is *shining* bright.
해가 밝게 빛나고 있읍니다.

The moon *shines* at night.
달은 밤에 비칩니다.

㉺ (**3단현 shines** [ʃáinz **샤**인즈], **과거·과거 분사 shined** [ʃáind **샤**인드], **현재 분사 shining** [ʃáiniŋ **샤**이닝])
(구두 따위를) 닦다
She is *shining* her shoes.
그녀는 자기 구두를 닦고 있다.

㊔ **빛**, 밝게 개인 하늘
《숙》 ***rain or shine*** 비가 오나 날이 개나
I go to school, *rain or shine.*
비가 오든 날이 좋든, 나는 학교에 갑니다.

shin·y [ʃáini **샤**이니]

㉻ (**비교급 shinier** [ʃáiniər **샤**이니어], **최상급 shiniest** [ʃáiniist **샤**이니이스트])
반짝 반짝 빛나는, 번들거리는

**ship [ʃíp 십]

㊔ (**복수 ships** [ʃíps **십스**])
(특히 항해용의 대형) **선박** 《여성으로 보고 대명사는 she, her》
We went abroad in a large *ship.*
우리는 큰 배를 타고 외국에 갔다.
This *ship* sails on the ocean.
이 배는 대양을 항해한다.

I took *ship* at Pusan for Europe.
나는 부산에서 배를 타고 유럽으로 갔다.

《숙》 ***by ship*** 배로
Did he go to America by *ship?*
그는 배편으로 미국에 갔읍니까?

*shirt [ʃə́:rt **셔**어트]

㊔ (**복수 shirts** [ʃə́:rts **셔**어츠])
《밖으로 보이지 않는 메리야스 샤쓰는 underwear [ʌ́ndərwɛər **언**더웨어]이지 shirt가 아니다. 와이샤쓰는 white shirt에서 온 말이며 Y샤쓰는 발음이 비슷하기 때문에 대신 통용되고 있다》
와이샤쓰, 샤쓰
He wore a gray *shirt.*
그는 회색 샤쓰를 입고 있었다.

S

S

***shoe** [ʃúː 슈우]
㊔ (**복수 shoes** [ʃúːz 슈우즈])
구두 (《참고》 boot 긴 구두) 《영국에서는 복사뼈까지 오는 단화를 말한다. 미국에서는 목이 긴 구두(영국에서의 boot)도 포함하며 단화는 low shoes 라 한다》
I bought a pair of *shoes.*
나는 구두를 한 켤레 샀다.

I have my shoes on.
나는 구두를 신고 있다.
Look at the old *shoe.*
저 낡은 신짝을 보아라.

shoo [ʃúː 슈우]
㊎ 쉬이! 쉿! 《새를 쫓는 소리》

shop [ʃáp 샵]
㊔ (**복수 shops** [ʃáps 샵스])
가게, 소매점, 상점, 전문점, (국민학교·중학교의)공작실 (《동》 《미》 store) 《미국에서는 이 뜻으로 store 를 쓰는 경우가 많다》
I have a small flower *shop.*
나는 조그마한 꽃가게를 하나 가지고 있다.
They sell many kinds of toys at that *shop.*
저 상점에서는 여러가지 장난감을 팔고 있습니다.

《barber's shop (이발관), baker's shop (빵집) 등을 줄여 barbershop, bakery 라고 하는 것은 미국식》

shore [ʃɔ́ːr 쇼오]
㊔ (**복수 shores** [ʃɔ́ːrz 쇼오즈])
물가, 해안 (《동》 seashore, coast)
People are sitting by the *shore.*
사람들이 바닷가에 앉아 있다.

《숙》 ***on shore*** 육지에, 상륙하여
The sailors went *on shore.*
선원들은 상륙하였다.
《바다, 호수, 큰 강 따위의 물가를 뜻하며 모래 벌판이나 절벽에도 쓰일 수 있다》

***short** [ʃɔ́ːrt 쇼오트]
㊕ (**비교급 shorter** [ʃɔ́ːrtər 쇼오터], **최상급 shortest** [ʃɔ́ːrtist 쇼오티스트])
㊕ **1. 짧은** (《반》 long 긴)
My pencil is *short.*
내 연필은 짧다.

He told us a *short* story.
그는 우리에게 짧은 이야기를 해 주었다.

㊢ 2. **키가 작은** (《반》 tall 키가 큰)
He is *shorter* than you.
그는 당신보다 키가 작다.

《숙》 ***be short of*** ~ …이 부족하다
He *is short of* sleep.
그는 수면이 부족하다.

㊉ 갑자기
He stopped *short*.
그는 갑자기 정지하였다.

㊔ (**복수 shorts** [ʃɔ́:rts **쇼**오츠])
간단, 《복수형으로》 짧은 바지, 쇼오트 팬츠

《숙》 ***for short*** 줄여서
He is called Ted *for short*.
그는 간단히 테드라고 불리운다.

《숙》 ***in short*** 요약하여 말하면, 요컨대
In short, I like her.
요컨대, 나는 그녀가 좋다.

shoul·der [ʃóuldər 쇼울더]

㊔ (**복수 shoulders** [ʃóuldərz 쇼울더즈])
어깨
I laid my hand on his *shoulder*.
나는 그의 어깨에 손을 얹었다.

He has a gun on his *shoulder*.
그는 총을 어깨에 메고 있다.

*shout [ʃáut 샤우트]

㊈㊋ (**3단현 shouts** [ʃáuts 샤우츠], **과거 · 과거 분사 shouted** [ʃáutid 샤우티드], **현재 분사 shouting** [ʃáutiŋ 샤우팅])

㊋ **외치다** (《동》 cry)
They *shouted* with (또는 for) joy.
그들은 환성을 올렸다.

㊈ 큰 소리로 부르다
She *shouted* my name.
그 여자는 내 이름을 큰 소리로 불렀다.

㊔ (**복수 shouts** [ʃáuts 샤우츠])
외침, 외치는 소리
I heard her *shout*.
나는 그 여자가 외치는 소리를 들었다.

S

[S]

****show** [ʃóu 쇼우]
[타] (3 단현 **shows** [ʃóuz 쇼우즈], 과거 **showed** [ʃóud 쇼우드], 과거 분사 **showed** 또는 **shown** [ʃóun 쇼운], 현재 분사 **showing** [ʃóuiŋ 쇼우잉])
[타] **1.** **보이다,** 보여주다
Show me some knives.
내게 칼을 좀 보여 주시오.
He will *show* the picture to his teacher.
그는 그 그림을 선생님에게 보일 것입니다.

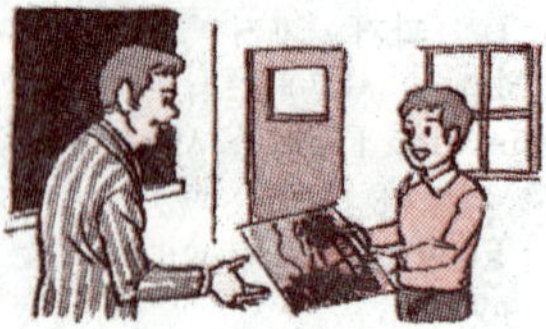

[타] **2.** 가리키다, **안내하다**
Will you please *show* me the way to the station?
정거장으로 가는 길을 가리켜 주시겠읍니까?
[명] (**복수 shows** [ʃóuz 쇼우즈])
보임, 구경거리, 전람회
I went to the dog *show*.
나는 개의 품평회에 갔었다.
《숙》 ***show window*** 진열창

****shut** [ʃʌ́t 셧]
[타][자] (3 단현 **shuts** [ʃʌ́ts 셔츠], 과거 · 과거 분사 **shut** [ʃʌ́t 셧], 현재 분사 **shutting** [ʃʌ́tiŋ 셔팅])
[타] **닫다**
Shut your book.
책을 덮으시오.
She *shut* the door quickly.
그녀는 서둘러 문을 닫았다.

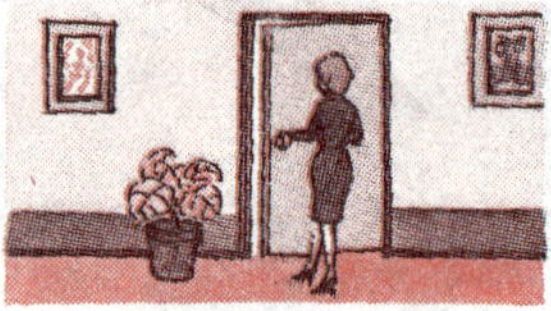

He *shut* his mouth.
그는 입을 다물었다.
[자] 닫히다
The window *shuts* easily.
그 창문은 쉽게 닫힌다.
《숙》 ***shut out*** 못 들어오게 하다, (경기에서) 영패(零敗)시키다
We *shut out* the other team.
우리는 상대티임을 영패시켰다.
《숙》 ***shut up*** 단단히 잠그다, 가두어 넣다, 입 다물게 하다
The king *shut* them *up* in a tower.
왕은 그들을 탑 속에 감금하였다.

***sick** [sík 식]
[형] **병난, 앓는**
The doctor came to see the *sick*.
의사가 환자를 보러 왔읍니다.

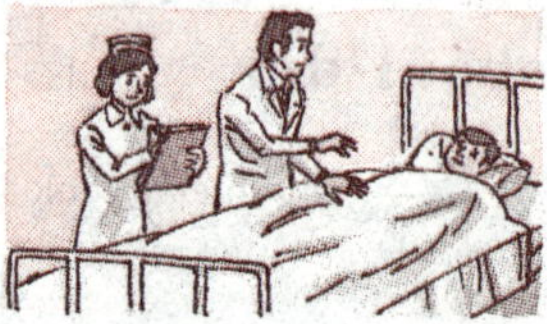

In-ho is very *sick*.
인호는 매우 아픕니다.
《He is *sick*. 「그는 앓고 있다」에 서처럼 sick을 술어로 쓰는 것은 미국 용법이다. 이 경우 영국에서는 ill을 사용한다》
《숙》 ***fall sick*** (또는 《영》 ***ill***) 병에 걸리다
He *fell sick*〔*ill*〕 suddenly.
그는 갑자기 병에 걸렸읍니다.

**side [sáid 사이드]

명 (**복수 sides** [sáidz 사이즈])
명 1. **쪽**, 측면
A tree is on one *side* of the road.
길 한쪽에 나무 한 그루가 있다.

Keep to the left *side* of the road. (=Keep to the left.)
도로의 왼쪽으로 걸으시오.
He sat on the father's right *side*.
그는 아버지의 오른쪽에 앉았다.
명 2. **옆, 가**
He sat by the *side* of the road.
그는 길 가에 앉았다.
명 3. (적·자기 편의) 편, 당, 파, (시합의) 조(組)
He took our *side*.
그는 우리 편을 들었다.
《숙》 ***side by side*** 나란히
Children are standing *side by side*.
아이들이 나란히 서 있다.

sight [sáit 사이트]

명 (**복수 sights** [sáits 사이츠])
명 1. 시력
A sailor must have good eye*sight*.
수부는 시력이 좋지 않으면 안 된다.
명 2. 광경(《동》 view), 풍경, 경치
The flower garden was a wonderful *sight*.
그 꽃밭은 굉장한 광경이었다.
What a beautiful *sight* (it is)!
얼마나 아름다운 경치냐!
명 3. 《the sights로 하여》 **명승지**
He saw (또는 did) *the sights* of London.
그는 런던(의 명승지)을 구경하였다.

명 4. 보기, 시계(視界)
《숙》 ***at first sight*** 첫눈에
I liked him *at first sight*.
나는 첫 눈에 그가 좋아졌다.
《숙》 ***at the sight of ~*** …을 보고서
She smiled *at the sight of* her

mother.
그 여자는 어머니를 보고서 미소지었다.

《숙》 ***catch*** 〔***lose***〕 ***sight of*** ~ …을 발견하다〔잃다〕
He *caught* 〔*lost*〕 *sight of* the child.
그는 그 아이를 발견했다〔잃었다〕.

《숙》 ***in sight*** 보여, 시계에 들어와
Paris was *in sight*.
파리가 보였다.

《숙》 ***out of sight*** 보이지 않게 되어, 보이지 않는 곳에
The bird is now *out of sight*.
그 새는 이제 보이지 않는다.

**sight·see·ing [sáitsìːiŋ 사이트시이잉]

㉮ 구경, 관광
We went *sightseeing* to Niagara Falls.
우리는 나이아가라 폭포를 구경하러 갔다.

You must eat before you go *sightseeing*.
당신은 관광하러 가기 전에 먹어야 한다.
We took a *sightseeing* bus.
우리들은 관광 버스에 탔읍니다.

*sign [sáin 사인]

㉮ (**복수 signs** [sáinz 사인즈])
기호, 신호, 표적, 표지(標識) (《참고》 signal 신호)
He made a *sign* to me.
그는 나에게 신호하였다.
This *sign* tells which way to go.
이 표시는 어느 길로 갈 것인가를 알려줍니다.

We must learn phonetic [founétik 포우네틱] *signs*.
우리들은 발음 기호를 배워야 한다.

㉲ (**3 단현 signs** [sáinz 사인즈], **과거 · 과거 분사 signed** [sáind 사인드], **현재 분사 signing** [sáiniŋ 사이닝])
서명하다, 사인하다 (《참고》 signature [sígnətʃər 시그너처] 서명)
He *signed* the paper.
그는 서류에 서명하였다.

si·lent [sáilənt 사일런트]

㉻ **1. 침묵의,** 말 없는 (《참고》 silence 침묵, quiet, still 조용한) (《「말 없는, 소리 하나 없는」의 뜻》)
You must keep *silent*.

너희들은 잠자코 있어야 한다.

Be *silent*. 조용히 하시오.

㉺ 2. 발음하지 않는
The "e" in "name" is a *silent* letter.
「name」의 「e」는 묵음(默音)이다.

***sil·ly** [síli 실리]

㉺ (**비교급 sillier** [síliər 실리어], **최상급 silliest** [síliist 실리이스트])
어리석은, 바보의 (《동》 foolish)
He is a *silly* fellow.
그 녀석은 바보다.
Don't be *silly*.
바보 같은 소리 하지 말아라.

sim·ple [símpl 심플]

㉺ (**비교급 simpler** [símplər 심플러], **최상급 simplest** [símplist 심플리스트])

㉺ 1. **간단한**, 알기 쉬운, 단순한 (《동》 easy, 《반》 difficult 어려운)

This book is *simple*.
이 책은 알기 쉽다.
It is a *simple* problem.
그것은 간단한 문제다.

㉺ 2. **순진한**, 천진난만한
He is a *simple* boy.
그는 순진한 소년이다.

㉺ 3. **소박한**, 검소한
He is living a *simple* life.
그는 검소한 생활을 하고 있다.

since [sins 신스, síns 신스]

㉸ …**이래**, …이후 (《참고》 from …부터) 《from은 다만 일이 시작되는 출발점을 나타내며, since는 일정한 때부터 현재 또는 과거의 어느 때까지 계속되는 일의 출발점을 나타낸다. 이 경우 주문은 항상 완료형을 사용한다》
We have been busy *since* last Sunday.
지난 일요일 이래 계속 바쁘다.

㉹ 1. **…한 이래**
It is three years *since* I saw him last. (또는 Three years have passed *since* I saw him last.)
그를 만난 지도 3년이 된다.
We have both changed, *since* parted.
우리는 헤어진 이래 피차 변했다.

㉹ 2. …이므로 《because 보다는 뜻이 약하다》
Since it is Sunday today, you may go fishing.
오늘은 일요일이니까, 낚시질하러 가도 좋다.

㊄ 그 후
I haven't heard from him *since*.
그 후 그로부터 소식이 없읍니다.

S

sin·cere·ly [sinsíərli 신시얼리]
㊄ 충심〔진심〕으로
《숙》 ***Yours sincerely.*** (=***Sincerely*** (***yours***).)
불비례(不備禮)(편지의 끝맺는 말)

***sing** [síŋ 싱]
㊅㊆ (**3 단현 sings** [síŋz 싱즈], **과거 sang** [sǽŋ 생], **과거 분사 sung** [sʌ́ŋ 성], **현재 분사 singing** [síŋiŋ 싱잉])
노래하다, 지저귀다
She is *singing* a song.
그 여자는 노래를 부르고 있다.
Listen to the birds *sing*.
새가 지저귀는 소리를 들으시오.

****sin·ger** [síŋər 싱어]
㊇ (**복수 singers** [síŋərz 싱어즈])
가수, 노래하는 사람 (《참고》 sing 노래하다)
Everybody fell in love with the *singer*.
모든 사람이 그 가수에게 반했다.
She is a fine *singer*.
그 여자는 훌륭한 가수입니다.

****sir** [sə́:r 서어]
㊇ 1. 《부를 때 쓰는 말》 **여보세요, 선생님** 《알지 못하는 또는 손위의 남자나 남자 선생에 대해서 존경하여 쓰는 말씨로서 보통 해석하지 않는다》 (《반》 ma'am 부인)
Good morning, *sir*.
안녕히 주무셨읍니까. 《선생이나 손위의 사람에게》
Sir, may I ask you a question?
선생님, 질문해도 좋습니까?
㊇ 2. 《Sir 로 하여》 경(卿) 《영국의 준남작(準男爵) 또는 나이트에 붙이는 존칭》
Sir Isaac [áizək 아이적] Newton
아이적 뉴우턴 경

***sis·ter** [sístər 시스터]
㊇ (**복수 sisters** [sístərz 시스터즈])
자매 (《반》 brother 형제)

I have two sisters.
나는 자매가 둘 있읍니다.
an elder *sister* 누이
a younger *sister* 누이동생

***sit** [sít 싯]

㉶ (**3단현 sits** [síts 시츠], **과거 · 과거 분사 sat** [sǽt 샛], **현재 분사 sitting** [sítiŋ 시팅])
앉다, 착석하다 (《반》 stand 일어서다)

May I *sit* down?
앉아도 좋습니까?
Sit down, please.
앉으십시오.
She *sat* on a chair.
그녀는 의자에 앉았읍니다.

《숙》 ***sit up*** (자지않고) 일어나 있다

I often *sit up* till late at night.
나는 가끔 밤 늦게까지 자지 않고 있읍니다.

size [sáiz 사이즈]

㉺ (**복수 sizes** [sáiziz 사이지즈])
크기, 사이즈

They are of all *sizes*.
그것들은 크기가 가지각색이다.
These two caps are of the same *size*.
이 두 개의 모자는 크기가 같다.

What *size* shoes do you wear?
당신은 몇 문의 신을 신습니까?
She took the *size* of my hat.
그 여자는 내 모자의 사이즈를 쟀읍니다.
He cut the glass to the *size* of the window.
그는 창문의 크기에 맞추어 유리를 잘랐읍니다.

***skate** [skéit 스케이트]

㉺ (**복수 skates** [skéits 스케이츠])
스케이트, 스케이트화(靴)

I have a pair of *skates*.
나는 스케이트를 한 켤레 가지고 있읍니다.

He is putting on his *skates*.
그는 스케이트를 신고 있읍니다.

㉶ (**3단현 skates** [skéits 스케이츠], **과거 · 과거 분사 skated** [skéitid 스케이티드], **현재 분사**

skating [skéitiŋ 스케이팅])
얼음지치다, 스케이트를 타다
I like to *skate* on the ice.
나는 얼음 위에서 스케이트 타는 것을 좋아합니다.
《숙》 *go skating* 스케이트 타러 가다
They *went skating* to the lake.
그들은 호수로 스케이트 타러 갔읍니다.

skill [skíl 스킬]
㊔ 숙련, 능숙, 수완
John has great *skill* in baseball.
존의 야구 솜씨는 대단하다.
This picture was painted with great *skill*.
이 그림은 대단히 능숙하게 그려져 있읍니다.

***skirt** [skə́:rt 스커어트]
㊔ (**복수 skirts** [skə́:rts 스커어츠])
㊔ 1. 스커어트
She wears a sweater and a *skirt*.
그 여자는 스웨터와 스커어트를 입고 있다.

㊔ 2. 《보통 복수로 하여》 가장자리, 변두리
He lives on the *skirts* of the city.
그는 도시의 변두리에 살고 있읍니다.

***sky** [skái 스카이]
㊔ (**복수 skies** [skáiz 스카이즈])
하늘
We saw birds flying in the *sky*.
우리는 새가 하늘을 날고 있는 것을 보았읍니다.

There were some clouds in the *sky*.
하늘에는 구름이 조금 떠있었다.
Soon the *sky* cleared up.
곧 하늘이 개었읍니다.

***sleep** [slí:p 슬리이프]
㉶ (**3 단현 sleeps** [slí:ps 슬리이프스], **과거 · 과거 분사 slept** [slépt 슬렙트], **현재 분사 sleeping** [slí:piŋ 슬리이핑])
자다 (《반》 wake 잠깨다)

The baby is *sleeping*.
아기가 자고 있습니다.

《숙》 ***go to sleep*** 잠들다, 자다
Soon I *went to sleep*.
곧 나는 잠들었습니다.
《go to bed 는 「자다」「잠자리에 들다」여서, 반드시 자는 것을 뜻하지는 않는다. He went to bed to *sleep*. 「그는 자려고 잠자리에 들었다」. go to *sleep* 은 「잠들다」. 우리말로 「그는 오래 잤다」는 He *slept* long.》

《숙》 ***put*** (a person) ***to sleep*** 재우다
Mother is *putting* her baby *to sleep*.
어머니는 아기를 재우고 있습니다.

㊔ **잠,** 수면
I had a good *sleep*(또는 I slept a sound *sleep*).
나는 잘 잤다.

**slow [slóu 슬로우]

㊙ (**비교급 slower** [slóuər 슬로우어], **최상급 slowest** [slóuist 슬로우이스트])

㊙ **1. 더딘, 느린,** 굼뜬 (《반》 quick, fast 빠른)
The tortoise is *slow*.
거북이는 느리다.
I took a *slow* train.
나는 완행 열차를 탔습니다.
Jim is *slow* of understanding.
짐은 이해하는 것이 더디다.

㊙ **2.** (시계 따위가) 늦는
My watch is five minutes *slow*.
내 시계는 5분 늦습니다.

㊕ 천천히, 느리게
How *slow* this train goes!
이 기차는 이다지도 느리게 간담!

slow·ly [slóuli 슬로울리]

㊕ (**비교급 more slowly, 최상급 most slowly**)
천천히, 느릿느릿
They walked *slowly*.
그들은 천천히 걸었다.
Please speak a little more *slowly*.
좀더 천천히 얘기해 주세요.

*small [smɔ́:l 스모올]

㊙ (**비교급 smaller** [smɔ́:lər 스모올러], **최상급 smallest** [smɔ́:list 스모올리스트])
작은 (《반》 large, big, great 큰)
《small 은 단지 「작은」의 뜻이며, little 은 「작고 귀여운」이라는 느낌이 있다》
They have a *small* house, but they have a beautiful garden.
그들은 작은 집을 가지고 있지만, 아름다운 정원을 가지고 있다.
This cap is *small*.
이 모자는 작다.

I am *smaller* than John.
나는 존보다 작다.

S

smart [smá:rt 스마아트]

형 (비교급 **smarter** [smá:rtər 스마아터], 최상급 **smartest** [smá:rtist 스마아티스트])

형 **1.** 재치있는, 영리한
He is *smart*.
그는 스마아트하다.
The dolphin is one of the *smartest* animals.
돌고래는 가장 영리한 동물 중의 하나이다.

형 **2.** (옷차림 따위) 단정한, 말쑥한

smile [smáil 스마일]

자 (**3 단현 smiles** [smáilz 스마일즈], **과거 · 과거 분사 smiled** [smáild 스마일드], **현재 분사 smiling** [smáiliŋ 스마일링])

미소짓다, 방실 웃다
She *smiled* at me.
그 여자는 나를 보고 방긋 웃었읍니다.

명 (**복수 smiles** [smáilz 스마일즈])

미소

《숙》 ***with a smile*** 생글생글 웃으며

"That's interesting," said Mother *with a smile*.
「그것 재미있구나」라고 어머니는 미소를 지으며 말했읍니다.

smoke [smóuk 스모우크]

명 (**복수 smokes** [smóuks 스모우크스])

명 **1.** 연기
White *smoke* is pouring out of the three chimneys.
흰 연기가 3개의 굴뚝에서 나오고 있읍니다.

There is no *smoke* without fire.
《속담》 아니 땐 굴뚝에 연기 나랴.

명 **2.** 끽연(喫煙), 담배 한대(피움)

타자 (**3 단현 smokes** [smóuks 스모우크스], **과거 · 과거 분사 smoked** [smóukt 스모우크트], **현재 분사 smoking** [smóukiŋ 스모우킹])

자 **1. 연기를 내다**, 연기가 나다
The stove *smokes* badly.
그 난로는 몹시 연기가 난다.

자 **2.** 담배를 피우다
May I *smoke* here?
여기서 담배를 피워도 좋습니까?

《He stopped to *smoke*. 「그는 담배를 피우려고 멈춰 섰다」. He stopped *smoking*. 「그는 담배를 끊었다」. 즉

stop to는 「멈춰 서서 …하다」의 뜻. stop ~ing는 「…을 그만두다」의 뜻》

smooth [smú:ð 스무우드]
[형] (**비교급 smoother** [smú:ðər 스무우더], **최상급 smoothest** [smú:ðist 스무우디스트])
매끄러운 (《반》 rough 거친), 평탄한
We found *smooth* stones in the stream.
개울 안에 매끄러운 돌이 있었다.

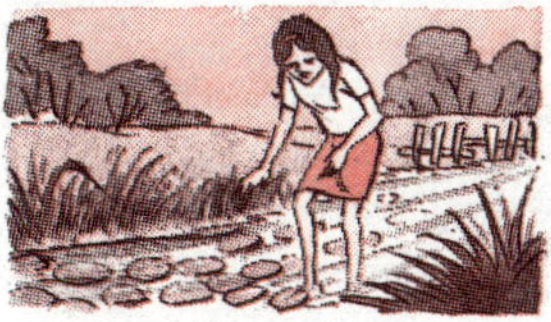

The top of this desk is smooth.
이 책상의 표면은 반들반들하다.
The road was not *smooth.*
그 길은 평탄하지 않았다.

snake [snéik 스네이크]
[명] (**복수 snakes** [snéiks 스네이크스])
뱀
No one likes the *snake.*
뱀을 좋아하는 사람은 아무도 없다.

***snow** [snóu 스노우]
[명] **눈**
We had *snow* this morning.
오늘 아침에 눈이 왔읍니다.

[자] (**3단현 snows** [snóuz 스노우즈], **과거·과거 분사 snowed** [snóud 스노우드], **현재 분사 snowing** [snóuiŋ 스노우잉])
《It을 주어로 하여》 눈이 오다
It is *snowing.*
눈이 오고 있다.

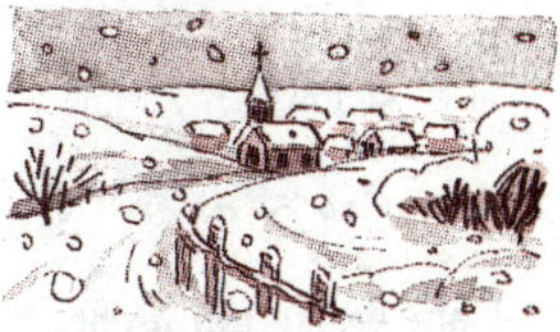

It *snowed* hard last night.
어제 밤에 눈이 많이 왔읍니다.

***so** [sóu 소우]
[부] **1.** 《보어로서》 **그와 같이, 그러하게**
Is it *so?*
정말입니까?
[부] **2.** 그만큼, 그처럼
Don't walk *so* fast.
그렇게 빨리 걷지 마시오.

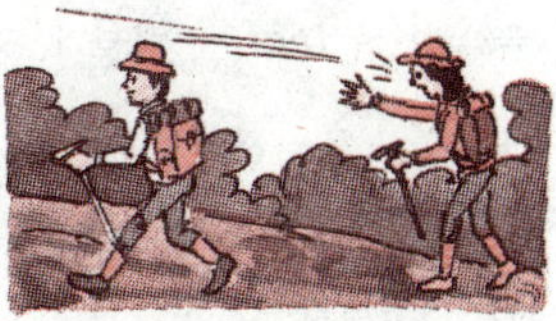

Is English *so* important?
영어가 그렇게 중요합니까?
[부] **3.** 몹시, 대단히 (《동》 very, quite)
You are *so* kind. (또는 It is

S

very kind of you.)
참으로 친절하십니다.
Thank you *so* much.
대단히 감사합니다.
《very 보다 친근한 말씨》

《숙》 ***and so on*** (또는 ***forth***) …따위
I like baseball, tennis, ping-pong *and so on.*
나는 야구, 정구, 탁구 등을 좋아합니다.

《숙》 ***not so ~ as ~*** …만큼 …은 않다
I am *not so* tall *as* he.
나는 그만큼 키가 크지는 않습니다.

《숙》 ***so as to*** (do) …하도록
People work *so as to* live.
사람들은 살기 위하여 일한다.

《숙》 ***So long!***
《속》 안녕. (《동》 Good-by(e)!)

《숙》 ***so long as ~*** …하는 한은
So long as you come home by five, you may go out.
5시까지 집에 돌아오기만 한다면은 외출해도 좋다.

《숙》 ***so ~ that*** … 대단히 ~하므로 …
He was *so* old *that* he could not walk.
그는 대단히 늙었기 때문에 걸을 수가 없었다.

《숙》 **(so) *that ~ may*** (또는 ***can***)~ …할 수 있도록, …하기 위해서
I got up early *so that I might* catch the train.
기차를 타기 위해 나는 일찍 일어났다.

《숙》 ***so to speak*** (또는 ***say***) 말하자면
He is, *so to speak,* a walking dictionary.
그는 말하자면 살아 있는 사전(몹시 박식한 사람)이다.

[접] **그래서,** 그런 까닭으로
It was late, (and) *so* I went home.
늦었으므로 나는 집으로 돌아왔다.

[대] 《동사 say, speak, tell, think, hope 따위의 목적어 대신으로 쓰여》
그렇게
I think *so.*
나는 그렇게 생각한다.

《숙》 **~ or so** …이든가 또는 그런 정도
They stayed there for a year *or so.*
그들은 일년 가량 거기 머물렀다.

---

*soc·cer [sákər 사커]

[명] 축구, 사커

---

*sock [sák 삭]

[명] (**복수 [sáks 삭스]**), **짧은 양말** (《참고》 stocking 긴 양말)
I bought a pair of *socks.*
나는 양말을 한 켤레 샀읍니다.
《보통 socks 라고 복수로 해서 쓴다》

⁑so·fa [sóufə 소우퍼]
㊔ (**복수 sofas** [sóufəz 소우퍼즈])
긴 안락 의자, 소파
The *sofa* is very useful for us.
그 안락의자는 우리에게 매우 유용하다.

soft·ly [sɔ́ftli 소프틀리]
㊊ 부드럽게, 상냥하게

⁑sol·dier [sóuldʒər 소울저]
㊔ (**복수 soldiers** [sóuldʒərz 소울저즈])
군인, 병사 (일반적으로 육군) 《해군의 군인은 sailor 라 한다》
go for a soldier 병역을 지원하다, 군인이 되다

The *soldiers* will fight bravely.
군인들은 용감히 싸울 것입니다.

⁑solve [sálv 살브]
㊉ (**3 단현 solves** [sálvz 살브즈], **과거 · 과거 분사 solved** [sálvd 살브드], **현재 분사 solving** [sálviŋ 살빙])
풀다, 해답하다
Have you *solved* the problem?
당신은 그 문제를 다 풀었읍니까?

***some** [səm 섬, (강) sʌ́m 섬]
㊐ 《any 와 마찬가지로 부정(不定)의 수량을 나타내지만, any 가 부정문, 의문문, if 따위를 포함하는 조건을 나타내는 절에 쓰이는데 반하여, some 은 보통 긍정문에 쓰인다. 그러나 희망·부탁·권유 따위에서 의혹을 품지 않을 경우에는 의문문에도 사용된다. 우리말로 해석하지 않아도 좋을 때가 많다》
㊐ **1. 얼마간의, 약간의**
I have *some* apples.
나는 사과를 몇 개 가지고 있다.
Have you *any* pens? Yes, I have *some*.
펜을 가지고 있읍니까? 예, 가지고 있읍니다.
I went there *some* years ago.
나는 몇년 전에 그곳에 갔읍니다.
㊐ **2.** 어떤, 어느
I have read it in *some* book.
나는 어떤 책에서 그것을 읽은 적

S

이 있읍니다.

㉻ 3. 약 (《동》 about) 《다음에 복수 명사가 온다》

Some twenty years ago, I visited Onyang.

약 20년 전에 나는 온양에 갔었다.

㉻ 4. 《의문문에 사용하여》

Can you lend me *some* money?

돈을 좀 빌려주십시오. 《부탁하는 말》

Will you have *some* tea?

차를 좀 드시지요. 《권유하는 말》

《숙》 ***some day*** (앞으로) 언젠가, 후일

Some day he will succeed.

언젠가 그는 성공할 것입니다.

《숙》 (***for***) ***some time*** 얼마동안, 잠간

I was waiting *for some time* at the door.

나는 문에서 잠간 기다리고 있었읍니다.

㊎ 1. 약간, 다소

Give me *some* of those flowers.

저 꽃을 좀 주세요.

㊎ 2. 어떤 것, 어떤 사람들

Some think that he is dead.

어떤 사람들은 그가 죽었다고 생각합니다.

some·bod·y [sʌ́mbadi 섬바디]

㊎ **누군가, 어떤 사람**(《동》 someone)

Somebody seems to call on me.

누군가가 나를 찾아온 것 같다.

《숙》 ***somebody else***

누군가 다른 사람

Somebody else must go there.

누군가 다른 사람이 거기에 가지 않으면 안 됩니다.

《의문문이나 if를 포함하는 절에서는 거의 쓰이지 않으며, 또 부정문에서는 anybody를 사용한다》

****some·day** [sʌ́mdei 섬데이]

㊇ (앞으로) 언젠가, 뒷날, 후일

some·one [sʌ́mwʌn 섬원]

㊎ **누군가**, 어떤 사람(《동》 somebody)

Someone is standing at the

door.
누군가 문에 서 있읍니다.
I want *someone* to help me.
누군가 나를 도와줬으면 좋겠다.

***some·thing** [sʌ́mθiŋ 섬딩]
㊐ **무엇인가, 어떤 것** 《형용사는 anything (무엇인가), nothing (아무 것도 …않다)과 마찬가지로 뒤에 붙는다》
Give me *something* to eat.
무엇인가 먹을 것을 주십시오.
He told me *something* interesting.
그는 나에게 어떤 재미있는 말을 하였다.
Can we do *something* else?
우리는 그밖에 다른 것을 할 수 있겠지?

****some·times** [sʌ́mtaimz 섬타임즈]
㊕ **때때로** (《동》 now and then), 때로는
She *sometimes* goes with us.
그 여자는 때때로 우리와 같이 갑니다.
Sometimes she plays the violin.
때때로 그 여자는 바이올린을 켭니다.

****son** [sʌ́n 선]
㊔ (**복수 sons** [sʌ́nz 선즈])
아들 (《반》 daughter 딸) 《sun(태양)과 발음이 같다》
She has three *sons*.
그 여자는 아들이 셋 있읍니다.

The parents loved their *son*.
그 양친은 그들의 아들을 사랑했다.

****song** [sɔ́:ŋ 소옹]
㊔ (**복수 songs** [sɔ́:ŋz 소옹즈])
노래 (《참고》 sing 노래하다), (벌레·새의) 소리
She sang a *song* and danced.
그 여자는 노래를 부르고 춤도 추었읍니다.

He sings popular *songs* well.
그는 유행가를 잘 부릅니다.

****son-in-law** [sʌ́ninlɔ: 선인로오]
㊔ (**복수 sons-in-law** [sʌ́nzinlɔ: 선즈인로오])
사위, 양자

***soon** [sú:n 수운]
㊕ (**비교급 sooner**[sú:nər 수우너],

S

최상급 soonest [sú:nist **수**우니스트])
얼마 안 가서, 곧 (《참고》 by and by 이윽고, before 머지 않아)
Soon they scored their first goal.
곧 그들은 그들의 첫번째 득점을 올렸읍니다.

《숙》 ***as soon as*** ~ …하자 마자
As soon as the teacher came into the room, the pupils became quiet.
선생님이 교실에 들어오자 마자, 학생들은 조용해졌다.
《숙》 ***as soon as possible*** 가능한 한 빨리
Come back *as soon as possible.*
될 수 있는 대로 빨리 돌아오시오.
《숙》 ***no sooner*** ~ ***than*** ~ …하자 마자 곧 …하다
No sooner had I heard the news *than* I told him about it.
그 소식을 듣자 마자 곧 나는 그에게 알려 주었다.
《동사의 시제와 어순에 관하여 주의할 것》
《숙》 ***sooner or later*** 조만간
She will come back *sooner or later.*
그 여자는 조만간 돌아올 것이다.
The *sooner,* the better.
《속담》 빠르면 빠를수록 좋다.

---

*sor·ry [sɔ́:ri **소**오리]

㊇ (**비교급 sorrier** [sɔ́:riər **소**오리어], **최상급 sorriest** [sɔ́:riist **소**오리이스트])
애석하게 여기는, 미안하게 여기는 《명사 앞에 붙여 쓰지 않는다》
I am *sorry* I am late.
늦어서 죄송합니다.
He felt *sorry* for the old man.
그는 그 노인을 가엾게 여겼다.

I am *sorry* I cannot go to the party.
유감스럽게도 파아티에 참석하지 못하겠읍니다.
I am *sorry* to trouble you.
수고를 끼쳐서 죄송합니다.
I am *sorry* to hear that.
그것 참 안됐읍니다.
《숙》 ***I'm sorry!*** (또는 《구어》 ***Sorry!***)
미안합니다.

**sound[1] [sáund 사운드]

㊇ (**비교급 sounder** [sáundər 사운더], **최상급 soundest** [sáundist 사운디스트])

건전한 (《동》 healthy), **완전한** (《동》 perfect)

A *sound* mind in a sound body.
《속담》 건전한 육체에 건전한 정신.
Her heart is *sound.*
그 여자의 심장은 건전합니다.

㊄ 충분히, 푹
He is *sound* asleep.
그는 깊이 잠들었다.

sound[2] [sáund 사운드]

㊅ (**복수 sounds** [sáundz 사운즈])
소리 (《참고》 voice 목소리, noise 시끄러운 소리)

Jet planes can fly faster than *sound.*
제트기는 소리보다 더 빨리 날을 수 있다.
The *sound* of music made me happy.
그 음악 소리가 나를 즐겁게 했다.

They heard a big *sound.*
그들은 큰 소리를 들었다.
We cannot hear a *sound* in this classroom.
이 교실에서는 아무 소리도 들을 수 없다.

㊆ (**3단현 sounds** [sáundz 사운즈], **과거·과거 분사 sounded** [sáundid 사운디드], **현재 분사 sounding** [sáundiŋ 사운딩])
소리나다, 들리다, 여겨지다

How sweet the music *sounds!*
그 음악 참 달콤하게 들리는군!
His voice *sounds* funny.
그의 목소리가 이상하게 들린다.

soup [sú:p 수우프]

㊅ 수우프
I have a bowl of *soup* for dinner.
나는 저녁 식사로 수우프를 한 그릇 먹는다.

Let me serve you some hot *soup.*
뜨거운 국물을 좀 드릴까요?

**south [sáuθ 사우드]

㊅ **1.** 《보통 the south 로 하여》 **남쪽** (《참고》 southern 남쪽의 《반》 north)

Our house faces to the *south.*

우리집은 남향(南向)입니다.

명 2. 《the South 로 하여》 남부 지방(여러 주)

Once *the South* fought with *the North*.

한때 남부와 북부가 싸웠다.

One of my pen friends lives in *the South*.

나의 펜팔중 한 명은 남부에 살고 있읍니다.

《숙》 ***in the south of*** ~ …의 남부에

Yongsan is *in the south of* Seoul.

용산은 서울의 남부에 있다.

《숙》 ***on the south of*** ~ …의 남쪽에 접하여

Sihŭng is *on the south of* Seoul.

시흥은 서울의 남쪽에 있다.

《숙》 ***to the south*** ~ …의 남쪽(방향)에

Taejon is *to the south of* Seoul.

대전은 서울의 남방에 있다.

형 **남쪽의**

A *south* wind was blowing.

남풍이 불고 있었다.

부 **남쪽으로**

The birds fly *south* in winter.

그 새들은 겨울에 남쪽으로 날아갑니다.

south·west [sauθwést 사우드웨스트]

명 《보통 the southwest 로》 남서, 남서부

형 남서의, 남서쪽에 있는

부 남서로, 남서로부터

***speak** [spí:k 스피이크]

타자 (**3 단현 speaks** [spí:ks 스피이크스], **과거 · 과거 분사 spoke** [spóuk 스포우크], **현재 분사 speaking** [spí:kiŋ 스피이킹])

타 **이야기하다,** 말하다

Can you *speak* English?

영어를 할 줄 아십니까?

자 **1.** 말하다

He often *speaks* in English.

그는 가끔 영어로 말한다.

자 **2.** 이야기를 하다

Hello, this is Tom *speaking*.

《전화》 여보세요, 여기는 〔저는〕 톰인데요.

자 **3.** (…에 관하여) **이야기를 하다,** (…에 관하여) 쑤군거리다 《~ *about, of*》

I heard some men *speak* about him.

나는 어떤 사람들이 그의 이야기를 하고 있는 것을 들었다.

자 **4.** 연설하다 (《참고》 speech 연설)

He *spoke* on "Democracy."

그는 민주주의에 관하여 연설했다.

《숙》 ***not to speak of*** ~ …은 말할 나위도 없이, …은 물론

He knows French, *not to speak of* English.

그는 영어는 물론 불어도 알고 있읍니다.

《숙》 ***so to speak*** 말하자면

He is, *so to speak*, a walking

dictionary.
말하자면, 그는 살아 있는 사전이다.

《숙》 ***speak ill of*** ~ …의 욕을 하다
Don't *speak ill of* others.
남의 욕을 하지 말아라.

《숙》 ***speak of*** ~ …에 관하여 이야기하다, 쑤군거리다
The policeman is *speaking of* the accident.
경관은 그 사고에 관하여 이야기하고 있다.

《숙》 ***speak to*** ~ …에게 이야기하다
He *spoke to* me in English.
그는 나에게 영어로 이야기했다.

《숙》 ***speak well of*** ~ …을 좋게 말하다
Speak well of the dead.
죽은 사람에 대해서는 좋게 이야기 하십시오.

《숙》 ***generally speaking*** 일반적으로 말해서
Generally speaking, the Koreans are a polite people.
일반적으로 말해서, 한국 사람은 예절 바른 국민이다.

《speak(이야기 하다)는 한 마디건 두 마디건 이야기하는 것. say(말하다)는 생각을 말로 발표하는 것. 따라서 어린아이들도 한 두 살 되면 speak할 수는 있으나, say할 수는 없다.》

S

spe·cial [spéʃəl 스페셜]

㉧ **특별한** (《반》general 일반적인)
Our party took a *special* train.
우리 일행은 특별〔임시〕 열차를 탔읍니다.
Is there anything *special* in the newspaper?
그 신문에 무슨 특별한 기사가 있읍니까?

speech [spíːtʃ 스피이치]

㉢ (**복수 speeches** [spíːtʃiz 스피이치즈])
㉢ **1. 연설** (《참고》 speak 이야기하다)
He made a *speech* in English.
그는 영어로 연설했읍니다.

I'm planning to take part in

the *speech* contest.
나는 웅변 대회에 참가할 계획을 하고 있다.

명 2. 말
We cannot express our thoughts without *speech*.
말 없이는 사상을 표현할 수 없다.

spend [spénd 스펜드]
타 (**3단현 spends** [spéndz 스펜즈], **과거·과거 분사 spent** [spént 스펜트], **현재 분사 spending** [spéndiŋ 스펜딩])
타 1. (돈 따위를) **소비하다, 써버리다**
I *spent* three dollars for lunch.
나는 점심 식사에 3 달러를 썼다.

타 2. (시간을) 보내다
How did you *spend* the vacation?
휴가를 어떻게 보냈읍니까?

sport [spɔ́:rt 스포오트]
명 (**복수 sports** [spɔ́:rts 스포오츠])
명 1. 《종종 복수형으로》 **운동, 경기, 스포오츠**
I like winter *sports* best.
나는 겨울철 운동을 제일 좋아합니다.

Whoever likes *sport* is honest.
스포오츠를 좋아하는 사람은 누구나 정직하다.
What *sport* do you like best?
당신은 어떠한 운동을 제일 좋아하십니까?

명 2. 《복수형으로서》 경기 대회
Many *sports* were held today.
오늘 많은 경기 대회가 개최되었다.

명 3. 재미, 위안, 기분 풀이
It is great *sport* to play cards.
트럼프 놀이를 하는 것은 퍽 재미 있다.

《숙》 ***for*** (또는 ***in***) ***sport*** 장난으로, 농담으로
He said so *for* (또는 *in*) *sport*.
그는 농담으로 그렇게 말했다.

***spot** [spát 스팟]
명 (**복수 spots** [spáts 스파츠])
명 1. 점, 반점(斑點), 얼룩, 오점

The dog is white with black

spots.
그 개는 검은 반점이 있는 흰 개입니다.

㊔ 2. 장소, 지점
From this *spot*, we can see Mt. Bugag.
이 지점에서 우리는 북악산을 볼 수 있읍니다.

*spring [spríŋ 스프링]

㊔ (복수 **springs** [spríŋz 스프링즈])
㊔ 1. 태엽, 스프링, 튐, 뛰어 오름
There are many *springs* in my mattress [mǽtris 매트리스].
내 (침대의) 매트리스 속에는 스프링이 많이 들어있읍니다.
㊔ 2. 봄
Spring is the first season of the year.
봄은 1년중 맨처음 계절입니다.
It is warm in *spring*.
봄은 따뜻합니다.

㊔ 3. 샘 (《참고》 fountain 분수)
I found a *spring* near the cottage.
나는 오두막 집 근처에서 샘을 발견했읍니다.
㊌ (3 단현 **springs** [spríŋz 스프링즈], 과거 · 과거 분사 **sprang** [spræŋ 스프랭], 현재 분사 **springing** [spríŋiŋ 스프링잉])
껑충 뛰다, 튀다 (《동》 leap, jump)
The dog *sprang* at the cat.
그 개는 고양이에게 덤벼들었다.
He can *spring* over the fence.
그는 담을 뛰어 넘을 수 있다.

**squir·rel [skwə́:rəl 스쿼어럴]

㊔ (복수 **squirrels** [skwə́:rəlz 스쿼어럴즈])
〖동물〗 다람쥐
The *squirrel* is eating nuts.
다람쥐가 호도를 먹고 있읍니다.

**sta·dium [stéidiəm 스테이디엄]

㊔ (복수 **stadiums** [stéidiəmz 스테이디엄즈])
경기장, 스타디움

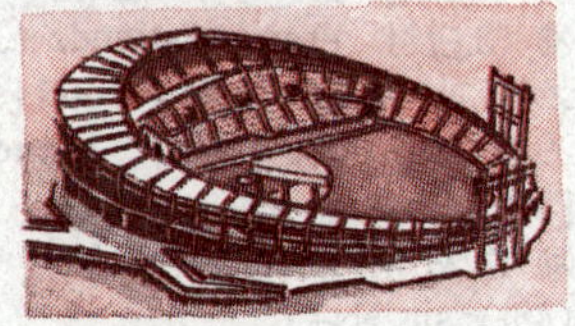

Baseball games are played in the *stadium*.

야구 시합이 이 경기장에서 거행됩니다.

stamp [stǽmp 스탬프]

㉰ (**복수 stamps** [stǽmps 스탬프스])

㉰ **1. 우표**

I am collecting *stamps*.

나는 우표를 수집하고 있읍니다.

Put a *stamp* on the envelope.

봉투에 우표를 붙이십시오.

㉰ **2.** 스탬프

㉲ (**3단현 stamps** [stǽmps 스탬프스], **과거·과거 분사 stamped** [stǽmpt 스탬프트], **현재 분사 stamping** [stǽmpiŋ 스탬핑])

스탬프를 찍다, 우표를 붙이다

Don't forget to *stamp* the envelope.

잊지 말고 봉투에 우표를 붙여라.

****stand** [stǽnd 스탠드]

㉱ (**3단현 stands** [stǽndz 스탠즈], **과거·과거 분사 stood** [stúd 스투드], **현재 분사 standing** [stǽndiŋ 스탠딩])

㉱ **1. 서다,** (어떤 자세로) 서 있다 (《반》 sit 앉다)

You need not *stand* if you are tired.

피로하시면 서 있을 필요가 없읍니다.

He was *standing* still.

그는 가만히 서 있었읍니다.

㉱ **2.** …에 자리 잡다, 있다

My house *stood* near the church.

나의 집은 교회 옆에 있었다.

《숙》 ***stand by*** ～

1. …곁에 있다

2. …의 편을 들다

He *stood by* the poor.

그는 가난한 사람들 편에 섰다.

3. 준비하다

《숙》 ***stand for*** ～ …을 뜻하다, 나타내다

What does this word *stand for?*

이 말은 무엇을 뜻합니까?

《숙》 ***stand up*** 일어서다

Stand up, please.

일어서십시오.

Suddenly he *stood up.*

갑자기 그는 일어섰다.

㉰ (**복수 stands** [stǽndz 스탠즈])

㉰ **1. 관람석**

㉰ **2.** 매점(賣店)

I bought apples at that fruit *stand.*

나는 저 과일 가게에서 사과를 샀다.

*__start__ [stá:rt 스타아트]
타자 (3 단현 **starts** [stá:rts 스타아츠], **과거 · 과거 분사 started** [stá:rtid 스타아티드], **현재 분사 starting** [stá:rtiŋ 스타아팅])
자 1. **출발하다** (《반》 arrive)
She *started* for Chicago [ʃiká:gou 시카아고우] this morning.
그 여자는 오늘 아침 시카고를 향하여 출발하였다.

자 2. **시작하다** (《동》 begin)
The baseball game will *start* at five o'clock.
야구 시합은 5 시에 시작한다.
타 시작하다
They *started* dancing (또는 to dance).
그들은 춤추기 시작하였다.
It has *started* snowing.
눈이 오기 시작했다.
명 (**복수 starts** [stá:rts 스타아츠])
시초, 개시, 출발
The movie was interesting from *start* to finish.
그 영화는 처음부터 끝까지 재미있었다.

**__sta·tion__ [stéiʃən 스테이션]
명 (**복수 stations** [stéiʃənz 스테이션즈])
명 1. 정거장, 역
I arrived at the *station* early.
나는 역에 일찍 도착했다.
The train is coming into the *station.*
기차가 정거장에 들어오고 있다.

I went to Seoul *Station* to see him off.
나는 그를 배웅하러 서울역에 갔다.
명 2. (관청 따위의) 서(署), 국(局)
a police *station* 경찰서
a broadcasting〔radio〕 *station* 방송국

__stat·ue__ [stǽtʃu: 스태추우]
명 (**복수 statues** [stǽtʃu:z 스태추우즈])
상(像), 조상(彫像)
《숙》 ***the Statue of Liberty*** 자유의 여신상

The Statue of Liberty can be seen near by.

S

자유의 여신상이 가까이에 보입니다.

***stay** [stéi 스테이]

㉶ (**3 단현 stays** [stéiz 스테이즈], **과거·과거 분사 stayed** [stéid 스테이드], **현재 분사 staying** [stéiiŋ 스테이잉])

머물다, 체류하다

The guest *stayed* for two weeks.
그 손님은 2주일 동안 머물렀다.
She is *staying* at a hotel.
그 여자는 호텔에 머물고 있다.

《숙》 ***stay with ~*** …의 집에 머물다
I *stayed with* my uncle for a month.
나는 한달 동안 아저씨 집에 머물렀읍니다.

《숙》 ***stay away from school*** 학교를 쉬다 (《동》 be absent from school)

㊀ (**복수 stays** [stéiz 스테이즈])
체류(滯留)
I had a pleasant *stay* in the country.
나는 시골에서 즐겁게 머물렀읍니다.

《숙》 ***make a long stay*** 오래 머무르다

***step** [stép 스텝]

㊀ (**복수 steps** [stéps 스텝스])

㊀ **1. 한 걸음**, 발걸음, 걸음걸이
It is only a few *steps* away.
겨우 두 서 너 발자국 떨어진 곳이다.
She taught me the dance *step*.
그 여자는 나에게 댄스 스텝을 가르쳐 주었다.

㊀ **2.** 발소리
I can hear her *steps*.
나는 그 여자의 발소리를 들을 수 있다.

㊀ **3.** (계단의) **단(段)**, 계단
They went up the *steps*.
그들은 계단을 올라 갔다.

《숙》 ***Mind*** (또는 ***Watch***) ***your step!***
조심해서 디디시오!

《숙》 ***step by step*** 한 걸음 한 걸음
He is walking up the hill *step by step*.
그는 한 걸음 한 걸음 언덕을 올라가고 있다.

㉶ (**3 단현 steps** [stéps 스텝스], **과거·과거 분사 stepped** [stépt 스텝트], **현재 분사 stepping** [stépiŋ 스테핑])

걷다 (《동》 walk)

He *stepped* forward.
그는 앞으로 나아갔다.

*still[1] [stíl 스틸]

[부] 1. **아직도,** (그래도) 여전히
He is *still* asleep.
그는 아직도 자고 있다.
Still he wanted to try it.
여전히 그는 그것을 해보려고 하였읍니다.

[부] 2. 《비교급을 수식하여》 한층 더
The days will grow *still* shorter.
낮은 한층 더 짧아질 것이다.

[부] 3. 《접속사처럼 사용하여》 **그래도 역시**
He was very tired, *still* he worked hard.
그는 대단히 피곤했으나, 그래도 여전히 열심히 일했읍니다.

*still[2] [stíl 스틸]

[형] (**비교급 stiller** [stílər 스틸러], **최상급 stillest** [stílist 스틸리스트])
조용한 (《동》 quiet)
The night was very *still*.
그 밤은 몹시 조용했다.

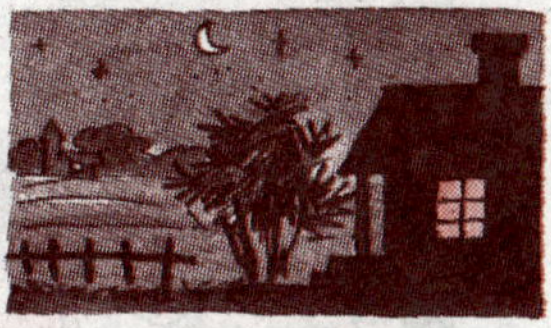

**stop [stáp 스탑]

[타][자] (**3단현 stops** [stáps 스탑스], **과거·과거 분사 stopped** [stápt 스탑트], **현재 분사 stopping** [stápiŋ 스타핑])

[타] 1. **멈추다**
He *stopped* his car in front of my house.
그는 우리 집 앞에서 자동차를 멈추었다.

[타] 2. **중지하다, 그만두다**
He *stopped* smoking.
그는 담배를 끊었읍니다.
We *stopped* playing baseball.
우리는 야구를 그만두었다.

[자] **멈추어 서다,** 정지하다
He *stopped* to smoke.
그는 담배를 피우기 위해서 멈추어 섰다.
Cars must *stop* when the traffic light is red.
차는 교통 신호등이 빨간 불일 때는 정지해야 합니다.

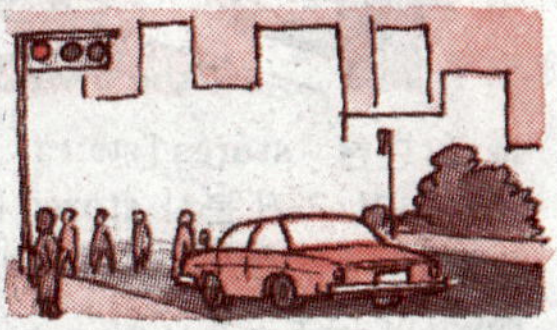

[명] (**복수 stops** [stáps 스탑스])

[명] 1. 정류장
We were waiting for a bus at the bus *stop*.
우리는 버스 정류장에서 버스를 기다리고 있었다.

[명] 2. 구두점(句讀點)
a full *stop* 마침표 「.」, 종지부

S

****stop·watch** [stápwatʃ 스탑와치]
㉮ (**복수 stopwatches** [stápwatʃ-iz 스탑와치즈])
스톱워치, 초 기록 시계

****store** [stɔ́:r 스토오]
㉮ (**복수 stores** [stɔ́:rz 스토오즈])
㉮ **1.** 저장, 축적
We have quite a *store* of food.
우리는 식량을 제법 저장〔축적〕해 놓았다.
㉮ **2.** 《미》 **가게,** 상점
He bought apples at the fruit *store*.
그는 과일 가게에서 사과를 샀읍니다.

㉲ (**3단현 stores** [stɔ́:rz 스토오즈], **과거·과거 분사 stored** [stɔ́:rd 스토오드], **현재 분사 storing** [stɔ́:riŋ 스토오링])
저장하다
Bees *store* up honey for the winter.
꿀벌은 겨울에 대비해서 꿀을 저장한다.

store·house [stɔ́:rhaus 스토오하우스]
㉮ (**복수 storehouses** [stɔ́:rhauziz 스토오하우지즈])
창고, 저장소

***storm** [stɔ́:rm 스토옴]
㉮ (**복수 storms** [stɔ́:rmz 스토옴즈])
폭풍우
There was a *storm* last night.
간밤에 폭풍우가 몰아쳤다.

After a *storm* comes a calm [ká:m 카암].
《속담》 폭풍우 후에는 잠잠하다〔비온 후에 땅이 굳어 진다〕.

***sto·ry**[1] [stɔ́:ri 스토오리]
㉮ (**복수 stories** [stɔ́:riz 스토오리즈])
이야기
Children like the *story* of the hare and the tortoise.
어린이들은 토끼와 거북이의 이야기를 좋아합니다.

He told me an interesting *story*.

그는 나에게 재미 있는 이야기를 해 주었읍니다.
The child is reading a fairy *story*.
그 아이는 동화를 읽고 있다.

sto·ry² [stɔ́:ri 스토오리]
[명] (**복수 stories** [stɔ́:riz 스토오리즈])
(건물의) **층**《영국에서는 storey 라고 쓴다》
the first *story* 《미》 1층, 《영》 2층《영국에서는 1층을 ground floor 라고 함》
a house of one *story* 단층집
This is a building of three *stories*.
이것은 3층 건물입니다.

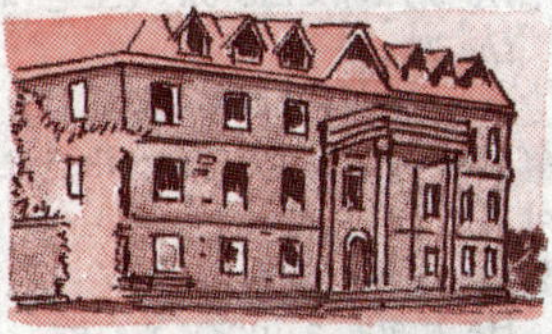

We live in a *two-story* building.
우리는 2층 건물에 살고 있다.
My bedroom is on the second *story*.
나의 침실은 2층에 있읍니다.

****sto·ry·book** [stɔ́:ribuk 스토오리북]
[명] (**복수 storybooks** [stɔ́:ribuks 스토오리북스])
이야기책, 동화책

straight [stréit 스트레이트]
[형] (**비교급 straighter** [stréitər 스트레이터], **최상급 straightest** [stréitist 스트레이티스트])
똑바른 (《동》 direct)
John is drawing a *straight* line on the ground.
존은 땅에 직선을 긋고 있읍니다.
The road was *straight* for ten miles. 그 길은 10마일에 걸쳐 굽지 않았다.

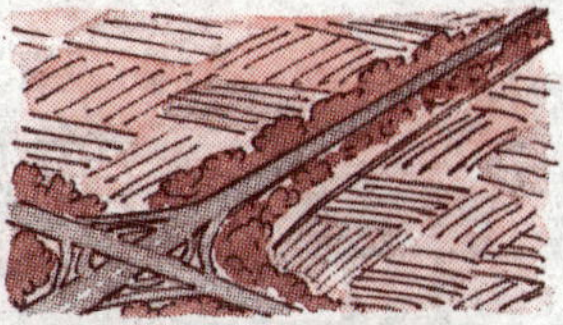

[부] 똑바로
He went *straight* to the town.
그는 곧장 읍으로 갔다.

***stran·ger** [stréindʒər 스트레인저]
[명] (**복수 strangers** [stréindʒərz 스트레인저즈])
낯설은 사람, 외국인 (《동》 foreigner), 생소한 사람
He is a *stranger* to me.
그는 내가 모르는 사람이다.
I am quite a *stranger* here.
나는 이 곳에는 아주 생소합니다.

****street** [strí:t 스트리이트]
[명] (**복수 streets** [strí:ts 스트리이츠])
[명] **1. 거리, 시가**

I met her in the *street*.
나는 거리에서 그 여자를 만났다.
Take care when you cross the *street*.
길을 건널 때는 조심하시오.
Don't play in(또는 on) the *street*.
거리에서 놀아서는 안된다.
Many buses and cars are lined up along the *street*.
많은 버스와 자동차가 거리에 줄지어 있읍니다.

명 2. 《Street 로서》 …가(街)
He lives on Washington *Street*.
그는 워싱톤 가에 살고 있읍니다.
《시골에서나 도시에서나 양쪽에 집이나 담이 있는 길을 말함》

strike [stráik 스트라이크]
타 (**3 단현 strikes** [stráiks 스트라이크스], **과거 · 과거 분사 struck** [strʌ́k 스트럭], **현재 분사 striking** [stráikiŋ 스트라이킹])
타 1. **치다**, 때리다, (일격을) 가하다 (《동》 hit 치다)
Tom *struck* the ball with the bat.
톰은 배트로 공을 쳤다.
The child is very careful when he *strikes* a match.
그 아이는 성냥불을 켤 때 아주 조심스럽다.
I heard the clock *strike* five.
나는 시계가 다섯시를 치는 것을 들었다.
타 2. 부딪치다, 부딪치게하다, 충돌하다
The boat *struck* a rock.
그 보우트는 바위에 부딪쳤다.

《숙》 ***strike*** (a person) ***on*** (또는 ***upon***) ***the head*** …의 머리를 치다
He *struck* me *on* (또는 *upon*) *the head*.
그는 나의 머리를 쳤다.
명 (**복수 strikes** [stráiks 스트라이크스])
명 1. 타격, 맞히기
He made a lucky *strike*.
그는 재수 좋은 일이 생겼다.
명 2. 〖야구〗 스트라이크
The batter should have swung at the first *strike*.
그 타자는 최초의 스트라이크를 쳤어야 했다.
명 3. 동맹파업, 스트라이크
They went on (a) *strike*.
그들은 동맹파업에 들어갔다.
《치기, 일격을 가함, 또는 손에 들고 있는 것으로 강타하기》

*__strong__ [strɔ́:ŋ 스트로옹]
[형] (비교급 **stronger** [strɔ́:ŋgər 스트로옹거], 최상급 **strongest** [strɔ́:ŋgist 스트로옹기스트])
[형] 1. **힘센**, 건장한
A *strong* man lifted the heavy load. 힘센 사나이가 그 무거운 짐을 들어 올렸다.

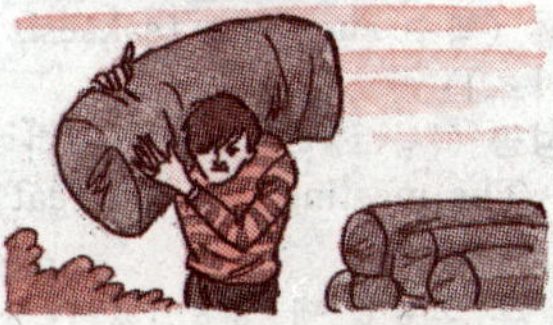

[형] 2. 능숙한, 자신있는
I am *strong* in mathematics.
나는 수학을 잘 한다.

*__stu·dent__ [stjú:dnt 스튜우든트]
[명] (복수 **students** [stjú:dnts 스튜우든츠])
(대학·고교의) **학생** (《참고》 pupil 중학교·국민학교의 학생)
The *student* goes to school on foot.
그 학생은 걸어서 학교에 다닌다.

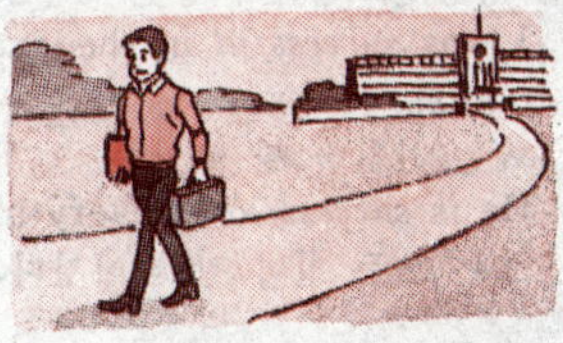

He is a *student* of this university.
그는 이 대학의 학생입니다.

*__stud·y__ [stʌ́di 스터디]
[타][자] (3단현 **studies** [stʌ́diz 스터디즈], 과거·과거 분사 **studied** [stʌ́did 스터디드], 현재 분사 **studying** [stʌ́diiŋ 스터디잉])
[타] 1. **공부하다, 배우다** (《참고》 learn 배우다)
He is *studying* his lessons.
그는 학과를 공부하고 있읍니다.
I *studied* French.
나는 불어를 공부했읍니다.
[타] 2. 연구하다
He is *studying* English history.
그는 영국사를 연구하고 있읍니다.
[자] **공부하다**
I *study* in my room.
나는 내 방에서 공부합니다.
[명] (복수 **studies** [stʌ́diz 스터디즈])
[명] 1. **공부**, 연구
He likes *study*.
그는 공부를 좋아한다.
[명] 2. **서재** (《동》 library)
Father went to his *study* to read books.
아버지는 책을 읽기 위해 그의 서재로 가셨읍니다.

__sub·ject__ [sʌ́bdʒikt 서브직트]
[명] (복수 **subjects** [sʌ́bdʒikts 서브직츠])
[명] 1. **주제**, 제목
That is an interesting *subject*

for conversation.
그것은 회화하기에 재미있는 주제입니다.
명 2. 〖문법〗 **주어** (《반》 object 목적어)
"I" is the *subject* of this sentence.
"I"가 이 문장의 주어다.
명 3. 학과, 과목
My favorite *subject* is English.
내가 좋아하는 과목은 영어다.
명 4. 백성, 신하
They were the *subjects* of the king.
그들은 그 왕의 신하였다.

****suc·ceed** [səksí:d 석시이드]
타자 (**3 단현 succeeds** [səksí:dz 석시이즈], **과거·과거 분사 succeeded** [səksí:did 석시이디드], **현재 분사 succeeding** [səksí:diŋ 석시이딩])
타 **…에 잇따르다** (《동》 follow), **…의 뒤를 잇다**
Night *succeeds* day.
밤은 낮 뒤에 온다.
Elizabeth II *succeeded* George VI.
엘리자베드 2세는 조오지 6세의 뒤를 이었다.
자 1. **성공하다** (～ in) (《참고》 success 성공, 《반》 fail 실패하다)
He *succeeded* in the examination.
그는 시험에 합격하였다.
He never gives up, so he will *succeed*.
그는 결코 포기하지 않으므로 성공할 것이다.
자 2. 계승하다 (～ to)
He *succeeded* to his father's business.
그는 아버지의 사업을 계승하였다.

suc·cess [səksés 석세스]
명 (**복수 successes** [səksésiz 석세시즈])
성공 (《참고》 succeed 성공하다)
The meeting was a great *success*.
그 모임은 대 성공이었다.

I am glad to hear of your *success*.
너의 성공 소식을 들으니 기쁘다.

suc·cess·ful [səksésfəl 석세스펄]
형 성공한, 결과가 좋은
I was *successful* in the examination.
나는 시험을 잘 보았다.
He is *successful* in everything.
그는 모든 일이 잘 되어간다.

****such** [sʌ́tʃ 서치]
형 1. 《비교급·최상급은 없다. 어

순은 단수의 경우는 such a(n)+단수 명사로 되는 것이 보통》

그와 같은, 이와 같은

Such a boy is loved by everybody.

이와 같은 소년은 누구에게나 사랑을 받습니다.

I have never eaten *such* a good cake before.

나는 지금껏 이처럼 맛있는 과자를 먹어 본 적이 없다.

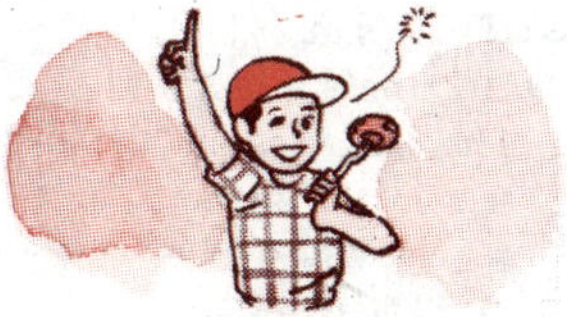

[형] 2. **대단한**

He is *such* a liar.

그는 대단한 거짓말장이다.

[형] 3. 《***such*** ~ ***as*** ~로 쓰여서》 …와 같은 …

We have *such* classes *as* social studies, English, French, mathematics, science and music.

우리들은 사회, 영어, 불어, 수학, 과학, 음악과 같은 수업이 있다.

《숙》 ***such as*** ~ 예컨대 …와 같은

There you can see many animals, *such as* deer, sheep and lions.

거기에서는 많은 동물, 예컨대 사슴, 양, 사자와 같은 것을 볼 수 있읍니다.

《숙》 ***such*** ~ ***that*** ~ 대단히 …하기 때문에 …하다

He is *such* a strong boy *that* other boys are afraid of him.

그는 대단히 힘센 소년이기 때문에 다른 소년들은 그를 두려워하고 있읍니다.

《이러한 경우 such를 so로 바꾸어 놓으면 He is *so* strong a boy *that* other boys are afraid of him. 으로 되어 so ~ that ~ 「대단히 …하기 때문에 …하다」의 구문이 된다》

**sud·den·ly [sʌ́dnli 서든리]

[부] **돌연,** 갑자기 (《동》 all of a sudden)

Suddenly the sky became dark, and it began to rain.

갑자기 하늘이 어두워지고, 비가 내리기 시작하였다.

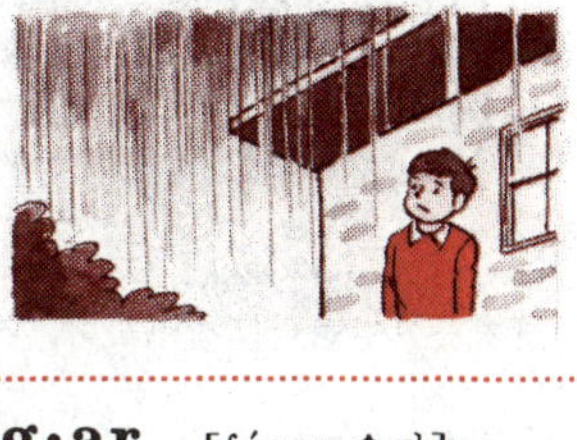

**sug·ar [ʃúgər 슈거]

[명] **설탕**

There is a little *sugar* in the pot.

단지에 설탕이 조금 있읍니다.

I will buy some *sugar* on my home.

나는 집에 가는 도중에 설탕을 조금 사겠다.

Pass me the *sugar*, please.
설탕을 이리 건네 주십시오.
We put *sugar* in coffee to make it sweet.
코오피를 달게 하기 위해서 설탕을 넣습니다.
Do you take *sugar* with your coffee?
당신은 코오피에 설탕을 넣습니까?

sug·gest [sədʒést 서제스트]
(타) (**3 단현 suggests** [sədʒésts 서제스츠], **과거·과거 분사 suggested** [sədʒéstid 서제스티드], **현재 분사 suggesting** [sədʒéstiŋ 서제스팅])
넌지시 비치다, 암시하다, (떠오른 생각을) 말하다, 제안하다, 시사하다
She *suggested* that we go on a picnic.
그녀는 소풍을 가자고 제안했다.

***sum·mer** [sʌ́mər 서머]
(명) **여름**
Summer is the hottest season of the year.
여름은 연중 가장 더운 계절이다.
The ant worked hard all *summer*.
개미는 여름 내내 열심히 일했읍니다.
(형) **여름의**
I spend my *summer* holidays in my native country.
나는 여름 방학을 고향에서 보낸다.

***sun** [sʌ́n 선]
(명) **1.** 《the sun 으로》 **해**
The *sun* rises in the east and sets in the west.
해는 동쪽에서 떠서 서쪽으로 진다.

The *sun* shines during the day.
해는 낮에 빛난다.
(명) **2. 햇빛**, 양지
He is sitting in the *sun*.
그는 양지 쪽에 앉아 있읍니다.
It is good for the health to bathe in the *sun*.
일광욕을 하는 것은 건강에 좋다.

***Sun·day** [sʌ́ndi 선디]
(명) (**복수 Sundays** [sʌ́ndiz 선디즈])

일요일 《Sun. 으로 약한다》
Sunday is the first day of the week.
일요일은 한 주일의 첫째번 날이다.
We go to church on *Sunday*.
우리는 일요일에 교회에 갑니다.

***sun·shine** [sʌ́nʃain 선샤인]
㊔ **햇빛**, 양지
The children are playing in the *sunshine*.
어린이들은 양지에서 놀고 있다.

She is bathing in the *sunshine*.
그 여자는 일광욕을 하고 있읍니다.

⁑su·per·mar·ket [sú:pərmà:rkit 수우퍼마아킷]
㊔ **슈우퍼마아켓**

⁑sure [ʃúər 슈어]
㊔ (비교급 **surer** [ʃúərər 슈어러], 최상급 **surest** [ʃúərist 슈어리스트])
㊔ 1. **틀림없는**, 확실한 (《동》 certain)
It is a *sure* way to succeed.
그것은 틀림 없이 성공하는 방법입니다.
㊔ 2. 《주어의 기분을 나타내서》 확신하고 있는 (～ *of*)
He is *sure* of success (또는 He is *sure* that he will succeed).
그는 자기의 성공을 확신하고 있다.
Tom is *sure* that his mother will buy the book for him.
톰은 어머니가 그 책을 사줄 것을 확신하고 있읍니다.
《숙》 ***be sure to*** (do) 틀림없이 …하다
He *is sure to* go to the party.
그는 틀림없이 모임에 나옵니다.
Be sure to come.
꼭 오게나.
《숙》 ***make sure of*** ～ …을 확인하다
We must *make sure of* the truth.
우리는 사실을 확인하지 않으면 안됩니다.
《숙》 ***to be sure*** 확실히, 정말
To be sure, it is the truth.
확실히 그것은 사실입니다.

⁑sur·prise [sərpráiz 서프라이즈]
㊔ (3 단현 **surprises** [sərpráiziz 서프라이지즈], 과거 · 과거 분사 **surprised** [sərpráizd 서프라이즈드], 현재 분사 **surprising** [sərpráiziŋ 서프라이징])
놀라게 하다
Tom is going to *surprise* Jim.

톰은 짐을 놀래주려 하고 있다.

《숙》 ***be surprised*** 놀라다

I *am surprised* that you don't know it.

당신이 그걸 모르다니 놀랐읍니다.

He *was surprised* at (또는 to hear) the news.

그는 그 소식을 듣고 놀랬었다.

명 (**복수 surprises** [sərpráiziz 서프라이지즈])

놀라움, 놀라운 일〔사실〕

I have a *surprise* for you.

당신이 놀랄 일이 있읍니다.

《숙》 ***to one's surprise*** 놀랍게도

To his surprise, his house was gone.

놀랍게도 그의 집이 없어져 버렸읍니다.

---

sur·pris·ing [sərpráiziŋ 서프라이징]

형 놀라운, 놀랄 만한, 뜻밖의

---

sur·round [səráund 서라운드]

타 (**3단현 surrounds** [səráundz 서라운즈], **과거·과거 분사 surrounded** [səráundid 서라운디드], **현재 분사 surrounding** [səráundiŋ 서라운딩])

(둘러) 에워싸다, 포위하다

Cheju-do is *surrounded* by the sea.

제주도는 바다에 둘러싸여 있다.

---

swal·low[1] [swálou 스왈로우]

명 (**복수 swallows** [swálouz 스왈로우즈])

〖조류〗 **제비**

The *swallows* are flying to warm countries.

제비가 따뜻한 나라로 날아가고 있읍니다.

---

swal·low[2] [swálou 스왈로우]

타 (**3단현 swallows** [swálouz 스왈로우즈], **과거·과거 분사 swallowed**[swáloud 스왈로우드], **현재 분사 swallowing** [swálouiŋ 스왈로우잉])

(음식물 따위를) 삼키다

He *swallowed* his food quickly.

그는 재빠르게 음식을 삼켜버렸읍니다.

The waves *swallowed* up the swimmer.

물결이 헤엄치는 사람을 삼켜버

렸다.

sweat [swét 스웻]
★ 발음 주의
㊔ 땀
They wiped the *sweat* off their brow [bráu 브라우].
그들은 이마의 땀을 씻었읍니다.
We are wet with *sweat*.
우리는 땀으로 흠뻑 젖었읍니다.
㊀㊁ (**3 단현 sweats** [swéts 스웨츠], **과거·과거 분사 sweat** [swét 스웻], 또는 **sweated** [swétid 스웨티드], **현재 분사 sweating** [swétiŋ 스웨팅])
땀 나게 하다, 땀을 흘리다
We *sweat* when it is hot.
더울 때는 땀을 흘립니다.

sweet [swí:t 스위이트]
㊕ (**비교급 sweeter** [swí:tər 스위이터], **최상급 sweetest** [swí:tist 스위이티스트])
㊕ **1. 단** (《반》 bitter 쓴, sour 신)
This cake is very *sweet*.
이 과자는 대단히 달다.

Girls like to eat *sweet* potatoes.
소녀들은 고구마를 즐겨 먹습니다.
㊕ **2. 향기가 좋은**
How *sweet* the flower smells!
이 꽃은 얼마나 향기로우냐!
㊕ **3. 소리가 좋은,** 아름다운
She sang in *sweet* voice.
그 여자는 아름다운 목소리로 노래 불렀읍니다.
㊕ **4.** 귀여운, 즐거운, 기분 좋은
We want to live in a *sweet* home.
우리는 단란한 가정에서 살기를 원한다.
The baby is *sweet*.
그 아기는 귀엽다.
㊔ (**복수 sweets** [swí:ts 스위이츠])
《보통 복수형으로》 사탕 과자 《미국에서는 candy》
I bought *sweets* at the store.
나는 그 가게에서 사탕 과자를 샀읍니다.

S

***swim** [swím 스윔]
㊀㊁ (**3 단현 swims** [swímz 스윔즈], **과거 swam** [swǽm 스왬], **과거 분사 swum** [swʌ́m 스웜], **현재 분사 swimming** [swímiŋ 스위밍])
헤엄치다

I can *swim* to the other side of the river.

나는 강 건너까지 헤엄칠 수 있다.
He wanted to *swim* in the sea.
그는 바다에서 헤엄치고 싶었다.
㉻ 헤엄

S

sym·bol [símbl 심블]
㉻ (복수 **symbols**[símblz 심블즈])
상징, 부호
The rose is a *symbol* of England.
장미꽃은 영국의 상징입니다.
The dove [dʌ́v 더브] is a *symbol* of peace.
비둘기는 평화의 상징입니다.

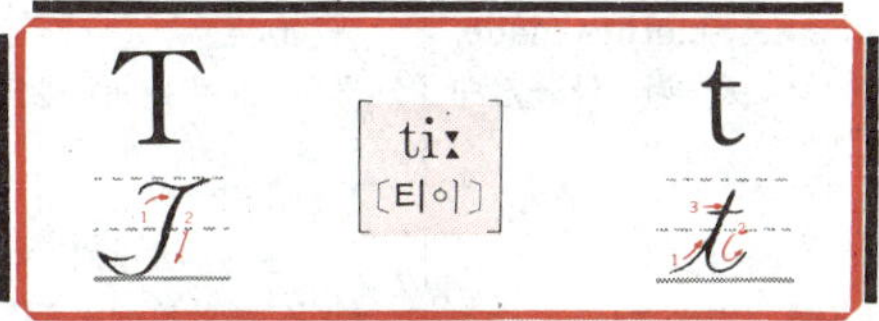

***ta·ble** [téibl 테이블]

㊔ (**복수 tables** [téiblz 테이블즈])

㊔ **1. 테이블, 식탁**

There is a book on the *table*.
테이블 위에 책이 있습니다.

table tennis 탁구 (《동》 (ping-pong)

㊔ **2. 표, 목록**

He is looking at the time*table*.
그는 시간표를 보고 있습니다.

《숙》 ***at table*** 식탁에 앉아, 식사중

They were *at table* when we called.
우리가 방문했을 때 그들은 식사중이었다.

***tail** [téil 테일]

㊔ (**복수 tails** [téilz 테일즈])

꼬리 (《반》 head 머리)

A horse has a long *tail*.
말은 긴 꼬리를 가지고 있습니다.

The dog ran away with his *tail* between his legs.
개는 꼬리를 다리에 끼고 달아났다.

tai·lor [téilər 테일러]

㊔ (**복수 tailors** [téilərz 테일러즈])

양복점, (주로 남자 옷을 짓는) 재봉사 (《참고》 dressmaker 부인·어린이 옷을 짓는 양장점, 양재사)

The *tailor* makes the man.
《속담》 옷이 날개다.

My brother went to the *tailor* to have some new clothes made.
형님은 새옷을 맞추러 양복점에 갔읍니다.

T

***take** [téik 테이크]
㊅ (3단현 **takes** [téiks 테이크스], 과거 **took**[túk 툭], 과거 분사 **taken** [téikən 테이컨], 현재 분사 **taking** [téikiŋ 테이킹])
㊅ **1. 손에 쥐다**, 잡다, 붙들다 (《동》 catch)
He *took* me by the hand when we crossed the street.
우리가 길을 건널 때 그는 내 손을 잡았다.
㊅ **2.** (음식물 따위를) **취하다**, 먹다, 마시다, 복용하다, 들이마시다 (《동》 eat, drink)
I *take* lunch at noon.
나는 정오에 점심을 먹습니다.
Take this medicine after each meal.
식후마다 이 약을 복용하시오.
㊅ **3.** 얻다(《동》 win, get)
He *took* the second prize.
그는 2등상을 탔다.
㊅ **4.** 받다 (《동》 receive, 《반》 give 주다)
She *took* the gift from him.
그 여자는 그로부터 선물을 받았다.
㊅ **5.** 사다
I *took* the doll for one dollar.
나는 그 인형을 1달러에 샀다.
㊅ **6. 가져 가다** (《동》 carry, bring), **데리고 가다**, 안내하다
Take this letter to the post office.
이 편지를 우체국으로 가져가시오.
I will *take* you to the station.
역으로 안내해 드리겠읍니다.
㊅ **7.** (탈것에) **타다** (《동》 get on)
I will *take* a bus.
버스를 타겠읍니다.

I took the 9 : 30 a. m. train.
나는 아홉시 반 열차를 탔다.
㊅ **8.** (병에) **걸리다**, (불이) 붙다, 뿌리를 박다 (《동》 catch)
I *took* cold yesterday.
나는 어제 감기에 걸렸읍니다.
The house *took* fire.
그 집에 화재가 났다.
㊅ **9.** (어떤 행동을) **하다**, 행하다 (《동》 do), 받아들이다
Take my advice.
내 충고를 들으시오.
I *take* a bath every day.
나는 매일 목욕합니다.
We shall *take* an examination in English tomorrow.
우리는 내일 영어 시험을 치릅니다.
I am *taking* lessons on the piano.
나는 피아노 연습을 하고 있다.

We *took* a rest at the top of the hill.
우리는 그 산 꼭대기에서 한 차례 쉬었읍니다.
I always *take* a walk before breakfast.
나는 조반 전에 늘 산책합니다.
He *takes* great pains to study mathematics.
그는 수학 공부에 많은 노력을 한다.

㉵ **10.** 《종종 It을 주어로 하여》 (시간·노력·장소 따위를) 들이다, 걸리다, 필요로 하다
It *takes* about seven minutes to go to school.
학교 가는 데 약 7분이 걸립니다.

㉵ **11.** …이라고 생각하다, 해석하다
I *took* him to be an honest man.
나는 그를 정직한 사람이라고 생각했다.

㉵ **12.** (사진을) 찍다, (노우트 따위를) 하다
Please *take* my photograph.
내 사진을 찍어주십시오.

《숙》 ***take away*** 치워버리다
Mother *took* away the dishes.
어머니는 접시를 치웠다.

《숙》 ***take care of*** ~ …을 돌봐주다, 소중히 하다
My mother *takes* good *care of* me.
어머니는 나를 잘 돌봐주십니다.

《숙》 ***take*** ~ ***for*** ~ …을 …으로 잘못 알다
I *took* her *for* her older sister.
나는 그 여자가 그 여자의 언니인 줄 알았다.

《숙》 ***take interest in*** ~ …에 흥미를 가지다
I *take* great *interest in* English.
나는 영어에 많은 흥미를 가지고 있읍니다.

《숙》 ***take off*** (모자 따위를) 벗다
Take off your hat〔shoes〕.
모자〔구두〕를 벗으시오.

《숙》 ***take part in*** ~ …에 참가하다
We *took part in* the race.
우리는 그 경주에 참가했읍니다.

《숙》 ***take place*** 일어나다 (《동》 happen), 개최되다(《동》 be held)
Where will the tennis match *take place?*
정구 시합은 어디서 열립니까?

tal·ent [tǽlənt 탤런트]

㊔ (**복수 talents** [tǽlənts 탤런츠])

㊔ **1.** 타고 난 재주, 재능, (학예·기술 따위에 대한) 특별 능력(~ *for*)
You should make the best use of your *talent*.
너는 너의 재능을 최대한으로 이용해야 한다.

He is a man of great *talent*.
그는 매우 재능이 있는 사람입니다.

㉮ 2. 재능이 있는 사람, 인재
He is the best *talent* in this country.
그는 이 나라에서 가장 뛰어난 인재다.

㉮ 3. (텔레비전, 라디오 따위의) 예능인, 연예인
She is a famous *talent*.
그 여자는 유명한 연예인입니다.

*talk [tɔ́:k 토오크]

㉯㉰ (**3단현 talks** [tɔ́:ks 토오크스], **과거·과거 분사 talked** [tɔ́:kt 토오크트], **현재 분사 talking** [tɔ́:kiŋ 토오킹])
이야기하다, …의 이야기를 하다, 말하다, 지껄이다(《동》 speak)
She *talks* too much.
그 여자는 말이 너무 많다.

He *talks* good English.
그는 영어를 잘 말한다.

《숙》 ***talk about*** (또는 ***of***) ~ …에 대하여 이야기하다
They are *talking about* baseball.
그들은 야구에 대하여 이야기하고 있다.

《숙》 ***talk over*** ~ …에 대하여 상의하다
Let us *talk over* the matter some other day.
그 문제에 대해서는 훗날 상의하기로 합시다.

《숙》 ***talk to oneself*** 혼잣말을 하다
He *talked to himself*.
그는 혼잣말을 하였다.

《숙》 ***talk with*** ~ …와 이야기하다
She began to *talk with* a foreigner.
그 여자는 외국인과 이야기하기 시작했읍니다.

㉮ 1. **이야기**, 담화
Jim gave a long *talk* about his trip.
짐은 그의 여행담을 길게 늘어놓았다.

㉮ 2. 의논, 상의
I want to have a *talk* with you.
당신에게 의논하고 싶은 일이 있읍니다.

*tall [tɔ́:l 토올]

㉱ (**비교급 taller** [tɔ́:lər 토올러], **최상급 tallest** [tɔ́:list 토올리스트])
키가 큰 (《동》 high, 《반》 short 짧은)

That man is *tall*.
저 사람은 키가 큽니다.
How *tall* is he?
그의 키는 얼마나 됩니까?

Tom is five feet six inches tall.
톰의 키는 5 피이트 6 인치다.

‡tape re·cord·er [téip rikɔ́:rdər 테이프 리코오더]
㊔ **녹음기**, 테이프 레코오더

‡taste [téist 테이스트]
㊀㊋ (**3 단현 tastes** [téists 테이스츠], **과거·과거 분사 tasted** [téistid 테이스티드], **현재 분사 tasting** [téistiŋ 테이스팅])
㊀ **…의 맛을 보다**, 맛보다, (조금) 먹다, 마시다
I have never *tasted* such sweet grapes.
나는 그렇게 맛있는 포도를 먹어 본 적이 없읍니다.

Mother *tasted* the soup before serving it.
어머니는 수우프를 내놓기 전에 그 맛을 보았읍니다.
㊋ …의 맛이 나다
The candy *tastes* sweet.
그 과자는 달다〔단 맛이 난다〕.
㊔ (**복수 tastes** [téists 테이스츠])
㊔ **1. 맛**
This orange has a sour *taste.*
이 오렌지는 신맛이 난다.
㊔ **2. 취미**
Mary has a *taste* for music.
메리는 음악에 취미가 있다.

***teach** [tí:tʃ 티이치]
㊀㊋ (**3 단현 teaches** [tí:tʃiz 티이치즈], **과거·과거 분사 taught** [tɔ́:t 토오트], **현재 분사 teaching** [tí:tʃiŋ 티이칭])
가르치다, 교수하다 (《반》 learn 배우다)
Mr. Smith *teaches* us English.
스미드 선생님은 우리에게 영어를 가르칩니다.
Mother *teaches* us to cook (또는 cooking).
어머니는 우리에게 요리하는 법을 가르쳐 줍니다.
Miss Brown *teaches* us how to swim.
브라운 선생님은 우리에게 헤엄치는 법을 가르쳐 줍니다.

***teach·er** [tí:tʃər 티이처]
㊔ (**복수 teachers** [tí:tʃərz 티이처즈])
선생, 교사

T

Miss White is a *teacher* of English.
화이트양은 영어 선생이다.

She is an English *teacher*.
그 여자는 영국인〔영어〕 선생입니다.

***team** [tíːm 티임]
㊔ (**복수 teams** [tíːmz 티임즈])
(경기의) **티임**, (일 따위의) **조**(組)
(《동》 group)
Our school has a soccer *team*.
우리 학교에는 축구 티임이 있다.

There are nine players on a baseball *team*.
야구 한 티임에는 9명의 선수가 있다.
Our *team* won the game.
우리 티임이 시합에 이겼다.

tear[1] [tíər 티어]
㊔ (**복수 tears** [tíərz 티어즈])
《보통 복수로서》 **눈물**
Her eyes were filled with *tears*.
그 여자의 눈에는 눈물이 글썽거렸다.

She broke into *tears*.
그 여자는 와락 울음을 터뜨렸다.
Tears were coming down his cheeks.
그의 뺨에는 눈물이 흘러 내리고 있었다.

tear[2] [téər 테어]
㊕ (**3단현 tears** [téərz 테어즈], **과거 tore** [tɔ́ːr 토오], **과거 분사 torn** [tɔ́ːrn 토온], **현재 분사 tearing** [téəriŋ 테어링])
㊕ **1. 찢다,** 째다
She *tore* the letter in two.
그 여자는 그 편지를 두 쪽으로 찢었다.

Her dress was *torn* to pieces.
그 여자의 옷은 갈갈이 찢겼다.
㊕ **2.** 잡아 뜯다, 잡아 떼다, 쥐어 뜯다

The roof was *torn* from the house by the wind.
지붕이 바람에 떨어져 나갔다.

⁑tel·e·phone [téləfoun 텔러포운]
㊔ (**복수 telephones**[téləfounz 텔러포운즈])
전화, 전화기
The *telephone* rang a few times before I answered it.
전화는 내가 받기 전에 두 서너 번 울렸다.

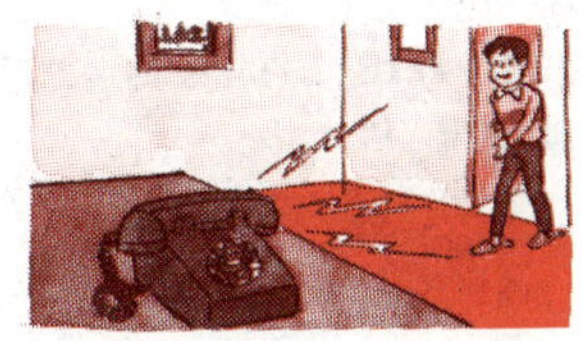

The *telephone* rings, and John picks up phone.
전화 소리가 울리자 존은 수화기를 든다.
We found a public *telephone* near the bus stop.
우리는 버스 정류장 근처에 공중 전화가 있는 것을 알았다.
《숙》 ***talk*** (또는 ***speak***) ***through*** (또는 ***on, over***) ***the telephone*** 전화로 말하다
He is *talking* to her *over the telephone.*
그는 그 여자와 전화로 이야기하고 있다.
《숙》 ***call*** (one) (또는 ***ring*** (one) ***up***) ***on the telephone*** 전화로 불러내다
I will *call* you *on the telephone* tomorrow.
내일 전화를 걸겠읍니다.
㊏㊐ (**3단현 telephones** [téləfounz 텔러포운즈], **과거 · 과거 분사 telephoned** [téləfound 텔러포운드], **현재 분사 telephoning** [téləfouniŋ 텔러포우닝])
전화를 걸다
Telephone him in a few minutes.
잠시 후에 그에게 전화를 걸어주시오.

⁑tell [tél 텔]
㊏ (**3단현 tells** [télz 텔즈], **과거 · 과거 분사 told** [tóuld 토울드], **현재 분사 telling** [téliŋ 텔링])
㊏ **1. 이야기하다, 말하다** (《동》 say), 알리다, 일러주다
I will *tell* you an interesting story.
내가 재미있는 이야기를 해줄께.

Don't *tell* a lie.
거짓말을 하지 마시오.
Will you *tell* me the way to the station?
정거장으로 가는 길을 가리켜 주시겠읍니까?

T

No one *told* me that he was dead.
그가 죽었다는 것을 아무도 나에게 일러주지 않았다.

㊍ 2. 명하다, (…하라고) 말하다 (《동》 order)
Tell him to come this evening.
오늘 저녁에 오라고 그에게 이르시오.
He *told* me not to open the door.
그는 나에게 문을 열지 말라고 일렀다.

㊍ 3. 《can과 함께 사용하여》 **알다**, 구별하다
I cannot *tell*.
모르겠읍니다.
Who can *tell* the reason?
누가 그 까닭을 알 수 있겠는가?

《숙》 ***tell ~ from*** … ~와 …을 구별하다, ~와 …을 구별해서 알다
How can you *tell* an Englishman *from* an American?
영국 사람과 미국 사람을 어떻게 구별할 수 있읍니까?

《숙》 ***tell of ~*** …에 관해서 말하다, …을 일러 주다
No one *told* me *of* such a book.
아무도 그런 책에 관해서 나에게 말해주지 않았다.

《숙》 ***to tell the truth*** 사실대로 말하면, 사실은
To tell the truth, he is a foreigner.
사실은 그는 외국 사람이다.

****tem·ple** [témpl 템플]
㊔ (**복수 temples** [témplz 템플즈]) 신전(神殿), 사원(寺院)
There are many old *temples* in Korea.
한국에는 오래 된 절들이 많다.

***ten·nis** [ténis 테니스]
㊔ **정구**, 테니스
I have to play *tennis* after school.
나는 방과후 정구를 해야 한다.

tent [tént 텐트]
㊔ (**복수 tents** [ténts 텐츠]) **텐트, 천막**

We spent the night in a *tent*.
우리는 그 밤을 천막 속에서 보냈다.
Do you know how to pitch *tent*?
당신은 천막 치는 법을 압니까?

term [tə́:rm 터엄]
(명) (**복수 terms** [tə́:rmz 터엄즈])
(명) 1. **학기**
The second *term* begins in September.
2 학기는 9 월에 시작한다.
(명) 2. **기간**, 임기
The president served his *term* of office.
대통령은 임기를 마쳤다.
(명) 3. 《복수형으로서》 용어(用語), 말씨
He understands musical *terms*.
그는 음악 용어를 알고 있다.
(명) 4. 《복수형으로》 (교제상의) 사이
《숙》 ***be on good*** 〔***bad***〕 ***terms with*** ~ …와 사이가 좋다〔나쁘다〕
He *is on good terms with* his friends.
그는 친구들과 사이가 좋다.

test [tést 테스트]
(명) (**복수 tests** [tésts 테스츠])
테스트, **시험**, 고사 (《동》 examination)
He passed (또는 succeeded in) the *test* in mathematics.
그는 수학 시험에 합격하였다.
(타) (**3 단현 tests** [tésts 테스츠], **과거 · 과거 분사 tested** [téstid 테스티드], **현재 분사 testing** [téstiŋ 테스팅])
시험하다, 테스트하다
I *tested* the machine.
나는 기계를 테스트〔시운전〕했다.

⁑text·book [tékstbuk 텍스트북]
(명) (**복수 textbooks** [tékstbuks 텍스트북스])
교과서
We are going to study with new *textbooks*.
우리는 새 교과서로 공부를 할 것이다.

What *textbook* do you use?
당신은 무슨 교과서를 사용합니까?

***than** [ðən 던, (강) ðǽn 댄]
(접) 1. 《형용사, 부사의 비교급 다음에 위치하여》 …**보다(도)**
He is happier *than* he was before.
그는 이전보다 더 행복하다.
He is three inches taller *than* I. (=He is taller *than* I by three inches.)
그는 나보다 키가 3 인치 더 크다.

T

㉚ 2. 《other 다음에 위치하여》 …이외에

No other person can play the piano *than* you.

당신 이외에는 피아노를 칠 사람이 없다.

《숙》 ***would rather ~ than …*** …하기보다는 ~하는 편이 좋다

I *would rather* study *than* play.

나는 놀기보다 공부하는 편이 좋습니다.

***thank** [θæŋk 댕크]

㉕ (**3단현 thanks** [θæŋks 댕크스], **과거·과거 분사 thanked** [θæŋkt 댕크트], **현재 분사 thanking** θæŋkiŋ 댕킹])

감사하다 (~ *for*)

I *thank* you.

감사합니다. 《I는 보통 생략하지만 격식을 차릴 때에는 붙인다》

Fine, *thank* you.

좋아요, 고마와요.

Thank you very much for your kind invitation.

초대해 주셔서 대단히 감사합니다.

No, *thank* you.

아니, 좋습니다〔괜찮습니다〕. 《남의 권유를 거절하는 말》

㉑ (**복수 thanks** [θæŋks 댕크스]) 《복수형으로서》 **감사**

Many *thanks*.

참 고맙습니다.

Thanks very much. (= *Thank* you very much.)

대단히 감사합니다.

thanksgiving [θæŋks-gíviŋ 댕크스기빙]

㉑ (특히) 신에게의 감사, 감사의 기도

Ch'usŏk is the *Thanksgiving* Day of Korea.

추석은 한국의 추수감사절이다.

***that** [ðæt 댓]

㉓ (**복수 those** [ðóuz 도우즈])

㉓ 1. 《지시 대명사》

(1) 《주어일때》 **저것은**, 저것이, 저 사람은, **그것은**, 그것이, 《목적어일 때》 **저것을**, **그것을** 《this에 대하여 that은 다소 떨어져 있는 것을 가리킨다》

This is a table and *that* is a desk.

이것은 테이블이고 저것은 책상입니다.

What is *that?*

저것은 무엇입니까?

Who is *that?*
저사람은 누구입니까?
Which book do you like, this or *that?*
당신은 이것과 저것 중 어느 책을 좋아합니까?
(2) 그것, 그 일〔사람〕《이미 말해졌거나 전후 관계로 분명히 알 수 있는 사물·사람을 가리킨다》
That's right.
좋다, 그렇다.
That will do.
그거면 된다〔좋다〕.
Is *that* so?
그렇습니까?
That's what it is.
바로 그대로다.
That's good.
좋아.
That's too bad.
그것 참 안 됐구나.
(3) (…의) 그것 《같은 명사의 반복을 피하기 위하여 쓴다》
The light of the sun is brighter than *that* of the moon.
햇빛은 달빛보다 밝다.
[대] 2. 《관계 대명사로서 단수·복수 동형》 …하는 바의(사람·것)
《선행사에 the first, the only, all 또는 최상급이 붙을 때에는 특히 that 을 쓴다》
This is *the only* 〔*the best*〕 watch (*that*) I have.
이것은 내가 가지고 있는 단 하나의 〔가장 좋은〕 시계입니다.
《that 은 그것이 이끄는 절이 목적어의 구실을 하고 있을 때에는 생략할 수 있다》
The purse (*that* (또는 which)) you lost has been found.
네가 잃은 지갑이 발견되었다.
[대] 3. 《*It is* ~ *that*…의 형식으로 ~을 강조한다》
It is this boy *that* sells papers.
신문을 팔고 있는 사람은 이 소년입니다.
It *was* here *that* I met him.
내가 그를 만난 곳은 여기다.
《이 경우 It is 〔was〕 that 을 빼버려도 문장이 성립된다. 위의 예에서는 This boy sells papers. Here I met him.》
[형] (**복수 those** [ðóuz **도우즈**])
《명사 앞에 사용하여》 저, 그
Do you know *those* girls?
저 소녀들을 아십니까?

[접] 1. …이라는 것 《that 이하는 명사절. 이 절이 목적격일 때 that 은 종종 생략된다》
I think (*that*) he will come soon.
나는 그가 곧 오리라고 생각한다.
《*it* 으로 하여금 형식 주어(또는 목적어)로서 *that* 이하를 대표시키는 수도 있다》
It is certain *that* he has gone.
그가 가버린 것은 확실하다.

It is natural *that* you should say so.
네가 그렇게 말하는 것은 당연하다.

㉨ 2. 《*so that* ~ *may* (또는 *can*), *in order that* ~ *may* (또는 *can*)의 형식으로서 「목적」을 나타낸다》 …하기 위하여

He works hard *so that* he *may* support his large family.
대가족을 부양하기 위하여 그는 열심히 일한다.
I got up early *so that* I *might* not be late.
나는 지각하지 않기 위해 일찍 일어났다.

㉨ 3. 《*so* (또는 *such*) ~ *that*의 형식으로 「원인 · 결과」를 나타낸다》 대단히 …하므로 《형용사 · 부사 앞에는 so를 쓰고, 명사 앞에는 such를 쓴다》 (《참고》 too ~ to … 너무 ~하므로 …할 수 없다)

The child ate *so* much *that* he became ill.
그 아이는 너무 많이 먹어서 병이 났다.
He is *so* kind *that* everyone loves him.
그는 대단히 친절하므로 누구나 다 그를 사랑한다.
It was *such* a fine day *that* we went on a picnic.
날씨가 아주 좋았으므로 우리는 소풍을 갔다.

thatch [θætʃ 대치]

㉻ (지붕을 이는) 이엉

㉫ (3단현 **thatches** [θætʃiz 대치즈], **과거 · 과거 분사 thatched** [θætʃt 대치트], **현재 분사 thatching** [θætʃiŋ 대칭])
(지붕을) 이엉으로 이다
《숙》 ***a thatched house*** 초가집

*the [(자음 앞) ðə 더, (모음 앞) ði 디, (강) ðí: 디이]

㉶ 《정관사로서 「저」「그」「이」의 뜻이 있지만 번역하지 않는 경우가 많다》

㉶ 1. 《이미 사용된 명사를 재삼 가리킬 때》

I keep a dog for a pet. I call *the* dog Spot.
나는 귀염둥이 개를 기르고 있습니다. 나는 그 개를 스포트라고 부릅니다.

㉶ 2. 《단 하나의 것, 상대편이 그것이라고 아는 것》

The earth goes round *the* sun once a year.
지구는 태양 둘레를 1년에 한 바퀴 돈다.
Shut *the* window.
창문을 닫으시오.

㉶ 3. 《단수 명사에 붙여 그 무리 전체 또는 그 특성을 나타낸다》 …이라는 것

The horse is a useful animal.
말(이라는 것)은 유용한 동물이다.

㉷ 4. 《형용사에 붙여 복수 명사 또는 추상 명사의 뜻으로 쓴다》
The rich are not always happy.
부자가 반드시 행복한 것은 아니다.

㉷ 5. 《형용사의 최상급, 비교급 앞에 붙인다》
Mt. Everest is *the* highest mountain in the world.
에베레스트산은 세계에서 제일 높은 산이다.
He is *the* wiser of *the* two brothers.
그는 두 형제 중에서 더 영리한 편이다.

㉷ 6. 《강, 바다, 해양, 배, 신문, 잡지, 서적, 공공 건물, 산맥 또는 군도 따위의 고유 명사에 붙인다》
The Han river flows into *the* West Sea.
한강은 서해로 흘러 들어간다.

The Mayflower sailed across *the* Atlantic Ocean.
메이플라워호는 대서양을 횡단하여 항해했다.
Father is reading *the* London Times.
아버지는 런던 타임즈를 읽고 계신다.
The Samguksaki was written a great many years ago.
삼국사기는 오랜 옛날에 쓰여졌다.
I climbed *the* Alps last summer.
나는 작년 여름 알프스에 올랐다.
We traveled in *the* West Indies.
우리는 서인도 제도를 여행하였다.
She lives in *the* United States of America.
그 여자는 미국에 살고 있다.

㉷ 7. 《단위를 나타내는 명사에 붙여 「…에 대하여」「…의 비율로」의 뜻을 나타낸다》
They sell sugar by *the* pound.
설탕은 파운드 단위로 판다.
They work by *the* day.
그들은 일급으로 일한다.

㉷ 8. 《관용구에 사용한다》
We play baseball in *the* afternoon.
우리는 오후에 야구를 합니다.
I went to school in *the* rain.
나는 비를 맞고 학교에 갔다.

㉮ 《형용사·부사의 비교급 앞에 붙인다》

㉮ 1. 《***the*** ~, ***the*** ~의 형식으로》 …하면 할수록 더욱 …
The more you have, *the* more you want.
가지면 가질수록 더 가지고 싶어지는 법이다.

㉮ 2. 그만큼, 도리어, 더욱 더

T

If you start at once, you will get there all *the* sooner.
곧 출발하면 그만큼 더 빨리 도착한다.

T

*then [ðén 덴]

[부] 1. 《과거 또는 미래의 어떤 때를 가리켜》 **그 때에, 그 당시에** (《동》 at that time, 《반》 now 지금)
Father was a little child *then.*
그 당시 아버지는 작은 어린애였다.

[부] 2. 《시간적인 순서를 나타내어》 **그리고서,** 그 다음에, 연후에
I wrote a letter and *then* stood up.
나는 편지를 쓰고서 일어섰다.

[부] 3. **그러면,** 그렇다면
What is this, *then?*
그럼 이건 뭐죠?

《숙》 ***just then*** 바로 그때
Something black appeared *just then.*
바로 그 때 무언가 검은 것이 나타났다.

《숙》 ***now and then*** 때때로, 이따금
I see him *now and then.*
나는 때때로 그를 만난다.

*there [ðέər 데어]

[부] 1. **거기에, 거기서, 거기로** (《반》 here 여기에)
He is sitting *there.*
그는 거기 앉아 있습니다.
Go *there* by train.
기차로 거기에 가시오.

[부] 2. 《be를 동반하여 문장을 이끈다. 이 경우 뜻은 없다. 때로는 be동사 이외의 것이 사용되는 수도 있다》
There is a vase on the desk.
책상 위에 꽃병이 있읍니다.

There was no school yesterday.
어제는 (학교) 수업이 없었다.

《숙》 ***here and there*** 여기저기에
Big trees are seen *here and there.*
큰 나무들이 여기저기에 보인다.

《숙》 ***over there*** 저기에, 저쪽에
What do you see *over there?*
저쪽에 무엇이 보입니까?

*they [ðéi 데이]

[대] 《he, she, it의 복수》
[대] 1. **그들은〔이〕, 그 여자들은〔이〕, 그것들은〔이〕**
They are my friends.
그들은 내 친구다.

[대] 2. 사람들, 세상 사람들 (《동》 people)
They say (that) he is mad.
그는 미쳤다고 사람들은 말하고 있다〔세상에서는 그가 미쳤다고들 한다〕. 《It is said that he is mad. 라고도 한다》

thin [θín 딘]

[형] (**비교급 thinner** [θínər 디너], **최상급 thinnest** [θínist 디니스트])
[형] 1. **얇은, 가늘은** (《반》 thick 두꺼운)
This paper is very *thin*.
이 종이는 매우 얇다.
[형] 2. 여윈
A *thin* girl is standing there.
여윈 소녀가 저기 서 있다.

[형] 3. 성긴, 희박한
The air at the top of Mt. Everest is *thin*.
에베레스트산 꼭대기의 공기는 희박하다.

*thing [θíŋ 딩]

[명] (**복수 things** [θíŋz 딩즈])
[명] 1. **물건, 것,** 일
The baby puts *things* into its mouth.
아기가 물건을 입에 넣는다.

I bought many *things* at the department store.
나는 백화점에서 많은 물건을 샀읍니다.
I have a lot of *things* to do.
나는 해야 할 일이 많다.
[명] 2. 《복수형으로》 사물, 사정〔태〕
He knows of *things* Korean.
그는 한국 사정에 통해 있다.
Things went well.
만사가 잘 되어갔다.

**think [θíŋk 딩크]

[타][자] (**3단현 thinks** [θíŋks 딩크스], **과거 · 과거 분사 thought** [θɔ́:t 도오트], **현재 분사 thinking** [θíŋkiŋ 딩킹])
[자] **생각하다**
He always *thinks* carefully before he answers.
그는 언제나 대답하기 전에 신중히 생각한다.
Think before you leap.
《속담》 뛰기 전에 생각하라.
[타] …이라고 생각하다, …을 …이라고 생각하다
I *think* her (to be) rich.
나는 그녀가 부자라고 생각한다.
I *think* it is going to rain.
나는 비가 오리라고 생각한다.

T

T

I *think* it necessary to do so.
나는 그렇게 하는 것이 필요하다고 생각한다.

《숙》 ***think about*** ～ …에 대하여 생각하다, …의 일을 이리저리 생각하다

I am *thinking about* the new plan.
나는 새 계획에 대하여 생각하고 있읍니다.

《숙》 ***think of*** ～ …의 일을 생각해 내다〔생각하다〕

I cannot *think of* her name.
나는 그 여자의 이름을 생각해 낼 수가 없다.

Mothers *think of* their children all the time.
어머니들은 그들의 아이들을 늘 생각하고 계십니다.

*this [ðís 디스]

㊉ (**복수 these** [ðí:z 디이즈])

㊉ 1. 《지시대명사》 **이것은**〔을〕, 이 물건은〔을〕, 이 사람은〔을〕 《that 보다 가까운 것을 가리킨다》

This is older than that tree.
이것은 저 나무보다 오래된 것입니다.

This is a chair.
이것은 의자다.

Hello, *this* is Mr. Baker speaking.
《전화》 여보세요, 저는 베이커입니다.

㊉ 2. 지금, 바로 지금, 이때, 이날, 오늘

This is Friday. (=It is Friday today.)
오늘은 금요일이다.

㊊ (**복수 these** [ðí:z 디이즈])
《명사 앞에만 쓰인다》

㊊ 1. **이**, 이쪽의 (《반》 that 저)

I will take *this* book.
나는 이 책을 가지겠다.

㊊ 2. 지금의, 현재의

《숙》 ***this day week*** 전주〔내주〕의 오늘

He will be thirteen years old *this day week*.
내주 오늘 그는 열세살이 됩니다.

《숙》 ***this month*** 〔***week, year***〕 이달〔주, 해〕

We have had much rain *this week*.
이번 주에는 비가 많이 왔다.

《숙》 ***this morning*** 〔***afternoon, evening***〕 오늘 아침〔오후, 저녁〕

What time did you get up *this morning?*
오늘 아침 당신은 몇 시에 일어

낫읍니까?

《숙》 ***this time*** 이번, 이맘때, 이번만큼은

I was reading the book about *this time* yesterday.

나는 어제 이맘 때 책을 읽고 있었읍니다.

though [ðóu 도우]

접 1. **…라고는 하지만,** …임에도 불구하고 (《동》 although)

Jim is afraid of little dogs, *though* (he is) so big.

짐은 저렇게 크면서도, 조그마한 개를 겁낸다.

Though (you are) good at English, you must study it hard.

당신은 영어를 잘 할지라도, 열심히 공부하지 않으면 안 됩니다.

Though he was late, he came to the garden party.

늦기는 했지만, 그는 그 가아든 파아티에 참석하였다.

《though 이하의 절(節)은 생략형을 쓰는 수가 있다》

접 2. 비록 …이지만 (《동》 even though)

We must try, *though* we may fail.

비록 실패할지라도 해봐야 한다.

《숙》 ***as though*** 마치 …처럼(《동》 as if)

He walked *as though* he were blind.

그는 마치 장님처럼 걸었다.

《숙》 ***even though*** 비록 …이지만 (《동》 even if)

Even though it snows, I will go to school.

비록 눈이 오더라도, 나는 학교에 가겠다.

부 《보통 문장 끝에 두어서》 그렇지만, 역시

I will try again, *though*.

그렇지만 한번 해보겠읍니다.

thou·sand [θáuznd 다우즌드]

명 (복수 **thousands** [θáuzndz 다우즌즈])

명 1. **천** 《천은 보통 a thousand 이지만 강조 또는 정확하게 말할 때는 one thousand 라고 한다》

three *thousand* 3천 《three thousands 라고 하지 않는다》

One hundred times ten is one *thousand*.

100 곱하기 10은 1000 입니다.

명 2. 《복수형으로》 다수 (~ *of*) (《동》 many)

Thousands of people were present at the concert.

수천명의 사람들이 그 음악회에 참석했읍니다.

Several *thousands of* people gathered to see her.

수천명의 사람들이 그 여자를 보려고 모였읍니다.

Ⓣ

㉠ 천의

Sixty *thousand* people live in our city.

우리 시에는 6만명이 살고 있다.

I want to read the book "*Thousand* and One Nights".

나는 「천일 야화〔아라비안 나이트〕」라고 하는 책을 읽고 싶다.

through [θrú: 드루우]

㉟ 1. …을 **통하여**, …을 꿰뚫고

She is looking *through* the window.

그녀는 창문을 통해 보고 있다.

The road runs *through* the field.

그 길은 들판을 꿰뚫고 뻗어 있읍니다.

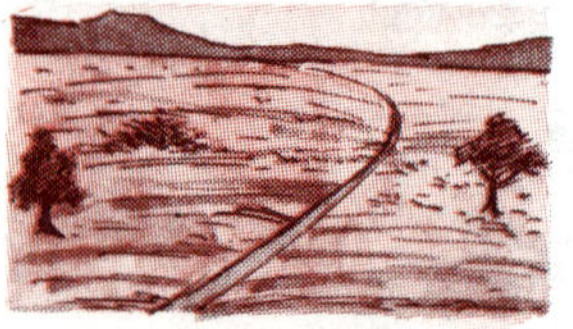

The train went *through* the tunnel.

기차가 굴을 통과하였다.

㉟ 2. 《시간·장소》 …동안 쭉, 걸쳐서, …을 두루

He traveled (all) *through* Korea.

그는 한국을 두루 여행했읍니다.

He studied *through* the night.

그는 밤 새워 공부했읍니다.

㉟ 3. 《원인·동기·수단·이유》 …을 통하여, …에 의하여, …때문에

He succeeded *through* hard work.

열심히 공부했기 때문에 그는 성공했다.

《숙》 ***pass through*** 통과하다, 지나가다

We have *passed through* the forest.

우리는 그 숲을 통과했다.

㊕ 1. **통하여**, 계속해서, …에 걸쳐 쭉

The store is open the year *through*.

그 상점은 일년 내내 문을 연다.

㊕ 2. 아주, 완전히

I am wet *through*.

나는 함빡 젖었읍니다.

㉠ 통과하는, 직통〔직행〕의

I took the *through* train.

나는 직행 열차를 탔읍니다.

throw [θróu 드로우]

㊎㊇ (**3단현** **throws** [θróuz 드로우즈], **과거** **threw** [θrú: 드루우], **과거 분사** **thrown** [θróun 드로운], **현재 분사** **throwing** [θróuiŋ 드로우잉])

㊎ 1. **던지다**, 내던지다

The pitcher *threw* a fast ball to the batter.
피처는 타자에게 속구를 던졌다.

㊎ 2. 넘어뜨리다, 쓰러뜨리다
Many houses were *thrown* by the wind.
많은 집들이 바람에 넘어졌다.
《숙》 ***throw away*** 던져 버리다, 폐기하다, 낭비하다
He has *thrown away* all his old newspapers.
그는 헌 신문지를 죄 내버렸다.
《숙》 ***throw off*** 떨어뜨리다
The boy was *thrown off* the horse.
그 소년은 말에서 떨어졌다.
㊐ 던짐, 던져서 닿는 거리
Jim lives within a stone's *throw* of the school.
짐은 학교에서 돌을 던져 닿는 (아주 가까운) 곳에 살고 있다.

*Thurs·day [θə́:rzdi 더어즈디]

㊐ **목요일** 《Thur(s). 로 생략한다》
He fell ill on *Thursday*.
그는 목요일에 병이 났다.

tie [tái 타이]

㊎ (**3단현** **ties** [táiz 타이즈], **과거 · 과거 분사** **tied** [táid 타이드], **현재 분사** **tying** [táiiŋ 타이잉]) **매다**, 묶다
She *tied* her shoes.
그 여자는 구두 끈을 맸다.

He *tied* my hands together.
그는 나의 손을 한데 묶었다.
《숙》 ***tie up*** 묶어 두다, 졸라 매다
The baggage was *tied up* with string.
짐은 끈으로 졸라 매어져 있었다.
㊐ (**복수** **ties** [táiz 타이즈])
㊐ 1. 넥타이 (《동》 necktie)
He wears a green *tie*.
그는 녹색 넥타이를 매고 있다.
㊐ 2. 〖운동〗 동점
The game ended in a *tie*.
시합은 동점으로 끝났다.

ti·ger [táigər 타이거]

㊐ (**복수** **tigers** [táigərz 타이거즈])
〖동물〗 **호랑이**

T

Have you ever seen a *tiger?*
너는 호랑이를 본 적이 있니?
《경험을 나타내는 현재완료》
We can see *tigers* at the zoo.
호랑이는 동물원에서 볼 수 있다.

T

***time** [táim 타임]
명 (복수 **times** [táimz 타임즈])
명 **1.** **때, 시간**
What *time* do we have lunch?
우리 몇 시에 점심을 먹을까?
Time and tide wait for no man.
《속담》 세월은 사람을 기다리지 않는다.
My watch keeps good *time*.
내 시계는 정확하다.
Time is money.
《속담》 시간은 돈이다.
Time flies like an arrow.
《속담》 세월은 화살처럼 날아간다[지나간다].
명 **2.** 시각, 때, 무렵
What *time* is it now?
지금 몇시입니까?

It is *time* to get up.
일어날 시간이다.
명 **3.** (일정한) 시간, 기간, 동안
I was standing there for some *time*.
얼마 동안 거기에 서 있었읍니다.
We spent a happy *time* there.
거기서 즐거운 한 때를 보냈다.
명 **4.** (…하는데 필요한) 시간, 여가 《a, an, the를 붙이지 않음》
I have no *time* for play.
놀 시간이 없다.
명 **5.** 《보통 복수형으로 써서》 시대, 연대, 경기
War brought hard *times*.
전쟁으로 불경기가 되었다.
명 **6.** …번, 회수
He failed every *time*.
그는 번번이 실패하였다.
She will try many *times*.
그 여자는 몇 번이고 해 볼 것입니다.
I shall see you in Seoul next *time*.
다음 번에는 서울에서 만나뵙겠읍니다.
We have meals three *times* a day.
우리는 하루 세 차례 식사를 한다.
《one time은 once, two times는 twice, three times는 thrice [θráis 드라이스]라고 한다》
명 **7.** …배
Five *times* four is twenty.
5곱하기 4는 20이다.
《~ ***times as*** ~ ***as***의 형태로 쓸 때가 많다》
There are three *times as* many boys *as* girls.
소녀들의 3배가 되는 소년들이 있읍니다.

《숙》 ***after a time*** 한 동안 지나서
I met her *after a time.*
나는 한 동안 지나서 그녀를 만났다.

《숙》 ***all the time*** 언제나, 그동안 쭉
I am busy *all the time.*
나는 언제나 바쁘다.

《숙》 ***at a time*** 한번에, 단숨에
He spoke two hours *at a time.*
그는 단번에 2시간 내리 연설했다.

《숙》 ***at all times*** 언제나, 언제든지
The scenery of Mt. Kumgang is beautiful *at all times.*
금강산의 경치는 언제나 아름답다.

《숙》 (***at***) ***any time*** 언제라도
Come and see me *at any time.*
언제라도 찾아 오십시오.

《숙》 ***at the same time*** 동시에
We started *at the same time.*
우리는 동시에 출발했읍니다.

《숙》 ***at times*** 때때로
He calls on me *at times.*
그는 때때로 나를 방문합니다.

《숙》 ***behind time*** 늦어서, 뒤늦게
He is always *behind time* for school.
그는 언제나 학교에 지각합니다.

《숙》 ***behind***〔***before***〕 ***the times*** 시대에 뒤떨어져〔앞서서〕
Try not to be *behind the times.*
시대에 뒤떨어지지 않도록 해라.

《숙》 ***for a long time*** 오랫 동안
She was waiting for him *for a long time.*
그 여자는 오랫 동안 그를 기다리고 있었읍니다.

《숙》 ***for a time*** 한 때
She was a movie star *for a time.*
그 여자는 한 때 영화 배우였읍니다.

《숙》 ***for the first***〔***last***〕 ***time*** 처음으로〔마지막으로〕
I saw an elephant *for the first time.*
나는 처음으로 코끼리를 보았다.

《숙》 ***for the time*** (***being***) 당분간, 당장(은)
He will be absent from school *for the time being.*
그는 당분간 학교를 쉴 것입니다.

《숙》 ***from time to time*** 때때로, 가끔 (《동》 at times)
I think of him *from time to time.*
나는 때때로 그를 생각합니다.

《숙》 ***have a good***〔***bad***〕 ***time*** (***of it***) 재미 있게 보내다〔혼나다〕
We *had a* very *good time.*
우리는 매우 재미있게 지냈다.

《숙》 ***be in time for*** 시간에 대다
I want to *be in time for* school.
학교 시간에 늦지 않기를 바란다.

T

《숙》 ***keep good*〔*bad*〕 *time*** (시간이) 잘 맞다〔맞지 않다〕
My watch always *keeps good time*.
내 시계는 언제나 꼭 맞는다.
《숙》 ***on time*** 정시에, 시간대로
The train left the station *on time*.
기차는 정시에 역을 떠났다.
《숙》 ***once upon a time*** 아주 옛날
Once upon a time, there lived a little boy in a village.
옛날 어떤 마을에 한 소년이 살고 있었읍니다.
《숙》 ***take time*** 시간이 걸리다
It *takes time* for us to master English.
영어를 숙달하는 데는 시간이 걸립니다.
《숙》 ***Time is up.***
시간이 다 되었다.

*tire[1] [táiər 타이어]

㉰㉶ (**3 단현 tires** [táiərz 타이어즈], **과거 · 과거 분사 tired** [táiərd 타이어드], **현재 분사 tiring** [táiəriŋ 타이어링])
㉰ 지치게 하다 (～ *with*), 싫증나게 하다
He *tired* us *with* his long talk.
그는 긴 이야기로 우리를 지치게 했다.

㉶ **1.** 지치다, 피로해지다
She *tires* easily.
그 여자는 쉽게 피로해진다.
㉶ **2.** 싫증나다, 싫어지다(～ *of*)
I never *tire of* looking at the stars.
나는 별들을 아무리 바라보고 있어도 싫증이 나지 않는다.

tire[2] [táiər 타이어]

㉺ (**복수 tires** [táiərz 타이어즈])
타이어, 고무 바퀴
《영국에서는 tyre》
All cars have rubber *tires* today.
오늘날 자동차는 모두 고무 타이어를 달고 있다.

**tired [táiərd 타이어드]

㉻ **1. 지친**, 피곤한 (～ *with*)
I got very *tired with* walking.

나는 걷는 데 몹시 지쳤다.

㉱ 2. 싫증난 (～ *of*)

I am *tired of* doing my home task.

나는 숙제를 하는 것이 싫어졌다.

***to** [(자음 앞에서) tə 터, (모음 앞에서) tu 투, (강) tú: **투우**]

㉶ 1. 《운동의 방향》…**에**, …**으로**, …의 쪽에 (《반》 from …부터)

I went *to* the grocery store.

나는 식료품 가게에 갔다.

Inchon is *to* the west of Seoul.

인천은 서울의 서쪽에 있다.

㉶ 2. 《도착》 …**까지**

Count from one *to* ten.

1에서 10까지 세시오.

How far is it from Seoul *to* Taegu?

서울에서 대구까지의 거리는 얼마나 됩니까?

㉶ 3. 《정도 · 범위》 …**까지**

They fought *to* the last.

그들은 최후까지 싸웠다.

I got wet *to* the skin.

나는 흠뻑 젖었다.

㉶ 4. 《한도 · 결과 · 상태》 …에 이르기까지, …하게도

She tore the letter *to* pieces.

그녀는 편지를 갈기갈기 찢었다.

To my surprise, his plan succeeded.

놀랍게도 그의 계획은 성공이었다.

㉶ 5. 《시간》 …까지, (…분) 전(에) (《동》 till)

It is five minutes *to* four.

4시 5분 전입니다.

It is a quarter *to* ten.

10시 15분 전입니다.

㉶ 6. 《대비》 …에 비교하여, …에 대하여는, …대…

Twice three is equal *to* six.

2곱하기 3은 6입니다.

We lost the game by 3 *to* 0.

3대 0으로 우리는 그 시합에 졌다.

Ten *to* one, he is still alive.

십중 팔구 그는 아직 살아 있다.

㉶ 7. 《부속 · 관계》 …에 대하여, …의

She is very kind *to* the old.

그 여자는 노인에게 매우 친절하다.

I belong *to* this school.

나는 이 학교의 학생입니다.

㉶ 8. 《적합》 …에 맞추어

They are dancing *to* the music.

그들은 음악에 맞추어 춤을 추고 있읍니다.

T

T

㊐ **9.** 《to+동사의 원형으로 부정사를 만드는 용법》

(1) 《명사 용법》 …하는 것

It is wrong *to* tell a lie.

거짓말을 하는 것은 나쁘다.

(2) 《형용사 용법》 …할, …하기 위한

I have no work *to* do.

나는 할 일이 없읍니다.

(3) 《부사 용법》 **…하기 위하여,** …하여서, …하기에

I went to Seoul Station *to* see him off.

그를 배웅하러 서울역에 갔었다.

I am glad *to* meet you.

너를 만나서 기쁘다.

He took the examination only *to* fail.

그는 시험을 봤으나 실패했다. 《결과》

(4) 《독립적 용법》

To tell the truth, he is not bold.

사실대로 말하면 그는 대담하지 못하다.

(5) 《의문사+to 의 용법》

We learned how *to* write an English letter.

우리는 영문 편지 쓰는 법을 배웠읍니다.

I don't know what *to* do.

나는 어떻게 해야 좋을지 모르겠다.

(6) 《be+to 의 용법》 …할 작정이다, …해야 한다, …할 수 있다

You *are to* start.

너는 출발해야 한다.

(7) 《have+to 의 용법》 …하지 않으면 안 된다, …해야 한다

I *had to* go at once.

나는 곧 가지 않으면 안 되었다.

《숙》 ***enough to*** ~ …하는데 충분한

He has money *enough to* buy the land.

그는 그 땅을 사는데 충분한 돈을 가지고 있다.

《숙》 ***too*** ~ ***to*** … 너무 ~해서 …할 수 없다

This box is *too* heavy *to* lift. (=This box is so heavy that I can not lift it.)

이 상자는 너무 무거워서 들어올릴 수가 없다.

*to·day [tədéi 터데이]

㊔ **오늘**

The boy sells *today's* newspapers.

소년은 오늘 신문을 팔고 있다.

Su-mi, what day is it *today?*
수미, 오늘이 무슨 요일이지?

㈜ 1. **오늘은**
We have no school *today.*
오늘은 수업이 없다.
It is Sunday *today.*
오늘은 일요일입니다.

㈜ 2. 지금은, 오늘날에는
Many women study in colleges *today.*
오늘날에는 많은 여성이 대학에서 공부하고 있읍니다.
We don't believe such things *today.*
오늘날에는 그런 것을 믿지 않는다.

toe [tóu 토우]

㈐ (**복수 toes** [tóuz 토우즈])

㈐ 1. **발가락** (《반》 finger 손가락)
a big *toe* 엄지발가락
a little *toe* 새끼발가락
His *toes* were hurt by cold.
그의 발가락은 동상에 걸렸읍니다.

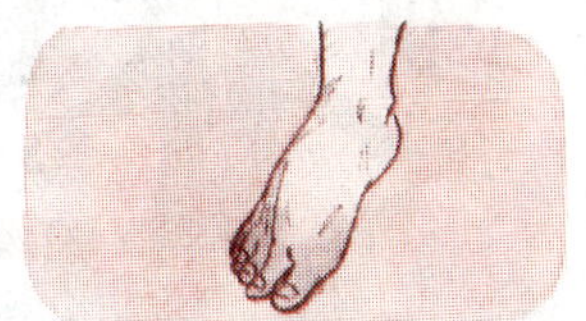

㈐ 2. **발끝,** 발가락에 해당하는 부분 《즉 발굽의 앞부리》
He was wet from head to *toe.*
그는 머리부터 발끝까지 젖었다.
His shoes have square *toes.*
그의 구두는 앞부리가 모가 졌다.

***to·geth·er** [təgéðər 터게더]

㈜ 1. **함께,** 더불어, 동시에
We went to school *together.*
우리는 함께 학교에 갔다.
By seven o'clock, all my family come home and we have dinner *together.*
7시까지 나의 모든 식구는 집에 와서 함께 저녁식사를 합니다.

㈜ 2. **합쳐서,** 이어서
Mary sewed several pieces of cloth *together* to make her dress.
메리는 옷을 만들려고 몇 조각의 천을 꿰매 붙였다.

《숙》 ***all together*** 모두 함께, 통틀어
Now sing after me *all together.*
자아, 모두 다 함께 나를 따라 노래 부르시오.

《숙》 ***put ~ together*** …을 한데 묶다, 한데 모으다
He *put* our money *together.*
그는 우리들의 돈을 거두어 모았다.

tomb [tú:m 투움]
★ 발음 주의
명 (**복수 tombs** [tú:mz **투움즈**])
무덤, 묘지

*__to·mor·row__ [təmárou 터마로우]
T
명 **내일**
Tomorrow is Saturday.
내일은 토요일입니다.
It may rain the day after *tomorrow*.
모레는 비가 올지도 모른다.
tomorrow morning 내일 아침
tomorrow afternoon 내일 오후
tomorrow night 내일 밤
Never put off till *tomorrow* what you can do today.
《속담》 오늘 할 수 있는 일을 내일로 미루지 말아라.
부 내일은
It will rain *tomorrow*.
내일은 비가 올 것이다.

ton [tʌ́n **턴**]
명 (**복수 tons** [tʌ́nz **턴즈**])
톤 《무게의 단위》
The ship weighs more than ten thousand *tons*.
이 배의 무게는 1만톤 이상된다.

**__to·night__ [tənáit 터나이트]
부 오늘 밤은
There are many stars out *tonight*.
오늘 밤에는 별들이 많이 나와 있다.
명 **오늘 밤**
Tonight will be snowy.
오늘 밤은 눈이 내릴거야.

*__too__ [tú: **투우**]
부 **1.** 《문장 전체를 수식》 **…도 또한** (《동》 also), 역시
You are a student, *too*.
너도 역시 학생이다.
You *too* can do this homework.
너도 이 숙제를 할 수 있다.
《부정문에서는 either를 쓴다. I don't know *either*.「나도 모른다」》
부 **2.** 《형용사 · 부사에 붙여서》 너무나, 지나치게 …하는
This coat is *too* big for me.
이 웃옷은 나에게 너무 크다.

The summer vacation has passed *too* quickly.
여름 방학은 너무 빨리 지났다.
Tom drank *too* much water.
톰은 물을 너무 많이 마셨다.
《동사나 과거 분사를 직접 수식할

수 없으므로 much를 함께 쓴다》

(부) **3.** 매우, 대단히

It is *too* kind of you.

아주 고마운 일이오.

《숙》 ***cannot ~ too*** … 아무리 ~ 해도 지나치지 않다

You *cannot* be *too* careful when you go swimming.

헤엄치러 갈 때는 아무리 주의해도 지나치지 않다.

《숙》 ***That's too bad.***

참 안됐읍니다.

《숙》 ***too ~ to*** … 너무 ~하여 …할 수 없다

This book is *too* difficult for me *to* read. (=This book is so difficult that I can't read it.)

이 책은 너무 어려워서 나는 읽을 수가 없다.

No one is *too* old *to* learn.

배우는데 너무 늙었다는 법은 없읍니다.

**tooth [tú:θ 투우드]

(명) (**복수 teeth** [tí:θ 티이드])

(명) **1. 이**

We should brush (또는 clean) our *teeth* after every meal.

식사를 하고 나면 언제나 이를 닦아야 한다.

She pulled out a *tooth.*

그녀는 이를 뽑았다.

(명) **2.** (톱·톱니바퀴 따위의) 이

*top[1] [táp 탑]

(명) (**복수 tops** [táps **탑스**])

(명) **1. 꼭대기,** 정상(頂上), 정점 (《동》 summit, 《반》 foot, bottom 밑바닥)

He reached the *top* of the mountain.

그는 산 꼭대기에 도착했다.

(명) **2.** (물건의) 위 쪽, 윗 부분, 표면, 머리

Look at the oil on *top* of the water.

물 위에 떠 있는 기름을 보아라.

(명) **3.** 극치, 절정(絕頂)

She cried at the *top* of her voice.

그 여자는 목청을 다하여 외쳤다.

(명) **4.** 수위(首位), 수석(首席)

Mary is at the *top* of her class.

메리는 자기 반에서 수석이다.

《숙》 ***from top to toe*** 머리 끝에서 발 끝까지

I am wet *from top to toe.*

나는 머리 끝에서 발 끝까지 함빡 젖어 있읍니다.

(형) 첫째의, 최대의, 톱의

John is the *top* batter.
존은 일번 타자입니다.
The car is coming at *top* speed.
그 차는 전 속력으로 달려오고 있다.

T

top[2] [tάp 탑]
명 (복수 **tops** [tάps 탑스])
팽이
Jim bought a red-and-white *top*.
짐은 붉고 희게 색칠한 팽이를 하나 샀읍니다.

torch [tɔ́:rtʃ 토오치]
명 (복수 **torches** [tɔ́:rtʃiz 토오치즈])
횃불

tough [tʌ́f 터프]
형 (비교급 **tougher** [tʌ́fər 터퍼], 최상급 **toughest** [tʌ́fist 터피스트])
단단한 (《동》 hard), 강인한 (《동》 strong), 억센, 힘이 드는
It is a *tough* problem.
그것은 힘든 문제이다.

tow·er [táuər 타우어]
명 (복수 **towers** [táuərz 타우어즈])
탑
the *Tower* of London 런던 탑
Tower Bridge 타우어 브리지 《런던의 테임즈강에 있는 여닫는 다리》
The clock *tower* stands over 50 meters high.
그 시계탑은 높이가 50미터 이상입니다.

***town** [táun 타운]
명 (복수 **towns** [táunz 타운즈])
명 **1.** 읍, 시, 도회지 《village (마을)보다는 크지만 city (시)가 되지 못하는 것》
One day he went to a little *town* across a big river.
어느 날 그는 큰 강을 건너 작은 고을에 갔다.
The *town* hall stands in the center of the town.
읍사무소는 읍의 중심지에 있다.

명 **2.** 《관사를 안 붙여서》 수도, (어느 지방의 중심이 되는) 도시

She went up to *town.*
그 여자는 상경하였다.

㉮ 3. 《the town으로 하여 집합적으로 써서》 시민, 도시 사람
The whole *town* went to see the baseball match.
온 시내 사람들이 야구 시합을 보러 갔다.

toy [tɔ́i 토이]
㉮ (**복수 toys** [tɔ́iz 토이즈])
장난감
The child is playing with many *toys.*
그 아이는 많은 장난감을 가지고 놀고 있다.

㉯ 장난감의
My brother likes *toy* trains.
내 동생은 장난감 기차를 좋아한다.

tra·di·tion·al [trədíʃənl 트러디셔늘]
㉯ 전설의, 전통의, 전통적인

train [tréin 트레인]
㉮ (**복수 trains** [tréinz 트레인즈])
열차, 기차
He took the electric *train.*
그는 전(기 열)차를 탔다.
We will take the express *train.*
우리는 급행 열차를 탈 것이다.

I caught the up〔down〕 *train.*
나는 상행〔하행〕 열차를 잡아탔다.
I missed the 3 : 30 (또는 three-thirty) p. m. *train.* 나는 오후 3시 30분 발 열차를 놓쳤다.
《숙》 ***by train*** 기차로
I go to school *by train.*
나는 기차로 통학한다.

㉰㉱ (**3단현 trains** [tréinz 트레인즈], **과거·과거 분사 trained** [tréind 트레인드], **현재 분사 training** [tréiniŋ 트레이닝])
훈련하다, 양성하다
He was *trained* for the army.
그는 군인이 되도록 훈련받았다.

trap [træp 트랩]
㉮ (**복수 traps** [træps 트랩스])
덫, 함정
《숙》 ***set a trap*** 덫을 놓다

trav·el [trævl 트래블]
㉮ (**복수 travels** [trævlz 트래블즈])
《보통 복수형으로 하여》 (먼 곳·외국 따위에의) **여행**(《동》 journey, trip)

He told me the story of his *travels*.
그는 그의 여행담을 나에게 이야기해 주었다.
She has returned from her *travels*.
그 여자는 여행에서 돌아왔다.

㉧ (**3 단현 travels** [trǽvlz 트래블즈], **과거 · 과거 분사 travel(l)ed** [trǽvld 트래블드], **현재 분사 travel(l)ing** [trǽvliŋ 트래블링])
여행하다
I want to *travel* around the world.
나는 세계일주 여행을 하고 싶다.
They are *traveling* by train.
그들은 기차로 여행하고 있다.

Tom is *traveling* in Korea.
톰은 한국을 여행중이다.

trav·el(l)er [trǽvlər 트래블러]
㉨ (**복수 travel(l)ers** [trǽvlərz 트래블러즈])
여행자, 여행가, 길손
Many *travelers* visit Niagara Falls.
많은 여행자들이 나이아가라 폭포를 찾아간다.

treas·ure [tréʒər 트레저]
㉨ (**복수 treasures** [tréʒərz 트레저즈])
보물, 귀중품 (금, 은, 보석 따위)
We can find the *treasure* ships under the sea.
우리는 바다 밑에서 보물선들을 찾아 낼 수 있읍니다.

treat [trí:t 트리이트]
㉣㉧ (**3 단현 treats** [trí:ts 트리이츠], **과거 · 과거 분사 treated** [trí:tid 트리이티드], **현재 분사 treating** [trí:tiŋ 트리이팅])
㉣ **1.** 다루다, 대우하다
They *treated* each of us as a gentleman.
그들은 우리들 한사람 한사람을 신사로 대우하였다.
㉣ **2.** 치료하다
The doctor is *treating* her arm.
의사는 그 여자의 팔을 치료하고 있읍니다.

tree [trí: 트리이]
㉨ (**복수 trees** [trí:z 트리이즈])
(살아 있는) **나무** (《참고》 wood)
Most *trees* shed [ʃéd 셰드] all their leaves in winter.
대부분의 수목은 겨울에 잎이 진다.
《shed 는 현재형과 과거형이 같다》
Some *trees* are green all the year round.
1 년 내내 푸른 나무도 있다.
There are many *trees* around

the playground and there are many benches under the *trees.*
운동장 주위에는 많은 나무들이 있읍니다. 그리고 그 나무들 밑에는 많은 벤치들이 있읍니다.

trick [trík 트릭]
명 (**복수 tricks** [tríks 트릭스])
명 1. **재주,** 요술
My dog can do *tricks.*
나의 개는 재주를 부릴 줄 압니다.
He is performing a *trick* with a sword.
그는 칼을 가지고 요술을 부리고 있다.

명 2. **계교,** 술책
He got much money by a *trick.*
그는 계교를 써서 큰 돈을 모았다.
명 3. 장난
I found out his *trick.*
나는 그의 장난을 알아차렸다.
명 4. 요령, 비결
I will teach you the *tricks* of the trade.
이 장사의 요령을 가르쳐 주겠다.
명 5. (영화의) 트릭
《숙》 ***play a trick on*** ~ …에게 장난을 하다, …을 속이다
The fox *played a trick on* the crow.
여우가 까마귀를 속였읍니다.

trip [tríp 트립]
명 (**복수 trips** [tríps 트립스])
(짧은) **여행** 《주로 놀이를 목적으로 한다》 (《동》 journey, travel)
She went on a *trip* to Seoul.
그 여자는 서울로 여행을 갔다.

《숙》 ***make*** (또는 ***take***) ***a trip to*** ~ …에 여행가다
I want to *make a trip to* Masan.
마산으로 여행가고 싶다.

trou·ble [trʌ́bl 트러블]
명 (**복수 troubles** [trʌ́blz 트러블즈])
명 1. 곤란, 고생, **걱정**
What is your *trouble?*
곤란한 일이 무엇입니까?
명 2. **성가심,** 말썽

I am sorry to cause ([kɔ́:z 코오즈] …이 되게 하다) you so much *trouble.*
너무 수고를 끼쳐서 미안합니다.
《숙》 ***get into trouble*** 난처하게 되다
You will *get into trouble.*
당신은 난처하게 됩니다.
《숙》 ***be in trouble*** 곤란〔난처〕한 처지에 있다
She *is in* deep *trouble.*
그녀는 궁지에 빠져 있다.

《숙》 ***make trouble*** 말썽을 일으키다
Bad pupils *make trouble* for their teacher.
나쁜 학생들은 선생에게 폐를 끼칩니다.
《숙》 ***take (the) trouble over*** 〔***to*** (do)〕 수고를 아끼지 않고 …하다
He *took the trouble to do* that work.
그는 수고를 아끼지 않고 그 일을 하였다.
㉣ (**3 단현 troubles** [trʌ́blz 트러블즈], **과거·과거 분사 troubled** [trʌ́bld 트러블드], **현재 분사 troubling** [trʌ́bliŋ 트러블링])
㉣ **1.** 폐를 끼치다
I am sorry to *trouble* you.
폐를 끼쳐서 미안합니다.
May I *trouble* you for the salt?
미안하지만 소금을 집어주시겠읍니까?
㉣ **2. 괴롭히다**
Tom's swollen ([swóulən 스워울런] 부은) leg *troubled* him.
톰은 다리가 부어서 피로와하였다.

truck [trʌ́k 트럭]

㊔ (**복수 trucks** [trʌ́ks 트럭스])
㊔ **1.** 《미》 **화물 자동차,** 트럭
Vegetables are carried to the market on *trucks.*
야채는 트럭으로 시장에 운반됩니다.

㊔ **2.** 《영》 무개화차
㊔ **3.** 토사(土砂) 운반차

**true [trú: 트루우]

㊕ (**비교급 truer**[trú:ər 트루우어], **최상급 truest** [trú:ist 트루우이스트])
㊕ **1. 정말의, 진정한** (《동》 real)
Is the news *true?*
그 소식은 정말입니까?
㊕ **2.** 충실한, 성실한
They were *true* to their king.
그들은 왕에게 충실하였다.

《숙》 ***come to be true*** 사실이 되다, 실현되다

His ideas *came to be true.*

그의 생각은 실현되었다.

truth [trú:θ 트루우드]

㉮ (**복수 truths** [trú:ðz 트루우드즈] 또는 [trú:θs 트루우드스])

㉮ 1. **진리**, 도리

There is some *truth* in what you say.

당신의 말에는 어느 정도 일리가 있다.

㉮ 2. 진실, 사실

Tell me the *truth.*

내게 진실을 말해다오.

《숙》 ***to tell the truth*** 사실을 말하(자)면

To tell the truth, I like her.

사실은〔사실을 말하자면〕 나는 그 여자를 좋아합니다.

***try** [trái 트라이]

㉰ (**3단현 tries** [tráiz 트라이즈], **과거·과거 분사 tried** [tráid 트라이드], **현재 분사 trying** [tráiiŋ 트라이잉])

㉰ 1. **해보다**, 노력하다

I will *try* to be in time for the train.

기차 시간에 늦지 않도록 해 보겠다.

He *tried* his best to win the race.

그는 경기에 이기려고 최선을 다 했읍니다.

I *tried* to finish my work early.

나는 일을 빨리 마치려고 노력했다.

㉰ 2. 시험해 보다

Try this candy.

이 과자를 먹어 보십시오.

⁑Tues·day [tjú:zdi 튜우즈디]

㉮ **화요일** 《Tues. 로 생략한다》

***tu·lip** [tjú:ləp 튜울럽]

㉮ (**복수 tulips** [tjú:ləps 튜울럽스])

튜울립

Father grew the *tulip* in his garden.

아버지는 정원에 튜울립을 가꾸셨다.

***turn** [tə́:rn 터언]

㉰㉱ (**3단현 turns** [tə́:rnz 터언즈], **과거·과거 분사 turned** [tə́:rnd 터언드], **현재 분사 turning**[tə́:rniŋ 터어닝])

㉰ 1. **돌리다**, 회전시키다

She is *turning* the handle.

그 여자는 핸들을 돌리고 있읍니다.

㉰ 2. (…의 방향을) 바꾸다, (…쪽으로) 향하게 하다, (주의 따위를)

T

T

돌리다
He *turned* his eyes to the window.
그는 눈을 창으로 돌렸다.

㊈ **3.** 번역하다
Turn the following Korean into English.
다음 한국어를 영어로 번역하시오.

㊉ **1.** **돌다,** 회전하다
The earth *turns* round the sun.
지구는 태양의 주위를 돈다.

㊉ **2.** …쪽으로 향하다
Turn to the right 〔left〕!
우향 우〔좌향 좌〕!

㊉ **3.** 변하다, …으로 되다
He *turned* pale at the news.
그는 그 소식을 듣고 창백해졌다.

㊉ **4.** (모퉁이에서) **돌다,** 꺾이다
Turn at the second crossing.
두 번째 건널목에서 도시오.

《숙》 ***turn away*** 외면하다
She *turned away* her face from me.
그녀는 내게서 얼굴을 돌렸다.

《숙》 ***turn back*** 돌아 보다, 되돌아가다
It is the best time to *turn back*.
되돌아 가기에 가장 좋은 시간입니다.

《숙》 ***turn into*** (또는 ***to***) ~ …으로 변하게 하다, …으로 변하다
The water *turned into* steam.
물은 수증기로 변했다.

《숙》 ***turn on***〔***out***〕 (전등, 가스 따위를) 켜다〔끄다〕
Turn on the TV.
텔레비전을 켜라.

《숙》 ***turn out*** (***to be***) ~ …이 되다
The weather *turned out* clear.
날씨가 갰다.

《숙》 ***turn over*** 넘기다, 뒤집다
She is *turning over* the pages of her book.
그 여자는 책장을 넘기고 있다.

《숙》 ***turn round*** 회전하다, 돌아보다
She *turned round* and bowed.
그녀는 돌아보고 절을 했다.

㊔ (**복수 turns** [tə́:rnz 터언즈])

㊔ **1.** 회전
The light goes out at a *turn* of the switch.
스위치를 틀면 전등이 꺼집니다.

㊔ **2.** 변화
The patient has taken a *turn* for the worse.
환자의 병이 악화되었다〔나쁘게 변했다〕.

㊔ **3.** 돌아가는 모퉁이
Take the first *turn* to the left.
첫 모퉁이에서 왼편으로 도시오.

㊔ **4.** 차례
I am waiting for my *turn*.
내 차례를 기다리고 있습니다.

《숙》 ***by turns*** 번갈아
We danced *by turns.*
우리는 번갈아 춤추었다.
《숙》 ***in turn*** 차례로, 이번에는
He *in turn* helped me.
이번에는 그가 나를 도와 주었읍니다.

tur·tle [tə́:rtl 터어틀]
[명] (복수 **turtles** [tə́:rtlz 터어틀즈])
거북

tu·tor [tjú:tər 튜우터]
[명] (복수 **tutors** [tjú:tərz 튜우터즈])
가정 교사

***TV** [tí:ví: 티이비이]
[명] 텔레비전 《television 의 약어》

typ·i·cal [típikl 티피클]
[형] 상징적인, 전형적인
He is a *typical* Korean.
그는 전형적인 한국인이다.

****typ·ist** [táipist 타이피스트]
[명] (복수 **typists** [táipists 타이피스츠])
타이피스트
My sister works in the office as a *typist.*
나의 누이는 타이피스트로서 회사에 근무하고 있다.

T

U

****un·cle** [ʌ́ŋkl 엉클]

명 **아저씨** (《반》 aunt [ɑ́:nt 아안트] 아주머니)

Uncle Tom is Mother's brother.

톰아저씨는 어머니의 동생이다.

I am going to my *uncle's*.

아저씨 댁에 가는 길입니다.

***un·der** [ʌ́ndər 언더]

전 **1. …의 밑에〔으로〕** (《반》 over …의 위에)

We sat down *under* the tree.

우리는 그 나무 아래 앉았다.

전 **2.** …이하

Children *under* five years old are free.

5세 이하의 아동에게는 무료입니다.

전 **3.** …하는 중에

The bridge is *under* construction.

그 다리는 건설 중입니다.

전 **4.** …의 아래에, …에 따라서

We are studying English *under* Mr. Jones.

우리는 존즈 선생에게 영어를 배우고 있다.

****un·der·stand** [ʌ̀ndərstǽnd 언더스탠드]

타자 (**3 단현 understands** [ʌ̀ndərstǽndz 언더스탠즈], **과거 · 과거분사 understood** [ʌ̀ndərstúd 언더스투드], **현재 분사 understanding** [ʌ̀ndərstǽndiŋ 언더스탠딩])

이해하다, 알다

The students could not *understand* what the teacher said.

학생들은 선생이 말하는 것을 이해하지 못하였다.

Can you *understand* me?

내 말을 알아 듣겠읍니까?

un·der·wa·ter [ʌ́ndərwɔ:tər 언더워어터]
[형] 수중의

***un·hap·py** [ʌnhǽpi 언해피]
[형] (**비교급** **unhappier** [ʌnhǽpiər 언해피어], **최상급** **unhappiest** [ʌnhǽpiist 언해피이스트])
불행한, 불운한 (《반》 happy)
David was sad and *unhappy*.
데이빗은 슬프고 우울했읍니다.
When she is *unhappy*, she often cries.
그 여자는 슬플 때 가끔 웁니다.

***u·ni·form** [jú:nəfɔ:rm 유우너포옴]
[명] (**복수** **uniforms** [jú:nəfɔ:rmz 유우너포옴즈])
제복, 유니포옴
He painted himself in a red baseball *uniform*.
그는 빨간 야구복을 입은 자신을 그렸읍니다.
Policemen and nurses wear *uniforms*. 경관이나 간호원은 제복을 입는다.

u·nique [juní:k 유니이크]
[형] 독특한, 비길 데 없는
Washington D.C. is a *unique* city.
워싱톤시는 독특한 도시이다.

u·nique·ly [juní:kli 유니이클리]
[부] 독특하게, 유일하게
In the Folk Village you will see things which are *uniquely* Korean.
민속촌에서 당신은 독특한 한국적인 것들을 보게 될 것이다.

***un·less** [ənlés 언레스]
[접] **…이 아니면**, 만약…하지 않으면 (《동》 *if* ~ not)
You will miss the train *unless* you hurry.
서두르지 않으면 기차를 놓칩니다.

U

Unless it rains, we shall go on a picnic.
비가 오지 않으면 우리는 소풍을 갑니다.

***un·til** [əntíl 언틸]
㉠ …까지
I studied science *until* midnight last night.
나는 지난 밤에 한밤중까지 과학을 공부했읍니다.
㉠ 1. **…까지** (《동》 till)
Please wait here *until* I finish my breakfast.
내가 아침 식사를 마칠 때까지 여기서 기다려 주십시오.
㉠ 2. 《앞에 코머를 두고》 그리고 마침내
He tried again and again, *until* he finally succeeded.
그는 몇번이고 되풀이해서 해본 끝에 마침내 성공하였다.

un·u·su·al [ʌnjú:ʒuəl 언유우주얼]
㉠ 1. 이상한, 비범한
㉠ 2. 드문 (《동》 uncommon)

***up** [ʌ́p 업]
㉡ 1. **위로** (《반》 down 아래로)
Stand *up*.
기립〔일어서시오〕.
The sun is *up*.
태양이 높이 떠 있읍니다.
Swallows are flying high *up* in the sky.
제비가 하늘 높이 날고 있읍니다.

㉡ 2. **일어나서**
I get *up* at six in the morning.
나는 아침 여섯 시에 일어납니다.
They sat *up* till late last night.
그들은 어제 밤 늦게까지 일어나 있었읍니다.
㉡ 3. **…의 쪽에〔으로〕**, 가까이로
I went *up* to Seoul last year.
나는 작년에 상경했읍니다.
A policeman came *up* to me.
경관이 나에게 다가왔다.
㉡ 4. 남김 없이, 모조리
Time is *up*.
시간이 끝났다.
He ate *up* all the fruits.
그는 과일을 다 먹어버렸다.
《숙》 ***up and down*** 위아래로, 이리저리로
He was walking *up and down*.
그는 이리저리 걸어다니고 있었읍니다.
㉠ …의 위에〔로〕
The cat climbed *up* the tree.
고양이는 나무 위로 기어 올라갔다.
They went *up* the hill.
그들은 그 언덕 위로 올라갔다.
㉡ 올라가는
The *up*〔down〕 train will start at six.

상행(上行)〔하행〕 열차는 여섯시 에 출발합니다.

up·on [əpán 어판]

[전] …의 위에 (《동》 on)

A cat is lying *upon* the roof.

고양이가 지붕 위에 누워 있다.

I found no chair to sit *upon*.

앉을 의자가 없었다.

《숙》 ***once upon a time*** 옛날 옛적

Once upon a time, there lived an old man.

옛날 옛적에 한 늙은 사람이 살고 있었읍니다.

《on 과 upon 은 서로 구별 없이 쓰이는 경우가 많으나, 보통 on 이 쓰이며 upon 은 의미가 좀 강한 느낌이 있다. 그런데 동사와 함께 쓰이는 경우 문장 끝에서는 upon 을 더 많이 쓴다》

up·stairs [ʌ́pstέərz 업스테어즈]

[부] **이층에〔으로〕, 위층에〔으로〕**

(《반》 downstairs 아래층에)

Let's go *upstairs*.

2층으로 올라갑시다.

My mother's room is *upstairs*.

나의 어머니의 방은 위층에 있읍니다.

He took them *upstairs*.

그는 그들을 이층으로 데리고 갔다.

[형] 위층의, 2층의

We study in the *upstairs* room.

우리들은 2층에서 공부합니다.

[명] 위층, 2층

The *upstairs* is quiet.

2층은 조용하다.

use [jú:z 유우즈]

★ 발음 주의

[타] (**3단현 uses** [jú:ziz 유우지즈], **과거 · 과거 분사 used** [jú:zd 유우즈드], **현재 분사 using** [jú:ziŋ 유우징])

사용하다, 쓰다, 이용하다, (자신의 재능 · 신체 따위를) 행사하다

May I *use* your knife?

당신의 칼을 써도 좋습니까?

He *used* green paint for the grass.

그는 풀에는 녹색 물감을 사용했읍니다.

[명] [jú:s 유우스]

(**복수 uses** [jú:siz 유우시즈])

사용, 용도

These tools have several *uses*.

이 도구들은 여러가지 용도에 쓰입니다.

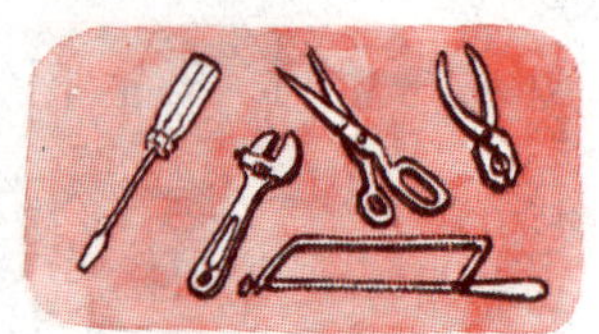

《숙》 ***be of use*** 소용이 되다, 쓸모있다

This dictionary *is of* great *use* to me.

이 사전은 나에게 매우 쓸모가 있다.

《숙》 ***be of no use*** 쓸모없다

The machine *was of no use* to me.

그 기계는 나에게 쓸모가 없었다.

《숙》 ***It is no use ~ing*** …해도 소용없다

It is no use cry*ing*.

울어도 소용 없다.

《숙》 ***make use of ~*** …을 이용하다

You must *make use of* your chances.

당신은 기회를 이용하지 않으면 안됩니다.

*use·ful [júːsfəl 유우스펄]

㉠ **쓸모있는**, 유용〔유익〕한 (《참고》 use 사용, 쓰다, 《반》 useless 쓸모없는)

A cow is a *useful* animal.

암소는 유용한 동물입니다.

The advice was very *useful* to me.

그 충고는 나에게 매우 유익했다.

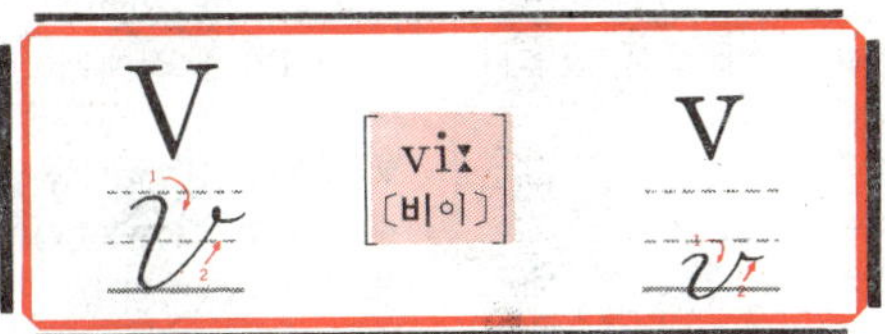

va·ca·tion [veikéiʃən 베이케이션]
명 (**복수 vacations** [veikéiʃənz 베이케이션즈])
휴가, 《미》 휴일 (《동》 holiday)
The Christmas *vacation* is over.
크리스마스 휴가가 끝났읍니다.
You've got some months until summer *vacation*.
너는 여름 방학까지 수개월이 있다.
Our family spent the *vacation* at the cottage.
우리 가족은 시골 별장에서 휴가를 보냈읍니다.

val·ley [vǽli 밸리]
명 (**복수 valleys** [vǽliz 밸리즈])
골짜기, 계곡
The snow didn't melt away in deep *valleys*.
눈이 깊은 골짜기에서는 녹지 않았다.

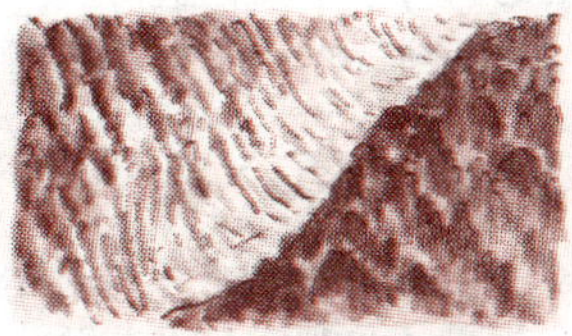

I went down to the *valley*, and crossed the river.
나는 계곡을 내려간 다음 강을 건넜다.

vase [véis〔z〕 베이스〔즈〕]
명 (**복수 vases** [véis〔z〕iz 베이시〔지〕즈])
꽃병
Mother put the flowers in the *vase*.
어머니는 꽃병에 꽃을 꽂았다.

There are pretty flowers in the *vase*.
꽃병에 예쁜 꽃들이 꽂혀 있읍니다.

vast [vǽst 배스트]
㉮ (**비교급 vaster** [vǽstər 배스터], **최상급 vastest** [vǽstist 배스티스트])
광대〔거대〕한, 막대한

V

***ver·y** [véri 베리]
㉯ 1. **대단히**, 매우, 몹시, 퍽, 《부정문의 경우는》 그다지 (…은 아니다)
He is *very* kind to me.
그는 나에게 대단히 친절합니다.
It is not *very* cold today.
오늘은 과히 춥지는 않다.
㉯ 2. 바로

****vic·to·ry** [víktri 빅트리]
㉰ (**복수** victories [víktriz 빅트리즈])
승리, 전승(戰勝)
The goddess of *victory* smiled on him.
승리의 여신이 그에게 미소 지었다(승운(勝運)이 그에게 이르렀다).

We gained (또는 won) *victory* over the enemy.
우리들은 적에게 이겼다.

view [vjúː 뷰우]
㉰ (**복수** views [vjúːz 뷰우즈])
㉰ 1. 봄, 바라봄, 관찰
Here you have a good *view* of the stage.
여기서는 무대가 잘 보입니다.
㉰ 2. 시계(視界), 시야
A ship came into *view*.
한 척의 배가 시야에 들어왔다.
㉰ 3. 전망, 풍경, 경치
The *view* from the bridge was wonderful.
다리에서 보는 광경은 멋있었다.
We could enjoy a fine *view* of the lake.
우리들은 그 호수의 아름다운 경치를 즐길 수 있었다.

㉰ 4. 생각, 의견, 견해
What is your *view* on the matter?
그 문제에 대한 당신의 의견은 어떻습니까?
㉰ 5. 계획, 의도, 목적, 기대
He went to America with a *view* to (또는 with the *view* of) improving his English.

그는 영어 실력을 향상시키기 위해 미국에 갔읍니다.

vil·lage [vílidʒ 빌리지]

㊔ (**복수 villages** [vílidʒiz 빌리지즈])

㊔ **1. 마을, 농촌**

He lives in his native *village*.

그는 태어난 마을에서 살고 있읍니다.

㊔ 2. 《집합적으로》 마을 사람들, 촌민

All the *village* came to see me.

모든 마을 사람들이 나를 만나러 왔다.

*__vi·o·lin__ [vàiəlín 바이얼린]

★ 발음 주의

㊔ (**복수 violins** [vàiəlínz 바이얼린즈])

바이올린

John can play the *violin*.

존은 바이올린을 켤 줄 안다.

vis·it [vízit 비짓]

㊊㊋ (**3 단현 visits** [vízits 비지츠], **과거·과거 분사 visited** [vízitid 비지티드], **현재 분사 visiting** [vízitiŋ 비지팅])

㊊ 1. **방문하다** (《동》 call on), 위문하다

I hope you will visit us someday.

나는 네가 언젠가 우리를 방문해 주길 바란다.

We *visited* our sick friend at the hospital.

우리들은 입원 중인 친구를 위문하러 갔다.

㊊ 2. 구경하러 가다, 보러 가다

Many foreigners *visit* the temple every day.

많은 외국인이 매일 그 절을 구경하러 온다.

㊔ (**복수 visits** [vízits 비지츠])

방문

vis·i·tor [vízitər 비지터]

㊔ (**복수 visitors** [vízitərz 비지터즈])

방문자, 관광객, 참관자

Visitors to Niagara Falls can enjoy the grand sight.

나이아가라폭포의 관광객들은 훌

륭한 경치를 즐길 수 있다.
Take the *visitor* to the living room.
손님을 거실로 모셔라.

****voice** [vɔ́is 보이스]
㊔ (복수 **voices** [vɔ́isiz 보이시즈])
목소리
She sings in a sweet *voice*.
그 여자는 아름다운 목소리로 노래합니다.
They called out with one *voice*.
그들은 일제히 큰 소리로 외쳤다.

V

***vol·ley·ball** [válibɔ:l 발리보올]
㊔ **발리보올**, 배구, 발리보올에서 사용하는 공
They are playing *volleyball*.
그들은 배구를 하고 있다.

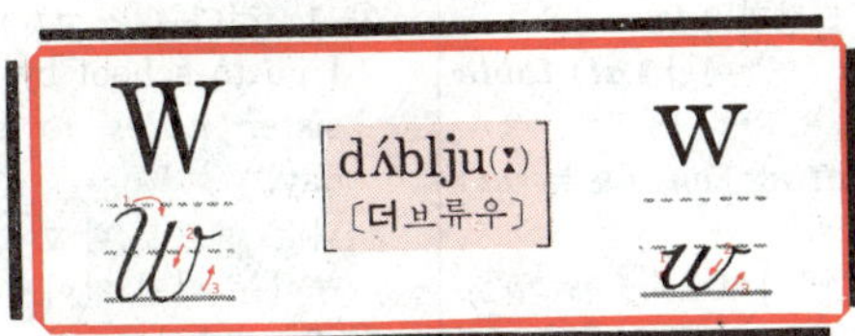

wag·(g)on [wǽgən 왜건]

㊔ (복수 **wag(g)ons** [wǽgənz 왜건즈])

㊔ **1.** 4 륜 대형 짐수레

The *wagon* is full of vegetables.

그 짐수레에는 야채가 가득 차 있다.

㊔ **2.** 《영》 지붕이 없는 화차 (《동》 truck)

waist [wéist 웨이스트]

㊔ (복수 **waists** [wéists 웨이스츠])

㊔ **1.** 허리

I measure 30 inches round the *waist*.

나는 허리 둘레가 30 인치이다.

㊔ **2.** (옷의) 허리통, 웨이스트(어깨에서 허리까지)

wait [wéit 웨이트]

★ weight(무게)와 같은 발음

㊈㊋ (**3 단현** **waits** [wéits 웨이츠], **과거 · 과거 분사** **waited** [wéitid 웨이티드], **현재 분사** **waiting** [wéitiŋ 웨이팅])

기다리다

Wait a minute(또는 a moment), please.

잠간만 기다려 주십시오.

《숙》 ***wait for*** ~ …을 기다리다

He is *waiting for* her near the bench.

그는 벤치 옆에서 그 여자를 기다리고 있다.

《숙》 ***wait on*** ~ …의 시중을 들다, …의 심부름을 하다

Mary *waited on* her sick mother.

메리는 앓는 어머님의 시중을 들었읍니다.

W

May I *wait on* you?
심부름 해 드릴까요?

《숙》 ***wait on*** (또는 《영》 ***at***) ***table*** (식사의) 시중을 들다

She is *waiting on* (또는 *at*) *table*.
그 여자는 식사의 시중을 들고 있읍니다.

W

wake [wéik 웨이크]

㊄㊅ (**3 단현 wakes** [wéiks 웨이크스], **과거 woke** [wóuk 워우크], **과거 분사 woken** [wóukn 워우큰], **현재 분사 waking** [wéikiŋ 웨이킹])

㊅ **깨다**(~ *up*)(《참고》 get up 일어나다)

My sister *wakes up* early in the morning.
누님은 아침 일찍 잠을 깹니다.

㊄ **깨우다**(~ *up*)

Please *wake* me *up* at six tomorrow morning.
내일 아침 여섯 시에 저를 깨워 주십시오.

*walk [wɔ́:k 워어크]

㊅ (**3 단현 walks** [wɔ́:ks 워어크스], **과거·과거 분사 walked** [wɔ́:kt 워어크트], **현재 분사 walking** [wɔ́:kiŋ 워어킹])

㊅ **1. 걷다** (《참고》 run 달리다)

I go to school by bus, but my sister *walks* to school every day.
나는 버스로 학교에 가지만, 나의 누이는 매일 걸어서 학교에 간다.

㊅ **2.** 산보하다

He *walked* up and down with his dog.
그는 개를 데리고 여기저기를 산보하였다.

㊊ 보행, **산책**

《숙》 ***take a walk*** 산보하다

I usually *take a walk* before breakfast.
나는 언제나 아침 식사 전에 산보합니다.

《숙》 ***go for a walk*** 산보하러 가다

Let's *go* out *for a walk*.
산보하러 나갑시다.

*wall [wɔ́:l 워얼]

㊊ (**복수 walls** [wɔ́:lz 워얼즈]) 벽

There are many pictures on the *wall* in her classroom.
그녀의 교실 안 벽에는 많은 그림들이 있읍니다.

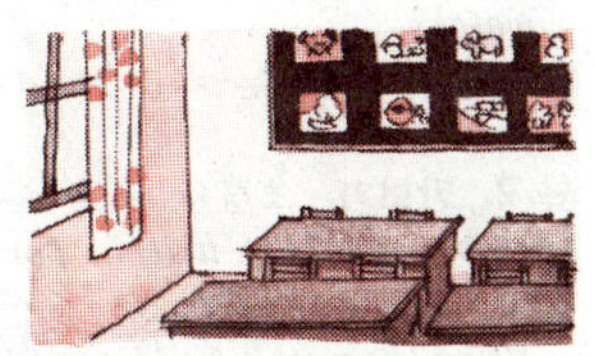

*__want__ [wάnt 완트]

㊀ (**3단현 wants** [wάnts 완츠], **과거·과거 분사 wanted** [wάntid 완티드], **현재 분사 wanting** [wάntiŋ 완팅])

㊀ **1. 원하다,** …하고 싶다

Do you *want* some milk?

너는 약간의 우유를 원하니?

I *want* some candy.

나는 과자를 좀 먹고 싶다.

I *want* you to help me.

나를 도와주기 바랍니다.

㊀ 2. …을 필요로 하다(《동》need)

This violet *wants* water.

이 제비꽃은 물이 필요하다.

㊀ 3. 부족하다, 모자라다

This doll *wants* a leg.

이 인형은 다리가 하나 없다.

㊔ 부족, 결핍

He got ill for *want* of sleep.

그는 수면 부족 때문에 병이 났다.

He has always been in *want* of money.

그는 언제나 돈이 없다.

*__warm__ [wɔ́:*r*m 워엄]

㊕ (**비교급 warmer** [wɔ́:*r*mə*r* 워어머], **최상급 warmest** [wɔ́:*r*mist 워어미스트])

The ant's house was *warm* and nice.

개미의 집은 따뜻하고 좋았읍니다.

It is getting *warmer* and *warmer* day by day.

나날이 따뜻해집니다.

㊀㊋ (**3단현 warms** [wɔ́:*r*mz 워엄즈], **과거·과거 분사 warmed** [wɔ́:*r*md 워엄드], **현재 분사 warming** [wɔ́:*r*miŋ 워어밍])

따뜻하게 하다

Warm your hands before the stove.

난로 앞에서 손을 따뜻하게 하시오.

*__wash__ [wάʃ 와시]

㊀㊋ (**3단현 washes** [wάʃiz 와시즈], **과거·과거 분사 washed** [wάʃt 와시트], **현재 분사 washing** [wάʃiŋ 와싱])

씻다, 세탁하다

We *wash* our hands before we eat.

우리들은 식사 전에 손을 씻는다.

My mother *washed* our clothes and hung them out to dry.

어머니는 우리들의 의복을 세탁하여 말리려고 밖에 내다 널었다.

The sea is *washing* the rock.

파도가 바위를 씻고 있다.

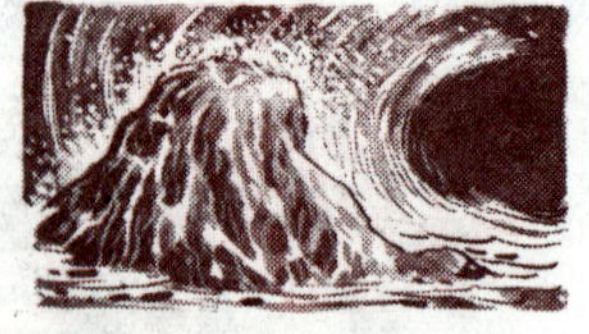

Wash yourself with soap.

비누로 몸을 씻으십시오.

*watch [wátʃ 와치]

명 (**복수 watches** [wátʃiz 와치즈])

명 **1. 회중 시계** (《참고》 clock 괘종〔탁상〕 시계)

This is a gold *watch*.

이것은 금시계다.

My sister wears a wrist*watch*.

누이는 손목시계를 차고 있다.

What time is it now by your *watch*?

당신의 시계로는 지금 몇 시입니까?

명 **2. 망보기,** 조심

《숙》 ***be on the watch for ~*** …에 조심하고 있다

Be on the watch for automobiles when you cross the street.

길을 횡단할 때는 자동차에 조심하시오.

《숙》 ***keep watch*** 망보다

The soldier *kept watch* against the enemy during the night.

그 군인은 밤새도록 적에 대하여 망을 보았다.

타자 (**3 단현 watches** [wátʃiz 와치즈], **과거 · 과거 분사 watched** [wátʃt 와치트], **현재 분사 watching**[wátʃiŋ 와칭])

타 **1. 망보다,** …의 파수를 보다

One day a shepherd boy was *watching* his sheep near a wood.

어느 날 목동은 숲 근처에서 양을 망보고 있었다.

타 **2.** 바라보다

We *watch* TV or listen to music.

우리는 TV를 보거나 음악을 듣습니다.

자 기다리다, 기대하다, 대기하다 (~ *for*)

My brother *watches for* me to come home every day.

동생은 내가 매일 집으로 돌아오는 것을 기다리고 있다.

watch·dog [wátʃdɔ(:)g 와치도(오)그]
㊔ 집지키는 개

***wa·ter** [wɔ́:tər 워어터]
㊔ 1. 물
I drank a glass of *water*.
나는 한 잔의 물을 마셨다.

Do you want some *water?*
너는 약간의 물을 원하니?
㊔ 2. 《종종 복수형으로서》 바다·호수·하천(따위에 비유된 물)
Still *waters* run deep.
《속담》 고요히 흐르는 강은 깊다(말 없는 사람일수록 생각은 깊다).
㊉㊋ (**3 단현 waters** [wɔ́:tərz 워어터즈], **과거·과거 분사 watered** [wɔ́:tərd 워어터드], **현재 분사 watering** [wɔ́:təriŋ 워어터링])
물을 주다, 물을 뿌리다
She is *watering* the flowers in the garden. 그 여자는 정원에 있는 꽃에 물을 주고 있다.

wave [wéiv 웨이브]
㊔ (**복수 waves** [wéivz 웨이브즈])
물결, 파도
We can see the golden *waves* of grain.
우리는 곡식의 황금 물결을 볼 수 있다.

The yacht is floating on the *waves.*
요트가 물결 위에 떠 있다.
㊉㊋ (**3 단현 waves** [wéivz 웨이브즈], **과거·과거 분사 waved** [wéivd 웨이브드], **현재 분사 waving** [wéiviŋ 웨이빙])
물결이 일다, 흔들다, 흔들리다
I saw her *waving* her hand at me.
그 여자가 나에게 손을 흔들고 있는 것을 보았다.
The flag is *waving* in the wind.
기가 바람에 나부끼고 있다.

***way** [wéi 웨이]
㊔ (**복수 ways** [wéiz 웨이즈])
㊔ **1. 길** 《road (통로), path (오솔길), street (가로) 따위의 총칭》

Would you kindly tell me the *way* to the station?

W

정거장으로 가는 길을 가리켜 주시겠읍니까?

㉻ 2. **거리**, 도〔노〕정

It is a long *way* to the house you are looking for.

당신이 찾고 있는 집까지는 대단히 멀다.

㉻ 3. **방법**, 방식 (《동》 means)

What is the best *way* to learn English?

영어를 공부하는데 가장 좋은 방법은 무엇입니까?

In this *way* he succeeded.

이러한 방법으로 그는 성공하였다.

W

㉻ 4. **방향** (《동》 direction)

Come this *way*, please.

이리로 와 주십시오.

《숙》 ***all the way*** 줄곧, 내내, 계속하여

We had to walk *all the way*.

우리들은 줄곧 걷지 않으면 안되었다.

《숙》 ***by the way*** 도중에, 그런데 《화제를 바꿀때 쓰는 말》

By the *way*, do you come home early today?

그런데 너는 오늘 집에 일찍 오니?

《숙》 ***by way of*** ～ …을 경유하여〔거쳐서〕

My father went to England by way of Rome.

아버지는 로마를 경유하여 영국으로 가셨다.

《숙》 ***find one's way to*** ～ …에 다다르다, 나아가다

I *found my way to* the town.

나는 그 도시에 다달았다.

《숙》 ***give way to*** ～ …에 양보하다, 지다

He often *gave way to* tears.

그는 자주 눈물을 흘렸다.

《숙》 ***in a way*** 어떤 의미에서

He is great *in a way*.

그는 어떤 의미에서 위대하다.

《숙》 ***lose one's way*** 길을 잃다

She *lost her way* in the wood.

그 여자는 숲 속에서 길을 잃었다.

《숙》 ***on the***(또는 ***one's***) ***way*** 도중에

I met him *on my way* home yesterday.

어제 집으로 돌아가는 도중에 그를 만났다.

《숙》 ***stand*** (또는 ***be***) ***in one's way*** 남의 길을 가로막다, 방해가 되다

Am I not *standing in your way?*

제가 방해가 되고 있지 않읍니까?

*we [wi 위, wí: 위이]

㉶ 1. **우리들은〔이〕** (《참고》 our 우리들의, us 우리들을〔에게〕)

We are pupils of that junior high school.
우리들은 저 중학교의 학생들입니다.
[대] 2. 《특정의 「우리들」이 아니고 일반 사람들을 가리켜서》
We have much rain in June.
6월에는 비가 많이 온다.

weak [wí:k 위이크]
★ week(주)와 같은 발음
[형] (**비교급 weaker** [wí:kər 위이커], **최상급 weakest** [wí:kist 위이키스트])
약한, 병약한 (《반》 strong)
My sister is very *weak*.
나의 누이 동생은 대단히 병약합니다.
I have *weak* eyes.
나는 시력이 약하다.

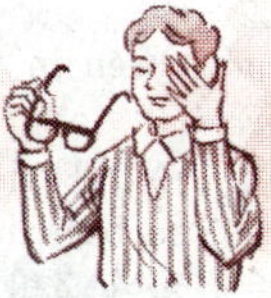

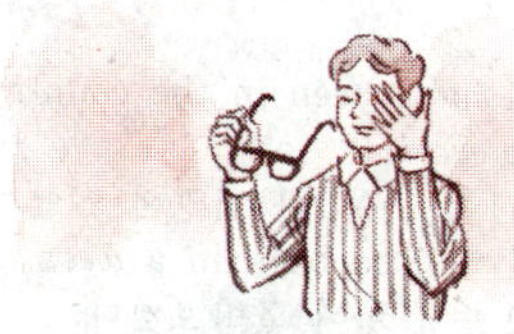

Everybody has his *weak* point.
누구에게나 약점이 있다.
He is *weak* in English.
그는 영어 실력이 빈약하다.

***wear** [wέər 웨어]
[타][자] (**3단현 wears** [wέərz 웨어즈], **과거 wore** [wɔ́:r 워어], **과거 분사 worn** [wɔ́:rn 워언], **현재 분사 wearing** [wέ(:)riŋ 웨(에)링])
[타] 1. **입고 있다,** 입다, **몸에 지니고 있다** (《동》 put on) 《wear는 「입고 있는」 상태, put on은 「입는」 동작을 나타내는 것이 보통이다》
She *wears* a skirt and a blouse.
그녀는 스커어트와 블라우스를 입고 있다.

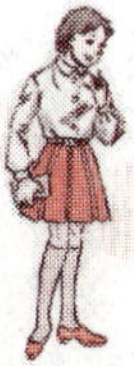

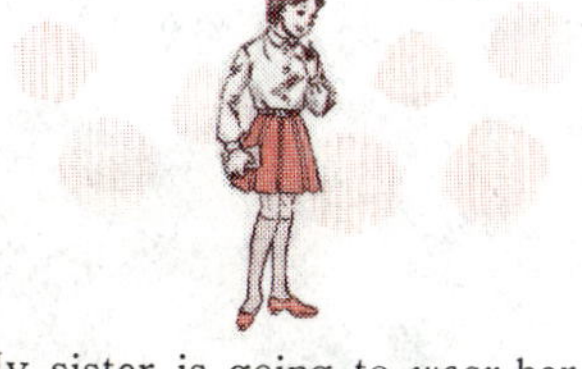

My sister is going to *wear* her new evening dress tonight.
누이는 오늘 밤에 새 야회복을 입을 것입니다.
He *wears* a straw hat.
그는 밀짚 모자를 쓰고 있다.
We *wear* our rain shoes on a rainy day.
비오는 날에는 장화를 신는다.
You had better *wear* gloves.
당신은 장갑을 끼는 편이 좋을 것입니다.
Does he *wear* glasses?
그는 안경을 쓰고 있읍니까?
She *wears* no stockings.
그 여자는 양말을 신고 있지 않다.
[타] 2. **써서 닳게 하다,** 지치게 하다, (…한 상태로) 하다
My brother's shoes are *worn* out.
형의 구두는 다 닳아 떨어졌다.

The woman is *worn* with care.
저 부인은 근심〔걱정〕으로 몹시 여위었다.

***weath·er** [wéðər 웨더]
㉮ **일기, 날씨** (《참고》 climate 기후)
The *weather* has changed suddenly.
일기가 갑자기 변했다.

How will the *weather* be tomorrow?
내일의 날씨는 어떠할까?
This is good〔bad〕 *weather*.
오늘은 좋은〔나쁜〕 날씨다.
We had fine〔rainy〕 *weather* yesterday.
어제는 맑은〔비오는〕 날이었다.
But last time the *weather* was bad, so we didn't have fun.
그러나 지난번에는 날씨가 나빠서 우리는 재미있게 놀지 못했다.

wed·ding [wédiŋ 웨딩]
㉮ (**복수** **weddings** [wédiŋz 웨딩즈])
결혼식 (《참고》 marriage 결혼)
She wears her *wedding* dress.
그 여자는 웨딩 드레스를 입고 있다.

****week** [wi:k 위이크]
★ weak(약한)와 같은 발음
㉮ (**복수 weeks** [wi:ks 위이크스])
주(週), **7일간**
What day of the *week* is it today?
오늘은 무슨 요일입니까?

I have been in the country for a *week*.
나는 1주일간 시골에 있었다.
I will be back in a *week*.
1주일 안에 돌아오겠다.
The meeting will be held this *week*.
그 회의는 금주에 열릴 것이다.
He left Seoul last *week*.
그는 지난 주에 서울을 떠났다.
I call on him every *week*.
나는 매주 그를 방문한다.
《숙》 ***this day***(또는 ***today***) ***week*** 내주(또는 전주)의 오늘
I arrived here *this day week*.

나는 전주 오늘 이곳에 도착하였다.

***week·end** [wíːkénd 위이켄드]
[명] 주말 (토요일 또는 금요일 저녁부터 월요일 아침까지의 기간)
Did you have a nice *weekend?*
너는 멋진 주말을 보냈니?
[형] 주말의
We went on a *weekend* journey.
우리들은 주말 여행을 떠났다.

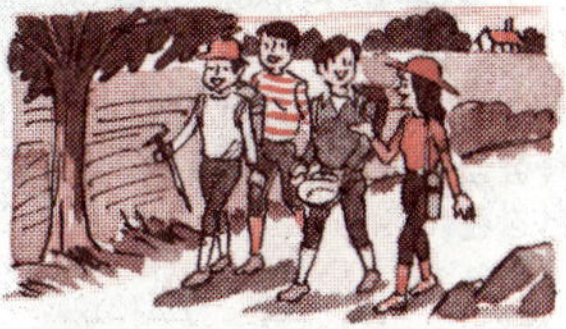

weigh [wéi 웨이]
★ way(길)와 같은 발음
[타][자] (**3 단현 weighs** [wéiz 웨이즈], **과거 · 과거 분사 weighed** [wéid 웨이드], **현재 분사 weighing** [wéiiŋ 웨이잉])
[타] (무게를) 달다 (《참고》 weight 무게)

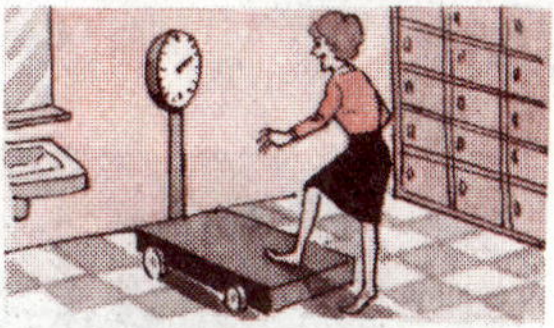

Mother is going to *weigh* herself.
어머니는 자기의 체중을 달려고 하고 있읍니다.
[자] …의 무게가 나가다
How much does this baggage *weigh?*
이 짐의 무게는 얼마나 됩니까?
How much do you *weigh?*
당신의 체중은 얼마나 나갑니까?
I *weigh* one hundred pounds.
나의 체중은 100 파운드다.

***wel·come** [wélkəm 웰컴]
[형] **1. 환영받는**
A *welcome* meeting will be held for him this evening.
오늘 저녁 그의 환영회가 베풀어질 것이다.
[형] **2.** 《Thank you. 에 대하여》 (원) 별 말씀을, 천만에
You're *welcome.*
(원) 별 말씀을 다하십니다.
[타] (**3 단현 welcomes** [wélkəmz 웰컴즈], **과거 · 과거 분사 welcomed** [wélkəmd 웰컴드], **현재 분사 welcoming** [wélkəmiŋ 웰커밍])
환영하다
The soldiers were *welcomed* home by a large crowd of people.
군인들은 수 많은 사람들의 환영을 받으며 귀국하였다.
[감] 잘 오셨소
Welcome home!
귀향을 축하합니다!
Welcome to Korea!
한국에 잘 오셨읍니다!
[명] 환영

You will always receive a warm *welcome* in this town.
당신은 이 도시에서 언제나 따뜻한 환영을 받을 것입니다.

*well[1] [wél 웰]

㊙ (비교급 **better** [bétər 베터], 최상급 **best** [bést 베스트])
잘, 훌륭하게

My brother can speak English very *well*.
나의 형은 영어를 아주 잘 말한다.
Mother can drive a motorcar very *well*.
어머니는 자동차를 잘 운전한다.
I could sleep *well* last night.
어제 밤은 잘 잤읍니다.
He always speaks *well* of others.
그는 언제나 다른 사람을 좋게 말한다.

《숙》 ***as well*** 마찬가지로
I like this book *as well*.
나는 이 책도 역시 좋아한다.

《숙》 ~ ***as well as*** … …과 마찬가지로 ~, …뿐만 아니라 ~도
He can speak French *as well as* English.
그는 영어 뿐만 아니라 프랑스어도 할줄 안다.

《숙》 ***may as well*** (do) …해도 좋다, …하는 것이 좋다
You *may as well* stay here.
당신은 이곳에 있는 것이 좋다.

《숙》 ***be well off*** 유복하다
I think he *is* very *well off*.
나는 그가 대단히 유복하다고 생각한다.

《숙》 ***may well*** (do) …하는 것도 당연하다
He *may well* be proud of his son.
그가 아들 자랑을 하는 것도 당연하다.

㊗ (비교급 **better** [bétər 베터], 최상급 **best** [bést 베스트])
건강한, 튼튼한 (《반》 ill 병든)

Are you *well?*
안녕하십니까?
Very *well*, thank you.
예, 덕분에 잘 지냅니다.
Mother will get *well* in a few days.
어머니는 이 삼일 지나면 건강이 좋아질 것입니다.

㊎ 그러면, 자, 참
Well, it's almost lunch time.
참, 거의 점심 시간이구나.

*well[2] [wél 웰]

[명] (복수 wells [wélz 웰즈])
우물
We draw water from the *well.*
우리는 우물에서 물을 풉니다.

west [wést 웨스트]
[명] 1. 《보통 the를 붙여서》 서(西), 서부 (《참고》 western 서쪽의, 《반》 east 동)
The sun rises in the east and sets in the *west.*
태양은 동쪽에서 떠서 서쪽으로 진다.

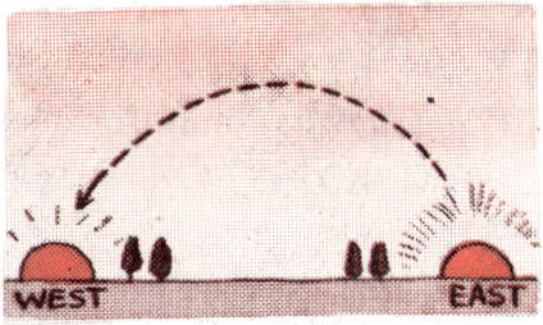

[명] 2. 《the West로 하여》 서양, 서구(西歐), (미국의) 서부 지방
The *West* must shake hands with the East.
서양은 동양과 손을 잡지 않으면 안된다.
《숙》 ***in the west of*** ~ …의 서부에
《숙》 ***on the west of*** ~ …의 서쪽에 접하여
《숙》 ***to the west of*** ~ …의 서쪽으로
[형] 서쪽의
The *west* wind will bring us rain.
서풍은 비를 가져온다.
[부] 서쪽으로
The ship sailed *west.*
배는 서쪽으로 항행하였다.

***wet** [wét 웻]
[형] (비교급 wetter [wétər 웨터], 최상급 wettest [wétist 웨티스트])
[형] 1. **젖은**, 축축한, 눅눅한 (《반》 dry 마른)
I became *wet* and cold, because I took a long walk in the rain.
비를 맞고 오래 걸어서 (몸이) 젖고 추웠다.
Her cheeks were *wet* with tears.
그녀의 두 볼은 눈물로 젖었다.

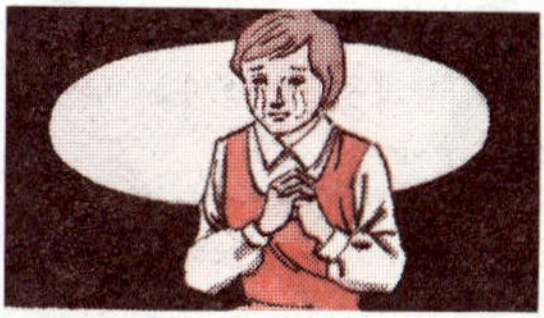

Don't touch *wet* paint.
《게시문》 페인트 주의.
[형] 2. **비의** (《동》 rainy)
We have the *wet* season in June.
6월은 장마철이다.
I will go even if it is *wet.*
비가 와도 나는 가겠읍니다.
《숙》 ***get wet (to the skin)*** (흠뻑) 젖다
I *got wet to the skin* on my way to school.
학교로 가는 도중 나는 흠뻑 젖었다.

W

*__whale__ [(h)wéil (훼)웨일]
[명] (**복수 whales** [(h)wéilz (훼)웨일즈])
〖동물〗 **고래**

Some *whales* weigh a hundred tones.
어떤 고래들은 무게가 100톤이 됩니다.

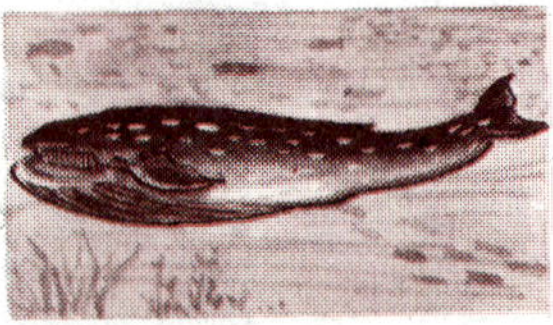

*__what__ [hwát **홧**]
[대] **1.** 《의문 대명사》 **무엇, 어떤 것,** 무슨 일

What is this?
이것은 무엇입니까?

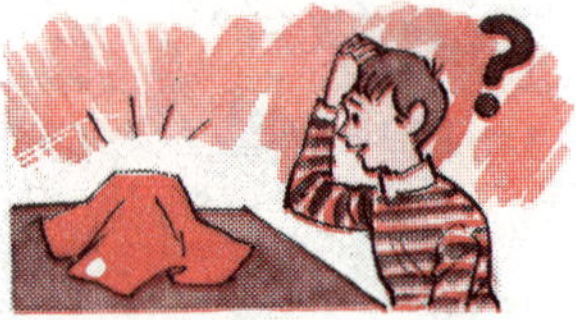

She did not know *what* to say to them.
그 여자는 그들에게 무엇을 말해야 좋을지 몰랐다.
What's the matter?
무슨 일이냐?
Do you know *what* the answer is?
대답이 무엇인지 아십니까?
What is he?
그의 직업은 무엇입니까?

[대] **2.** 《관계 대명사로 선행사를 포함한다》 **…하는 바의 것〔일〕** (《동》 that which, those which)

This model [mádl **마들**] airplane is *what* my brother wanted.
이 모형 비행기는 내 동생이 원하던 것이다.
He is not *what* he was five years ago.
지금의 그는 5년전의 그가 아니다.

《숙》 ***What about ~?*** …하면 어떻겠읍니까?

What about going for a walk?
산책하러 가는 것이 어떻겠읍니까?

《숙》 ***What ~ for?*** 무엇 때문에 …합니까?

What do you go to school *for?*
무엇 때문에 학교에 갑니까?

《숙》 ***what is more*** 게다가

She is young, and *what is more* beautiful.
그 여자는 젊고 게다가 아름답다.

《숙》 ***what is called*** (또는 ***what we call***) 소위

He is *what we call* a book-worm.
그는 소위 「책벌레」이다.

[형] **1.** 《의문 형용사》 **어떤**

What color do you like?
당신은 어떤 색이 좋습니까?
What day of the month is it today?
오늘은 며칠입니까?

㉠ 2. 《감탄문》 얼마나
What a clever boy he is!
그는 얼마나 영리한 소년인가!
What a pretty flower this is!
이 꽃은 얼마나 아름다운 꽃인가!
《how를 써서 이 감탄문을 다시 쓰면, How pretty this flower is!로 된다》

㉡ 무엇!
What! Did you lose the game again?
뭐라고요! 당신은 시합에 또 졌읍니까?

wheat [(h)wíːt (휘)위이트]

㉢ 밀
Flour is made from *wheat*.
밀가루는 밀로 만들어진다.
The farmer grows *wheat*.
농부는 밀을 재배한다.

when·ev·er [(h)wenévər (훼)웨네버]

㉣ 1. …하는 때는 언제나
You may go out *whenever* your work is done.
일이 끝나면 언제나 외출하여도 좋다.

㉣ 2. 비록 언제 …이라도
Whenever you may come, I shall be at home.
언제 오더라도 나는 집에 있다.

*where [(h)wέər (훼)웨어]

㉤ 1. 《의문 부사》 **어디에, 어디로,** 어디서
Where did you go yesterday?
당신은 어제 어디에 갔었읍니까?
Where is your mother?
어머니는 어디에 계십니까?

Tell me *where* you saw it.
어디서 그것을 보았는지 가르쳐 주십시오.
I don't know *where* he is going.
그가 어디로 가고 있는지 나는 모릅니다.

㉤ 2. 《관계 부사의 제한적 용법》 …하는 바의(장소)
This is the palace *where* the queen lives.
이 곳이 여왕이 살고 있는 궁전입니다.

㊀ 3. 《관계 부사의 비제한적 용법》 그래서 그 곳에서 (《동》 and there) 《where 앞에 코머가 있는 것이 보통이다》

We came to the park, *where* we met with our teacher.

우리들은 공원에 갔는데 그 곳에서 선생님을 만났다.

㊁ …하는 곳에〔으로, 을〕

Where there is a will, there is a way.

《속담》 의지가 있는 곳에 길이 있다(정신 일도 하사 불성(精神一到何事不成)).

W

wheth·er [(h)wéðər (훼)웨더]

㊁ 1. **…인가 아닌가**〔인지 아닌지〕 《보통 whether ~ or not 의 꼴로》 (《참고》 if …인지 아닌지)

I wonder *whether* (또는 if) this picture is his work.

나는 이 그림이 그의 작품인지 아닌지 알 수 없다.

㊁ 2. (양보의 부사절을 이끌어) …이건 아니건

I will go there *whether* it rains or not.

비가 오건 안 오건 나는 그곳에 간다.

which [(h)wítʃ (휘)위치]

㊂ 1. 《의문 대명사》 **어느 쪽**〔**것**〕

Which do you like better, apples or oranges?

사과와 오렌지중 어느 쪽을 더 좋아하십니까?

I did not know *which* to choose.

나는 어느 쪽을 골라야 좋을지 몰랐다.

㊂ 2. 《관계 대명사(주격·목적격)의 제한적 용법》 …하는 바의(것)

The Thames is the river *which* flows through London.

테임즈강은 런던을 꿰뚫고 흘러가는 강이다.

This is the pen *which* my uncle gave me.

이것이 아저씨가 나에게 주신 펜이다.

This is the house in *which* he lives. (=This is the house *which* (또는 that) he lives in.)

이것이 그가 살고 있는 집이다.

㊂ 3. 《관계 대명사의 비제한적 용법》 그리고 그것은〔을〕 《which 앞에 코머가 있는 것이 보통이다》

She bought a doll, *which* she gave to her sister.

그 여자는 인형을 사서 그것을

여동생에게 주었다.

㉿ 《의문 형용사》 **어느〔어떤〕 쪽의**

Which team will win the game?

어느 쪽 티임이 게임에 이길까요?

**while [(h)wáil (화)와일]

㉿ 1. **…하는 동안(에)**

We kept watch *while* they slept.

우리는 그들이 자고 있는 동안 망을 보았다.

㉿ 2. 《보통 앞에 코머가 붙어서》 그런데, 한편

He is standing up, *while* she is sitting.

그는 서 있으나, 그 여자는 앉아 있다.

㉿ 동안, 시간, 잠시

《숙》 ***after a while*** 잠시 후에

After a while, the policeman appeared before us.

잠시 후에 경관이 우리들 앞에 나타났다.

《숙》 ***all the while*** 그 동안 줄곧

She was singing *all the while*.

그 동안 줄곧 그 여자는 노래를 부르고 있었다.

《숙》 ***for a while*** 잠시 동안

She kept me waiting *for a while*.

그 여자는 나를 잠시 동안 기다리게 하였다.

《숙》 ***in a little while*** 얼마 안 있어, 곧

Mother will be home *in a little while*.

어머니는 얼마 안 있어 집으로 돌아오십니다.

*white [(h)wáit (화)와이트]

㉿ 흰

Grandfather has *white* hair.

할아버지의 머리는 희다.

The snow has turned the earth *white*.

눈으로 땅이 하얗게 되었다.

《숙》 ***the White House*** 백악관(워싱톤에 있는 미국 대통령 관저)

The President of the United States lives in *the White House*.

미국의 대통령은 백악관에서 산다.

㉿ 1. **백색**

㉿ 2. 흰 옷

Nurses are dressed in *white*.

간호원들은 흰 옷을 입고 있다.

㉿ 3. 백인

The *whites* were often attacked by the Indians here.

백인은 이 곳에서 자주 인디언의 습격을 받았다.

*who [hú: 후우]

[대] 1. 《의문 대명사의 주격》 **누구**〔**누가**〕 (《참고》 whose 누구의, whom 누구를〔에게〕)

Who invented the radio?
누가 라디오를 발명하였느냐?
Who is the lady?
She is Mrs. Smith.
그 숙녀는 누구입니까?
그 여자는 스미드 부인입니다.

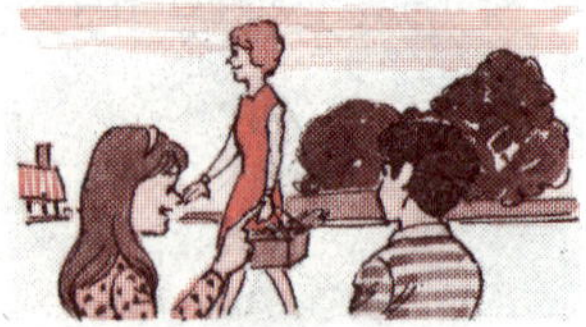

[대] 2. 《관계 대명사(주격)의 제한적 용법》 **…하는 바의 사람**

The man *who* is standing at the door is my uncle.
문에 서 있는 사람은 나의 숙부입니다.

[대] 3. 《관계 대명사(주격)의 비제한적 용법》 《who 앞에 코머가 있다. 앞에서부터 계속적으로 번역한다》 **그리고 그 사람은**

I met Tom, *who* talked about you.
내가 톰을 만났는데, 그는 너에 관하여 이야기했어.

*why [(h)wái (화)와이]

[부] 1. 《의문 부사》 **왜, 어째서**

Why are you so sad?
왜 그렇게 슬퍼합니까?

[부] 2. 《관계 부사》 **…하는 바의**(이유) 《선행사 the reason 이 생략될 수 있다》

I don't see (the reason) *why* you are always late.
당신은 왜 언제나 지각하는지 모르겠다.

[감] 어쩌면, 어머나

Why, it's snowing!
어머, 눈이 오네!

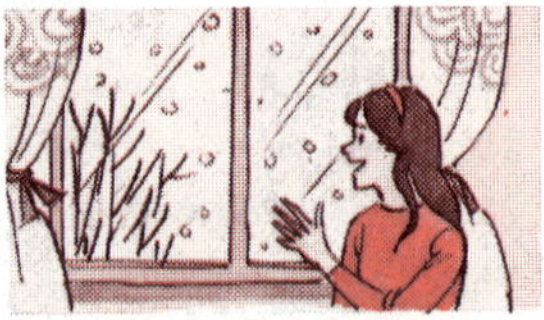

**wide [wáid 와이드]

[형] (**비교급** **wider** [wáidər 와이더], **최상급** **widest** [wáidist 와이디스트])

(폭이) **넓은** (《반》 narrow 좁은)

How *wide* that road is!
저 도로는 참 넓구나!

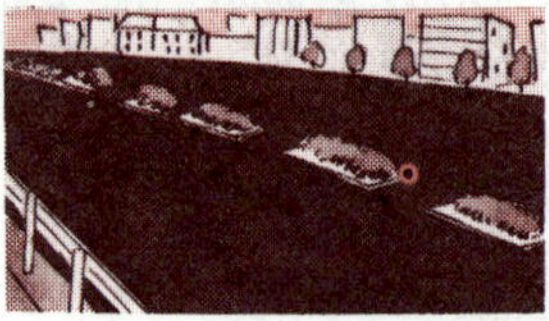

This river is ten meters *wide*.
이 강의 폭은 10미터다.
He has a *wide* knowledge [nálidʒ

날리지] of English.
그는 영어에 대하여 넓은 지식을 가지고 있다.

㊇ (비교급 **wider**, 최상급 **widest**)
넓게, 충분히 열어서
Open the window *wide*.
창을 활짝 열어라.

《숙》 ***far and wide*** 널리, 두루
Father traveled *far and wide* in Korea.
아버지는 한국을 두루 여행했다.

**wife [wáif 와이프]

㊔ (복수 **wives** [wáivz 와이브즈])
처, 아내 (《반》 husband 남편)
He has a beautiful *wife*.
그에게는 예쁜 아내가 있다.
He is waving his hand at his *wife* and child.
그는 아내와 아이에게 손을 흔들고 있다.

**will [wíl 윌]

㊅ (과거 **would** [wúd 우드])
㊅ **1.** 《단순 미래, 2·3인칭의 주어와 함께》 **…일 것이다**
He *will* come here.
그는 여기 올 것이다.
You *will* be thirteen years old next week.
너는 내주에 열세살이 된다.

㊅ **2.** 《의지 미래, 1인칭의 주어와 함께》 **…하겠다**
I *will* see you to the station.
역까지 바래다 주겠다.
I *will* try again.
한 번 더 해보겠다.

㊅ **3.** **…하겠읍니까**, …하여 주시지 않겠읍니까 《2인칭의 의문문에서 상대방에게 권하거나, 부탁하는데 쓰인다》
Will you come and join us?
와서 우리와 어울리지 않겠읍니까?
Will you shut the door?
문을 닫아 주시겠읍니까?

㊅ **4.** 기어코〔꼭〕 …하려고 하다
The dog *will* not move a bit.
개는 조금도 움직이려 하지 않는다.
The door *will* not open.
이 문은 아무리해도 열리지 않는다.

㊅ **5.** 흔히 …하곤 한다《습성》
Dogs *will* bark at strangers.
개는 낯설은 사람을 보면 잘 짖는다.

㊔ (복수 **wills** [wílz 윌즈])
의지
You must have a strong *will*.

강한 의지를 가져야 한다.

***win** [wín 윈]

㉹㉶ (**3 단현 wins** [wínz 윈즈], **과거 · 과거 분사 won** [wʌ́n 원], **현재 분사 winning** [wíniŋ 위닝])

㉹ **1.** 이기다

We *won* the game two to one.

우리가 2 : 1 로 그 경기에 이겼읍니다.

Slow and steady *wins* the race.

《속담》 더딜지라도 착실한 것이 결국 이긴다(드문드문 걸어도 황소 걸음).

㉹ **2.** (상 · 명예 따위를) 얻다

Who do you think will *win* the first prize?

누가 일등상을 탈 것이라고 생각합니까?

㉶ 이기다

I *won* at cards.

나는 카아드놀이에서 이겼다.

The tortoise *won* in the end.

결국 거북이가 이겼읍니다.

****wind**[1] [wínd 윈드]

(명) (**복수 winds** [wíndz 윈즈])

바람 (《참고》 windy 바람이 부는)

A cold *wind* was blowing outside the house.

집 밖에서는 찬 바람이 불고 있었다.

the north *wind* 북풍

the west *wind* 서풍

wind[2] [wáind 와인드]

㉹㉶ (**3 단현 winds** [wáindz 와인즈], **과거 · 과거 분사 wound** [wáund 와운드], **현재 분사 winding** [wáindiŋ 와인딩])

㉹ (시계의 태엽, 털실을) **감다**

Mother *wound* the string into a ball.

어머니는 실을 감아 토리로 만들었다.

㉶ 굽이치다 (길 · 강 따위)

The path *winds* through the woods.

작은 길이 숲속을 구불구불 지나가고 있다.

《숙》 ***wind up***

1. (시계의 태엽을) 감다

I *wound up* my watch last

night.
나는 어제 저녁에 시계의 태엽을 감았다.

2. 〖야구〗 공을 던지기 전에 투수가 팔을 휘두르다

*win·dow [wíndou 윈도우]

㊔ (**복수 windows** [wíndouz 윈도우즈])

창

Open〔Shut〕 the *window*, please.
창을 열어〔닫아〕 주십시오.

Who broke the *window?*
누가 창을 깨었느냐?

They are looking out of the *window*.
그들은 창 밖을 내다 보고 있다.

**wind·y [wíndi 윈디]

㊕ (**비교급 windier** [wíndiər 윈디어], **최상급 windiest** [wíndiist 윈디이스트])

바람이 센, 바람이 부는 (《참고》 wind 바람, rainy 비가 오는, cloudy 흐린)

It is *windy* today.
오늘은 바람이 세게 분다.

win·ner [wínər 위너]

㊔ (**복수 winners** [wínərz 위너즈])

승리〔우승〕자

The *winner* got a prize.
그 우승자는 상품을 탔다.

*win·ter [wíntər 윈터]

㊔ **겨울**

It snows in *winter*.
겨울에는 눈이 온다.

We went there last *winter*.
우리는 지난 겨울에 거기에 갔읍니다.

**wise [wáiz 와이즈]

㊕ (**비교급 wiser** [wáizər 와이저], **최상급 wisest** [wáizist 와이지스트])

현명한, 슬기로운 (《반》 foolish 어리석은)

I think he is *wise*.
나는 그가 현명하다고 생각한다.

He was a *wise* teacher.
그는 어진 스승이었다.

W

I think it is the *wisest* way.
그것이 가장 현명한 방법이라고 생각한다.

*with [wíð 위드]

㉠ 1. …**와 함께** (《반》 without …없이)

I have lunch *with* my friends at noon.
나는 정오에 나의 친구들과 함께 점심식사를 합니다.

㉠ 2. 《기구·수단》 …**으로,** …을 써서

We see *with* our eyes.
우리들은 눈으로 본다.
Write your answer *with* pen and ink.
답을 펜〔잉크〕으로 써라.
Mt. Everest is covered *with* snow.
에베레스트산은 눈으로 덮여 있다.

㉠ 3. …**을 가지고** …을 몸에 지니고

He went out *with* a book in his hand.
그는 손에 책을 들고 밖으로 나갔다.

I saw a girl *with* golden hair.
나는 금발 소녀를 보았다.

㉠ 4. 《적대》 …와, …을 상대로

Don't quarrel *with* him.
그와 싸우지 말아라.
The soldiers fought *with* the enemy.
군인들은 적과 싸웠다.

㉠ 5. …때문에, …까닭으로, …한 탓으로

The cat is trembling *with* cold.
고양이는 추위로 떨고 있다.
Grandmother is bent *with* age.
할머니는 나이가 드셔서 허리가 구부러졌다.

㉠ 6. …에 대해서는, …에 관해서는

What is the matter *with* you?
무슨 일입니까?

《숙》 ***with all*** ~ …이 있으면서, …에도 불구하고

With all his weight, he seems weak.
몸무게가 그렇게 많으면서도 그는 약한 것 같다.

《숙》 ***With pleasure.***
그렇게 하겠읍니다. 기꺼이 하겠읍니다.

**with·out [wiðáut 위다우트]

㉠ 1. …**없이,** …이 없다면 (《반》 with …와 함께)

He ran all the way from Marathon to Athens *without* stopping.
그는 마라톤에서 아테네까지 쉬지 않고 줄곧 달렸다.
We cannot live *without* water.
우리는 물 없이 살 수 없다.

She drinks coffee *without* cream.
그 여자는 크리임 없이 코오피를 마신다.

㉧ 2. **…의 밖에** (《반》 within)
I kept In-ho waiting *without* the room.
나는 인호를 방 밖에서 기다리게 하였다.

《숙》 ***do without*** ～ …없이 지내다〔해 내다〕
I cannot *do without* this dictionary.
나는 이 사전이 없으면 해나가지 못합니다.

《숙》 ***without fail*** 틀림 없이
I will start at eight *without fail*.
나는 틀림 없이 8시에 떠나겠다.

㉫ **밖에**, 밖에서
It's very cold *without*.
밖은 대단히 춥다.

**wom·an [wúmən 우먼]

㉣ (**복수 women** [wímin 위민])
여자, **부인**, 여성 (《반》 man 남자)
What a beautiful *woman* she is!
그 여자는 참으로 아름답구나!
A young *woman* is sitting on the chair.
젊은 부인이 의자에 앉아 있다.

**won·der [wʌ́ndər 원더]

㉰ (**3단현 wonders** [wʌ́ndərz 원더즈], **과거·과거 분사 wondered** [wʌ́ndərd 원더드], **현재 분사 wondering** [wʌ́ndəriŋ 원더링])

㉰ 1. **과연 …일까** (하고 궁금히 여기다)《who, what, why, how, if 따위가 이끄는 절이 함께 붙는다》
I *wonder* what happened.
무슨 일이 일어났는지 궁금하다.
I *wonder* if you are clever.
네가 과연 똑똑할까.

㉰ 2. **놀라다**
I *wonder* (that) he has won the race.
그가 경주에 이겼다니 놀랍다.

㉣ (**복수 wonders** [wʌ́ndərz 원더즈])
경이, **놀라운 것**
It is a *wonder* that she should

W

say so.
그 여자가 그렇게 말하다니 놀랍다.
I looked at the sight with *wonder.*
나는 그 광경을 보고 놀랐다.

***won·der·ful** [wʌ́ndərfəl **원**더펄]
[형] 1. **놀라운,** 이상한
I will tell you a *wonderful* story.
이상한 이야기를 해주겠다.
Wonderful to say, stone turned into bread.
놀랍게도 돌이 빵으로 변했다.
[형] 2. **훌륭한,** 멋있는 (《동》 excellent)
The cherry blossoms are *wonderful* now.
벚꽃은 지금 한창이다.
My friends gave me a *wonderful* present on my birthday.
내 친구들이 내 생일에 훌륭한 선물을 주었다.

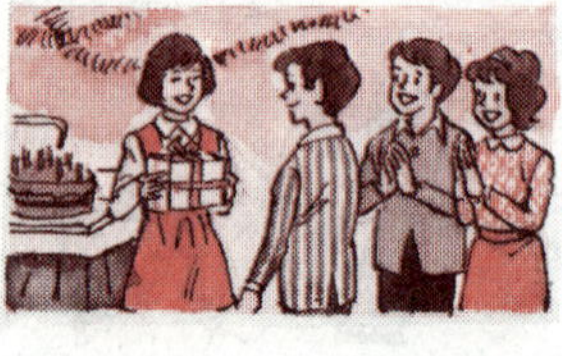

We saw the *wonderful* sunrise from the top of the hill.
우리는 언덕 위에서 찬란한 해돋이를 보았다.

W

***wood** [wúd **우**드]
[명] (**복수 woods** [wúdz **우**즈])
[명] 1. 나무, **목재** (《참고》 wooden 나무의)
Most houses in Korea are built of *wood.*
한국의 대부분의 집은 목조이다.
Wood is made into various things.
목재로 여러 가지 물건을 만들 수 있다.
[명] 2. 《때때로 복수형으로》 **숲,** 삼림 (《동》 forest) 《일반적으로 wood(s)는 forest 보다 작은 것을 가리킨다》
We were walking through the *woods.*
우리들은 숲 속을 걷고 있었다.

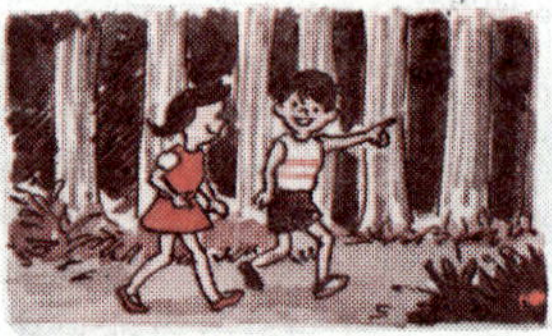

Once there lived a deer in a green *wood.*
옛날에 푸른 숲속에 사슴 한 마리가 살고 있었다.

***word** [wə́:rd **워**어드]
[명] (**복수 words** [wə́:rdz **워**어즈])
[명] 1. **말,** 단어
It is better to use simple *words.*
말은 간단할수록 좋다.
[명] 2. (간단한) **이야기,** 담화
I had a *word* with her.

나는 그녀와 잠깐 이야기를 했다.
[명] 3. **약속** (《동》 promise)
He always keeps his *word.*
그는 언제나 약속을 지킨다.
《숙》 ***in a word*** 한 마디로 말하면, 요컨대
In a word, he is an honest boy.
요컨대 그는 정직한 소년이다.
《숙》 ***in other words*** 바꾸어 〔다시〕 말하면
Father was born in 1944, *in other words,* forty years ago.
아버지는 1944년, 다시 말하면 40년 전에 태어났읍니다.

*work [wə́:rk 워어크]

[타][자] (**3단현 works** [wə́:rks 워어크스], **과거 · 과거 분사 worked** [wə́:rkt 워어크트], **현재 분사 working** [wə́:rkiŋ 워어킹])
[자] **일하다, 공부하다**
He *works* on the farm.
그는 농장에서 일한다.

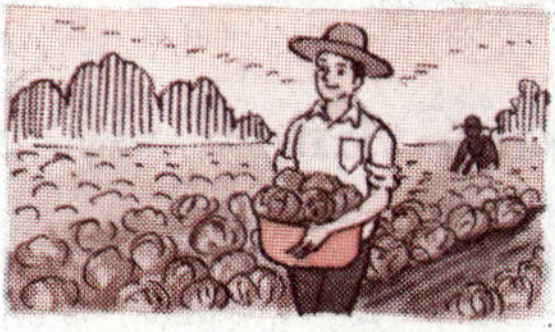

Father *works* at a car factory.
아버지는 자동차 공장에서 일하신다.
We must *work* hard in order to pass the examination.
우리들은 시험에 합격하기 위하여 열심히 공부해야 한다.
[타] 움직이다, 운전하다
I know how to *work* this toy train.
나는 이 장난감 기차를 움직이게 할 줄 안다.
[명] (**복수 works** [wə́:rks 워어크스])
[명] 1. **일, 공부**
I have a lot of *work* to do.
나는 해야 할 일이〔공부가〕 많다.
[명] 2. 작품
My brother bought the complete *works* of Shakespeare.
형은 셰익스피어 전집을 샀다.
《숙》 ***at work*** 일을 하고, 활동하여, 운전 중
The men are hard *at work.*
그 사람들은 열심히 일을 하고 있다.

**work·er [wə́:rkər 워어커]

[명] (**복수 workers** [wə́:rkərz 워어커즈])
일하는 사람, 일군, 노동자 ; 〖곤충〗 일벌
He is a hard *worker.*
그는 열심히 일을 한다.
The *workers* are resting now.
일군들은 지금 쉬고 있다.

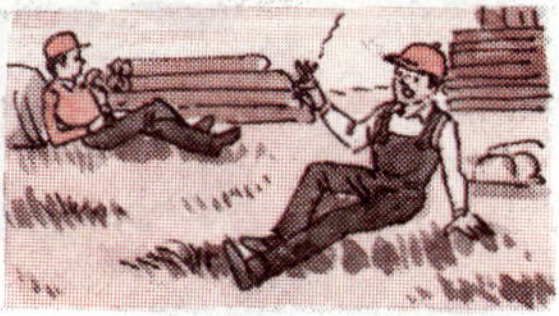

W

****world** [wə́:rld 워얼드]

㉺ 1. 세계

Today the marathon race is the most important part of the *World* Olympics.

오늘날 마라톤 경주는 세계 올림픽 경기의 가장 중요한 부분이다.

㉺ 2. 세상

I want to know more about the *world*.

나는 세상일을 더 알고 싶다.

《숙》 ***the New World*** 신세계 (미국을 가리킴)

《숙》 ***World War I***〔***II***〕《one〔two〕라고 읽는다》 제1〔2〕차 대전

worm [wə́:rm 워엄]

㉺ (복수 worms [wə́:rmz 워엄즈]) (송충이, 구더기 같은) 벌레, 지렁이

I don't like *worms*.

나는 벌레가 싫다.

***wor·ry** [wʌ́ri 워리]

㉫㉮ (3 단현 worries [wʌ́riz 워리즈], 과거 · 과거 분사 worried [wʌ́rid 워리드], 현재 분사 worrying [wʌ́riiŋ 워리잉])

㉮ …을 근심하다(~ *about*)

Don't *worry about* such a thing.

그런 일을 가지고 걱정하지 말아라.

㉫ 괴롭히다

Her stomachache *worries* her a great deal.

그 여자는 위통으로 크게 고생하고 있다.

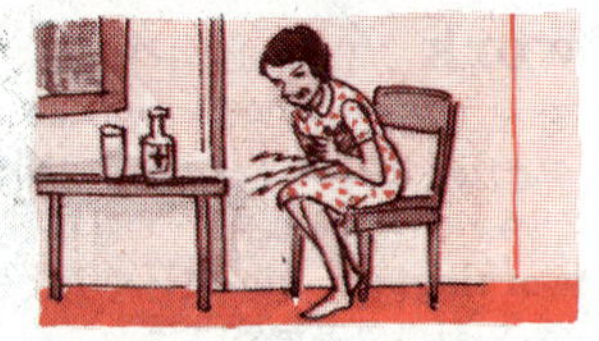

㉺ (복수 worries [wʌ́riz 워리즈]) 걱정, 근심

She has many *worries*.

그 여자는 근심거리가 많다.

wres·tling [résliŋ 레슬링]

㉺ 레슬링, 씨름, 격투

***write** [ráit 라이트]

㉫㉮ (3 단현 writes[ráits 라이츠], 과거 wrote [róut 로우트], 과거 분사 written [rítn 리튼], 현재 분사 writing [ráitiŋ 라이팅])

㉫ (글씨 · 문장 · 편지 · 원고 따위를) 쓰다

I *wrote* his name and address on the envelope.
나는 봉투에 그의 이름과 주소를 썼다.

㉶ 편지를 쓰다, 편지로 소식을 전하다

I *write* to my pen friend in America once a week.
나는 미국에 있는 펜팔에게 일주일에 한번씩 편지를 쓴다.

writ·er [ráitər 라이터]

㊔ (복수 **writers** [ráitərz 라이터즈])

작가, 저자 (《동》 author)

He is famous as a *writer* of fairy stories.
그는 동화 작가로 유명하다.

****wrong** [rɔ́:ŋ 로옹]

㊗ **1.** 나쁜, 옳지 못한 (《반》 right)

It is *wrong* to tell a lie.
거짓말을 하는 것은 나쁘다.

㊗ **2.** 그릇된, 거꾸로의

The child wore his shoes on the *wrong* feet.
그 아이는 신을 반대로 신었다.

I'm afraid you are *wrong*.
네가 아무래도 틀린 것 같다.

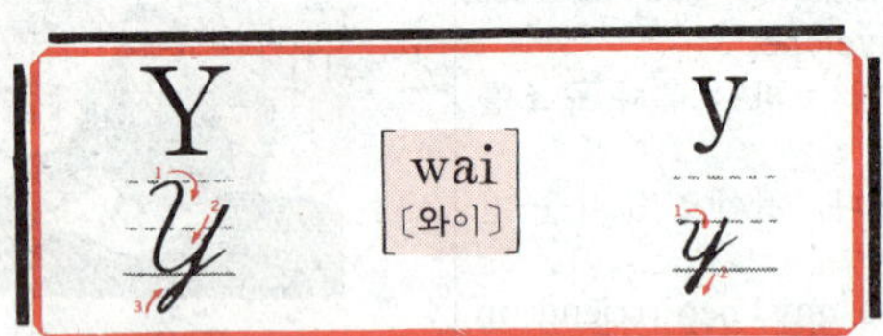

Y

yard[1] [já:rd 야아드]

명 (복수 **yards** [já:rdz 야아즈])

울안, **마당**

There is a fence around the farm*yard*.

농가의 마당 둘레에는 울타리가 있다.

Here is a car *yard*.

여기에 주차장이 있다.

yard[2] [já:rd 야아드]

명 (복수 **yards** [já:rdz 야아즈])

야아드(길이의 단위로 3피이트, 약 91 cm)

My sister bought two *yards* of cloth.

누이는 옷감 2야아드를 샀다.

***year** [jíər 이어]

명 (복수 **years** [jíərs 이어스])

명 **1.** **해**, 연(年)

every *year* 매년, last *year* 작년

next *year* 내년, this *year* 금년

the *year* before last 재작년

the *year* after next 내후년

He died three *years* ago.

그는 3년 전에 죽었다.

World War I broke out in the *year* 1914.

제 1 차 세계 대전은 1914년에 일어났다.

He has been in America for ten *years*.

그는 10년간 미국에 있었다.

The Olympic Games are held every four *years*.

올림픽 경기는 4년마다 개최된다.

명 **2.** 나이, 살

I have become thirteen *years* old today.

나는 오늘 열세 살이 되었다.

《숙》 ***all the year round*** 1년 내내(《참고》 all day long 하루 종일)
I am busy *all the year round.*
나는 일년 내내 바쁘다.
《숙》 ***of late years*** 근년에
Of late years, cars have increased greatly.
근년에 자동차 수가 상당히 많아졌다.

yell [jél 옐]
[타][자] (**3단현 yells** [jélz 옐즈], **과거·과거 분사 yelled** [jéld 옐드], **현재 분사 yelling** [jéliŋ 옐링])
찢어지는 듯한 소리를 내다, 큰 소리로 말하다
He *yells* at the children.
그는 아이들에게 호통을 친다.
[명] (**복수 yells** [jélz 옐즈])
찢어지는 듯한 목소리, 고함, 응원단의 환성

***yel·low** [jélou 옐로우]
[형] 노랑색의, 노란
Bananas are *yellow.*
바나나는 노랗다.

The leaves turn *yellow* in autumn.
가을이 되면 나뭇잎이 노랗게 된다.
She wears a *yellow* coat.
그 여자는 노란 코우트를 입고 있다.
[명] 노랑

***yes** [jés 예스]
[부] 예, 그렇습니다 (《반》 no 아니오) 《의문문의 형식이 어떻든 간에 답이 긍정이면 yes로 답한다》
Are you a pupil? *Yes,* I am.
너는 학생이니? 예, 그렇습니다.

Aren't you a pupil? *Yes,* I am.
너는 학생이 아니니? 아니오, 저는 학생입니다.
[명] (**복수 yeses** [jésiz 예시즈])
yes라는 말 《대답》
You said *yes* several times.
너는 몇번이고 「예」라고 말했다.

***yes·ter·day** [jéstərdi 예스터디]
[부] **어제는** (《참고》 tomorrow 내일은)
What did you do *yesterday?*
너는 어제 무엇을 했니?
[명] 어제
Yesterday was Saturday.
어제는 토요일이었다.
《숙》 ***the day before yesterday*** 그저께

He left Seoul *the day before yesterday*.
그는 그저께 서울을 떠났다.

《숙》 ***yesterday afternoon*** 어제 오후
Father came home *yesterday afternoon*.
아버지는 어제 오후에 집에 돌아 오셨다.

《숙》 ***yesterday morning*** 어제 아침
I arrived here *yesterday morning*.
나는 어제 아침에 이곳에 도착했다.

Y

**yet [jét 옛]

㉮ 1. 《not을 동반하여》 **아직 …아니다**
The work is not *yet* finished.
그 일은 아직 끝나지 않았다.
The baby cannot walk by himself *yet*.
그 아기는 아직 혼자 걷지 못한다.

㉮ 2. 《긍정문에서》 **아직도,** 여전히 (《동》 still)
My sister is sleeping *yet*.
나의 누이는 아직도 자고 있다.
There is more homework *yet* to be done.
아직도 해야 할 숙제가 있읍니다.

㉮ 3. 《긍정의 의문문에서》 이미, 벌써
Has your father returned home *yet*?
아버지께서 벌써 집에 돌아 오셨니?

㉮ **그런데도,** 그럼에도 불구하고
I got up early, and *yet* I could not catch the first train.
나는 일찍 일어났는데도 첫 기차를 타지 못했다.
It is raining, and *yet* the sun is shining.
비가 오는데도 해가 비치고 있다.

*you [jú: 유우]

《인칭 대명사 2인칭, 단수·복수 동형》

㉹ 1. 《주격》 **너는〔네가〕, 너희들은〔이〕**
You are a boy.
너는 소년이다.

You are all schoolgirls.
너희들은 모두 여학생이다.

㉹ 2. 《목적격》 **너를〔에게〕, 너희들을〔에게〕**
Someone wants to see *you*.
누군가 당신을 만나고 싶어한다.

I will tell *you* a story.
너희들에게 이야기를 해 주마.

㊂ 3. 《일반적으로》 사람은 누구나
You turn this handle to get water.
이 핸들을 돌리면 물이 나옵니다.
You never can tell.
누구도 모르지요.

*__young__ [jʌ́ŋ 영]
㉢ (비교급 **younger** [jʌ́ŋgər 영거], 최상급 **youngest** [jʌ́ŋgist 영기스트])
젊은, 미숙한, 어린 (《참》 youth 젊음, 《반》 old 늙은)

Mr. Brown is a *young* gentleman.
브라운씨는 젊은 신사다.
She is *young*er than I am.
그녀는 나보다 더 어리다.
She died *young*.
그 여자는 요절하였다.
He is too *young* in the trade.
그는 그 장사에 아직 익숙치 못하다.
A *young* hen is called a chick.
어린 닭을 병아리라 한다.
Miss Lake looks *young* for her age.
레이크양은 나이에 비해 젊어보인다.

《숙》 ***the young*** 젊은 사람들
This book is read by *the young*.
이 책은 젊은 사람들에게 읽혀진다.

《숙》 ***young and old*** 늙은이도 젊은이도
The movie can be enjoyed by *young and old*.
노소(老少)가 다 그 영화를 즐길 수 있다.

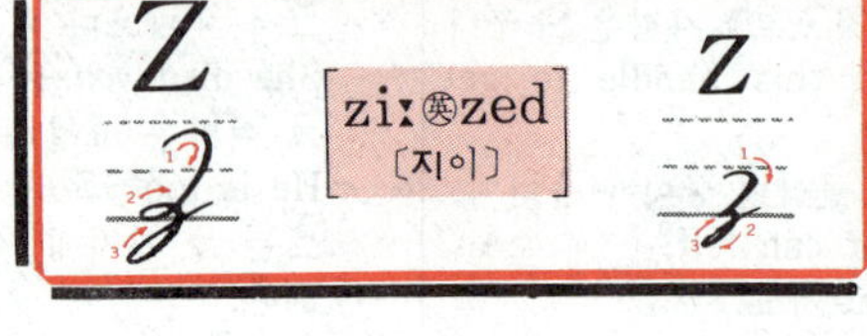

ze·ro [zí(:)rou 지(이)로우]
명 (복수 zeros 또는 zeroes [zí(:)rouz 지(이)로우즈])
영, 제로

It is 10 degrees below *zero* this morning.
오늘 아침은 영하 10도다.

He got a *zero* in the English test.
그는 영어 시험에서 영점을 받았다.
The score was seven to *zero*.
득점은 7대 0이었다.

zone [zóun 조운]
명 (복수 zones [zóunz 조운즈])
지대, (온대·열대 따위의) 대
《숙》 ***the torrid*** 〔***temperate · frigid***〕 ***zones*** 열대〔온대·한대〕

*__zoo__ [zú: 주우]
명 (복수 zoos [zú:z 주우즈])
동물원

Father says he will take us to the *zoo* next Sunday.
아버지는 다음 일요일에 우리를 동물원에 데리고 간다고 말씀하십니다.
Many wild animals are kept at the *zoo*.
그 동물원에서는 많은 야수를 기르고 있다.
We saw many wild animals at the *zoo*.
우리들은 동물원에서 많은 야수를 보았다.

영한 암기 단어집

범 례

⧄ 1 학년

⧄⧄ 2 학년

⧄⧄⧄ 3 학년

A a

⧄**a** [ə, (강조할 때) éi] [관] 《자음으로 시작되는 명사 앞에 붙인다. 발음상 모음으로 시작되는 명사 앞에는 an을 쓴다》 하나의, …이라는 것은, …마다

⧄⧄⧄**abbey** [ǽbi] [명] 큰 사원, 승원

⧄⧄**able** [éibl] [형] …할 수 있는, 《명사 앞에 써서》 능력이 있는, 수완이 있는

⧄**about** [əbáut] [전] …의 둘레에〔를〕, …에 관하여, 신변에 [부] 주위에, 둘레를, 약

⧄⧄**above** [əbʌ́v] [전] …의 위에〔로, 를〕 [부] 위에 [형] 위의

⧄⧄⧄**abroad** [əbrɔ́ːd] [부] 외국에〔으로〕

⧄⧄⧄**according** [əkɔ́ːrdiŋ] [부] …에 의하면, …에 따라서, …대로, …에 맞게

⧄⧄**across** [əkrɔ́ːs] [전] …을 가로 질러, …넘어로, …의 저쪽(편)에

⧄⧄**act** [ǽkt] [명] 행위, 법령, (극의) 막 [타][자] 행동하다, 행하다, (역을) 맡아하다

⧄⧄⧄**add** [ǽd] [타][자] 더하다, 보태다

⧄⧄⧄**admiral** [ǽdmərəl] [명] 해군 대장, 제독

⧄⧄⧄**admire** [ədmáiər] [타] 칭찬하다, 감탄하다, 탄복하다

⧄⧄⧄**advise** [ədváiz] [타][자] 충고하다, 조언하다

⧄⧄**afraid** [əfréid] [형] 무서워〔두려워〕하여, 걱정하여, 근심하여

⧄**after** [ǽftər] [부] 뒤에(서) [전] …의 뒤에, …을 뒤쫓아, …을 구하여 [접] (…한) 후에, 다음에

⧄**afternoon** [ǽftərnúːn] [명] 오후, 하오

⧄**again** [əgén] [부] 다시, 또, 한번 더, 본래의 자리에,

본디대로

☐against [əgénst] ㉠ …을 향하여, …을 거슬러, …을 등지고, …에 반하여, …에 대하여, …을 배경으로 하여

☐☐ago [əgóu] ㉮ 지금부터 …전에, …이전에

☐☐agree [əgríː] ㉯ 동의하다, 의견이 일치하다, 승인하다, 승락하다

☐☐air [ɛər] ㉰ 공기, 공중, 하늘

☐☐☐airline [ɛ́ərlain] ㉰ 정기 항공로, 정기 항공 회사

☐airplane [ɛ́ərplein] ㉰ 비행기

☐☐☐airport [ɛ́ərpɔːrt] ㉰ 공항, 비행장

☐☐☐alarm [əláːrm] ㉰ 경보

☐all [ɔ́ːl] ㉱ 전부의, 모든 ㉲ 전부, 모두

☐☐allow [əláu] ㉳ 허락하다, 하는 대로 내버려 두다

☐almost [ɔːlmóust] ㉮ 거의, 거지반

☐☐along [əlɔ́ːŋ] ㉠ …을 따라서, …을 좇아 ㉮ 전방으로

☐☐☐alphabet [ǽlfəbet] ㉰ 알파벳, 초보, 입문

☐☐already [ɔːlrédi] ㉮이미, 벌써

☐☐also [ɔ́ːlsou] ㉮ (…도) 또한, 또, 역시

☐always [ɔ́ːlwiz] ㉮ 늘, 언제나

☐☐☐amazing [əméiziŋ] ㉱ 놀랄만한, 굉장한

☐☐☐among [əmʌ́ŋ] ㉠ (셋 이상의 것) 중에(서), 사이에

☐☐☐ancestor [ǽnsistər] ㉰ 조상, 선조

☐☐☐ancient [éinʃənt] ㉱ 옛날의, 고대의

☐and [ənd, (강) ǽnd] ㉴ …와 …, 그리고, …하고 그리고서는, 그렇게 하면

☐angry [ǽŋgri] ㉱ 성난, 화를 낸

☐animal [ǽnəml] ㉰ 동물, 짐승

☐☐☐anniversary [æ̀nəvə́ːrsəri] ㉰ (매년의) 기념일, 기념제 ㉱ 매년 행하여지는, 기념일〔제〕의

☐another [ənʌ́ðər] ㉱ 또 하나〔한 사람〕의, 다른 ㉲ 또 하나, 또 한 사람

☐answer [ǽnsər] ㉳ 대답하다, 답변을 하다 ㉰ 답, 답변, 회답

☐ant [ǽnt] ㉰ 개미

☐☐☐anthem [ǽnθəm] ㉰ 찬송가, 축가, 성가

☐☐☐anxious [ǽŋkʃəs] ㉱ 근

알기 단어

심하는, 걱정되는, 열망하는

☐☐**any** [éni] [형][대] 무엇, 얼마, 누구, 아무것도, 하나도, 조금도, 아무도, 어떤, 무엇이든 [부] 조금이라도, 조금도

☐☐**anybody** [énibadi] [대] 누군가, 아무도, 누구든지

☐☐☐**anyone** [éniwʌn] [대] 누군가, 아무도, 누구든지

☐**anything** [éniθiŋ] [대] 무엇이고, 《부정》 아무것도 (…없다), 무엇이든지

☐☐**anyway** [éniwei] [부] 어떻든

☐☐☐**anywhere** [éni(h)wɛə*r*] [부] 어딘가에, 어디든지, 아무데도

☐☐☐**appear** [əpíə*r*] [자] 나타나다, …처럼 보이다

☐**apple** [ǽpl] [명] 사과

☐☐☐**area** [ɛ́(:)riə] [명] 면적, 지역

☐☐**arm** [ɑ́:*r*m] [명] 팔

☐☐☐**army** [ɑ́:*r*mi] [명] 육군, 군대

☐**around** [əráund] [부] 둘레를, 주변에, 빙돌아, 사방에 [전] …의 주위에, …둘레에

☐☐☐**arrive** [əráiv] [자] 다다르다, 도착하다, (나이·시기·결혼 따위에) 달하다, (때가) 오다

☐☐☐**art** [ɑ́:*r*t] [명] 미술, 예술, 기술, 기교, 기능

☐☐**artist** [ɑ́:*r*tist] [명] 예술가, 화가

☐☐**as** [əz, (강) ǽz] [접] …와 같이, …하고 있을 때, …하면서, …하는 데 따라, …이므로, …하므로 [전] …으로서 [부] …와 같이 [대] 《관계대명사》 …와 같은

☐**ask** [ǽsk] [타] (남에게 …을) 물어보다, (남에게 …을) 청하다 [자] 묻다, 구하다

☐**at** [ət, (강) ǽt] [전] 《장소》 에서, …에, 《때·연령 따위》 …에, 《방향·목표》 …을 향하여, 《원인》 …을 듣고, …을 보고, …에 종사하여, …중, 《수량·값·비율 따위》 …에, 《방법·상태·태도》 …으로

☐☐☐**athlete** [ǽθli:t] [명] 운동가, 경기자, 운동선수

☐☐☐**aunt** [ǽnt] [명] 아주머니

☐☐☐**awaken** [əwéik*ə*n] [타][자] awake(깨어나다)의 과거분사

☐**away** [əwéi] [부] 떨어져서, 멀리로, …해 버리는, …되어 버리는, 없어지는

B b

☐**baby** [béibi] (명) 갓난아이

☐☐**back** [bǽk] (명) 등, 뒤, 배후 (부) 뒤에, 뒤로, 되돌아서 (형) 뒤의

☐**bad** [bǽd] (형) 나쁜, (병 따위가) 심한, (날씨 따위가) 나쁜, 해로운, 위험한

☐**bag** [bǽg] (명) 백, 가방

☐**ball** [bɔ́:l] (명) 보올, 공

☐☐☐**bamboo** [bæmbú:] (명) 대, 대나무

☐**banana** [bənǽnə] (명) 바나나

☐☐☐**band** [bǽnd] (명) 띠, 끈, 악대, 한 떼

☐☐**bank** [bǽŋk] (명) 은행, 둑, 방죽, 제방

☐☐☐**bark** [bá:rk] (자) (개가) 짖다 (명) 짖는 소리

☐☐☐**base** [béis] (명) 저변, 토대, 기초, 근거지, 《야구》 베이스

☐**baseball** [béisbɔ́:l] (명) 야구

☐☐☐**basketball** [bǽskitbɔ:l] (명) 농구

☐**bat** [bǽt] (명) (야구 따위의) 배트, 박쥐

☐**bath** [bǽθ] (명) 목욕탕〔통〕, 목욕실, 목욕

☐**bathroom** [bǽθru:m] (명) 목욕탕, 욕실

☐☐☐**battle** [bǽtl] (명) 싸움, 전투

☐**be**(am, are, is) [bi, (강) bí:] (자) …이다, …이 있다, …이 되다 (조) 《be+-ing로 진행형을 만든다》 …하고 있다, 《be+타동사의 과거 분사로 수동형을 만든다》 …을 당하다, 《be+to 부정사로 예정·의무·가능 따위를 나타낸다》 …하여야 하다, …하기로 되어 있다

☐☐☐**beach** [bí:tʃ] (명) 물가, 바닷가, 해변

☐☐**bear** [bέər] (타)(자) (아이를) 낳다, (열매 따위를) 맺다, 참다, 견디다, 나르다, 지탱하다

☐☐☐**beat** [bí:t] (타) (잇달아) 치다, 때리다, (적을) 패배시키다

☐**beautiful** [bjú:təfəl] (형) 아름다운

☐☐☐**beauty** [bjú:ti] (명) 아름다움, 미, 아름다운 것,

미인, 가인

☐**because** [bikɔ́:z] ㉶ 왜냐하면, …때문에

☐☐**become** [bikʌ́m] ㉧ …이 되다, …로 되다 ㉲ …에 어울리다

☐**bed** [béd] ㉢ 침대, 잠자리, 화단, 강바닥

☐**bedroom** [bédru:m] ㉢ 침실

☐☐**bedtime** [bédtàim] ㉢ 취침시간

☐**bee** [bí:] ㉢ 꿀벌

☐☐☐**beef** [bí:f] ㉢ 쇠고기

☐☐**before** [bifɔ́:r] ㉷ ((위치가)) …의 앞에, ((시간이)) …보다 먼저, …에 앞서 ㉥ 앞에, …의 전에 ㉶ …하기 전에, …에 앞서

☐☐**begin** [bigín] ㉲ 시작하다 ㉧ 시작되다

☐☐**behind** [biháind] ㉷ …의 뒤에 ㉥ 뒤에, 뒤떨어져

☐☐**believe** [bilí:v] ㉲㉧ 믿다, 사실이라고 생각하다

☐☐**bell** [bél] ㉢ 벨, 방울, 종

☐☐☐**below** [bilóu] ㉷ …의 아래에, …아래 쪽에 ㉥ 아래쪽에〔으로〕

☐**bench** [béntʃ] ㉢ 벤치, 긴 의자

☐☐☐**bend** [bénd] ㉧ 구부러지다, 구부리다 ㉲ 구부리다

☐☐☐**between** [bitwí:n] ㉷ …의 사이에

☐☐**bicycle** [báisikl] ㉢ 자전거

☐**big** [bíg] ㉭ 큰

☐**bird** [bə́:rd] ㉢ 새

☐☐**birthday** [bə́:rθdei] ㉢ 생일

☐☐☐**bit** [bít] ㉢ 조금, 한조각, ((a bit 으로 부사적으로 써서)) 잠간, 잠시 ㉲㉧ bite (물다)의 과거·과거분사

☐☐☐**bite** [báit] ㉲㉧ 물다, 물어뜯다

☐**black** [blæk] ㉭ 검은, 어두운 ㉢ 검정, 흑색, 검은 옷

☐☐☐**blind** [bláind] ㉭ 눈 먼 ㉢ (창의) 볕을 가리는 것, 블라인드

☐**blouse** [bláus] ㉢ 블라우스

☐**blue** [blú:] ㉭ 푸른 ㉢ 파랑, 푸른 빛

☐☐**boat** [bóut] ㉢ 보우트, 작은 배, 기선

☐☐☐**bobby** [bábi] ㉢ 순경

☐☐**body** [bádi] ㉢ 몸, 육체, 단체, 집단

☐☐**bone** [bóun] ㉢ 뼈

☐**book** [búk] ㉢ 책, 서적

☐☐**bookstore** [búkstɔ̀:r] ㉢ 서점, 책방

☐☐☐**boring** [bɔ́:riŋ] [형] 진저리나는, 지겨운 [명] 구멍뚫기, 천공작업, 보오링

☐☐**both** [bóuθ] [형] 양쪽의 [명] 양쪽, 쌍방, 양자 [부] 둘다

☐☐☐**bottle** [bátl] [명] 병

☐☐**bottom** [bátəm] [명] 밑바닥, 마음속, 속

☐**box** [báks] [명] 상자

☐**boy** [bɔ́i] [명] 소년, 아들

☐☐☐**brake** [bréik] [명] 브레이크, 제동기〔장치〕 [타][자] 브레이크를 걸다

☐☐**branch** [brǽntʃ] [명] 가지, 지류, 지점

☐☐**brave** [bréiv] [형] 씩씩한, 용감한

☐**bread** [bréd] [명] 빵

☐☐**break** [bréik] [타] 깨뜨리다, 부수다, 깨다, (기록 따위를) 깨다 [자] 깨지다, 날이 새다

☐**breakfast** [brékfəst] [명] 조반, 아침식사

☐☐**breeze** [brí:z] [명] 미풍, 산들바람

☐☐**bridge** [brídʒ] [명] 다리

☐☐**bright** [bráit] [형] 밝은, 빛나는, 영리한 [부] 밝게, 빛나게

☐☐**bring** [bríŋ] [타] 가져오다, 데려오다, 오게하다, 초래하다

암기 단어

☐☐**broadcast** [brɔ́:dkæst] [타] 방송하다 [명] 방송

☐**brother** [brʌ́ðər] [명] 형제, 동포, 같은 종파의 신자

☐**brown** [bráun] [형] 갈색의, 다갈색의 [명] 갈색

☐☐**build** [bíld] [타] 세우다, 짓다

☐**building** [bíldiŋ] [명] 건물, 빌딩

☐☐☐**burn** [bə́:rn] [자] 불타다, 타다 [타] 불태우다, 태우다

☐**bus** [bʌ́s] [명] 버스, 합승자동차

☐☐☐**business** [bíznis] [명] 장사, 실업, 용무, 사무, 일

☐☐**busy** [bízi] [형] 바쁜

☐**but** [bət, (강) bʌ́t] [접] 그러나, …지만, 그렇지만 [부] 다만, 겨우 …만 [전] …을 제외하고

☐☐☐**butter** [bʌ́tər] [명] 버터

☐☐**butterfly** [bʌ́tərflai] [명] 나비

☐☐☐**button** [bʌ́tn] [명] 단추(초인종의) 누름 단추

☐**buy** [bái] [타][자] 사다

☐**by** [bái] [전] …을 지나서, …의 곁에〔에서〕, …로, …에 의해서, …에 의하면, …까지, …만큼

☐**bye** [bai] [감] 안녕 !

C c

☐☐☐**cage** [kéidʒ] ㊔ 새장, (짐승의) 우리

☐☐☐**cake** [kéik] ㊔ 과자

☐☐**calendar** [kǽləndər] ㊔ 캘린더, 달력

☐☐**call** [kɔ́:l] ㊐㊍ 부르다, 방문하다, …을 …이라 부르다, (…에게) 전화를 걸다 ㊔ 부르는 소리, 외침, 전화의 호출, 방문

☐☐☐**calm** [kɑ́:m] ㊗ 잔잔한, 고요한, (마음이) 가라앉은 ㊐㊍ 진정시키다, 진정하다, 가라앉히다 ㊔ 잔잔함, 정적, 평온

☐**can** [kǽn] ㊋ …할 수 있다, …해도 좋다, 과연 …일까, (~ not의 형태로) …일리가 없다 ㊔ 깡통, (통조림용의)양철통

☐☐☐**candle** [kǽndl] ㊔ 양초

☐☐☐**candy** [kǽndi] ㊔ 사탕과자, 캔디

☐☐☐**cap** [kǽp] ㊔ (테없는) 모자, 뚜껑, 칼집, 만년필 뚜껑

☐☐☐**capital** [kǽpətl] ㊔ 수도, 대문자, 자본 ㊗ 중요한, 대문자의, 원래의

☐☐**car** [kɑ́:r] ㊔ 차, 자동차

☐☐☐**card** [kɑ́:rd] ㊔ 카아드, 명함, 초대장, 트럼프

☐☐**care** [kέər] ㊔ 근심, 걱정, 조심, 주의, 돌봄, 보호 ㊍ 걱정하다, 개의하다, 좋아하다, 원하다, 돌보아주다

☐☐**careful** [kέərfəl] ㊗ 주의 깊은

☐☐☐**carnation** [kɑ:rnéiʃən] ㊔ 카아네이션

☐☐**carry** [kǽri] ㊐ 나르다, 가지고 가다, 전하다

☐**cat** [kǽt] ㊔ 고양이

☐☐**catch** [kǽtʃ] ㊐㊍ 붙들다, 잡다, (차시간에) 대다, (병에) 걸리다

☐☐☐**cattle** [kǽtl] ㊔ ((집합적으로)) 가축, (특히) 소

☐☐☐**celebrate** [séləbreit] ㊐ 축하하다, 기리다, (의식 따위를) 올리다, 거행하다

☐☐☐**center** [séntər] ㊔ 중앙, 중심(지), 중견수

☐☐☐**century** [séntʃəri] ㊔ 세기, 백년

☐☐☐**ceremony** [sérəmouni] ㊔ 식(전), (사교상의) 예의

☐☐☐**certain** [sə́:rtn] ㊗ 확실

한, 《명사 앞에 쓰여》 어떤, 일정한

☐ **chair** [tʃέər] ⓜ 의자

☐☐ **chairman** [tʃə́rmən] ⓜ 의장, 사회자

☐☐ **chalk** [tʃɔ́:k] ⓜ 분필, 초오크

☐☐☐ **champion** [tʃǽmpiən] ⓜ 우승자, 선수권을 보유한 자, 옹호자

☐ **chance** [tʃǽns] ⓜ 기회, 호기, 가망 ⓙ 우연히 …하다

☐☐ **change** [tʃéindʒ] ⓣ 변하게 하다, 딴 것으로 바꾸다 ⓙ 변하다 ⓜ 변화, 잔돈, 거스름돈

☐☐ **channel** [tʃǽnl] ⓜ 해협, 채널

☐☐☐ **character** [kǽriktər] ⓜ 인격, 성격, 특성, 특징, (연극·소설 따위에 등장하는) 인물, 문자, 기호

☐☐☐ **cheek** [tʃí:k] ⓜ 뺨

☐ **cheer** [tʃíər] ⓣⓙ 기운을 북돋우다, 기운을 내다

☐☐ **cheese** [tʃí:z] ⓜ 치이즈

☐☐☐ **chess** [tʃés] ⓜ 체스, 서양 장기

☐☐☐ **chick** [tʃík] ⓜ 병아리, (애칭으로) 어린 아이

☐☐☐ **chicken** [tʃíkin] ⓜ 병아리, 닭(고기)

☐ **child** [tʃáild] ⓜ 아이, 어린이

☐☐ **choose** [tʃú:z] ⓣ 뽑다, 고르다, 바라다

☐☐☐ **church** [tʃə́:rtʃ] ⓜ 교회, 예배

☐☐ **city** [síti] ⓜ 시, 도회지

☐ **class** [klǽs] ⓜ 학급, 클라스, 수업, 계급, 등급

☐☐ **classmate** [klǽsmeit] ⓜ 급우, 학급친구, 동급생

☐ **classroom** [klǽsru:m] ⓜ 교실

☐ **clean** [klí:n] ⓗ 깨끗한 ⓑ 깨끗이, 완전히 ⓣ 깨끗이 하다, 소제하다

☐☐ **clear** [klíər] ⓗ 맑게 갠, 맑은, 분명한 ⓙ 개다

☐☐ **clerk** [klə́:rk] ⓜ 사무원, 서기

☐☐ **clever** [klévər] ⓗ 영리한, 손재주가 있는

☐☐ **climb** [kláim] ⓣⓙ 오르다, 기어오르다

☐☐ **close** [klóuz] ⓣ 닫다, 끝내다 ⓙ 끝나다 ⓜ 끝 ⓗ [klóus] 가까운, 접근한, 친한 ⓑ 가까이, 접근하여, 짧게

☐☐☐ **cloth** [klɔ́:θ] ⓜ 천, 직물, 테이블보

☐☐ **clothes** [klóuz] ⓜ 옷

☐☐ **cloudy** [kláudi] ⓗ 흐린, 구름이 많이 낀

☐☐☐**club** [klʌ́b] ⓜ 클럽, 부, 반, 곤봉, 몽둥이, 굵은 막대기, (트럼프의)클럽(의 패)

☐☐☐**coach** [kóutʃ] ⓜ (말 네 필이 끄는) 네바퀴 달린 마차, (옛날의) 역마차, (철도의) 객차, (운동경기의) 코우치

☐☐☐**coast** [kóust] ⓜ 해안

☐**coat** [kóut] ⓜ 웃옷, 상의, 저고리, (부인의) 외투, 코우트

☐**coffee** [kɔ́:fi] ⓜ 코오피

☐☐☐**coin** [kɔ́in] ⓜ 화폐, 동전

☐**cold** [kóuld] ⓗ 추운, 차가운 ⓜ 추위, 감기

☐☐☐**collect** [kəlékt] ⓣ 모으다, 수집하다

☐☐☐**collection** [kəlékʃən] ⓜ 수집, 모은 것

☐☐**college** [kálidʒ] ⓜ 단과대학

☐**colo(u)r** [kʌ́lər] ⓜ 색깔, 그림물감, 특색 ⓣ 색칠하다

☐☐☐**colo(u)rful** [kʌ́lərfəl] ⓗ 다채로운, 화려한

☐☐**combat** [kámbæt] ⓜ 전투, 투쟁, 격투

☐**come** [kʌ́m] ⓙ 오다, …이 되다, …의 태생이다, …의 출신이다

☐**comfortable** [kʌ́mfərtəbl] ⓗ 기분좋은, 안락한

☐☐☐**company** [kʌ́mpəni] ⓜ 패〔동료〕, 벗, 교제, 회사

☐☐☐**compare** [kəmpέər] ⓣ 견주다, 비교하다, 비유하다

☐☐☐**computer** [kəmpjú:tər] ⓜ 계산기, 전자계산기

☐☐☐**contest** [kántest] ⓜ 경쟁, 경기, 콘테스트 ⓣ ⓙ 다투다, 경쟁하다

☐☐☐**continue** [kəntínju:] ⓣ 계속하다 ⓙ 계속되다

☐☐☐**conversation** [kànvərséiʃən] ⓜ 회화

☐**cook** [kúk] ⓣⓙ 요리하다 ⓜ 요리사, 쿡

☐☐**cool** [kú:l] ⓗ 시원한 ⓣ ⓙ 선선해지다, 식히다

☐☐**corner** [kɔ́:rnər] ⓜ 모퉁이, 구석

☐☐☐**cost** [kɔ́:st] ⓣ (비용이) 들다, 값이 …이다, (노력·시간 따위를) 요하다 ⓜ 가격, 값, 비용

☐☐☐**cotton** [kátn] ⓜ 무명, 솜

☐☐☐**countless** [káuntlis] ⓗ 셀 수 없는, 무수한

☐☐**country** [kʌ́ntri] ⓜ 나라, 국가, 시골, 지방, 조국, 고향

☐☐**countryside** [kʌ́ntrisàid]

(명) 지방, 시골, 전원

⧄⧄**couple** [kʌ́pl] (명) 한쌍, 부부

⧄⧄**course** [kɔ́:rs] (명) 진로, 경로, 진행, 과정, 학과

⧄**cousin** [kʌ́zn] (명) 사촌

⧄⧄⧄**cover** [kʌ́vər] (타) 덮다, 씌우다, 숨기다, (…의 거리를) 가다 (명) 뚜껑, 덮개, 표지

⧄⧄⧄**cowboy** [káubɔi] (명) 목동, 카우보이

⧄⧄**crayon** [kréiən] (명) 크레용

⧄⧄⧄**crocodile** [krɑ́kədail] (명) 악어

⧄⧄⧄**cross** [krɔ́:s] (타)(자) 가로지르다, 교차하다 (명) 십자가, 십자로

암기단어

⧄⧄⧄**crowd** [kráud] (타) 꽉 들어차게 하다 (자) 모여들다 (명) 군중, 다수

⧄⧄⧄**crown** [kráun] (명) 왕관, 왕위 (타) 왕관을 씌우다, 꼭대기에 올려 놓다

⧄⧄**cry** [krái] (타)(자) 큰 소리를 지르다, 외치다, (소리 내어) 울다 (명) 고함 소리, 우는 소리

⧄**cup** [kʌ́p] (명) 잔, 우승컵

⧄⧄⧄**cupboard** [kʌ́bərd] (명) 찬장

⧄⧄⧄**curious** [kjú(:)riəs] (형) 호기심이 강한, 신기한 것을 좋아하는, 기묘한, 이상한

⧄⧄⧄**cut** [kʌ́t] (타) 베다, 썰다, (머리털 따위를) 깎다, 베어 상처를 내다 (자) 잘리다, (칼날이) 들다

⧄**cute** [kjú:t] (형) 예쁜, 귀여운, 영리한

D d

⧄**dad** [dǽd] (명) (어린이말) 아빠

⧄⧄**dance** [dǽns] (타)(자) 춤추다, 무용하다 (명) 댄스, 춤, 무도회

⧄⧄**dark** [dɑ́:rk] (형) 어두운, 거무스름한, 침울한, 암담한 (명) 어두움, 해질녘

⧄⧄**daughter** [dɔ́:tər] (명) 딸

⧄**day** [déi] (명) 날, 하루, 낮

⧄⧄**dead** [déd] (형) 죽은, 퇴폐한, 쓰이지 않게 된

⧄⧄⧄**deaf** [déf] (형) 귀머거리의

⧄**dear** [díər] (형) 귀여운, 사랑스러운, 친애하는, 값비싼, 비싼, 소중한, 귀한 (명) 사랑하는 사람 《부를때 씀》 (부) (값) 비싸게

[감] 어머나, 아이구

□□**death** [déθ] [명] 죽음, 사망, (…한) 죽음

□□**decide** [disáid] [타][자] 정하다, 결정하다, 결심하다

□□□**declare** [diklέər] [타] 선언하다, 언명〔단언〕하다

□□**deep** [dí:p] [형] 깊은, (색깔이) 짙은, (감정이나 생각이) 깊은 [부] 깊게

□□□**defeat** [difí:t] [타] 패배시키다 [명] 패배

□□□**delicious** [dilíʃəs] [형] 맛있는, 향기로운

□□□**delight** [diláit] [타] 기쁘게 하다, 즐겁게 하다 [명] 기쁨, 즐거움

□□□**deliver** [dilívər] [타] 배달하다, 넘겨주다, (연설 따위를) 하다, 말하다, 구출하다, 해방시키다

□□□**department** [dipá:rtmənt] [명] 부, 부문

□□□**depend** [dipénd] [자] …에 의하다, …여하에 달려 있다, …을 의지하다

□□□**desert** [dézərt] [명] 사막, 불모의 땅 [형] 사막과 같은, 불모의, 무인의

□**desk** [désk] [명] 책상

□□**diary** [dáiəri] [명] 일기, 일기장

□□**dictionary** [díkʃəneri] [명] 사전

□□**die** [dái] [자] 죽다, 시들다, 사라져 없어지다

□**different** [dífrənt] [형] 다른, 딴, 종류가 다른, 가지각색의

□□**difficult** [dífəkʌlt] [형] 어려운, 곤란한, 까다로운

□□□**diligent** [dílədʒənt] [형] 부지런한

□**dine** [dáin] [자] 식사하다

□**dinner** [dínər] [명] 정찬

□□□**direction** [dərékʃən] [명] 방향, 지도

□**dirty** [də́:rti] [형] 더러운, 불결한

□□□**disappear** [dìsəpíər] [자] 보이지 않게 되다, 사라지다, 없어지다, 소멸하다

□□□**discover** [diskʌ́vər] [타] 발견하다, 알게 되다

□□□**discussion** [diskʌ́ʃən] [명] 논의, 토의, 토론

□□**dish** [díʃ] [명] 접시, (접시에 담은) 요리

□□□**display** [displéi] [타] (용기 따위를) 나타내다, 드러내어 보이다, 전시하다 [명] 나타내기, 드러내어 보이기, 전람, 전시

□□**distance** [dístəns] [명] 거리, 간격, 먼 곳, 떨어져 있는 지점

□□□**dive** [dáiv] [자] (머리부터

물에) 뛰어들다

☐**do** [dú:] [타] 하다, 행하다, 주다, 끼치다, 이바지하다, 마치다, 끝내다 [자] 행하다, 활동하다, 일하다, 쓸모가 있다, (…에) 충분하다, 지내다, 살아나가다, 잘되어가다 《대동사로 be, have 이외의 동사 반복을 피하는데 쓴다》 [조] 《의문문을 만든다》《not 과 함께 부정문을 만든다》《동사의 뜻을 강조한다 : 이 경우에 do 나 did 를 강하게 발음한다》《부사 따위를 앞에 내놓을 때는 주어 앞에 둔다》

☐**doctor** [dáktə*r*] [명] 의사, 박사

☐**dog** [dɔ́(:)g] [명] 개

☐**doll** [dál] [명] 인형

☐☐☐**dollar** [dálə*r*] [명] 달러

☐☐**dolphin** [dálfən] [명] 돌고래(무리)

☐☐**door** [dɔ́:*r*] [명] 문, 문짝, 출입구, 현관, 한 집, 한 채

☐☐☐**doorbell** [dɔ́*r*bèl] [명] 문간의 벨, 초인종

☐☐☐**doubt** [dáut] [명] 의심, 의문 [타][자] 의심하다, 믿지 않다, 이상히 여기다

☐☐☐**dove** [dʌ́v] [명] 비둘기

☐**down** [dáun] [부] 아래로, 아래쪽으로〔에〕, (세력 따위가) 줄어 [전] …을 내려가서, …아래쪽으로

☐**downstairs** [dáunstέə*rz*] [부] 아래층으로〔에〕 [명] 아래층 [형] 아래층의

☐☐**draw** [drɔ́:] [타] 끌다, 끌어당기다, 끌어내다, (선·그림 따위를) 긋다, 그리다, (숨을) 들이쉬다

☐**drawer** [drɔ́:ə*r*] [명] 서랍

☐**dress** [drés] [명] 복장, 부인복, 어린이옷 [자] 옷을 입다, 옷차림을 하다 [타] 옷을 입히다

☐**drink** [dríŋk] [타] 마시다 [자] 음료를 마시다, 술을 마시다 [명] 마실 것, 음료, 술, 한잔

☐☐**drive** [dráiv] [타] 쫓다, 몰다, 운전하다 [자] 차를 달리다 [명] 차를 달리기, 드라이브

☐☐☐**driver** [dráivə*r*] [명] 운전사, 운전기사

☐☐☐**drop** [dráp] [자] 떨어지다, 방울지다, 내리다, 쓰러지다 [타] …을 떨어뜨리다, …을 내려놓다 [명] 물방울, 한방울, (과자의) 드롭스, (야구의) 드롭

☐☐☐**dry** [drái] [형] 마른, 무미

건조한, 꾸밈없는 ㊉ 말리다 ㊋ 마르다, (물이) 바싹 마르다

☐☐☐**duck** [dʌ́k] ㊊ 오리

☐☐**during** [djú(:)riŋ] ㊌ …동안(에), …중(에)

☐☐☐**dynasty** [dáinəsti] ㊊ 왕조, 왕가

E e

☐**each** [íːtʃ] ㊍ 각각의, 각자의 ㊎ 각자, 각각

☐☐**ear** [íər] ㊊ 귀

☐**early** [ə́ːrli] ㊍ (시간적으로) 이른, 초기의 ㊏ 일찌기

☐☐☐**earn** [ə́ːrn] ㊉ 벌다, 얻다

☐☐☐**earth** [ə́ːrθ] ㊊ 지구, 땅, 흙

☐☐**east** [íːst] ㊊ 동쪽, 동부, 동방, 동양 ㊍ 동쪽의 ㊏ 동쪽으로〔에〕

☐☐**eastern** [íːstərn] ㊍ 동쪽의, 동방의, 동양의

☐☐**easy** [íːzi] ㊍ 쉬운, 용이한, 안락한, 마음 편한

☐**eat** [íːt] ㊉ 먹다, 식사하다

☐☐**eh** [ei] ㊐ 뭐, 뭐라고, …그렇지?

☐☐**either** [íːðər] ㊍ (둘 가운데) 어느 하나의, (둘 가운데) 각각의, 어느쪽이거나 ㊎ 어느쪽인가, 어느쪽이든지 ㊏ (부정문에 사용하여 not ～ either 의 형태로) …도 또 …않다

☐☐☐**elementary** [èləméntəri] ㊍ 초보의, 기초의

☐**elephant** [éləfənt] ㊊ 코끼리

☐**else** [éls] ㊏ 그밖에, (보통 or와 함께 써서) 그렇지 않으면

☐**end** [énd] ㊊ 끝, 마지막 ㊉ 끝내다 ㊋ 끝나다

☐☐**engineer** [èndʒəníər] ㊊ 기사

☐☐**enjoy** [indʒɔ́i] ㊉ 즐기다

☐☐**enough** [inʌ́f] ㊍ 충분한 ㊏ 충분히

☐☐**enter** [éntər] ㊉㊋ 들어가다, 입학하다

☐☐☐**especially** [ispéʃəli] ㊏ 특히, 유달리

☐☐**even** [íːvən] ㊏ …조차, …마저

☐**evening** [íːvniŋ] ㊊ 저녁, 밤

☐☐**ever** [évər] ㊏ 《의문문, 부정문 또는 비교급, 최상급의 말과 함께 써서》

전에, 이제까지에, 《긍정문에서》 언제나

⧄**every** [évri] (형) 온갖, 모든, …마다, 매… 《부정문에 써서》 모두가 …라고는 할 수 없다 《부분 부정》

⧄⧄**everybody** [évribɑdi] (대) 누구나 다, 사람마다 다

⧄⧄**everyone** [évriwʌn] (대) 누구나 다

⧄⧄**everything** [évriθiŋ] (대) 무엇이든지 다, 모두 다, 만사

⧄⧄⧄**everywhere** [évri(h)wɛər] (부) 어디든지 다, 도처에

암기단어

⧄⧄⧄**examine** [igzǽmin] (타) 시험하다, 검사하다, 조사하다

⧄⧄**except** [iksépt] (전) …을 제외하고는, …이외는

⧄⧄**excite** [iksáit] (타) 흥분시키다, 자극하다

⧄⧄**exciting** [iksáitiŋ] (형) 흥분시키는, 재미있는

⧄**excuse** [ikskjú:z] (타) 용서하다, 참아주다 (명) 사과, 핑계, 변명

⧄⧄**exercise** [éksərsaiz] (명) 연습, 연습 문제, 운동

⧄⧄⧄**expect** [ikspékt] (타) 기대하다, 기다리고 있다, 생각하다

⧄⧄⧄**expense** [ikspéns] (명) 비용, 지출

⧄⧄⧄**experience** [ikspí(:)riəns] (명) 경험, 체험

⧄⧄**explain** [iksplέin] (타)(자) 설명하다

⧄⧄⧄**explore** [iksplɔ́:r] (타)(자) 탐험하다, 조사하다

⧄⧄⧄**export** [ikspɔ́:rt] (타) 수출하다 (명) [ékspɔ:rt] 수출

⧄⧄⧄**express** [iksprés] (타) (사상 따위를) 말로 나타내다, (감정을) 표현하다, 나타내다 (형) 급행의, 특별한 (명) 급행 열차(버스·전차 따위)

⧄⧄**eye** [ái] (명) 눈, 시력

F f

⧄⧄⧄**fable** [féibl] (명) 우화

⧄**face** [féis] (명) 얼굴, 용모, 표면 (타)(자) …을 향하다, …에 면하다

⧄⧄⧄**fact** [fǽkt] (명) 사실, 진상

⧄⧄**factory** [fǽktri] (명) 공장, 제조소

⧄⧄⧄**fail** [féil] (자) 실패하다

☐☐☐**fair** [fέər] 형 아리따운, 고운, (하늘이) 맑은, 공평한, 공정한

☐**fall** [fɔ́:l] 자 떨어지다, 내리다, 내려가다, 쓰러지다, 《보어를 수반하여》 (…상태로) 되다 명 떨어지기, 낙하, 몰락, 《미》 가을, 《종종 복수형으로》 폭포

☐**family** [fǽmli] 명 가족 형 집의, 가정의

☐☐☐**famous** [féiməs] 형 유명한, 이름난

☐☐☐**far** [fá:r] 부 《장소》 멀리에, 《정도》 훨씬, 한결 형 먼, 멀리있는

☐☐**farmer** [fá:rmər] 명 농부, 농장 주인

☐**fast** [fǽst] 형 빠른, 단단한 부 빨리, 푹, 단단히, 확고히

☐**father** [fá:ðər] 명 아버지, 선조, 하느님

☐☐☐**favo(u)rite** [féivrit] 형 아주 좋아하는, 마음에 드는 명 마음에 듦, 총아, 인기 있는 사람, 유망주

☐☐☐**feather** [féðər] 명 깃, 깃털

☐**feed** [fí:d] 타 먹을 것을 주다, 기르다, 키우다 자 (마소 따위가) 먹다, …을 먹고 살다 명 사료, 먹이

☐**feel** [fí:l] 타 만져보다, 느끼다 자 …의 느낌이 들다, …한 기분이 들다

☐☐**few** [fjú:] 형 조금 밖에 없는, 거의 없는, 《a few 로서》 조금은 있는, 다소의 대 소수(밖에 없는), 《a few 로서》 다소(는 있는)

☐☐☐**field** [fí:ld] 명 벌판, 들, 밭, 분야, 방면, 경기장

☐☐**fight** [fáit] 타자 싸우다, (얻으려고) 다투다 명 싸움, 투지

☐☐**figure** [fígjər] 명 모양, 모습, 수자 타자 생각하다, 상상하다, 계산하다

☐**fill** [fíl] 타 (…으로) 채우다, 가득하게 하다 자 가득차다, 가득해지다

☐☐**finally** [fáinli] 부 최후에, 마침내

☐☐**find** [fáind] 타 찾아내다, 알다, 알게 되다

☐**fine** [fáin] 형 훌륭한, 아름다운, (날씨가) 맑은, 건강한, 무병한

☐☐**finish** [fíniʃ] 타자 끝내〔나〕다, 마치다, 완성하다

☐☐**fireplace** [fáiərpleis] 명 벽난로

☐☐**fish** [fíʃ] 명 물고기, 《집

합적으로》 어류, 《관사 없이 단수로 취급하여》 어육 [타][자] 물고기를 잡다, 낚시질하다

☐☐**flag** [flǽg] [명] 기

☐☐☐**flame** [fléim] [명] 불꽃, 화염

☐**floor** [flɔ́:*r*] [명] 마루, 바닥, (집의) 층

☐☐**flower** [fláuə*r*] [명] 꽃, 화초

☐☐☐**flute** [flú:t] [명] 피리, 플루우트

☐☐**fly** [flái] [타] 날게하다 [자] 날다 [명] 비행

☐☐☐**fog** [fág] [명] 안개

☐☐☐**foggy** [fági] [형] 안개낀, 안개가 자욱한, 흐릿한, 침침한

☐☐☐**folk** [fóuk] [명] 국민, 민족, 사람들, 가족

☐☐☐**follow** [fálou] [타] …을 뒤따라가다, …에 따르다, 뒤따라오다, (길을) 따라 가다, 이해하다

☐**food** [fú:d] [명] 먹을 것, 식료품

☐☐☐**fool** [fú:l] [명] 바보

☐☐☐**football** [fútbɔ:l] [명] 풋보올, 축구

☐**for** [fə*r*] [전] …대신에, …을 향하여, …을 위하여, …동안, 《대가를 나타내어》 …에, …으로서는, …에 비해서는 [접] 왜냐하면, 그 까닭은 …이니까

☐☐**foreign** [fɔ́:rin] [형] 외국의, 외국산〔계〕의

☐☐**foreigner** [fɔ́:rinə*r*] [명] 외국 사람

☐☐☐**forget** [fə*r*gét] [타][자] 잊다, 태만하다

☐☐☐**fortunately** [fɔ́:*r*tʃənitli] [부] 운좋게, 다행히도

☐☐☐**forward** [fɔ́:*r*wə*r*d] [부] 앞으로, 전방으로

☐☐**fox** [fáks] [명] 여우, 교활한 사람

☐☐☐**free** [frí:] [형] 자유스러운, 독립의, 해방된, 한가한, 할 일 없는, …을 벗어난, …이 없는, 무료의 [타] 자유롭게 하다, 해방〔석방〕하다

☐☐☐**fresh** [fréʃ] [형] 새로운, 신선한, 생기 있는, 원기 왕성한, 상쾌한

☐**Friday** [fráidi] [명] 금요일

☐**friend** [frénd] [명] 친구, 벗

☐☐☐**friendly** [fréndli] [형] 친한, 친절한, 호의를 가지고 있는

☐**from** [frəm] [전] …에서, …에서 온, …의 출신의, 《원료 · 재료》 …에서, …으로, …때문에, 《상

위·구별》 …와 (달리, 구별하여)

☐**front** [frʌ́nt] [명] 정면, 전방, 전면 [형] 앞의, 정면의

☐☐**full** [fúl] [형] 가득찬, 충만한

☐☐☐**full-time** [fultáim] [형] 전시간(취업)의, 전임의, [부] 전임으로서

☐**fun** [fʌ́n] [명] 재미있는 일, 위안, 취미

☐☐☐**funny** [fʌ́ni] [형] 우스운, 재미있는, 기묘한

☐☐**furniture** [fə́:rnitʃər] [명] 가구, 세간

☐☐☐**future** [fjú:tʃər] [명] 미래, 장래, 전도

G g

☐**game** [géim] [명] 유희, 경기, 시합, 게임, 승부, 사냥의 포획물

☐**garden** [gá:rdn] [명] 뜰, 정원

☐☐☐**gardener** [gá:rdnər] [명] 정원사, 원예가, 채소 재배자

☐☐☐**gardening** [gá:rdniŋ] [명] 조원(술), 정원꾸미기, 원예

☐☐**gate** [géit] [명] 문, 출입구

☐☐**general** [dʒénərəl] [형] 일반의, 전체의 [명] 육군 대장, 장군

☐☐☐**gentleman** [dʒéntlmən] [명] 신사

☐**get** [gét] [타] 얻다, 손에 넣다, 사다

☐☐☐**ghost** [góust] [명] 유령

☐☐**gift** [gíft] [명] 선물, 기증품, (타고난) 재능

☐**giraffe** [dʒərǽf] [명] 기린

☐**girl** [gə́:rl] [명] 소녀, 여자아이, 처녀

☐**give** [gív] [타] 주다, 공급하다, 치르다, 지불하다, 바치다

☐**glad** [glǽd] [형] 즐거운, 기쁜

☐**glass** [glǽs] [명] 유리, (유리)컵, 컵 한잔

☐☐☐**glider** [gláidər] [명] 글라이더, 활공기

☐**go** [góu] [자] 가다, 나아가다, …으로 되다, 진행되다, (기계 따위가) 움직이다, 활동하다

☐**goal** [góul] [명] 결승점, 결승선, 목적(지), 목표

☐☐☐**god** [gád] [명] 신, 하나님, 조물주

☐☐☐**gold** [góuld] (명) 금, 황금, 돈, 금화, 금빛, 황금색 (형) 금으로 만든

☐**good** [gúd] (형) 좋은, 착한, 훌륭한, 사이좋은, 즐거운, 유쾌한, 행복한, 친절한, 잘하는, 솜씨 좋은, 충분한, 상당한 (명) 착한 일, 이익, 행복, 상품, 화물

☐**good-bye** [gudbái] (감) 안녕히 (명) 작별인사

☐☐☐**goose** [gú:s] (명) 거위

☐☐☐**graceful** [gréisfəl] (형) 우아한, 우미한, 품위있는, 고상한

☐☐☐**grammar** [grǽmər] (명) 문법

☐**grandchild** [grǽntʃaild] (명) 손자〔손녀〕

☐**grandfather** [grǽnfɑ:ðər] (명) 할아버지, 선조 노인

☐**grandmother** [grǽnmʌðər] (명) 할머니

☐**grandparent** [grǽnpɛ(:)rənt] (명) 조부〔모〕

☐☐**grandson** [grǽnsʌn] (명) 손자

☐**grass** [grǽs] (명) 풀, 잔디, 목초, 풀밭, 잔디밭, 목초지대

☐**grasshopper** [grǽshapər] (명) 여치

☐☐☐**grave** [gréiv] (형) 중대한, 장중한, 엄숙한 (명) 무덤, 묘

☐☐**great** [gréit] (형) 큰, 대단한, 훌륭한, 위대한, 다수의, 다량의, 《구어》 굉장한, 멋진

☐**green** [grí:n] (형) 녹색의, 익지 않은, 푸른 (명) 녹색, 채소류, 풀밭, 잔디밭

☐☐☐**grocery** [gróusəri] (명) 《미》 식료품점

☐☐**ground** [gráund] (명) 땅, 지면, (특별한 목적으로 구획한) 장소, 토지, 터, 운동장

☐☐☐**group** [grú:p] (명) 무리, 모임

☐☐**grow** [gróu] (자) 성장하다, 커지다, 자라다, …으로 되다 (타) 재배하다, 가꾸다

☐☐☐**grower** [gróuər] (명) (꽃·야채 따위를) 심어 가꾸는 사람, 재배자

☐☐☐**guard** [gɑ́:rd] (명) 지키는 사람, 보초, 《영》 차장, 망보기, 경계, 조심 (타) 망보다, 지키다

☐☐☐**guess** [gés] (타) 추측하다, 판단하다, 알아 맞히다, (수수께끼를) 맞히다 (명) 추측, 어림, 짐작

☐**guest** [gést] (명) 손님

H h

☑☑**hair** [hέər] 명 털, 머리카락

☑**hand** [hǽnd] 명 손

☑**handsome** [hǽnsəm] 형 (용모 따위가) 잘 생긴

☑☑**hang** [hǽŋ] 타 걸다, 매달다, 교수형에 처하다 자 걸리다

☑☑**happen** [hǽpən] 자 생기다, 일어나다, 우연히 …하다

☑☑**happiness** [hǽpinis] 명 행복

☑**happy** [hǽpi] 형 행복한, 기쁜, 즐거운

☑☑**harbor** [há:rbər] 명 항구

☑**hard** [há:rd] 형 딱딱한, 어려운, 곤란한, 열심인 부 열심히

☑☑☑**harvest** [há:rvist] 명 수확, 거두어들임

☑☑**hat** [hǽt] 명 (테 있는) 모자

☑☑**hate** [héit] 타 미워하다, 싫어하다

☑**have** [həv, (강) hǽv] 타 가지고 있다, 먹다, 《have+목적어 (물건)+과거 분사의 형식으로》 …시키다, …하게 하다, 《have+목적어 (사람)+to 없는 부정사의 형식으로》 …시키다, …하게 하다 조 《have+과거분사로 현재 완료형을 만든다》《완료》 이미 …해 버렸다, 《경험》 …한 적이 있다, 《계속》 지금까지 죽 …해 왔다

☑**he** [hí:] 대 《인칭대명사 · 3인칭 단수 남성 주격》 그는, 그가, 그 사람은〔이〕

☑☑☑**head** [héd] 명 머리, 우두머리, 수석

☑☑**headphone** [hédfòun] 명 (머리에 거는) 수화기, 수신기

☑☑**hear** [híər] 타자 듣다, 들리다

☑☑**heart** [há:rt] 명 심장, 마음, 《트럼프의》 하아트

☑☑**heavy** [hévi] 형 무거운, 심한

☑**hello** [helóu] 감 여보세요, 야아

☑**help** [hélp] 타 돕다, 거들다, (음식물을) 집어 주다, 권하다 명 도움, 조력, 원조

☐☐**hen** [hén] [명] 암탉
☐**here** [híər] [부] 여기에, 여기서, 여기로
☐**hi** [hái] [감] 야아, 안녕(하세요)
☐☐☐**hide** [háid] [타] 감추다 [자] 숨다
☐**high** [hái] [형] 높은
☐☐**hill** [híl] [명] 작은 산, 언덕
☐☐☐**hint** [hínt] [명] 암시, 힌트
☐☐**history** [hístri] [명] 역사, 경력, 연혁
☐☐☐**hobby** [hábi] [명] 도락, 취미
☐☐**hold** [hóuld] [타] 손에 들다, 쥐다, (회합 따위를) 개최하다, 열다
☐☐**holiday** [hálədei] [명] 휴일, 휴가
☐**home** [hóum] [명] 집, 가정, 고향, 본국 [형] 가정의, 고향의, 본국의 [부] 집에, 본국에
☐☐**homeroom** [hóumrù:m] [명] 홈룸《학급 전원이 모이는 방》
☐**homework** [hóumwə:rk] [명] 숙제
☐☐☐**honest** [ánist] [형] 정직한, 성실한
☐☐☐**hono(u)r** [ánər] [명] 명예, 경의
☐**hop** [háp] [자] (한발로) 뛰다, 껑충껑충 뛰다 [명] 한발로 뛰기
☐☐**hope** [hóup] [타][자] 바라다, 희망하다 [명] 희망, 기대, 가망
☐☐**horse** [hɔ́:rs] [명] 말, 목마
☐☐**hospital** [háspitl] [명] 병원
☐☐**hot** [hát] [형] 더운, 뜨거운
☐☐**hour** [áuər] [명] 1시간, 시각
☐**house** [háus] [명] 집, 가옥, 《the House로》 의사당, 의원
☐☐☐**housewife** [háuswàif] [명] 주부, 반짇고리
☐**how** [háu] [부] 어떻게, 어떤 방법으로, 《how+to+원형으로》 …하는 방법, 얼마만큼, 어느 정도, 《감탄문에 사용하여》 참
☐☐☐**however** [hauévər] [접] 그렇지만, …이라 해도 [부] 아무리 …일지라도
☐☐☐**huge** [hjú:dʒ] [형] 거대한, 막대한
☐☐**human** [hjú:mən] [형] 인간의 [명] 인간, 인류
☐☐**hundred** [hʌ́ndrəd] [명] 100, 100세 [형] 100의
☐**hungry** [hʌ́ŋgri] [형] 배고픈, 굶주린
☐☐☐**hurry** [hə́:ri] [자] 서두르다, 황급히 가다 [타] 서

두르다, 재촉하다 ㉑ 서두름, 허둥지둥함

☐☐☐**hurt** [hə́:rt] ㉠ 다치게 하다, 아프게 하다, (감정을) 상하게 하다 ㉡ 아프다 ㉑ 상처

☐☐**husband** [hʌ́zbənd] ㉑ 남편

I i

☐**I** [ái] ㉢ 나는, 내가

☐**ice** [áis] ㉑ 얼음

☐**idea** [aidí:ə] ㉑ 생각, 착상

☐☐**if** [íf] ㉣ 만일 …이라면, …인지 어떤지, 비록 …일지라도

☐☐☐**imagine** [imǽdʒin] ㉠㉡ 상상하다, …라고 생각하다

☐☐**important** [impɔ́:rtnt] ㉤ 중요한, 귀중한

☐☐☐**impress** [imprés] ㉠ 인상을 주다, 감동시키다

☐☐☐**impressive** [imprésiv] ㉤ 인상적인, 감명깊은

☐☐**improve** [imprú:v] ㉠ 개량하다, 개선하다 ㉡ 나아지다, 진보하다

☐**in** [ín] ㉥ 《장소》 안에, …에, 《시간》 …에, …지나면, 《복장》 …을 입고, 《상태》 …하여, …이 되어, 《방법》 …으로 ㉦ 안에, 안으로, 집안에

☐☐☐**information** [ìnfərméiʃən] ㉑ 보도, 정보, 지식, 견문, 안내소

☐**inside** [ínsáid] ㉑ 내부, 안쪽 ㉦ 안에 ㉤ 내부의 ㉥ [insáid] …의 안쪽에

☐☐**instead** [instéd] ㉦ 그 대신에

☐☐☐**instrument** [ínstrumənt] ㉑ (주로 학술용의) 기계, 기구, 악기

☐☐☐**interest** [íntərist] ㉠ 흥미를 갖게 하다 ㉑ 흥미, 관심, 이익

☐☐**interesting** [íntəristiŋ] ㉤ 재미있는, 흥미있는

☐**into** [íntu] ㉥ 《동작·운동을 나타내어》 …의 속으로, …의 속에, 《변화를 나타내어》 …으로(바꾸다, 바뀌다)

☐☐☐**invent** [invént] ㉠ 발명하다

☐☐**invite** [inváit] ㉠ 초대하다, 부르다, 권유하다

☐☐☐**island** [áilənd] ㉑ 섬

☐**it** [ít] ㉢ 그것은, 그것을, 그것에, 《시간·기후·

거리·계절·명암 따위를 나타낼 때 주어로 사용한다》, 《형식주어 또는 목적어로서 구나 절을 대표할 때》…하는 것은〔을〕, 《문장의 일부를 강조할 때 It is ～ that 형식으로 쓴다》…인 것은

J j

⧄⧄**jaw** [dʒɔ́:] [명] 턱

⧄⧄⧄**jean** [dʒí:n] [명] 《종종 복수형으로》 능직 무명천, 《복수형으로》 진즈로 만든 의류

⧄⧄**job** [dʒáb] [명] 일, 삯일, 직업

⧄⧄⧄**join** [dʒɔ́in] [타] 연결하다, 결합하다, 참가하다 [자] 합치다

암기단어

⧄⧄⧄**joke** [dʒóuk] [명] 농담

⧄⧄⧄**joy** [dʒɔ́i] [명] 기쁨

⧄⧄**juice** [dʒú:s] [명] (과실·고기 따위의) 즙, 과즙액, 주우스

⧄**jump** [dʒʌ́mp] [자] 뛰다, 뛰어오르다, (물가 따위가) 갑자기 오르다 [명] 뛰어오르기, 점프

⧄⧄⧄**jungle** [dʒʌ́ŋgl] [명] 밀림, 정글

⧄**just** [dʒʌ́st] [부] 꼭, 바로, 《종종 현재완료와 함께 쓴다》 바로 지금, 《명령법과 함께》 좀, 조금 [형] 올바른, 공평한, 정의의, 정당한, 이유 있는

K k

⧄**kangaroo** [kæ̀ŋgərú:] [명] 캥거루우

⧄⧄**keep** [kí:p] [타] 지니다, 가지고 있다, (어떤 상태로) 하여 두다, (규칙 따위를) 지키다, 기르다 [자] 계속하다, 죽 …하고 있다

⧄⧄**kill** [kíl] [타] 죽이다

⧄⧄**kilometer** [kíləmì:tər] [명] 킬로미터

⧄**kind** [káind] [형] 친절한, 온화한 [명] 종류

⧄⧄**king** [kíŋ] [명] 왕, 국왕

⧄**kitchen** [kítʃin] [명] 부엌

⧄⧄⧄**kite** [káit] [명] 솔개; 연

□□□**knife** [náif] [명] 나이프, 칼

□□□**knock** [nák] [타][자] 똑똑 두드리다, (문을) 노크하다, (세게) 치다

□**know** [nóu] [타] 알고 있다, 알다, 그것이라고 알다, 알아차리다

L l

□□**laboratory** [lǽbrətɔ:ri] [명] 실험실, 연구소

□**lady** [léidi] [명] 귀부인, 부인, …의 부인, 《명사에 붙여서》 여자…, 부인…

□**lake** [léik] [명] 못, 호수

□□**lamb** [lǽm] [명] 새끼양

□□□**land** [lǽnd] [명] 육지, 토지, 나라 [타][자] 상륙하다, 착륙하다

□□□**language** [lǽŋgwidʒ] [명] 언어, 말, 국어

□**large** [lá:rdʒ] [형] 큰, 넓은, 많은

□□□**lark** [lá:rk] [명] 종달새

□**last** [lǽst] [형] 최후의, 앞서의, 최근의 [부] 최후에, 이전에 [명] 최후(의 것)

□**late** [léit] [형] 늦은, 때늦은, 최근의 [부] 때늦게, 늦게

□**laugh** [lǽf] [자] 웃다

□□**law** [lɔ́:] [명] 법률, 법칙, 규칙

□□□**lazy** [léizi] [형] 게으른, 꾀부리는

□**leaf** [lí:f] [명] 잎

□□**learn** [lə́:rn] [타][자] 배우다, 외다, 익히다, 알다, 알게 되다 [형] 학식 있는, 박식한

□□**leave** [lí:v] [타] 출발하다, 떠나다, 두고 가다, 잊어버리고 가다, …한 채로 놓아두다 [자] 떠나다, 출발하다 [명] 허가

□□□**left** [léft] [형] 왼쪽의 [명] 왼쪽, 좌측 [타][자] leave (떠나다)의 과거·과거분사

□□**leg** [lég] [명] 다리, (테이블 따위의) 다리

□□□**lend** [lénd] [타] 빌려주다

□**lesson** [lésn] [명] 학과, 교과, 《보통 복수형으로》 수업, 교훈

□**let** [lét] [타] 《let＋목적어＋to 없는 부정사의 형태로》 …시키다, …하는 것을 허용하다, 빌려주다 [조] 《1·3인칭에 써서 권유·명령·가정·허가를

나타낸다》 …하자

⧄**let's** [léts] let us (…하자)의 단축형

⧄**letter** [létər] (명) 편지, 문자, 학문, 문학

⧄⧄⧄**liberation** [lìbəréiʃən] (명) 해방, 석방

⧄⧄**library** [láibreri] (명) 도서관〔실〕

⧄⧄**lie** [lái] (자) 가로 눕다, 위치하다

⧄⧄**life** [láif] (명) 생명, 목숨, 생기, 생활, 생애, 인생, 전기

⧄⧄**light** [láit] (명) 불빛, 등불, 빛 (타) 등불을 켜다, 불을 붙이다, 비추다, 밝게 하다 (형) 밝은, (빛깔이) 엷은, 가벼운

⧄**like** [láik] (타)(자) 좋아하다, 마음에 들다, …하고 싶다 (형) 닮은, …과 같은

⧄**lily** [líli] (명) 백합

⧄⧄**line** [láin] (명) 선, 줄, 열, 《철도의》 선, 항로, 전선, 전화선

⧄**lion** [láiən] (명) 사자

⧄**listen** [lísn] (자) 듣다, 귀를 기울이고 듣다

⧄**little** [lítl] (형) 작은, 귀여운, 조금의, 약간의, 《a가 없이 부정》 거의 없는, 조금밖에 없는 (부) 《a를 붙이지 않고 부정》 거의 …하지 않다, 《a little의 형태로 긍정》 조금은 (…있다, 하다) (대) 《a를 붙이지 않고 부정》 조금(밖에 없다), 《a little의 형태로 긍정》 조금(있다)

⧄**live** [lív] (자) 살다, 살아 있다, 살아가다, 생활하다 (타) …한 생활을 하다

⧄⧄⧄**locate** [loukéit] (타) (어떤 장소에) 두다

⧄**long** [lɔ́:ŋ] (형) 긴, 길다란, 오랜 (부) 오랫동안, 쭉 (명) 오랫동안 (자) 간절히 바라다, 사모하다

⧄**look** [lúk] (자) (눈여겨) 보다, …으로 보이다, …한 얼굴을 하고 있다 (명) 보기, 한번 봄, 모양, 《복수형으로》 인상, 용모

⧄**lose** [lú:z] (타) 잃다, 없애다, (시계가) 늦어지다, 길을 잃다, 지다

⧄⧄**lot** [lát] (명) 제비, 운수, 《구어 a lot, lots로》 많음

⧄⧄**love** [lʌ́v] (타) 사랑하다, 좋아하다 (명) 사랑, 애정, 좋아하기

⧄⧄**low** [lóu] (형) 낮은, 싼, 기운 없는 (부) 낮게, 싸게

⧄⧄**luck** [lʌ́k] (명) 운수, 행운

⧄**lucky** [lʌ́ki] (형) 운이 좋은, 행운의

암기 단어

☐☐☐**lunar** [lú:nər] 형 달의, 태음의

☐**lunch** [lʌ́ntʃ] 명 점심

M m

☐☐☐**magazine** [mæ̀gəzí:n] 명 잡지

☐☐☐**mailman** [méilmæ̀n] 명 우편 집배원

☐**make** [méik] 타 만들다, …이 되다, 《make+목적어+형용사(또는 명사, 분사)》(…을) …으로 만들다, 《make+목적어+동사(수동형일 때는 +to 부정사)》 …에게 …시키다

☐☐**man** [mǽn] 명 사람, 인간, 남자 어른, 하인, 노동자, 부하

☐**many** [méni] 형 다수의, 많은 명 다수의 사람, 많은 물건

☐**map** [mǽp] 명 지도, 거는 지도

☐☐**marathon** [mǽrəθan] 명 마라톤 경주

☐☐**market** [má:rkit] 명 시장, 판로, 수요

☐☐**marriage** [mǽridʒ] 명 결혼, 결혼식

☐☐**marry** [mǽri] 타 결혼하다, 결혼시키다 자 결혼하다

☐☐☐**master** [mǽstər] 명 주인, 고용주, 장, 선장, 가축 키우는 사람, (국민학교 따위의) 선생, 도련님 타 습득하다, 숙달하다, 정복[지배]하다

☐**math** [mæθ] 명 《구어》 수학

☐☐**matter** [mǽtər] 명 일, 사항, 문제, 《the matter로》 사고, 난처한 일, 고장 자 중요하다, 중요한 관계가 있다

☐☐**may** [méi] 조 《허가》 …해도 좋다, 《추측》 …인지도 모른다, 《가능성》 …할 수도 있다, 《양보》 가령 …일지라도, 《목적》 《(so) that ~ may의 형태로》 …하기 위하여, 《기원》 《주어 앞에 두어》 …하소서

☐☐**maybe** [méibi] 부 아마, 어쩌면

☐☐**meal** [mí:l] 명 식사

☐☐**mean** [mí:n] 타 의미하다, …이라는 뜻이다,

…할 예정이다 ⓗ 비천한, 비열한

☐☐**meaning** [mí:niŋ] ⓜ 의미, 뜻

☐☐☐**meat** [mí:t] ⓜ 고기, 식용고기

☐☐☐**medal** [médal] ⓜ 메달, 기념장

☐**meet** [mí:t] ⓣ 만나다, (만나서) 아는 사람이 되다, 마중하다 ⓙ 회합하다, 모이다, 마주치다

☐☐☐**meeting** [mí:tiŋ] ⓜ 회, 모임, 회합

☐☐**melt** [mélt] ⓙ 녹다 ⓣ 녹이다, 누이다

☐☐☐**member** [mémbər] ⓜ (단체의) 일원, 회원

암기단어

☐☐☐**merchant** [mə́:rtʃənt] ⓜ 상인

☐☐☐**mermaid** [mə́:rmeid] ⓜ (여자) 인어, 《미》 여자 수영선수

☐**merry-go-round** [méri-gouràund] ⓜ 회전목마

☐☐**microphone** [máikrə-foun] ⓜ 마이크로폰, 확성기

☐☐**middle** [mídl] ⓗ (한)가운데의, 중앙의 ⓜ 중앙

☐**midnight** [mídnait] ⓜ 한밤중

☐☐☐**mild** [máild] ⓗ 잔잔한, 온화한

☐**milk** [mílk] ⓜ 밀크, 우유

☐☐☐**million** [míljən] ⓜ 백만, 무수 ⓗ 백만의

☐☐☐**miner** [máinər] ⓜ 광부

☐☐☐**mining** [máiniŋ] ⓜ 채광, 광업, 채굴

☐☐**minute** [mínit] ⓜ (시간·각도의) 분, 잠간(동안의 시간), 순간

☐**Miss** [mís] ⓜ …양《미혼 여성의 이름 앞에 붙이는 존칭》, …선생 《미혼의 여선생》

☐☐**miss** [mís] ⓣ …하지 못하다, 놓치다, …이 없어 섭섭히 여기다 ⓜ 빗나감, 실패

☐**model** [mádl] ⓜ 모형, 본, 모델, 모범

☐☐☐**modern** [mádərn] ⓗ 현대의, 근대의

☐☐**moment** [móumənt] ⓜ 순간, 찰나

☐**Monday** [mʌ́ndi] ⓜ 월요일

☐☐☐**money** [mʌ́ni] ⓜ 돈, 통화, 금전

☐**monkey** [mʌ́ŋki] ⓜ 원숭이

☐☐☐**month** [mʌ́nθ] ⓜ (달력의) 달, 월

☐☐**moon** [mú:n] ⓜ (천체의) 달

□**morning** [mɔ́:rniŋ] 명 아침, 오전

□□**mosquito** [məskí:tou] 명 모기

□**mother** [mʌ́ðər] 명 어머니

□□**mountain** [máuntn] 명 산, 《복수형으로》 산맥

□□□**mouse** [máus] 명 생쥐

□□□**mousetrap** [máustræ̀p] 명 쥐덫

□□**mouth** [máuθ] 명 입, 출구, 입구

□□**move** [mú:v] 타 움직이다, 감동시키다 자 움직이다, 이사하다, 옮기다

□□□**movie** [mú:vi] 명 무우비, 영화

□**Mr.** [místər] 명 《mister의 약어》 …님, …씨, …군

□**Mrs.** [mísiz] 명 《mistress의 약어》 …부인《결혼한 부인의 성 · 성명 앞에 붙인다》

□□□**Mt.** [máunt] 산《Mount의 약자로 산의 이름 앞에 붙인다》

□**much** [mʌ́tʃ] 형 《양을 나타낸다》 많은 대 다량, 다액 부 《동사와 함께 써서》 매우, 《형용사 · 부사의 비교급과 함께 써서》 훨씬

□□□**museum** [mju:zí:əm] 명 박물관

□**music** [mjú:zik] 명 음악, 악곡, 아름다운 소리

□□□**musical** [mjú:zikl] 형 음악의, 음악적인

□□**must** [məst, (강) mʌ́st] 조 《필요 · 강제 · 명령 따위를 나타낸다》 …하여야 한다, 《부정형으로 금지를 나타낸다》 …해서는 안된다, 《당연한 추측을 나타낸다》 …임에 틀림없다

암기단어

N n

□**name** [néim] 명 이름 타 이름 붙이다

□□□**nation** [néiʃən] 명 국민, 국가

□□**national** [nǽʃənl] 형 국민의, 국가의, 국립의

□□□**navy** [néivi] 명 해군

□**near** [níər] 부 (장소 · 시간 따위가) 가까이 형 가까운 전 …의 가까이에

⧄⧄⧄**nearly** [níərli] [부] 거의, 약

⧄**neat** [ní:t] [형] 단정한, 말쑥한, 정결한

⧄⧄⧄**neck** [nék] [명] 목

⧄**need** [ní:d] [명] 필요 [타] …을 필요로 하다 [조] …할 필요가 있다

⧄⧄⧄**neighbor** [néibər] [명] 이웃사람, 근처의 사람

⧄⧄⧄**nest** [nést] [명] 새집, 새의 보금자리

⧄**net** [nét] [명] 그물, 네트

⧄⧄**never** [névər] [부] 결코 …하지 않다

⧄**new** [njú:] [형] 새로운

⧄⧄⧄**newborn** [njú:bɔ̀:rn] [형] 방금 태어난, 신생의, 부활한

⧄⧄**news** [njú:z] [명] 뉴우스, 소식《단수로 취급》

⧄⧄**newspaper** [njú:zpèipər] [명] 신문, 신문지

⧄⧄**next** [nékst] [형] 다음의, 옆의 [부] 다음에 [전] …의 다음에〔의〕

⧄**nice** [náis] [형] 좋은, 멋진

⧄⧄⧄**nickname** [níkneim] [명] 별명

⧄**night** [náit] [명] 밤(해가 진 후부터 해가 돋을 때까지)

⧄**no** [nóu] [부] 아니(오), 《비교급 앞에 써서》 조금도 …없는 [형] 조금도 …아닌

⧄⧄**nobody** [nóubadi] [대] 아무도 …않다

⧄⧄**noise** [nɔ́iz] [명] 소란한 소리, 잡음, 소음

⧄⧄⧄**none** [nʌ́n] [대] 아무도 …아니다, 조금도 …아니다

⧄**noon** [nú:n] [명] 정오, 대낮, 전성기

⧄⧄**north** [nɔ́:rθ] [명] 북 [형] 북쪽의

⧄⧄**northeast** [nɔ:rθí:st] [명] 《보통 the northeast 로》 북동, 북동부(지방) [형] 북동의 [부] 북동에〔으로〕

⧄**nose** [nóuz] [명] 코

⧄**not** [nát] [부] …아니다《be 동사·조동사의 바로 뒤에서 이 말을 부정한다. 부정사·분사를 부정할 때는 그 바로 앞에 놓는다》

⧄**notebook** [nóutbuk] [명] 노우트, 필기장

⧄**nothing** [nʌ́θiŋ] [대] 아무것도 …아니다《형용사는 뒤에 온다》

⧄**now** [náu] [부] 지금, 자… [명] 지금

⧄⧄**number** [nʌ́mbər] [명] 번호, 수

⧄**nurse** [nə́:rs] [명] 유모, 보모, 간호원

O o

□□**oak** [óuk] 명 참나무, 떡갈나무

□□**ocean** [óuʃən] 명 대양, 대해

□**o'clock** [əklák] 명 …시 《of the clock 의 단축형》

□**of** [ɑv] 전 《소유·소속》 …의, 《관계》 …에 대하여, …에 관하여, 《재료》 …의, …으로, …제의, 《부분》 …가운데의〔서〕, 《동격》 …라는, 《그릇·분량》 …이 들어있는, 《행위자》 …의, …에 의하여, 《원인》 …으로, …때문에

□□**off** [ɔ́:f] 부 떨어져서, 저편에, 멀리, 떠나서, 떨어져, 벗어서 전 …에서 떨어져서, …으로부터

□□□**offer** [ɔ́:fə*r*] 타자 제공하다, 내놓다, 권하다, 말하고 나서다, 제의하다

□□**office** [ɔ́:fis] 명 관청, 사무실, 회사

□□**often** [ɔ́:fən] 부 빈번히, 자주

□□**oh** [óu] 감 오! 어머나!

□**oil** [ɔ́il] 명 기름, 석유, 《복수형으로 하여》 유화용 그림 물감

□**okay** [óukéi] 형부 《미구어》 좋다, 됐다

□**old** [óuld] 형 늙은, …살의, 헌, 옛부터의

□**on** [án] 전 《위치》 …의 위에, 《접촉》 몸에 걸쳐, 몸에 지녀, 《때》 …일〔날〕에, 《방향》 …에, …의 곁에, 《관계》 …에 관하여, 《방법·상태》 …하여, …하고, …하자마자 부 위에〔로〕, 계속하여, 몸에 지녀〔걸쳐〕

□□**once** [wʌ́ns] 부 한 번, (이)전에, 예전에 접 한 번 …하면, …한 이상은 명 한 번, 1 회

□□**only** [óunli] 형 단 하나의 부 단지

□**open** [óupən] 타 열다, 펴다 자 열리다 형 열린, 열려 있는, 넓은

□**or** [ɔ́:*r*] 접 혹은, 또는, 《명령문 다음에서》 그렇지 않으면

□**orange** [ɔ́:rindʒ] 명 오렌지의 나무〔과실〕, 오렌지색 형 오렌지색의

□□□**order** [ɔ́:*r*də*r*] 타 명령하

다, 주문하다 ⓜ《복수형으로》 명령, 순서, 질서

☐☐☐**orphan** [ɔ́:rfən] ⓜ 고아

☐**other** [ʌ́ðər] ⓗ 다른 ⓓ 다른 사람〔물건〕

☐**out** [áut] ⓑ 밖에〔으로〕, 꺼져서, 전혀, 아주

☐**outside** [áutsáid] ⓜ 바깥쪽 ⓗ 바깥쪽의, 외부의 ⓑ 밖에〔으로〕 ⓙ …의 밖에 [autsáid]

☐**over** [óuvər] ⓙ …의 위에, …을 넘어서, …이상, 온통, 도처에, …에 관하여 ⓑ 넘어서, 저편으로, 끝나서

☐☐**overcoat** [óuvərkout] ⓜ 외투, 오우버코우트

☐☐**owl** [ául] ⓜ 올빼미

☐☐**own** [óun] ⓗ 자기 자신의, 특유의 ⓣⓙ 소유하다, 자인하다, 고백하다

☐☐☐**owner** [óunər] ⓜ 소유자, 임자

P p

☐☐**page** [péidʒ] ⓜ (책의) 페이지

☐☐☐**pagoda** [pəgóudə] ⓜ 탑, 파고다

☐**paint** [péint] ⓣ (그림 물감으로) 그리다, (페인트를) 칠하다 ⓜ (그림용) 물감, 페인트

☐☐☐**painting** [péintiŋ] ⓜ 그림, 페인트 칠하기

☐☐☐**pair** [pέər] ⓜ 한 쌍, 한 짝, 한 켤레, 한 벌

☐☐☐**pal** [pǽl] ⓜ《구어》 친한 친구

☐☐**palace** [pǽlis] ⓜ 궁전

☐**pants** [pǽnts] ⓜ《복수》 바지

☐**paper** [péipər] ⓜ 종이, 신문

☐**parents** [pέ(:)rənts] ⓜ《복수》 어버이, 양친

☐☐**park** [pá:rk] ⓜ 공원, 유원지, 자동차 주차장

☐☐☐**parrot** [pǽrət] ⓜ 앵무새

☐☐**part** [pá:rt] ⓜ 부분, 역, 역할, 본분 ⓙ 헤어지다 ⓣ 가르다

☐☐**party** [pá:rti] ⓜ 짝, 패, 일행, 회합, 파아티, 정당, 당파

☐**pass** [pǽs] ⓙ 지나가다, 통과하다, 《때가》 지나다, 경과하다 ⓣ 지나가다, (시험에) 합격하다, 넘겨주다, 지내다

☐☐☐**passenger** [pǽsndʒər] ⓜ

승객, 여객, 통행인

☐☐**past** [pæst] 형 지나간, 과거의 명 과거 전 (시간이) 지나서, …을 지나서, 넘어서

☐☐☐**pay** [péi] 타 (돈을) 지불하다, (결의 · 주의 따위를) 기울이다 자 치르다 명 지불, 임금, 급료

☐☐☐**peace** [pí:s] 명 평화

☐**peanut** [pí:nʌt] 명 낙화생, 땅콩

☐**pen** [pén] 명 펜

☐**pencil** [pénsl] 명 연필

☐☐☐**penguin** [péŋgwin] 명 펭귄

☐**people** [pí:pl] 명 《집합명사》 사람들, 세상 사람들, 인민, 민중, 《복수형으로》 국민, 민족

☐☐**perhaps** [pərhǽps] 부 아마

☐☐**person** [pə́:rsn] 명 사람, 개인, 《문법》 인칭

☐☐**phone** [fóun] 타 전화를 걸다 명 전화(기)

☐☐☐**pianist** [piǽnist] 명 피아니스트

☐**piano** [piǽnou] 명 피아노

☐**pick** [pík] 타 쑤시다, 후비다, 따다, 고르다, 뽑다, 줍다 자 쪼다

☐☐**picnic** [píknik] 명 피크닉, 소풍

☐**picture** [píktʃər] 명 그림, 회화, 사진《the+복수형으로》 영화

☐**piece** [pí:s] 명 한 조각

☐☐**pig** [píg] 명 돼지

☐☐☐**pilot** [páilət] 명 수로 안내인, (비행기 따위의) 조종사

☐☐☐**pink** [píŋk] 명 패랭이꽃, 석죽, 핑크, 분홍빛, 핑크색 형 분홍빛의

☐☐☐**pipe** [páip] 명 관, (담배) 파이프

☐☐**place** [pléis] 명 장소, 위치, 토지, 지방, 좌석, 지위, 신분, 위치 타 놓다, 배치하다

☐☐**plain** [pléin] 형 명백한, 평이한, 솔직한, 꾸밈없는, 질박한 명 평지, 평원

☐☐**plan** [plǽn] 명 계획, 플랜, 설계도, 도면 타 계획하다

☐☐☐**plane** [pléin] 명 비행기, 평면, 대패

☐☐☐**plant** [plǽnt] 명 식물, 공장(의 설비) 타 심다, 뿌리다

☐☐☐**platform** [plǽtfɔ:rm] 명 대, 단, 교단, 승강대, 연단, (역의) 플랫포옴

☐**play** [pléi] 자 놀다, 행동하다 타 …을 하며 놀다, (악기를) 연주하다, 연

기를 하다, …역을 하다 [명] 놀이, 경기, 연극

☐☐☐**player** [pléiər] [명] 유희를 하는 사람, 경기자, 연주가, (연극) 배우

☐**playground** [pléigraund] [명] 놀이터, 운동장

☐☐**pleasant** [pléznt] [형] 즐거운, 기분좋은, 재미나는, 유쾌한

☐**please** [plí:z] [타][자] 기쁘게 하다, 만족시키다, 좋아하다, 《If you please를 약한 말로》 제발, 부디

☐☐☐**p.m., P.M.** [pí:ém] 《약어》 오후 《라틴어의 post meridiem (=afternoon)의 생략》

왕기 단어

☐☐**pocket** [pákit] [명] 호주머니

☐☐☐**pole** [póul] [명] (남·북)극, (전지 따위의) 극, 막대기, 장대

☐☐☐**policeman** [pəlí:smən] [명] 경관, 순경

☐☐☐**pond** [pánd] [명] 못, 늪

☐☐☐**pool** [pú:l] [명] 못, 웅덩이, 수영 푸울

☐☐**poor** [púər] [형] 가난한, 불쌍한, 빈약한, 초라한, 빈한한, 건강하지 못한, 약한, 서투른, 잘못하는

☐☐☐**pop** [páp] [형] 대중적인

☐☐☐**popular** [pápjələr] [형] 인기있는, 평판이 좋은, 통속적인

☐☐☐**population** [pàpjəléiʃən] [명] 인구

☐☐☐**possible** [pásəbl] [형] 가능한, 실행할 수 있는, 있을 수 있는, 상당한

☐☐**post** [póust] [명] 《영》 우편, 우편물, 우체통, 포우스트 [타] 《영》 우편으로 보내다, 투함하다

☐☐☐**pot** [pát] [명] 항아리, 단지, 병, 주발

☐☐☐**power** [páuər] [명] 힘, 능력, 강대국

☐☐☐**practical** [prǽktikl] [형] 실제의, 실용적인

☐☐☐**practice** [prǽktis] [명] 연습, 실행, 실시 [타][자] 행하다, 실행하다, 연습하다

☐☐☐**present** [préznt] [형] 출석한, 현재의 [명] 지금, 현재, 선물, 프레젠트 [타] [prizént] 선사하다

☐**pretty** [príti] [형] 예쁜, 귀여운 [부] 꽤, 상당히

☐☐☐**price** [práis] [명] 값, 가격, 희생, 대가

☐☐☐**pride** [práid] [명] 자랑, 자만, 자존심

☐☐**princess** [prínsis] [명] 공주, 왕비, 황녀

☐**principal** [prínsəpl] [형]

으뜸가는, 주요한 ㉮ 교장, 학장

☐☐☐**prize** [práiz] ㉮ 상품, 상

☐☐**problem** [prábləm] ㉮ 문제, 의문

☐☐☐**profit** [práfit] ㉮ 이익, 이득

☐☐**program(me)** [próugræm] ㉮ 상연〔상영〕목록, 프로그램

☐☐☐**project** [prədʒékt] ㉯ 계획하다, 내던지다, 투영하다 ㉰ 돌출하다 ㉮ [prádʒekt] 계획, 사업

☐☐**promise** [prámis] ㉮ 약속, 유망, 가망 ㉯ 약속하다

☐☐☐**pronunciation** [prənʌnsiéiʃən] ㉮ 발음

☐**proud** [práud] ㉱ 뽐내는, 의기양양한, 자랑으로 여기는, 명예로 여기는

☐**puppy** [pʌ́pi] ㉮ 강아지

☐☐☐**pure** [pjúər] ㉱ 순수한, 순결한

☐☐**push** [púʃ] ㉯ 밀다, 밀고 나아가다

☐☐**put** [pút] ㉯ 놓다, 두다, 얹다, 넣다

Q q

☐☐**quarrel** [kwɔ́:rəl] ㉰ 싸우다, 말다툼하다 ㉮ 싸움, 말다툼

☐☐☐**quarter** [kwɔ́:rtər] ㉮ 4분의 1, 15분

☐☐**queen** [kwí:n] ㉮ 여왕

☐☐**question** [kwéstʃən] ㉮ 질문, 물음, 질의, 《문법》의문문

☐☐**quickly** [kwíkli] ㉲ 빨리, 급히, 곧

☐☐**quiet** [kwáiət] ㉱ 조용한

☐☐☐**quite** [kwáit] ㉲ 아주

☐☐☐**quiz** [kwíz] ㉮ 질문, 퀴즈

R r

☐☐**rabbit** [rǽbit] ㉮ (집)토끼

☐**race** [réis] ㉮ 경주, 인종, (동식물의) 종족

☐☐☐**racehorse** [réishɔ̀:rs] ㉮ 경주말, 경마말

☐☐**radio** [réidiou] ㉮ 라디오

☐**rain** [réin] ㉮ 비 ㉰ 비

가 오다

☐☐**raise** [réiz] [타] 올리다, (식물을) 재배하다, (가축 따위를) 기르다

☐☐☐**reach** [ríːtʃ] [타] 다다르다, 닿다

☐**read** [ríːd] [타][자] 읽다, 독서하다, 읽어 알다, [réd] 로서 read (읽다)의 과거·과거분사

☐☐**ready** [rédi] [형] 준비가 된, 자진하여 …하는, 기꺼이 …하는, 바로 …하려고 하는

☐☐☐**real** [ríːəl] [형] 실제의, 현실의, 진짜의

☐☐**really** [ríːəli] [부] 참으로

☐☐☐**rebuild** [ribíld] [타][자] 재건하다, 개축하다, 다시 짓다

☐☐☐**receive** [risíːv] [타][자] 받다, 맞아들이다

☐**red** [réd] [형] 빨간 [명] 빨강

☐☐☐**reflect** [riflékt] [타] (빛·열 따위를) 반사하다, (거울 따위가) …을 비추다, …을 숙고하다, 반영하다

☐☐☐**relay** [riléi] [명] 릴레이 경주, 중계

☐☐☐**remain** [riméin] [자] 남다, 머물다, 여전히 …이다

☐☐**remember** [rimémbə*r*] [타][자] 기억하다, 외고 있다, 안부 전해달라고 말하다

☐☐☐**reply** [riplái] [타][자] 대답하다 [명] 답, 대답

☐☐☐**respect** [rispékt] [타] 존경하다 [명] 존경, 경의

☐☐**rest** [rést] [자] 쉬다, 기대다, 의지하다, 신뢰하다 [명] 휴식, ((the rest 로)) 나머지

☐☐**restaurant** [réstərənt] [명] 레스토랑, 요리점, 식당

☐☐☐**restful** [réstfəl] [형] 휴식을 주는, 조용한, 평온한

☐☐☐**retire** [ritáiə*r*] [자] 물러가다, 퇴각하다, 은퇴하다, 취침하다

☐☐☐**return** [ritə́ː*r*n] [자] 돌아가다, 돌아오다 [타] 돌려주다, 돌려 보내다 [명] 돌아옴, 돌려줌, 반례

☐☐☐**ribbon** [ríbən] [명] 리본

☐☐☐**rice** [ráis] [명] 쌀, 벼

☐☐**rich** [rítʃ] [형] 돈많은, 넉넉한, 풍부한

☐**ride** [ráid] [타] 타다 [자] (말·탈것 따위에) 타다, 타고 가다 [명] 타기

☐**right** [ráit] [형] 오른쪽의, 옳은, 정확한 [부] 옳게, 알맞게, 정확하게, 오른쪽으로 [명] 오른쪽, 우측, 권리

☐☐**ring** [ríŋ] [자] 울다, 울리

다 [타] 울리다 [명] 반지, 고리, 바퀴, 경마장, 권투장

⧄⧄⧄**rise** [ráiz] [자] 오르다, 뜨다, 일어나다

⧄⧄**river** [rívər] [명] 강, 내

⧄⧄**riverside** [rívərsàid] [명] 강가, 강변

⧄⧄**road** [róud] [명] 길, 도로

⧄⧄**rock** [rák] [명] 바위, 암석

⧄⧄⧄**rocket** [rákit] [명] 로케트

⧄⧄⧄**roll** [róul] [타] 굴리다, 말다, 데굴데굴 굴리다 [자] 구르다, (파도가) 넘실거리다 [명] 두루마리, 명부, 출석부

⧄⧄**roof** [rú:f] [명] 지붕

⧄**room** [rú:m] [명] 방, 장소, 빈자리

⧄**rose** [róuz] [자] rise (일어나다)의 과거 [명] 장미, 장미꽃, 장미색

⧄⧄⧄**rough** [rʌ́f] [형] 울퉁불퉁한, 껄껄한, 사나운, 난폭한

⧄⧄**round** [ráund] [형] 둥근, 한바퀴 도는 [부] 돌아서, 빙 돌아 [전] …을 돌아서 [명] 원, 고리, (권투의) 한 차례 시합

⧄⧄**rule** [rú:l] [명] 규칙, 지배, 통치 [타] 지배하다, 다스리다

⧄**run** [rʌ́n] [자] 달리다, 흐르다 [명] 달리기, 연속, 《야구》 득점

⧄⧄**runner** [rʌ́nər] [명] 달리는 사람, 경주자, (야구의) 러너

⧄⧄⧄**rush** [rʌ́ʃ] [자] 돌진하다 [형] 급한, 혼잡한 [명] 돌진, 돌격, 쇄도, 혼잡

S s

⧄**sad** [sǽd] [형] 슬픈

⧄⧄**safely** [séifli] [부] 안전하게, 무사히

⧄⧄⧄**sail** [séil] [명] 돛 [자] 배가 떠나다, 출범하다, 항해하다

⧄⧄⧄**sailor** [séilər] [명] 수부, 선원, 수병, 뱃사람

⧄⧄⧄**salary** [sǽləri] [명] 급료, (공무원·회사원의) 봉급

⧄⧄**same** [séim] [형] 같은 [대] 같은 것, 동일한 물건

⧄⧄**sand** [sǽnd] [명] 모래

⧄**Saturday** [sǽtərdi] [명] 토요일

⧄**say** [séi] [타][자] 말하다

⧄⧄**saying** [séiiŋ] [명] 말하기, 속담

☐☐☐**scarf** [ská:rf] 명 스카아프, 목도리
☐☐☐**scenery** [sí:nəri] 명 (자연의) 경치
☐**school** [skú:l] 명 학교, 《관사없이》 수업
☐**schoolbag** [skú:lbæ̀g] 명 (학생의) 책가방
☐☐☐**schoolwork** [skú:lwə̀:rk] 명 학업, 학업 성적, 면학
☐**science** [sáiəns] 명 과학
☐☐**scientist** [sáiəntist] 명 과학자
☐**score** [skɔ́:r] 명 (경기의) 득점, 스코어, 20(단수·복수 동형)
☐☐☐**scream** [skrí:m] 타자 날카로운 소리를 내다, 비명을 올리다, 날카로운 소리로 말하다 명 비명, 날카로운 소리
☐☐**sea** [sí:] 명 바다
☐☐☐**seafood** [sí:fù:d] 명 해산물, 해산 식품
☐☐☐**seashell** [sí:ʃèl] 명 조개, 조가비
☐☐**season** [sí:zn] 명 계절
☐☐**second** [sékənd] 형 제 2의
☐☐**secret** [sí:krit] 명 비밀 형 비밀의, 남모르는
☐**see** [sí:] 타 보다, 만나다 자 보이다, 알게 되다

암기단어

☐☐☐**seem** [sí:m] 자 …처럼 보이다
☐☐☐**sell** [sél] 타 팔다 자 팔리다
☐☐**send** [sénd] 타 보내다
☐☐☐**serve** [sə́:rv] 타자 …에 시중들다, …에 봉사하다, …의 도움이 되다, (음식물을) 차려내다, 차리다, (정구·탁구·배구 따위) 서어브를 하다
☐☐**set** [sét] 타 놓다, 갖다두다, 맞추다, 조절하다, 갖추다, 준비하다, (어느 상태로) 하여 두다, 되게 하다 자 (해·달 따위가) 지다 명 한 벌
☐☐☐**setting** [sétiŋ] 명 놓기, 장치하기, (해·달이) 지기, 무대장치, 배경
☐☐☐**several** [sévrəl] 형 몇몇의, 수개의 대 몇명, 수개
☐☐**shake** [ʃéik] 타 흔들다, 뒤흔들다 자 흔들리다, 떨다
☐☐**shall** [ʃəl, (강) ʃǽl] 조 《주어가 1인칭 I, we일 때는 단순미래를 나타낸다》 …일 것이다《미국에서는 will을 많이 쓴다》, 《주어가 2인칭, 3인칭의 경우는 말하는 사람의 의지를 나타낸다》 …시키다, 《의문문에서는

주어가 1인칭의 경우에 단순미래를 나타내거나 또는 상대방의 의지를 묻는다》 …일까요? …할까요? 《의문문에서 주어가 2인칭의 경우에는 단순미래를 나타낸다》 …일까요? 《의문문에서 주어가 3인칭의 경우에는 상대방의 의지를 묻는다》 …시킬까요?

☐☐☐**shape** [ʃéip] [명] 꼴, 모양, 형상 [타][자] 형체를 만들다

☐☐☐**share** [ʃέər] [명] 몫, 주 [타] 분배하다, 나눠갖다

☐**she** [ʃíː] [대] 그 여자는, 그 여자가

☐☐☐**sheet** [ʃíːt] [명] 시이트, 까는 천, (종이 따위의) 한 장

☐**shine** [ʃáin] [자] 바치다, 빛나다 [타] (구두 따위를) 닦다 [명] 맑게 개인 하늘, 빛

☐☐☐**shiny** [ʃáini] [형] 반짝반짝 빛나는, 번들거리는

☐☐**ship** [ʃíp] [명] 선박, 배

☐**shirt** [ʃə́ːrt] [명] 와이샤쓰, 샤쓰

☐**shoe** [ʃúː] [명] 구두

☐☐☐**shoo** [ʃuː] [감] 쉬이! 쉿! 《새를 쫓는 소리》

☐☐☐**shop** [ʃάp] [명] 가게, 소매점《미국에서는 이 뜻으로 store를 쓰는 경우가 많다》

☐☐☐**shore** [ʃɔ́ːr] [명] 물가, 해안

☐**short** [ʃɔ́ːrt] [형] 짧은, 키가 작은 [부] 갑자기 [명] 간단, 《복수형으로》 짧은 바지, 팬츠

☐☐☐**shoulder** [ʃóuldər] [명] 어깨

☐**shout** [ʃáut] [타][자] 외치다, 큰 소리로 부르다 [명] 외침, 외치는 소리

☐☐**show** [ʃóu] [타] 보이다, 가리키다, 안내하다 [명] 보임, 구경거리, 전람회

☐☐**shut** [ʃʌ́t] [타] 닫다 [자] 닫히다

☐**sick** [sík] [형] 병난, 앓는

☐☐**side** [sáid] [명] 쪽, 측면, 옆, 가, 편

☐☐☐**sight** [sáit] [명] 시력, 광경, 《the sight로 하여》 명승지, 보기

☐☐**sightseeing** [sáitsìːiŋ] [명] 구경, 관광

☐**sign** [sáin] [명] 기호, 신호, 표적, 표지 [타] 서명하다, 사인하다

☐☐☐**silent** [sáilənt] [형] 침묵의, 말없는, 발음하지 않는

☐☐**silly** [síli] [형] 어리석은, 바보의

☐☐☐**simple** [símpl] [형] 간단

한, 알기 쉬운, 단순한, 순진한, 천진난만한, 소박한, 검소한

☐☐☐**since** [sins] ㉠ 이래, …이후 ㉨ …한 이래, …이므로 ㉯ 그 후

☐☐☐**sincerely** [sinsíərli] ㉯ 충심으로

☐**sing** [síŋ] ㉰㉱ 노래하다, 지저귀다

☐☐**singer** [síŋər] ㉲ 가수, 노래하는 사람

☐☐**sir** [sə́:r] ㉲ 《부를 때 쓰는 말》 여보세요, 선생님, 《Sir 로 하여》 경《영국의 준남작 또는 나이트에 붙이는 존칭》

☐**sister** [sístər] ㉲ 자매

☐**sit** [sít] ㉱ 앉다, 착석하다

☐☐☐**size** [sáiz] ㉲ 크기, 사이즈

☐**skate** [skéit] ㉲ 스케이트, 스케이트화 ㉱ 얼음지치다, 스케이트를 타다

☐**skirt** [skə́:rt] ㉲ 스커트, 《보통 복수로 하여》 가장자리, 변두리

☐**sky** [skái] ㉲ 하늘

☐**sleep** [slí:p] ㉱ 자다 ㉲ 잠, 수면

☐☐**slow** [slóu] ㉳ 더딘, 느린, 굼뜬, (시계 따위가) 늦는 ㉯ 천천히, 느리게

☐**small** [smɔ́:l] ㉳ 작은

☐☐**smart** [smɑ́:rt] ㉳ 재치있는, 스마아트한, 영리한

☐☐**smile** [smáil] ㉱ 미소짓다, 방긋〔생긋〕웃다 ㉲ 미소

☐☐☐**smoke** [smóuk] ㉲ 연기, 끽연, 담배 한대(피움)

☐☐☐**smooth** [smú:ð] ㉳ 매끄러운

☐☐☐**snake** [snéik] ㉲ 뱀

☐**snow** [snóu] ㉲ 눈 ㉱ 《It 을 주어로 하여》 눈이 오다

☐**so** [sóu] ㉯ 《보어로서》 그와 같이, 그러하게, 그만큼, 그처럼, 몹시, 대단히, 그렇게 ㉨ 그래서, 그런 까닭으로

☐**soccer** [sákər] ㉲ 축구, 사커

☐**sock** [sák] ㉲ 짧은 양말 《보통 socks 라고 복수로 쓴다》

☐☐**sofa** [sóufə] ㉲ 긴 안락의자, 소파

☐☐☐**softly** [sɔ́:ftli] ㉯ 부드럽게, 상냥하게

☐☐**soldier** [sóuldʒər] ㉲ 군인, 병사

☐☐**solve** [sálv] ㉰ 풀다, 해답하다

☐**some** [sem, (강) sʌ́m]

[형] 얼마간의, 약간의, 어떤, 어느, 약 [대] 약간, 다소, 어떤 것, 어떤 사람들

☐☐☐**somebody** [sʌ́mbadi] [대] 누군가, 어떤 사람

☐☐**someday** [sʌ́mdei] [부] (앞으로) 언젠가, 뒷날, 후일

☐☐☐**someone** [sʌ́mwʌn] [대] 누군가, 어떤 사람

☐**something** [sʌ́mθiŋ] [대] 무엇인가, 어떤 것

☐☐**sometimes** [sʌ́mtaimz] [부] 때때로

☐☐**son** [sʌ́n] [명] 아들

☐☐**song** [sɔ́:ŋ] [명] 노래, (벌레·새의) 소리

☐☐**son-in-law** [sʌ́ninlɔ̀:] [명] 사위, 양자

☐**soon** [sú:n] [부] 얼마 안가서, 곧

☐**sorry** [sɔ́:ri] [형] 애석하게 여기는, 미안하게 여기는

☐☐**sound** [sáund] [형] 건전한, 완전한 [부] 충분히, 푹 [명] 소리 [자] 소리나다, 들리다, 여겨지다

☐☐☐**soup** [sú:p] [명] 수우프

☐☐**south** [sáuθ] [명] 남쪽, 《the south 로 하여》 남부지방 [형] 남쪽의 [부] 남쪽으로

☐☐☐**southwest** [sauθwést] [명] 《보통 the southwest 로》 남서, 남서부 [형] 남서의, 남서쪽에 있는 [부] 남서로, 남서로부터

☐☐**speak** [spí:k] [타][자] 이야기하다, 말하다, (…에 관하여) 이야기를 하다, (…에 관하여) 쑤군거리다, 연설하다

☐☐☐**special** [spéʃəl] [형] 특별한

☐☐☐**speech** [spí:tʃ] [명] 연설, 말

☐☐☐**spend** [spénd] [타] (돈 따위를) 소비하다, 써버리다, (시간을) 보내다

☐☐☐**sport** [spɔ́:rt] [명] 《종종 복수형으로》 운동, 경기, 스포오츠, 《복수형으로》 경기 대회, 재미, 위안, 기분풀이

☐**spot** [spát] [명] 점, 반점, 얼룩, 오점, 장소, 지점

☐**spring** [spriŋ] [명] 태엽, 스프링, 봄, 샘 [자] 껑충 뛰다, 뛰다

☐☐**squirrel** [skwə́:rəl] [명] 다람쥐

☐☐**stadium** [stéidiəm] [명] 경기장, 스타디움

☐☐☐**stamp** [stæmp] [명] 우표, 스탬프 [타][자] 스탬프를 찍다, 우표를 붙이다

☐☐**stand** [stǽnd] [자] 서다, 서 있다, …에 자리잡다,

암기단어

있다 [명] 관람석, 매점

⧄**start** [stá:*r*t] [자] 출발하다, 시작하다 [타] 시작하다 [명] 시초, 개시, 출발

⧄⧄**station** [stéiʃən] [명] 정거장, 역, (관청 따위의) 서, 국

⧄⧄⧄**statue** [stǽtʃu:] [명] 상, 조상

⧄⧄**stay** [stéi] [자] 머물다, 체류하다 [명] 체류

⧄⧄**step** [stép] [명] 한걸음, 발걸음, 걸음걸이, 발소리, (계단의) 단, 계단 [자] 걷다 [타] 밟다

⧄**still** [stíl] [부] 아직도, (그래도) 여전히, 《비교급을 수식하여》 한층 더, 《접속사처럼 써서》 그래도 역시 [형] 조용한

⧄⧄**stop** [stáp] [타] 멈추다, 중지하다, 그만두다 [자] 멎다, 정지하다 [명] 정류장, 구두점

⧄⧄**stopwatch** [stápwàtʃ] [명] 스톱워치, 초기록 시계

⧄⧄**store** [stɔ́:*r*] [명] 저장, 《미》 가게, 상점 [타] 저장하다

⧄⧄⧄**storehouse** [stɔ́:*r*hàus] [명] 창고, 저장소

⧄⧄⧄**storm** [stɔ́:*r*m] [명] 폭풍우

⧄**story** [stɔ́:ri] [명] 이야기, (건물의) 층

⧄⧄**storybook** [stɔ́:ribùk] [명] 이야기책, 동화책

⧄⧄⧄**straight** [stréit] [형] 똑바른 [부] 똑바로

⧄⧄⧄**stranger** [stréindʒə*r*] [명] 낯선 사람, 외국인, 생소한 사람

⧄⧄**street** [strí:t] [명] 거리, 시가, 《Street 로》 …가

⧄⧄⧄**strike** [stráik] [타] 치다, 부딪치다 [명] 타격, 맞히기, 《야구》 스트라이크, 동맹파업, 스트라이크

⧄**strong** [strɔ́:ŋ] [형] 힘센, 건장한

⧄**student** [stjú:dnt] [명] (대학·고교의) 학생

⧄**study** [stʌ́di] [타] 공부하다, 배우다, 연구하다 [자] 공부하다 [명] 공부, 연구, 서재

⧄⧄⧄**subject** [sʌ́bdʒikt] [명] 주제, 제목, 《문법》 주어, 학과, 백성, 신하

⧄⧄**succeed** [səksí:d] [타] …에 잇따르다, …의 뒤를 잇다 [자] 성공하다, 계승하다

⧄⧄⧄**success** [səksés] [명] 성공

⧄⧄⧄**successful** [səksésfəl] [형] 성공한

⧄⧄**such** [sʌ́tʃ] [형] 그와 같은, 이와 같은, 대단한, 《such ~ as ~로》 …와 같은…

⧄⧄**suddenly** [sʌ́dnli] [부] 돌

연, 갑자기

☐☐ **sugar** [ʃúgər] 명 설탕

☐☐☐ **suggest** [səgdʒést] 타 넌지시 비치다, 암시하다, (떠오른 생각을) 말하다, 제안하다

☐ **summer** [sʌ́mər] 명 여름 형 여름의

☐ **sun** [sʌ́n] 명 《the sun 으로》 해, 태양, 햇빛, 양지

☐ **Sunday** [sʌ́ndi] 명 일요일

☐ **sunshine** [sʌ́nʃain] 명 햇빛, 양지

☐☐ **supermarket** [sú:pərmὰ:rkit] 명 슈우퍼마아켓

☐☐ **sure** [ʃúər] 형 틀림없는, 확실한, 《주어의 기분을 나타내어》 확신하고 있는

☐☐ **surprise** [sərpráiz] 타 놀라게 하다 명 놀라움, 놀라운 일〔사실〕

☐☐ **surprising** [sərpráiziŋ] 형 깜짝 놀랄, 놀랄만한, 뜻밖의

☐☐☐ **surround** [səráund] 타 에워싸다, 포위하다

☐☐ **swallow** [swálou] 명 제비

☐☐☐ **sweat** [swét] 명 땀 타자 땀나게 하다, 땀을 흘리다

☐☐ **sweet** [swí:t] 형 단, 향기가 좋은, 소리가 좋은, 아름다운, 귀여운, 즐거운, 기분좋은 명 《보통 복수형으로》 사탕과자

☐ **swim** [swím] 타자 헤엄치다 명 헤엄

☐☐☐ **symbol** [símbl] 명 상징, 부호

T t

☐ **table** [téibl] 명 테이블, 식탁, 표

☐☐ **tail** [téil] 명 꼬리

☐☐☐ **tailor** [téilər] 명 양복점, 재봉사

☐ **take** [téik] 타 손에 쥐다, 잡다, 붙들다, (음식물 따위를) 취하다, 얻다, 받다, 사다, 가져가다, 데리고 가다, 안내하다, (탈 것에) 타다, (병에) 걸리다, (불이) 붙다, 뿌리를 박다, (어떤 행동을) 하다, 행하다, 받아들이다, 《종종 It 을 주어로 하여》 (시간 · 노력 · 장소 따위를) 들이다, 걸리다, 필요로 하

다, …이라고 생각하다, 해석하다, (사진을) 찍다, (노우트 따위를) 하다

☐☐☐**talent** [tǽlənt] 명 타고난 재주, 재능, (학예·기술 따위에 대한) 특별 능력, 재능이 있는 사람, 인재, (텔레비전·라디오 따위의) 예능인

☐**talk** [tɔ́:k] 타자 이야기하다, …의 이야기를 하다, 지껄이다 명 이야기, 담화, 의논, 상의

☐**tall** [tɔ́:l] 형 키가 큰

☐☐**tape recorder** [téip rikɔ̀:rdər] 명 녹음기, 테이프 레코오더

☐☐**taste** [téist] 타 …의 맛을 보다, 맛보다, (조금) 먹다, 마시다 자 …의 맛이 나다 명 맛, 취미

☐**teach** [tí:tʃ] 타자 가르치다

☐**teacher** [tí:tʃər] 명 선생, 교사

☐**team** [tí:m] 명 (경기의) 티임, (일 따위의) 조

☐☐☐**tear** [tíər] 명 《보통 복수로》 눈물 타자 찢다, 째다, 찢어지다, 째지다, 잡아뜯다, 잡아떼다, 쥐어뜯다

☐☐**telephone** [téləfoun] 명 전화, 전화기 타자 전화를 걸다

☐☐**tell** [tél] 타 이야기하다, 말하다, 알리다, 일러주다, 명하다, 《can과 함께 써서》 알다, 구별하다

☐☐**temple** [témpl] 명 신전, 사원

☐**tennis** [ténis] 명 정구, 테니스

☐☐☐**tent** [tént] 명 텐트, 천막

☐☐☐**term** [tə́:rm] 명 학기, 기간, 임기, 《복수형으로》 용어, 말씨 《교제상의》 사이

☐☐☐**test** [tést] 명 테스트, 시험, 고사 타 시험하다, 테스트하다

☐☐**textbook** [tékstbuk] 명 교과서

☐**than** [ðən, (강) ðǽn] 접 《형용사, 부사의 비교급 다음에 놓여》 …보다(도), 《other 다음에 놓여》 …이외에

☐**thank** [θǽŋk] 타 감사하다 명 《복수형으로》 감사

☐☐☐**thanksgiving** [θǽŋks-gíviŋ] 명 (특히) 신에게의 감사, 감사의 기도

☐**that** [ðǽt] 대 (지시대명사)《주어일 때》 저것은, 저것이, 그것은, 그것이, 《목적어 일 때》 저

암기 단어

것을, 그것을, 《이미 말 하였거나 전후 관계로 분명히 알 수 있는 사물·사람을 가리킬 때》 그것, 그 일〔사람〕, 《같은 명사의 반복을 피하기 위하여 쓸 때》 (…의) 그것, 《관계 대명사로서 단수·복수 동형》 …하는 바의(사람·것), 《It is ~ that …의 형식으로 ~을 강조한다》 그, 저, 그것이야말로 [형] 《명사 앞에 사용하여》 저, 그 [접] …이라는 것, 《so that ~ may (또는 can), in order that ~ may (또는 can)의 형식으로서》 …하기 위하여, 《so (또는 such) ~ that 의 형식으로 「원인·결과」를 나타낸다》 대단히 … 하므로

☐☐☐**thatch** [θǽtʃ] [명] (지붕의) 이엉 [타][자] (지붕을) 이엉으로 이다

☐**the** [(자음 앞에서) ðə, (모음 앞에서) ði, (강)ðíː] [관] (정관사로서) 「저」「그」「이」의 뜻이 있으나 번역하지 않는 수가 많다》 [부] 《the ~, the ~의 형식으로》 …하면 할수록 더욱…, 그만큼, 도리어, 더욱 더

☐**then** [ðén] [부] 《과거 또는 미래의 어떤 때를 가리켜》 그 때에, 그 당시에, 《시간적인 순서를 나타내어》 그리고서, 그 다음에, 연후에, 그러면, 그렇다면

☐**there** [ðέər] [부] 거기에, 거기서, 거기로

☐**they** [ðéi] [대] 그들은〔이〕, 그 여자들은〔이〕, 그것들은〔이〕, 사람들, 세상 사람들

☐☐☐**thin** [θín] [형] 엷은, 가는, 여윈, 성긴, 희박한

☐**thing** [θíŋ] [명] 물건, 것, 일, 《복수형으로》 사물, 사정, 사태

☐☐**think** [θíŋk] [타][자] 생각하다, …이라고 생각하다, …을 …이라고 생각하다

☐**this** [ðís] [대] 이것은〔을〕, 이 물건은〔을〕, 이 사람은〔을〕, 지금, 바로 지금, 이때, 이날, 오늘 [형] 이, 이쪽의, 지금의, 현재의

☐☐☐**though** [ðóu] [접] …라고는 하지만, 비록 …이지만 [부] 그렇지만, 역시

☐☐☐**thousand** [θáuznd] [명] 천, 1000 [형] 《복수형으로》 많은, 천의, 1000 의

☐☐☐**through** [θrú:] ㉴ …을 통하여, …을 꿰뚫고, 《시간·장소》…동안 쭉, 걸쳐서, 두루, 《원인·동기·수단·이유》…을 통하여, …에 의하여, …때문에 ㉫ 통하여, 통과하여, …에 걸쳐 쭉, 아주, 완전히 ㉭ 통과하는, 직통의

☐☐☐**throw** [θróu] ㉳㉲ 던지다, 내던지다, 넘어뜨리다, 쓰러뜨리다 ㉮ 던지기, 던져서 닿는 거리

☐**Thursday** [θə́:rzdi] ㉮ 목요일

☐☐☐**tie** [tái] ㉳ 매다, 묶다, ㉮ 넥타이, 《운동 경기에서》 동점

☐☐☐**tiger** [táigər] ㉮ 호랑이

☐**time** [táim] ㉮ 때, 시간, 시각, 무렵, (일정한) 시간, (…하는데 필요한) 시간, 여가, 《보통 복수형으로 써서》 시대, 연대, 경기, …번, 회수, …배

☐**tire** [táiər] ㉳㉲ 지치게 하다, 지치다, 싫증나게 하다, 싫증나다, 싫어지다 ㉮ 타이어, 고무바퀴

☐☐**tired** [táiərd] ㉭ 지친, 피곤한, 싫증난

☐**to** [(자음 앞에서) tə, (모음 앞에서) tu, (강) tú:] ㉴ 《운동의 방향》 …에, …으로, …의 쪽에, 《도착》…까지, 《정도·범위》 …까지, 《한도·결과·상태》 …에 이르기까지, …하게도, 《시간》 …까지, 《대비》 …에 비교하여, …에 대하여는, 《부속·관계》 …에 대하여, 《적합》 …에 맞추어, 《to+동사의 원형으로 부정사를 만드는 용법》《명사 용법》…하는 것, 《형용사 용법》…할, …하기 위한, 《부사 용법》…하기 위하여, …하여서, …하기에, 《be+to의 용법》 …할 작정이다, …해야 한다, …할 수 있다, 《have+to의 용법》…하지 않으면 안된다, …하여야 한다

☐**today** [tədéi] ㉮ 오늘 ㉫ 오늘은, 지금은, 오늘날에는

☐☐☐**toe** [tóu] ㉮ 발가락, 발끝, 앞부리

☐**together** [təgéðər] ㉫ 함께, 더불어, 동시에, 합쳐서, 이어서

☐☐☐**tomb** [tú:m] ㉮ 무덤, 묘

지, 묘석, 묘비

□**tomorrow** [təmɑ́rou] 명 내일 부 내일은

□□□**ton** [tʌ́n] 명 톤《무게의 단위》

□□**tonight** [tənáit] 명 오늘밤 부 오늘밤은

□**too** [tú:] 부 《문장 전체를 수식》 …도 또한, 역시, 《형용사·부사에 붙여서》 너무나, 지나치게, 매우, 대단히

□□**tooth** [tú:θ] 명 이, (톱·톱니바퀴 따위의) 이

□**top** [tɑ́p] 명 꼭대기, 정상, 정점, (물건의) 윗부분, 표면, 머리, 극치, 절정, 수위, 수석; 팽이 형 첫째의, 최대의, 톱의

□□□**torch** [tɔ́:rtʃ] 명 횃불

□□□**tough** [tʌ́f] 형 단단한, 억센

□□□**tower** [táuər] 명 탑

□□**town** [táun] 명 읍, 시, 도회지, 《정관사 없이》 수도, 도시, 《the town으로 하여 집합적으로 써서》 시민, 도시 사람

□□**toy** [tɔ́i] 명 장난감 형 장난감의

□□□**traditional** [trədíʃənl] 형 전설의, 전통의, 전통적인

□□**train** [tréin] 명 열차, 기차 타자 훈련하다, 양성하다

□□□**trap** [trǽp] 명 덫, 함정

□□□**travel** [trǽvl] 명 여행 자 여행하다

□□□**travel(l)er** [trǽvlər] 명 여행자, 여행가, 길손

□□**treasure** [tréʒər] 명 보물, 귀중품

□□□**treat** [trí:t] 타자 다루다, 대우하다, 치료하다

□**tree** [trí:] 명 나무

□□□**trick** [trík] 명 재주, 요술, 계교, 술책, 장난, 요령, 비결, (영화의) 트릭

□□**trip** [tríp] 명 (짧은) 여행

□□□**trouble** [trʌ́bl] 명 곤란, 고생, 걱정, 성가심, 말썽 타 폐를 끼치다, 괴롭히다

□□□**truck** [trʌ́k] 명 《미》 화물자동차, 트럭, 《영》 무개화차, 토사 운반차

□□**true** [trú:] 형 정말의, 진실한, 충실한, 성실한

□□□**truth** [trú:θ] 명 진리, 도리, 진실, 사실

□**try** [trái] 타자 해보다, 노력하다, 시험해 보다

□□**Tuesday** [tjú:zdi] 명 화요일

□**tulip** [tjú:ləp] 명 튤울립

⧄**turn** [tə́:rn] (타)(자) 돌리다, 돌다, (…의 방향을) 바꾸다, …쪽으로 향하다, 변하게 하다, 변하다, (모퉁이에서) 돌다, 꺾이다, 번역하다 (명) 회전, 전환, 변화, 역전, 선회, 모퉁이, 차례

⧄⧄⧄**turtle** [tə́:rtl] (명) 거북

⧄⧄⧄**tutor** [tú:tər] (명) 가정교사

⧄**TV** [tí:ví:] (명) (television의 약어) 텔레비전

⧄⧄⧄**typical** [típikl] (형) 전형적인, 상징적인

⧄⧄**typist** [táipist] (명) 타이피스트

U u

⧄⧄**uncle** [ʌ́ŋkl] (명) 아저씨, 백부, 숙부

⧄**under** [ʌ́ndər] (전) …의 밑에〔으로〕, …하는 중에, …의 아래에, …에 따라서

⧄⧄**understand** [ʌ̀ndərstǽnd] (타)(자) (사람의 말 따위를) 이해하다, 알다 (참뜻·원인·설명 따위를) 알아듣다

⧄⧄⧄**underwater** [ʌ́ndərwɔ̀:tər] (형) 수중의 (명) 수중, 심해

⧄**unhappy** [ʌnhǽpi] (형) 불행한, 불운한

⧄**uniform** [jú:nəfɔ:rm] (명) 제복, 유니포옴

⧄⧄⧄**uniquely** [juní:kli] (부) 독특하게, 유일하게

⧄⧄⧄**unless** [ənlés] (전) …이 아닌것 같으면

⧄**until** [əntíl] (전)(접) …까지, 《앞에 코머를 두고》 그리고, 마침내

⧄⧄⧄**unusual** [ʌnjú:ʒuəl] (형) 이상한, 보통이 아닌, 비범한, 드문

⧄**up** [ʌ́p] (부) 위로, 일어나서, …의 쪽에〔으로〕, 가까이로, 남김없이, 모조리 (전) …의 위에〔로〕 (형) 올라가는

⧄⧄**upon** [əpán] (전) …의 위에

⧄**upstairs** [ʌ́pstɛ́ərz] (부) 위층에〔으로〕, 2층에〔으로〕 (형) 위층의, 2층의 (명) 위층, 2층

⧄**use** [jú:z] (타) 사용하다, 쓰다, (자신의 재능·신체 따위를) 행사하다, 써먹다 (명) [jú:s] 사용, 용도

⧄⧄⧄**useful** [jú:sfəl] (형) 쓸모있는, 유용한

암기 단어

V v

☐☐**vacation** [veikéiʃən] [명] 휴가, 방학, 《미》 휴일

☐☐**valley** [vǽli] [명] 골짜기, 계곡

☐☐**vase** [véis, véiz] [명] 꽃병

☐☐☐**vast** [vǽst] [형] 광대〔거대〕한, 막대한

☐**very** [véri] [부] 대단히, 매우, 《부정문의 경우는》 그다지 (…은 아니다), 바로 [형] 참된, 참말의, 바로 그〔이〕것의

☐☐**victory** [víktri] [명] 승리, 전승

☐☐☐**view** [vjú:] [명] 보기, 바라보기, 관찰, 시계, 시야, 전망, 풍경, 경치, 생각, 의견, 견해, 계획, 의도, 목적, 기대

☐☐**village** [vílidʒ] [명] 마을, 농촌, 《집합적으로》 마을 사람들, 촌민

☐☐☐**violin** [vàiəlín] [명] 바이올린

☐☐**visit** [vízit] [타][자] 방문하다, 위문하다, 구경하러 가다, 보러 가다 [명] 방문, 위문, 구경, 시찰

☐☐**visitor** [vízitər] [명] 방문자, 관광객, 참관자

☐☐**voice** [vɔ́is] [명] 목소리

☐☐☐**volleyball** [válibɔ:l] [명] 발리보올, 배구

W w

☐☐☐**wag(g)on** [wǽgən] [명] 4륜 대형 짐수레, 《영》 지붕이 없는 화차

☐☐☐**waist** [wéist] [명] 허리, (옷의) 허리통, 웨이스트 (어깨에서 허리까지)

☐☐**wait** [wéit] [타][자] 기다리다

☐☐☐**wake** [wéik] [타] 깨우다 [자] 깨다

☐**walk** [wɔ́:k] [자] 걷다, 산책하다 [명] 보행, 산책

☐**wall** [wɔ́:l] [명] 벽

☐**want** [wánt] [타] 원하다, …하고 싶다, …을 필요로 하다, 부족하다, 모자라다 [명] 부족, 결핍

☐**warm** [wɔ́:rm] [형] 따뜻한 [타] 따뜻하게 하다 [자] 따

암기단어

뜻해지다

☐**wash** [wάʃ] ㉺㉸ 씻다, 세탁하다

☐**watch** [wάtʃ] ㉢ 회중〔손목〕시계, 망보기, 조심 ㉺ 망보다, …의 파수를 보다, 바라보다 ㉸ 기대하다

☐☐☐**watchdog** [wάtʃdɔ̀:g] ㉢ 집 지키는 개

☐**water** [wɔ́:tər] ㉢ 물, 《종종 복수형으로》 바다·호수·하천(따위에 비유된 물) ㉺㉸ 물을 주다, 물을 뿌리다

☐☐☐**wave** [wéiv] ㉢ 물결, 파도 ㉺㉸ 물결이 일다, 흔들다, 흔들리다

☐**way** [wéi] ㉢ 길, 거리, 도정, 노정, 방법, 방식, 방향

☐**we** [wi, (강) wí:] ㉣ 우리들은〔이〕《특정한 사람을 가리키지 않고 일반 사람들을 가리킬 경우에 쓴다》

☐☐☐**weak** [wí:k] ㉧ 약한, 병약한

☐**wear** [wέər] ㉺㉸ 입고 있다, 입다, 몸에 걸치고 있다, 써서 닳게 하다, 지치게 하다

☐**weather** [wéðər] ㉢ 일기, 날씨

☐☐☐**wedding** [wédiŋ] ㉢ 결혼식

☐☐**week** [wí:k] ㉢ 주, 7일간

☐**weekend** [wí:kénd] ㉢ 주말 ㉧ 주말의

☐☐☐**weigh** [wéi] ㉺ (무게를) 달다 ㉸ …의 무게가 나가다

☐**welcome** [wélkəm] ㉧ 환영받는, 《Thank you 에 대하여》 (원) 별말씀을, 천만에 ㉺ 환영하다 ㉩ 잘 오셨오 ㉢ 환영

☐**well** [wél] ㉢ 우물 ㉥ 잘, 훌륭하게 ㉧ 건강한, 튼튼한 ㉩ 그러면, 자

☐☐☐**west** [wést] ㉢ 《보통 the 를 붙여서》 서, 서부, 《the West 로 하여》 서양, 서구, (미국의) 서부지방 ㉧ 서쪽의 ㉥ 서쪽으로

☐☐☐**wet** [wét] ㉧ 젖은, 비의

☐☐☐**whale** [(h)wéil] ㉢ 고래

☐**what** [hwάt] ㉣ 《의문대명사》 무엇, 어떤 것, 무슨 일, 《관계 대명사로 선행사를 포함한다》 …하는 바의 것〔일〕 ㉧ 《의문 형용사》 어떤, 《감탄문》 얼마나 ㉩ 무엇!

☐☐☐**wheat** [(h)wí:t] ㉢ 밀

☐☐☐**whenever** [(h)wenévər] ㉨ …하는 때는 언제나,

왕기단어

비록 언제 …이라도

☐where [(h)wέər] ㉮ 《의문부사》 어디에, 어디로, 어디서, 《관계부사의 제한적 용법》 그래서 그 곳에서 ㉰ …하는 곳에〔으로, 을〕

☐☐☐whether [(h)wéðər] ㉰ …인가 아닌가〔인지 아닌지〕, …이건 아니건

☐☐☐which [(h)wítʃ] ㉯ 《의문대명사》 어느쪽〔것〕, 《관계대명사(주격·목적격)의 제한적 용법》 …하는 바의(것), 《관계대명사의 비제한적 용법》 그리고 그것은〔을〕 ㉱ 《의문형용사》 어느〔어떤〕쪽의

☐☐while [(h)wáil] ㉰ …하는 동안(에), 《보통 앞에 코머가 붙어서》 그런데, 한편 ㉲ 동안, 시간, 잠시

☐white [(h)wáit] ㉱ 흰 ㉲ 백색, 흰옷, 백인

☐who [hú:] ㉯ 《의문 대명사의 주격》 누구〔누가〕, 《관계대명사(주격)의 제한적 용법》 …하는 바의(사람), 《관계대명사(주격)의 비제한적 용법》 그리고 그 사람은

☐why [(h)wái] ㉮ 《의문부사》 왜, 어째서, 《관계부사》 …하는 바의 (이유) ㉳ 어쩌면, 어머나

☐☐wide [wáid] ㉱ (폭이) 넓은 ㉮ 넓게

☐☐wife [wáif] ㉲ 처, 아내

☐☐will [wíl] ㉴ 《단순미래, 2·3인칭의 주어와 함께》 …일 것이다, 《의지 미래, 1인칭의 주어와 함께》 …하겠다, 《의문문에서》 …하시겠읍니까, …하여 주시지 않겠읍니까, 기어코〔꼭〕 …하려고 하다, 흔히 …하곤 하다《습성》 ㉲ 의지

☐win [wín] ㉵ 이기다, (상·명예 따위를) 얻다 ㉶ 이기다

☐☐wind [wínd] ㉲ 바람, ㉵ [wáind] (시계 태엽 따위를) 감다 ㉶ 굽이치다(길·강 따위)

☐window [wíndou] ㉲ 창

☐☐windy [wíndi] ㉱ 바람이 부는

☐☐☐winner [wínər] ㉲ 승리자

☐winter [wíntər] ㉲ 겨울

☐☐wise [wáiz] ㉱ 현명한, 슬기로운

☐with [wíð] ㉷ …와 함께, 《기구나 수단》 …으로, …을 써서, …을 가지고, …을 가진, 《적대》 …와, …을 상대로, …때문에,

암기 단어

…로 (접) …에 대해서는, …에 관해서는

⧄⧄**without** [wiðáut] (전) …없이, …의 밖에, …의 바깥쪽에 (부) 밖에, 밖에서

⧄⧄**woman** [wúmən] (명) 여자, 부인, 여성

⧄⧄**wonder** [wʌ́ndə*r*] (타) 과연 …일까, 놀라다 (명) 경이, 놀라운 것

⧄⧄**wonderful** [wʌ́ndə*r*fəl] (형) 놀라운, 이상한, 훌륭한

⧄⧄**wood** [wúd] (명) 나무, 목재, 《때때로 복수형으로》 숲, 삼림

⧄⧄**word** [wə́:*r*d] (명) 말, 단어, 이야기, 약속

⧄**work** [wə́:*r*k] (자) 일하다, 공부하다 (타) 움직이다, 운전하다 (명) 일, 공부, 작품

⧄⧄**worker** [wə́:*r*kə*r*] (명) 일하는 사람, 일꾼, 노동자

⧄⧄**world** [wə́:*r*ld] (명) 세계, 세상

⧄⧄⧄**worm** [wə́:*r*m] (명) (송충이, 구더기 같은) 벌레, 지렁이

⧄**worry** [wə́:ri] (자) …을 근심하다 (타) 괴롭히다 (명) 근심, 걱정

⧄⧄⧄**wrestling** [résliŋ] (명) 레슬링, 씨름, 격투

⧄**write** [ráit] (타)(자) (글씨 · 문장 · 편지 · 원고 따위를) 쓰다, 편지를 쓰다

⧄⧄⧄**writer** [ráitə*r*] (명) 작가, 저자

⧄⧄**wrong** [rɔ́:ŋ] (형) 나쁜, 옳지 못한, 그릇된, 거꾸로의, 고장난, 탈난 (부) 나쁘게, 잘못하여 (명) 잘못, 부정

Y y

⧄⧄⧄**yard** [já:*r*d] (명) 울안, 마당, 《길이의 단위》 야아드

⧄**year** [jíə*r*] (명) 해, 나이, 살

⧄⧄⧄**yell** [jél] (타)(자) 찢어지는 듯한 소리를 내다, 큰 소리로 말하다 (명) 찢어지는 듯한 목소리, 고함, 응원단의 환성

⧄**yellow** [jélou] (명) 노랑 (형) 노란

⧄**yes** [jés] (부) 예, 그렇습니다 (명) 「네」라는 말《대답》

⧄**yesterday** [jéstə*r*di] (명) 어제 (부) 어제는

□□**yet** [jét] 부 ((not을 수반하여)) 아직 …아니다, ((긍정문에서)) 아직도, 여전히, ((긍정의 의문문에서)) 이미, 벌써, 지금 접 그런데도, 그럼에도 불구하고, 하지만 그래도

□**you** [júː] 대 ((주격)) 너는〔네가〕, 너희들은〔이〕, ((목적격)) 너를〔에게〕, 너희들을〔에게〕, ((일반적으로)) 사람은 누구나

□**young** [jʌ́ŋ] 형 젊은, 연소한, 미숙한

Z z

□□□**zero** [zí(ː)rou] 명 영, 제로

□□□**zone** [zóun] 명 지대, (온대·열대 따위의) 대

□**zoo** [zúː] 명 동물원

* * *

원색 그림 단어집

1. Colors 색깔 (☞ 원색 그림 P. 1)

black [blǽk 블랙] 검정색, 흑빛
blue [blú: 블루우] 파랑색, 청색
brown [bráun 브라운] 갈색, 고동색
gray [gréi 그레이] 회색, 쥐색
green [grí:n 그리인] 초록색, 녹색
orange [ɔ́:rindʒ 오오린지] 오렌지색
pink [píŋk 핑크] 핑크빛, 분홍색
purple [pə́:rpl 퍼어플] 자주색, 자색
red [réd 레드] 빨강색, 적색
violet [váiəlit 바이얼릿] 보라색
white [(h)wáit (화)와이트] 흰색, 백색
yellow [jélou 옐로우] 노랑색, 황색

2. Things in the Classroom 교실 (☞ 원색 그림 P.2~3)

그림 단어

blackboard [blǽkbɔ:rd 블랙보오드] 칠판
book [búk 북] 책
ceiling [sí:liŋ 시일링] 천장
chair [tʃέər 체어] 의자
chalk [tʃɔ́:k 초오크] 분필
desk [désk 데스크] 책상
dictionary [díkʃəneri 딕셔네리] 사전
door [dɔ́:r 도오] 문
exercise book [éksərsaiz bùk 엑서사이즈 북] 수련장, 연습장
floor [flɔ́:r 플로오] 마루
fountain pen [fáuntn pèn 파운튼 펜] 만년필
ink bottle [íŋk bàtl 잉크 바틀] 잉크병
knife [náif 나이프] 나이프, 칼
map [mǽp 맵] 지도
national flag [nǽʃənl flǽg 내셔늘 플래그] 국기
notebook [nóutbuk 노우트북] 노우트, 필기〔잡기〕장
pen [pén 펜] 펜
pencil [pénsl 펜슬] 연필
pencil case [pénsl kèis 펜슬케이스] 필통
picture [píktʃər 픽쳐] 그림, 사진
platform [plǽtfɔ:rm 플랫포옴] 교단
principal [prínsəpl 프린서플]

교장
pupil [pjúːpl 퓨우플] 학생
reader [ríːdər 리이더] 독본
rubber [rʌ́bər 러버] 지우개, 고무
schoolboy [skúːlbɔ̀i 스쿠울보이] 남학생
school desk [skúːl dèsk 스쿠울데스크] 학교 책상
schoolgirl [skúːlgə̀ːrl 스쿠울거얼] 여학생
teacher [tíːtʃər 티이처] 선생
vase [véis 베이스] 꽃병
window [wíndou 윈도우] 창문
wiper [wáipər 와이퍼] 칠판지우개

3. Clothes 의복 (☞ 원색 그림 P.4~5)

bag [bæ̀g 배그] 가방
belt [bélt 벨트] 허리띠
blouse [bláus 블라우스] 블라우스
boot [búːt 부우트] 《영》 목이 긴 구두, 《미》 장화
brooch [bróutʃ 브로우치] 브로우치
button [bʌ́tn 버튼] 단추
cap [kǽp 캡] (테가 없는) 모자
coat [kóut 코우트] (양복의) 웃옷, 상의
collar [kálər 칼러] 깃, 칼라
dress [drés 드레스] 부인복, 아동복
evening dress [íːvniŋ drès 이이브닝 드레스] 야회복
glasses [glǽsiz 글래시즈] 안경
glove [glʌ́v 글러브] 장갑
handbag [hǽndbæg 핸드배그] 핸드백
handkerchief [hǽŋkərtʃif 행커치프] 손수건
hat [hǽt 햇] (테 있는) 모자
jacket [dʒǽkit 재킷] 자켓, 짧은 상의
lace [léis 레이스] 레이스
morning coat [mɔ́ːrniŋ kòut 모오닝 코우트] 연미복, 모오닝 코우트
necklace [néklis 넥리스] 목걸이
overcoat [óuvərkout 오우버코우트] 외투
pocket [pákit 파킷] 호주머니, 포켓
raincoat [réinkout 레인코우트] 비옷
rain shoes [réin ʃuːz 레인 슈우즈] 장화
ribbon [ríbən 리번] 리본
ring [ríŋ 링] 반지
shirt [ʃə́ːrt 셔어트] 샤쓰
shoe [ʃúː 슈우] 구두
silk hat [sílk hæ̀t 실크 햇] 실크햇

그림 단어

skirt [skə́:rt 스커어트] 스커어트
sleeve [slí:v 슬리이브] 소매
slip [slíp 슬립] 슬립, (여자의) 속옷
socks [sáks 삭스] (목이 짧은) 양말
stick [stík 스틱] 지팡이, 스틱
stockings [stákiŋz 스타킹즈] 스타킹, (목이 긴) 양말
straw hat [strɔ́: hæ̀t 스트로오햇] 맥고 모자
suit [sú:t 수우트] 옷 한벌
sweater [swétər 스웨터] 스웨터
tie [tái 타이] 넥타이
trousers [tráuzərz 트라우저즈] 양복 바지
umbrella [ʌmbrélə 엄브렐러] 우산
wrist watch [ríst wàtʃ 리스트 와치] 손목시계

4. Things We Use 일용품 (☞ 원색 그림 P.6~7)

armchair [á:rmtʃɛər 아암체어] 안락의자
basket [bǽskit 배스킷] 바구니
bed [béd 베드] 침대
bell [bél 벨] 종, 벨, 방울
bookcase [búkkèis 북케이스] 책장
box [báks 박스] 상자
brush [brʌ́ʃ 브러시] 솔, 브러시
bucket [bʌ́kit 버킷] 양동이, 바께쓰
camera [kǽmərə 캐머러] 카메라, 사진기
candle [kǽndl 캔들] 양초
card [ká:rd 카아드] 카아드, 트럼프
chair [tʃɛ́ər 체어] 의자
clock [klák 클락] 시계《벽시계, 좌종시계 따위》
cup [kʌ́p 컵] 찻종, 잔, 컵
diary[dáiəri 다이어리]일기,일지
dish [díʃ 디시] (옴폭한) 접시
doll [dál 달] 인형
envelope [énvəloup 엔벌로우프] (편지) 봉투
fork [fɔ́:rk 포오크] 포오크
glass [glǽs 글래스] (유리) 컵
iron [áiərn 아이언] 다리미, 아이론
key [kí: 키이] 열쇠
knife [náif 나이프] 나이프
lamp [lǽmp 램프] 램프
magazine [mæ̀gəzí:n 매거지인] 잡지
medicine [médəsn 메더슨] 내복약
mirror [mírər 미러] 거울
napkin [nǽpkin 냅킨] 냅킨
organ [ɔ́:rgən 오오건] 오르간, 풍금
paper [péipər 페이퍼] 종이
paste [péist 페이스트] 풀

phonograph [fóunəgræf 포우너그래프] 축음기
piano [piǽnou 피애노우] 피아노
plate [pléit 플레이트] (얕은) 접시
post card [póust kà:rd 포우스트 카아드] 우편 엽서
pot [pát 팟] 단지, 독, 남비, 항아리
purse [pə́:rs 퍼어스] 지갑
radio set [réidiou sèt 레이디오우 셋] 라디오 수신기
record player [rékɔ:rd plèiər 레코오드 플레이어] 축음기(레코오드 연주기)
rope [róup 로우프] 밧줄, 새끼
safety pin [séifti pìn 세이프티 핀] 안전핀
soap [sóup 소우프] 비누
spoon [spú:n 스푸운] 숟가락
stool [stú:l 스투울] (등 없는) 걸상
table [téibl 테이블] 탁자, 테이블
telephone [téləfoun 텔러포운] 전화
television set[téləviʒən sèt 텔러비전 셋] 텔레비전 수상기
towel [táuəl 타우얼] 수건, 《천이나 종이로 만든》 타월
toy [tɔ́i 토이] 장난감
trumpet [trʌ́mpit 트럼핏] 트럼펫, 나팔
typewriter [táipraitər 타이프라이터] 타이프라이터, 타자기
vase [véis 베이스] 꽃병
violin [vàiəlín 바이얼린] 바이올린
washing machine [wáʃiŋ məʃí:n 와싱 머시인] 세탁기

5. Houses and Gardens 집과 정원 (☞ 원색 그림 P.8～9)

bathroom [bǽθru:m 배드루움] 욕실
bedroom [bédru:m 베드루움] 침실
bench [béntʃ 벤치] 긴 의자
bird house [bə́:rd hàus 버어드하우스] 새집
chimney [tʃímni 침니] 굴뚝
dining room [dáiniŋ rù:m 다이닝 루움] 식당
door lamp [dɔ́:r lǽmp 도오램프] 현관등
drawing room[drɔ́:iŋ rù:m 드로오잉 루움] 응접실
fence [féns 펜스] 울타리
first floor [fə́:rst flɔ́:r 퍼어스트 플로오] 《미》 1층, 《영》 2층
flower bed [fláuərbèd 플라우어 베드] 화단
fountain [fáuntn 파운튼] 분수, 샘
front door [frʌ́nt dɔ̀:r 프런트

도오] 현관문, 앞문, 입구
garage [gərá:ʒ 거라아지] 차고
garden [gá:rdn 가아든] 뜰, 정원
garden chair [gá:rdn tʃɛ̀ər 가아든 체어] 뜰의자
garden table [gá:rdntèibl 가아든테이블] 뜰탁자
gate [géit 게이트] 대문, 문
greenhouse [grí:nhaus 그리인하우스] 온실
ground floor [gráund flɔ́:r 그라운드 플로오] 《영》 1층
hall [hɔ́:l 호올] 현관의 넓은 방, 호올
kitchen [kítʃin 키친] 부엌
knocker [nákər 나커] 문 두드리는 쇠
lawn [lɔ́:n 로온] 잔디
lawn mower [lɔ́:n mòuər 로온모우어] 잔디깎는 기계
living room [líviŋ rù:m 리빙루움] 거실
mailbox [méilbàks 메일박스] 우편함
name plate [néim plèit 네임플레이트] 문패
pond [pánd 판드] 연못
porch [pɔ́:rtʃ 포오치] 《미》 베란다, 《영》 현관
roof [rú:f 루우프] 지붕
second floor [sékəndflɔ́:r 세컨드 플로오] 《미》 2층, 《영》 3층
shutter [ʃʌ́tər 셔터] 덧문
stairs [stɛ́ərz 스테어즈] 계단
stone steps [stóun stèps 스토운스텝스] 징검돌
study [stʌ́di 스터디] 서재
summer house [sʌ́mərháus 서머 하우스] 《미》 여름 별장
swing [swíŋ 스윙] 그네
weathercock [wéðərkàk 웨더칵] 바람개비, 풍향계
window [wíndou 윈도우] 창문

6. Things to Eat and Drink 음식물 (☞ 원색 그림 P.10~11)

apple [ǽpl 애플] 사과
bacon [béikən 베이컨] 베이컨 《소금에 절인 돼지 비계》
banana [bənǽnə 버내너] 바나나
beef [bí:f 비이프] 쇠고기
beer [bíər 비어] 맥주
bread [bréd 브레드] 빵
butter [bʌ́tər 버터] 버터
cake [kéik 케이크] 케이크
candy [kǽndi 캔디] 캔디
cheese [tʃí:z 치이즈] 치이즈
cherry [tʃéri 체리] 버찌
coffee [kɔ́:fi 코오피] 코오피
cookie [kúki 쿠키] 쿠키
egg [ég 에그] 달걀
fish [fíʃ 피시] 생선, 물고기
grape [gréip 그레이프] 포도
honey [hʌ́ni 허니] 꿀

그림 단어

ice cream [áis krì:m 아이스 크리임] 아이스크리임
jam [dʒǽm 잼] 잼
juice [dʒú:s 주우스] 주우스
lemon [lémən 레먼] 레몬
melon [mélən 멜런] 멜론, 참외
milk [mílk 밀크] 우유
orange [ɔ́:rindʒ 오오린지] 오렌지
peach [pí:tʃ 피이치] 복숭아
peanut [pí:nʌt 피이넛] 땅콩
pear [pέər 페어] 배
pie [pái 파이] 파이
pineapple [páinæpl 파인애플] 파인애플
pork [pɔ́:rk 포오크] 돼지고기
pudding [púdiŋ 푸딩] 푸딩
roll [róul 로울] 로울빵, 로울케이크
salt [sɔ́:lt 소올트] 소금
sandwich [sǽndwitʃ 샌드위치] 샌드위치
sausage [sɔ́:sidʒ 소오시지] 소시지, 순대
soup [sú:p 수우프] 수우프, 국
strawberry [strɔ́:beri 스트로오베리] 딸기
sugar [ʃúgər 슈거] 설탕
tea [tí: 티이] 차
toast [tóust 토우스트] 토우스트, 구운 빵
watermelon [wɔ́:tərmèlən 워어터멜런] 수박
wine [wáin 와인] 포도주

7. Vehicles 탈 것 (☞ 원색 그림 P.12~13)

airplane [έərplein 에어플레인] 《미》 비행기 (aeroplane [έ(:)rəplein에(에)러플레인] 《영》 비행기)
automobile [ɔ́:təməbi:l 오오터머비일] 《미》 자동차(motorcar [móutərkà:r 모우터카아] 《영》 자동차)
bicycle [báisikl 바이시클] 자전거
boat [bóut 보우트] 보우트
bus [bʌ́s 버스] 버스
cable car [kéibl kà:r 케이블 카아] 케이블카아
canoe [kənú: 커누우] 카누우, 마상이
carriage [kǽridʒ 캐리지] 마차, 탈것
elevator [éləveitər 엘러베이터] 《미》 엘리베이터, 승강기(lift [líft 리프트] 《영》 엘리베이터)
escalator [éskəleitər 에스컬레이터] 에스컬레이터, 자동계단
jet plane [dʒét pléin 젯 플레인] 제트기
rocket [rákit 라킷] 로케트
sailing ship [séiliŋ ʃìp 세일링

십] 범선, 돛단배
sightseeing bus[sáitsì:ŋ bʌ̀s 사이트시이잉 버스] 관광버스
steamer [stí:mər 스티이머] 기선
streetcar [strí:tka:r 스티리이트카아] 전차 (tramcar [trǽmka:r 트램카아] 《영》 전차)
subway [sʌ́bwei 서브웨이] 《미》 지하철도 (tube [tjú:b 튜우브] 《영》 런던의 지하철)
taxi [tǽksi 택시] 택시
train [tréin 트레인] 기차, 열차, 《사람·차 따위의》 열
trolley bus [tráli bʌ̀s 트랄리버스] 트롤리버스, 무궤도 전차
truck [trʌ́k 트럭] 《미》 트럭, 화물자동차
wagon [wǽgən 왜건] 4륜 짐마차
yacht [ját 얏] 요트

8. Places to Go 여러 곳 (☞ 원색 그림 P.14~15)

airport [ɛ́ərpɔ:rt 에어포오트] 비행장, 공항
bank [bǽŋk 뱅크] 은행
barbershop [bá:rbərʃap 바아버샵] 이발관
beach [bí:tʃ 비이치] 바닷가, 해변
bridge [brídʒ 브리지] 다리
church [tʃə́:rtʃ 처어치] 교회
college [kálidʒ 칼리지] 《미》 단과대학, 대학
department store [dipá:rtmənt stɔ̀:r 디파아트먼트 스토오] 백화점
factory [fǽktri 팩트리] 공장
farm [fá:rm 파암] 농장
gallery [gǽləri 갤러리] 미술관
grocery store [gróusəri stɔ̀:r 그로우서리 스토오] 식료품점
gym [dʒím 짐] 체육관
harbo(u)r [há:rbər 하아버] 항구
hospital[háspitl 하스피틀] 병원
hotel [houtél 호우텔] 호텔
lake [léik 레이크] 호수
library [láibreri 라이브레리] 도서관
market [má:rkit 마아킷] 시장
mountain [máuntn 마운튼] 산
movie house [mú:vi hàus 무우비 하우스] 영화관
museum [mju:zí:əm 뮤우지이엄] 박물관
office [ɔ́:fis 오오피스] 사무실
park [pá:rk 파아크] 공원
playground [pléigraund 플레이그라운드] 운동장
police station [pəlí:s stèiʃən 펄리이스 스테이션] 경찰서
pool [pú:l 푸울] 푸울

그림 단어

public hall [pʌ́blik hɔ̀:l 퍼블릭 호올] 공회당
school [skú:l 스쿠울] 학교
stadium [stéidiəm 스테이디엄] 경기장
station [stéiʃən 스테이션] 역, 기차 정거장
store [stɔ́:r 스토오] ((미)) 가게
theater [θíətər 디어터] 극장
zoo [zú: 주우] 동물원

9. Animals, Birds, Insects and other Creatures
동물 · 새 · 곤충 기타 (☞ 원색 그림 P.16~17)

ant [ǽnt 앤트] 개미
bat [bǽt 뱃] 박쥐
bear [bέər 베어] 곰
bee [bí: 비이] 벌, 꿀벌
butterfly [bʌ́tərflai 버터플라이] 나비
canary [kənέ(:)ri 커네(에)리] 카나리아
cat [kǽt 캣] 고양이
chicken [tʃíkin 치킨] 병아리
cock [kák 칵] 수탉
cow [káu 카우] 암소
crow [króu 크로우] 까마귀
cuckoo [kúku: 쿠쿠우] 뻐꾸기
deer [díər 디어] 사슴
dog [dɔ́(:)g 도(오)그] 개
donkey [dáŋki 당키] 당나귀
duck [dʌ́k 덕] 오리
eagle [í:gl 이이글] 독수리
elephant [éləfənt 엘러펀트] 코끼리
fly [flái 플라이] 파리
fox [fáks 팍스] 여우
frog [frág 프라그] 개구리
giraffe [dʒərǽf 저래프] 기린
goat [góut 고우트] 염소
goose [gú:s 구우스] 거위
hare [hέər 헤어] 산토끼
hen [hén 헨] 암탉
horse [hɔ́:rs 호오스] 말
kangaroo [kæ̀ŋgərú: 캥거루우] 캥거루우
lark [lá:rk 라아크] 종달새
lion [láiən 라이언] 사자
monkey [mʌ́ŋki 멍키] 원숭이
mosquito [məskí:tou 머스키이토우] 모기
mouse [máus 마우스] 생쥐
owl [ául 아울] 부엉이
ox [áks 악스] 황소
parrot [pǽrət 패럿] 앵무새
peacock [pí:kàk 피이칵] 공작
penguin [péŋgwin 펭귄] 펭귄
pig [píg 피그] 돼지
pigeon [pídʒən 피전] 비둘기
rabbit [rǽbit 래빗] 토끼
rat [rǽt 랫] 쥐
robin [rábin 라빈] 울새
seal [sí:l 시일] 바다 표범, 물개
sheep [ʃí:p 시이프] 양

snake [snéik 스네이크] 뱀, 《비유》 뱀 같은 사람
sparrow [spǽrou 스패로우] 참새
squirrel [skwə́:rəl 스쿼어럴] 다람쥐
stork [stɔ́:rk 스토오크] 황새
swallow [swɑ́lou 스왈로우] 제비
swan [swɑ́n 스완] 백조
tiger [táigər 타이거] 호랑이
tortoise [tɔ́:rtəs 토오터스] 거북 《특히 물에 사는》
turkey [tə́:rki 터어키] 칠면조
whale [(h)wéil (휘)웨일] 고래
wolf [wúlf 울프] 늑대, 이리
woodpecker [wúdpèkər 우드페커] 딱다구리
worm [wə́:rm 워엄] 지렁이
zebra [zí:brə 지이브러] 얼룩말

10. Plants 식물 (☞ 원색 그림 P.18~19)

barley [bɑ́:rli 바알리] 보리
bean [bí:n 비인] 콩
cabbage [kǽbidʒ 캐비지] 양배추
carnation [kɑ:rnéiʃən 카아네이션] 카아네이션
carrot [kǽrət 캐럿] 당근
cherry blossom [tʃéri blɑ̀səm 체리 블라섬] 벚꽃
corn [kɔ́:rn 코온] 옥수수
cotton [kɑ́tn 카튼] 목화, 솜
cucumber [kjú:kəmbər 큐우컴버] 오이
dahlia [dǽljə 댈려] 다알리아
hawthorn [hɔ́:θɔ:rn 호오도온] 서양 산사나무
lily [líli 릴리] 백합
lily of the valley [líli əv ðə vǽli 릴리 어브 더 밸리] 은방울꽃
maple [méipl 메이플] 단풍나무
nut [nʌ́t 넛] 견과(堅果), 호두
oak [óuk 오우크] 참나무
pansy [pǽnzi 팬지] 팬지
pea [pí: 피이] 완두
pine tree [páintrì: 파인 트리이] 소나무
pink [píŋk 핑크] 패랭이꽃
potato [pətéitou 퍼테이토우] 감자
pumpkin [pʌ́mpkin 펌프킨] 호박
rice [ráis 라이스] 쌀
rose [róuz 로우즈] 장미
sunflower [sʌ́nflauər 선플라우어] 해바라기
sweet pea [swí:t pì: 스위이트피이] 스위이트피이
sweet potato [swí:t pətèitou 스위이트 퍼테이토우] 고구마
tomato [təméitou 터메이토우]

토마토
tulip [tjú:ləp 튜울럽] 튜울립
violet [váiəlit 바이얼릿] 제비꽃
water lily [wɔ́:tərlìli 워어터릴리] 수련
wheat [(h)wí:t (휘)위이트] 밀

11. The Body 신체 (☞ 원색 그림 P.20~21)

ankle [ǽŋkl 앵클] 발목 복사뼈
arm [ɑ́:rm 아암] 팔
back [bǽk 백] 등
breast [brést 브레스트] 가슴
cheek [tʃí:k 치이크] 뺨
chest [tʃést 체스트] 가슴
chin [tʃín 친] 턱
ear [íər 이어] 귀
elbow [élbou 엘보우] 팔꿈치
eye [ái 아이] 눈
eyebrow [áibrau 아이브라우] 눈썹
eyelid [áilid 아일리드] 눈까풀
face [féis 페이스] 얼굴
feet[fí:t 피이트] foot(발)의 복수
finger [fíŋgər 핑거] 손가락
foot [fút 풋] 발
forefinger [fɔ́:rfìŋgər 포오핑거] 집게손가락
forehead [fɔ́:rid 포오리드] 이마
hair [hέər 헤어] 머리카락
hand [hǽnd 핸드] 손
head [héd 헤드] 머리
heel [hí:l 히일] 발꿈치
knee [ní: 니이] 무릎
leg [lég 레그] 다리
lip [líp 립] 입술
little finger [lítlfìŋgər 리틀 핑거] 새끼손가락
middle finger [mídlfìŋgər 미들 핑거] 가운뎃손가락
mouth [máuθ 마우드] 입
nail [néil 네일] 손톱, 발톱
neck [nék 넥] 목
nose [nóuz 노우즈] 코
ring finger [ríŋ fìŋgər 링 핑거] 약손가락
shin [ʃín 신] 정강이
shoulder [ʃóuldər 쇼울더] 어깨
teeth [tí:θ 티이드] tooth(이)의 복수
thumb [θʌ́m 덤] 엄지손가락
toe [tóu 토우] 발가락
tongue [tʌ́ŋ 텅] 혀
tooth [tú:θ 투우드] 이
wrist [ríst 리스트] 손목

12. People 사람들 (☞ 원색 그림 P.22~23)

announcer [ənáunsər 어나운서] (방송국의) 아나운서
artist [ɑ́:rtist 아아티스트] 예술가, 화가

baker [béikər 베이커] 빵굽는 사람, 빵장수[집]

barber [báːrbər 바아버] 이발사, 이발소

carpenter [káːrpəntər 카아펀터] 목수

clerk [kláːrk 클러어크] 사무원, 서기

conductor [kəndʌ́ktər 컨덕터] 차장

cook [kúk 쿡] 요리사

dentist [déntist 덴티스트] 치과의사

doctor [dáktər 닥터] 의사

driver [dráivər 드라이버] 운전사

explorer [iksplɔ́ːrər 익스플로오러] 탐험가

farmer [fáːrmər 파아머] 농부, 농장주

grocer [gróusər 그로우서] 식료품 상인

guard [gáːrd 가아드] 경비원, 수위, 문지기

guide [gáid 가이드] 안내인

housemaid [háusmèid 하우스메이드] 가정부, 식모

hunter [hʌ́ntər 헌터] 사냥군

inventor [invéntər 인벤터] 발명가

merchant [mə́ːrtʃənt 머어천트] 상인

nurse [nə́ːrs 너어스] 간호원, 간호부

officer [ɔ́ːfəsər 오오퍼서] 장교, 공무원

painter [péintər 페인터] 화가, 페인트 칠장이

pianist [piǽnist 피애니스트] 피아니스트

pilot [páilət 파일럿] 조종사

poet [póuit 포우잇] 시인

poilceman [pəlíːsmən 펄리이스먼] 경찰관, 경관

postman [póustmən 포우스트먼] 우편 집배원

sailor [séilər 세일러] 선원

salesgirl [séilzgəːrl 세일즈거얼] 여점원

sculptor [skʌ́lptər 스컬프터] 조각가

shepherd [ʃépərd 셰퍼드] 양치는 사람

shoemaker [ʃúːmèikər 슈우메이커] 구두짓는 사람

singer [síŋər 싱어] 가수

soldier [sóuldʒər 소울저] 군인

statesman [stéitsmən 스테이츠먼] 정치가

stewardess [stjúːwərdis 스튜우워디스] 스튜어디스, 에어거얼

tailor [téilər 테일러] 재봉사

typist [táipist 타이피스트] 타이피스트

worker [wə́ːrkər 워어커] 근로자, 노동자

writer [ráitər 라이터] 작가, 저자, 작자, 저술가

13. Sports 운동 (☞ 원색 그림 P.24~25)

badminton [bǽdmintən 배드민턴] 배드민턴
baseball [béisbɔ́:l 베이스보올] 야구
batter [bǽtər 배터] 《크리켓·야구》 타자
catcher [kǽtʃər 캐처] 포수, 캐처
center fielder [séntər fí:ldər 센터 피일더] 중견수
coach [kóutʃ 코우치] 코우치
first baseman [fə́:rst béismən 퍼어스트 베이스먼] 1루수
left fielder [léft fí:ldər 레프트 피일더] 좌익수
pitcher [pítʃər 피처] 투수, 피처
right fielder [ráit fí:ldər 라이트 피일더] 우익수
runner [rʌ́nər 러너] 러너
second baseman [sékənd béismən 세컨드 베이스먼] 2루수
shortstop [ʃɔ́:rtstàp 쇼오트스탑] 유격수
third baseman [θə́:rd béismən 더어드 베이스먼] 3루수
umpire [ʌ́mpaiər 엄파이어] 심판
basketball [bǽskitbɔ:l 배스킷보올] 농구
camping [kǽmpiŋ 캠핑] 캠프 생활, 야영
climbing [kláimiŋ 클라이밍] 등산
cycling [sáikliŋ 사이클링] 자전거 타기, 자전거 경주
football [fútbɔ:l 풋보올] 축구
golf [gálf 갈프] 골프
hiking [háikiŋ 하이킹] 하이킹, 도보 여행
hunting [hʌ́ntiŋ 헌팅] 사냥, 총사냥
jump [dʒʌ́mp 점프] 뛰기, 도약 점프
ping-pong [píŋpaŋ 핑팡] 탁구
rowing [róuiŋ 로우잉] 조정, 노젓기
running [rʌ́niŋ 러닝] 달리기, 러닝, 경주
sailing [séiliŋ 세일링] 범주, 항해
skating [skéitiŋ 스케이팅] 스케이팅, 얼음지치기
skiing [skí:iŋ 스키이잉] 스키이, 스키타기
soccer [sákər 사커] 사커, 축구
softball [sɔ́:ftbɔ:l 소오프트보올] 소프트보올《야구의 일종》
swimming [swímiŋ 스위밍] 수영
tennis [ténis 테니스] 정구
volleyball [válibɔ:l 발리보올] 배구

14. Prepositions and Adverbs 전치사·부사 (☞원색 그림 P.26～27)

above [əbʌ́v 어버브] …의 위에〔로〕
below [bilóu 빌로우] …의 아래에〔로〕
after [ǽftər 애프터] …의 뒤에
before [bifɔ́:r 비포오] …의 앞에
across [əkrɔ́:s 어크로오스] …을 건너
along [əlɔ́:ŋ 얼로옹] …을 따라서
among [əmʌ́ŋ 어멍] (셋 이상의 것) 가운데
between [bitwí:n 비트위인] (둘 이상의 것) 사이에
at the back of [ət ðə bǽk əv 엇 더 백 어브] …의 뒤에
in front of [in frʌ́nt əv 인 프런트 어브] …의 앞에
at [at 엇, (강) ǽt 앳] …에, …에서, …에 있어서
in [ín 인] …의 안에
down [dáun 다운] 아래쪽으로
up [ʌ́p 업] 위쪽으로
inside [insáid 인사이드] …의 안쪽에
outside [autsáid 아우트사이드] …의 바깥쪽에
into [íntu 인투] …의 안에〔으로〕
out of [áut əv 아우트 어브] …의 밖에서
from [frəm 프럼] …에서
to [tú: 투우] …에, …으로
off [ɔ́:f 오오프] …을 …에서
on [án 안] …의 위에, …에
over [óuvər 오우버] …의 위에
on [án 안] …의 위에, …에 접하여
under [ʌ́ndər 언더] …의 밑에
round [ráund 라운드] …을 돌아서
through [θrú: 드루우] …을 통하여, …을 지나서
toward [tɔ́:rd 토오드] …의 쪽에〔으로〕
beside [bisáid 비사이드] …의 곁에

15. Adjectives 형용사 (☞ 원색 그림 P.28～29)

big [bíg 비그] 큰
small [smɔ́:l 스모올] 작은
tiny [táini 타이니] 자그마한, 아주 작은
cloudy [kláudi 클라우디] 흐린
rainy [réini 레이니] 비가 오는
snowy [snóui 스노우이] 눈오는
windy [wíndi 윈디] 바람부는

cold [kóuld 코울드] 추운, 찬
cool [kú:l 쿠울] 서늘한
warm [wɔ́:rm 워엄] 따뜻한
hot [hát 핫] 더운
dark [dá:rk 다아크] 어두운
bright [bráit 브라이트] 밝은
empty [émpti 엠프티] 빈
full [fúl 풀] 가득한
deep [dí:p 디이프] 깊은
shallow [ʃǽlou 섈로우] 얕은
high [hái 하이] 높은
low [lóu 로우] 낮은
long [lɔ́:ŋ 로옹] 긴
short [ʃɔ́:rt 쇼오트] 짧은, 키가 작은
tall [tɔ́:l 토올] 키가 큰
new [njú: 뉴우] 새로운
old [óuld 오울드] 낡은
narrow [nǽrou 내로우] 좁은
wide [wáid 와이드] 넓은

round [ráund 라운드] 둥근
square [skwέər 스퀘어] 네모진
right [ráit 라이트] 오른쪽의
left [léft 레프트] 왼쪽의
thick [θík 딕] 두꺼운
thin [θín 딘] 여윈, 얇은
fat [fǽt 팻] 뚱뚱한, 살찐
many [méni 메니] ((수를 표시)) 많은
some [sʌ́m 섬] 몇개의, 약간의
a few [ə fjú: 어 퓨우] 조금은 있는, 다소의
few [fjú: 퓨우] 거의 없는
no [nóu 노우] 하나도 없는
much [mʌ́tʃ 머치] ((양을 표시)) 많은
some [səm 섬, sʌ́m 섬] 약간의
a little [ə lítl 어 리틀] 조금은 있는, 다소의
little [lítl 리틀] 거의 없는
no [nóu 노우] 조금도 없는

그림 단어

16. Things We Do 동작 (☞ 원색 그림 P.30~31)

bake [béik 베이크] (빵 따위를) 굽다
bathe [béið 베이드] 목욕하다
bow [báu 바우] 인사하다
breathe [brí:ð 브리이드] 숨쉬다
bring [bríŋ 브링] 가져오다
brush [brʌ́ʃ 브러시] 솔질하다
cook [kúk 쿡] 요리하다
cry [krái 크라이] 소리지르다
dance [dǽns 댄스] 춤추다
draw [drɔ́: 드로오] (선을) 긋다 끌어 당기다
drink [dríŋk 드링크] 마시다
drive [dráiv 드라이브] 운전하다
eat [í:t 이이트] 먹다
go [góu 고우] 가다
hear [híər 히어] 듣다
hit [hít 힛] 치다
kick [kík 킥] 차다
knit [nít 닛] 뜨개질 하다, 짜다

knock [nák 낙] 두드리다
laugh [lǽf 래프] 웃다
open [óupən 오우펀] 열다
paint [péint 페인트] 그리다
play [pléi 플레이] 놀다
pull [púl 풀] 잡아당기다
push [púʃ 푸시] 밀다
read [rí:d 리이드] 읽다
ride [ráid 라이드] 타다
sew [sóu 소우] 깁다, 꿰매다
shake [ʃéik 셰이크] 흔들다
shoot [ʃú:t 슈우트] (총을) 쏘다, 사격하다
shut [ʃʌ́t 셧] 닫다
sing [síŋ 싱] 노래하다
sit [sít 싯] 앉다
sleep [slí:p 슬리이프] 잠자다
smile [smáil 스마일] 미소짓다
speak [spí:k 스피이크] 말하다
stand [stǽnd 스탠드] 일어서다
stop [stáp 스탑] 멈추다
study [stʌ́di 스터디] 공부하다
sweep [swí:p 스위이프] 청소하다
touch [tʌ́tʃ 터치] 닿다
wake [wéik 웨이크] 깨다
walk [wɔ́:k 워어크] 걷다
wash [wáʃ 와시] 씻다
weep [wí:p 위이프] 울다
wipe [wáip 와이프] 닦다
write [ráit 라이트] 쓰다
yawn [jɔ́:n 요온] 하품하다

17. The Family 가족 (☞ 원색 그림 P.32)

aunt [ǽnt 앤트] 아주머니
brother [brʌ́ðər 브러더] 형제, 형, 동생, 의형제
child [tʃáild 차일드] 아이
children [tʃíldrən 칠드런] child (아이)의 복수
cousin [kʌ́zn 커즌] 사촌
daughter [dɔ́:tər 도오터] 딸
father [fá:ðər 파아더] 아버지
grandfather [grǽnfa:ðər 그랜파아더] 할아버지
grandmother [grǽnmʌðər 그랜머더] 할머니
grandparent [grǽnpɛ(:)rənt 그랜페(에)런트] 조부〔모〕
husband [hʌ́zbənd 허즈번드] 남편
I [ái 아이] 나
mother [mʌ́ðər 머더] 어머니
nephew [néfju: 네퓨우] 조카〔아이〕
niece [ní:s 니이스] 조카딸〔아이〕
parent [pɛ́(:)rənt 페(에)런트] 부모(중의 한분)
sister [sístər 시스터] 자매, 누이(동생)
son [sʌ́n 선] 아들
uncle [ʌ́ŋkl 엉클] 아저씨
wife [wáif 와이프] 아내

한영 사전

ㄱ

가까운〔**가깝다**〕 (be) **near**, be near by, be close by, be close at hand
¶ **가까운** 장래에 in the *near* future/**가까운** 친척 a *near* relative/강에 **가깝다**. It is *near* the river.

가게 **a shop** 《영》, **a store** 《미》
¶ **가게** 주인 a *shop*keeper, a *store*keeper/반찬**가게** a grocery *store*/길가에 구멍**가게**를 벌이다 keep a small *shop* by the roadside

가격 **price**, cost
¶ **가격표** a *price tag*

가계부 a housekeeping book
¶ **가계부**를 적다 keep a *housekeeping book*

가공 processing ∼**하다** process
¶ 야채를 **가공하다** *process* vegetables

가구 **furniture**
¶ **가구**점 a *furniture* store

가꾸다 **grow**, cultivate
¶ 야채를 **가꾸다** *grow* vegetables

가끔 (**every**) **now and then**, occasionally, once in a while, from time to time
¶ **가끔** 들르다 drop in *from time to time*

가난 **poverty** ∼**하다** (be) **poor**, be in poverty 〔need, want〕, be badly off
¶ **가난한** 사람들 *poor* people, the *poor*/**가난한** 집에 태어나다 be born *poor*, be born to *poverty*/그들은 **가난하지**만 정직하다. They are *poor* but honest.

까놓다 open 《one's》 heart 《to》
¶ **까놓고** 말하면 to be *frank* with you, *frankly* speaking, to speak *honestly*

가늘다 (be) **thin**, slender, slim
¶ 그녀는 허리가 **가늘다**. She has a *slim* waist./그는 팔이 **가늘다**. He has a *slender* arms.

가능 possibility ∼**하다**, (be) **possible**
¶ **가능한** 범위에서 as much 〔far〕 as *possible*

가능성 possibility
¶ **가능성**이 있다 be *possible*

가다 **go**, pass (세월이)
¶ 학교 **가는** 길에 *on* 《one's》 *way* to school/저리**가**. *Get*〔*Go*〕 away!/**가자**. *Let's go*./기차 타고 **가다**

go by train/시간이 **갑**에 따라 as time *passes by*

까다 [벗기다] peel; [부화하다] hatch

¶ 귤을 **까다** *peel* an orange/밤을 **까다** *crack* [*shell*] a chestnut/암탉이 병아리를 **깐다**. A hen *hatches out* chickens.

까다롭다 [성미가] (be) particular; [문제가] complicated

¶ 음식에 대해서 **까다롭다** be *particular* about 《one's》 food/성미가 **까다로운** 사람 a man *hard to please*/이 문제는 **까다롭다**. This problem is *complicated*.

가두다 **shut in** [**up**], lock in [up]

¶ 방에 **가두다** *confine* 《a person》 *to* a room, *shut* [*lock*] 《a person》 *up* in a room

가득 **full**

¶ **가득** 차다 be *full* to the brim/잔에 술을 **가득** 부어라. Fill the glass (*up*) *to the brim* with wine.

가득하다 (be) **full**, be filled to the brim

¶ 그녀의 눈에는 눈물이 **가득했다**. Her eyes *were filled with* tears./

가라앉다 [침몰] **sink**, go down; [마음이] **calm down**, get calm; [조용해지다] become quiet, quiet down

¶ 그 배는 물속에 **가라앉았다**. The ship *sank* under water./마음을 **가라앉히시오**. *Calm* yourself./바람이 **가라앉는다**. The wind *goes down*.

가랑비 a drizzle

가량 [쯤] **about**, some

¶ 10마일 가량 *about* [*some*] ten miles, ten miles *or so*

가렵다 (be) itchy, itching, feel itchy; itch

¶ 등이 **가렵다** My back *itches*. I feel *itchy* in my back.

가로 **width**; [부사] **across**

¶ **가로** 2피이트 two feet *in width*, two feet *wide*

가로지르다 **cross**, go across, cut across

¶ 길을 **가로질러** 가다 *go across* the street

가루 **powder**, flour (곡식의)

¶ **가루**약 medicinal *powder*/**가루**우유 *powdered* milk

가르다 **divide** 《*into*》; share 《a thing》 with 《a person》 (분배); separate (분리)

가르치다 **teach**

¶ 영어를 **가르치다** *teach* English

가리키다 **point to**, point at, indicate

¶ 손가락으로 사람을 **가리키다** *point at* 《a person》 with 《one's》 finger/자침은 북쪽을 **가리킨다**. The magnetic needle *points to* the north.

까마귀 a **crow**

가마니 a straw bag

가망 **hope**, promise, probability

¶ **가망**이 있다 be *promising*, be *hopeful*/**가망**이 없다 be *hopeless*

까맣다 [검다] (be) **black**, dark; [아득하다] **far**, far off, far away

가면 a **mask**

한영

¶ 자선이란 **가면 아래** *under the mask of* charity

가물다 (be) **dry**

가볍다 (be) **light**, slight (경미하다), careless (경망하다)

¶ **가벼운** 짐 a *light* load/**가벼운** 병 a *slight* illness

가쁘다 [숨이] **be out of breath**

가설하다 **build**, construct

¶ 강에 다리를 **가설하다** *build* a bridge over a river

가수 a **singer**

가슴 **breast**, chest; [마음] heart, mind

¶ **가슴이** 아프다 have a pain in the *chest*/**가슴이** 터지도록 울다 cry ((one's)) *heart* out

가시 a **thorn** (나무의); a fishbone (생선의)

¶ **가시**없는 장미는 없다. There is no rose without a *thorn.*

가열하다 **heat**, apply heat to

가엾다 (be) **poor**, pitiable, pitiful

¶ **가엾은** 고아 a *poor* orphan/**가엾어라**! *Poor child! What a pity!*

가운데 **the middle**, the center, the heart

가운뎃손가락 **the middle finger**

가위 **scissors**

¶ **가위**로 베다 cut ((a thing)) with *scissors*

가을 **fall** ((미)), **autumn** ((영))

가입하다 **join**, become a member of

¶ 조합에 **가입하다** *join* in association

가장 **most**

¶ **가장** 중요하다 be *most* important

가정 **home**, a family (가족), a household (살림)

¶ **가정**을 이루다 make a *home*, start a *home*/**가정** 생활 a *home* life, a *family* life/**가정** 방문 a *home* visit

가져가다 **take** ((with)), take along, take [carry] away

¶ 누가 내 칼을 **가져가 버렸다.** Somebody *has taken away* my knife.

가져오다 **bring**, bring ((a thing)) with

¶ 물을 한잔 **가져오너라.** *Get* [*Bring*] me a glass of water.

가족 a **family**

¶ 가족 계획 family planning

가죽 **skin**, **leather** (무두질한), hide (마소의), a fur (모피)

¶ 호랑이 **가죽** a tiger's *skin*/**가죽** 장갑 *leather* gloves

가지 a **branch**; [큰 가지] a bough, a limb; [잔 가지] a twig, a sprig

¶ **가지**를 꺾다 break off a *branch*

까지 1. [시간] **till**, until, up to, by

¶ 다음 달**까지** *till* next month (계속), *by* next month (마감)

2. [장소] **to**, up to, as far as

¶ 부산**까지** *to* Busan, *as far as* Busan

가지다 [소유] **have**, possess, own; [손에] have, hold ((in one's hand))

¶ 나는 돈을 좀 **가지고** 있다. I *have* some money with me.

가치 **value**, worth

¶ **가치 있는** *valuable, worthy*/**가치없는** *worthless, of no value*
가혹하다 (be) **cruel**, severe, harsh
각 **angle**
각각 **each**, **every**, all, separately
각국 **every country**, each nation
¶ 세계 **각국** *all countries* of the world
각오하다 prepare ⟪oneself⟫ for, make up ⟪one's⟫ mind ⟪to do⟫
¶ 그는 죽음을 **각오하고** 있다. He *is prepared for* death.
각자 **each one**, **everyone**; [부사] each
깎다 1. [물건을] shave ⟪wood⟫, cut, plane (대패로), **sharpen** (연필 따위)
2. [머리를] **cut**, clip; [수염을] **shave**; [풀을] mow; [양털을] shear
¶ 머리를 **깎다** have ⟪one's⟫ hair *cut*/수염을 **깎다** *shave* ⟪oneself⟫
3. [값을] beat 〔knock〕 down ⟪the price⟫
¶ 500 원으로 **깎다** *beat down* the price to 500 won
간격 a **space**, an interval, a gap
간과하다 **overlook**, pass over
간단하다 (be) **simple**, easy (용이)
¶ **간단한** 문제 a *simple* question
간소하다 (be) **simple**, plain
간수하다 **keep**, preserve
간신히 **barely**, narrowly, with difficulty
¶ 시험에 **간신히** 합격하다 pass the test *with difficulty*
간절하다 (be) earnest, eager
¶ **간절한** 부탁 an *earnest* request
간접 ¶ **간접적인** *indirect*/**간접적으로** *indirectly*
간직하다 **keep**; hold in mind (마음에)
간첩 a **spy**, a secret agent
간판 a signboard, a sign
간호하다 **nurse**, tend, care for, attend
간호원 a **nurse**
간혹 **sometimes**, now and then, from time to time
갇히다 be shut up 〔in〕, be confined, be imprisoned (감옥에)
갈기다 [때리다] **beat**, hit, strike; [글씨를] scrawl, dash off
갈다 [바꾸다] **change**, replace; [칼을] **sharpen** ⟪a knife⟫; [맷돌로] **grind** ⟪wheat into flour⟫; [이를] grind ⟪one's⟫ teeth; [밭을] **plow**, till
깔다 **spread**, lay
¶ 요를 **깔다** *spread* a mattress
갈라지다 **be divided**, split, part
¶ 둘로 **갈라지다** *break into* two parts
갈망하다 **long for**, yearn for
깔보다 **look down on**
갈채 **cheers**, applause ～**하다** applaud, cheer, give cheers
감각 **sense**, sensation, feeling
감기 **a cold**, an influenza (독감)
¶ **감기**에 걸리다 catch *cold*
감동하다 **be moved**, be touched
¶ 크게 **감동하여** 눈물을 흘리다 *be* deeply *moved* to tears
감사 **thank**, gratitude ～**하다** **thank**

《a person》《for》, be thankful 《to a person for》

¶ 무어라고 **감사**의 말씀을 드려야 좋을지 모르겠읍니다. I can never *thank* you enough.

감자 a **potato**

감정 **feeling**, emotion

감쪽같다 be just as it was, be just as before; [완전] perfect, complete

깜찍하다 be clever for 《one's》 age

감추다 **hide**, conceal, cover(덮어서)

감탄 admiration, wonder **～하다** admire, wonder 《at》

감히 boldly, fearlessly, daringly

¶ 감히 …하다 *dare* 《to do》

갑갑하다 feel heavy; (be) stuffy (답답)

갑자기 **suddenly**, all of a sudden, all at once

¶ **갑자기** 병에 걸리다 be *suddenly* taken ill

갑작스럽다 (be) **sudden**, abrupt, unexpected

값 [가격] **price**, cost; [가치] value

¶ **값**이 싸다[비싸다] be cheap [expensive], be low [high] *in price*, be low[high] *priced*/**값**을 치르다 *pay* for 《an article》/**값**이 오르다[내리다] rise[fall] *in price*/**값**을 올리다[내리다] raise[lower] the *price*/**값**이 얼마요? What is the *price* (of this article)? How much is this?

강당 an **auditorium** 《미》, an assembly hall 《영》, a lecture hall

강대국 a powerful country, a power

강도 a **robber**; a burglar, robbery (행위)

강력하다 (be) **strong**, powerful

강요하다 **demand**, force, compel

¶ …에게 …하도록 **강요하다** *force* 《a person》 to 《do》

강의 a **lecture** **～하다** lecture 《on》, give a lecture 《on》

강자 a strong man, the strong

¶ **강자**와 약자 *the strong* and the weak

강철 **steel**

강추위 bitter cold, dry cold weather

깡통 an empty (tin) can

강하다 (be) **strong**, powerful

¶ 그는 의지가 **강하다**. He has a *strong* will.

갖은 **all**, **all sorts** [**kinds**] **of**, every

¶ **갖은** 수단을 다 쓰다 try *every* means available

갖추다 **prepare**, get ready

같다 [흡사] (be) **like**, be alike; [동일] (be) the **same**; [동등] (be) **equal**; [추측] **seem**

¶ 거지 **같다** *look like* a beggar/꼭 **같다** be the very *same*, be just the *same*/이 시계는 내가 잃어버린 것과 **같다**. This watch is the *same* as I lost./비가 올 것 **같다**. It *looks like* rain.

같이 [함께] **together**, **with**; [처럼] as if, as it were; [동등하게] equally; [그대로] **as**, like; [흡사하게] **like**

¶ **같이** 살다 live *together*, live in

한영

the *same* house with ((a person))/ 그는 모든 것을 다 아는 것**같이** 말한다. He talks *as if* he knew everything. /똑 **같이** 나누다 divide ((apples)) *equally* ((among themselves))

갚다 **pay back**, repay, give ((something)) in return (보답)

¶ 빚을 **갚다** *pay* ((one's)) debt, *pay* the money *back*

개 a **dog**

¶ **개집** a *kennel*, a *dog's house*/ 개는 충직한 동물이다. A *dog* is a faithful animal.

개교 the opening of a school **~하다** open a school

개구리 a **frog**

¶ 우물안 **개구리** a *frog* in a well

깨끗이 **cleanly**, clean, neatly, fairly (공정히)

¶ **깨끗이** 닦다 wipe ((a thing)) *clean*/ **깨끗이** 이기다 win *fairly*

깨끗하다 (be) **clean**, clear (맑다); fair (공정하다)

¶ **깨끗한** 물 *clear* water/**깨끗한** 승부 *fair* play

한영

개다 1. [날씨가] **clear up**, become clear; [비가] hold up, stop raining 2. [접다] **fold**

깨다 1. [잠이] **wake up**, awake 2. [물건을] **break**

깨뜨리다 **break**

¶ 접시를 **깨뜨리다** *break* a dish

깨물다 **bite**

¶ 혀를 **깨물다** *bite* ((one's)) tongue

개미 an **ant**

개선하다 **improve, make** ((a thing)) better

개시하다 **begin**, open

¶ 영업을 **개시하다** *start* business

깨우다 **wake up**, awake

¶ 몇시에 **깨울까요**? When shall I *wake* you *up?*

깨지다 **be broken**, break

¶ **깨진** 사발 a *broken* bowl/산산이 **깨지다** *be broken* to pieces

개최하다 **hold** [**have**] ((a meeting))

개통하다 be opened to traffic (도로가)

거꾸러뜨리다 **knock down**; [지우다] beat, defeat

거꾸로 **upside down**, headlong, head over heels

¶ 우표를 **거꾸로** 붙이다 put a stamp *upside down*

거기 **there**, that place

꺼내다 **pull out**, draw out, take out

¶ 지갑에서 돈을 **꺼내다** *take out* some money from ((one's)) purse

거느리다 head, lead, command

거동 conduct, behavior, manner

거들다 **help**, give ((a person)) a hand

¶ 숙제를 **거들다** *help* ((a person)) with ((one's)) homework

거듭 **again**, over again, repeatedly

거래 **business** **~하다** do business with ((a person))

거리 a **street**, a town

거리 **distance**

¶ 서울과 부산간의 **거리**는 얼마나 되는가? What is the *distance* between Seoul and Busan? How far is it from Seoul to Busan?

거미 a **spider**

거스름돈 **change**

¶ **거스름돈**은 가지시오. You may keep the *change*.

거슬러 올라가다 go upstream, go up ⟪a river⟫; go back ⟪to the past⟫

거울 a **mirror**, a looking glass

거의 **almost**, nearly, all but

¶ 그것은 **거의** 완성됐다. It is *all but* complete.

거저 **free**, for nothing

거절하다 **refuse**, reject, turn down

거주하다 **live**, reside, dwell

거지 a **beggar**

꺼지다 [불이] **go out**, die out, be put out; [사라지다] disappear

¶ 전등이 **꺼졌다**. The light *has gone out*.

거짓말 a **lie** ~**하다** lie, tell a lie

¶ 그는 너무 정직해서 **거짓말**을 못 한다. He is too honest to tell a *lie*.

걱정 **worry**, anxiety, care, fear ~**하다** **worry** ⟪oneself⟫ ⟪about⟫, **be anxious** ⟪about⟫, feel anxiety, fear

¶ 장래 일에 대해서는 **걱정말라**. *Don't worry* yourself *about* the future.

꺾다 **break** (off)

¶ 꽃을 **꺾다** *pluck* 〔*pick*〕 a flower/ 나뭇가지를 꺾다 *break off* a branch of the tree

건강 **health** ~**하다** (be) **healthy**, well, sound

¶ **건강**이 좋지 않다 be in poor *health*, be out of *health*/**건강**에 주의하다 take good care of ⟪one's⟫ *health*

건너다 **go across**, **cross**, go over

¶ 다리를 **건너다** *cross* a bridge

건너편 the opposite side, the other side

건물 a **building**

건전하다 (be) **healthy**, sound

¶ **건전한** 신체에 **건전한** 정신. A *sound* mind in a *sound* body.

건조하다 (be) **dry**, become dry

건축 **building** ~**하다** **build**

걷어치우다 **put away**, clear away; stop, quit

¶ 물건을 **걷어치우다** *gather up and remove* things

걸다 **hang**, put up; [말을] **speak to**, talk to ⟪a person⟫; [전화를] telephone (to) ⟪a person⟫, **ring** 〔**call**〕 ⟪a person⟫ **up** (on the telephone) ⟪영⟫, call ⟪a person⟫ (on the telephone) ⟪미⟫

¶ 간판을 **걸다** *put up* a signboard/ 나는 외국인에게 말을 **걸었다**. I *spoke to* the foreigner.

걸레 a floorcloth, a mop

걸리다 **hang**; [어긋나다] be against ⟪a law⟫, be contrary to; [잡히다] **be caught**; [병에] **be taken ill**, **fall ill**, catch ⟪cold⟫; [시간이] **take**

¶ 벽에 풍경화가 **걸려 있었다**. A landscape *hung* on the wall. /고기가 그물에 **걸렸다**. A fish *was caught* in a net. /감기에 **걸렸다**.

한영

He *caught* (a) cold. /그 곳에 가려면 2시간이 **걸린다.** It *takes* two hours to go there.

걸음 a **step,** walking (걷기)
¶ 그는 갑자기 **걸음**을 멈추었다. He *came* to *a* sudden *stop.*

검사 **examination,** inspection, test ~**하다** **examine,** inspect

겁내다 **be afraid of,** fear, dread
¶ 이 개를 **겁내지** 마라. Don't *be afraid of* this dog.

껍질 [나무의] bark; [과일의] rind, peel; [깍지] husk, shell; [얇은] skin

것 **one,** thing, matter
¶ 이것 this *one* 〔*thing, matter*〕/새 **것**과 묵은 **것** new *one* and old *one*

겉 the **surface,** the face; the outside

게시판 a **bulletin** 〔**notice**〕 **board**

게으르다 (be) **lazy, idle**

게으름뱅이 an idler, a lazybones, an idle fellow

겨냥 **aim,** mark ~**하다** aim 《at》, take aim 《at》
¶ 그 사냥군은 토끼를 **겨냥하여** 쏘았다. The hunter *aimed at* the rabbit and fired.

겨누다 **aim** 《at》, take aim 《at》
¶ 잘 **겨눈** 다음에 쏘아라. *Take* careful *aim* and fire.

겨드랑이 the armpit

껴안다 **hug,** embrace, hold 《a baby》 to 《one's》 breast 〔in 《one's》 arms〕

겨우 **barely,** narrowly, with difficulty

겨울 **winter**
¶ **겨울** 방학 a *winter* vacation

격언 a **proverb,** a saying

격찬 high praise ~**하다** praise highly, speak highly of, praise 《a person》 to the skies

견고하다 (be) **solid,** strong, firm

견디다 **bear,** stand, endure, put up with

견본 a **sample**

견주다 **compare** 《one thing》 **with** 《another》
¶ 이것과 저것을 **견주어 보라.** *Compare* this *with* that.

견해 an **opinion,** a view
¶ **견해**를 같이하다 hold 〔have〕 the same *view*

결과 **result**
¶ 좋은 **결과**를 얻다 get a good *result*

결국 **after all,** in the end, finally, in the long run

결단 **decision,** determination ~**하다** **decide,** determine, resolve

결론 conclusion
¶ **결론으로** *in conclusion*/**결론**에 도달하다 reach 〔come to〕 a *conclusion*

결석 **absence** ~**하다** **be absent** 《from》, absent 《oneself》 《from》
¶ 왜 학교를 **결석했느냐?** Why did you *stay away from* school?

결승전 a final game 〔match〕

결심 determination, resolution ~**하다** determine, resolve, make up 《one's》 mind

한영

¶ 굳은 **결심** a firm *determination*

결점 a **fault**, a weakness, a defect, a weak point (약점)

¶ 남의 **결점**을 캐다 *find fault with* 《a person》, *pick* 〔*point*〕 *out* another's defects

결정 decision **~하다 decide**

¶ **결정적**〔**으로**〕 *decisive*〔*ly*〕, *definite*〔*ly*〕

결코 **never**, by no means, not ~ at all, not ~ in the least

¶ **결코** 만족스럽다고 할 수 없다. It is *by no means* satisfactory. / 그는 **결코** 거짓말을 하지 않는다. He *never* tells a lie.

결혼 **marriage**, wedding **~하다 marry**, get married

겸손 modesty **~하다** (be) **modest**

경 **about**, around 《미》

¶ 2시**경** *about* two o'clock

경계 **guard**, lookout, watch **~하다** guard against, keep watch

경고 warning **~하다** warn 《a person》 against, give 《a person》 a warning

경과하다 [시간이] **pass**, go by

경기 a **game**, a match, a contest **~하다** have a contest 〔game〕

경마 horse racing, a horse race

경멸 contempt **~하다 despise**, hold 《a person》 in contempt, look down

경비 **expenses**, cost

¶ **경비**를 줄이다 cut down *expenses*

경유하다 **go through**, pass through, go by way of

¶ 아버지는 로마를 **경유하여** 영국에 가셨다. Father went to England *by way of* Rome.

경의 **respect**, regard

¶ **경의**를 표하다 pay 《one's》 *respects* 〔*regards*〕 《to》, show 《one's》 *respect*

경쟁 **competition** **~하다** compete with 《a person for》, contest

¶ **경쟁**에 참여하다 take part in a *contest* 〔*competition*〕

경제 economy

¶ **경제적으로** *economically*

경주 **a race**, a run

경찰 the **police**

¶ **경찰관** a *policeman*, a *police officer* / **경찰서** a *police station*

경치 a **scene**, scenery 《총체적》

경험 **experience** **~하다** experience, go through

¶ 그는 선생으로서 **경험**이 많다. He has much *experience* as a teacher.

계급 [등급] **rank**, grade

계단 **stairs**, a staircase, steps

계속하다 **continue**, go on

¶ **계속해서** *continuously*/일을 **계속하다** *go* 〔*keep*〕 *on* with 《one's》 work/이야기를 **계속하다** *continue* to talk, *go* 〔*keep*〕 *on* talking

계절 a **season**

¶ 1년에는 4**계절**이 있다. There are four *seasons* in a year.

계획 a **plan** **~하다** plan, make 〔form〕 a plan

¶ **계획**을 실천하다 carry out the *plan*, put the *plan* into practice

고구마 a sweet potato

고국 《one's》 native 〔home〕 country

고급 high class 〔grade〕; 〔계급〕 high rank

고기 **meat** (짐승의), **fish** (생선)
¶ 우리는 만찬에 **고기**를 먹게 될 것이다. We shall have *meat* for dinner.

고대하다 wait impatiently 《for》, wait with a long neck 《for》, look forward to 《seeing you》
¶ 나는 너의 소식을 **고대하고** 있다. I *am looking forward to* hearing from you.

고독하다 (be) **lonely**, solitary, isolated

고되다 (be) **hard**
¶ **고된** 일 a *hard* work/살기에 **고된** 세상 a *hard* world to live in

고락 pleasure and pain, joys and sorrows
¶ 그와 **고락**을 같이하다 share his *joys and sorrows*

고래 a **whale**

고려 consideration ～**하다** **consider**, take 《a matter》 into account

고르다 **1**. 〔균일〕 (be) **even**, equal **2**. 〔선택〕 **choose**, select
¶ 여럿 가운데서 좋은 것 하나를 **고르다** *pick* a good one out of the lot

꼬리 a **tail**

고립 isolation ～**하다** be isolated, stand alone

고맙다 《I am》 **thankful**, grateful
¶ 대단히 **고맙습니다**. *Thank* you very much.

고무 **rubber**
¶ **고무** 공 a *rubber* ball

고발하다 accuse, charge

고백 confession ～**하다** confess

고생 **hardships** ～**하다** have a hard time, struggle with difficulties

고속 도로 an *express highway*, a *superhighway*

고양이 a **cat**

고요하다 (be) **quiet**, still, calm
¶ **고요한** 밤 a *silent* night/**고요히** *quietly, peacefully*

고용하다 **employ**, hire

고장 a **breakdown**, a trouble ～**나다** get out of order, break down, go wrong
¶ 내 시계는 **고장났다**. Something *is wrong with* my watch.

고치다 〔병을〕 **cure**, heal, make well; 〔수선하다〕 **repair**, mend, make good
¶ 감기를 **고치다** *cure* 《a person》 *of* a cold/나쁜 버릇을 고치다 *get rid of* a bad habit, *break* 《oneself》 *of* a bad habit

고통 **pain**

고학하다 study under difficulties, work 《one's》 way through school

고향 《one's》 **home**, 《one's》 **hometown**, 《one's》 native (place)

꼭대기 the **top**, the peak

곡선 a **curve**, a curved line

곤경 an awkward 〔a hard, a difficult〕 position

곤란 **difficulty**, trouble ～**하다** (be) **difficult**, hard
¶ **곤란**을 극복하다 overcome a *difficulty*

곤충 an **insect**

곧 [즉시] **at once,** right away; [오래지 않아] **soon,** before long
¶ **곧** 가시오. Go *at once.* /**곧** 돌아 오겠읍니다. I'll come back *before long.*

곧다 (be) **straight;** [마음이] honest
¶ **곧은** 길 a *straight* road

곧이듣다 take ⟪one's story⟫ seriously, take ⟪a person⟫ at ⟪a person's⟫ word

곧장 **directly,** straight
¶ **곧장** 집으로 가라. Go *straight* home.

꼴찌 the **last,** the bottom, the last man ⟪in a race⟫

곰 a **bear**

꼼짝 못하다 be unable to move an inch; [곤경에 빠지다] be in a fix

곱다 (be) **beautiful,** lovely, fine, nice
¶ **고운** 목소리 a *sweet* voice/그는 마음씨가 **곱다.** He is *pure* in heart.

곳 a **place,** a scene (현장)

공 a **ball**

공간 **space,** room (여지)
¶ 시간과 **공간** time and *space*

공감 sympathy

공개하다 open ⟪a thing⟫ to the public

공격 an **attack,** a charge (비난) **～하다 attack,** make an attack

공급 **supply** **～하다** **supply** ⟪a thing to⟫, supply ⟪a person⟫ with
¶ 수요와 **공급** *supply* and demand

공기 **air;** [분위기] atmosphere

공부 **study,** learning, work **～하다** **study,** work at 〔on〕 ⟪one's studies⟫, learn
¶ 그는 밤낮으로 열심히 **공부했다.** He *studied* very hard night and day.

공손하다 (be) **polite**

공습 an air raid 〔attack〕

공업 **industry**
¶ **공업학교** a *technical school*

공일 **Sunday** (일요일), a holiday (휴일)

공장 a **factory,** a plant
¶ 아버지는 저 **공장**에서 일하신다. My father works in that *factory.*

공중 the **air,** the **sky**
¶ **공중에** *in the air, in the sky*

공통하다 (be) **common**

공포 **fear,** dread

공표하다 announce officially, publish, make public

공항 an **airport**
¶ 김포 국제 **공항** the Kimpo International *Airport*

꽃 a **flower**
¶ 꽃을 꽃병에 꽂다 put the *flower* in the vase

과거 the **past**
¶ **과거분사** a *past participle*

과로하다 **overwork** ⟪oneself⟫, work too hard

과목 a **subject,** a lesson

과식하다 **overeat** ⟪oneself⟫, eat too much

과실 a **fault,** a mistake

과장하다 exaggerate

관계 **relation** **～하다** relate, be related to, have something to do with

¶ 나는 그와 아무 **관계도 없다.** I have *nothing to do with* him.
관대하다 (be) generous, liberal
광경 a **scene**, a spectacle, a sight, a view
광선 **light**, a ray of light
¶ **엑스 광선** *X rays*
괜찮다 [쓸만하다] **be not bad**, be all right, good, fair; [상관없다] **do not mind**, make no difference
괴로움 trouble, hardship
괴롭다 (be) painful; [곤란하다] hard, difficult
괴롭히다 **worry** 〔**trouble**〕 《a person》
교수 a **professor**
교실 a **classroom**, a schoolroom
교외 the **suburbs**, the outskirts
¶ 우리 학교는 서울 **교외**에 있다. Our school stands in the *suburbs* of Seoul.
교육 **education**
교장 a **schoolmaster** (국민학교의), a **principal** (중학교의), a director (고교의)

한영

교통 **traffic**, communication
¶ **교통** 기관 means of *communication* 〔*transportation*〕/**교통** 사고 a *traffic* accident/**교통** 순경 a *traffic* policeman/**교통** 신호 a *traffic* signal/**교통** 정리 *traffic* control
교환 exchange ~**하다 exchange**
¶ **교환** 교수 an *exchange* professor/**교환수** a *telephone operator*
교회 a **church**, a chapel
¶ 나는 일요일에는 저 **교회**에 간다. I go to that *church* on Sunday.
교훈 instruction, a lesson
구경군 a bystander, an onlooker
구경하다 **watch**, look at, enjoy seeing, see the sight of
¶ 우리는 나이아가라 폭포를 **구경하러** 갔었다. We went *to see the sight of* Niagara Falls.
꾸다 [돈을] **borrow;** [꿈을] **dream**
구두 **shoes** (단화), boots (장화)
¶ **구두** 한 켤레 a pair of *shoes*
구르다 **roll**
¶ 공이 마당으로 **굴러** 들어왔다. A ball came *rolling* into the yard.
구름 a **cloud**
¶ **구름이 낀** 날씨 a *cloudy* weather
구멍 a **hole**, an opening
¶ 내 양말에 **구멍**이 나 있다. There are *holes* in my socks.
구미 appetite, taste
구석 a **corner**
구식 **old style** 〔fashion〕
구실 an **excuse**, a pretext
꾸짖다 **scold**, give 《a person》 a scolding
¶ 그는 내가 지각한 사실을 **꾸짖었다.** He *scolded* me for being late.
구하다 **look for**, seek, want
구하다 **rescue** 《a person》 **from** 《danger》, save 《a person》 from 《death》
구혼 a proposal of marriage ~**하다** propose 《to》
국가 a **country**, a state, a nation
국기 the **national flag**
국면 the situation
국민 a **nation**, a **people**

국민학교 a primary 〔an elementary〕 school, a public school 《미》
국방 national defense, the defense of a country
국사 a national history
국산 home 〔domestic〕 production; [국산품] a domestic 〔home〕 product
국어 the national language, 《one's》 mother tongue
국적 nationality, citizenship 《미》
국제 ¶ **국제적인** *international*
국회 the National Assembly
군인 a **soldier;** [해군] a sailor
군함 a **warship**
굳다 (be) **hard,** solid, stiff
굳세다 (be) **strong,** firm
¶ 그는 의지가 **굳센** 사람이다. He is a man of *strong* will.
꿀 **honey**
굴뚝 a **chimney**
꿀벌 a **honeybee**
굴복하다 **give in,** submit, surrender
굵다 (be) **thick,** big, deep (목소리가)
굶다 **starve,** go hungry
¶ **굶어** 죽다 die of *hunger, starve* to death
꿈 a **dream**
¶ **꿈꾸다** *dream, have a dream, dream a dream*
꿋꿋하다 (be) strong, firm; straight (곧다)
권리 a **right**
¶ **권리**와 의무 *right* and obligation
권총 a pistol, a revolver, a gun 《미》
권투 **boxing**
귀 the **ear;** [청각] hearing
¶ **귀가** 어둡다 〔밝다〕 be slow 〔quick〕 of *hearing*
귀머거리 a **deaf** (person)
귀엽다 (be) **pretty,** lovely, sweet
¶ **귀여운** 여자 아이 a *sweet* 〔*cute*〕 little girl
규칙 a **rule,** regulations
¶ **규칙대로** *according to the rules*
균등하다 (be) equal, even
균형 **balance**
그 **the,** that
그것 **it,** that
끄다 [불을] **put out,** blow out, extinguish; [전기 · 가스 · 라디오] **turn off,** switch off, put off
그때 **then, at that time**
¶ **그때** 아버지는 어린애였다. *At that time* my father was a little child.
그대로 just like that, as it is, as it stands
¶ **그대로** 하시오. Do *just like that.*
그동안 **during that time,** the while, in the meantime
그래도 **nevertheless,** but, still, for all that, and yet
그래서 **so, therefore**
¶ **그래서** 그는 화가 났다. *So* he got angry.
그러나 **but, however,** still, and yet, though
그러므로 **so, therefore**
그렇게 **so,** so much, that much, like that, that way

한영

¶ 펜을 **그렇게** 쥐는 게 아니다. You must not hold your pen *like that.*

그리다 **draw**, paint (채색하여), picture

¶ 그림을 **그리다** *draw* a picture

그림 a **picture**, a painting

그림자 a **shadow**

¶ 우리들의 **그림자**가 벽에 비치고 있다. Our *shadows* are on the wall.

그만두다 **stop**, cease, quit, give up

¶ 학교〔회사〕를 **그만두다** *leave* school 〔the company〕

그만큼 that much, so much

¶ 나도 **그만큼**은 했다. I too have done *that much.*

그물 a **net**

그저께 the day before yesterday

그 후 **after that, since then,** afterwards, later

¶ **그 후** 어떻게 지냈니? How have you been *since*?

극 a **drama**, a play

극동 the Far East

극비 strict secrecy, a top secret 《미》

극장 a **theater**, a playhouse

¶ 우리는 지난 일요일에 **극장**에 갔다. We went to the *theater* last Sunday.

극히 **extremely**, greatly

끈 a **string**, a cord

근근히 **barely**, narrowly, with difficulty

근년 ¶ **근년에** *of late years, in recent years*

근대 modern times, the modern age

근래 **lately**, of late, recently

근면 **diligence**, industry **～하다** (be) **diligent**, industrious, hard-working

근무 **work**, duty, service **～하다** do duty, be on duty, work

근방 the neighborhood

근심 anxiety, fear, care, worry, trouble **～하다 be anxious about,** be afraid of 〔for〕, worry about, worry 《oneself》 about

¶ 그런 것을 가지고 **근심하지** 마라. Don't *worry about* such a thing.

근육 **muscles**

끊다 **cut**, cut off, break off; 〔금하다〕 **stop**, give up

¶ 술을 **끊다** *stop* 〔*give up*〕 drinking

끊어지다 **break**, be cut, break down, break off, be cut off, be broken

끊임없다 (be) continuous, constant

¶ **끊임없이** *continually, constantly*

끌다 **pull, draw;** 〔주의를〕 attract; 〔인도하다〕 **lead;** 〔미루다〕 delay

¶ 옷소매를 **끌다** *pull* 《a person》 by the sleeve

글씨 a **letter**, 〔글씨쓰기〕 penmanship

¶ 그는 **글씨**를 잘 쓴다. He writes a good *hand.*

끌어 내다 **take** 〔**pull, draw**〕 **out,** bring 〔carry〕 out

끌어 안다 **hug**, embrace

긁다 **scratch**

끓다 **boil**

¶ **끓어서** 넘다 *boil* over/**끓어** 오르다 *boil* up

금 **gold**

¶ **금**반지 a *gold* ring/**금** 시계 a *gold* watch

금강석 a **diamond**

금고 a **safe**, a strongbox

¶ 돈을 **금고**에 넣다 put 〔keep〕 money in a *safe*

금속 a metal

끔찍하다 (be) horrible, frightful, dreadful

급료 a **salary**, wages, fee, pay

급박하다 (be) **urgent**, imminent

급증하다 increase suddenly

급하다 (be) **urgent**, imminent; [성급하다] hasty, impatient; [위급하다] dangerous, serious

¶ 무엇이 그렇게 **급합니까**? What is your *hurry?*

급행 [열차] an **express** (train)

급히 [빨리] **fast**, quickly, in haste, in a hurry; [곧] **at once**

¶ 그는 학교로 **급히** 달려갔다. He ran *fast* to (his) school.

끝 **end**, close; [첨단] the point

끝끝내 to the last, to the end

끝나다 **end**, finish, come to an end, be closed, be over

¶ 시험이 **끝났다**. The examination *is over.*/지금 막 식사가 **끝났다**. We have just *finished* our meal.

기간 a **period**

기꺼이 willingly, with pleasure

¶ **기꺼이** 그렇게 하겠읍니다. I will do so *with pleasure.*

기계 a **machine**, machinery

¶ **기계**에 고장이 났나보다. Something seems to be wrong with the *machine.*

기관차 an engine 《영》, a locomotive 《미》

기관총 a machine gun

기교 **art**, skill, a trick

¶ **기교**를 부리다 use a *trick*

기구 a **balloon**

기구 a **tool**

기념하다 commemorate

기다 **crawl**, go on all fours

끼다 [장갑·반지 따위] **put on**, pull on; [참가] **join**, take part in

¶ 장갑을 **끼다** *put*〔*pull*〕*on* 《one's》 gloves/팔장을 **끼다** *fold* 《one's》 arms/일행에 **끼다** *join* the party

기다리다 **wait** 《for》, await

¶ 기차를 **기다리다** *wait for* a train/**기다리게** 하다 keep 《a person》 *waiting*

기대 expectation, anticipation ～**하다** **expect**, look forward to

기대다 **lean** 《against》; [의지하다] rely upon, lean on

기도 a **prayer** ～**하다** **pray**

기도 an **attempt**, a plan, a try

기둥 a **post**, a pole, a column

기록 a **record**

¶ **기록**을 깨다 break a *record*

기르다 **bring up**; [동물을] **raise**

¶ 아이를 우유로 **기르다** *bring up* a child on cow's milk

기름 **oil**

기립하다 **stand up**, rise

기만하다 **cheat**, deceive, play 《a person》 a trick

기밀 a **secret**, secrecy
기뻐하다 **be pleased with**, be delighted at, be glad for
¶ 껑충껑충 뛰며 **기뻐하다** jump for *joy*, dance with *joy*/소식을 듣고 **기뻐하다** *be pleased at* the news
기분 **feeling**, a frame of mind
¶ **기분**을 상하게 하다 hurt《one's》*feeling*
기쁘다 (be) **happy**, joyful, glad, pleasant
¶ **기쁜** 소식 *glad* 〔*happy*〕 news
기쁨 **joy**, delight, pleasure
기사 an engineer, a technician
기술 **skill**, art, technique
기억 **memory** ～**하다** **remember**
¶ 나는 네가 한 말을 **기억하고** 있다. I *remember* what you said./그는 **기억력**이 좋다. He has a good *memory*.
기와 a tile
¶ **기와**집 a *tile*-roofed house
기운 [힘] **strength**, force, might
기일 the fixed 〔given〕 date, the appointed date
기자 a **reporter**
기적 a **miracle**, a wonder
¶ **기적적으로** 살아나다 escape death *by a miracle*
기준 a **standard**
기차 a **train**
¶ **기차로** *by train*/**기차**를 놓치다〔타다〕 miss 〔catch〕 a *train*
기초 the foundation, the basis
기침 a **cough**
기한 a **period**, a term
기회 an **opportunity**, a chance
¶ **기회**를 놓치다 miss an *opportunity*/**기회**가 있는 대로 at the first *opportunity*
기획 **planning**, a plan ～**하다** **plan**, make a plan
기후 **weather**, climate
긴급 emergency, urgency ～**하다** (be) urgent, pressing
길 a **way**, a **road**, a route, a highway, a street; [통로] a path, a passage
¶ **길을 잃다** *lose*《one's》*way*, *get lost*/**길**을 묻다 ask《one's》*way* to《a place》
길다 (be) **long**, lengthy
길모퉁이 a street corner, a **corner**
길이 **length**; [부사] long, for a long time, forever
깁다 **sew**, **stitch**, mend, patch up
깊다 (be) **deep**, profound
깊이 [명사] **depth**; [부사] **deeply**

한영

ㄴ

나가다 **go out**, get out; [진출] go forth
나그네 a traveler, a passenger
나날이 **day by day**, every day
나누다 [가르다] **divide**《into》, separate; [분배] divide《between, among》; [함께] share《with》
나라 a **country**, a **state**

나란히 [한줄로] in a line [row], **side by side;** [가지런히] evenly
나르다 **carry**, convey, transport
나머지 the **rest**, the remainder
나무 a **tree**, a plant; [재목] **wood**, timber; [땔나무] firewood
나쁘다 (be) **bad**, **wrong** (잘못)
나사 a **screw**
나아가다 **go forward**, advance
나아지다 become better, improve
나오다 **come** [**go**, **get**] **out** ((of the room))
나이 **age**, years
¶ **나이**를 먹다 grow *older*, grow *old*/학교에 갈 **나이**이다 be *old* enough to go to school/아직 결혼할 **나이**가 아니다 be too *young* to marry/**나이에 비해** 젊어 보이다 look younger *for* ((one's)) *age*
나중 the last
¶ **나중에** *some time later*
나타나다 **appear**, turn up, show up
나타내다 **express**(표현하다); show, display
낙선하다 be defeated in an election
낙심하다 lose heart, be discouraged, be disappointed
낙엽 fallen leaves, dead leaves
낙오하다 fall behind
낙원 a **paradise**
낙제하다 **fail** (in an examination)
낙하산 a **parachute**
낚다 **fish**, angle
낚시질 **fishing**, angling
난로 a **stove**
난방 장치 a heating apparatus [system, arrangement]
난처하다 (be) **difficult**, awkward
난폭하다 (be) **violent**, rough, wild
날 a **day**, a **date**, weather (날씨)
¶ **날로** *day by day*, *every day*/**날**을 정하다 fix [set] a *date*
날개 the **wings**
날다 **fly**
날마다 **every day**, daily, day after day
날씨 **weather**
¶ **날씨가 좋으면** if *weather* permits, *weather* permitting, if *it* is fine/오늘 **날씨**가 어떻니? How is the *weather* today?/**날씨**가 차차 좋아진다. The *weather* is changing for the better. The *weather* is improving.
날씬하다 (be) slender
날짜 a **date**
날카롭다 (be) **sharp**, pointed (끝이)
낡다 (be) **old**, worn, be out of date
남 **others**, other people, **another**
남극 the South Pole
남기다 **leave**, leave behind
남녀 man and woman, male and female
남다 **remain**, be left over, stay
남매 **brother and sister**
남성 the **male** (sex)
남자 a **man**, a male (sex)
남편 a **husband**
납득하다 **understand**
납세 tax payment
¶ **납세자** a *taxpayer*
납작하다 (be) **flat**
낭비하다 **waste**
낭설 a false rumor

낮 the **daytime**, the day
¶ **낮에** *in the daytime*/그는 **낮에**는 자고 밤에 일한다. He sleeps *by day* and works by night.
낮다 (be) **low**
낮추다 **lower**, reduce, degrade (품위를)
낯 a **face**
낯설다 (be) **strange**
낳다 [출산] **bear**, give birth to
내 [개울] a **stream**
내각 a cabinet, a ministry
내걸다 put up, hang out
내내 all along, all the time
내년 **next year**
내다보다 look out 《of, over》
¶ 창밖을 **내다보다** *look out of* a window
내던지다 **throw away**, throw down 《upon the floor》
내디디다 stop forward, set foot 《on》
내려가다 **go down**, descend 《from》
내려놓다 set down, **put down**
내려오다 **come down**, get down, descend 《from》
내리다 descend, come down, go down; [차에서] **get off**, step off
내뱉다 spit out
내버려 두다 leave 《a matter》 as it is
내버리다 **throw away**, cast away
내보내다 let out, let go out, send
내복 **underwear**, underclothes
내부 the **inside**, the interior
내외 [안팎] inside and outside, within and without, home and abroad; [부부] husband and wife
내용 **contents**, substance
내월 next month
내의 an undershirt, underclothes
내일 **tomorrow**
내정 domestic 〔internal〕 administration, state affairs
내쫓다 **drive out**, force out
내주 next week, the coming week
냄새 **smell**, **scent**, odor, fragrance
¶ 뭔가 타는 **냄새**가 난다. I can *smell* something burning.
냉수 cold water
냉장고 a refrigerator
냉정하다 (be) **calm**, cool
냉혹하다 (be) **cruel**, cold-hearted
너그럽다 (be) **generous**, broad-minded
너무 **too**, too much, ever so much
넉넉하다 (be) **enough**, sufficient, plenty
¶ 먹을 것이 **넉넉하다** have *plenty* to eat
널다 spread out, hang 《something》 out to dry
¶ 빨랫줄에 옷을 **널다** *hang out* clothes on a clothesline.
널리 **widely**, broadly, far and wide
¶ 세상에 **널리** 알려지다 be known *all over* the world
넓다 (be) **broad**, wide, large
넓이 [면적] **area**, space, extent
넘기다 bring 〔carry〕 《a thing》 across, pass over; [책장을] **turn**; [인도하다] hand over, turn over
넘다 **cross**, **go across**, go beyond; [초과] be over, be above, be more than; [뛰어넘다] **jump**

넘어가다 **cross**, go across; [해·달이] **sink**, set, go down; [남의 소유로] fall into 《one's》 hands, pass into another's hands; [속다] be cheated, be deceived; [쓰러지다] fall down
넘어뜨리다 throw 〔bring〕 down, knock down; [패배시키다] defeat
넘어지다 **fall**, come down
¶ 돌에 걸려 **넘어지다** *fall* over a stone
넘치다 **overflow** 《the bank》, flow over 《the brim》; [지나치다] be above
¶ 대야에 물이 **넘치고** 있었다. The basin *was running over* with water.
넣다 **put in**, take in, bring in
네거리 a **crossroad**, a cross
노 an **oar**
노고 labor, toil, pains
노골적 **blunt**, outspoken
¶ **노골적으로** *bluntly, frankly, openly, broadly*
노동 **labor**, work, toil **~하다** labor, work, toil
노동자 a *laborer*, a *worker*, a *workingman* / **노동**조합 a *labor* union 《미》, a *trade* union 《영》
노랑 **yellow**, yellow color
노랗다 (be) **yellow**
노래 a **song** **~하다 sing** (a song)
노려 보다 glare 〔stare〕 at, look daggers at, look sharply in the face
노력 **effort**, endeavor, hard work **~하다** strive, endeavor, exert 《oneself》, **make an effort**
노련하다 (be) experienced, expert
노름 gambling, gaming **~하다** **gamble**, play for money
¶ **노름군** a *gambler*
노엽다 be offended, feel hurt
노예 a **slave**, slavery (신분)
노인 an **old man**; the old
¶ **노인**을 존경해야 한다. We should respect *the old*.
노임 **wages**
노점 a street stall, a roadside stand, a booth
녹다 **melt**, thaw
¶ 얼음은 **녹아** 물이 된다. Ice *melts* into water.
녹음기 a **recorder**, a tape recorder, a recording machine
녹이다 **melt**
논의하다 **discuss**, argue
놀다 [유희] **play**; [유흥] make merry; [허송세월] be idle, be doing nothing; [실직] be out of work
¶ 어제 우리는 **참 재미있게 놀았다**. We *had a lot of fun* yesterday.
놀라다 **be surprised**, be astonished, be amazed, be shocked; [공포] be frightened
¶ 그 소식을 듣고 **놀라다** *be surprised* to hear the news
놀리다 **make fun of**, make sport of, laugh at, poke fun at; [유휴] have 〔leave〕 《a person, a thing》 idle
¶ 그는 너를 **놀리고** 있다. He *is fooling* you.

한영

놀이터 a **playground**
농구 **basketball**
농담 a **joke**, a jest ~ **하다** joke, jest
¶ **농담이 아니다**. *It's no joke. I am serious.*
농민 a **farmer**, a peasant
농업 agriculture, farming
농작물 the **crops**, a harvest
농장 a **farm**
농촌 a farm village
높다 (be) **high**, lofty, tall
높이다 **raise**, heighten, lift
¶ 음성을 **높이다** *raise* ((one's)) voice
놓다 **put**, lay, place, set; [해방] set free; release; [가설] **build**, construct
¶ 나는 상자를 책상 위에 **놓았다**. I *put* the box on the table.
놓치다 **miss**
¶ 첫차를 **놓치다** *miss* the first train
뇌 the **brains**
누구 **who** (주격), **whose** (소유격), **whom** (목적격)
누락 an omission ~**하다** be left out, be omitted, be missing
누르다 **press**, push down; [억압] **oppress**, put down
누설 leakage ~**하다** leak, let out, reveal, disclose
누에 a silkworm
누이 a **sister**
눈 1. an **eye**; [시각] (eye)sight; [주의] notice, attention
2. [싹] a **bud**, a sprout, a shoot
3. **snow**, a snowfall (강설)
¶ **눈이** 온다. It *snows. Snow* falls.
눈감아주다 overlook
눈동자 the pupil (of the eye)
눈물 a **tear**
¶ **눈물**을 흘리며 *in tears*
눈부시다 (be) dazzling, glaring
눈썹 the **eyebrow**
눈알 an eyeball
눈치 **sense**; [기색] sign
¶ **눈치**채다 get *scent* [*wind*] of
눕다 **lie down**, lay ((oneself)) down
눕히다 lay ((a person)) down
뉘우치다 **regret**, repent ((of))
¶ 자기가 한 짓을 **뉘우치다** *be sorry for* what ((one)) has done
느끼다 **feel**, be conscious of; [감동] be moved ((by))
느리다 (be) **slow**, **dull**
느릿느릿 **slowly**, idly
늘 **always**, ever, all the time, habitually
늘다 **increase**, gain, grow
늘어나다 grow longer, extend
늘어서다 stand in a row, line up
늘이다 **lengthen**, extend, stretch
늙다 grow old
¶ **늙은**이 an *old* man, an *aged* man
능가하다 **surpass**, exceed
능력 **ability**, capability, capacity
¶ **능력있는** 사람 an *able* man, a man *of ability*
능률 efficiency
능숙하다 (be) **skilled**, expert
늦다 (be) **late**
¶ 그는 학교에 **늦었다**. He *was late for* school.

ㄷ

다가서다 **draw near**
¶ 바싹 **다가서다** *draw close to* ⟪a person⟫
다니다 go to and from ⟪a place⟫, go to ⟪a place⟫ and back; [통근·통학] **go to, attend** ⟪school⟫
따다 **pick,** gather (모으다); [얻다] **get,** take, obtain
다달이 every month, monthly
다듬다 **trim** 〔prune〕 ⟪trees⟫; plane (대패로); shave (칼로)
따뜻이 **warmly,** warm-heartedly
¶ **따뜻이** 맞아들이다 receive ⟪a person⟫ *with warm hands*
따뜻하다 (be) **warm,** mild
¶ 날씨가 **따뜻해졌다** It 〔The weather〕 has become *warm.*
따라가다 [동반] **go with,** accompany; [뒤따라] **follow;** [뒤지지 않게] keep up with, catch up with
¶ 열심히 공부하면 그를 **따라갈** 수 있을 것이다. Study hard, and you will *catch up with* him.
따라서 […대로] in accordance with, **according to;** [그러므로] accordingly, therefore, hence, so (that)
따라오다 **follow,** come with, accompany
¶ 개는 내가 어디를 가나 **따라온다.** The dog *follows* me wherever I go.
다루다 **handle,** treat, manage
¶ **다루기** 쉬운 easy *to deal with*
다르다 **differ** ⟪from, with⟫, be **different** ⟪from, with⟫, vary ⟪from⟫
따르다 1. **follow,** accompany, be followed by (수반하다); [복종] **obey,** follow
¶ 충고에 **따르다** *take* 〔*follow*〕 ⟪one's⟫ advice
2. [붓다] **pour** ⟪out, in⟫, fill ⟪a cup with coffee⟫
다리 1. [동물의] a **leg,** a limb
2. [교량] a **bridge**
다리다 [옷을] **iron** ⟪clothes⟫, press
다리미 an **iron**
다림질 ironing
다만 **only,** merely, simply, nothing but
다물다 **shut,** close ⟪one's lips⟫
¶ 너는 입을 **다물고** 있는 것이 좋다. You'd better *hold* your tongue.
다발 a **bundle,** a bunch
¶ 꽃**다발** a *bunch* of flowers
다방 a **tea room,** a tea house, a coffee house
다소 **more or less,** somewhat, a little, to some extent
¶ 오늘은 기분이 **다소** 좋다. I feel *a little* better today.
다수 ¶ **다수의** *many, numerous*
다수결 decision by majority ～로 **하다** decide by majority
다스리다 **govern,** rule 〔reign〕 over

다시 **again**, over again, once again, once more; [새로] again, anew
¶ **다시 한번** 말해라. Say *once more.* /**다시는** 안하겠다. I will never do it *again.*

다음 ¶ **다음의** *next, following*/**다음** 번에는 *next* time/**다음과 같다.** *It's as follows.*

다음날 the following〔next〕day; [훗날] some day

다음달 the next〔following〕month

다정하다 (be) affectionate, warm-hearted, kind-hearted; [사이가] **close,** friendly, intimate, familiar

다치다 **hurt** 《oneself》, get hurt〔injured〕, get wounded
¶ **다치지** 않도록 조심해라. Be careful not *to get hurt.*

다투다 **quarrel,** have a dispute; [겨루다] contend, compete, struggle
¶ 사소한 일로 서로 **다투다** *have words with* each other over trifles

다하다 1. [소모되다] become exhausted, be used up, run out
2. [마치다] **finish,** go through; [다들이다] exhaust, use up, run out of
¶ **최선을 다하다** *do* 《one's》 *best*/숙제를 **다한** 다음에 산책을 했다. I went out for a walk *having finished* my homework.

다행하다 (be) **lucky,** fortunate

딱딱하다 (be) **hard,** solid, stiff

닥치다 **approach,** draw near
¶ **닥치는 대로** 읽다 read *whatever* 《one》 *can lay* 《one's》 *hands on*

닦다 [빛내다] **polish,** give 《something》 a polish; [훔치다] wipe, mop
¶ 구두를 **닦다** *polish* 《one's》 shoes/이를 **닦다** *clean*〔*brush*〕《one's》 teeth

단결하다 **unite** (together)

단계 a **step,** a stage

단교하다 cut〔break〕off with 《a country》

단념하다 **give up,** abandon

단도 a dagger, a short sword

단번 ¶ **단번에** *at a stretch*

단속하다 **control,** regulate

단숨에 at a stretch, at a breath

단위 a **unit**

단정하다 conclude, decide

단지 **simply,** merely, only

단체 a **body,** a group, a company, a party
¶ **단체** 생활 a *group* life

단추 a **button**

단축하다 reduce, shorten

단호하다 (be) firm, resolute, determined

단화 **shoes**

닫다 **shut, close**
¶ 들어오신 뒤에 문을 **닫으시오.** Please *shut*〔*close*〕the door after you.

달 1. the **moon**
¶ 보름**달** a full *moon*/**달**이 떴다. The *moon* is up. The *moon* has risen.
2. a **month**
¶ 한 **달**에 한번 once a *month*

딸 a **daughter**

달걀 an egg

달다 1. (be) [맛이] **sweet**, sugary
2. [뜨거워지다] get hot, become heated
3. [걸다] put up, set up, fix 《a thing》 on
¶ 단추를 **달다** *sew* a button on 《a shirt》

달력 a **calendar**

달리 differently, in a different way
¶ **달리** 설명할 도리가 없다. I can't explain it *in any other way.*

달리다 1. [뛰다] **run**, rush
2. [부족] run short, fall short

달밤 a moonlit night

달빛 **moonlight**

달성하다 **accomplish, achieve**
¶ 목적을 **달성하다** *accomplish* 《one's》 purpose

달아나다 **run away**, escape, flee
¶ …을 가지고 전속력으로 **달아나다** *run away* with 《a thing》 at full speed

닭 a **hen** (암탉), a **cock** (수탉), a **chicken** (병아리)

닮다 **resemble**, take after, be like
¶ 그는 그의 어머니를 **닮았다**. He *looks after* his mother.

담 a **wall**, a fence (울타리)

땀 **sweat**, perspiration

담다 put 《a thing》 in 〔into〕

담배 **tobacco**, a cigarette (궐련), a cigar (여송연)
¶ **담배를 피우다** *smoke a cigarette*

담뱃대 a tobacco pipe

답 an **answer**, a reply
¶ 내 **답**이 맞았읍니까? Is my *answer* correct?

땅 the **earth;** land (육지); the ground (땅바닥)

당부하다 **ask** 〔request, tell〕 《a person》 **to** 《do》

당분간 for the present, for the time being

당선하다 be elected
¶ 1등에 **당선하다** *win* the first prize

당시 those days, the time, **then**
¶ **당시에는** 비행기 같은 것은 없었다. *In those days* there were no such things as airplanes.

당연하다 (be) proper, fair, natural
¶ 부모에게 순종하는 것은 **당연하다**. It is *proper* that one should obey one's parents.

당장 **at once**, on the spot, immediately

당황하다 be confused, be upset, lose 《one's》 presence of mind

닻 an **anchor**

닿다 **reach**, arrive at, get to
¶ 손 **닿는** 곳에 within 《one's》 *reach*

대 1. **bamboo**
2. [줄기] a stem; a stalk; [담배] a smoke; [주먹 따위] a blow, a stroke

때 [시간] **time**, hour; [시기·기회] time, occasion, opportunity
¶ 점심 **때** lunch *time*/모든 것은 다 **때**가 있는 법이다. There is a *time* for everything.

대가 a **price**, a cost (비용)

대개 **mostly**, generally

대결 confrontation, a showdown

∼하다 confront, have a show-down

대공포화 anti-aircraft fire

대규모 ¶ **대규모로** *on a large scale*

대기하다 watch and wait ((for a chance)), stand by

대낮 broad daylight, the middle of the day

¶ **대낮에** *in broad daylight*

대다 1. [접촉] **put**, place; [손을] **touch**, lay ((one's)) hand to; [시간에] arrive on time

¶ **손 대지 마시오.** "*Hands off.*"/수화기를 귀에 **대다** *hold* the receiver *to* ((one's)) ear

2. [공급] furnish 〔supply, provide〕 ((a person)) with ((a thing)); furnish 〔supply〕 ((a thing)) to

¶ 학비를 **대다** *provide* 〔*supply*〕 ((a person)) *with* ((one's)) school expenses

3. [사실대로] tell ((the truth)), speak up 〔out〕, confess

¶ **대라**——누가 그랬지? *Speak up*——who's done it?

때다 [불을] make 〔build〕 a fire, burn, heat with a fire

대다수 a large majority

대단하다 (be) considerable, serious

¶ **대단히** *very, awfully, greatly*

대담하다 (be) **bold**, daring

대답 an **answer**, a reply **∼하다** **answer**, reply

때때로 **now and then**, occasionally, sometimes, from time to time

¶ 나는 **때때로** 그와 만난다. I see him *now and then.*

대령 a colonel (육군), a captain (해군)

대륙 a continent

때리다 **strike**, hit, give a blow, beat

¶ **때려** 눕히다 *knock* ((a person)) down

대립하다 be opposed to ((each other)), be confronted with ((each other))

대만원 a full house, a large audience

¶ **대만원**을 이루다 have *a crowded audience*, draw *a large house*/**대만원 사례.** "*House full!*"

대머리 a bald head

대면 an interview, meeting **∼하다** **interview**, meet, see, have an interview with

대명사 a pronoun

대변 stool, dung

대부 a godfather

대부분 the **majority**, the major part ((of)); [대개] **mostly**

¶ **대부분의** 학생들 *most* students

대비하다 **provide** ((for, against)), prepare ((oneself)) ((for))

¶ 만일의 경우에 **대비하여** *against* a rainy day/최악의 경우에 **대비하라.** *Be prepared for* the worst.

대상 an **object**, the subject

대서양 the Atlantic (Ocean)

대신 ¶ **대신하다** *take the place of, take* ((one's)) *place*/**대신에** *in place of, instead of, on behalf of, for* ((a person))

대우 **treatment** (대접), reception

~하다 **treat**, receive, entertain

대위 a **captain** (육군, 공군), a first lieutenant (해군)

대장 a (full) **general** (육군, 공군), an admiral (해군)

대접 **treat**, treatment, entertainment ~하다 **treat**, treat ⟪a person⟫ to ⟪a drink⟫, entertain

대충 **nearly**, almost, about, roughly

대통령 the **President**

대포 a **gun**, a cannon

대표하다 **represent**, stand for

대학교 a **university** (종합 대학), a college (단과 대학)

대항하다 **oppose**, stand against

대화 **conversation**, a dialogue ~하다 talk with, have a talk with

더 **more**, some more

¶ **더 한층** *more and more*

더군다나 **moreover**, besides, further

떠나다 **leave**, start, depart (from)

¶ 아침 일찍 **떠나다** *start* early in the morning/…을 향하여 **떠나다** *leave* for ~

떠들다 make a noise, be noisy

¶ **떠들지** 마라. *Don't make a noise.*

더럽다 (be) **dirty**, filthy

¶ **더러운** 손으로 with *dirty* hands

더럽히다 make dirty; [명예 따위] bring disgrace upon, disgrace

¶ 옷을 **더럽히지** 않도록 주의해라. Be careful not *to soil* your dress.

떠오르다 [해 · 달이] rise (up), be up; [생각이] come across ⟪one's⟫ mind, occur to ⟪a person⟫; [물위에] rise 〔come up〕 to the surface

¶ 좋은 생각이 **떠올랐다**. I'*ve* a good idea.

더우기 **besides**, moreover

더욱 **more**, still more, all the more, more and more

¶ **더욱** 중요한 것은 what is *more* important

더위 the **heat**, hot weather

더하다 [심해지다] grow worse, grow harder; [보태다] **add** ⟪up⟫, sum up

덕 **virtue**

덕택 **favor**, grace

던지다 **throw**, hurl, cast

¶ 개에게 뼈를 **던져**주다 *throw* a bone to a dog

덜다 [감하다] **reduce**, lighten

¶ 수고를 **덜다** *save* troubles/3개를 **덜다** *remove* three

떨다 1. [몸을] **tremble**, shiver

¶ 아이는 추워서 **떨고** 있다. The child is *shivering* with cold.

2. [먼지를] brush 〔sweep〕 off ⟪dust⟫

떨리다 **tremble**, shiver, shake

¶ **떨리는** 목소리 a *trembling* voice

떨어뜨리다 **drop**, let fall, miss (놓치다)

떨어지다 **fall**, drop; [낙제] **fail** ⟪in the exam⟫; [붙었던 것이] come off; come out; [분리] separate; [해지다] be worn out; [바닥나다] be exhausted, run out, run short

덥다 (be) **hot**, heated

¶ 날씨가 찌는듯이 **덥다**. It's

steaming *hot*.
떳떳하다 (be) **fair**, square, open
덩굴 a **vine**
¶ **포도 덩굴** *grapevines*
덩어리 a **lump**
덫 a **trap**, a snare
덮어놓고 without any reason 〔cause〕
떼 a **group**, a crowd, a throng
데다 get **burnt**, get scalded
¶ 손을 **데다** *burn* 《one's》 hand
떼다 [붙은 것을] **remove**, take off 〔away〕; [떼어놓다] draw 《a person, things》 apart, separate
¶ 간판을 **떼다** *remove* a signboard
데려가다 take 《a person》 with, walk 《a person》 off (연행)
¶ **데려가** 주세요. Let me *go with* you.
데려오다 bring 《a person》 along
¶ 그를 집으로 **데려오너라**. *Bring* him *back* home.
도구 a **tool**, an instrument
도끼 an **ax**
도달하다 **arrive** 《in, at》, reach,
¶ 같은 결론에 **도달하다** *come to* 〔*reach*〕 the same conclusion
도대체 in the world, on earth, under the sun
¶ **도대체** 무슨 뜻이냐? What *on earth* do you mean?
도덕 morality
도둑 a **thief**, a burglar, a robber
도둑질 stealing, theft ～**하다** [훔치다] **steal** 《a thing》 **from** 《a person》; [강도질] rob 《a person》 of 《a thing》
도락 a **hobby**, a pastime
도랑 a ditch
도려내다 scoop out, cut out
도로 a **road**, a way; a street (가로)
도리 [이치] **reason;** [방도] a **way**, a means
¶ 기다릴 수 밖에 딴 **도리가 없다**. You *have nothing* to do *but* wait./ 그런 짓을 하는 것은 학생의 **도리**가 아니다. It's not *proper* for a student to do such a thing.
도망 **escape** ～**하다** **escape**, run away, flee, take to flight
도맡다 take all on 《oneself》, undertake
도매 wholesale ～**하다** sell wholesale
도무지 [전혀] (not) at all; (not) in the least
¶ 그는 **도무지** 내 말을 안 듣는다. He will *not* listen to me *at all*.
도박 gambling ～**하다** gamble
도발 provocation ～**하다** arouse, excite, provoke
도서관 a **library**
도시 **cities**, towns and cities
¶ **도시** 생활 *city* life, *urban* life
도시락 **lunch**, luncheon, a lunch box
도약 a **jump** ～**하다** **jump**, leap
도와주다 **help**, assist, aid
¶ 누구의 숙제를 **도와주다** *help* 《a person》 in 《a person's》 homework
도움 **help**, aid, assistance
¶ **도움**이 되다 be *helpful*, be a *help*

도장 a **stamp**, a seal

도중 on the way, on 《one's》 way
¶ 집에 오는 **도중에** 친구를 만났다. I met a friend *on my way* home.

도착 arrival **～하다** **arrive** 《in, at》, reach, get to

도처 **everywhere**

도피 **escape** **～하다** **escape**

또한 **too**, also, as well

독 **poison**

똑똑하다 [명백] (be) **clear**, distinct; [영리하다] (be) **clever**, bright, smart

독립 independance **～하다** become independent

독서 **reading** **～하다** **read**

독특하다 (be) unique, peculiar

돈 **money**, cash(현금), coin(주화)
¶ 돈 많은 사람 a *rich* man

돈벌이 moneymaking **～하다** make 〔earn〕 money
¶ **돈벌이에** 재주가 있다 have a talent *for moneymaking*

돌 1. a **stone**
2. an anniversary

돌다 [회전] go round, turn, circulate; [정신이] go mad, run crazy
¶ 지구는 태양의 주위를 **돈다**. The earth *moves round* the sun.

돌리다 [회전] **turn**, revolve, roll
¶ 팽이를 **돌리다** *spin* a top

돌변 a sudden change **～하다** change suddenly

돌보다 **take care of**, look after

돌아가다 **return**; go back, [우회하다] go round; [결과] come to, turn out, result in; [귀속하다] fall into 《one's》 hand; [죽다] die, pass away
¶ 네 자리로 **돌아가라**. *Go back to* your seat.

돌아다니다 wander about, roam about, walk about, go about
¶ 그는 **돌아다니기를** 좋아한다. He likes *to walk about*.

돌아보다 look back 《at》, turn round
¶ 그 여자는 갑자기 나를 **돌아보았다**. She suddenly *turned round and looked at* me.

돌아서다 [등지다] turn 《one's》 back on, turn against

돌아오다 **return**, come back (home)
¶ 집에 **돌아오는 길에** *on* 《one's》 *way back* home

돌연 **suddenly**, abruptly, all of a sudden, unexpectedly

돕다 **help**, aid, give a helping hand
¶ 하늘은 스스로 **돕는** 자를 **돕는다**. God *helps* those who *help* themselves.

동거하다 live together

동굴 a **cave**

동그랗다 (be) **round**, circular

동네 a **village**

동떨어지다 be far 《between》, be wide apart, be poles apart

동등 equality **～하다** (be) **equal**
¶ **동등한** 권리 *equal* rights

동무 a **friend**, a mate, a companion

동물 an **animal**, a beast, a brute
¶ **동물원** a *zoo*

동사 a verb
동시 ¶ **동시에** *at the same time*
동안 [기간] a **period**, an interval; [부사적] **for** 《an hour》, during 《the night》
¶ 살아있는 **동안** *as long as* 《one》 live
동의 agreement, approval ～**하다** **agree** 《to》, approve 《of》
¶ 그는 우리의 제안에 **동의했다**. He *agreed to* our plan.
동작 **action**, motions
동정 **sympathy**, compassion ～**하다** sympathize 《with a person》, have sympathy 《for a person》
동쪽 the **east**
동창생 an old boy 《미》, an alumnus 《영》
동포 brothers, brethren, fellow countrymen
¶ **동포애** *brotherly love*
동화 a fairy tale
돛 a **sail**
돛단배 a sailing ship
돛대 a **mast**
돼지 a **pig**
¶ **돼지고기** *pork*
되풀이하다 **repeat**, do over again
¶ **되풀이하여** 읽다 read 《a book》 *all over again*
뚜껑 a **lid**, a cover
두다 [놓다] **put**, place, lay, set; [보관·저장] **keep**, store, hold
¶ 그것을 도로 제자리에 **두시오**. *Put* it *back* where it belongs to.
두려움 **fear**, dread, horror
두려워하다 **be afraid of**, fear, dread
¶ 그 여자는 개를 **두려워한다**. She *is afraid of* dogs.
뚜렷하다 (be) **clear**, plain, obvious
두리번거리다 stare around, look about
두텁다 (be) warm, cordial, deep
두통 a **headache**
¶ **두통**이 나다 have a *headache*
둔하다 (be) **dull**, stupid
둘 **two**
¶ **둘 다** *both*/한번에 **둘씩** *two* at a time
둘러싸다 **surround**, enclose
¶ 난로를 **둘러싸고** 앉다 sit *around* a stove
둘째 the **second**, number two
뚫다 [구멍을] bore, make a hole
둥글다 (be) **round**, circular
¶ **둥근** 얼굴 a *round* face
뚱뚱하다 (be) **fat**, corpulent
뒤 the **back**, the rear
¶ 이삼일 **뒤에** a few days *later*
뒤떨어지다 fall behind; [남다] remain
뒤섞다 mix up
뛰어나다 excel, surpass, stand above
¶ 그 여자는 수학에서 **뛰어나다**. She *stands above* the others in mathematics.
뛰어넘다 jump over
¶ 도랑을 **뛰어넘다** *jump* 〔*leap*〕 *over* a ditch
뒤지다 1. [수색] **search** 《for》
2. [처지다] fall behind
뒤집다 turn over, turn 《a coat》

inside out
뒤흔들다 shake violently
뒷맛 an after taste
뒷받침 backing, support ～**하다** back, **support**
뒹굴다 roll about, tumble about
뜨개질 knitting ～**하다** **knit**
뜨겁다 (be) **hot**, heated, burning
¶ 삶은 달걀은 너무 **뜨거워** 만질 수 없었다. The boiled eggs were too *hot* to touch.
드디어 **finally**, at last, at length
¶ 그는 **드디어** 그 시험에 합격했다. He passed the exam *at long last*.
드러나다 [표면에] show 〔reveal〕 itself; be revealed; [노출] be exposed
¶ 비밀이 **드러났다**. The secret *got out*. /이름이 세상에 **드러나다** *become* famous
드러내다 **show**, expose, disclose
드러눕다 **lie down**, lay 《oneself》 down
¶ 그는 풀밭에 **드러누웠다**. He *lay* himself *down* on the grass.
드물다 (be) unusual, uncommon
듣다 **hear**, listen 《to》; [효험이 있다] take effect 《on》, do 《a person》 good
¶ 나는 누군가가 웃는 것을 **들었다**. I *heard* somebody laughing. /이 약은 두통에 잘 **듣는다**. The drug *acts* wonderfully *on* headache.
들 a **field**
뜰 a **yard**, a garden
들끓다 (be) **crowd**, swarm
들다 1. [날씨가] clear up, become clear
2. [날이] **cut** (well), be keen 〔sharp〕
3. [나이가] grow older, take on years
4. [손에] **hold** 《in one's hands》; [높이] **raise**, lift (up), hold up; [음식을] **eat**, take, have, drink
5. [안으로] **enter**, go in 〔into〕
들르다 **drop in** 《at》, stop off in 〔at〕
¶ 이 곳에 오시게 되면 **들르시오**. If you happen to come this way, please *drop in*.
들리다 [소리가] be heard, be audible
들어가다 **enter**, go in 〔into〕; [포함하다] **hold**, include; [비용이] cost
¶ 학교에 **들어가다** *enter* a school/ **들어오다** **enter**, come 〔get〕 in/ **들어오게** 하다 *let* 《a person》 *in*/ **들어오시오**. *Come in*.
들여다보다 **look into**, look through
들이쉬다 breathe in
들이켜다 drink up, gulp down
들키다 be found (out), be discovered
뜻 [의미] **meaning**; [의지] a mind
¶ **뜻**이 있는 곳에 길이 있다. Where there is a *will*, there is a way.
뜻하다 **intend** 《to do》, plan; [의미하다] **mean**
등 the **back**
등급 a **grade**, a class
등대 a lighthouse
등등 **etc.**, and so on, and others

등분하다 divide equally
등불 a **lamp,** a lamplight
등산 mountain climbing
둥지다 [틀어지다] fall out with, be on bad terms with; [배반] turn against 〔on, upon〕
띠 a **belt**
디디다 step on, tread on

ㄹ

…로 [수단 · 도구] **by,** by means of, **with;** [원인 · 이유] **at, with, of, from;** [원료 · 재료] **from, of;** [척도 · 표준] **by;** [방향] **to, for;** [지위 · 신분] **as**
…로서 [지위 · 신분] **as, for,** in the capacity of ¶ 의사로서 충고한다. I advise you as a doctor
리 ¶ **…리가 없다** *cannot be, must not be, It is hardly possible* ((*that*)) ~/그것은 사실일 **리가 없다.** It *cannot be* true.

ㅁ

마감 closing **~하다 close,** bring to a close
마개 a stopper, a cork, a plug
마다 **each, every,** all, whenever
¶ 해**마다** *every* year
마땅하다 [당연] (be) **right,** proper [적당] (be) suitable
¶ 그는 칭찬받아 **마땅하다.** He *deserves* praise. /이 방은 서재로 **마땅하다.** This room is *suitable* for a study.
마루 a **floor**
¶ **마루**를 쓸다 sweep the *floor*
마르다 [건조] **dry,** get dry, dry up; [여위다] become thin, lose flesh
¶ 나는 목이 **마르다.** I'm *thirsty.*
마술 **magic**
마시다 **drink;** swallow (들이켜다)
마을 a **village**
마음 **mind,** heart, spirit (정신)
¶ **마음을 안정시키다** *calm* ((oneself)), *calm* ((one's)) *mind*/**마음이** 가난한 자는 복이 있나니. Blessed are the poor in *spirit.*
마음껏 to ((one's)) heart's content, to the full
¶ **마음껏** 즐기다 enjoy ((oneself)) *to the full*
마음대로 as ((one)) pleases 〔likes〕
¶ **마음대로** 해라. Do *as you please.*
마주치다 [만나다] meet with, come across, come upon
마중하다 **meet** ((a person)), greet, receive
마지막 the **last,** the end
¶ **마지막**까지 싸우다 fight to *the last*

한영

마차 a **carriage**, a coach

마추다 [주문] **order** 《at a shop》, order from 《a person, a shop》
¶ 나는 새로 구두를 하나 **마췄다**. I *had* a new pair of shoes *made*.

마치 **as if**, as though
¶ 그는 **마치** 어른인양 말했다. He talked *as if* he were a grown-up.

마치다 **finish**, complete, be through
¶ 그 책 읽기를 **마치고** 난 뒤에 잤다. I went to bed after *having finished* reading the book.

마침내 **finally**, at last, eventually
¶ **마침내** 그는 그것을 이해하게 되었다. *Finally* he came to understand it.

막 **just**, just now
¶ 나는 그때 **막** 외출하려던 참이었다. I *was about to* go out then.

막다 [차단] **block** (up), stop, check; [방어] **defend**, protect; [방지] keep away; [예방] **prevent**

막대기 a **stick**, a bar, a club (곤봉)

만나다 [사람을] **see**, meet; [면담] interview; [사고 따위] meet with
¶ **우연히 만나다** *come across*

만년필 a **fountain pen**

만들다 **make**; [창조] create; [제조] manufacture; [건조] build, construct
¶ 포도주는 포도로 **만든다**. Wine is *made* from grape.

만원 a full house, a capacity audience

만일 **if**, in case 《of》, suppose 《that》, by any chance
¶ **만일** 누가 찾아오면 *if* someone calls on me

만족 **satisfaction** ~**하다** **be satisfied** 《with》, be content 《with》
¶ 그는 자기 지위에 **만족하고** 있다. He is *content* with his position.

만지다 **touch**, feel, finger

만찬 **dinner**, supper

만큼 [비교] **as ~ as**, so ~ as; [어느…만큼] how much [many, long, far]; [정도] so ~ that, so as ~ to
¶ 그는 너**만큼** 키가 크다. He is *as* tall *as* you. /그녀는 그런 것을 믿을**만큼** 어리석지 않다. She is not *so* foolish *as* to believe it.

많다 [수] (be) **many**; [양] **much**; [수·양] plenty, abundant, plentiful
¶ 그 여자는 너무 말이 **많다**. She talks too *much*.

많이 **much**, lots, plenty

말 1. [동물] a **horse**
¶ **말을 타고** 가다 *go on horseback*
2. [언어] **language**, speech
¶ **말**없이 without a *word*/바꾸어 **말하자면** *that is* (*to say*), *in other words*/**말 뿐이다**. *All talk and no deed.*

말다툼 a **dispute**, a quarrel ~**하다** *have words* 《with, about》, *quarrel*

말더듬다 stammer

말리다 1. [건조] **dry**, make dry
2. [중지] stop 《a person》 from 《doing》

말쑥하다 (be) **clean**, neat, smart, nice

말하다 **speak**, talk, tell

¶ **말할 것도 없이** *needless to say, to say nothing of*/**말하자면** *so to speak, as it were*

맑다 (be) **clean**, clear

맛 **taste**, flavor

맛있다 (be) **delicious**, tasty, sweet, nice

망보다 keep watch

망설이다 **hesitate**, hold back

망신 **shame**, disgrace ~**하다** be put to shame, disgrace ((oneself))

망원경 a **telescope**, a fieldglass

망치 a **hammer**

망치다 **ruin**, spoil, destroy

망하다 **be ruined**, go to ruin

맞다 1. [옳다] (be) **right**, correct; [취미·음식 따위가] **suit**, be suitable, be agreeable; [물건이] **fit**, suit; be suited; [적중] **hit**
¶ 내 시계는 **잘 맞는다**. My watch *keeps good time*. /이 옷은 내게 잘 **맞는다**. These clothes *fit* me well.
2. [사람을] **receive**, welcome, greet
¶ 손님을 **맞으러** 문까지 나오다 come out to the door *to receive* a visitor

맞은편 the opposite side

맞추다 [조립] **assemble**, put together; [적합] adapt, adjust

맞히다 [명중] **hit** ((the mark)), guess right (알아맞히다)

맡기다 give ((a thing)) into ((one's)) keeping, place ((a thing)) in another's custody, leave ((a thing)) with ((a person)), entrust ((a person)) with ((a thing))

맡다 **keep**, receive ((a thing)) in trust, take ((a thing)) in charge
¶ 이 돈을 **맡아** 주시오. Please *keep* this money for me. /그 여자는 음악을 **맡고** 있다. She is *in charge of* music.

매 1. a **whip**
2. [새] a **hawk**, a falcon

매년 **every year**, yearly
¶ **매년 이맘 때면** 우리는 소풍간다. We always go on a picnic *at this time of year*.

매다 **tie**, bind

매달다 be hung, hang on

매듭 a **knot**, a tie, a joint (대 따위의)

매매 buying and selling, purchase and sale ~**하다** buy and sell

매우 **very**, so, most, exceedingly
¶ **매우** 어려운 문제 a *very* difficult question

매일 **every day**, each day
¶ 우리는 **매일** 학교에 간다. We go to school *every day*.

매주 **every week**, weekly
¶ **매주 일요일** *every Sunday*

맥주 **beer**

맨발 bare feet

맵다 (be) **hot**, peppery
¶ 이 국은 너무 **맵다**. The soup is too *hot* for me.

맹렬하다 (be) **violent**, furious

맹세하다 **swear**, pledge, vow
¶ 하나님께 **맹세하다** *swear* to God

맺다 [결실] **bear**; [관계를] **form**, make; [완결] finish, conclude

머리 **head**, brains (두뇌); [머리털]

hair
머무르다 **stay**, put up ⟪at⟫, stop
먹다 **eat**, take, have
¶ 우리는 쌀을 **먹고 산다**. We *live on* rice. /**많이 먹었읍니다**. I *have had my fill*.
먹이다 **feed**
¶ 고양이에게 생선을 **먹이다** *feed* 〔*give*〕 fish to a cat
먼지 **dust**
¶ **먼지** 나는 길 a *dusty* road
멀다 1. [눈이] go blind, be blind 2. [거리가] (be) **far**, distant
¶ 학교는 집에서 **멀지** 않은 곳에 있다. The school is not *far* from my house.
멀리하다 keep ⟪a person⟫ at a distance
멈추다 **stop**, cease, halt
¶ 갑자기 **멈추다** *stop* short 〔suddenly〕
멍청하다 (be) **stupid**, dull, slow-witted
메스껍다 feel nausea, feel sick
메아리 an **echo**
메우다 fill up
¶ 빈 칸을 **메워라**. *Fill* the blanks.
며느리 a daughter-in-law
면도 [면도질] shaving ～**하다** **shave** ⟪oneself⟫, get a shave
¶ 그는 **면도**를 하면서 즐겁게 노래하고 있었다. He sang merrily while *shaving* himself.
면접 an **interview**
면하다 [벗어나다] **escape**, avoid, get rid of ⟪trouble⟫, get out of
면하다 **face**, look out on
면회 an interview ～**하다** **see**, meet, interview
멸망 **fall**, ruin ～**하다** **fall**, be ruined, go to ruin, be destroyed
멸시 **contempt** ～**하다** regard ⟪a person⟫ with contempt, despise
명랑하다 (be) **merry**, cheerful
명령 an **order**, a **command** ～**하다** **order**, command
¶ 나는 그에게 나가라고 **명령했다**. I *ordered* him out.
명백하다 (be) **plain**, clear, obvious
¶ 그가 무죄인 것이 **명백하다**. It is a *plain fact* that he is innocent.
명부 a **list** (of names)
명사 a noun
명성 **fame**, reputation
명예 **honor**; glory (영광)
명함 a (name) **card**, a visiting card, a calling card ⟪미⟫
몇몇 **some**, several, a few
모교 ⟪one's⟫ Alma Mater, ⟪one's⟫ old school
모국 ⟪one's⟫ mother country
모기 a mosquito
모든 **all**, every, each and every
모래 **sand**
모레 the day after tomorrow
모르다 do not know, cannot tell, do not understand, be not familiar
¶ 나는 그가 누군지 **모른다**. I *don't know* who he is.
모방하다 **imitate**, copy, model
모범 a **model**, an example
¶ **모범생** a *model student*/…을 **모범**으로 삼다 follow the *example* of
모습 **looks**, appearance, a shape

모양 **shape**, form, appearance
¶ 공의 **모양**은 둥글다. The *shape* of a ball is round.
모욕 **insult**
모으다 **gather**, get ⟪things⟫ together, collect (수집하다); 〔저축〕 **save**
¶ 우표를 **모으다** *collect* postage stamps/돈을 **모으다** *save* money
모이다 **gather**, come together
¶ 회합에 **모인** 사람들 those *present* at a meeting
모자 a **hat** (테 달린), a **cap** (차양 있는)
모자라다 be short of, be not enough
¶ 우리는 돈이 **모자란다**. We are *short of* money.
모조리 **all**, one and all, entirely
¶ 그들은 **모조리** 그 계획에 찬성했다. *Every one* of them was for the plan.
모퉁이 a **corner**
모피 a **fur**
모험 an **adventure** ~**하다** adventure, venture
목 a **neck**, a throat (인후)
목걸이 a **necklace**
목구멍 a **throat**
목록 a **list**, a catalog(ue)
목마르다 be **thirsty**, feel thirsty
목사 a **clergy**, a pastor, a minister
목소리 a **voice**
목수 a **carpenter**
목숨 **life**
¶ **목숨**을 걸고 싸우다 fight *at the risk of* ⟪one's⟫ *life*

목욕 a **bath**, bathing ~**하다** **bathe**, take 〔have〕 a bath
¶ **목욕실** a *bathroom*/**목욕통** a *bathtub*
목장 a **pasture**, a meadow, a ranch ⟪미⟫
목적 an **object**, a purpose
¶ **목적**을 이루다 accomplish 〔achieve〕 ⟪one's⟫ *object* 〔*purpose*〕
목표 〔표적〕 a **target;** a mark, 〔목적〕 a **goal**, an aim, an object
¶ 공격 **목표** a *target* for an attack
몫 a **share**, a portion, a lot
몰다 **drive** ⟪a car⟫
몰두하다 be absorbed in, devote ⟪oneself⟫ to
몰락 **fall**, ruin ~**하다** **fall**, go to ruin, be ruined
몰래 **secretly**, privately, quietly
몰아내다 **turn** 〔push, drive〕 **out**, expel
몸 the **body**
몸가짐 ⟪one's⟫ **behavior** 〔conduct〕
몸부림치다 struggle, wriggle
몸소 in person, personally
몸조심하다 〔건강에〕 take care of ⟪oneself⟫; 〔근신〕 take care of ⟪one's⟫ health, behave ⟪oneself⟫
¶ **몸조심 해라**. *Take good care of yourself*.
몸짓 a **gesture** ~**하다** make gestures
몹시 **very**, greatly, highly
¶ 비가 **몹시** 온다. It is raining *very hard*.
못 1. 〔연못〕 a **pond**, a pool (작은)

2. a **nail**, a peg (나무못)
¶ 못을 박다 drive a *nail* in

묘 a **grave**, a tomb
¶ 묘지 a *graveyard*, a *cemetery*

무 **nothing**

무겁다 (be) **heavy;** [신중] grave, serious

무게 **weight**
¶ 무게를 달다 *weight* 《a thing》

무관계하다 have nothing to do with, have no connection with

무관심하다 (be) indifferent 《to》

무기 **arms**, a weapon

무너지다 **collapse**, fall down, break down

무능하다 (be) incapable, incompetent

무늬 a **pattern**, a figure, a design

무대 the **stage**

무더기 a pile, a heap

무덤 a **grave**, a tomb

무력 military power, force
¶ 문필의 힘은 **무력**보다 강하다. The pen is mightier than *the sword.*

무례하다 (be) impolite, rude

무료 free of charge, no charge
¶ 입장 무료 "*Admission free.*"

무릅쓰다 **risk**, face, brave, dare
¶ 생명의 위험을 **무릅쓰고** *at the risk of* 《one's》 life

무릎 the **knee**

무리 [떼] a **group**, crowd

무모하다 (be) rash, reckless

무방하다 do no harm, it is all right, it does not matter

무사하다 [안전] (be) **safe**, secure; [평온] quiet, peaceful; [건강] (quite) **well**, be doing well
¶ 그 물건들은 **무사히** 도착했다. The goods came to our hand *in good condition.*

무서움 **fear**, dread, fright

무서워하다 **be afraid of**, fear, dread
¶ 그들은 지진을 **무서워하고** 있다. They are *in fear of* earthquakes.

무섭다 [겁나다] (be) **fearful**, dreadful; [무서워하다] fear, dread

무슨 **what**, what kind of, some, some kind of
¶ 무슨 일이냐? *What is the matter* with you?

무승부 a **draw**, a tie

무시하다 ignore, disregard

무시험 no 〔without〕 examination

무식하다 (be) ignorant, illiterate

무엇 **what**, which, something, anything

무역 **trade**, commerce

무의미하다 (be) meaningless, senseless, absurd, nonsense
¶ 무의미한 말을 하다 talk *nonsense*

무익하다 (be) **useless**, futile, be no good 〔use〕
¶ 백해 무익하다 *do more harm than good*

무자비하다 (be) merciless, heartless, cruel

무장 **arms**, armament ~하다 **arm**, be under arms, bear arms

무정하다 (be) hard, heartless

무죄 innocence ~하다 (be) innocent, guiltless, not guilty

무지개 a **rainbow**

무책임하다 (be) irresponsible
무척 **very**, highly, exceedingly
¶ 돈에 **무척** 곤란을 받다 be *very* hard up for money
묵다 1. [오래되다] get old
2. [숙박하다] **stay** ⟪at, in, with⟫, put up ⟪at⟫, stop ⟪at, in⟫
¶ 호텔에 **묵다** *put up* 〔*stop*〕 at a hotel
묶다 **bind**, tie, fasten
¶ 상자를 끈으로 **묶다** *bind* a box with a cord
문 a **door**, a gate, a gateway
¶ **문 닫는 시간** the *closing time*/ 문을 노크하다 knock at the *door*
문득 **suddenly**, unexpectedly
문명 **civilization**
문법 **grammar**
¶ 그는 **문법**의 대가이다. He is an authority on *grammar*.
문서 a document, a paper
문외한 an outsider, a layman
문의 an **inquiry** ~**하다** make an inquiry ⟪about⟫
문자 **letters**
문장 a **sentence**
문제 a **question**, a problem
¶ **문제가 안되다** *be out of the question*
문지르다 **rub**, scrub, scrape
문학 **literature**
문화 **culture**, civilization
묻다 1. [매장] **bury**
2. [들러붙다] **stick** ⟪to⟫, be stuck, adhere ⟪to⟫
¶ 잉크가 **묻어** 있다 be *stained* with ink

3. [질문하다] **ask**, question, inquire of ⟪a person⟫
¶ 나는 그것이 무엇이냐고 그에게 **물었다**. I *asked* him what it was.
물 **water**
¶ 그 여자는 꽃에 **물**을 뿌렸다. She sprinkled the flowers with *water*.
물가 **prices**
물건 a **thing**, an article, goods
¶ 그것은 중요한 **물건**임에 틀림없다. It must be *something of* importance.
물결 a **wave**
¶ **물결치는 대로** *at the mercy of waves*
물고기 **fish**
물끄러미 **blankly**, vacantly
물다 1. **bite;** [입에] hold in the mouth
2. [갚다] **pay**, return
물들다 dye, get dyed
물러 가다 **retire**, withdraw
물러 서다 stand back, step aside
¶ 한 걸음 뒤로 **물러서다** take a step backward
물려주다 hand over, make over
물리 **physics**
물질 **matter**, material
뭉치다 lump, mass; [단결] **unite**, hold together
¶ **뭉치면** 살고 흩어지면 죽는다. *United* we stand, divided we fall.
뭍 **land**, dry land
미 **beauty**
미끄러지다 **slide**, glide, slip (발이)
미끄럽다 (be) **smooth**, sleek

미끼 a **bait**
미래 **future**, time to come
미련하다 (be) **stupid**, clumsy, awkward
미루다 [연기] **put off**, postpone
¶ 오늘 할 수 있는 일을 내일로 **미루지** 말라. Never *put off* till tomorrow what you can do today.
미리 **beforehand**, in advance
미술 **art**
¶ 이것은 **미술관**이다. This is an *art gallery*.
미신 superstition
미안하다 be **sorry**
¶ 늦어서 **미안합니다**. I *am sorry* I am late.
미워하다 **hate**, loathe, detest
미지근하다 (be) lukewarm, tepid
미치광이 a madman, a crazy man
미치다 **1.** [광기] go mad, go crazy **2.** [이르다] **reach**, get to, get at
¶ 이 성냥을 아이들의 손이 **미치지** 않는 곳에 두시오. Put this match out of the *reach* of children.
민물 fresh water
민족 a **race**, a nation, a people
민주주의 **democracy**
민첩하다 (be) **quick**, prompt
믿다 **believe;** [신뢰] **trust**, trust in; [확신] be sure of; [신앙] believe in
¶ 나는 하나님을 **믿는다**. I *believe* in God.
믿음 [신뢰] **trust**, confidence; [신앙] **faith**, belief
밀다 **push**, thrust, give a push
¶ 문을 **밀어** 여시오. *Push* open the door.
밀도 density
밀물 the **flow**, the tide
밀월 a honeymoon
밀접하다 (be) **close** 《to》, intimate 《with》
¶ **밀접한** 관계가 있다 be *closely* related 《with》
밉다 (be) hateful, abominable, detestable
및 **and**, also, as well as
밑바닥 the **bottom**, the base
밑지다 **lose**, suffer a loss
¶ **밑지고** 팔다 sell *at a loss*
밑천 **capital**, funds

ㅂ

바깥 the **outside**, the exterior; [실외] the **outdoors**, the open
바구니 a (wicker, bamboo) **basket**
바꾸다 [교환] **change, exchange;** [대신·변경] replace, change
¶ 자리를 **바꾸다** change seats 《with》
바느질 needlework, sewing ～**하다** **sew**, do needlework
바늘 a **needle**
바다 the **sea;** [대양] the ocean
바닷가 the **seaside**, the beach, the seashore
빠뜨리다 [빠지게 하다] **throw into**

《a river》; [빼어놓다] **omit;** leave out; [잃다] **lose,** drop
¶ 나는 지갑을 **빠뜨렸다.** I *lost* my purse.

바라다 [소원] **wish,** desire, want; [기대·예기] **hope,** expect, look forward to
¶ 네가 성공하기를 **바란다.** I *wish* you would succeed.

바라보다 **see,** look at, watch, view

바람 a **wind**

바로잡다 **correct,** reform
¶ 틀린 곳이 있으면 **바로 잡아라.** *Correct* errors if any.

바르다 1. [곧다] (be) **straight;** [옳다] **right,** true
2. [붙이다] **put** 《on》, paste, apply; [칠하다] **paint,** plaster (회반죽을)
¶ 얼굴에 **분을 바르다** *powder* 《one's》 face

빠르다 [속도가] (be) **fast,** swift, rapid, quick; [이르다] **early,** soon
¶ 계산이 **빠르다** (be) *quick* at figures/내 시계는 매일 1분씩 **빨라진다.** My watch *gains* a minute every day.

바보 a **fool,** an ass, an idiot
¶ 나는 **바보** 같은 짓을 했다. I made a *fool* of myself.

바쁘다 [다망하다] be **busy,** be engaged; [급하다] (be) urgent, pressing
¶ 오늘은 대단히 **바빴다.** I *have been* very *busy* today.

바삭거리다 rustle

바위 a **rock**

빠지다 [떨어지다] **fall into,** get into; [탐닉] indulge; [박힌 것이] come off; come out; [없다] be left out, be missing; [제외되다] be excluded; [살이] become thin, lose flesh
¶ 내 이가 하나 **빠졌다.** One of my teeth *has fallen out.*

바치다 **give,** offer, present

바퀴 a **wheel**

박다 [못 따위] **drive** 《in》; [인쇄] **print;** [사진] **take** 《a photograph》

박두하다 draw near, be imminent

박람회 an exhibition, an exposition

박사 a **doctor**

박탈하다 deprive 《a person》 of 《a thing》, take away

반 a **half**

반가와하다 be glad about

반갑다 (be) **happy,** glad, be pleased
¶ **반가운 손님** a *welcome* guest/**반갑게** *with joy* [*pleasure*]

반격 a counterattack

반경 a radius

반대 opposition, objection **~하다** be **against,** be opposed to, object to
¶ 그 계획에 **반대합니까?** Are you *against* the plan?

반도 a peninsula

반드시 [확실히] **certainly,** surely; [꼭] without fail; by all means, at any cost; [필연적으로] necessarily
¶ 저 청년은 **반드시** 출세할 것이다. That young man is *sure* to succeed in life.

반듯하다 (be) **straight**
반란 revolt
반복하다 **repeat**
반성하다 **reflect** 《on》
반숙 half-cooked, half-boiled
반액 a half-price, half the sum
반영하다 **reflect**
반원 a half circle
반응 **reaction**, response
반칙 a **foul**, foul play, violation ～하다 violate the ruels, play foul
¶ 그것은 **반칙이다.** It is *against the rules.*
반하다 fall in love with 《a person》
반항 resistance, opposition ～하다 **resist**, oppose
받다 **receive**, take, accept
¶ 편지를 **받다** *receive* 〔get〕 a letter (from)/레슨을 **받다** *take* lessons
받아쓰기 dictation ～하다 do dictation
받치다 〔괴다〕 **support**, prop
받침 a **support**, a prop
발 a **foot**; a paw (동물의)
빨갛다 (be) deep-red
빨개지다 turn red
발견 **discovery** ～하다 **discover**
¶ 누가 아메리카를 **발견했느냐?** Who *discovered* America?
빨다 1. 〔입으로〕 **suck**, sip
2. 〔세탁하다〕 **wash**, do washing
발달 **development** ～하다 **develop**, make progress
¶ 과학은 급속히 **발달했다.** Science has *made* rapid *progress.*
발뒤꿈치 the **heel**
빨래 **wash**, washing, laundry ～하다 **wash**, launder, do washing
발명 **invention** ～하다 **invent**
¶ 전등은 에디슨이 **발명했다.** Edison *invented* the electric lamp.
발버둥이치다 struggle
발사하다 **fire**, discharge
발언하다 utter, speak
발육 **growth**, development
발음 **pronunciation** ～하다 **pronounce**
발자국 a footprint
발작 a fit ～하다 have a fit
발전 development ～하다 **develop**, grow, advance
발표하다 **announce**, express
¶ 그 뉴우스는 오늘 아침에 **발표되었다.** The news *was made public* this morning.
발톱 a toenail
발판 a footing, a foothold
발포 firing, discharge ～하다 **fire**, discharge
발행 publication ～하다 **publish**
밝다 (be) **bright**, light
밝히다 **light** (up), brighten, lighten 〔분명히 하다〕 make 《a matter》 clear
밟다 **step** 《on》, tread 《on》; 〔뒤를〕 **follow**, trail after
¶ 한국 땅을 **밟다** *set foot on* Korea
밤 1. **night**, evening (저녁)
2. **chestnut**
밤새도록 all night, all through the night

밤새우다 sit up all night, keep awake all night through
¶ **밤새워** 영어를 공부하다 *sit up all night* studying English
밥 boiled rice
밥상 a dinner table
빵 **bread**
¶ 버터 바른 **빵** *bread and butter*/ **빵**만으로 살 수 없다. Man cannot live by *bread* alone.
방 a **room**, a chamber
방금 just now, a moment ago
¶ 어머니는 **방금** 나가셨읍니다. Mother went out *just now.*
방대하다 (be) **huge**, vast
방랑하다 **wander** about, roam about
방문 a **visit, a call** ~**하다** call on 《a person》, call at 《one's house》, **visit**, pay 《a person》 a visit, make a call 《on》
¶ 나는 어제 그를 그의 집으로 **방문했다**. I *called on* him *at* his house yesterday.
방법 a **way**, a method, a process
방송 broadcasting ~**하다** **broadcast**
방울 a **bell**
방위 defense ~**하다** **defend**
방지 prevention ~**하다** **prevent**, stop, check
방학 a **vacation**, school holidays ~**하다** go on vacation
¶ **여름 방학** a *summer vacation*/ 우리는 내일 **여름 방학**에 들어간다. We shall break up for the *summer vacation* tomorrow.

방해하다 obstruct, disturb, interrupt
¶ 진로를 **방해하다** *block the passage, get in* 《one's》 *way*
방향 a **direction**
방황하다 wander 〔roam〕 about
밭 a **field**, a farm
배 1. 〔복부〕 the **stomach**, the belly
2. 〔선박〕 a **ship**, a vessel, a boat
¶ **배**(편으)로 *by ship*
배경 a **background**
배고프다 (be) **hungry**, feel hungry
빼다 **pull out**, take out
배달 delivery ~**하다** deliver 《things to a person》, distribute
배반하다 〔반역〕 **betray**
¶ 조국을 **배반하다** *turn a traitor to* 《one's》 country
배신하다 betray 《one's》 confidence
빼앗다 take 《a thing》 away from 《a person》, deprive 《a person》 of 《a thing》
배우 an **actor** (남자), an actress (여자), a player
배우다 **learn**, be taught, study
¶ 음악을 **배우다** *take lessons* in music
백 a **hundred**
백만 a **million**
뱀 a **snake**, a serpent
뱉다 spit out
뺨 a **cheek**
버릇 a **habit**
¶ **버릇**이 되다 become a *habit*, grow into a *habit*/…**버릇**이 생기

다 get 〔fall〕 into a *habit* (of), form a *habit*

버리다 **throw** 〔**cast**〕 **away**; 〔포기〕 abandon, give up
¶ …할 생각을 **버리다** *give up* the idea (of)

버섯 a mushroom

번개 **lightning**

번거롭다 (be) troublesome

번역 translation ～**하다** **translate** ((English)) **into** ((Korean))

번영 prosperity ～**하다** **prosper**, thrive

번지 a house number

번호 a **number**

벌 1. a **bee**
2. a **set** ((of dishes)), a **suit** ((of clothes))

벌 punishment, penalty

벌거벗다 strip ((oneself)) of ((one's)) clothes, strip ((oneself)) naked

벌거숭이 a nude, a naked body

벌금 a **fine**, a penalty

벌다 **earn**, make (money)
¶ 너는 한 달에 얼마나 **버느냐?** How much do you *earn* a month?

벌레 an **insect**, a bug ((속어)), a worm

벌리다 **open**, widen

벌써 **already**, **yet** (의문문에)
¶ 그는 **벌써** 도착했다. He has *already* arrived here. /그는 **벌써** 도착했겠지? Is he here *yet?*

벌집 a **beehive**, a honeycomb

범인 a criminal

범죄 a **crime**, an offense

범하다 commit
¶ 죄를 **범하다** *commit* a crime

법 a **law**, a rule

법석 a **noise**, a fuss, a bustle

법정 a law court

벗겨지다 come off, fall off, slip off

벗다 **take off**, put off
¶ 장갑을 **벗다** *pull off* ((one's)) gloves

벗어나다 free ((oneself)) from, get out of ((difficulties)), escape

베개 a **pillow**

베다 **cut**

뼈 a **bone**

뼈대 frame, build

벼락 **thunder**, a thunderbolt

벽 a **wall**

벽돌 a **brick**

변경 **change** ～**하다** **change**
¶ 날짜를 **변경하다** *change* the date

변두리 outskirts ((of Seoul))

변소 a water closet, a toilet room

변장 disguise ～**하다** disguise ((oneself as))

변하다 **change**, undergo a change

변호사 a **lawyer**

변화 **change**

별 a **star**

병 a **bottle**
¶ 맥주 한 **병** a *bottle* of beer

병 **sickness** ((미)), **illness** ((영))
¶ **병**을 치료하다 cure a *disease*/ **병**으로 누워 있다 be *ill* in bed

병나다 get sick, fall ill, be taken ill

병아리 a **chicken**

병역 military service, service in

the army
¶ **병역 면제** *exemption from military service*
병원 a **hospital**
보고 a **report** ～**하다 report to** ⟪a person⟫ (on)
보관하다 keep
보급 supply ～**하다 supply**
보내다 send; [전송하다] **see** ⟪a person⟫ **off,** send off; [세월을] **spend,** pass
¶ 편지를 **보내다** *write* [*send*] a letter to ⟪a person⟫/심부름 **보내다** *send* ⟪a person⟫ on errand
보다 see, look ⟪at⟫
¶ …을 **보고** *at the sight of* ～/어느 모로 **보아도** *in every respect, from every point of view*/볼 만하다 *be worth seeing*
보리 barley
보물 a treasure
보살피다 take care of, look after
보석 a **jewel,** a gem
보여주다 show, let ⟪a person⟫ see
보존하다 preserve, save, keep
보초 a **guard,** a sentry
보태다 [가산] **add**
보통 ¶ **보통의** *common, usual, normal* (정상적인)
¶ **보통 있을 수 있는 일**로 치다 take ⟪a thing⟫ as *a matter of course*
복 good fortune, blessing, good luck
복수 revenge, vengeance
복수 the plural number
복잡하다 (be) **complicated,** complex
¶ **복잡한** 문제 a *complicated* problem
복장 dress, clothes
복종 obedience ～**하다 obey,** submit ⟪to⟫, yield ⟪to⟫
본래 originally
본인 the person himself [herself]
볼 a **cheek**
볼일 a **business**
¶ **볼일이 있다** *have something to do*
봄 spring(time)
뽑다 pull out, take out; [가려내다] pick out, single out
¶ 잡초를 **뽑다** *root* [*pull*] *out* weeds/반장을 **뽑다** *elect* a monitor
봉급 a **salary,** wages, pay
¶ **봉급**으로 생활하다 live on ⟪one's⟫ *salary*
봉쇄 a blockade ～**하다** block up
봉오리 a **bud**
봉우리 a **peak**
봉투 an **envelope**
뾰족하다 (be) **pointed,** sharp
부끄럽다 [수줍다] (be) **shy;** [수치] (be) shameful, disgraceful
¶ 나는 **부끄러워서** 그런 말은 못하겠다. I *am ashamed* to say such a thing.
부근 neighborhood
부담 a **burden,** a charge
부드럽다 (be) **soft,** tender
¶ **부드러운** 목소리 a *soft* voice
부디 by all means, without fail
¶ **부디** 안부 전해주시오. *Please* give him my best regards.

한영

부딪치다 collide with, bump against
¶ 자동차가 전주에 **부딪쳤다**. A car *ran against* a telegraph pole.
부랴부랴 hurriedly
부러워하다 **envy**, be envious of
¶ 행운을 **부러워하다** *envy* 《one's》 good fortune
부러지다 **break**, be broken
부르다 **call**, call out to 《a person》, hail
¶ 출석을 **부르다** *call* the roll/의사를 **부르다** *send for* a doctor
부르짖다 **shout**, cry
부리 a **bill**, a beak
뿌리 a **root**
뿌리다 [끼얹다] **sprinkle**, spray, scatter
부모 **parents**, father and mother
부부 man [husband] and wife
부분 a **part**, a section
부상 a **wound**, an injury
부서지다 **break**, be broken
¶ **부서지기 쉬운** *fragile, easy to break*
부업 a side line, a side job
부엉이 an **owl**
부엌 a **kitchen**
¶ **부엌 세간** *kitchenware*
부유하다 (be) **wealthy**
¶ 그는 **부유하다**. He *is well off*.
부인 **Mrs.**, Madam, wife
부인 a **woman**, a lady
부인하다 deny
부자 a rich [wealthy] man
부정 injustice
부정하다 deny
부족 shortage, lack ～**하다** be short 《of》, lack
¶ 물이 **부족하다** *be short of* water
부주의하다 (be) careless
부지런하다 (be) **diligent**, industrious
¶ 그는 **부지런한** 학생이다. He is a *diligent* student.
부채 a **fan**
부처 Buddha
부치다 [편지를] **mail**, send
¶ 편지를 항공편으로 **부치다** *send* a letter by airmail
부탁하다 **ask**, request, beg, ask a favor of
부피 bulk, size, volume
북 a **drum**
북 the **north**
북극 the North Pole
분 a **minute**
¶ 4시 5**분** five *minutes* past four
분개하다 be indignant 《about》
분노 **anger**, wrath, rage, fury
분량 **quantity**
¶ 적은 **분량** a small *quantity*
분류하다 classify
분리하다 **separate** 《from》
분만하다 give birth to
분명하다 (be) **clear**, plain, obvious, evident
¶ **분명히** *clearly, plainly, obviously*
분배하다 **divide** 《between, among》, share 《with, between》
¶ 고용자에게 이익을 **분배해 주다** *distribute* the profits *among* 《one's》 employees

분석 analysis
분실 **loss** ~**하다** **lose**
분위기 an **atmosphere**
불 **fire**, flame, blaze
¶ 불을 붙이다 light 〔kindle〕 a *fire*/불을 끄다 put out the *fire*
불가능하다 (be) **impossible**
불경기 hard times
¶ 실업계의 **불경기**가 심각하다. Business is *in* serious *depression*.
불꽃 a **flame**, a blaze
불다 blow
¶ 촛불을 **불어서 끄다** *blow out* a candle/**휘파람을 불다** *whistle*
불러내다 call out, call 《a person》 to
¶ 전화로 **불러내다** *call* 《a person》 *up* by telephone
불리 disadvantage ~**하다** (be) disadvantageous, unfavorable
불만 dissatisfaction, discontent
¶ 나는 조금도 **불만**이 없다. I have nothing *to complain* of.
불명예 dishonor, disgrace
불붙다 catch fire
¶ **불붙기** 쉽다. It is easy *to catch fire*.
불쌍하다 (be) **poor**, pitiful
¶ **불쌍한** 고아 a *poor* orphan
불안하다 (be) **uneasy**, anxious
¶ **불안한** 표정 an *uneasy* look
불어나다 **increase**, gain
¶ 가족이 **불어난다**. The family *grows* larger.
불완전하다 (be) imperfect, incomplete
불운하다 (be) unfortunate, unlucky
¶ **불운하게도** *unfortunately*

한영

불유쾌하다 (be) unpleasant
¶ 남을 **불유쾌하게 하다** *make* 《a person》 *unhappy*
불쬐다 warm 《oneself》 by the fire
불지르다 set fire to 《a house》, set 《a house》 on fire, fire 《a house》
불충분하다 (be) **not enough**, insufficient
불친절하다 (be) **unkind**, unfriendly
불켜다 **kindle**, light, turn 〔switch〕 on
불타다 **burn**
¶ 배가 **불타고** 있다. The ship is *on fire*.
불편 inconvenience ~**하다** (be) inconvenient
¶ 휴대하기 **불편하다**. It is *unhandy* to carry about.
불평하다 **complain of** 〔about〕, grumble at, make a complaint
불행 **unhappiness**, misfortune, bad luck ~**하다** (be) **unhappy**, unfortunate, unlucky
¶ **불행**은 겹치기 마련이다. *Misfortunes* never come singly.
붉히다 **blush** (얼굴을)
붓 a writing brush, a brush
붓다 1. **swell**, become swollen
¶ 그는 얼굴이 **부어 있다**. He has a *swollen* face.
2. 〔쏟다〕 **pour** 《into, out》, fill 《a cup》 with 《coffee》
붕대 a **bandage**
붙다 〔접착〕 **stick** 《to》, adhere 《to》; 〔가담〕 **join**, side with
붙들다 **catch**, seize, take hold of
붙이다 **attach**, fix, put on, put up

불잡다 **seize**, grasp, catch, hold, take
비 **rain**, a rainfall
¶ **비**가 그친다. It stops *raining*. The *rain* stops.
비겁하다 (be) cowardly
비교 comparison ~**하다** **compare** ((a thing)) **with** ((another))
비극 a **tragedy**
비난하다 **blame**
비누 **soap**
¶ 세수 **비누** 한개 a cake 〔bar〕 of (toilet) *soap*
비다 be **empty** 〔vacant〕
비둘기 a **dove**, a pigeon
¶ **비둘기장** a *dovecot*
비로소 for the first time
비록 **though**, if, even if, even though
비명 a **scream**, a shriek
비밀 a **secret**, secrecy
¶ **비밀로 하다** *keep* ((a matter)) *secret*/**비밀**을 지키다 keep a *secret*/**비밀**이 누설되다. The *secret* leaks out.
비싸다 (be) **expensive**, high, costly
¶ 값이 너무 **비싸다**. The price is too *high*. It is too *expensive*.
비서 a **secretary**
비용 **expense**, cost
¶ **비용**을 절약하다 cut down *expenses*
비우다 **empty**, make empty
비웃다 **laugh at**
비참하다 (be) miserable
비치다 **shine**
¶ 햇빛이 찬란하게 **비친다**. The sun *shines* brightly.
비키다 get out of the way, step aside
비틀거리다 **stagger**
¶ **비틀거리며** 일어서다 *stagger* to ((one's)) feet
비틀다 **twist**
¶ 팔을 **비틀다** *twist* ((one's)) arm
비판 criticism ~**하다** **criticize**
비행기 an **airplane**
비행장 an **airport** 〔airfield〕
빈곤 **poverty** ~**하다** (be) **poor**
빌다 1. 〔구걸〕 **beg**, ask; 〔기원〕 **pray**; 〔사죄〕 ask ((one's)) pardon, apologize ((to a person)) for
2. 〔차용〕 **borrow**; 〔힘을〕 have ((one's)) help
¶ 책을 **빌다** *borrow* a book
빌리다 〔대여하다〕 **lend**, let ((a person)) have; 〔임대하다〕 **hire** 〔let〕 (out)
¶ 말을 **빌리다** *hire* horses *out*
빗 a **comb**
¶ **빗**으로 머리를 빗다 *comb* (out) ((one's)) hair
빗나가다 **miss**, go astray
빗맞다 miss the mark
빙점 the freezing point
빚 a **debt**, a loan
¶ **빚**을 갚다 pay off *debts*, get out of *debt*/**빚**이 없다 be free from *debt*
빚지다 run into debt
빛깔 a **color**
¶ 밝은 **빛깔**로 그리다 paint in bright *color*
빛나다 **shine**, be bright

ㅅ

사 **four**

사건 an event (큰 사건), an incident (사소한)

¶ 그 **사건**은 미궁에 빠졌다. The *case* has been wrapped in mystery.

사격 firing, shooting

¶ **사격장** a *shooting range*

사고 an **accident**, a trouble

사고 thought ~**하다** **think**

사과 an **apple**

¶ **사과주** *apple wine*

사귀다 make friends with

¶ 그는 **사귀기** 어렵다. He is hard *to get acquainted with.*

사납다 (be) **fierce**, violent, wild

사냥 **hunting**, a hunt

¶ **사냥가다** *go hunting*

사냥개 a **hound**

사늘하다, 싸늘하다 (be) **cool**, chilly, icy

사다 **buy**, purchase

¶ 100원에 **사다** *buy* ⟪a thing⟫ for 100 won

사닥다리 a **ladder**

사라지다 **disappear**, be gone, go out of sight

¶ 모든 희망이 **사라졌다**. All our hopes *are gone.*

사랑 **love** ~**하다** **love**

사례 **thanks**; reward (보답) ~**하다** give thanks to, reward

사립학교 a private school

사막 a **desert**

¶ 사하라 **사막** the Sahara *Desert*

사망 **death** ~**하다** **die**

사명 a mission

사무 **business**, office work

¶ **사무실** an *office* (*room*)

사상 **thought**, an idea, thinking

¶ 건전한 **사상** healthy *thoughts*

사생활 ⟪one's⟫ private life, ⟪one's⟫ privacy

사슴 a **deer**

¶ **사슴** 가죽 *deer* skin

사실 a **fact**, truth

¶ **사실상** *actually, really*

사욕 a selfish desire, selfishness

사용 **use**, employment

¶ **사용되고** 있다〔있지 않다〕 be *in* 〔out of〕 *use*

싸우다 **fight**, struggle

¶ 끝까지 **싸우다** *fight* to the last

싸움 〔투쟁〕 a struggle; 〔전투〕 a **fight**; a battle, a combat; 〔전쟁〕 a **war**; warfare

¶ **싸움**에 이기다 win 〔gain〕 a *battle* 〔*the day*〕/**싸움**에 지다 lose a *battle* 〔*the day*〕

사위 a **son-in-law**

사이 〔공간〕 a **space**, an **interval**; 〔시간〕 an interval, a **while**; 〔관계〕 **relations**, terms

¶ 나무 **사이**에 숨다 conceal ⟪oneself⟫ *among* the trees

싸이다 get wrapped

사전 a **dictionary**
¶ **사전**을 찾다 look up ⟪a word⟫ in a *dictionary*, consult a *dictionary*
사절하다 **refuse**, turn down
사정 [형편] circumstances, the situation, the state of things
사직 resignation ～**하다** resign
사진 a **photograph**, a picture
¶ **사진**을 찍다 take a *photograph of*/**사진**을 찍히다 have ⟪one's⟫ *photograph* taken
사촌 a **cousin**
사치 luxury ～**하다** indulge in luxury
¶ **사치품** a *luxury*
사치스럽다 (be) luxurious
사투리 a dialect
사표 a written resignation, a letter of resignation
¶ **사표**를 제출하다 hand in ⟪one's⟫ *resignation*
사형 death penalty
사회 **society**, the community
¶ **사회적인** *social*/**사회적으로** *socially*
삭감하다 cut down, curtail
산 a **mountain**
¶ **산**을 오르다 climb up a *mountain*
산림 a **forest**
산맥 a mountain range
산물 a **product**
¶ 주요 **산물** staple *products*
산소 **oxygen**
산술 arithmetic
산업 **industry**
¶ **산업의** *industrial*/**산업의** 발달 *industrial* development

산울림 an **echo**
산재하다 be scattered about, lie scattered
산책 a **walk**
¶ **산책하다** *take a walk, go for a walk*
산토끼 a hare
쌀 **rice**
¶ **쌀**장수 a *rice* dealer
살구 an **apricot**
살다 [생존] **live**, be alive, exist; [생활] get along, make a living; [거주] live, dwell, inhabit
¶ 그곳은 **살기** 좋은 곳이다. It is a good place *to live in.*
살리다 **save**, rescue
살림살이 housekeeping, a household
쌀쌀하다 (be) **chilly**, cold, distant
¶ **쌀쌀하게** 대하다 treat ⟪a person⟫ *indifferently*, give a *cold shoulder* to
살인 **murder**, homicide ～**하다** commit murder, murder ⟪a person⟫
살찌다 **grow fat**, gain weight
살피다 **watch**, take a good look at
¶ 기회를 **살피다** *watch* for an opportunity
삶다 **boil**, cook
¶ **삶은** 계란 *boiled* eggs
삼각형 a **triangle**
삼림 a **wood**, a forest
삼삼오오 by twos and threes, in groups of two or three
삼키다 **swallow**, gulp down
¶ 통째로 **삼키다** *swallow* whole
단숨에 **삼키다** *swallow* at a gulp

삽 a shovel, a spade
삽입하다 **insert**, put 《a thing》 in
상 a **prize**
¶ **상**을 타다 get 〔win〕 a *prize*/**상**을 주다 give 〔award〕 《a person》 a *prize*
상가 the **downtown**
상금 prize money
상기하다 **remember**, recollect
¶ **상기시키다** *remind* 《a person》 *of*
상냥하다 (be) **kind**, gentle, tender, nice
상담 consultation ～**하다** **consult**, consult with
¶ 변호사에게 **상담하다** *consult* a lawyer
상륙 landing ～**하다** **land**
상반하다 be contrary to each other, disagree with each other
상상 **imagination**, fancy ～**하다** **imagine**, fancy
¶ **상상력** *imagination, imaginative power*

한영

상식 **common sense**
¶ **상식있는** 사람 a man of *good sense*/**상식 없는** 사람 a *senseless man*
상업 **commerce**, trade
¶ **상업**에 종사하다 be engaged in *commerce*
상인 a **merchant**, **a** trader
상자 a **box**, a case
¶ 사과 한 **상자** a *box* of apples
상징 a **symbol**
상처 a **wound**, an **injury**
¶ **상처**를 입다 get 〔receive〕 a *wound*
상태 a **condition**, a state, the state of things
¶ 건강 **상태** the *state* of health
새끼 **1**. a straw rope
2. 〔새의〕 a **chicken**; 〔동물의〕 the young
¶ **새끼**를 배다 be with *young*
새기다 **1**. 〔조각〕 **carve**, engrave
2. 〔해석〕 **interpret**
새다 〔날이〕 **dawn**, break; 〔액체 · 비밀 따위가〕 **leak** (out)
¶ 비밀이 적에게 **샌다**. The secret *leaks through* to the enemy.
새벽 **dawn**, daybreak
새우다 〔밤을〕 sit up all night
새파랗다 (be) **deep blue**, 〔얼굴이〕 pale; 〔젊다〕 (be) young
새해 a new year
¶ **새해**를 맞이하다 greet *the New Year*
색 a **color**
샘 a **spring**, a fountain
생각 **thinking** (사고); a **thought** (사상) ～**하다** **think**
¶ 내 **생각**에는 to my *thinking*/**생각**에 잠기다 be lost in *thought*
생각나다 come to mind
생계 **livelihood**, living
생기다 〔손에 들어오다〕 **get**, obtain; 〔발생〕 **occur**, happen, take place
생명 **life**
생사 life and death
¶ **생사**에 관한 문제 a matter of *life and death*
생산 **production** ～**하다** produce
¶ **생산자** a *producer*, a *maker*

생선 **fish**
생일 a **birthday**
¶ **생일**을 축하하다 celebrate ⟪one's⟫ *birthday*
생활 **life,** living, livelihood
¶ 편안한 **생활을 하다** *live* in comfort/행복한 **생활을 하다** *live* happily
서늘하다 (be) **cool,** refreshing
¶ 날씨가 **서늘해진다.** It *gets cool.*
서다 **stand** (up); 〔멈추다〕 **stop,** halt
서두르다 **hurry** (up), make haste, be in a hurry
¶ 너무 **서두르지** 마라. Don't be so *impatient.*
서랍 a **drawer**
서명 signing, a **signature** ~하다 sign ⟪one's⟫ name
서문 a preface
서양 the West, the Occident
서쪽 the **west**
¶ **서쪽으로** 가다 go *west,* go *westward*
서투르다 (be) **clumsy,** poor, awkward
석방하다 set ⟪a person⟫ free, release, liberate
석유 petroleum
석탄 **coal**
¶ **석탄**을 연료로 쓰다 use *coal* for fuel
섞다 **mix,** blend
선 **good,** goodness
선 a **line**
선거 **election** ~하다 **elect**
¶ 대통령 **선거** a presidential *election*
선두 the **head,** the lead
선물 a **present,** a gift
¶ **선물**을 받다 take 〔accept〕 a *present*/**선물**을 주다 give 〔make〕 ⟪a person⟫ **a** *present*
선박 a **ship,** a vessel
선반 a **shelf**
선배 a **senior**
선수 a **player,** a champion
¶ **선수권** a *championship*
선장 a **captain**
선택 **choice,** selection ~하다 **choose,** select, pick out
¶ **선택**의 여지가 없다. You have no *choice* in this matter.
선풍기 an electric fan, a motor fan
¶ **선풍기**를 돌리다 set an *electric fan* going
설계 a **plan,** a design ~하다 **plan,** design
설교 preaching ~하다 **preach**
¶ **설교자** a *preacher*
설득 persuasion ~하다 **persuade**
설립 foundation ~하다 **found,** establish, set up
¶ **설립자** a *founder*
썰매 a **sled**
설명 explanation ~하다 **explain**
¶ 좀더 잘 **설명해 주시오.** Please *explain* it more clearly.
썰물 an **ebb,** ebb tide
설탕 **sugar**
섬 an **island**
¶ **섬사람** an *islander*
섬세 delicacy ~하다 (be) **delicate,** subtle, exquisite

섭섭하다 (be) **sorry,** (be) sad, regret
¶ 그가 못 와서 **섭섭하다.** I *regret* that he can't come.
성 a **surname,** a family name
성 a **castle**
성가시다 (be) **annoying,** troublesome
성격 **character**
성경 the **Bible**
성공 **success** ~**하다** succeed
¶ **성공**을 빕니다. I wish you *success.*
성나다 get angry with ⟪a person⟫
성냥 **matches**
¶ **성냥갑** a *matchbox*
성명 a **name**
성숙하다 (be) **ripe,** ripen, mature
¶ **성숙한** 처녀 a *mature* girl
성실하다 (be) **sincere,** honest
성의 sincerity, good faith
¶ **성의 있는** *sincere, earnest*
성인 an **adult,** a grown-up
성장 **growth** ~**하다** **grow** (up)
성질 **nature,** temperament
성취 accomplishment, achievement ~**하다** **accomplish,** achieve.
세 rent
¶ 집〔방〕**세** house〔room〕*rent*
세간 household furniture
세계 the **world,** the earth (지구)
¶ 전 **세계**에서 in all the *world,* all over the *world*
세금 a tax
세기 a **century**
세대 a generation
¶ 젊은 **세대** the *young* generation
세력 influence, power, force
¶ **세력이 있다** *be influential*
세례 baptism
¶ **세례받다** *be baptized*
세상에 **in the world,** on earth
세우다 [서게 하다] **stand,** make stand; [건조하다] **build,** construct; [계획을] **make**〔form, lay〕⟪a plan⟫
세월 time and tide
¶ **세월**이 유수 같다. *Time* flies like an arrow.
세포 a cell
셋방 a rented room
¶ **셋방 있음.** *Rooms for rent.*
소 a **cow** (암소), an **ox** (황소)
소감 ⟪one's⟫ impressions, an opinion
소개 introduction ~**하다** **introduce**
¶ **소갯장** *a letter of introduction*
소곤거리다 **whisper**
소금 **salt**
¶ **소금에 절인** *salted, pickled with salt*
소나기 a **shower,** a passing rain
¶ 나는 **소나기**를 만났다. I was caught in a *shower.*
소녀 a (young) **girl,** a little girl
소년 a **boy,** a lad
¶ **소년시대** ⟪one's⟫ *boyhood*
쏘다 **shoot,** fire
¶ 권총을 **쏘다** *shoot* ⟪a person⟫ with a revolver, *fire* a revolver at ⟪a person⟫
소득 an income, earnings
소리 **sound,** noise (소음), voice (목소리)

¶ 나팔 **소리** the *sound* of a trumpet
소리치다 **shout**, cry out, call out
소매 a **sleeve**
¶ **소매**에 매달리다 cling to ⟪one's⟫ *sleeve*
소매치기 a pickpocket
¶ **소매치기** 당하다 have ⟪one's⟫ pocket *picked*
소모 consumption ~**하다** consume, use up
소문 a **rumor**
¶ 헛**소문** an idle *rumor*/**소문**이 나다. A *rumor* gets started.
소방서 a fire station, a fire department
소비하다 consume, spend
¶ **소비자** a *consumer*
소설 a **novel**, a story
¶ **소설가** a *novelist*
소송 a lawsuit
소수 a minority, a few
¶ **소수파** the *minority*, the *few*
소식 **news**, information
¶ **소식**을 **듣다** *here from* ⟪a person⟫, *hear the news of* ⟪a person⟫
소원 ⟪one's⟫ **wish** 〔desire〕
¶ **소원**을 성취하다 realize ⟪one's⟫ cherished *wishes*
소위 what is called, what we call, the so-called
소유 possession ~**하다** **have**, own, possess
¶ 이 토지는 나의 **소유이다**. This land *belongs to* me.
소중하다 (be) **valuable**, important
소총 a **rifle**
소포 a **parcel**
소화 digestion ~**하다** digest
속기 shorthand ~**하다** write in shorthand
속다 be cheated, get deceived
속달 special delivery
속도 **speed**
속삭이다 **whisper**
속어 a slang word
속하다 **belong to**
손 **hand**; [일손·도움] a hand, a helping hand
손가락 a **finger**
손님 [방문객] a **visitor**, a caller; [고객] a customer
¶ **손님**을 맞다 receive a *caller*
손대다 **touch**; [착수하다] begin, start; [때리다] hit, strike
손떼다 [관계를 끊다] finish with, break with
손목 the **wrist**
¶ **손목**을 잡다 take ⟪a person⟫ by the *wrist*
손수 personally, in person
¶ **손수** 검사하다 make a *personal* inspection
손쉽다 (be) **easy**, simple
¶ **손쉽게** *easily*, *with* ease, *without difficulty*
손실 **loss**
¶ **손실**을 입다 suffer a *loss*
손잡이 a **handle**
손톱 a **fingernail**
¶ **손톱**을 깎다 trim ⟪one's⟫ *nails*
손해 **damage** (손상), a loss (손실)
¶ **손해**를 입히다 damage, injure

쏟다 **pour out**
솔기 a seam
솔직 frankness ~하다 (be) **frank**
¶ **솔직히** 말하자면 *frankly* speaking, to be *frank* with you
솜 **cotton**
솜씨 **skill**
송장 a **corpse**, a dead body
¶ 그는 산 **송장**이다. He is a living *corpse*.
솥 an iron pot
쇄도하다 rush in, rush to
¶ 신청이 **쇄도하다** *be flooded with* applications
쇠 **iron**
쇠사슬 **chain**
¶ **쇠사슬로 매다** *chain*, *put* ((a person)) *in chain*
쇠약하다 grow weak, weaken
¶ **쇠약한** *weak*, *weakened*
수건 a **towel**
¶ **수건**으로 닦다 wipe with a *towel*
수고 **toil**, labor, pains, an effort ~하다 work hard, take pains
수공 handiwork
¶ **수공업** *manual trade*
수다스럽다 (be) talkative
수단 a **means**, a measure
¶ **수단**과 방법 ways and *means*
수도 a **capital** (city)
수량 **quantity**
수리하다 **fix**, repair
¶ **수리중이다** *be under repair*
수면 **sleep**, slumber
¶ **수면**을 방해하다 disturb ((one's)) *sleep*

수반하다 **accompany**, be accompanied with
수병 a **sailor**
수비 **defense**
¶ 그들은 **수비**가 강하다. They are strong in *defense*.
수상 the prime minister, the premier
수선 **repair**, mending ~하다 **repair**, mend
¶ 시계를 **수선시키다** have a watch *mended*
수소 hydrogen
¶ **수소** 폭탄 a *hydrogen* bomb
수송 transportation
¶ **수송**기 a *transportation* plane
수수께끼 a **riddle**
수술 a surgical operation
¶ **수술**을 받다 undergo a *surgical operation*
수영 **swimming** ~하다 **swim**
¶ **수영**복 a *swimming* suit/**수영**장 a *swimming* place 〔pool〕
수완 **ability**, skill
¶ **수완이 있는** *able*, *capable*, *talented*
수위 the first place
¶ **수위**를 차지하다 *lead* ((in)), rank *first* ((in))
수입 an **income**
¶ 그는 **수입**이 많다〔적다〕. He has a large 〔small〕 *income*.
수입 **import**, importation
¶ **수입품** *imports*, *imported articles*
수자 a **figure**
수정 crystal

수정하다 modify
수준 a **level,** a standard
¶ **수준**에 미달이다 be below the *level,* fall short of the *standard*
수줍다 (be) **shy**
¶ 그녀는 **수줍어서** 말도 못한다. She is too *shy* to speak.
수집 collection ~**하다** **collect,** gather
¶ 우표 **수집자** a stamp *collector*
수채화 a watercolor (painting)
수첩 a notebook
수출 **export,** exportation ~**하다** **export,** ship abroad
수치 **shame,** disgrace ~**스럽다** be disgraceful, be dishonorable
수표 a **check**
수하물 **luggage** 《영》, **baggage** 《미》
수학 **mathematics**
수해 a **flood,** a flood disaster
¶ **수해**지구 a *flooded* district
수행하다 **perform,** carry out
수행하다 **accompany,** follow
수험생 a candidate for an examination
수혈 blood transfusion
수호 **protection,** guard ~**하다** **protect,** guard
수화기 a (telephone) **receiver**
¶ **수화기**를 들다 pick up the *receiver*/**수화기**를 놓다 hang up the *receiver*
수확 a **harvest** ~**하다** harvest, reap, gather a harvest
¶ **수확**이 많다〔적다〕 have a good 〔bad〕 *harvest*

숙고 deliberation ~**하다** think 《a matter》 over, consider 《a matter》 carefully
숙녀 a **lady**
숙달하다 become skilled 《in》
숙련공 a skilled worker
숙모 an **aunt**
숙부 an **uncle**
숙소 《one's》 address, 《one's》 place of abode, 《one's》 quarters
숙이다 lower 《one's head》
숙제 a **homework,** a home task
¶ **숙제**를 하다 do 《one's》 *homework*
순간 a **moment,** an instant
순경 a **policeman,** a patrolman
¶ 교통 **순경** a traffic *policeman*
순박하다 (be) simple and honest
순서 **order,** sequence
순진하다 (be) **naive,** pure, sincere
¶ **순진한** 마음 a *pure and simple* heart
숟가락 a **spoon**
¶ 설탕 한 **숟가락** a *spoonful* of sugar
술잔 a wine cup
숨 a **breath**
숨기다 **conceal,** hide 《away》, keep 《a matter》 from
¶ **숨기지 않고** *frankly, openly*
숨다 **hide,** conceal 《oneself》
숨바꼭질 hide and seek ~**하다** play hide and seek
숨쉬다 **breathe,** respire, take breath
숭배하다 **worship**
숯 **charcoal**

¶ 숯을 굽다 make *charcoal*

숲 a **wood,** a forest

쉬다 1. [음식이] go bad
2. [목소리가] get hoarse, grow husky
3. [휴식하다] **rest,** take a rest; [중지하다] lie idle
4. [숨쉬다] **breathe**

쉽다 [용이하다] (be) **easy,** simple; [경향] be apt to, be ready to
¶ 이 소설은 읽기 **쉽다.** This story is *easy* to read.

쓰다 1. [글씨를] **write**
2. [사용하다] **use,** employ, make use of; [소비하다] use, spend
3. [착용] **wear,** put on
¶ 모자를 **쓰다** *put on* 〔*wear*〕 a hat/안경을 **쓰다** *put on* glasses, *have* spectacles *on,* *wear* spectacles
4. [맛이] be bitter, taste bitter

쓰다듬다 **stroke** ⟪one's beard⟫, **pat** ⟪a child on the head⟫

쓰러뜨리다 **throw down,** knock down

쓰러지다 **fall down,** collapse

쓰레기 **waste,** sweepings, garbage

스물 **twenty**

스스로 of itself, of its own accord; [자진해서] of ⟪one's⟫ own accord

쓰이다 [사용되다] **be used,** be employed; [들다] be spent

쓸다 **sweep**
¶ 마루를 **쓸다** *sweep* the floor

쓸데 없다 (be) **useless,** be of no use
¶ **쓸데 없이** *unnecessarily, to no purpose, in vain*

쓸쓸하다 (be) **lonely,** lonesome
¶ **쓸쓸하게** 지내다 lead a *lonely* life

슬프다 (be) **sad,** sorrowful
¶ **슬픈** 이야기 a *sad* story

습격 **attack,** assault
¶ 불시에 **습격하다** *make* a surprise *attack*

습관 **habit,** way, custom
¶ **습관적인** *habitual* / **습관적으로** *habitually*/ **습관**을 기르다 form a *habit*

습기 moisture, dampness

승객 a **passenger**

승낙 **consent,** assent ～**하다** **consent** 〔agree, assent〕 **to**
¶ **승낙 없이** *without* ⟪one's⟫ *consent*

승리 **victory,** triumph
¶ **승리**를 얻다 win 〔gain〕 a *victory*

승부 victory or defeat; [시합] contest, game

승인 recognition ～**하다** recognize

승차하다 get on a car, take a train, get aboard ⟪a train⟫

씨 [종자] **seed**

시 **poetry**

시간 **time;** [한 시간] an **hour;** [학교의] a class hour
¶ **시간**을 낭비하다 waste ⟪one's⟫ *time*

시꺼멓다 (be) deep black

시계 a **clock** (괘종시계), a **watch,** a pocket watch (회중시계), a wristwatch (손목시계)

한영

¶ **시계**를 수리시키다 have 《one's》 *watch* mended 〔repaired〕
시골 the **country**
¶ **시골** 생활 *rural* life
시끄럽다 (be) **noisy**
¶ **시끄럽게** *noisily*
시기 opportunity, **chance**
¶ **시기**를 기다리다 wait for a ripe *opportunity*
시기 **jealousy** **~하다** be jealous of, be envious of
시내 the **city**
¶ **시내에** *in the city*
시다 〔맛이〕 (be) **sour**, acid
시달리다 be troubled with, be annoyed by, suffer from
시대 an **age**, a period, a time
¶ **시대**에 뒤떨어지다 be behind the *times*
시들다 〔초목이〕 **wither**, die
시력 **sight**, eyesight, vision
¶ 그는 **시력이 약하다**. He is *weak-sighted.*
시련 **trial**, test, ordeal
¶ **시련**을 견디다 stand the *test*
씨름 **wrestling**
¶ **씨름군** a *wrestler*
시무룩하다 (be) sulky, sullen, displeased
시민 a **citizen**
시비 right or wrong; 〔싸움〕 dispute, quarrel
시속 speed per hour
¶ **시속** 30마일 30 *miles per hour*
시시하다 (be) trivial, petty, worthless
¶ **시시한** 일 a *trifle* thing
시어머니 《one's》 mother-in-law
시원하다 (be) **cool**, refreshing
¶ **시원한** 아침 공기 *fresh* air of the morning
시일 **time**, **days**
¶ **시일**과 장소 *time* and place/**시일**을 정하다 fix the *date*, appoint the *day*
시작 the **beginning**, the start **~하다** **begin**, start
¶ 장사를 **시작하다** *start* business
시장 a **market**, a fair
시장 a **mayor**
¶ 서울 **시장** the *Mayor* of Seoul
시절 **time**, occasion, season
¶ **젊은 시절에** *in* 《one's》 *youth*
시체 a **corpse**, a dead body
¶ 그는 **시체로 발견되었다**. He *was found dead.*
시합 a **game**, a match, a contest **~하다** **play** 《against》, have a game 〔match〕 《with》
¶ **시합**에 이기다〔지다〕 win 〔lose〕 *a game*
시험 an **examination**, a test **~하다** examine
¶ **시험**을 치르다 take 〔sit for〕 an *examination*
시험지 test paper, examination paper
식다 get cool, cool off, get cold
¶ **식기**전에 저녁을 먹자. Let's eat before dinner *gets cool.*
식당 a **dining room**, a restaurant
¶ **식당차** a *dining car*
식목일 Arbor Day 《미》
식목하다 plant trees

식물 a **plant**
¶ **식물원** a *botanical garden*
식사 a **meal** ~**하다** **eat**, take a meal, dine
¶ **식사**를 같이 하다 *dine* with ((a person)), *dine* together
신 **shoes**, footgear, footwear
¶ **신**을 신다 put on ((one's)) *shoes*
신 **God**
¶ 나는 **신**을 믿는다. I believe in *God.*
신경 **nerve**
¶ **신경**쇠약 *nervous* breakdown
신기록 a new record
신년 a new year, **New Year's Day**
¶ **신년**을 맞이하다 greet *the New Year*
신념 **belief**, faith
신다 **put on**, have on, wear
¶ 이 신을 **신어보시오**. *Try* these shoes *on.*
신랄하다 (be) **bitter**, biting
신랑 a **bridegroom**
¶ **신랑** 신부 the bride and the *bridegroom*
신뢰 **trust**, confidence ~**하다** **trust**, put trust in, believe in
¶ 그는 **신뢰할** 수 없다. He is not to be *trusted.*
신문 a **newspaper**, a paper, a journal
¶ 오늘 **신문**에 in today's *paper*
신분 a social position 〔status〕
¶ **신분이 높은** 사람 a man *of position*, a person *of high standing*
신비 **mystery**
¶ **신비스럽다** be *mysterious*
신사 a **gentleman**
¶ **신사다운** *gentlemanlike*
신선하다 (be) **fresh**
¶ **신선한** 과일 *fresh* fruits
신성하다 (be) **holy**, sacred, divine
신식 a new style, a new method
¶ **신식** 무기 a *new-type* weapon
신앙 **faith**, belief
¶ **신앙**의 자유 freedom of *religion*
신용 **trust**, confidence, credit ~**하다** trust, confide in
¶ **신용할 수 있는** *trustworthy, reliable*
신자 a **believer**
¶ **기독교 신자**가 되다 become a *Christian*
신장 **height**
¶ 키가 큰 사람 a man of great height
신중하다 (be) **careful**, prudent, discreet
신체 the **body**
¶ 그는 **신체**가 건전하다. He is sound in *body.*
신호 a **signal** ~**하다** make a signal
¶ 교통**신호** a traffic *signal*
신혼 부부 a newly-married **couple**, newlyweds
신화 a **myth**
실 **thread**
실례 rudeness, impoliteness
¶ 잠깐 **실례합니다**. *Excuse* me a moment.
실례 an **example**; an instance
¶ **실례**를 들다 give an *example*
실망 disappointment, discourage-

ment ~하다 be disappointed, be discouraged
¶ **실망시키다** *disappoint, discourage*
실수 a **mistake**, a blunder, a slip ~**하다** make a mistake [slip], commit a blunder
실업 unemployment
¶ **실업**자 an *unemployed* person
실연 a disappointed love, a disappointment in love
실정 actual circumstances, the real state of things, a real situation
실지 practice
¶ **실지로** *in practice, practically, actually*
실천하다 practice, put 《a theory》 into practice
실패 a **failure** ~**하다** **fail**, end in a failure, go wrong
실행하다 fulfill, execute, practice, carry out
¶ 계획을 **실행하다** *carry out* a plan
실험 an **experiment**, a test ~**하다** experiment 《on》, make an experiment 《on》
¶ **실험실** a *laboratory*
실현 realization ~**하다** **realize**, materialize
¶ **실현되다** *be realized, be materialized*
싫다 [사물이 주어] (be) disagreeable; [사람이 주어] do not like, dislike
심각하다 (be) **serious**, grave
심리 a mental state, psychology
¶ 그의 **심리**를 모르겠다. I cannot understand his *psychology*.
심부름 an **errand** ~**하다** go on an errand for 《a person》, run [do] errands for 《a person》
¶ **심부름** 보내다 send 《a person》 on an *errand*
심장 the **heart**
¶ 그는 **심장이 약한** 사나이다. He is *weakhearted*.
심정 《one's》 **heart**, 《one's》 feelings
심호흡 deep breathing [respiration] ~**하다** breathe deeply
십 **ten**, the tenth (열번째)
십자가 a **cross**
씻다 **wash**; [닦아내다] wipe off
¶ 얼굴을 **씻다** *wash* 《one's》 face
싱겁다 taste flat, be insipid
싱싱하다 (be) **fresh**, new, full of life

ㅇ

아까 (a little while) **ago**, some time ago, a moment ago
아끼다 spare
¶ 비용을 **아끼다** *spare* expenses
아내 a **wife**
아니 [부사] **not**; [대답] no; [놀람] why
¶ 이것은 내것이 **아니다**. This is

not mine.

아득하다 (be) **far away**, far off, remote

¶ 갈길이 **아득하다** have a *long way* to go

아들 a **son**, a boy

아름답다 (be) **beautiful**, pretty, lovely

아마 **perhaps**, probably, maybe

¶ 그는 **아마** 올 것이다. He will *probably* come.

아무때 **any time**, whenever, always

¶ **아무때나** 좋다. *Any time* will do.

아무데 **anywhere**, any place

¶ 너는 **아무데나** 가도 좋다. You may go *anywhere*.

아무래도 **anyway**, anyhow

¶ 나는 **아무래도** 그것을 할 수 없다. I can't do it *anyway*.

아무리 however (much)... (may); no matter how... (may)

¶ **아무리** 열심히 일해도 *however* hard 《one》 *may* work

아버지 a **father**, papa, daddy, dad

아부 flattery **～하다** **flatter**

아우성 shouting, a clamor, a yell

아이 a **child**, a kid

¶ 그는 이제 **아이**가 아니다. He is no longer a *child*.

아주 **very**, **quite**, really

¶ 나는 **아주** 기분이 좋다. I feel *quite* well.

아주머니 an **aunt**

아직 **yet**, as yet, **still**

¶ **아직**(도) 더 있다. I have *still* more.

아침 **morning**; [아침밥] **breakfast**

¶ **아침** 일찍 early *in the morning*

아편 opium

아프다 feel a pain 《in》; pain, ache

¶ **아파서** 울다 cry *with pain*/ **머리가 아프다**. I *have a headache*.

악기 a musical instrument

악물다 clench 《one's teeth》

¶ 이를 **악물고** with *clenched* teeth

악수 a **handshake** **～하다** shake hands 《with》

악의 ill will, malice, spite

¶ **악의**를 품다 bear 《a person》 *malice*

악화 a change for the worse **～되다** become worse

안 [내] the **inside;** [이내] within, inside of, less than

¶ **안**으로 부터 from *within*, from *the inside*

안개 **fog**, mist

¶ **안개 낀** 아침 a *misty* morning

안경 **glasses**

¶ **안경**을 쓰다〔벗다〕 put on 〔take off〕 《one's》 *glasses*

안내 guidance **～하다** **guide**, show 《a person》 over, conduct 《a person》 to

¶ 거리를 **안내하다** *show* 《a person》 *over* the town

안락 **ease**, comfort **～하다** (be) **easy**, comfortable

¶ **안락하게** 살다 live *in comfort*

안부 safety, health, welfare

¶ **안부를 묻다** *inquire after* 《a person》

안색 [혈색] complexion; [표정] a

look

¶ **안색**이 좋다〔나쁘다〕 *look* well 〔unwell〕

안심 relief, peace of mind ~**하다** feel relieved, be at ease

¶ **안심시키다** *set* ((a person)) *at ease, ease* ((one's)) *mind*

안이하다 (be) easy, easygoing

¶ **안이한** 생각 an *easygoing* way of thinking

안전 **safety**, security ~**하다** (be) **safe**, secure, be free from danger

¶ **안전한** 장소 a place *of safety*

안정 stability ~**하다** be stabilized, be settled

앉다 **sit**, take a seat, sit down

¶ 자 **앉으시오**. Please *take a seat*.

알다 **know**, be aware ((of))

¶ 내가 **알기로는** *so far as* I *know, to* my *knowledge*

알리다 **tell** ((a person)), let ((a person)) know

¶ 내일 **알려** 드리겠오. I'll let you *know* tomorrow.

알맞다 (be) **fit**, becoming, fitting, suitable

¶ 그는 선생이 **알맞다**. He is *suited* to be a teacher.

알아내다 **find out**, make out, discover

¶ 비밀을 **알아내다** *find out* ((one's)) secret

알아듣다 **hear**, catch 〔get〕 ((the meaning))

알아맞히다 guess right, make a good guess

앓다 be ill, be sick, suffer from

암기하다 learn by heart

암살 assassination ~**하다** assassinate, murder

암시 a **hint**, a suggestion ~**하다** **hint** ((at)), suggest

¶ **암시**를 주다 give ((a person)) a *hint*

암컷 a **female** (animal), a she

암흑 **darkness**, blackness

압도하다 overwhelm, overcome

¶ **압도적** 승리 an *overwhelming* victory

압력 **pressure**, stress

¶ **압력**을 가하다 give *pressure* ((to)), *press* ((a person))

앞 〔미래〕 the **future;** 〔전방·전면〕 the **front;** 〔면전〕 presence

앞날 the **future**, the days ahead,

¶ **앞날**을 위해 저축하다 save money for the *future*

앞서다 go before, go ahead of, precede

앞지르다 **pass**, get ahead of, outdo

¶ 앞차를 **앞지르다** *pass* a car *ahead*

앞치마 an **apron**, a slip

¶ **앞치마**를 두르다 put on an *apron*

애국 a love of ((one's)) country

애도 **mourning**, grief ~**하다** **mourn** ((for, over)), grieve ((over, at))

애매하다 (be) **vague**, ambiguous

¶ **애매한** 대답 a *vague* answer

애쓰다 exert ((oneself)), work hard, endeavor, do ((one's)) best

¶ **애써** 공부하다 study *hard*

애정 **love**, affection

¶ 아이에 대한 부모의 **애정** the

affection of parents for a child

애처롭다 (be) **pitiful,** pitiable, pathetic

야구 **baseball,** ball (game)

¶ **야구**를 하다 play *baseball*

야당 a party out of power, an opposition party

야비하다 (be) **mean,** vulgar

야심 ambition

¶ **야심적인** *ambitious*

야영 a **camp,** camping ~**하다** **camp,** make camp

야위다 become thin, become lean, lose ⟪one's⟫ weight, lose flesh

¶ **야윈** *thin, lean*

야채 **vegetables,** greens

¶ **야채**를 가꾸다 grow *vegetables*

약 **about,** some, round

¶ **약** 500 명 *about* 500 people

약 a **drug,** medicine

¶ **약**을 먹다 take *medicine*

약간 **some,** a little

¶ **약간의** 돈 *some* money

약다 (be) **clever,** shrewd, smart

¶ **약은** 사람 a *shrewd* man

약속 a **promise,** an engagement, an appointment

¶ **약속**을 지키다 keep ⟪one's⟫ *promise* 〔*word*〕

약점 a weak point, a weakness

약하다 (be) **weak**

¶ 몸이 **약하다** have a *weak* constitution

약혼 engagement

얌전하다 (be) **gentle,** nice

¶ **얌전하게 굴다** *behave nicely,* *behave* ⟪oneself⟫

양 a **sheep**

¶ **양가죽** *sheepskin*

양 **quantity**

양말 **socks,** stockings (긴 양말)

¶ **양말** 한 켤레 a pair of *socks*

양보 concession ~**하다** concede, make a concession

양산 a **parasol,** a sunshade

양상 an aspect, a phase

양성하다 **train,** educate

¶ **양성소** a *training school*

양식 good sense

양심 **conscience**

양육하다 **bring up,** raise

양자 a foster child, an adopted son 〔daughter〕

¶ **양자**로 삼다 make an *adopted child* ⟪of⟫

양쪽 **both sides,** either side

양지 a sunny place

¶ **양지에** *in the sun*

양친 **parents**

얕다 (be) **shallow**

어깨 the **shoulder**

¶ **어깨에 메다** *shoulder, bear* 〔*carry*〕 *on* ⟪one's⟫ *shoulders*

어느 〔의문〕 **which, what;** 〔어느 …이나〕 **any, every;** 〔한〕 **a, one**

어느덧 before ⟪one⟫ knows

어느 정도 to some degree, somewhat, more or less

어떤 what kind of, what sort of

어떻게 **how,** in what manner, in what way, by what means

어둠 darkness

¶ **어둠** 속에서 in *the dark,* in *darkness*

어둡다 (be) **dark**
¶ **어두워지기 전에** *before* (*it gets*) *dark*, *while it is light*
어디 **where**, what place
¶ 여기가 **어디**입니까? *Where* are we now?
어렵다 (be) **difficult**, hard
¶ **어려운** 문제 a *hard* 〔*tough*〕 question
어른 a **man**, an adult, a grown-up person
¶ **어른이 되다** *grow up*, *become a man* 〔*woman*〕
어리다 (be) very young; [유치하다] **childish**
어리석다 (be) **foolish**, stupid
¶ **어리석은** 생각 a *foolish* idea
어린이 a **child**, a youngster
어머니 a **mother**
¶ **어머니**의 사랑 *mother's* love
어부 a **fisher**(**man**)
어색하다 feel awkward, feel embarrassed
어울리다 [조화되다] (be) becoming, suitable, match; [교제하다] **join**, mix 《with》
어째(서) **why**
¶ **어째서** 늦었느냐? *Why* were you late?
어쨌든 **anyway**, anyhow, at any rate
어쩌면 [추측] **perhaps**; maybe, possibly, [감탄] how, what
¶ **어쩌면** 그는 안 갈 것이다. *Probably* he will not go.
어제 **yesterday**
¶ **어제** 아침 *yesterday* morning
어휘 **vocabulary**
억누르다 **oppress**, hold 《a person》 down, suppress
억지로 by force, against 《one's》 will
억측 a **guess** ～**하다** **guess**, suppose
언론 **speech**
¶ **언론**의 자유 freedom of *speech*
언어 **language**
언쟁 a **quarrel**, a dispute
언제 **when**, what time
¶ **언제** 출발합니까? *When* are you going to start?
언제나 **always**, usually, whenever
¶ 그는 **언제나** 담배를 피우고 있다. He is smoking *all the time*.
언젠가 **some day**, some time
¶ **언젠가** *some time or other*
얻다 **get**, obtain, acquire
얼굴 a **face**
¶ **얼굴을 씻다** *wash* 《one's》 *face*, *wash* 《oneself》
얼다 **freeze**, be frozen
¶ **얼어** 죽다 *freeze* to death
얼룩지다 become stained 〔blotted〕
얼마나 **how** (many) (수); how much (양); how far (거리); how long (시간)
¶ 돈이 **얼마나** 필요합니까? *How much* money do you need?
얼음 **ice**
얽히다 be entangled, be involved
엄격하다 (be) **strict**, severe
엄금하다 prohibit strictly
엄밀하다 (be) exact, strict
엄수하다 observe strictly
업다 carry on 《one's》 back

없다 [존재하지 않다] do not exist; [소유하지 않다] have not, do not have; [결여] want, lack

엉덩이 the **hips**

엉뚱하다 (be) extraordinary, extravagant

¶ **엉뚱한** 소리를 하다 say *extravagant* thing

엎다 **upset**, overturn, overthrow

¶ 책상을 **엎다** *overturn* a desk

엎드리다 prostrate ⟪oneself⟫, lie on the ground

엎어지다 be **upset**, be turned over, be turned upside down

엎지르다 **spill**

에워싸다 **surround**, enclose, encircle

여가 **leisure**, spare time

¶ **여가**가 없다 have no *time to spare*

여객 a **passenger**, a traveler,

여권 a **passport**

¶ **여권**을 신청하다 apply for a *passport*

여기 **here**, this place

¶ **여기** 있거라. Stay here.

여당 the government · party, a party in power

여드름 a pimple

여러 **many**, several, various

여러 가지 **various**, all kinds of

¶ **여러 가지** 물건 *all sorts of* things

여러번 **often**, frequently, several times

여러분 gentlemen, ladies and gentlemen

여론 public opinion

¶ **여론**에 호소하다 appeal to *public opinion*

여름 **summer**, summertime

¶ **여름** 휴가 the *summer* vacation

여백 **blank**, space

여보 **hello**, **say** ⟪미⟫, I say

여분 an **excess**, a surplus

여비 traveling expenses, travel cost

여성 a **woman**

여왕 a **queen**

여우 a **fox**

여위다 become lean, become thin, lose weight, lose flesh

여자 a **woman**, a female

¶ **여자** 대학 a *women's* college

여전하다 be as before, be as usual, the same

¶ 그 여자는 **여전히** 아름답다. She is *as* beautiful *as ever*.

여태까지 till now, until now, so far

여하간 **anyway**, at any rate, anyhow, in any case

여행 a **travel**, a journey, a **trip** ~**하다** **travel**, journey, go on a trip

¶ 도보 **여행하다** *travel* on foot

역 a (railway) **station**

역사 **history**

¶ **역사의** *historic*, *historical*/**역사적** 사건 a *historic* event/**역사상의** 사건 a *historical* event

역시 **too**, also, as well

역할 a **part**, a role, a cast

¶ 중대한 **역할**을 하다 play an important *role*

연결하다 **connect**

연구 **study**, research ~**하다** **study**,

make a study of
연극 a **play**, a drama
¶ **연극**을 상연하다 put *a play* on the stage
연기 **smoke**
¶ 굴뚝에서 **연기**가 난다. *Smoke* is rising up from a chimney.
연기 **acting**, performance
연대 a regiment
¶ **연대장** the *regimental commander*
연락 connection
¶ **연락을 유지하다** *keep in touch with*
연령 **age**, years (of age)
연설 a **speech**, an address
연속하다 **continue**
연습 **practice**, exercise, training
연안 the **coast**
연애 **love**, lovemaking ～**하다** fall [be] in love 《with》
연장 a **tool**, an implement
연장하다 extend, prolong
연주하다 **play**, perform
¶ 기타아를 **연주하다** *play* the guitar
연착 delayed arrival ～**하다** arrive late
¶ 열차가 한 시간 **연착했다**. The train *arrived* an hour *late*.
연탄 a briquet
연통 a smoke pipe, a smokestack
연필 a **pencil**
¶ **연필로** 쓰다 write *with* a *pencil*, write *in pencil*
열다 1. **open;** [뚜껑을] lift; [펴다] unfold; [꾸러미를] undo; [자물쇠를] unlock; [개최하다] **hold**, give, open
¶ 회의를 **열다** *hold* a meeting
2. [열매가] **bear** 《fruit》
열대 the tropics
열리다 **open**, be opened; [자물쇠가] be unlocked; [개최되다] be held, be given; [열매가] bear fruit
열매 **fruit;** a nut (견과); a berry (장과)
열쇠 a **key**
¶ 현관의 **열쇠** a *key* to the front door
열심 eagerness ～**이다** (be) **eager**, earnest, enthusiastic
¶ **열심히** 공부하다 study *hard*
열중하다 devote 《oneself》 to, give 《oneself》 up to, be absorbed in
¶ 그는 독서에 **열중하고** 있다. He *is absorbed in* reading.
염려 **anxiety**, worry, care ～**하다** worry 《about》, **be anxious about**, be afraid for
¶ **염려 마시오** *Don't worry. Never mind. Take it easy.*
염색 dyeing ～**하다** **dye**
염소 a **goat**
¶ **염소 가죽** *goatskin*
염오 **dislike**, hatred ～**하다** **dislike**, hate
염원 《one's》 heart's desire, 《one's》 cherished desire ～**하다** **wish**, desire
엽서 a **postcard**, a postal card 《미》
¶ **엽서**를 보내다 send a *postcard* 《to》
엽총 a hunting gun

엿듣다 **overhear**, eavesdrop

엿보다 watch 〔wait〕 for 《an opportunity》, look out for《a chance》

¶ 기회를 **엿보다** *watch for* a chance

영 **zero**, nothing

영감 inspiration

영광 **honor**, glory

영리하다 (be) **clever**, bright, smart

영문 [까닭] a **reason**, why; [형편] circumstances

영문 **English**, English writing, an English sentence

¶ **영문으로** 쓰다 write *in English*

영수 receipt ~**하다** **receive**

¶ **영수증** a *receipt*

영양 nourishment, nutrition

¶ **영양 부족의** *ill-fed, underfed*

영어 **English**, the English language

¶ **영어로** 쓴 편지 a letter (written) *in English*

영웅 a **hero**

한영

영원 eternity ~**하다** (be) **eternal**

¶ **영원히** *eternally, forever*

영토 a territory

영하 below zero

¶ **영하** 16도로 내려가다 fall to 16 degrees *below zero*

영향 **influence**

¶ **영향을 받다** be *influenced* by

영화 a motion picture, a **movie**

¶ **영화** 구경가다 go to the *movies*

예 an **example**, an instance

예금 a deposit, money on deposit, a bank account

예리하다 (be) **sharp**

예방 prevention ~**하다** **prevent**

예쁘다 (be) **pretty**, lovely, nice

¶ **예쁜** 소녀 a *lovely* girl

예상 expectation ~**하다** **expect**, anticipate

¶ **예상외의** *unexpected*

예술 **art**, fine arts

¶ **예술가** an *artist*

예언 a prophecy, a prediction ~**하다** predict, foretell

¶ **예언자** a *prophet*

예외 an exception

¶ **예외 없이** *without exception*

예의 courtesy, manners

옛날 ancient times, old days

¶ **옛날** 이야기 an *old* story

오늘 **today**, this day

¶ **오늘**부터 앞으로 from *this day* forth 〔on〕/**오늘 밤** *tonight*

오다 **come**

¶ 미국에서 **온** 사람 a person *from* America

오래 **long**, for a long time

¶ **오래** 전에 *long time* ago, *long* ago

오래도록 **for long**, till late, forever

오랫동안 for a long time

¶ 그에게서 **오랫동안** 소식이 없다. I hear nothing from him *so long*.

오로지 **only**, solely, exclusively

오르다 **climb**, go up, ascend

¶ 물가가 **오르다**. Prices *go up*.

오른쪽 the right side

오만하다 (be) **arrogant**, haughty

오이 a **cucumber**

오전 the morning, the forenoon

¶ **오전** 아홉시에 at nine *in the morning*
오해하다 **misunderstand**
¶ **오해 받다** *be misunderstood*
오후 **afternoon**
¶ **오후** 다섯시에 at 5 *p.m.*, at five *in the afternoon*
오히려 **rather** (than)
온종일 all day (long)
¶ **온종일** 책을 읽다 read books *all day long*
온화하다 (be) **mild**, gentle
¶ **온화한** 기후 a *mild* climate, *an agreeable* weather
올라가다 **go up**, ascend, rise
¶ 나무에 **올라가다** *climb* a tree
올리다 **raise**, lift up, put up, hold up
¶ 월급을 **올리다** *raise* 《one's》 salary
올빼미 an **owl**
올해 this year, the current year
¶ **올해**는 비가 많이 왔다. We have had a lot of rain *this year*.
옮기다 **move**, remove, transfer
¶ 의자를 구석으로 **옮기다** *remove* a chair to the corner
옳다 (be) **right**; [정의] just; [틀림 없음] correct, true; [정확] exact
¶ **옳지 않다** *be wrong*
옷 **clothes**
¶ **옷** 한벌 a suit of *clothes*
옹호하다 **support**, back up
완강하다 (be) **stubborn**, obstinate
완결하다 **conclude**, finish, end
완료하다 **complete**, finish
완벽하다 (be) **perfect**, complete
완성하다 **complete**, finish
완전하다 (be) **perfect**, complete
왕 a **king**
¶ **왕의** *royal*
왕래 **traffic**, come-and-go
왕위 the **throne**, the crown
¶ **왕위**에 오르다 ascend the *throne*
왕진 a doctor's visit (to a patient), a house call by a physician
외과 surgery
¶ **외과 의사** a *surgeon*
외교 diplomacy
¶ **외교** 관계를 수립하다 establish *diplomatic* relations
외국 a foreign country [land]
¶ **외국에** 가다 go *abroad*/ **외국을** 여행하다 travel *abroad*
외국어 a foreign language
외국인 a **foreigner**
외롭다 (be) **lonely**, lonesome, solitary
외면하다 turn away 《one's face》, look away 《from》
외모 appearance
외부 the **outside**, the exterior
¶ **외부의** *outside, external*
외상 credit, trust
외신 foreign news
외양간 a **stable** (말의), a cowhouse
외출하다 **go out** (of doors)
외치다 **shout**, cry out, cry
¶ 살려 달라고 **외치다** *cry* for help
외투 an **overcoat**, a great coat
¶ **외투**를 입다 put on 《one's》 *overcoat*
왼손 the left hand
왼쪽 the left side

¶ 길의 **왼쪽**에 on the *left side* of the street
요구 a **request**, a demand
¶ 임금 인상 **요구** a *demand* for higher wages
요금 a **charge**, a fee
¶ **요금**을 내다 pay a *charge*
요리 [만들기] **cooking;** [음식] a dish, food ~**하다** **cook** ((food)), dress ((fish)), prepare ((a dish))
¶ 이 **요리**는 맛이 없다. This is *a* poor *dish.*
요소 an **element**
요원하다 (be) **far away**, far distant, far off
요인 a key figure, an important person
요점 the essential point
요정 a **restaurant**
요청 a **request**, a demand ~**하다** **ask** ((for)), demand, ask ((a person)) to do, request, claim
¶ **요청**에 의하여 on 〔by〕 *request*, at the *request* of
요컨대 in short, in a word
요행 luck by chance, chance luck, good luck, good fortune
¶ **요행으로** *by luck, fortunately*
욕하다 **speak ill of** ((a person)), call ((a person)) names
¶ 뒤에서 **욕하다** *speak ill of* ((a person)) behind a person's back
욕망 a **desire**
용감하다 (be) **brave**, courageous
¶ **용감하게** 싸우다 fight *bravely*
용기 **courage**, bravery, valor
¶ **용기 있다** *be courageous, be brave*

한영

용돈 pocket money
¶ **용돈**이 떨어졌다. I have run out of *pocket money.*
용모 a **face**, a countenance
용서하다 **forgive**, pardon
¶ **용서하십시오.** *I beg your pardon. Please pardon me.*
용이하다 (be) **easy**, simple
¶ **용이하게** *easily, readily*
용접 welding ~**하다** weld
¶ **용접공** a *welder*
용해 **melting** ~**하다** **melt**, dissolve
우기다 demand ((one's)) own way
¶ 자기 의견이 옳다고 **우기다** *stick to* ((one's)) own opinion
우등생 an honor student
우량 rainfall, rain
우러나다 soak out, come out
우뢰 thunder
우리 1. [맹수의] a **cage**
2. [인칭] **we**, our (우리의), us (우리를, 우리에게)
우물 a **well**
¶ **우물물**을 긷다 draw *water from a well*
우산 an **umbrella**
¶ **우산**을 쓰다 put up an *umbrella*
우선 **first**, first of all
우수하다 (be) **excellent**, superior
¶ **우수한** 성적으로 with *excellent* results
우습다 (be) **funny**, amusing
¶ **우스운** 이야기 a *funny* story
우승 **victory** ~**하다** win a victory
¶ 그는 정구에서 **우승했다**. He *won* the tennis *championship.*
우아하다 (be) **elegant**, graceful

우연 **chance**, accident ～**하다** (be) accidental
¶ **우연히** *by chance, accidentally*/ **우연의 일치** a *coincidence*
우울하다 (be) **gloomy**, melancholy
우유 **milk**
¶ **우유를 짜다** *milk a cow*
우정 **friendship**
우주 the **universe**
¶ **우주** 여행 a *space* trip
우편 **post**, **mail** 《미》
¶ **우편으로** 보내다 send *by mail*
우표 a **stamp**, a postage stamp
¶ **우표** 수집 a *stamp* collecting
운 [행운] **fortune;** [운명] fate
운동 [움직임] **motion**, movement; [체육상의] exercise; [경기] **sports**
운명 **fate**, destiny
운전하다 [차를] **drive** 《a car》
¶ **운전** 면허증 a *driving* license
운하 a **canal**
울다 **cry**, weep
¶ 기뻐서 **울다** *weep* for joy
울음 crying, weeping
울타리 a **fence**, a hedge
움직이다 **move**
움직임 **motion**, movement
움켜잡다 **grab**, grasp, seize
¶ 멱살을 **움켜잡다** *grasp* 《a person》 by a person's throat
웃다 **laugh**, smile
¶ **웃는** 얼굴 a *smiling* face/ **웃지** 않을 수 없다 cannot help *laughing*
웃음 a **laugh**, laughter
¶ **웃음**을 참다 suppress a smile/ **웃음**을 터뜨리다 burst out *laughing*
웃음거리 a laughingstock
¶ 남의 **웃음거리**가 되다 be made a *laughingstock*
웅변 eloquence
¶ **웅변** 대회 an *oratorical* contest
웅장하다 (be) **grand**, magnificent
원 a **circle**
¶ **원**을 그리다 draw a *circle*
원고 a manuscript
원기 **energy**, vigor
원래 originally, primarily
¶ 그는 **원래** 정직한 사람이다. He is honest *by nature*.
원료 **materials**, raw material
원리 a **principle**, a theory
원망하다 **resent**, reproach
원서 an application
¶ **원서**를 제출하다 send in [submit] an *application*
원수 an **enemy**, a foe
¶ **은혜를 원수로** 갚다 return *evil for good*
원숭이 a **monkey**
원인 a **cause**
¶ **원인**과 결과 *cause* and effect/ 실패의 원인 the *cause* of 《one's》 failure
원자 an **atom**
¶ **원자** 폭탄 an *atomic* bomb
원조 assistance, help, aid ～**하다** assist, help, aid
원칙 a **principle**
¶ **원칙적으로** *as a rule, in principle*
월간 monthly publication
¶ **월간** 잡지 a *monthly* magazine
월급 a monthly salary

월요일 **Monday**

위 the **stomach**

¶ 위가 약하다 have a weak *stomach*

위기 a **crisis**, an emergency

위독하다 be dangerously ill, be seriously ill

¶ 그의 아버지가 **위독하다.** His father *is in a critical condition.*

위반 violation **~하다** **violate** ⟪law⟫, break ⟪a promise⟫

위안 consolation, solace **~하다** console, comfort

¶ 음악에 **위안**을 구하다 seek *comfort* in music

위원회 a committee

¶ **위원회**를 소집하다 call a *committee meeting*

위치 a **situation**, a location; [처지 · 지위] a stand, a position

¶ 그 학교는 **위치**가 좋다. The school stands in a good *position.*

위험 **danger** **~하다** (be) **dangerous**

¶ **위험을 무릅쓰다** *run a risk*

한영

위협 **threat**, menace **~하다** **threaten**, menace

¶ 그는 나를 죽이겠다고 **위협했다.** He *threatened* to kill me.

유감 **regret**, a pity

¶ **유감스럽게도** *to my regret*

유괴 kidnapping **~하다** kidnap

유년 infancy, childhood

¶ 나는 **유년** 시대를 이곳에서 보냈다. I spent my *childhood* days here.

유령 a **ghost**, a specter

¶ **유령같은** *ghostlike*

유리하다 (be) advantageous, favorable

유리 **glass**

¶ **유리컵** *a glass*

유명하다 (be) **famous**, well-known

¶ 그는 세계적으로 **유명한** 화학자다. He is a *world-famous* chemist.

유사하다 be similar ⟪to⟫, resemble, be alike

¶ 이 문제는 그것과 **유사하다.** This question *is similar to* that.

유성 a shooting star

유익하다 (be) **useful**

¶ 개는 인간에게 **유익한** 동물이다. A dog is a *useful* animal to a man.

유지 maintenance **~하다** **maintain**, keep up

¶ 건강을 **유지하다** *maintain* ⟪one's⟫ health

유창하다 (be) **fluent**

¶ 중국어를 **유창하게** 말하다 speak *fluent* Chinese, speak Chinese *fluently*

유치하다 (be) childish

¶ **유치한** 생각 a *childish* idea

유쾌하다 (be) **pleasant**, cheerful

¶ **유쾌한** 여행 a *pleasant* trip/오늘밤은 참 **유쾌했읍니다.** We *have had a* very *good time* this evening.

유행 **fashion** **~하다** be in fashion

¶ **유행**에 따르다 follow the *fashion*

유혹 temptation **~하다** tempt, lure

¶ **유혹**을 이겨내다 overcome a *temptation*

육군 the **army**

육지 **land**
육체 the **body,** the flesh
¶ **육체**와 정신 *body* and spirit
윤곽 an outline
은 **silver**
¶ **은의** *silver*
은하 the Milky Way, the Galaxy
은행 a **bank**
¶ **은행**에 예금하다 deposit money in the *bank*
은혜 favors, benefits
¶ **은혜**를 베풀다 do 《a person》 a *favor*
음모 a **plot**
¶ **음모**에 가담하다 take part in a *conspiracy*
음성 a **voice**
음식 **food** (and drink)
음악 **music**
응급 치료 first aid
응달 the **shade,** the shady side
응원 [경기의] cheering
¶ **응원**단장 a *cheer*leader
의견 an **opinion**
¶ 나의 **의견**으로는 in my *opinion*
의과 the medical department; [과정] the medical course
¶ **의과** 대학 a *medical* college
의도 an **intention,** a purpose
의무 a **duty,** an obligation
의문 a **question,** a doubt
¶ 그것은 **의문**의 여지가 없다. There is no (room for) *doubt* about it.
의미 **meaning**
의사 an intention
¶ **의사**가 통하다 come to an *understanding*
의사 a **doctor,** a physician
¶ **의사**를 부르다 send for a *doctor*
의식 consciousness ~**하다** be conscious 《of》, be aware 《of》
의심 **doubt** ~**하다** **doubt**
¶ **의심스럽다** be *doubtful*
의외 ¶ **의외의** *unexpected* / **의외로** *unexpectedly*
의원 a member 《of the Assembly》
¶ **의원**으로 당선되다 be elected a *member* 《of》
의장 the **chairman**
의존 dependence ~**하다** depend on, rely upon
의지 **will**
의지하다 lean on, turn to
¶ **의지할** 사람이 없다 have no one to *turn to* 《for help》
의학 medical science, medicine
¶ **의학**을 연구하다 study *medicine*
의혹 suspicion, doubt
의회 a national assembly
이 **1.** a **tooth**
¶ **이**를 닦다 brush [clean] 《one's》 *teeth*
2. a louse (복수 lice)
3. **this**
¶ **이만큼** *so much, so many*
이것 **this,** this thing, this fact
이곳 **here,** this place
¶ **이곳에** *here, in this place*
이끌다 **lead,** guide
이끼 **mose**
이기다 **win** 《a battle》
¶ 시합에 **이기다** *win* the game
이내 **within,** inside 《of》
¶ 일주일 **이내에** *within* a week/3

마일 **이내** *less than* three miles
이따금 from time to time, **sometimes**
¶ **이따금** 만나다 see 《a person》 *now and then*
이달 this month
이때 at this time, now, then
이대로 as it is, as it stands
¶ 나는 그 일을 **이대로** 내버려 둘 수 없다. I can't leave the matter *as it is.*
이동하다 **move,** transfer
이래 **since,** since then
이렇게 **so,** like this, in this way
¶ **이렇게** 하라. Do it *this way.*
이력 《one's》 personal history, 《one's》 **career**
이론 **theory**
이롭다 (be) good 《for》, do 《a person》 good; [유리하다] (be) advantageous
이루다 [성취하다] **achieve;** accomplish, [형성하다] **make,** form
이륙 a takeoff ~**하다** take off
이르다 1. [시간이] (be) **early**
2. [도착] **arrive** 《at, in》, reach
3. [알리다] **tell,** let 《a person》 know
이를테면 so to speak, as it were, in other words; [요컨대] in a word
이름 a **name**
¶ **이름**을 묻다 ask 《one's》 *name*
이리 a **wolf**
이리저리 this way and that, here and there
이마 the **forehead,** the brow
이면 the **back,** the reverse side

한영

이미 **already,** now
¶ **이미** 때가 늦다. It is *now* too late.
이발 a **haircut** ~**하다** have a haircut, have 《one's》 hair cut
¶ **이발사** a *barber*
이번 this time; [최근에] **recently**
¶ **이번만** *just this time, for this once, once for all*
이별하다 **part** 《with a person》, separate 《from a person》
¶ **이별**을 고하다 say 《a person》 *goodbye,* bid *farewell* to 《a person》
이불 bedding, bedclothes
이사 house-moving, removal ~**하다** change 《one's》 residence, move 〔remove〕 《to, into》
¶ 새 집으로 **이사하다** *move* into a new house
이상 an **ideal**
¶ **이상적인** 남편 an *ideal* husband
이상하다 (be) **strange,** queer, cdd
¶ **아무런 이상이 없다.** *Nothing is the matter.*
이성 **reason,** rationality
¶ **이성**을 잃다 lose 《one's》 *senses*
이성 the other 〔opposite〕 sex
이슬 **dew,** dewdrops
¶ **이슬**에 젖다 be wet with *dew*
이야기 [담화] a **conversation,** a **talk;** [화제] a topic; [사실·허구] a **story;** a tale ~**하다** **speak,** talk, say, tell 《a story》
이용 **use** ~**하다** make use 《of》, make the most 《of》, utilize
이웃 the **neighborhood;** [집] next door
¶ **이웃사람** a *neighbor* / 그들은 서

로 **이웃**간이다. They are *neighbors.* /그 여자는 내 **이웃**에서 산다. She lives in the house *next to* me.

이유 a **reason**, a cause, why
¶ **이유** 없이 without *reason*

이의 an objection
¶ 나는 그 일에 대해 **이의**가 없다. I have no *objection* to that.

이익 **profits**, gains
¶ **이익이 있는** *profitable, paying*

이자 **interest**
¶ 은행 **이자**는 얼마입니까? How much *interest* do they give at the bank?

이쪽 this side, this way
¶ **이쪽으로** 오십시오. *This way,* please.

이층 the second floor 《미》, the second story 《미》, the upper storey 《영》, the first floor《영》
¶ 2 **층에** *upstairs*/ 2 **층에** 올라가다 go *upstairs*/2 **층에서 내려오다** *come downstairs*

이해 interests
¶ **이해 관계**가 있다 have an *interest* in the matter

이해 **understanding** ~**하다 understand**, make out
¶ 그것은 **이해하기** 어렵다. It is difficult for me *to understand.*

이혼 divorce ~**하다** divorce
¶ 합의 **이혼** a *divorce* by agreement

익사하다 be drowned
¶ 그는 수영중에 **익사했다.** He was drowned while bathing.

익숙하다 (be) **skilled**, experienced, practiced, skillful, be good at
¶ 너는 곧 그것에 **익숙해질** 것이다. You'll soon *get used to* it.

인간 a **man**; a human being, [인류] man, mankind

인격 **character**, personality
¶ **인격자** *a man of character*

인공 **art**
¶ 자연과 **인공** nature and *art*

인구 **population**
¶ **인구** 100 만의 도시 a city with a *population* of one million

인권 human rights

인기 popularity
¶ **인기 있다** *be popular*/**인기 없다** *be unpopular*

인내 **patience**, perseverance

인류 **mankind**, man

인명 a **life**, human life

인사 **greetings**; [절] a bow; [감사] thanks ~**하다 greet**, salute, make a bow, thank

인상 **impression**

인생 **life**
¶ **인생관** 《one's》 *view of life*

인쇄 printing ~**하다 print**, put into print
¶ **인쇄소** a *printing house* 〔*office*〕

인수하다 undertake, take charge of

인식 recognition ~**하다 recognize**

인정 recognition ~**하다 recognize**

인체 the (human) **body**, flesh

인형 a **doll**
¶ **인형극** a *doll play*, a *puppet show*

일 **work**; [직업] a job; [근무] duties ~**하다 work**, labor

¶ 어려운 **일** a difficult *task*
일간 신문 a daily newspaper
일광 **sunlight**, sunshine
일기 a **diary**
¶ **일기**를 적다 keep a *diary*
일등 the **first**, the first place
일렬 a **line**, a row
¶ **일렬로** *in a row*, *in a line*
일류 first class
일반 ¶ **일반의** *general* / **일반적으로** 말하면 *generally* speaking
일부 a **part**
¶ **일부의** 사람들 *some* people
일상 **everyday**, daily, usually
¶ **일상**생활 *everyday* life, *daily* life
일생 ⟪one's⟫ **lifetime**, ⟪one's⟫ whole life; [부사적으로] as long as one lives, throughout ⟪one's⟫ life
¶ **일생의** *lifelong*, *for life* / **일생**에 한번 once *in a lifetime*
일소하다 sweep away, wash away, make a clean sweep ⟪of⟫
일어나다 [기상] **get up**, rise, get out of bed; [일어서다] get up, stand up; [발생하다] **happen**, occur
¶ 아침 일찍 **일어나다** *get up* early in the morning / 벌떡 **일어나다** *spring to* ⟪one's⟫ *feet* / 자주 **일어나는** 일이다. It *occurs* very often.
일어서다 **stand up**, rise to ⟪one's⟫ feet
일요일 **Sunday**
¶ 다음 **일요일에** next *Sunday*, *on Sunday* next
일일이 [하나하나] one by one; [상세히] in detail, in full; [모두] everything, in everything

한영

¶ **일일이** 조사하다 examine ⟪a thing⟫ *one by one*
일종 a kind, a sort
¶ **일종의** *a kind of*, *a sort of*
일주 a **round**, a tour **~하다** go round, make a round
¶ 세계를 **일주하다** travel *round* the world, make a *tour* of the world
일찌기 **early**; [전에] earlier, once
¶ **일찌기** 일어나다 get up *early* / 이런 일은 **일찌기** 들어본 일이 없다. I have *never* heard of such a thing.
일치 agreement **~하다 agree** ⟪with⟫
일하다 **work**, labor
¶ 먹고 살기 위해 **일하다** *work* for living / **지나치게 일하다** *work too hard*, *overwork* ⟪oneself⟫
일행 a **party**, a company
일회 one time, once, a round
¶ 일주에 **일회** *once* a week
읽다 **read**
¶ 그것은 **읽기** 쉽다. It is easy *to read*.
잃다 **lose**, miss, be deprived of
¶ 기회를 **잃다** *miss* an opportunity / 희망을 **잃다** *lose* ⟪one's⟫ hope
임금 **wages**, pay
¶ **임금**을 지불하다 pay *wages* / **임금**을 올리다 raise *wages*
임명 appointment **~하다** appoint ⟪a person⟫ to 〔as〕, nominate ⟪a person for a position⟫
임무 a **duty**, an office, a task
¶ 중요한 **임무** an important *duty*
임박하다 draw near, approach

¶ 기한이 **임박했다**. The time *draws near*.

임시 ¶ **임시의** *temporary*, *special*, *extraordinary*

임신 pregnancy **～하다** be pregnant, be in the family way
¶ **임신한** 여자 a *pregnant* woman

입 the **mouth**
¶ **입**을 벌리고 with one's *mouth* open/**입**을 다물다 shut ((one's)) *mouth*, hold ((one's)) *tongue*

입구 an entrance, a way in
¶ **입구**에서 at *the entrance*

입다 **put on;** [입고 있다] **wear,** have on, be dressed in
¶ 제복을 **입은** 사람 a man *in uniform*/옷을 **입은** 채 자다 sleep *in* ((one's)) *clothes*

입맛 appetite, taste
¶ **입맛**이 있다 have a good *appetite*/**입맛**이 없다 have no *appetite*

입맞추다 **kiss,** give ((a person)) a kiss
¶ 볼에 **입맞추다** *kiss* ((a person)) on the cheek

입술 the **lips**
¶ **입술**을 오므리다 purse ((a person)) *lips*

입시 an entrance examination
¶ **입시** 준비를 하다 prepare for an *entrance examination*

입원하다 be taken to hospital, be hospitalized ((미))
¶ 그는 **입원 중이다**. He is *in* (*the*) *hospital*.

입장 a **position**, a situation; [견지] a standpoint, a point of view
¶ 그는 괴로운 **입장**에 있다. He is in a difficult *situation*.

입학 admission to school **～하다** enter a school, be admitted into a school

입후보 candidacy **～하다** stand as a candidate for ((an election)), run for ((an election))
¶ 국회의원으로 **입후보하다** *run for* election to the National Assembly

있다 [존재하다] **be,** there is, exist; [위치하다] **stand,** be located; [소유하다] **have,** possess, own
¶ 산 위에 집이 **있다**. There *is* a house on the hill./너는 여기 **있거라**. You *stay* here.

잊다 [망각] **forget;** [단념하다] keep ((one's)) mind off; [놓고 오다] leave ((a thing)) behind
¶ **잊지 말고** without *fail*/나는 사람들의 이름을 **잘 잊는다**. I *have a bad memory* for names.

ㅈ

자 **1.** a **ruler,** a measure
2. [감탄사] Come on! Come now! Here! Here you are!

자가용차 a private car, an automobile for ((one's)) private use

자국 a **mark,** a trace, a track

자금 funds, capital, money
¶ **자금**이 부족하다 be short of

funds

자기 **oneself**, self, ego

¶ **자기 자신**을 소개하다 introduce *oneself*

자나깨나 day and night, awake or asleep

¶ **자나 깨나** 그 일을 잊을 수가 없다. I cannot forget that *waking or sleeping*.

자다 **sleep**, fall asleep (잠들다)

¶ 낮잠을 **자다** *take* a nap/ **늦잠을 자다** *sleep late, oversleep*

자동차 a (motor)**car**, an automobile, an auto

¶ **자동차**를 운전하다 drive a *car*/ **자동차**에서 내리다 get off a *car*

자라다 [성장하다] **grow up**, be bred, be brought up

자랑하다 **boast of**, be proud of, make a boast of, pride 《oneself》 on

¶ 자기 나라를 **자랑하다** *boast* about 《one's》 own country

자루 1. [주머니] a **sack**

2. [손잡이] a **handle**

¶ 칼**자루** the *handle* of a knife

자르다 **cut** (off), chop

¶ 나무 가지를 **자르다** *cut* branches off a tree

자리 [좌석] a **seat**, 《one's》 place; [여지] room, space; [한정] the spot; [지위] a **position**, a post

¶ **자리에 앉다** *take* 《one's》 *seat*, *seat* 《oneself》 *at a table*, *sit down*

자만 self-conceit, self-praise

자물쇠 a **lock**, a padlock

¶ **자물쇠를 잠그다** *lock* the door

자빠지다 fall on 《one's》 back, tumble down

자백 confession ～**하다** confess

¶ 죄를 **자백하다** *confess* 《one's》 guilt, *confess* to a crime

자본 capital, a fund

¶ **자본주의** *capitalism*

자비 mercy ～**하다** (be) merciful

¶ **자비**를 베풀다 have *mercy* on

자살 suicide ～**하다** **kill** 《oneself》, commit suicide

¶ 자살을 기도하다 attempt *suicide*

자석 a **magnet**

자세 a **pose**, an attitude

자식 《one's》 **children**, 《one's》 sons and daughters

자신 self-confidence, confidence ～**하다** be **confident** of 《success》

¶ **자신있는** 태도 a *confident* manner/**자신** 만만하다 be full of *confidence*

자연 **nature**

¶ **자연스럽다** *be natural* / **자연히** *naturally*

자옥하다 (be) **thick**, dense, heavy

¶ **자옥한** 안개 a *thick* [dense] fog

자원 resources

¶ 천연 **자원** natural *resources*

자유 **freedom**, liberty

¶ 언론의 **자유** *freedom* of speech

자전거 a **bicycle**, a cycle

¶ **자전거**를 타고 가다 go *by bicycle*, go *on a bicycle*

자제 self-control, self-restraint ～**하다** **control** 《oneself》

자존심 **pride**, self-respect

¶ 그는 **자존심**이 강하다. He has

한영

much *self-respect*.

자주 **often**, frequently, repeatedly
¶ **자주** 있는 일 a *common* affair

작다 (be) **small**, little
¶ 이 모자는 내게는 너무 **작다**. This hat is too *small* for me.

작문 **composition**, writing ～**하다** make a composition, write

작별 **farewell** ～**하다** bid farewell, say good-bye

작전 operations

잔 a **cup**, a wine cup 〔glass〕
¶ **찻잔** a *teacup*/**잔**을 주다〔받다〕 offer 〔accept〕 a *cup*

잔디 **grass**, turf

잔인하다 (be) **cruel**, brutal
¶ **잔인한** 짓을 하다 do a *cruel* thing

잔치 a **feast**, a banquet
¶ 생일 **잔치** a birthday *party*

잘 **well**
¶ 영어를 **잘**하다 speak English *well*

잘되다 go well, come out well
¶ 모든 일이 **잘되어** 가고 있다. Everything is *going on well*.

잘못 a **mistake**, a fault ～**하다** **mistake**, make a mistake, be mistaken
¶ 그것은 나의 **잘못이다**. It is my *fault*. I am *to blame for* it.

잘하다 do well
¶ 그는 말을 **잘한다**. He is a *good speaker*.

짧다 (be) **short**, brief
¶ 나는 머리를 **짧게** 깎았다. I had my hair cut *short*.

잠 **sleep**
¶ **잠**에서 깨다 awake from 《one's》 *sleep*

잠깐 (for) a **moment**, (for) a little while
¶ **잠깐** 기다리시오. Wait a *few moments*, please.

잠그다 1. 〔자물쇠를〕 **lock**, lock up
¶ 문을 **잠그다** *lock* a door
2. 〔물에〕 **soak**, dip, steep

잠들다 fall asleep
¶ 깊이 **잠들다** *fall* fast *asleep*

잠수하다 **dive**, go underwater

잠자리 1. 〔곤충〕 a **dragonfly**
2. a **bed**, a sleeping place
¶ **잠자리**에 들다 go to *bed*

잠잠하다 (be) **quiet**, still

잡다 〔손으로〕 **catch**, get; 〔쥐다〕 **hold**, seize, take hold of, grasp; 〔체포〕 **catch**, arrest, capture; 〔포획〕 catch, get, take, seize
¶ 공을 **잡다** *catch* a ball/도둑을 **잡다** *catch* a thief

잡아당기다 **pull**, draw
¶ 귀를 **잡아당기다** *pull* 《a person》 by the ear

잡지 a **magazine**
¶ **잡지**를 구독하다 subscribe for a *magazine*

잡초 **weeds**

잡치다 **spoil**

잡히다 be caught 〔arrested, seized〕
¶ 경관에게 **잡히다** *be caught* by the police

장갑 **gloves**
¶ **장갑**을 끼다〔벗다〕 put on 〔take off〕 《one's》 *gloves*

장거리 a long distance
¶ **장거리** 전화 a *long-distance* call
장관 a minister, a Cabinet Minister, a Cabinet member
¶ 문교부 **장관** the *Minister* of Education
장교 an **officer**
장군 a **general**
장난 [놀이] a **game**, play; [희롱] mischief ～**하다 play**, trifle, play a trick, play a practical joke
¶ **장난으로** *for fun* 〔*a joke*〕
장난감 a **plaything**, a **toy**
장님 a blindman, the blind
장래 the **future**
¶ 가까운 **장래에** *in the* near *future*
장려하다 encourage, promote
장마 the rainy spell in summer
장미 a **rose**
¶ 가시 없는 **장미**는 없다. Every *rose* has its thorns.
장사 **trade**, business, commerce
¶ **장사**를 시작하다 go into a *business*
장소 a **place**
¶ **장소가 좋다** *be well situated*
장점 a **merit**, a good point
¶ **장점**과 단점 *merits* and demerits
재 **ashes**
재능 **talent**, ability, gift
¶ **재능이 있는** *able*, *talented*
재다 [자로] **measure**
¶ 자로 **재다** *take measurements* with a ruler
재료 **material**, raw material
¶ **재료**를 공급하다 supply 《a person》 with *materials*
재목 **wood**, timber
재미 **fun**, interest, amusement
¶ **재미있다** be *interesting*, be *amusing*
재빠르다 (be) **quick**, swift
¶ **재빨리** *quickly*, *swiftly*
재배하다 **grow**, cultivate
¶ 그는 과일을 **재배하고 있다**. He *is raising* fruit.
재산 **property**, a fortune
재수 **luck**, fortune
¶ **재수가 있다** be *lucky*, be *fortunate*
재우다 put 《a person》 to sleep
재주 **talent**, gift, ability
¶ **재주 있는** *talented*, *gifted*
재촉하다 **press** 《a person for》, urge 《a person to do》
¶ 대답을 **재촉하다** *press* 《a person》 *for* an answer
재판 justice, a trial
재판소 a court of justice, a law court
저금 [행위] **saving;** [돈] savings ～**하다** save, lay by 《money》, deposit 《in the bank》
저기 **there**, that place
저녁 **evening**
¶ **저녁에** *in the evening*
저녁밥 **supper**
저명하다 (be) **well-known**, noted, famous, prominent
¶ **저명한** 인사 a *well-known* person
저물다 grow 〔get〕 dark, 《the sun》

set, ⟪night⟫ fall
¶ **저물기** 전에 before *dark*
저속하다 (be) vulgar, base, low
저울 [천정] a **balance,** scales; [대저울] a weighing beam
저자 a **writer,** an author
저절로 **of itself,** by itself
¶ 문이 **저절로** 열렸다. The door opened *of itself*.
저축 saving ～**하다 save,** lay by
저택 a mansion, a residence
저항 resistance ～**하다 resist,** oppose, stand against
적 an **enemy;** a rival (적수)
¶ **적**을 공격하다 attack the *enemy*
적당하다 (be) **proper,** suitable, fit
¶ **적당한** 때에 at a *proper* time
적도 the equator
적십자 the Red Cross
적용 application ～**하다 apply**
적자 red letters
전경 a bird's-eye view, a whole [full] view
전공 a specialty, a major ～**하다** specialize ⟪in⟫, major ⟪in⟫
전국 the whole country
전기 **electricity**
전등 an electric light [lamp]
전력 all ⟪one's⟫ power, ⟪one's⟫ best
¶ **전력을 다하다** *do* ⟪one's⟫ *best*
전력 electric power [energy]
전망 a view, a prospect
¶ **전망**이 좋다 have a good *prospect*, command a fine *view*
전문 a specialty, a special work
전보 a **telegram,** a telegraph
전부 **all,** the whole; [부사적] all, in full, altogether, in all
¶ **전부** 얼마입니까? How much is it *altogether*?
전세계 the whole world
¶ **전세계에** *all over* [*throughout*] *the world*
전속력 full speed, top speed
¶ **전속력으로** *at full speed*
전시회 an exhibition
전자 an electron
전쟁 a **war,** a battle
전진 an advance ～**하다 advance,** move forward
전차 a **tramcar** ⟪영⟫, **a streetcar** ⟪미⟫
전차 a **tank**
전치사 a prepositon
전통 **tradition**
전투 combat, battle
전혀 **entirely,** completely
¶ **전혀** 모르다 do *not* know *at all*/ **전혀 상관이 없다** *have nothing to do* ⟪*with*⟫
전화 a **telephone**
¶ **전화**로 이야기하다 talk over the *telephone*
절 1. [사찰] a Buddhist temple
2. [인사] a **bow,** salutation
절대로 *absolutely*
절망 **despair** ～**하다** despair ⟪of⟫, lose [give up] hope ⟪of⟫
¶ **절망적인** *hopeless, desperate*
절벽 a **cliff**
절약 **economy,** frugality
젊다 (be) **young,** youthful
¶ **젊어** 보이다 look *young*/**젊었을** 때에는 when *young*, in ⟪one's⟫

youth

점 〔반점〕 a **spot**, a dot; 〔표기〕 a **point**

¶ 좋은 〔나쁜〕 **점** a good 〔weak〕 *point*

점령 occupation ~**하다 occupy**

접근하다 approach, draw near

접시 a **plate**, a **dish**

접촉 contact, touch ~**하다 touch**, make contact, contact 《with》

¶ 계속 **접촉**을 갖다 keep in *touch* 〔*contact*〕 with 《a person》

정가 a fixed price, the price

¶ **정가표** a *price tag*

정거장 a railroad station, a railway station

¶ 다음 **정거장**은 어디요? What is the next *stop?*

정답다 (be) **friendly**, tender

정당 a political party

정당하다 (be) **right**, just, proper

¶ **정당한** 이유 a *good* 〔*just*〕 reason

정도 degree

¶ **정도** 문제 a matter of *degree*

정력 energy, vigor

정렬하다 stand in line, line up

정리 arrangement ~**하다 arrange**, adjust, put in order

정보 information, intelligence

정부 the **government**

정치 politics

정하다 decide 《on》

¶ 날짜를 **정하다** *fix* a date/값을 **정하다** *set* the price

정확하다 (be) **correct**, exact

¶ 이 시계는 **정확하다**. This clock keeps a *correct* time.

젖 milk

¶ **젖**을 빨다 suck *milk*

젖다 get wet

¶ **젖은** 옷 *wet* clothes

제도 a **system**

제복 a **uniform**

¶ 학교의 **제복** a school *uniform*

조각 a **piece**, a bit

조각 sculpture

¶ **조각가** a *sculptor*

조개 a shellfish

¶ **조개 껍질** a *shell*

쪼개다 split, divide, part

조건 a condition

조국 the fatherland, 《one's》 mother country

조금 a **little**, a **few**, **some**

¶ **조금씩** *little by little, bit by bit*

조심하다 take care 《of》, be careful 《about》, look out

¶ **조심스럽게** *carefully, with care*

조용하다 (be) **quiet**, silent, still, calm

¶ **조용히 해라**. *Keep quiet! Quiet!*

존경 respect ~**하다 respect**

존재 existence ~**하다 exist**

졸다 doze, take a nap

졸업 graduation ~**하다** graduate at 《a school》 《영》, be graduated 《from》 《미》

좁다 (be) **narrow**

¶ 그는 마음이 **좁다**. He is a *narrow*-minded man.

종 a **bell**

¶ **종**을 울리다 ring a *bell*

종교 religion

종류 a **kind**, a sort
¶ 모든 **종류의** all *kinds* 〔*sorts*〕 *of*
종이 **paper**
¶ **종이** 한 장 a sheet of *paper*
종일 **all day**, all day long
좇다 **follow**, run after
쫓다 drive away, drive 《a person》 out of
좋다 (be) **good**, fine, nice
¶ 날씨가 **좋다**. It is a *fine* 〔*lovely*〕 day. / 건강에 **좋다** be *good* for health
좋아하다 **like**, be fond of, love
¶ 음악을 **좋아하다** *like* 〔*be fond of*〕 music
좌석 a **seat**
좌우간 **anyway**, anyhow
주다 **give**, present
¶ 나는 그 여자에게 인형을 **주었다**. I *gave* her a doll.
주로 mainly, generally, mostly
주먹 a fist
주문 an **order** ~**하다** **order** 《a thing》 from
주소 an **address**
주의 attention, notice ~**하다** pay attention to; [조심] take care
¶ 건강에 **주의하시오**. *Take care of* your health.
주저하다 **hesitate**
죽다 **die**, pass away
¶ 굶어 **죽다** *starve to death*/병으로 **죽다** *die from* a disease
죽음 **death**
¶ **죽음을** 각오하다 *prepare for* death
죽이다 **kill**, murder
준비 preparation ~**하다** **prepare**, get ready 《for》, make preparation
¶ **준비**가 다 되었니? Are you *ready?*
줄이다 reduce, decrease
중간 the **middle**
중대하다 (be) **important**, serious
¶ **중대한** 문제 an *important* question
중심 the **center**
중지하다 **stop**, suspend
¶ 그 시합은 비 때문에 **중지됐다**. The match *was called off* because of rain.
쥐 a **rat**
쥐다 **hold**, take hold of, grasp
즐겁다 (be) **pleasant**, delightful, cheerful
¶ **즐거운** 추억 a *pleasant* memory
즐기다 **enjoy** 《oneself》 《over》
¶ 인생을 **즐기다** *enjoy* life
증가 an **increase** ~**하다** **increase**
증거 evidence, proof
지각하다 be late, be behind time
¶ 학교에 **지각하다** *be late for* school
지구 the **earth**, the globe
¶ 지구는 **둥글다**. The earth is *round.*
지금 **now**, the present time
¶ **지금까지** *up to date*/**지금부터** *from now on*
지나다 **pass** (by), go past
¶ **지나는** 길에 들르시오. Please drop in when you are *passing by.*
지니다 [휴대하다] **carry** 《with》;

[소유하다] keep, preserve
¶ 나는 돈을 **지니고** 있지 않다. I *have* no money *with* me.
지다 1. [패배하다] get defeated
¶ 경기에 **지다** *lose* in a game
2. [등에] **bear**, carry on the back
¶ 짐을 **지다** *bear* a burden
3. [잎 · 꽃이] **fall**
지도 a **map**
지레 a **lever**
지방 **fat**, grease
지붕 a **roof**
지사 a governor
지식 **knowledge**
지옥 **hell**
지우다 **erase**, rub [wipe] out
¶ 글씨를 **지우다** *erase* [*cross out*] a word
지원하다 **support**
지위 **position**
지지하다 **support**
지치다 be exhausted, get tired
¶ 몹시 **지치다** be *tired* [*worn*] *out*
지키다 **defend**, protect, guard
¶ 약속을 **지키다** *keep* 《one's》 word
직선 a straight line
직업 an occupation, a job
진보 progress ～**하다** **progress**
질 **quality**
¶ 양보다 **질** *quality* before quantity
질문 a **question** ～**하다** ask 《a person》 a question
¶ **질문**이 있읍니다. I have a *question* to ask.
질투 jealousy ～**하다** (be) jealous
짐 a **burden**, a load
짐작 **guess**
¶ 네 **짐작**이 맞다. Your *guess* is right. You *guess* right.
집 a **house**, a residence, a home
¶ **집**을 짓다 build a *house*/**집으로** 가다 go *home*
집다 **pick up**, take up
찡그리다 frown
짖다 [개가] **bark**
¶ **짖는** 개는 물지 않는다. A *barking* dog seldom bites.
찢다 **tear**, rip
¶ 편지를 갈기갈기 **찢다** *tear* a letter to pieces
짚 **straw**

한영

ㅊ

차 a **car**, a vehicle
차관 a vice-minister, an undersecretary 《영》, an assistant secretary 《미》
차다 1. (be) **cold**
2. [충만] be **full**, fill up, be full of
3. [발로] **kick**, give a kick 《at》
¶ **찬**물 *cold* water/그의 두 눈에 눈물이 가득 **차** 있다. His eyes *are filled with* tears. /공을 **차다** *kick* a ball

차라리 **rather**, preferably
¶ 치욕 속에서 사느니 **차라리** 죽고 싶다. I would *rather* die than live in disgrace.
차례 order
¶ **차례**로 *in order, by turns*
차이 **difference**
차표 a railroad 〔bus〕 ticket
¶ **차표**를 끊다 buy 〔get〕 a *ticket*
착수하다 **start, begin,** set about
착하다 (be) **nice, good**
참가 participation **～하다** participate, take part 《in》
참고 reference **～하다** refer to
참다 **bear**, endure, put up with
¶ 웃음을 **참다** *keep* 〔*hold*〕 *back* 《one's》 laughter
참새 a **sparrow**
참으로 **really**, truly, indeed
창조하다 **create**
창피 **shame** **～하다** (be) ashamed, shameful
¶ 아이구 **창피해**! What a *shame!*
찾다 **seek for** 〔after〕, search
¶ 사람〔직장〕을 **찾다** *look for* a person 〔job〕
찾아내다 find out
채용하다 **employ**, adopt
¶ 타이피스트로 **채용하다** *employ* 《a person》 as a typist
채찍 a **whip**
책 a **book**
¶ **책**을 쓰다 〔읽다〕 write 〔read〕 a *book*
책임 responsibility; 〔의무〕 **duty**
¶ **책임**을 떠맡다 *take charge of, be in charge of*

처마 the eaves
처음 the **first**, the beginning
¶ **처음**으로 *for the first time*/**처음**에는 *at first*
처지 a situation
척척 **quickly**, rapidly
천국 **Heaven**, Paradise
천재 a **genius**
철 **iron**, steel
철도 a **railroad** 《미》, a railway
철자 **spelling**
철학 philosophy
첫째 the **first**, the foremost
청년 a young man, a youth
¶ 그는 유망한 **청년**이다. He is a promising *young man.*
청소 cleaning, sweeping **～하다** **clean**, sweep
¶ 집안을 **청소하다** *clean up* a house
체온 temperature
체조 gymnastics
체중 **weight**
¶ **체중**을 달다 *weigh* 《oneself》/**체중**이 늘다 〔줄다〕 gain 〔lose〕 *weight*
체포 arrest **～하다 arrest**
초 a **second**
초대 **invitation** **～하다 invite**
¶ **초대장** an *invitation* (card)/파아티에 **초대하다** *invite* 《a person》 to a party
총 a **gun**, a rifle
총계 a **total**
최대 the greatest, the biggest
추억 **memory**, remembrance
추위 the **cold**, coldness

한영

추천하다 recommend
추측 **guess,** conjecture ～하다 **guess,** conjecture
축구 **football,** soccer
¶ **축구**를 하다 play *football* 〔*soccer*〕
축복 blessing ～하다 **bless**
축하 **congratulation** ～하다 congratulate
출발 departure, leaving, starting ～하다 **leave, start**
¶ 일찍 **출발하다** *leave* early
출석 attendance, presence ～하다 be **present** 《at》, attend
¶ **출석**을 부르다 call the *names* 〔*roll*〕
출판 publication ～하다 publish
춤 a **dance,** dancing
춥다 (be) **cold,** chilly, feel cold
¶ **추운** 날씨 *cold* weather
충고 **advice** ～하다 **advise,** give 《a person》 advice
취미 **hobby,** interest
취소하다 cancel
치료 medical treatment ～하다 **cure,** give medical treatment
치마 a **skirt**
치솔 a **toothbrush**
치약 toothpaste
친구 a **friend,** a companion
¶ 나의 **친구** my *friend,* a *friend* of mine
친절 **kindness** ～하다 (be) **kind,** good, friendly
¶ **친절하게** *kindly*
친하다 (be) **close,** intimate, friendly
¶ 아주 **친한** 친구 a very *intimate* friend
침대 a **bed**
침략 aggression, invasion ～하다 invade
침몰하다 **sink,** go down
침묵 **silence**
¶ **침묵**을 지키다 keep 〔remain〕 *silent*
칭찬 **praise** ～하다 **praise,** applaud
¶ 그는 대단한 **칭찬**을 받았다. He has won high *praise.*

ㅋ

칼 a **knife,** a sword
¶ 이 **칼**은 잘 든다. This *knife* cuts well.
캐다 dig up; 〔식물을〕 **gather,** pick
케케묵다 (be) old and stale
코 a **nose**
코골다 snore
콩 a **bean**
쾌락 **pleasure,** enjoyment
쾌활하다 (be) **cheerful,** cheery
크기 **size**
¶ **크기**가 같다〔다르다〕 be 〔be not〕 equal *in size,* be of the same 〔a different〕 *size*
크다 1. (be) **large,** big, **great,** grand
¶ **큰** 나무 a *big* tree
2. 〔자라다〕 grow big, grow up
¶ 그는 **커서** 소설가가 되었다. He

grew up to be a novelist.
큰비 a heavy rain
큰소리 tall talk, big talk
키 **height,** stature
¶ 키를 재다 measure ((one's)) *height*

ㅌ

타격 a **blow,** a hit
타다 1. [불이] **burn;** [눋다] burn, scorch
¶ **타서** 재로 변하다 *burn* to ashes
2. [섞다] **mix,** blend
¶ 술에 물을 **타다** *water* the liquor
3. [탈것에] **take,** get on, get in, ride in [on], mount ((a horse))
탁월하다 (be) **excellent,** eminent
탄생 **birth** ～**하다** be **born**
탄식 a **sigh** ～**하다** **sigh,** heave a sigh
탄환 a **bullet**
탐지 detection ～**하다** **detect**
탑 a **tower,** a pagoda
태도 an **attitude,** manner
태양 the **sun**
태어나다 be **born**
¶ 부잣집 [가난한 집]에 **태어나다** *be born* rich [poor]
태엽 a **spring**
태평양 the Pacific (Ocean)
택하다 **choose,** select
턱 a **jaw,** a chin
¶ **턱수염** a *beard*
토끼 a **rabbit,** a hare (산토끼)
토론 a debate ～**하다** debate, discuss
토막 a **piece,** a bit, a cut, a block
토지 **land;** [소유지] an estate
토하다 **vomit**
톱 a **saw**
통 a **tub,** a cask
통계 statistics
통과 passage ～**하다** **pass**
통로 a passage
통신 correspondence, communication
통일 unity, unification ～**하다** **unify**
¶ 나라를 **통일하다** *unify* a nation/ 철자법을 **통일하다** *standardize* spelling rule
통지 **notice** ～**하다** notify ((a person)) of, give ((a person)) notice
통치 **rule,** reign ～**하다** rule over ((a country)), govern
투수 a **pitcher**
투자 investment ～**하다** **invest**
투쟁 a fight ～**하다** **fight**
투표 **vote,** voting ～**하다** **vote,** cast a vote
¶ **투표로** 결정하다 decide [settle] *by vote*/찬성 [반대] **투표하다** *vote* for [against]
트기 a half-breed, a half-blood
특권 a privilege
특별하다 (be) **special,** extraordinary
¶ **특별히** *especially, specially*
특징 a special feature
특허 a patent

특히 **specially**, especially
틀리다 be **mistaken**, go wrong
틀림 an **error**, a mistake
¶ **틀림없이** *correctly, without fail, certainly*
틈 [사이] a crevice, a crack; [겨를] spare time
¶ **틈**이 없다 have no *time*/**틈**을 내다 make *time*
티끌 **dust**
¶ …은 **티끌만큼**도 없다 have not *a bit* 〔*hair, button*〕 *of* ∼

ㅍ

파괴 destruction ∼**하다** **destroy**, break, ruin, wreck
파다 **dig**
¶ 구멍〔무덤〕을 **파다** *dig* a hole 〔grave〕
파도 **waves**, a swell
파랗다 (be) **blue**, green (초록)
파리 a **fly**
판권 copyright
판단 judgment ∼**하다** **judge**
¶ 그의 **판단**이 옳다. His *judgment* is right.
판매 sale ∼**하다** **sell**
¶ **판매원** a *salesman*
판사 a **judge**
팔 an **arm**
팔꿈치 an **elbow**
팔다 **sell**
¶ 비싸게〔싸게〕 **팔다** *sell* 《a thing》 dear〔cheap〕
팔리다 sell, be sold
¶ 가장 잘 **팔리는 책** the best 〔top〕 *seller*
팔목 the **wrist**
패배 **defeat** ∼**하다** be **defeated**
퍼뜨리다 **spread**
¶ 소문을 **퍼뜨리다** *spread* 〔*circulate*〕 a rumor
편들다 side with, take side with
¶ 아들을 **편들다** *side with* 《one's》 son
편리 convenience ∼**하다** (be) **convenient**, handy, useful
편지 a **letter**
¶ **편지**를 보내다 write 〔send〕 《a person》 a *letter*/**편지**를 받다 receive 〔get〕 a *letter* from, hear from
편하다 (be) **comfortable**
¶ **편하게** 앉으십시오. Please make yourself *comfortable* 〔*at home*〕.
평균 an average
평등 equality ∼**하다** (be) **equal**, even
¶ 만인은 법앞에 **평등하다**. All men are *equal* under 〔before〕 the law.
평범하다 (be) **common**, ordinary
평생 a **lifetime**, 《one's》 whole life, a life
평화 **peace**
¶ 마음의 **평화** *peace* of mind
포기하다 **give up**, abandon, throw up
¶ 계획을 **포기하다** *give up* 《one's》 plan

포도 **grapes**
포로 a prisoner (of war)
포함하다 **include,** contain
¶ 그 소녀를 **포함하여** 6명이 참석했다. Six were present, *including* the girl.
폭력 violence
폭발 explosion ~**하다** explode
폭탄 a **bomb**
폭포 **falls,** a waterfall
폭풍 a **storm**
표 a **ticket**
표면 the **surface,** the face
표본 a specimen; [견본] a **sample**
표정 a **look,** expression
표준 a **standard**
표지 a **cover**
표현 expression ~**하다** **express**
푸르다 (be) **blue**
¶ **푸른** 하늘 the *blue* sky
풀 **1. grass**
¶ 봄이 되면 **풀**이 돋아난다. In spring the *grass* comes out.
2. paste
¶ 풀 **먹인** 샤쓰 a *starched* shirt
풀다 [끈 따위] untie; [문제를] **solve**
품위 elegance, grace, dignity
품행 conduct, behavior
풍금 an **organ**
¶ **풍금**을 배우다 take *organ* lessons
풍년 a year of abundance
풍부하다(be)**rich,** abundant, plentiful
풍속 **customs**
피 **blood**
¶ **피**는 물보다 진하다. *Blood* is thicker than water.
피난 refuge ~**하다** take refuge
피다 [꽃이] ⟪trees⟫ **blossom,** ⟪flowers⟫ bloom, come out
¶ 활짝 **피어** 있다 be *in* full *bloom*
피로 fatigue ~**하다** (be) **tired**
피리 a **pipe,** a flute
피부 the **skin**
피우다 [불을] **make** 〔build〕 ⟪a fire⟫; [담배를] **smoke**
피해 **damage,** injury
필요 **necessity** ~**하다** (be) **necessary,** needed

한영

하느님 **God,** the Lord
하늘 the **sky**
하다 **do,** act
하루 **a day,** one day
¶ **하루** 세번 three times *a day*
하물며 [긍정] much 〔still〕 more; [부정] much 〔still〕 less
하소연하다 appeal to
하여간 **anyway,** anyhow, at any rate, in any case
하자마자 **as soon as,** no sooner ~ than
¶ 우리가 앉**자마자** 막이 올랐다. The curtain rose *as soon as* we had sat down.
하품 a **yawn,** yawning ~**하다** **yawn**

학교 a **school**
¶ **학교**에 들어가다 enter a *school*/ **학교**에 다니다 go to 〔attend〕 *school*
학기 a school term
학년 a school year
학문 learning, study
학비 school expenses
¶ 일하여 **학비**를 벌다 earn《one's》 *school expenses* by working
학생 a **student**
학자 a scholar
한가하다 (be) **free**, leisured, not busy
한가운데 the **center**, the very middle
한꺼번에 at a time; 〔동시에〕 at the same time
¶ 과자를 **한꺼번에** 다 먹어버리다 eat all the cookies *at once*
한계 a **limit**, a boundary
한란계 a thermometer
한번 **once**, one time
¶ **한번** 더 해봐라. Try *once* more.

한숨 a **sigh**
한없다 (be) unlimited, boundless, endless
한잔 a **cup**《of tea》, a **glass**《of wine》
한참 for some time, for a time
한층 **more**, still more
할인 discount ～**하다** **discount**
핥다 **lick**
함께 **together**《with》
함대 a fleet
함정 a **trap**, a pitfall, a pit
합격하다 pass 〔succeed in〕 an examination
¶ 그 여자는 입학시험에 **합격했다**. She *passed* the entrance examination.
합계 the **total**, the sum total
합의 mutual agreement ～**하다** come to an agreement
합창 **chorus** ～**하다** sing together, sing in chorus
합치다 **unite**, put together, combine
항공 aviation, flight
¶ **항공 우편으로** *by airmail*
항구 a **harbor**, a port
항복 surrender
항상 **always**, at all times
¶ 그는 **항상** 바쁘다. He is busy *at all times*.
항의 a protest
항해 voyage ～**하다** **sail**
해결 solution ～**하다** **solve**《a question》, settle《a problem》
해군 the **navy**
해답 an **answer**《to a question》, a solution《to a problem》
해롭다 (be) harmful, injurious
해방 liberation ～**하다** liberate
해변 the **seaside**, the beach, the seashore
해보다 **try**, have a try《at》
¶ 누가 빠른가 **해보자**. Let's *try and see* who can run the fastest.
해산하다 break up
해석 interpretation ～**하다** interpret, translate
해설 explanation ～**하다** **explain**
해안 the **seashore**, the coast

해외 overseas, foreign countries ¶ **해외로부터** *from abroad*/**해외로** 가다 go *abroad* 〔*overseas*〕
해치다 **injure**, harm, hurt ¶ 감정을 **해치다** *hurt* 《one's》 feeling
햇빛 **sunshine**, sunlight
행군 a march, marching ～**하다** **march**
행동 **action**, act ～**하다** **act, behave**, conduct 《oneself》 ¶ 신사답게 **행동하다** *behave* like a gentleman
행렬 a parade
행복 happiness ～**하다** (be) **happy** ¶ 그 여자는 **행복한** 것 같다. She looks *happy*.
행진 **march**, a parade
향기 perfume, fragrance
허가 permission
허락 consent, assent ～**하다** **allow**, permit, consent 〔assent〕 to ¶ 외출을 **허락해** 주십시오. Please *allow* me to go out.
허리 the **waist**
허리띠 a **belt**
허약 weakness ～**하다** (be) **weak**, feeble ¶ 그는 날 때부터 몸이 **허약하다**. He is born *weak*.
허영 vanity
허위 falsehood
헌법 a constitution
헛되다 (be) **vain**, futile ¶ 시간을 **헛되이** 보내다 pass 《one's》 time *idly*
헤매다 wander about
헤어지다 part from
헤엄 **swimming**, a **swim** ¶ 강으로 **헤엄치러 가다** *go swimming* in the river
혀 a **tongue** ¶ **혀**를 내밀다 stick out 《one's》 *tongue*
현금 **cash**
현대 the present age
현명 wisdom ～**하다** (be) **wise**
현미경 a microscope
현실 **reality**, actuality
현재 the **present**; 〔부사적으로〕 **now**, at present ¶ **현재** 시제 the *present* tense
혈액 **blood** ¶ **혈액**은행 a *blood* bank
협력 cooperation ～**하다** work together, cooperate
협박 a **threat**, a menace ～**하다** **threaten**, menace
형 an elder brother
형식 a **form**
형제 **brothers**
호기심 curiosity
호랑이 a **tiger**
호박 a **pumpkin**
호의 goodwill, favor ¶ **호의**를 베풀다 do 《a person》 a *favor*
호흡 **breath** ～**하다** **breathe**
혼란 confusion ～**하다** (be) confused
혼자 **alone**, single, by 《oneself》, for 《oneself》, single-handed ¶ **혼자** 살다 live *alone*/**혼자** 웃다 smile *to oneself*
홍수 a **flood**

화나다 get angry
화려하다 (be) splendid, magnificent
화목 **harmony** ~**하다** be friendly with
화물 **goods**, freight
화산 a **volcano**
화살 an **arrow**
화약 gunpowder
화재 a **fire**
¶ **화재**가 일어나다 *a fire* breaks out
화학 chemistry
확신하다 be convinced 《of》, be sure 《of》,
¶ 나는 너의 성공을 **확신한다.** I *am sure of* your success.
확실 certainty ~**하다** (be) **certain**, sure
¶ **확실히** 모른다. I am not *quite sure*. I don't know *for certain.*
환경 environment, circumstances
환영 **welcome** ~**하다** welcome
¶ 따뜻한 **환영**을 받다 receive a warm *welcome*
환자 a patient
활 a **bow**
¶ **활**에 화살을 메우다 fit 〔fix, put〕 an arrow to the *bow*
활기 vigor, life
활동 **activity**, action
¶ **활동적인** *active*
활발하다 (be) **lively**, active, brisk
¶ **활발한** 소녀 a *lively* 〔an *active*〕 girl
활자 a printing type
황태자 the Crown Prince
황혼 **dusk**, twilight
회담 a **talk**, a conversation ~**하다** have a talk 《with》
회복 recovery ~**하다** **recover**
¶ 빠른 **회복**을 빕니다. I hope you will *get well again* soon.
회사 a **company**
회상 recollection ~**하다** recollect
회원 a **member** 《of a society》
회의 a **meeting**, a conference
¶ **회의**를 소집하다 call a *meeting*
회화 **conversation**, talk
¶ 영어 **회화**에 능통하다 be fluent in English *conversation*
획득하다 **get**, acquire
¶ 금 메달을 **획득하다** *win* a gold medal
횡단하다 **cross**, go across
효과 **effect**, [결과] result
¶ **효과적인** *effective*
후보자 a candidate
후원 support ~**하다** support
후추 (black) **pepper**
후퇴 retreat ~**하다** retreat
후회 regret, repentance ~**하다** **regret**, repent 《of》
훈련 training, drill ~**하다** **train**, **drill**
¶ 그 군인들은 **훈련중이다.** The soldiers are *in training*.
훈장 a **medal**, an order
훔치다 **steal**, swipe
휘다 get bent, get curved
휘두르다 brandish, flourish
휘파람 a **whistle**
휴가 **holidays**, a vacation
¶ **휴가**를 얻다 take a *holiday*/여름 **휴가** the summer *vacation*

휴대하다 carry《something》 with《a person》, take with《a person》
휴식 **rest** ~하다 **rest**, take a rest
휴일 a **holiday**, an off day
휴지 pause
흉내 imitation
¶ **흉내내다** *imitate*
흉년 a bad year
흐르다 **flow**, run, stream
¶ 물은 언제나 낮은 곳으로 **흐른다.** Water always *flows* downward.
흐리다 (be) **cloudy** (날씨가)
¶ **흐린** 날씨 a *cloudy* weather
흑인 a **Negro**
흑판 a **blackboard**
흔들다 **shake**, wave
¶ 손을 **흔들어** 작별하다 *wave* a farewell / 머리를 **흔들다** *shake*《one's》 head
흔적 **marks**, traces
흙 **earth**, soil
흡수하다 **absorb**
흥 **fun**, pleasure
흥미 **interest**
¶ ...에 **흥미**를 가지다 take *interest* in ~
흥분 **excitement** ~하다 be excited
¶ **흥분하지** 마라. *Don't be* 〔*get*〕 *excited.*
흥정 a bargain ~하다 strike a bargain
흩어지다 **scatter**《about》, get scattered《about》
¶ 공원에는 쓰레기가 **흩어져 있다.** The parks *are scattered with* rubbish.
희곡 a **drama**, a play
희극 a **comedy**
희다 (be) **white**
희망 **hope** ~하다 hope for, wish
희생 a sacrifice ~하다 sacrifice, victimize
힘 **strength**, force, might
힘껏 with all《one's》 might, with might and main
¶ **힘껏** 일하다 work hard *as*《one》 *can*, work *as* hard *as possible*
힘쓰다 endeavor, make an effort, do one's best
힘차다 (be) forcible, **powerful**

국명 · 형용사(국어) · 국민명 대조표

1. 어미가 -sh, -ch로 끝나는 것(괄호 안은 국민 명)

영국	Britain	→ British (Britisher)
덴마아크	Denmark	→ Danish (Dane)
영국	England	→ English (Englishman)
프랑스	France	→ French (Frenchman)
네덜란드	Holland	→ Dutch (Dutchman)
아일랜드	Ireland	→ Irish (Irishman)
폴란드	Poland	→ Polish (Pole)
스코틀랜드	Scotland	→ Scotch, Scottish (Scot, Scotchman)
스페인	Spain	→ Spanish (Spaniard)
스웨덴	Sweden	→ Swedish (Swede)
터어키	Turkey	→ Turkish (Turk)

2. 어미가 -an으로 끝나는 것

아프리카	Africa	→ African (African)
미국	America	→ American (American)
아라비아	Arabia	→ Arabian (Arab) Arabic (Arabian)
오스트레일리아	Australia	→ Australian (Australian)
캐나다	Canada	→ Canadian (Canadian)
유럽	Europe	→ European (European)
독일	Germany	→ German (German)
인도	India	→ Indian (Indian)
이탈리아	Italy	→ Italian (Italian)
한국	Korea	→ Korean (Korean)
멕시코	Mexico	→ Mexican (Mexican)
노르웨이	Norway	→ Norwegian (Norwegian)
로마	Rome	→ Roman (Roman)
러시아	Russia	→ Russian (Russian)

3. 어미가 -ese로 끝나는 것

중국	China	→ Chinese (Chinese)
일본	Japan	→ Japanese (Japanese)
포르투갈	Portugal	→ Portuguese (Portuguese)

4. 기 타

아르헨티나	Argentina	→ Argentine (Argentine)
그리이스	Greece	→ Greek (Greek)
필리핀	Philippines	→ Philippine (Filipino)
스위스	Switzerland	→ Swiss (Swiss)

영문법 이야기

(1) 주어와 동사

I	am	a student. 나는 학생입니다.
My brother	teaches	English. 나의 형은 영어를 가르칩니다.

문장 속에는 I, My brother처럼 「…은, …이」에 해당하는 주어와 am, teach처럼 「…입니다, …합니다」에 해당하는 동사가 있읍니다.

주어가 되는 것은 명사·대명사 또는 그에 상당하는 어구입니다.

(2) 목적어

She	has	a book. 그녀는 책을 가지고 있읍니다.
We	know	him. 우리는 그를 알고 있읍니다.

book「책을」, him「그를」처럼 동사의 동작을 받는 말을 동사의 목적어라고 한다. 명사·대명사, 또는 그에 상당하는 말이 목적어가 된다. 목적어를 취하는 동사를 타동사, 취하지 않는 동사를 자동사라고 한다.

(3) 보 어

(a) My uncle	is	a doctor. 나의 아저씨는 의사입니다.		
(b) He	became	rich. 그는 부자가 되었읍니다.		
(c) We	called	the dog	Pochi. 우리들은 그 개를 포치라고 불렀읍니다.	
(d) I	made	him	happy. 나는 그를 행복하게 했읍니다.	

(a)의 doctor, (b)의 rich처럼 be동사나 become, look「…으로 보이다」 따위의 동사 뒤에 와서 그 뜻을 보충하는 말과 (c)의 Pochi, (d)의 happy처럼 앞의 목적어(the dog, him)의 상태를 설명하는 말을 보어라고 한다.

{주격 보어——주어의 상태를 설명하는 말((a) My uncle=doctor)
목적격 보어——목적어의 상태나 동작을 설명하는 말((d) him=happy)

(4) 8품사

단어가 모여서 문장을 만들지만 단어가 문장 속에서 어떤 구실을 하는 가에 따라서 다음의 8종류로 나누어진다. 이를 8품사라고 한다.

1. 명 사
2. 대명사
3. 형용사(관사를 포함)
4. 동 사(조동사를 포함)
5. 부 사
6. 전치사
7. 접속사
8. 감탄사

(5) 명 사

book, water, In-ho, America와 같이 사람이나 사물, 장소의 이름을 나타내는 말을 명사라고 한다. 보통의 명사에는 단수(하나)와 복수(둘 이상)의 구별이 있다.

명사에는 book (책), dog (개)처럼 「셀 수 있는 것」과 water(물), air (공기) 따위처럼 「셀 수 없는 것」이 있다. 「셀 수 없는 명사」는 복수형으로 하지 않고 a나 an을 붙이지 않는다. In-ho, London, Korea 따위의 인명·지명·국명(고유명사)도 「셀 수 없는 명사」에 들어간다.

(6) 대 명 사

명사를 대신하는 말을 대명사라 하고 다음의 7종류로 나누어 진다.

1. 인칭대명사——이야기를 하는 자기나 자기들(I, we)「1인칭」, 이야기의 상대(you)「2인칭」, 기타의 것(he, she, it, they)「3인칭」의 셋이 있다.
2. 복합 인칭대명사——「…자신」의 뜻을 나타낸다. my, your, him, her, it, our, them에 self를 붙인 것.
3. 소유대명사——mine, ours, yours, his, hers, theirs로 「…의 것」의 뜻을 가진 대명사.
4. 지시대명사——「저것」, 「이것」과 사람이나 사물을 가리키는 것으로 this(복수형은 these), that(those) 따위가 있다.
5. 부정대명사——막연한 수의 사람이나 사물의 수를 가리키는 대명사로 all, every, each, some, any, one, something, anybody 따위.
6. 의문대명사——who (누구), what (무엇), which (어느) 따위로 의문문의 첫머리에 쓴다.
7. 관계대명사——관계대명사는 그에 선행하는 명사 또는 그에 상당하는 어구(선행사라고 한다)를 대신하는 동시에 그것이 이끄는 절을 앞의 절과 결부시킨다.

선행사 \ 격	주 격	소 유 격	목 적 격
사 람	who	whose	whom
동 물 · 사 물	which	whose, of which	which
사람 · 동물 · 사물	that	——	that
사물(선행사를포함)	what	——	what

(7) 동 사

A. 동사의 변화

동사에는 원형·과거형·과거분사형의 세 형이 있는데 과거형·과거분사형을 만드는 법에서 동사는 다음의 둘로 나누어진다.

(a) 규칙 동사——원형에 ed 또는 d를 붙이는 것.

(b) 불규칙 동사——원형에 ed 또는 d를 붙이는 방법에 의하지 않는 것.

B. 주어와 be 동사, have 동사

be 동사와 have 동사의 활용은 본 사전 표제어 be와 have를 찾아 참조할 것.

C. 부정문

(a) be 동사·have 동사——동사 뒤에 not을 붙인다.

I am *not* In-ho. 나는 인호가 아닙니다.

It was *not* cold yesterday. 어제는 춥지 않았읍니다.

I have *not* a dictionary. 나는 사전을 가지고 있지 않습니다.

He has *not* a bicycle. 그는 자전거를 가지고 있지 않습니다.

(b) 일반동사——동사의 앞에 현재이면 do 〔does〕 not, 과거이면 did not을 붙이고 동사는 원형을 쓴다.

I *do not* play tennis. 나는 정구를 치지 않습니다.

He *does not* play tennis. 그는 정구를 치지 않습니다.

They *did not* play tennis. 그들은 정구를 치지 않았읍니다.

D. 의문문

(a) be 동사·have 동사——주어와 동사의 순서를 바꾼다.

Are you a teacher? 당신은 선생입니까?

Were they good students? 그들은 훌륭한 학생이었읍니까?

Have you a watch? 당신은 시계를 가지고 있읍니까?

(b) 일반동사——주어의 앞에 현재이면 do 〔does〕, 과거이면 did 를 붙이고 동사는 원형이 된다.

Do you speak Korean? 당신은 한국어를 말합니까?

Does she know Su-mi? 그녀는 수미를 알고 있읍니까?

Did he go to school? 그는 학교에 갔읍니까?

E. 부정의 의문문

Isn't he your father? 그는 당신의 아버지가 아닙니까?

Don't you know him? 당신은 그를 모르십니까?

㊟ Is not he …? Do not you …?라고는 하지 않는다.

(8) 조 동 사

다른 동사 앞에 붙어서 그 구실을 돕는 말을 조동사라고 한다.

can 「…할 수 있다」 [=be able to] 과거형은 could

may 「…해도 좋다」「…인지도 모른다」 과거형은 might

must 「…하지 않으면 않되다」 [=have(has) to] 과거형은 had to
「…임에 틀림없다」

will
shall } 미래형을 만든다. 용법은 본문에서 참조, 과거형은 would / should

need 「…할 필요가 있다」(부정문·의문문에만 씀)
과거형은 had to

do 〔**does**〕 일반동사의 부정문·의문문을 만든다. 과거형은 did

can, may, must, will 〔shall〕, need는 주어의 인칭·수에 의하여 형이 변하지 않고 조동사가 붙으면 주어가 3인칭 단수라도 본동사에 s(또는 es)를 붙이지 않는다.

의문문·부정문을 만드는 법은 동사와 같은 요령이다.

May I eat this apple? 이 사과를 먹어도 좋습니까?

You must not go out. 당신은 나가서는 안됩니다.

(9) 형 용 사

good (좋은), large (큰), cold (추운) 따위의 사물의 성질이나 상태를 나타내는 말을 형용사라고 하며 명사·대명사를 수식한다.

A. 형용사의 두 가지 용법

(a) 「형용사+명사」 명사의 앞에 놓여서 직접 그 명사를 수식한다.

He is a kind boy. 그는 친절한 소년입니다.

She has a pretty doll. 그녀는 귀여운 인형을 가지고 있습니다.

(b) 「주어+동사+형용사」

be 동사 따위의 뒤에 놓여서 간접으로 주어의 성질이나 상태를 설명한다.

The boy is kind. 그 소년은 친절합니다.

Her doll is pretty. 그녀의 인형은 귀엽습니다.

B. 비 교

(a) **원 급**——하나인 것의 형용 또는 동등한 것을 비교할 때

I am *tall*. 나는 키가 큽니다.

He is as *tall* as I. 그는 나만큼 키가 큽니다.

Mary is not so *tall* as he.

메리는 그이만큼 키가 크지 않습니다.

(b) **비교급**——두 개의 것 사이에서 한 쪽이 「보다 …한」「더 …한」이라고 비교할 때

You are taller than she. 당신은 그녀보다 더 키가 큽니다.

Which is younger, he or I? 그와 나와 어느쪽이 더 젊습니까?

(c) **최상급**——셋 이상의 것 가운데서 「가장 …」「제일 …」라고 할 경우

John is the tallest boy of all.

존은 모든 소년 가운데서 가장 키가 큰 소년입니다.

(10) 관　사

정 관 사	the	[ði], [ðí:]	모음 앞이나 강하게 읽을 때
		[ðə]	가볍게 보통으로 읽을 때
부정관사	a	[éi] [ə]	자음 앞
	an	[ǽn] [ən]	모음 앞

(11) 부　사

1. **용법**——부사는 동사·형용사 및 다른 부사를 수식한다.

   He walks *slowly*. 그는 천천히 걷습니다.

   This flower is *very* beautiful. 이 꽃은 매우 아름답습니다.

   Don't speak *so* fast. 그렇게 빠르게 이야기하지 마십시오.

2. **비교**——형용사처럼 원급·비교급·최상급이 있다.
3. **의문부사**——when (언제), where (어디에서), why (왜), how (어떻게) 따위로 의문문이 첫머리에 놓인다.
4. **관계 부사**——부사의 구실을 함과 동시에 구와 절을 연결하는 구실을 하는 말로 관계대명사와 용법이 비슷하다. 주된 것은 when (선행사가 때를 나타내는 말), where (장소), why (이유), how (방법)가 있다.

   I don't know the day *when* he will come.

나는 그가 올 날을 모릅니다.
This is the house *where* I was born.
이곳은 내가 태어난 집입니다.

(12) 시 제

동사가 나타내는 동작이나 상태가 언제 행해졌는가를 가리키는 때를 시제라고 한다.

A. 현재 시제

현재의 습관·상태·불변의 진리 따위를 나타내고 동사의 현재형을 쓴다. 주어가 3인칭 단수일 때는 s 또는 es를 붙인다.

I *go* to the country every summer.
나는 매년 여름 시골에 갑니다.
He *has* three brothers. 그는 형제가 셋 있읍니다.
Miss White *teaches* us English.
화이트선생님은 우리에게 영어를 가르쳐 줍니다.

B. 현재 진행 시제

형은「am 〔are, is〕+원형-ing」로「지금 …하고 있다」라는 뜻이며 현재 동작이 계속되고 있음을 나타낸다.

영문법

I *am reading* a magazine. 나는 잡지를 읽고 있읍니다.
What *are* you *doing* now? 당신은 지금 무엇을 하고 있읍니까?

C. 과거 시제

과거의 동작·습관·상태를 나타내며 동사의 과거형을 쓴다.
He *wrote* a letter yesterday. 그는 어제 편지를 썼읍니다.
I *was* ill yesterday. 나는 어제 병이 났었읍니다.

D. 과거 진행 시제

형은「was 〔were〕+원형-ing」로「…하고 있었다」라고 과거의 어느 때에 계속하고 있던 동작을 나타낸다.

We *were* play*ing* tennis. 우리들은 정구를 치고 있었읍니다.

E. 미래 시제

형은 「will 〔shall〕+동사의 원형」

(a) 단순미래——단지 미래를 나타낸다.

	평 서 문	의 문 문
1 인칭	I *shall* go. 나는 갈 것입니다.	*Shall* I succeed? 나는 성공할까요?
2 인칭	You *will* go. 당신은 갈 것입니다.	*Shall* 〔*Will*〕 you go? 당신은 갈건가요?
3 인칭	He *will* go. 그는 갈 것입니다.	*Will* he go? 그는 갈까요?

㈜ 미국에서는 I〔We〕 shall …의 대신에 I〔We〕 will …을 많이 쓴다.

(b) 의지 미래——이야기하는 사람의 의지를 나타내는 경우와 상대방의 의지를 묻는 경우가 있다.

	이야기하는 사람의 의지	상대방의 의지
1 인칭	I *will* go. 나는 가겠읍니다.	*Shall* I go? 내가 갈까요?
2 인칭	You *shall* go. 당신을 가게 하겠읍니다.	*Will* you go? 당신은 가겠읍니까?
3 인칭	He *shall* go. 그를 가게 하겠읍니다.	*Shall* he go? 그를 가게 할까요?

(c) 미래형의 대용「be going to」

I *am going to* do it. 나는 그것을 할 작정입니다.

I *am going to* see him tomorrow.

나는 내일 그를 만날 작정입니다.

F. 현재 완료 시제

과거에 일어난 동작·상태가 무엇인가의 의미로 현재에도 연결되어 있는 것을 가리킬 경우에 현재완료로 나타낸다.

형은「have+과거분사」로 주어가 3인칭 단수이면「has+과거분사」.

(a) **완료**——「지금 …한 참입니다」「…해 버렸다」

I have just finished my work. 나는 막 일을 끝낸 참입니다.

(b) **결과**——「…하여 (지금은) …입니다」과거에 일어난 사항의 결과가 현재까지 미치고 있는 것을 가리키고 현재의 상태에 중점을 둔다.

He has gone to London. 그는 런던으로 가버렸다.

(그 결과「지금은 부재이다」라는 뜻을 내포하고 있다.)

(c) **경험**——「(지금까지) …한 적이 있다」

She *has been* to England once.

그녀는 한번 영국에 간 적이 있습니다.

Have you ever *seen* a kangaroo?

당신은 지금까지 캥거루우를 본 적이 있읍니까?

(d) **계속**——「(지금까지) 내내 …하고 있다」

We have lived in Seoul for six years.

우리들은 6년간 내내 서울에 살고 있읍니다.

G. 과거 완료 시제

과거의 어느 때를 기준으로 하여 그 때보다 이전의 일을 나타내는 경우에 과거완료를 쓴다. 형은「had+과거분사」

(a) **완료**——과거의 어느 때에「…해 버렸었다」

When I reached his house, he *had* already *gone* out.

내가 그의 집에 도착했을 때에는 그는 이미 나가버렸었다.

(그가 나간 것은 내가 도착한 것보다 이전)

(b) **경험**——과거의 어느 때까지 「…한 적이 있었다」

I *had visited* the museum before.

나는 전에 그 박물관에 들른 적이 있었다.

(c) **계속**——과거의 어느 때까지 「줄곧 …하고 있었다」

He *had been* ill for a week when I called on him.

내가 그를 방문했을 때 그는 일주일동안이나 앓고 있었다.

(d) **과거의 두 동작**을 일어난 순번과는 거꾸로 쓸 경우에 먼저 일어난 앞선 동작은 과거완료를 써서 나타낸다.

I saw the tower that they *had built*.

나는 그들이 세운 탑을 보았다. (「세운」 것은 「본」 때보다 먼저)

(13) 수 동 태

(a) He made a box.   그는 상자를 만들었읍니다.

(b) A box was made by him.

상자는 그에 의해 만들어졌읍니다.

(a)처럼 주어가 다른 것에 동작을 행하는 형을 능동태라고 하고 (b)처럼 주어가 다른 것으로부터 동작을 받는 형을 수동태라고 한다.

수동태의 형은 「be 동사＋과거분사」

◎ 수동태를 만드는 법

(능동태) He(주어) wrote(동사) a letter(목적어).

그는 편지를 썼읍니다.

(수동태) A letter(주어) was written(동사) by him.

편지는 그에 의해 쓰여졌읍니다.

1. 능동태 문장의 목적어를 수동태 문장의 주어로 한다.
2. 그 주어의 인칭·수(단수냐 복수냐) 및 능동태 문장의 시제(현재·과거·미래 따위)에 따라서 be 동사를 정하고 주어의 다음에 놓는다.
3. 능동태의 동사를 과거분사로 하고 be 동사의 다음에 놓는다.

4. 능동태의 주어에 by를 붙여 그 뒤에 놓는다(대명사는 목적격).

(a) 목적어가 둘이 있을 경우 수동태의 문장은 둘이 된다.

I gave him a book.

→① He was given a book by me.

→② A book was given him by me.

나는 그에게 책을 주었습니다.

① 그는 나에게서 책을 받았습니다.

② 책은 나에게서 그에게 주어졌습니다.

(b) 능동태의 주어가 막연하게 일반 사람을 나타내는 we, you, they 따위의 대명사의 경우 수동태에서는 by us〔you, them〕 따위를 생략하는 일이 있다.

We see the stars at night.

→The stars are seen (by us) at night.

우리들은 밤에 별을 봅니다.

→별은 밤에 보입니다.

(14) 부 정 사

형은「to+동사의 원형」으로 명사·형용사·부사의 구실을 하는 것을 부정사라고 한다. 부정사는 문장의 주어의 인칭·수에 의하여 변화되는 일이 없고 또 to를 붙이지 않고 쓰는 경우도 있다.

A. to가 붙은 부정사의 용법

(a) **명사적 용법(명사구)**「…하기, …하는 것」

He likes *to live* in Seoul. 그는 서울에 살기를 좋아합니다.

It is difficult *to play* the piano.

피아노를 치는 것은 어렵습니다.

(문장 첫머리의 It은 가주어로 to play를 대신하고 있다.)

(b) **형용사적 용법(형용사구)**「…할, …한」

명사·대명사의 뒤에 놓는다.

Give me a book *to read.* 읽을 책을 나에게 주십시오.

(c) **부사적 용법(부사구)**

(i) 목적 「…하기 위하여」

He went there *to learn* English.

그는 영어를 배우기 위하여 그곳에 갔다.

(ii) 이유 · 원인 「…하여, …함은」

I am glad *to see* you. 나는 당신을 만나서 기쁩니다.

(iii) 결과 「…하여 (그 결과) …하다〔되다〕」

She grew up *to become* a beautiful woman.

그녀는 자라서 아름다운 부인이 되었다.

(iv) 형용사+to~ 「…하기에」

This book is easy *to read.* 이 책은 읽기가 쉽다.

B. to 없는 부정사의 용법(원형부정사)

「지각동사 · 사역동사+목적어+to 없는 부정사(목적격 보어)」

We saw her *dance.* 우리들은 그녀가 춤추는 것을 보았읍니다.

I made him *do* so. 나는 그에게 그렇게 하도록 했읍니다.

주 수동형에서는 보통 to 가 붙은 부정사를 쓴다.

She was seen *to dance.* 그녀가 춤추는 것이 보였읍니다.

He was made *to do* so. 그는 그렇게 하도록 되었읍니다.

C. 의문사+to 붙은 부정사

He taught me *how to swim.*

그는 나에게 헤엄치는 법을 가르쳐 주었읍니다.

I don't know *what to do.*

나는 무엇을 할지(어떻게 하면 좋을지) 모릅니다.

D. 부정사의 부정

to 앞에 not 을 놓는다.

He promised *not* to go. 그는 가지 않겠다고 약속했다.

(15) 동 명 사

동명사는 「동사의 원형+ing」형으로 동사의 구실과 명사의 구실을 겸하고 있다.

〈용 법〉

(a) 주어 *Playing* baseball is fun. 야구를 하는 것은 즐겁다.
(b) 보어 My job is *teaching* English. (주격보어)
나의 직업은 영어를 가르치는 것이다.
(c) 목적어 Tom likes *swimming*. 톰은 헤엄치기를 좋아합니다.

(16) 분 사

분사에는 현재분사와 과거분사가 있고 동사와 형용사의 구실을 겸한다.

A. 분사의 형

현재분사——동사의 원형+ing 로 동명사와 같다.
과거분사——동사의 원형+ed 와 그렇지 않은 것이 있다.

B. 분사의 용법

(a) be 동사+현재분사=진행형
(b) have 동사+과거분사=완료형
(c) be 동사+과거분사=수동형
(d) 〈분사+명사〉 또는 〈명사+분사〉의 형으로 직접 명사를 수식.

I saw a sleeping dog. 나는 잠자고 있는 개를 보았읍니다.

He found a broken camera.

그는 부서진 사진기를 발견했읍니다.

The man swimming in the river is my friend.

그 강에서 헤엄치고 있는 남자는 나의 친구입니다.

This is the letter written by Mr. Brown.

이것은 브라운씨가 쓴 편지입니다.

(e) 보어—주어의 상태를 설명하는 것(주격보어)과 목적어의 상태를 설명하는 것(목적격보어)이 있다.

(i) 주격보어 「자동사+분사」

He sat *reading* a newspaper.

그는 신문을 읽으면서 앉아 있었읍니다.

I got *tired* with the work. 나는 그 일로 지쳤읍니다.

(ii) 목적격보어 「지각동사+목적어+분사」

He heard her *laughing*.

그는 그녀가 웃고 있는 것을 들었읍니다.

I found my watch *stolen*.

나는 시계를 도둑맞은 것을 알았읍니다.

(f) 분사구문을 만든다.

(17) 용법에 의한 문장의 종류

1. **평서문**——보통 문장으로 긍정문과 부정문이 있다. 문장 끝에 마침표(.)를 찍는다.

I am a merchant. 나는 상인입니다.

They live in New York. 그들은 뉴우요오크에 살고 있읍니다.

We don't like baseball. 우리들은 야구를 좋아하지 않습니다.

2. **의문문**——문장 끝에 의문부(?)를 찍는다.

3. **명령문**——명령하거나 부탁하는 문장. 보통은 주어(you)를 생략하고 동사의 원형으로 시작한다. please를 붙이면 공손한 말씨가 된다. 「…하지 말아라」라고 할 경우는 동사 앞에 Don't를 쓴다.

Open your book. 책을 펴십시오.
Please *come* in. 부디 들어오십시오.
Don't open the window. 창을 열지 마십시오.

4. **감탄문**——놀람·기쁨·슬픔·괴로움 따위를 나타내는 문장으로 끝에 감탄부(!)를 찍는다. how와 what으로 시작되는 것이 있다.

(a) How+형용사〔부사〕+주어+동사
How tall he is! 그는 얼마나 키가 큰가!
How fast he runs! 그는 얼마나 빨리 달리는가!

(b) What+(관사)+형용사+명사+주어+동사
What a beautiful rose this is!
이것은 얼마나 아름다운 장미인가!
What tall boys they are! 그들은 얼마나 키가 큰 소년들인가!

(18) 구와 절

1. **구**(Phrase)——하나의 완성된 뜻을 나타내는 단어의 집합으로 주어·동사의 관계를 내포하지 않는 것을 구라고 한다. 명사구·형용사구·부사구로 나누어진다.

2. **절**(Clause)——문장의 일부분으로 주어와 동사의 관계를 내포하고 있는 것을 절이라고 한다.

(a) 주절·종속절——문장 속에 둘 이상의 절이 있을 경우에 명사·형용사·부사의 어느 구실을 하여 다른 절에 있는 단어와 결부되는 절을 종속절이라고 한다(그 구실에 따라 명사절·형용사절·부사절로 나뉜다).

종속절에 대하여 주가 되는 절을 주절이라고 한다.

(b) 등위절——절과 절이 and, but, or 따위의 접속사로 연결되어 있을 때 이러한 절을 등위절이라고 한다.

(19) 시제의 일치

주절의 동사가 과거형일 때 종속절의 동사도 과거형이나 과거분사형이 되는 것을 시제의 일치라고 한다.

1. 종속절의 동사가 과거형이 되는 경우

I *know* he *is* honest. →I *knew* he *was* honest.
나는 그가 정직하다는 것을 알고 있습니다.
→나는 그가 정직하다는 것을 알고 있었습니다.
I *think* she *will* come. →I *thought* she *would* come.
나는 그녀가 올 것이라고 생각합니다.
→나는 그녀가 올 것이라고 생각했읍니다.

2. 종속절의 동사가 과거 완료형이 되는 경우

I *am* sure he *has found* it. →I *was* sure he *had found* it.
나는 틀림없이 그가 그것을 찾아냈다고 생각합니다.
→나는 틀림없이 그가 그것을 찾아냈다고 생각했읍니다.
I *believe* what he *said*. →I *believed* what he *had said*.
나는 그가 말한 것을 믿습니다.
→나는 그가 말한 것을 믿었읍니다.

3. 시제가 일치하지 않는 경우

종속절의 내용이 현재의 습관·불변의 진리 따위를 나타낼 때
He *told* me that he *takes* a walk every morning.
그는 매일 아침 산책을 한다고 나에게 말했읍니다.
They *learned* that Columbus *discovered* America.
그들은 컬럼버스가 아메리카를 발견했다는 것을 배웠읍니다.

(20) 전 치 사

on, at, in 따위의 명사나 대명사의 앞에 놓이는 말을 전치사라고 한다. 전치사+명사〔대명사〕는 형용사구·부사구가 된다.

《주된 전치사와 그 용법》

A. 때에 관계있는 것

at (시각)——*at* noon「정오에」, *at* eight (o'clock)「8 시에」

on (요일·일)——*on* Sunday「일요일에」, *on* June 18th「6 월 18 일에」

in (월·연·계절·조석 따위)——*in* August (1964, winter)「8 월(1964 년 겨울)에」, *in* the morning〔afternoon, evening〕「아침〔오후, 저녁〕에」

before, after (때의 전후)——*before* supper〔eight〕「저녁식사〔8 시〕 전에, *after* school〔five months〕「방과〔5 개월〕 후」

for (…간, 동안)——*for* a week「일주일간」

B. 장소에 관계있는 것

at (비교적 좁은 장소)——*at* the station「역에서」, *at* the door「문에」

in (비교적 넓은 장소)——*in* England「영국에」, *in* the room「방안에서」

on (접하여)「…위에」——*on* the desk「책상 위에」

over (떨어져서)「…위에」——The sun is *over* our heads.
태양은 우리들의 머리 위에 있읍니다.

under (떨어져서)「…아래에」——*under* the desk「책상 아래에」

by「…의 곁에」——*by* the river「강가에」

to「…으로」——*to* school〔the window〕「학교〔창문쪽으〕로」

for「…으로 향하여」——start *for* London「런던으로 향하여 출발하다」

C. 기 타

of——the name *of* this bird「이 새의 이름」, some *of* them「그들 가운데의 몇 사람」

by——*by* car「차로」, *by* your watch「당신의 시계로」
with——*with* him「그와 함께」, *with* a pen「펜으로」
from——*from* here「여기서부터」

(21) 접 속 사

접속사는 둘 또는 둘 이상의 어·구·절을 연결하는 구실을 한다.

《주된 접속사와 그 용법》

and「…과 …, …그리고」
Tom *and* Jack are brothers. 톰과 잭은 형제입니다.

but「그러나, …이지만」
Summer is hot, *but* winter is cold.
여름은 덥지만 겨울은 춥습니다.

or「혹은」
Which do you like better, spring *or* fall?
당신은 봄과 가을 중에 어느 쪽을 더 좋아합니까?

before「…하기 전에」
Before I went to bed, I read [réd] a book.
나는 자기전에 책을 읽었읍니다.

after「…한 뒤〔후〕에」
I left *after* he arrived.
나는 그가 도착한 후에 출발했읍니다.

when「…할 때에」
When I went to Seoul, I met Mr. Song.
나는 서울에 갔을 때에 송선생을 만났읍니다.

if「만약 …이면」
If it is fine tomorrow, I'll go out.
만약 내일 날씨가 좋으면 나는 외출하겠읍니다.

that「…라고(하는 것)」

I think (*that*) he is honest.

나는 그가 정직하다고 생각합니다.

because「(왜냐하면) …이기 때문에, …이므로」

I did not go, *because* my mother was ill.

나는 어머님이 편찮았기 때문에 가지 않았읍니다.

though「…이지만, …이긴 하지만」

Tom studied *though* he wanted to play baseball.

톰은 야구를 하고 싶었지만 공부했읍니다.

*　　*　　*

발음 이야기

1. 영어의 문자와 발음

우리말의 「문」에 해당하는 영어는 gate 입니다. 이것을 로마 글자식으로 읽으면 「가테」가 됩니다. 그렇다면 영어에서는 어떻게 읽을까요? 지금 즉시 이 사전을 펼쳐서 조사해 봅시다. [게이트]입니다. 그러면 영어에서는 ga 는 「게이」로 발음하는 것으로 생각하기 쉽습니다. 그런데 이번에는 「기체」의 단어 gas 를 보면 [개스]로 되어 있습니다. 다음에 「정원」의 garden 을 펴봅시다. 그런데 이번에는 [가아든]으로 되어 있습니다. 즉, 같은 ga 가 「게이」로 발음되기도 하고, 「개」로 되기도 하고 「가아」로도 발음된다는 것을 알게 되었지요.

대체 왜 이처럼 같은 문자의 결합인데 여러가지 다른 발음을 하게 되는 것일까요.

영어는 원래 표음 문자의 말이었습니다. 즉, 우리말의 가나다라 문자와 유사하여, 그 문자의 읽는 법을 외두기만 하면, 뜻은 고사하고라도 읽기만큼은 그다지 어렵지 않았습니다. 그렇기 때문에 발음나는 대로 문자를 써서 쓰인대로 읽기만 하면 되었습니다. 그러나 시대가 변천함에 따라, 철자는 옛날 그대로 계승되었으나 상용어는 바뀌었습니다. 그 결과 쓰인 문자와 그 읽는 법 사이에는 점점 어긋남이 생기게 되었습니다. 또 영어 이외의 말을 영어 속에 도입할 경우 철자까지 그대로 도입하였기 때문에 그때까지 영어에 없었던 철자나 읽는 법이 증가하였습니다. 이리하여 영어의 철자와 읽기(즉, 문자와 발음)의 관계는 매우 복잡하게 되고, 철자만 보아서는 발음할 수 없는 말이 많아졌습니다.

2. 발음 기호에 대하여

영어에는 위에서 말한 바와 같이 문자와 발음이 일치하지 않는 말이 많습니다. 그래서 읽는 방법을 나타내기 위해 고안해 낸 것이 「발음 기호」입니다.

「발음 기호」의 대부분은 여러분들이 알고 있는 로마자와 같은 글자이지만, 그 중에는 새로 외지 않으면 안 되는 것도 있습니다. 또 「발음 기호」는 보통 쓰이는 영어와 구별하기 위해서 [ ] 속에 표시하도록 약속되어 있습니다. 앞페이지의 표는 영어의 「발음 기호」를 표로 나타낸 것입니다.

3. 모음과 자음

위의 표에 있는 발음 기호의 하나 하나에 대해서 설명하기 전에 모음과 자음의 구별에 대해서 설명하겠습니다.

말을 할 때에는 우선 숨을 폐에 흡입한 다음에 그것을 내쉽니다. 그때 입 안의 이·혀·입술이나 코 따위를 통하여 여러가지 소리가 만들어집니다.

그러면, 위의 표의 「모음란」에 있는 어느 소리라도 좋으니 골라서 발음해 보십시오. 예를 들자면 제일 첫째 번의 [i:]를 발음해 보기로 합시다. 어떻습니까, 아무리 길게 발음하여도 역시 「이이」의 연속이겠지요. 소리가 변하지 않지요. 이것은 입을 통해서 나오는 숨이, 입 안에서 이·혀·입술이나 다른 것에 방해받지 않고 자유롭게 나오기 때문입니다. 이와같은 소리를 **모음**이라고 합니다. 모음은 대체로 우리말의 「아에이오우」와 유사한 소리라고 외두면 됩니다.

이에 대하여, 목구멍에서 내쉬는 숨이 입 안에서 이·혀·입술 따위에 의해 방해를 받으면서 입이나 코에서 나오는 소리를 **자음**이라고 합니다.

4. 모음에 대해서

모음은 다음의 세 가지로 나눕니다.

a. 단모음 [i] [e] [æ] [ɔ] [u] [ʌ] [ə] [ɑ]

b. 장모음 [i:] [ɑ:] [ɔ:] [u:] [ə:]

c. 2중모음 [ei] [ou] [ai] [au] [ɔi] [iə] [ɛə] [ɔə] [uə]

위의 단모음이라는 것은 글자 그대로 짧은 모음입니다. 장모음이라는 것은 이것도 글자 그대로 긴 모음 즉, 길게 끄는 소리입니다.

장모음에는 [ː]의 기호가 붙어 있읍니다.

2중모음이라는 것은 두 개의 모음으로 된 소리인데 두 개 중에서 앞의 것을 강하게 발음하십시오.

영어의 중요한 모음과 혀의 올라가는 모양

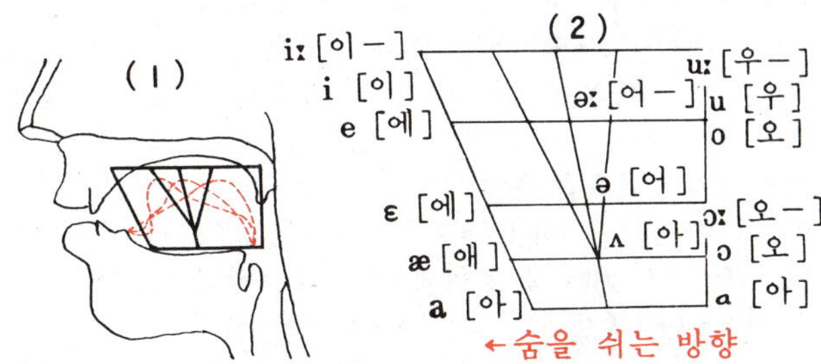

위의 그림 (1)은 입을 중심으로 한 단면도이고, 사다리꼴의 선은 혀의 위치를 나타낸 것입니다. (2)의 그림은 (1)에 표시한 혀의 위치와 모음과의 관계를 나타낸 것입니다. 그림에서는 왼쪽으로 올수록 혀의 위치가 앞이 되고 반대로 오른쪽으로 갈수록 혀의 위치가 입의 안쪽이 됩니다. 또 윗쪽으로 올라갈수록 혀의 위치가 높고, 아래로 내려 올수록 혀의 위치가 낮아집니다.

5. 모음의 발음과 기호

[iː] 우리말의 「이이」와 같읍니다.
keep [kíːp](지속하다), sea [síː] (바다)

[i] 「이」와 「에」의 중간음. 우리말의 「이」만큼 혀에 힘을 주지 않고, 조금 혀를 내려서 발음합니다.
kick [kík] (차다), pocket [pákit] (호주머니)

[e] 우리말의 「에」와 대개 같으나, 조금 입을 크게 벌립니다.
net [nét] (그물), enter [éntə*r*] (들어가다)

[æ] 우리말의 「애」와 같은 소리입니다. 입을 크게 벌려서 「애」라고 발음하십시오.
bat [bǽt] (배트), land [lǽnd] (육지)

[ɑ] 턱을 내리고 입을 크게 벌려, 입 안쪽에서 「아」라고 발음합니다. 일반적으로 영국에서 [ɔ]로 발음하는 것을 미국에서는 [ɑ]로 발음합니다.
hot [hát, 《영》 hɔ́t] (더운), stop [stáp, 《영》 stɔ́p] (멈추다)

[ɑ:] 혀를 낮게 내리고, 입 안쪽에서 「아아」라고 발음합니다.
father [fá:ðər] (아버지), park [pá:rk] (공원)

[ɔ] 우리말의 「오」보다 더 크게 입을 벌리고, 입술을 둥글게 하여 입의 안쪽에서 「오」라고 발음합니다. 이 소리는 미국에서는 거의 [ɑ]의 소리로 발음합니다.
rock [rák, 《영》 rɔ́k] (바위), shop [ʃáp, 《영》 ʃɔ́p] (가게)

[ɔ:] [ɔ]보다는 더 입술을 둥글게 하여 발음합니다.
walk [wɔ́:k] (걷다), port [pɔ́:rt] (항구)

[u] 입술을 둥글게 하여 입의 안쪽에서 「우」라고 발음합니다.
book [búk] (책), put [pút] (놓다)

[u:] 입술을 둥글게 하고 입의 끝을 뾰족하게 하는 듯하면서 「우우」라고 발음합니다.
cool [kú:l] (선선한), two [tú:] (둘)

[ʌ] 입을 조금 벌린채 「아」와 「오」의 중간음을 입의 안쪽에서 발음합니다.
truck [trʌ́k] (트럭), cup [kʌ́p] (컵)

[ə] 입술이나 혀에서 힘을 빼고 가볍게 「어」라고 발음합니다. 이 소리는 모음 가운데서 제일 뚜렷하지 않은 소리이므로 「애매한 음」이라고 불리고 있습니다.
about [əbáut] (…의 둘레에), ago [əgóu] (…전에)

[ə:] [ə]의 음을 그대로 길게 하면 이 소리가 납니다.
turn [tə́:rn] (돌다), bird [bə́:rd] (새)
미국에서는 [ə:] 다음에 혀를 감아 올리듯 하며 발음하는 [r] 음이 붙습니다. 그때는 혀 끝을 잇몸의 뒷쪽에 젖히면서 「ㄹ」의 진동음을 냅니다. 이 사전에서는 미국음과 영국음을 겸해서 가르치기 위해 모두 [ə:r]로 표기했습니다.

[ei] 「에」를 강하게 발음하면서 다음에 「이」를 약하게 덧붙여 발음합니다.
pay [péi] (지불하다), lake [léik] (호수)

[ou] 강한 「오」 다음에 약하게 「우」를 덧붙여 발음합니다.
boat [bóut] (배), home [hóum] (가정)

[ai] 「아」를 강하게 발음하면서 다음에 약하게 「이」를 덧붙여 발음합니다.
tie [tái] (매다), buy [bái] (사다)

[au] 「아」를 강하게 발음하면서 다음에 「약하게」 「우」를 덧붙여 발음합니다.
out [áut] (밖에), now [náu] (지금)

[ɔi] 「오」를 강하게 발음하면서 다음에 「이」를 약하게 덧붙여 발음합니다.
boy [bɔ́i] (소년), oil [ɔ́il] (기름)

[iə*r*] 「이」를 강하게 발음하면서 다음에 「어」를 약하게 덧붙여 발음합니다.
ear [íə*r*] (귀), cheer [tʃíə*r*] (기운을 북돋우다)

[ɔ:*r*] 「오」를 강하게 발음하면서 다음에 「어」를 약하게 덧붙여 발음합니다.
door [dɔ́:*r*] (문), or [ɔ́:*r*] (혹은)

[uə*r*] 「우」를 강하게 발음하면서 다음에 「어」를 약하게 덧붙여 발음합니다.
poor [púə*r*] (가난한), sure [ʃúə*r*] (확실한)

6. 자음의 발음과 기호

자음은 내쉬는 숨이 입 안에서 이·혀·입술 따위에 의해 방해를 받으면서 나오는 소리라는 것은 이미 「**3. 모음과 자음**」에서 설명하였읍니다. 이것을 좀 더 자세히 설명해 봅시다. 예를 들면, 입술을 다물고 입 안에 숨을 급히 내쉬어 보십시오. 우리말의 「프」(발음기호로는 [p]로 나타낸다)와 유사한 소리가 날 것입니다. 또 혀 끝을 위 잇몸의 뒷쪽에 붙인 다음, 급히 혀를 빼면 우리말 「트」음이

납니다. 이것을 발음 기호로는 [t]로 나타냅니다. 이처럼 우리들은 입술·이·혀 따위를 써서 여러가지 자음을 발음할 수가 있습니다. 영어의 자음에는 우리말에 없는 자음이 있으므로, 그런 자음은 특히 주의하여 연습해 두지 않으면 안 됩니다.

다음으로, 자음에는 「**소리의 음**」과 「**숨의 음**」이 있다는 것을 설명하겠읍니다. 「소리의 음」이라는 것은 목구멍 안쪽에 있는 **성대**라는 근육이 발음할 때 진동되는 소리를 말합니다. 여러분이 잘 알고 있는 탁음이 이같은 「소리의 음」입니다. 이것을 **유성음**이라고 합니다. 이에 대하여 「숨의 소리」라 하는 것은 성대가 진동하지 않는 음을 말하며 **무성음**이라고 합니다. 어떤 음이 유성음이냐 무성음이냐를 알려면 손가락 끝을 목에 댄 다음 발음해 보십시오. 손가락 끝에 진동을 느낄 때는 유성음이고, 진동을 느낄 수 없을 때는 무성음입니다. 탁음을 발움해 보면 반드시 손가락 끝에 진동을 느끼게 될 것입니다. 모든 모음은 유성음에 포함됩니다.

그러면 각 자음에 대해서 기호와 발음의 설명을 해봅시다.

[p] 우리말의 「ㅍ」음으로 무성음. 입술을 다물고 급히 숨을 내쉬면서 내는 음.
pen [pén] (펜), top [tάp] (정상)

[b] 우리말의 「ㅂ」음으로 유성음. 입의 모양은 [p]와 똑같지만 성대가 진동됩니다.
bat [bǽt] (배트)

[t] 우리말의 「ㅌ」음으로 무성음. 혀 끝을 위 잇몸에 붙이고 혀를 떼면서 동시에 숨을 세게 내쉬는 소리입니다.
bat [bǽt] (배트), tub [tʌ́b] (물통)

[d] [t]의 유성음으로 입 모양은 [t]와 같지만 발음할 때 소리를 내면 [d]음이 됩니다.
day [déi] (낮, 하루), bed [béd] (침대)

[k] 우리말의 「ㅋ」음으로 무성음. 혀의 뒷부분을 올리고, 숨을 끊고 혀를 떼면서 급히 내쉬는 소리입니다.
kick [kík] (걷어차다), desk [désk] (책상)

[g] [k]의 유성음으로 입 모양은 [k]와 같지만 발음할 때 소리를 내면 [g]음이 됩니다.
go [góu] (가다), egg [ég] (달걀)

[m] 우리말의 「ㅁ」음으로 유성음. 입술을 다물고 코에서 소리를 내면 나오는 음입니다.
map [mǽp] (지도), come [kʌ́m] (오다)

[n] 우리말의 「ㄴ」음으로 유성음. 혀 끝을 위 잇몸에 붙이고 코에서 내는 음.
not [nát, 《영》 nɔ́t] (…않다), pen [pén] (펜)

[ŋ] 혀의 뒷 부분을 위턱의 안쪽으로 당기듯 하면서 소리를 코에서 내는 유성음.
king [kíŋ] (국왕), along [əlɔ́ŋ] (…을 따라)

[l] 혀 끝을 위 잇몸에 붙인 채 혀의 양쪽에서 소리를 내어 발음합니다. 우리나라 사람들은 [l]음과 [r]음을 잘 혼동합니다. [r]음은 혀를 감아 올리 듯 하면서 발음하지만 [l]은 우리말의 「ㄹ」에 가까운 음입니다. 단, 우리 말에서는 혀 끝을 위 잇몸에서 빨리 떼지만, 영어의 [l]은 위 잇몸에 붙인채 발음합니다.
little [lítl] (작은), look [lúk] (보다), small [smɔ́:l] (작은)

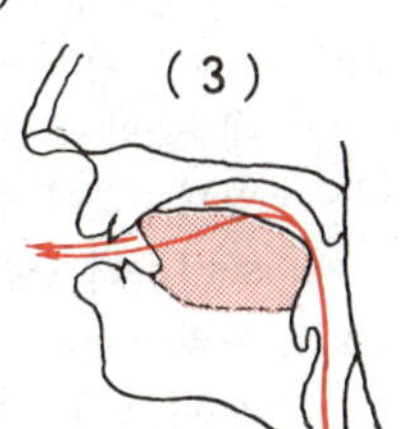

혀의 양쪽에서 나는 [l]음

[f] 이 음은 우리말에 없는 음이기 때문에 특히 연습이 필요합니다. 우리말의 「ㅍ」음은 상하의 입술을 합쳐서 발음하는 음이지만, 영어의 [f]는 아래 입술을 윗니로 가볍게 눌러 그 틈에서 숨을 「후우」하고 내쉬는 무성음입니다.
fan [fǽn] (부채)

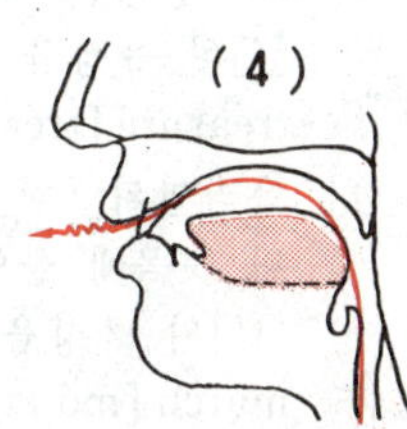

아랫 입술을 윗니로누르면서 내는 [f][v] 음

[v] 이 음은 [f]의 유성음입니다. 입 모양은

발음

[f]와 똑같습니다. [b]음과의 구별에 주의하십시오.
very [véri] (대단히), five [fáiv] (다섯)

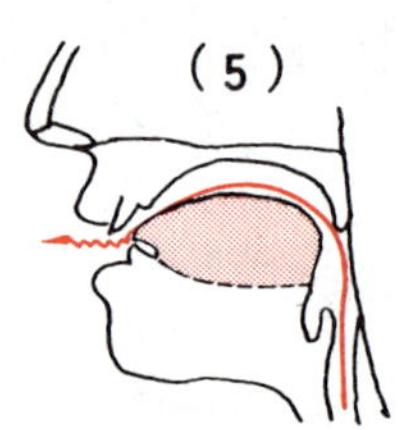

혀 끝을 윗니의 뒤쪽에 붙여서 내는 [θ][ð]음

[θ] 이 음은 우리말에 없는 음이므로 특히 연습이 필요합니다. 혀 끝을 윗니의 위쪽에 붙이고, 밖에서 혀 끝이 조금 보일 정도로 하여 「스으」하고 숨을 내쉬는 무성음입니다. [s]와의 차이에 주의합시다.
three [θríː] (셋), both [bóuθ] (양쪽)

[ð] [θ]의 유성음입니다. 입의 모양은 [θ]와 똑같읍니다. [z]와의 차이에 주의합시다.
this [ðís] (이것은)

[s] 우리말의 「ㅅ」에 해당하는 자음입니다. 혀 끝을 가볍게 아랫니에 붙인채 상하의 이 사이에서 「스으」하고 숨을 내쉬는 무성음입니다. 이 음은 소리가 되면 다음에 설명하는 [z]음이 됩니다.
set [sét] (놓다), glass [glǽs] (유리)

[z] 우리말의 「ㅈ」에 해당하는 자음으로 [s]의 유성음입니다.
zoo [zúː] (동물원), his [híz] (그의)

[ʃ] 상하의 이를 합치고, 입술을 둥글게 하여 내밀면서 「쉬이」하고 숨을 내쉬는 무성음입니다. [ʃ]의 유성음은 다음에 설명하는 [ʒ]음입니다.
ship [ʃíp] (배), fish [fíʃ] (물고기)

[ʒ] [ʃ]의 유성음입니다. [dʒ]와의 차이에 주의합시다.
treasure [tréʒər] (보물), usual [júːʒuəl] (평소의)

[tʃ] 우리말의 「취」에 가까운 음으로 무성음입니다. 혀 끝을 일단 위 잇몸에 붙인 다음 떼자마자 「취」하고 숨을 내쉬면 됩니다. [tʃ]의 유성음은 [dʒ]입니다.
march [máːrtʃ] (행진하다), church [tʃə́ːrtʃ] (교회)

[dʒ] [tʃ]의 유성음입니다. [ʒ]와의 차이에 주의하십시오.
joke [dʒóuk] (농담), bridge [brídʒ] (다리)

[ts] [dz] 이 음은 「츠」「즈」로 발음하십시오. 「트스」「드즈」 따위로 발음해서는 안됩니다.
cats [kǽts] (고양이), facts [fǽkts] (사실들), gods [gádz] (여러 신), heads [hédz] (머리들)

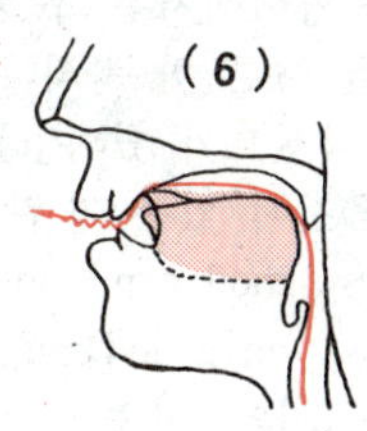

[r]음의 혀의 위치

[r] 혀 끝을 위 잇몸에 근접시킨 다음, 안쪽으로 둥글리듯 하면서 당기자마자 「르」하고 소리를 내어 발음합니다. [l]음과의 차이에 주의하십시오. [r]음이 제일 먼저 나올 경우는 약하게 「우」를 처음에 내는 기분으로 발음하면 정확하게 됩니다.
try [trái] (시도하다), red [réd] (빨강)

[h] 우리말의 「ㅎ」이 [h]에 가까운 음입니다. 추울 때 손에 입김을 세게 불지요. 그때 「하아」하고 입김을 낼 때의 첫마디 음이 [h]입니다.
hat [hǽt] (모자), who [hú:] (누가)

[j] [i]와 비슷하지만 [j]는 뒤에 모음을 수반합니다. 처음에 [i]음을 낼 때와 같은 위치에 혀를 두고, 다음에 수반되는 모음을 발음하는 위치로 옮기면 됩니다.
yard [já:*r*d] (안마당), yacht [ját] (요트)

[w] 상하의 입술을 뾰족하게 하고 뺨 근처에 힘을 주어 「우」하고 발음하면 이 음이 납니다.
win [wín] (이기다), one [wʌ́n] (하나)

7. 음절과 악센트

야구에서 쓰는 「스트라이크」라는 말은 영어의 strike [stráik]를 그대로 사용한 것입니다. 영어에서는 [str]라는 3개의 자음에 [ai]라는 모음이 붙고, 또 [k]라는 자음이 와서 한꺼번에 발음됩니다. 그런 경우 제일 진동이 좋은 모음 [ai]의 부분이 중심이 되어 그 주위에 자음이 붙어 하나의 발음 단위가 됩니다. 이와 같은 음 단위를 **음절**이라고 합니다.

영어에서는 두 개 이상의 음절이 있는 낱말은 어느 한 쪽의 음절을 다른 한 쪽의 음절보다 강하게 발음합니다. 그 경우 그 음절에 「악센트가 있다」라고 말합니다. 일반적으로 영어의 악센트는 앞의 음절에 있는 경우가 많습니다.

mod·ern [mádərn] break·fast [brékfəst] flow·er [fláuər]
en·gine [éndʒən]

[ʹ]의 기호는 악센트(accent) 표시입니다. 악센트는 모음 위에 붙입니다. 악기 이름인 「기타아」는 영어에서는 gui·tar [gitá:r]로 발음합니다. 악센트가 뒤의 음절에 있읍니다. 이 「기타아」처럼 악센트의 위치가 특수한 것은 발음에 주의를 해야 합니다.

* * *

부 록

변화형을 만드는법

(1) 명사의 복수형

A. 규칙적인 변화(s, es를 붙인다)

만드는 법	어 미	발 음	단 수	복 수
s만을 붙인다	무 성 음	[s 스]	desk [désk] 책상	desk*s*
	유 성 음	[z 즈]	boy [bɔ́i] 소년	boy*s*
	발음하지 않는 e	[iz 이즈]	rose [róuz] 장미	rose*s*
es를 붙인다	-s, -ss, -x, -ch, -sh	[iz 이즈]	bus [bʌs] 버스 glass [glæs] 컵 box [bɑ́ks] 상자 bench [béntʃ] 긴 의자 dish [díʃ] 접시	bus*es* glass*es* box*es* bench*es* dish*es*
s 또는 es를 붙인다	-o	[z 즈]	piano [piǽnou] 피아노 potato [pətéitou] 감자	piano*s* potato*es*
-y를 i로 바꾸고 es를 붙인다	자음+y	[z 즈]	baby [béibi] 아기 city [síti] 도시 lady [léidi] 부인	bab*ies* cit*ies* lad*ies*
-f, -fe를 v로 바꾸고 es를 붙인다	-f, -fe	[vz 브즈]	half [hæf] 반 leaf [lí:f] 잎 knife [náif] 나이프 wife [wáif] 아내 roof [rú:f] 지붕	hal*ves* lea*ves* kni*ves* wi*ves* roofs

B. 불규칙한 변화

만드는 법	단 수	복 수
모음이 변하는 것	foot [fút] 발 tooth [tú:θ] 이 man [mǽn] 남자 woman [wúmən] 여자 mouse [máus] 쥐	*fee*t [fí:t] *tee*th [tí:θ] m*e*n [mén] wom*e*n [wímin] m*i*ce [máis]
같은 형의 것	sheep [ʃí:p] 양 Korean [kɔ:rí:ən] 한국 사람	sheep Korean
특별한 것	child [tʃáild] 어린아이	child*ren* [tʃíldrən]

(2) 인칭대명사의 격변화

A. 단 수

인 칭	주 격 (…은, …이)	소유격 (…의)	목 적 격 (…에게, …을)	소유대명사 (…의 것)	복합인칭대명사 (…자신)
1 인칭	I	my	me	mine	myself
2 인칭	you	your	you	yours	yourself
3 인칭	he she it	his her its	him her it	his hers —	himself herself itself

B. 복 수

인 칭	주 격	소유격	목 적 격	소유대명사	복합인칭대명사
1 인칭	we	our	us	ours	ourselves
2 인칭	you	your	you	yours	yourselves
3 인칭	they	their	them	theirs	themselves

(3) 형용사 · 부사의 비교 변화

A. 규칙적인 변화(er, est 를 붙인다)

만드는 법	어 미	원 급	비교급	최상급
er, est 를 붙인다	대부분의 단어	small [smɔ́:l] 작은 fast [fǽst] 빠른	small*er* fast*er*	small*est* fast*est*
r, st 를 붙인다	발음하지 않는 e	large [lά:*r*dʒ] 큰 fine [fáin] 훌륭한	large*r* fine*r*	large*st* fine*st*
자음을 겹치고 er, est 를 붙인다	단모음+자음	big [bíg] 큰 hot [hát] 더운 thin [θín] 얇은	big*ger* hot*ter* thin*ner*	big*gest* hot*test* thin*nest*
-y 를 i 로 바꾸고 er, est 를 붙인다	자음+y	busy [bízi] 바쁜 pretty [príti] 아름다운 happy [hǽpi] 행복한	bus*ier* prett*ier* happ*ier*	bus*iest* prett*iest* happ*iest*

more, most 를 붙인다 : 어미가 -full, -ing, -ive, -ous, -ly 따위의 단어나 철자가 긴 단어에 붙인다.

useful [jú:sfəl] 유용한 *more* useful *most* useful
kindly [káindli] 친절하게 *more* kindly *most* kindly
interesting [íntəristiŋ] 재미있는 *more* interesting *most* interesting

B. 불규칙한 변화

원 급	비 교 급	최 상 급
good [gúd] 좋은 well [wél] 건강한, 잘	better [bétə*r*]	best [bést]
bad [bǽd] 나쁜 badly [bǽdli] 나쁘게 ill [íl] 병든	worse [wə́:*r*s]	worst [wə́:*r*st]

many [méni] (수가) 많은 much [mʌ́tʃ] (양이) 많은	more [mɔ́:*r*]	most [móust]
little [lítl] (양이) 적은	less [lés]	least [lí:st]
old [óuld] 나이먹은 {(노소 · 신구)	older [óuldə*r*]	oldest [óuldist]
{(형제자매의 순)	elder [éldə*r*]	eldest [éldist]
late [léit] 늦은 {(시간)	later [léitə*r*]	latest [léitist]
{(순서)	latter [lǽtə*r*]	last [lǽst]
far [fɑ́:r] 먼 {(거리)	farther [fɑ́:*r*ðə*r*]	farthest [fɑ́:*r*ðist]
{(정도)	further [fə́:*r*ðə*r*]	furthest [fə́:*r*ðist]

(4) 동사의 변화

A. 3인칭 단수 현재형을 만드는 법

만드는 법	어 미	발 음	원 형	3단현
s만을 붙인다	무 성 음 유 성 음	[s 스] [z 즈]	help [help] 돕다 know [nou] 알다	help*s* know*s*
es를 붙인다	-s, -ss, -x, -ch, -sh	[iz 이즈]	pass [pǽs] 지나다 teach [tí:tʃ] 가르치다	pass*es* teach*es*
-y를 i로바꾸고 es를 붙인다	자음+y	[z 즈]	cry [krái] 외치다 study [stʌ́di] 공부하다	cr*ies* stud*ies*

B. -ing형을 만드는 법

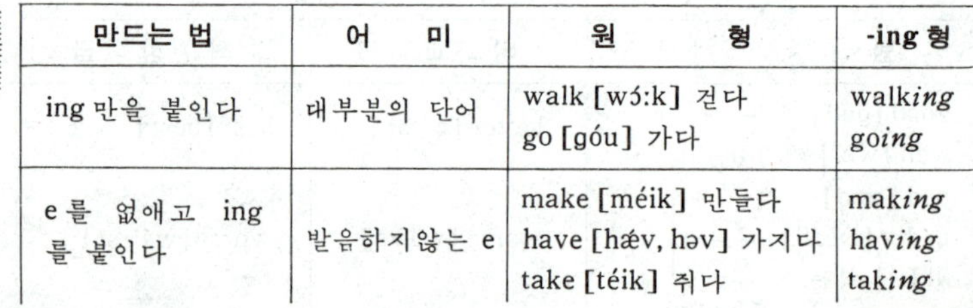

만드는 법	어 미	원 형	-ing형
ing만을 붙인다	대부분의 단어	walk [wɔ́:k] 걷다 go [góu] 가다	walk*ing* go*ing*
e를 없애고 ing를 붙인다	발음하지않는 e	make [méik] 만들다 have [hǽv, həv] 가지다 take [téik] 쥐다	mak*ing* hav*ing* tak*ing*

자음을 겹치고 ing 를 붙인다	단모음+자음	cut [kʌ́t] 자르다 run [rʌ́n] 달리다	cut*ting* run*ning*
-ie 를 y 로 바꾸고 ing 를 붙인다	-ie	die [dái] 죽다 lie [lái] 눕다	d*ying* l*ying*

C. -ed 형을 만드는 법

만드는 법	어 미	원 형	-ed 형
ed 만을 붙인다	대부분의 단어	play [pléi] 놀다 help [hélp] 돕다	play*ed* help*ed*
d 를 붙인다	발음하지 않는 e	love [lʌ́v] 사랑하다 like [láik] 좋아하다	love*d* like*d*
자음을 겹치고 ed 를 붙인다	단모음+자음	stop [stáp] 멈추게 하다 permit [pərmít] 허락하다	stop*ped* permit*ted*
-y 를 i 로 바꾸고 ed 를 붙인다	자음+y	cry [krái] 외치다 study [stʌ́di] 공부하다 《비교》 stay [stéi] 머무르다	cr*ied* stud*ied* stay*ed*

-ed 의 발음

1. -ed 앞의 발음이 [d 드] 이외의 유성음일 때에는 [d 드]
   play*ed* [pléid 플레이드], love*d* [lʌ́vd 러브드]
2. -ed 의 앞의 발음이 [t 트] 이외의 무성음일 때에는 [t 트]
   lik*ed* [láikt 라이크트], helped [hélpt 헬프트]
3. -ed 앞의 발음이 [d 드], [t 트]일 때에는 [id 이드]
   end*ed* [éndid 엔디드], wanted [wántid 완티드]

(5) 불규칙 동사·조동사의 변화

현 재	뜻	과 거	과거 분사
1 우선 암기합시다. 가장 중요한 단어			
be am/is are	…이다〔있다〕	was were	been
do	하다	did	done
have	가지다	had	had
● ABB 형			
think	생각하다	thought	thought
say	말하다	said [séd]	said [séd]
read	읽다	read [réd]	read [réd]
tell	말하다	told	told
make	만들다	made	made
find	찾아내다	found	found
hear	듣다	heard [hə́:rd]	heard [hə́:rd]
● ABC 형			
begin	시작하다	began	begun
speak	이야기하다	spoke	spoken
write	쓰다	wrote	written
give	주다	gave	given
take	취하다	took	taken
know	알다	knew	known
see	보다	saw	seen
go	가다	went	gone
2 ABA 형은 다음 3 단어를 암기하면 된다.			
come	오다	came	come
become	…이 되다	became	become
run	달리다	ran	run

현 재	뜻	과 거	과거 분사
3 AAA 형(무변화)은 다음 7 단어로 OK			
cut	자르다	cut	cut
shut	닫다	shut	shut
hit	치다	hit	hit
set	놓다	set	set
let	…시키다	let	let
put	놓다	put	put
hurt	다치게 하다	hurt	hurt
4 ABB 의 -ought(-aught)형			
bring	가져오다	brought	brought
buy	사다	bought	bought
fight	싸우다	fought	fought
catch	잡다	caught	caught
teach	가르치다	taught	taught
5 [i]가 [e]로 되는 변화형			
meet	만나다	met	met
lead	이끌다	led	led
feel	느끼다	felt	felt
keep	지키다	kept	kept
sleep	자다	slept	slept
leave	떠나다	left	left
mean	의미하다	meant	meant
6 그 밖의 중요한 ABB 형 변화			
sell	팔다	sold	sold
lose	잃다	lost	lost
shoot	쏘다	shot	shot
hold	붙잡다	held	held
lend	빌려주다	lent	lent

현　재	뜻	과　거	과거 분사
send	보내다	sent	sent
spend	쓰다	spent	spent
build	짓다	built	built
stand	서다	stood	stood
understand	이해하다	understood	understood
sit	앉다	sat	sat
win	이기다	won	won
shine	빛나다	shone	shone
dig	파다	dug	dug
strike	치다	struck	struck
7 **ABC 형의 i—a—u 형**			
drink	마시다	drank	drunk
ring	울리다	rang	rung
sing	노래하다	sang	sung
sink	가라앉다	sank	sunk
swim	수영하다	swam	swum
8 **ew—own 의 변화와 비슷한 변화**			
blow	불다	blew	blown
grow	자라다	grew	grown
throw	던지다	threw	thrown
fly	날다	flew	flown
show	보이다	showed	shown
draw	끌다	drew	drawn
9 **그 밖의 중요한 ABC 형 변화**			
break	깨뜨리다	broke	broken
steal	훔치다	stole	stolen
choose	선택하다	chose	chosen
drive	운전하다	drove	driven

현 재	뜻	과 거	과거 분사
ride	타다	rode	ridden
rise	일어나다	rose	risen
hide	숨다	hid	hidden
forget	잊다	forgot	forgotten
eat	먹다	ate	eaten
fall	떨어지다	fell	fallen
lie	눕다	lay	lain
wear	입고 있다	wore	worn
10 **get 은 두가지로 암기하도록 하자.**			
get	얻다	got	got
			gotten

*　　*　　*

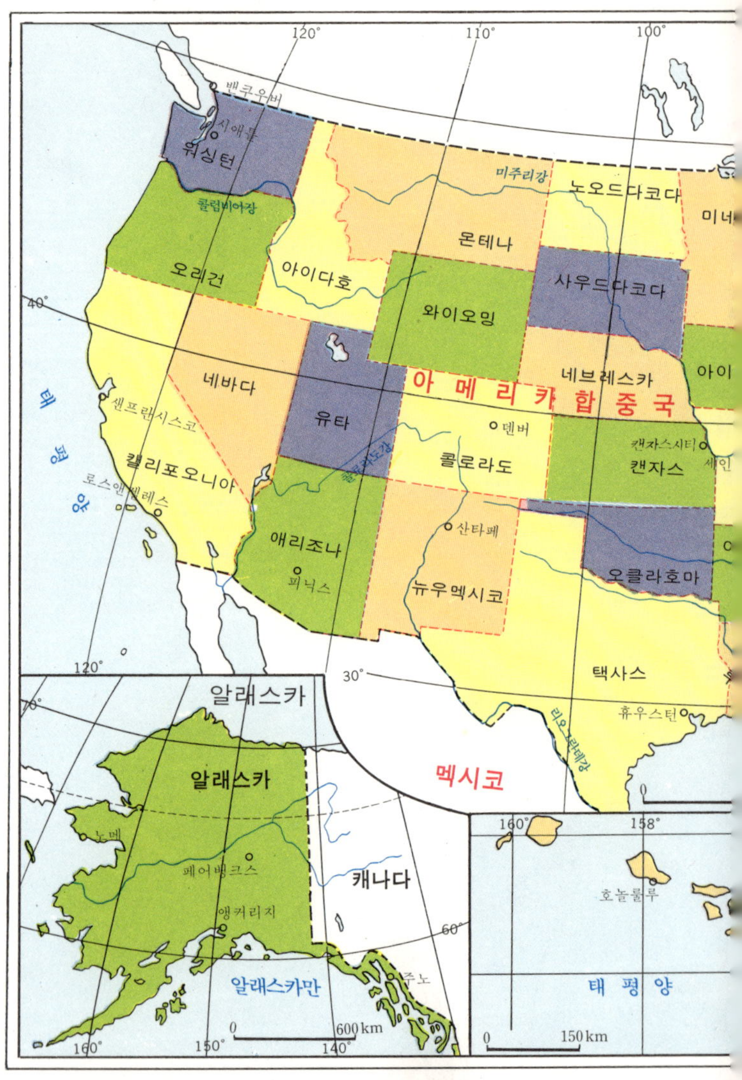

밴쿠우버
시애틀
워싱턴
콜럼비아강
오리건
아이다호
몬테나
미주리강
노오드다코다
미네
사우드다코다
와이오밍
네브레스카
아이
아메리카합중국
네바다
유타
샌프란시스코
덴버
콜로라도
캔자스시티
캔자스
캘리포오니아
로스앤젤레스
태평양
애리조나
피닉스
산타페
뉴우멕시코
오클라호마
택사스
휴우스턴
리오그란데강
멕시코
120°
110°
100°
40°
30°
알래스카
노메
페어뱅크스
앵커리지
캐나다
주노
알래스카만
0
600 km
160°
150°
140°
70°
60°
호놀룰루
158°
태평양
150 km